STUDIA JUDAICA

FORSCHUNGEN ZUR WISSENSCHAFT DES JUDENTUMS

HERAUSGEGEBEN VON
E. L. EHRLICH
BASEL

BAND VI

WALTER DE GRUYTER · BERLIN · NEW YORK
1971

CH. ALBECK

EINFÜHRUNG IN DIE MISCHNA

EINFÜHRUNG IN DIE MISCHNA

VON

CHANOCH ALBECK

WALTER DE GRUYTER · BERLIN · NEW YORK

1971

Die deutsche Ausgabe ist eine Übersetzung des 1960 bei Dvir Co. Ltd., Tel-Aviv und Bialik Institute, Jerusalem unter dem Titel „Mawo la-Mischna“ erschienenen hebräischen Originals

Aus dem Hebräischen übersetzt von Tamar und Pessach Galewski

ISBN 3 11 0064 29 4

Printed in Germany
Satz und Druck: Walter Pieper, Würzburg

INHALTSVERZEICHNIS

Kapitel IX

I

WORTERKLÄRUNG

Das Verbum „שנה“ hat im Hebräischen den Sinn von „wiederholen“ und ist gleichbedeutend mit „תנא,תני“ („tana, tane“) im Aramäischen. Das aramäische Wort hat indessen zugleich die Bedeutung von „erzählen, lernen“, und die Vermutung liegt nahe, dass unter dem Einfluss des im Munde des Volkes geläufigeren aramäischen Idioms auch das Verbum „שנה“ den Sinn von „lernen“ angenommen hat (s. Ben-Sirach XLIV, 15), so dass „שנה ....ל“ bedeutet: „lehren“, ähnlich dem Ausdruck „תנא ל.....“ im Aramäischen. Doch auch unabhängig davon ist es verständlich, dass der Begriff „lernen“ aus der Grundbedeutung des Wortes „שנה“ = „wiederholen“ entstanden ist. Denn in der mündlichen Lehre wird besonderes Gewicht auf die mehrfache Wiederholung des Lehrgegenstandes gelegt, damit er im Gedächtnis bewahrt bleibe. Nur wer, was er gehört hat, immer wieder lernt, lernt es wirklich. Zu den Zeiten der Amoräer pflegte man zu sagen: „Er lernte es von ihm 40 Mal“ (Bab., Ber. 28 a, sowie die dort verzeichneten Parallel-Stellen), d. h. er lernte die Sache 40 Mal, um sie im Gedächtnis zu behalten. Und ferner heisst es (Bab. Chag. 9 b): „Wer sein Pensum 100 Mal gelernt hat, steht nicht demjenigen gleich, der dies 101 Mal getan hat“.

Von dem Verbum שנה hat man dann den Ausdruck משנה [1] gebildet, und er wird schon von den Kirchenvätern im Sinne von „Deuteronomium“ [2] erklärt. Ebenso wird das Wort „Mischnë“ (II Reg. XXII, 14) vom Targum mit „Lehrhaus“ übersetzt; jedoch sprach man das Wort anscheinend nicht mit

---

1 S. Aruch, Stichw. „Mischna“: למה נקראת ‚משנה‘? בשביל שהיא ‚שנייה‘ לתורה וכו׳ „Warum wird sie Mischna genannt? Weil sie die ‚zweite‘ [und zwar mündlich gegebene] Lehre zur [schriftlichen] Thora ist“, usw. Eine andere Erklärung: Das Wort ‚משנה‘ sei vom Stamme ‚שנון‘ gebildet, im Sinne von: ‚ושננתם‘ = ‚Und Du sollst sie einschärfen!‘ (Deut. VI, 7); — Zunz, „Die gottesdienstlichen Vorträge der Juden“, 2. Auflage (hebräisch: „הדרשות בישראל“ וכו׳, redigiert und ergänzt von Ch. Albeck, Kap. III, Anm. 32); — Frankel, „Darche ha-Mischna“ S. 8; Isch-Schalom, „Einführung zur Mechilta S. 37 ff.; Bacher, „Die exegetische Terminologie der jüd. Traditionsliteratur“, I. Teil, Stichworte: „Mischna“ u. „schana“.

2 δευτέρωσις, sowie in der Mehrzahl: δευτερώσεις (s. unten Anm. 101). Vgl. auch die Lesart in den zwei Handschriften des Sifrë zu Deut., ed. Finkelstein. S. 211: ·למה נאמר ‚משנה התורה‘? שעתידה להיות ‚שונין‘ אותה על פה ‚ולהשנות‘. „Warum heisst es (Deut. XVII, 18): ‚Mischne ha-Thora?‘ Weil sie (die Thora) mündlich gelernt und gelehrt werden wird“.

dem Lautzeichen Segol (ֶ) unter dem Buchstaben Nun (נ) aus, sondern mit Kamez (ָ) und sagte: „Mischn*a*, Mischn*at*" usw., vielleicht in Angleichung an „Mikr*a*", „Thor*a*", „Midr*a*sch", „Halach*a*", und „Aggad*a*".[3]

Mischna bedeutet alles, was in Ergänzung der schriftlichen Lehre mündlich gelehrt worden ist. Sie umfasst also Erklärung und Auslegung zur Thora (Midrasch), sowie die Satzungen und Rechtslehren, die nicht ausdrücklich in der Thora enthalten sind (Halacha), sei es, dass man sie unmittelbar aus der Schrift ableitete oder im Wege des Midrasch auf sie stützte, sei es, dass es sich um Überlieferungen aus der Lehre der Alten und der Propheten oder der Weisen handelt, oder um Lehren, die auf Grund vernunftgemässer Überlegung und logischer Schlussfolgerung gewonnen wurden (מדרבנן = rabbinische Vorschrift). In diesem Sinne heisst es (Mischna Kid. I,10): „Jeder, der mit der Schrift, mit der M i s c h n a und mit den Sittengesetzen des menschlichen Zusammenlebens (‚דרך ארץ') vertraut ist, wird nicht so bald sündigen!", und in der „Barajta" (s. weiter unten) Bab. Erub. 54 b: „כיצד סדר המשנה?" = „In welcher Ordnung wurde (am Anfang) die Mischna, d. h. die mündliche Lehre, gelehrt? Moses lernte von der göttlichen Allmacht ......" etc. —

Bereits R. Mëir und R. Jehuda diskutierten darüber, was der Hauptinhalt der Mischna sei, der Midrasch oder die Halacha, wie es heisst: „Was ist Mischna[4]? R. Mëir sagt: Halachot, R. Jehuda sagt: Midrasch" (Bab. Kid 49 a). Daher finden wir in den Barajtot den Ausdruck: „In der Mischna, im Midrasch und in den Halachot" („sowie in den Aggadot", s. Tosephta Ber. II,12; Sifrë „w'sot ha-Bracha", § 344; Jer., B. kama, Kap. IV, Hal. 3; Bab., M.kat. 21 a; u. a.) im Sinne von Gesamtbegriff und Einzelteil (‚כלל ופרט') gebraucht, d. h.: „die Mischna, nämlich Midrach und Halachot". Manchmal werden nur die Teilbegriffe so bezeichnet, ohne dass der Name „Mischna" dabei Erwähnung findet (s. Mischna Ned. IV, 3; Barajta Taan. 16 a; Sifrë „Ekew" § 48; u. a.): „Midrasch, Halachot und Aggadot"[5]. Meistens aber wird der Ausdruck „Mischna" nur im Sinne von „H a l a c h a , H a l a c h o t" gebraucht. So sagt R. Josë (Sanh. III,4): „Dies ist die Mischna des R. Akiba, aber die erste Mischna (= Halacha) besagt ...." usw. —

3 Über „Aggada" s. meine Bemerkung zu Zunz (hebr. a.a.O., S. 250).

4 Wir besitzen nur ein Teilstück dieser Barajta, aus dem nicht klar erkennbar ist, von welchem Fall sie spricht. — Vgl. auch Bab. Ber. 22 a: „Nur soll er (der durch Pollution unrein Gewordene) nicht die Mischna vortragen. R. Jehuda sagt, er darf die Vorschriften über das gesittete menschliche Zusammenleben (= ‚Derech Erez') lernen usw. — Er darf die M i s c h n a vortragen, aber nicht den M i d r a s c h (s. ‚Dikduke Soferim') nach den Worten des R. Mëir". Vgl. Zunz a.a.O. (hebr.), S. 25.

5 In einem Ausspruch des R. Josua bar R. Nechemja (Midrasch Tanchuma, Jitro 10): „Die Mischna ist dreiteilig: Talmud, Halachot und Aggadot", werden auch Talmud und Aggadot unter den Gesamtbegriff ‚Mischna' gerechnet. Vgl. auch Bab. Suk. 28 a sowie Kid. 30 a, ferner Ber. 22 a und ‚Dikduke Soferim', das. S. 105, Buchst. מ, sowie S. 106.

Nach der Redigierung unserer Mischna wurde sie im babylonischen Talmud „משנתנו“ (= „unsere Mischna“) genannt (oder aramäisch: „מתניתין“), um sie von den übrigen Mischna-Sammlungen zu unterscheiden, die „מתניתא“ („Matnita“) oder „ברייתא“ („Barajta“) genannt werden. Im jerusalemischen Talmud wird unsere Mischna als „Matnita“ bezeichnet, sowie zuweilen auch als „Matnitin“, und andere Mischna- Sammlungen werden „משניות“ („Mischnajot“) genannt[6]. —

6 Zuweilen wird auch im babyl. Talmud unsere Mischna „Matnita“ genannt, s. meine „Untersuchungen über Barajta und Tosephta“ S. 1; vgl. auch unten am Ende des Buches, Anhang I (Ende).

II

DAS URALTER DER MÜNDLICHEN LEHRE

Alte mündliche Satzungen

Alles schriftlich Fixierte lässt sich auf verschiedene Art erklären, weil jedem schriftlich Niedergelegten mannigfache Deutungsmöglichkeiten innewohnen und jeder Mensch etwas von seinem eigenen Gedankengut darin sieht. Deswegen sind grundlegende Schriftwerke im Laufe der Zeit verschiedenartigen Erklärungen ausgesetzt. So war auch die Thora vom Tage an, da sie Israel überliefert wurde, von einer mündlichen Erläuterung begleitet, um ihre Absicht zu deuten und die Einzelheiten ihrer Gesamtheitsbestimmungen zu erklären. Diese Erläuterung ist die mündliche Lehre und sie wird „Über lieferung" (Kabbala, Massoret) genannt. Nur sind die Leugner unserer Überlieferung, wie die Sadduzäer und andere Gruppen, der Meinung, dass diese nicht authentisch sei, d. h. dass sie nicht aus dem Munde des Gesetzgebers selbst komme und dieser nicht die Deutung der „Massoret" im Sinne trug, während ihnen (den Überlieferungsgegnern) auf Grund von Vergleichungen mit Parallelstellen oder auf ähnliche Art die wahre Bedeutung des Gesetzes offenbar geworden sei, die der Gesetzgeber im Auge hatte. Beide Teile geben also zu, dass die unerschlossen gebliebenen Gesetze zu ihrer Zeit mündlich erläutert worden sind, und streiten nur über die Authentizität der „Erklärung": die Einen sagen, ihre Erklärung sei die überlieferte und echte, während die Anderen dies leugnen und behaupten, dass die Gesetze von vornherein auf andere Art erklärt worden seien. Alle aber stimmen darin überein, dass seit der Stunde, da die Thora gegeben wurde, auch eine Überlieferung bestanden hat, ohne welche man unmöglich auskommen könne, und dass solange die schriftliche Lehre existiert, auch deren mündliche Erklärung vorhanden ist. In diesem Sinne ist sicher die Auslegung berechtigt (Sifra, „b'Chukkotaj", Ende v. Kap. 8; s. auch Sifrë, „w'sot ha-Bracha", § 351): „והתורות" („und die Lehren"), — dies will besagen, dass Israel zwei Lehren gegeben worden sind, eine auf schriftlichem und eine auf mündlichem Wege'; denn schriftliche und mündliche Lehre sind unlöslich miteinander verbunden und greifen ineinander ein, wie wir dies klargelegt haben[1]. — Doch nicht das

---

1 Vgl. Bab. Schab. 31 a, sowie die Ausführungen des R. Jehuda ha-Levi im „Kusari" (III, 35, u. weiter) gegen die Karäer: „Als Er zu ihnen sagte (Ex. XII, 2): ‚Dieser Monat sei Euch der Anfang der Monate!' [usw.], da war das Volk im Zweifel, ob damit die Monate der Ägypter gemeint seien, unter denen sie lebten [usw.], ob es Sonnen- oder ob es

nur, sondern auf diese mündliche Lehre wird auch bereits in der schriftlichen Thora hingewiesen, und zwar im Falle des „aufsässigen Gelehrten" (זקן ממרא), wo es heisst (Deut. XVII, 8—11): „Wenn Dir etwas zu schwer ist im Gericht, zu entscheiden zwischen Blut und Blut, zwischen Recht und Recht, zwischen Schaden und Schaden, Streitangelegenheiten in Deinen Toren, so sollst Du Dich aufmachen und hinaufziehen zu dem Ort, den der Ewige, Dein Gott, erwählen wird, und sollst zu den Priestern aus dem Stamme Levi kommen und zu dem Richter, der sein wird in jenen Tagen, und Du sollst sie befragen und sie werden Dir ihren Rechtsspruch künden. Und Du sollst tun nach dem Wort, das sie Dir künden werden von jenem Orte aus, den der Ewige erwählen wird, und Du sollst darauf achten, zu handeln nach allem, was sie Dich lehren werden. Nach dem Wort der Thora, das sie Dich lehren werden, und nach dem Recht, das sie Dir kundtun werden, sollst Du handeln, sollst von dem Worte, das sie Dir künden werden, nicht abweichen nach rechts oder links!". Die Thora befiehlt in diesem Gesetz, auf die Entscheidung des Obersten Gerichtshofes in jedem Zweifelsfalle zu hören. Diese Entscheidung, deren Rechtsgültigkeit ihr aus der Thora zufliesst, wird demgemäss zu einem Bestandteil der mündlichen Lehre gemacht, denn der schriftlichen Thora konnte man nichts hinzufügen. Da nun hinsichtlich der Gebote der Thora vielfältige Zweifel entstanden, — sowohl bezüglich der Erklärung der Gebote selbst wie in Bezug auf neue Fälle, die in der Thora

Mond-Monate wären; — sowie: was unter der זביחה (Schächtung) zu verstehen sei, ob sie vielleicht Erstechung bedeute oder das Abschlagen des Kopfes [usw., usw.]; — oder was heissen soll (Ex. XVI, 29): ‚Keiner gehe aus seinem Orte heraus' am Sabbath-Tage!, ob es sich auf sein Haus oder seinen Hof oder sein Gebiet beziehe, usw.; — ferner den Begriff der am Sabbath verbotenen Arbeitsleistung", usw. — Bereits der Gaon Raw Saadja hat darauf im Kampfe gegen die Karäer hingewiesen (s. Lewin, Vorwort zum Briefe des Gaon R. Scherira, S. X, sowie das Fragment von „Essa M'schali" im Jahrbuch „Aluma" S. 54 ff., vgl. auch S. 50 das.). Ebenso sagt R. Nissim in seiner Vorrede zum „Sefer ha-Maphteach": „Und wir finden in der Thora viele Gebote, deren Maasse und Einzelvorschriften nicht erklärt sind, und es ist für uns unmöglich, sie mittels unseres Verstandes allein zu erläutern, [ausser] wenn die Erklärung beigefügt wird, die unsere Propheten in mündlicher Form besassen". Ebenso wird auch im Midr. Lev. Rabba (XXX, 15) gesagt: „Und wer gab Israel bezüglich dieser vier Arten (des Feststrausses am Sukkot-Fest) die Erklärung, dass Zitrusfrucht, Palmzweig, Myrte u. Bachweide gemeint sind? Die Weisen", usw. —. Vgl. auch Ibn Esra zu Ex. XII, 2, sowie in „Jessod Mora", Abschn. I u. VI. Auch die Karäer sagen: „Auf drei Dingen ruht die Schriftauslegung: Auf dem geschriebenen Wort, auf der Vergleichung und auf der ‚Last des Überkommenen' (d. h. auf der Überlieferung)". Vgl. ferner Maimonides, More Newuchim, I, 71: „Vielfältigkeit der Auffassungen und Verzweigung der Systeme sowie Zweifels-Möglichkeiten beeinträchtigen den Text des in Buchform Zusammengestellten, und ihm wird Irriges zugeschrieben, [usw.] . . . .; vielmehr ist die Sache damit in vollem Umfange dem Obersten Gerichtshof überantwortet", usw. — Vgl. auch RAN (= R. Nissim) zu RIF (= R. Jizchak Alfasi), Meg. Kap. IV, Ziffer 1134, sowie R. Josef Albu „Ikkarim" III, 23.

keine ausdrückliche Regelung gefunden haben, — und es sich nun darum handelt, sie klarzustellen und gemäss den hermeneutischen Regeln, nach denen die Thora gedeutet wird, ihre Lösung aufzufinden, so kann man sagen, dass die Thora nur zum geringen Teile schriftlich, grösstenteils aber mündlich überliefert ist, nach den Worten des R. Jochanan im babylonischen Talmud (Git. 60 b) [2]. —

Den Spuren dieser mündlichen Lehre, sei es in Erklärungen, sei es in neuen Gesetzen und Gebräuchen, begegnen wir auch bei den Propheten und Hagiographen. In diesen Büchern werden, auf beiläufigem Wege zwar, aber in klarer Bedeutung, Gesetze erwähnt, während dieselben in der Thora nicht klar erschlossen, daher also mehrdeutig sind, und ebenso finden wir bei Propheten und Hagiographen Erweiterungen zu den Thora-Satzungen sowie neue Gebräuche, was auf Erklärungen und Erweiterungen zur schriftlichen Thora hinweist [3]. Dafür einige Beispiele;

Die Kontroverse zwischen Pharisäern und Sadduzäern über die Zeit der Darbringung der „Omer"-Garbe (Erstlingsgarbe der Getreide-Ernte) hat ihren Ausgangspunkt in der Auffassung der Worte: „Am Tage nach dem Sabbath" (Lev. XXIII,11), welche die Pharisäer erklären: „am Tage nach dem ersten Passah-Festtage", die Sadduzäer jedoch: „am Tage nach dem Sabbath" im buchstäblichen Sinne, also am ersten Tage der Woche. Klar aber ist, dass der Schriftsvers im Buche Jos. V,11: „Und sie assen vom Getreide des Landes am Tage nach dem Passah ungesäuerte Brote und geröstetes Korn an ebendiesem Tage," auf Lev. XXIII,14 hinweisen will: „Und Brot sowie geröstetes Korn und frische

---

2 R. Eliëser jedoch, der dort meint: „Zum grössten Teil schriftlich und zum geringen mündlich", nimmt an, dass Alles, was aus dem Schriftvers herausgelernt werden kann, „schriftlich" genannt wird. Vgl. Jer. Pëa II, 6. S. auch in den „Chidusche Aggadoth" des Maharscha (R. Samuel Edels) a.a.O.; ferner Midr. Ex. Rabba XLI, 6: „Gesamtheitsbestimmungen lehrte Gott den Mosche", sowie Midr. Tanchuma, „Noach" 3: „Und Er hat uns die Thora schriftlich gegeben unter Andeutung des Verborgenen und nicht klar Erschlossenen, und Er hat sie in der mündlichen Lehre erklärt, [etc.] .....; und nicht nur dies, sondern die schriftliche Lehre enthält Gesamtheitsbestimmungen, die mündliche jedoch Einzelregelungen, die mündliche viel, die schriftliche wenig", usw. — S. auch Midr. Num. Rabba XIV, 4 (Wilnaer Druck S. 116).

3 Dies sei vorausgeschickt gegenüber Jenen, welche (nach der Methode der „Bibel-Kritiker") Späteres in eine frühere Zeit verlegen sowie Früheres in eine spätere, und die demgemäss einen Teil der weiterhin angeführten Beispiele in Zweifel ziehen könnten. Meiner Ansicht nach weisen die in der Thora unklar gebliebenen, bei den Propheten aber in klarer Weise ausgedrückten Stellen auf die Thora als Quelle und die Propheten als Erklärung hin, nicht aber umgekehrt, weil ein späterer Autor ein klares Wort nicht durch ein verschlüsseltes zu ersetzen pflegt und ebenso das Feld der Gesetze nicht verkleinern und diese an Zahl verringern wird, sondern im Gegenteil erweitern und vergrössern. — Vgl. Weiss, „Dor Dor w'Dorschaw", I. Teil, Buch 1; und Halevy, „Dorot ha-Rischonim", Bd. 6, S. 33 ff.

Getreidekörner sollt Ihr nicht essen bis zu ‚ebendiesem Tage!'". Sie assen also von dem neugeernteten Getreide erst am Tage nach dem Passah, wie es im Seder Olam, Kap. XI, und im babyl. Talmud, R. hasch. 13 a, erklärt wird. Wir erfahren somit hieraus, dass „am Tage nach dem Sabbath" in Leviticus zu verstehen ist als: „am Tage nach dem Passah" [4]. —

In Ex. XX,22, steht: „Wenn Du einen Altar aus Steinen mir errichten wirst, sollst Du ihn nicht aus behauenen Steinen erbauen; denn Dein Schwert hast Du darüber geschwungen und ihn [damit] entweiht!". Und in Deut. XXVII, 5—6: „Und Du sollst dort erbauen einen Altar dem Ewigen Deinem Gotte, einen Altar aus Steinen, über die Du kein Eisen schwingen sollst. Von ganzen Steinen sollst Du erbauen den Altar des Ewigen Deines Gottes", usw. Indessen heisst es bei dem Tempel, den Salomo erbaute (I Reg. V,31): „Und sie förderten grosse Steine heran, kostbare Steine, um das Haus zu gründen auf behauenen Steinen",— und weiter (ibid. VI,7): „Und das Haus wurde bei seiner Erbauung aus ganzem hinbeförderten Stein erbaut, und nicht Hammer noch Beil noch jegliches Eisenwerkzeug ward gehört bei der Erbauung des Hauses". Danach wurde also der Tempel erbaut aus „ganzen" unbeschädigten Steinen [5], die aber behauen waren, d. h. also, dass man sie ausserhalb zugehauen und sodann zum Tempel hintransportiert hat, denn bei dessen Bau „wurde kein Eisenwerkzeug gehört"; — den Altar indessen erbaute man nicht aus behauenen Steinen. So zeigt sich, dass man das Thora-Verbot, den Altar aus behauenen Steinen zu erbauen, auf den gesamten Tempel erweitert hat, jedoch nicht das ganze Verbot, sondern nur einen Teil, nämlich das Verbot, über den Steinen in des Hauses Innern Eisen zu schwingen, nicht aber aussen, während dies beim Altar auf jede Art verboten war [6]. —

Der Thora-Abschnitt über die Schekel-Abgabe (Ex. XXX,11—16) hat dort seinem Wortlaut nach nur den Sinn einer zeitbedingten, an einen historischen Vorgang anknüpfenden einmaligen Bestimmung (הוראת שעה) des Inhalts: „Wenn Du die Söhne Israels musterst, so soll Jedermann die Hälfte einer Schekel-Münze als Lösegeld für seine Person geben". Im Buche der Könige (II Reg. XII,5) heisst es jedoch: „Alles Geld für heilige Zwecke, das

4 Vgl. ausführlich darüber in den „Ergänzungen" des Verf. zu seinem Mischna-Kommentar Men. X, 3; Ordnung V S. 369.

5 Dasselbe ergibt sich aus der Tosephta Meg. III (II), 5, — wo es heisst: „Die Steine des Heiligtums und der Vorhöfe, die beschädigt worden sind, werden nicht ausgelöst"; s. auch Maimonides, Hilchoth Beth ha-B'chira, Kap. I, Hal. 14—15. Vielleicht erklärt so auch R. Nechemja in Tosephta Sota XV, 1, und Talm. Jer., dort Kap. IX, Hal. 15, sowie Bab., das. 48 b, und nicht wie Midr. Tannaim S. 178.

6 Vgl. Mechilta, Ende von „Jitro", und die Ansicht des R. Nechemja in Sota, a.a.O., sowie Bab., Tamid 26 b, und die dortigen Erklärer. Die Darstellung bei Weiss, „Dor Dor w'Dorschaw", Teil I S. 25, ist unrichtig; die Annahme von Halevy in Dorot ha-Rischonim" (Bd. 6 S. 67) erscheint — gemäss der Ansicht R. Jehudas in Sota, a.a.O., — zwar haltbar, entspricht aber nicht dem einfachen Wortsinn der Schrift.

in das Haus Gottes gebracht wird als „כסף עובר" (d. h. als Geld des [zu den Gemusterten] ‚Übertretenden' in Anspielung auf Ex. XXX, 13—14: כל העובר על הפקודים)", — sowie weiter: „.... von Jedermann das Geld für die Personen gemäss seiner Einschätzung, alles Geld, das Jemand in das Haus des Ewigen zu bringen beschliesst in seinem Herzen". Wir finden somit hier, dass man in der Zeit des Königs Joasch nicht nur das „כסף עובר" für die Gemusterten brachte, also das Silbergeld der Schekel-Abgabe, sondern darüber hinaus (unabhängig vom Falle einer Musterung) auch das Geld der „Einschätzung der Personen" (s. Lev. XXVII,1 ff.: „Wenn Jemand ein besonderes Gelübde tut nach der Einschätzung der Personen für den Ewigen ...... "), sowie das Geld für „Spenden-Gelübde" (נדבות) schlechthin. Vgl. ferner II Chron. XXIV, 6 und 9. — Hieraus ist zu entnehmen, dass das Schekel-Gebot in dieser erweiterten Gestalt als eine für alle Zukunft geltende Anordnung (מצווה לדורות) aufgefasst und so rezipiert wurde (vgl. Ibn Esra zu Ex. XXX, 12, im Namen „des Gaon", Raw Saadja, sowie die Einleitung des Verf. zum Trakt. Schek. in seinem Mischna-Kommentar, Ordnung II, S. 183). —

Die Sabbath-Vorschriften sind nach der Mischna (Chag. I, 8) „wie Berge, die an einem Haare hängen; denn der Schriftsverse sind nur wenige, der Halachot aber viele". Alle Sabbath-Bestimmungen in ihrer Gesamtheit sind enthalten in dem Verbot: „Du sollst keine Arbeit verrichten" (Ex. XX, 10) sowie in dem Gebot: „Gedenke das Sabbath-Tages, ihn zu heiligen!" (das. XX, 8). Einzelheiten werden angeführt in den Schriftversen: „Ihr sollt kein Feuer entzünden!" (Ex. XXXV, 3), „Am siebenten Tage sollst Du ruhen, vom Pflügen wie vom Ernten sollst Du ruhn!" (ibid. XXXIV, 21), ferner im Falle des bei der Holzlese Betroffenen (Num. XV, 32 ff.)[7], sowie im Abschnitt über die Manna-Speisung, wo die Warnung ausgesprochen wird: „Keiner verlasse seinen Ort am siebenten Tage!" (Ex. XVI, 29; vgl. auch Vers 23). Demgegenüber wird im Buche Jeremia (XVII, 21—22) das Verbot des Hinaustragens von einem Gebiet ins andere besonders hervorgehoben: „Hütet Euch, eine Last zu tragen am Sabbath-Tage und sie durch die Tore Jerusalems zu bringen; Ihr sollt keine Last aus Euren Häusern tragen am Sabbath-Tage und keinerlei Arbeit sollt Ihr verrichten!" usw. Und im Buche Jesaja (LVIII, 13) erwähnt der Prophet das Verbot, profane Dinge am Sabbath zu tun: „So Du einhältst vor dem Sabbath Deinen Schritt, Deine Angelegenheiten zu regeln an meinem heiligen Tage, so Du den Sabbath eine Wonne nennst, Gott zu heiligen, dem Ehre gebührt, und Du Ihm Ehr erweisest, indem Du Dich davor zurückhältst, Deine Wege zu tun, Deine Angelegenheiten zu betreiben oder auch nur mit Worten darüber zu sprechen". Ebenso wird das Verbot, am Sabbath Handel zu treiben, ausdrücklich ausgesprochen im Buche Nehemia (X, 32): „Und den Angehörigen des einfachen Volkes, die ihre Waren

7 Man kannte in der Tat seine Strafe nicht, nach den ausdrücklichen Schriftworten: „denn es war nicht klar offenbart, was mit ihm zu geschehen habe".

und alle Verkaufsgegenstände am Sabbath-Tage zum Verkauf herbringen, ihnen wollen wir sie nicht abnehmen am Sabbath und an heiligen Tagen"; vgl. auch das. XIII, 15 ff: „Ich sah in Jehuda die Keltern treten am Sabbath und die Haufen herausschleppen und sie den Eseln aufladen, auch Wein sowie Trauben und Feigen und jede Art von Last, und sie nach Jerusalem bringen am Sabbath-Tage" ...., „und sie am Sabbath verkaufen" .... usw. — Das Verbot der Verkaufstätigkeit wird nach dem einfachen Wortsinne der Schrift auch bei Amos (VIII, 5) angedeutet: „Wann wird der Neumondstag vorüber sein, damit wir Getreidehandel treiben können, und der Sabbath, dass wir Korn feilbieten?!". Aus diesem Schriftsvers erfahren wir, dass man auch am Tage der Neumondsweihe keine Arbeit zu verrichten und sich nicht mit Handelsgeschäften zu befassen pflegte. Deshalb nannte man den gewöhnlichen Wochentag — im Gegensatz zum Neumondstage — „Werktag" (‚יום המעשה', I. Sam. XX, 19). Am Neumondstage suchte man den Propheten auf wie am Sabbath (II Reg. IV, 23), und Jesaja bringt den Neumondstag auch allgemein in Verbindung mit dem Sabbath, indem er sagt (I, 13): „Neumond und Sabbath, da Ihr Eure Zusammenkünfte einberuft!", u. dgl. mehr. — In der Thora aber ist der Neumondstag lediglich durch sein besonderes Opfer vor anderen Tagen ausgezeichnet (Num. XXVIII, 11). Auch in der Barajta (Meg. 22 b) wird von der Annahme ausgegangen, dass man am Neumondstage keine Arbeit verrichtet, und ohne Zweifel enthielt man sich deshalb der Arbeit, weil man an diesem Tage ein (zusätzliches) „Mussaf"-Opfer darbrachte wie an einem der Halbfeiertage[8]. —

Ebenso wie am Neumondstage pflegte man sich an den Tagen, an welchen ein Fasten verhängt worden war, an einem bestimmten Orte zu versammeln, um zu beten, wie es heisst (I Sam. VII, 5—6): „Und Samuel sprach: ‚Versammle ganz Israel in Mizpe, und ich werde für Euch beten zum Ewigen!'. ...... usw. Und sie fasteten an jenem Tage und sprachen dort: Wir haben gesündigt wider den Ewigen!" — Ebenso betete Salomo bei der Einweihung des Heiligtums (I Reg. VIII, 30 ff.): „Und Du wollest hören auf das Flehen Deines Knechtes und Deines Volkes Israel, die beten werden an dieser Stätte; ..... — Wenn Dein Volk Israel vom Feinde geschlagen wird, weil es wider Dich gesündigt hat, und sie zu Dir zurückkehren werden und Deinen Namen anerkennen und beten und flehen werden zu Dir in diesem Hause ..... — Wenn der Himmel verschlossen und kein Regen sein wird, weil sie sündigten gegen Dich, so werden sie beten an dieser Stätte .... — Wenn Hungersnot sein wird im Lande, wenn Seuche umgehen wird, wenn Brand und Dürre, Heuschrecken- und Käferplage herrschen wird, ..." usw. — Und bei Joël (I, 14) heisst es: „Heiligt einen Fasttag, beruft eine Zusammenkunft ein, versammelt die Ältesten, alle Bewohner des Landes im Hause des Ewigen, Eures Gottes, und

8 So bei R. David Kimchi zu I Sam. XX, 19, sowie in Ture Ewen zu Meg. das.; ebenso bei Halevy, „Dorot ha-Rischonim", Bd. III, Bl. 166; s. auch dort S. 320 ff.

schreiet auf zum Ewigen!", — und Ähnliches mehr. Vier kalendarisch fixierte Fasttage werden von Secharja erwähnt (VIII, 19; vgl. auch das. VII, 5), und sicher hatte dieses „Aufschreien" an den Fasttagen die Form von festbestimmten und geordneten Gebeten nach Art der Ordnung in der Mischna Taanit, Kap. II (siehe dort in der „Einleitung" im Mischna-Kommentar des Verfassers), während sich in der Thora nirgends ein Hinweis auf feste Gebete findet [9]. Im Buche Daniel (VI, 11) heisst es, dass Daniel drei Mal am Tage betete [10], ebenso wie es in den Psalmen (LV, 18) steht: „Abends, morgens und mittags will ich mein Leid hinausschreien und wehklagen!" —

Über das Recht der Auslösung („Gëula") von Grundbesitz usw. und die Form des Eigentums-Erwerbs („Kinjan"), wie sie in Israel üblich waren, erhalten wir Aufschluss im Buche Ruth (Kap. IV) sowie bei Jeremia (Kap. XXXII). Die Auslösungspflicht steht nach dem Buche Ruth dem Gebot der Schwager-Ehe [11] nahe, und alle Verwandten des Verstorbenen sind verpflichtet, seine Güter auszulösen, ehe sie an einen Fremden übergehen, während nach der Thora (Lev. XXV, 25) der Vorgang der Gëula eine Auslösung nur desjenigen Grundbesitzes darstellt, der bereits an einen Anderen verkauft worden ist. Die Art des Rechtsübergangs wird im Buche Ruth geschildert als Brauch aus alter Zeit: „Und so hielt man es von Alters her in Israel mit der Auslösung und dem Tausch, um jegliche Rechtssache zu bestätigen: Der eine (der beiden Vertragspartner) zog seinen Schuh aus und übergab ihn dem anderen" (Ruth IV, 7). Von hier leiten unsere Weisen die Rechtssatzungen des „Kinjan" [12] ab. Ebenso sagte Jeremia, als er das Feld von seinem Oheim Chanamel, dem Sohne des Schalum, erwarb, dass ihm „das Recht zustand, es durch Auslösung zu erwerben", usw. „Und ich schrieb einen Kaufbrief und besiegelte ihn und liess ihn durch Zeugen bestätigen und wog das Geld ab auf der Waage, und ich nahm den Kaufbrief an mich, den nach Gebot und Satzung versiegelten wie den offenen. Und ich übergab den Kaufbrief an Baruch, den Sohn des Nerija, Sohnes des Machseja, vor den Augen meines Oheims Chanamel und vor den Augen der Zeugen, die im Kaufbrief unterschrieben standen", usw. (Jer. XXXII, 7—12); „Felder werden durch Geldzahlung erworben", ... usw (das. Vers 44). Auch aus dieser Schilderung entnehmen unsere Weisen den Rechtserwerb durch Ur-

9 Selbst nach denjenigen der Weisen, nach deren Meinung das Gebet auf einem Thora-Gebot beruht, hat es (nach der Thora) keine festgeprägte Form, vgl. Maimonides, Anfg. der „Halachot über das Gebet"; s. auch Responsen der Geonim, ed. Harkavy, No. 258; sowie Einltg. zu Trakt. Ber. im Mischna-Komm. d. Verf.

10 Vgl. Tosephta Ber, Kap. III, 6; Talm. Jer. das., Anfg. v. Kap. IV; sowie Bab. 31 a.

11 Die Karäer sind der Meinung, dass die Auslösung von Ruth tatsächlich eine Leviratsehe war (dasselbe nimmt auch Josephus an, Jüd. Altertümer V, 9,4). Vgl. dazu den Targum zum Buche Ruth, IV, 5, sowie die Einleitung zu Trakt. Jeb. im Mischna-Komm. d. Verf.

12 S. Bab., B. mez. 47 a; sowie Jer. Kid., Kap. I, Hal. 5, Bl. 60 c.

kunde und durch Geld[13]. — Ebenso leiten sie von Boas her, der zu den Schnittern sagte: „Gott sei mit Euch!", sowie aus deren Erwiderung: „Gott segne Dich!" (Ruth II, 4), dass es dem Menschen erlaubt ist, seinen Gefährten mit dem Namen Gottes zu begrüssen, und sie führten dies sogar als Anordnung ein (vgl. Mischna Berachot, Ende v. Kap. IX, und die „Ergänzungen" dortselbst im Mischna-Kommentar des Verfassers). —

Unter den Propheten im Exil nimmt Ezechiel insofern eine Sonderstellung ein, als seine Worte in Widerspruch zu denen der Thora zu stehen scheinen. Darum wollten die Weisen sein Buch zuerst verborgen halten. Aber sie deuteten es aus und brachten seine Worte in Einklang mit denen der Thora (vgl. Bab., Men. 45 a). Trotzdem werden daraus (Ez. XXIV, 17) einige Halachot bezüglich der Trauervorschriften[14] geschlossen (Bab., M.kat. 15 a und b, 27 b), sowie andere Bestimmungen: „R. Chisda sagt: Dies (dass ein unbeschnittener Priester die Opferhandlung entweiht) entnehmen wir nicht den Worten der Thora unseres Lehrers Mosche, sondern wir entnehmen es den Worten des Ezechiel", usw. Dazu wird gefragt: Und woher wusste man es vor Ezechiel? Worauf die Antwort lautet: „So hat man es gelernt" (d. h. es bestand eine Überlieferung vom Sinai her), „und Ezechiel kam und gab dem eine Stütze durch den von ihm niedergeschriebenen Schriftvers" (M.kat. 5 a, sowie die dort am Rande verzeichneten Parallel-Stellen). — Der Prophet Haggai stellte den Priestern als Lehrern des Volkes eine Frage bezüglich der Halachot, die die Opfer- und Reinheitsvorschriften betreffen: Wenn jemand Opferfleisch trägt im Saume seines Gewandes und er berührt mit seinem Saum das Brot ....., wird es dadurch geheiligt? usw. (Hag. II, 12—13)[15] — Mal'achi fordert, dass man „jede Zehnt-Abgabe" in das Vorratshaus bringe (Mal. III, 10), woraus zu entnehmen ist, dass man den Schriftsvers (Deut. XII, 6): „Und Ihr sollt dorthin bringen Eure Ganzopfer und Eure Schlachtopfer und Eure Zehnten und die ‚Teruma'-Abgabe Eurer Hände!" dahin erklärte, dass man die Abgaben und Zehnten in das Heiligtum nach Jerusalem[16] zu bringen habe, und dass die Priester und Leviten sie dort unter sich verteilten. Und so nahmen sie in der Tat auch die Durchführung auf sich in den Tagen Nehemias: „Und die Erstlinge von unserem Teige und unseren Teruma-Abgaben (Getreide-Hebe, wie in der Septuaginta erklärt) und von jeder Baumfrucht, von Most und Öl, wollen

---

13 S. Bab. Kid. 26 a; B. bat. 160 b; Git. 36 a; u. a; ferner Jer. Git., Kap. VIII, Hal. 10, Bl. 49 d; Kid., Kap. I Hal.3, Bl. 59 d; sowie in den „Ergänzungen" zu Kid. I, 5, im Mischna-Komm. d. Verf.

14 Ebenso werden dem Buche „Hiob" Trauervorschriften entnommen, vgl. Jer., M. kat., Kap. III, Hal. 5; Bab., das. 20 b; sowie Bereschit Rabba Kap. 57, 4 (S. 617). S. ferner M. kat. 21 a und 28 b.

15 Vgl. Pes. 20 a und Jer. Sota, Kap. V, Hal. 2, Bl. 20 b, darüber, wie Frage und Antwort dort erklärt werden. —

16 S. Nachmanides z. St.

wir den Priestern bringen in die Kammern unseres Gotteshauses, und den Zehnten unseres Bodenertrages den Leviten", usw.; „und der Priester, der Sohn Aharons, soll neben den Leviten auch am Zehnten der Leviten teilhaben, und die Leviten sollen den Zehnten in das Haus unseres Gottes heraufbringen, in die Kammern des Vorratshauses; denn in die Kammern sollen die Söhne Israels und die Söhne Levis die Hebe bringen vom Getreide, vom Most und vom Öl", . . . usw. (Neh. X, 38—40; s. auch das. XII, 44, sowie XIII, 5 u. 12). Auch in den Büchern der Chronik (II. Buch, XXXI, 5—12) wird ausdrücklich gesagt, dass man schon zur Zeit des Königs Chiskija die Heben und Zehntabgaben in die Kammern des Gotteshauses brachte [17].

Der Verfasser der Chronik-Bücher [18], der gewohnt ist, die Berichte der Thora und der Quellen, die ihm vorangingen, zu erklären und verständlich zu machen, erläutert auch die Einzelheiten, soweit sie die Halacha betreffen. So sagt er bezüglich des Passah-Opfers, dass man zur Zeit des Königs Josia brachte (II. Chron. XXXV, 7—9): „Und es erhob Josia vom einfachen Volke eine Abgabe vom Kleinvieh, nämlich Lämmer und junge Ziegen, alles für die Passah-Opfer usw., sowie dreitausend Rinder usw. Und seine Fürsten gaben als Spende für das Volk usw., den Priestern gaben sie für die Passah-Opfer 2600 (Stück Kleinvieh) und dazu 300 Rinder usw. . . . Sie gaben als Hebe für die Leviten zum Zwecke der Passah-Opfer 5000 (Stück Kleinvieh) und dazu 500 Rinder". Daraus geht hervor, dass die Worte der Thora (Deut. XVI, 2): „Und Du sollst schlachten als Passah-Opfer dem Ewigen, Deinem Gotte, Kleinvieh und Rinder!" zu erklären sind: Kleinvieh als Passah-Opfer, wie es heisst (Ex. XII, 5): „Von den Lämmern und den Ziegen sollt Ihr es nehmen!", während die Rinder nicht zum Passah-Opfer bestimmt waren, sondern für eine andere Opferart, wie die Weisen erklären: Kleinvieh für das Passah-Opfer und Rinder für das Fest-Opfer („Chagiga") [19]. Ähnlich heisst es (II. Chron. XXXV, 13): „Und sie kochten das Passah-Opfer am Feuer, seiner Vorschrift gemäss", um den Schriftvers in Deut. XVI, 7: „Und Du sollst es kochen

17 Dieser Brauch ist auch aus den nichtkanonischen Schriften, ferner aus Philo („Über die Einzelgesetze" I, 152 u. a.) sowie aus Bamidbar Rabba bekannt; — also nicht wie bei Weiss, „Dor Dor we-Dorschaw" (Teil I S. 54), dargestellt. Vgl. darüber in der Einltg. zum Trakt. Terumot im Mischna-Komm. d. Verf.

18 Nach der Überlieferung in Bab., B. bat. 15 a, hat Esra das nach ihm benannte Buch geschrieben sowie den Abstammungs-Nachweis (die Geschlechter-Folge) in den ‚Büchern der Chronik' bis herab zu seiner Person, vgl. dort. Damit ist Esra „der Schriftgelehrte" („הסופר") gemeint, welcher die Thora vor dem Volke vortrug, worauf die Leviten sie erklärten und erläuterten, und so verlas man sie „klar ausgedeutet und dem Verständnis nahegebracht, und sie verstanden den [vorgelesenen] Schrifttext" (Neh. VIII, 7 u. 8). — Anders die Auffassung der Bibel-Kritiker.

19 S. Mechilta, „Bo", Kap. IV, ferner Sifrë Deut., Erkl. 129; Bab. Pes. 70 b, sowie Ibn-Esra und Nachmanides zu Deut., a.a.O.

und sollst es essen!" dahin zu erklären, dass unter „Kochen" zu verstehen ist: „am Feuer Braten". Denn auch das Braten wird „Kochen" genannt [20], und dort, wo „Kochen" (in seinem eigentlichen Sinne gebraucht) bedeutet: „im Wasser", erklärt die Schrift (Ex. XII, 9) ausdrücklich: „und gekocht im Wasser". —

Aus den Büchern der Chronik erfahren wir auch, dass man das Blut des Passah-Opfers an den Altar zu sprengen und die (zur Verbrennung bestimmten) Opferteile (= Fettstücke) desselben auf den Altar zu bringen pflegte, obwohl sich in der Thora kein ausdrücklicher Schriftsvers als Grundlage für diese Halacha findet [21] und die Tannaiten sie aus überzähligen Worten an anderen Stellen schlossen [22]. Ausdrücklich erwähnt wird sie jedoch in den Chronik-Büchern (II. Buch, XXXV, 11—12): „Und sie (die Leviten) schlachteten das Passah-Opfer, und die Priester, die es aus ihrer Hand empfingen, vollzogen die Sprengung, und die Leviten zogen das Fell ab. Und sie entfernten das Brandopfer-Teil (für den Altar, d. h. die zu verbrennenden „Emurim"), um es den Gruppen der Familiengemeinschaften des Volkes zu übergeben, damit sie es opferten dem Ewigen, wie es im Buche Moses steht; und ebenso verfuhr man mit den Rindern". Weiterhin heisst es (a.a.O., Vers 14): „Und die Priester, die Söhne Aharons, wenn sie das Brandopfer und die Fettstücke heraufschafften bis zum Einbruch der Nacht", usw. Beiläufig entnehmen wir ferner aus Vers 11, dass es die Leviten waren, die das Passah-Opfer schlachteten, obwohl die Schächtung nach der Halacha auch durch einen „Fremden" (d. h. Nicht-Priester) zulässig ist und jedermann sie vollziehen kann. Ebenso heisst es dort in Vers 6: „Und Ihr (die Leviten) sollt schlachten das Passah-Opfer" usw. Auch bei Esra (VI, 20) steht: „Denn gereinigt hatten sich die Priester und die Leviten, alle wie ein Mann waren sie rein, und sie (die Leviten) schlachteten das Passah-Opfer für alle in der Verbannung Lebenden und für ihre Brüder, die Priester, sowie für sich selbst". — Vgl. auch II Chron. XXX, 17. — In II Chron. XXIX, 22 u. 24, heisst es, dass zur Zeit des Königs Chiskija die Priester selbst die Opfer schlachteten. Siehe auch Ez. XLIV, 10—11: „...... sondern die Leviten [die Priester aus dem

---

20 Vgl. Bab., Ned. 49 a und Jer. das., Anfg. v. Kap. VI, sowie Mechilta „Bo", Kap. VI, welche einen Beweis aus dem Schriftvers der Chronik dafür bringen, dass auch das Braten als „Kochen" bezeichnet wird. S. auch Ibn-Esra in Ex. u. Deut. z. St.

21 In Ex. XXIII, 18, heisst es zwar; „Und es soll nicht die Nacht überdauern das Fett meines Festopfers bis zum Morgen!"; doch lässt sich dies auf das Chagiga-Opfer sowie die anderen Opfer beziehen, die man anlässlich des Passahfestes darbrachte, und braucht nicht das Passah-Lamm zu betreffen; — vgl. Bab. Chag. 10 b. Der weitere Vers (Ex. XXXIV, 25): „Und es soll nicht die Nacht bis zum Morgen überdauern das Opfer des Passah-Festes!", kann auf das F l e i s c h (im Gegensatz zum Fett) des Passah-Opfers bezogen werden, vgl. Toss. zu Pes. 59 b (Stichwort: „ולא") sowie Mischne la-Melech zu Maimonides, Kap. I der Halachot über das Passah-Opfer, Hal. 7.

22 Vgl. Sifra Wajikra, „Nedawa", Kap. XX, 5 (auch Bab. Seb. 37 a) u. Sifrë, „Korach", Erkl. 118 (S. 139), sowie Jer. Pes., Kap. V, Hal. 6.

Stamme Levi], die sich entfernt haben von mir, als Israel abirrte, die von mir abgeirrt sind den Götzen nach, und die ihre Sünden zu tragen haben, — in meinem Heiligtum sollen sie Dienst tun, ... usw. Sie sollen schlachten das Ganzopfer und das Schlachtopfer für das Volk", usw. — Demnach sollen die Priester aus dem Stamme Levi in der Weise bestraft werden, dass sie keinen Priesterdienst mehr im Heiligtum leisten dürfen, sondern nur einfache Arbeiten ausführen, darunter auch die Schächtung der Opfertiere. Und in der Tat war der Brauch so, dass die Priester selbst die Opfertiere zu schlachten pflegten, doch manchmal taten dies auch die Leviten, wie in Tamid (III, 1) berichtet wird, dass man Lose warf: „Wer schächtet?" usw. Im babyl. Talmud (Ket. 106 a) heisst es: „Die Gelehrten, welche die Priester die Schächtung lehrten, empfingen ihren Lohn aus den Geldern der Schatzkammer-Hebe". Und im Midrasch Leviticus Rabba (XXII, 7) wird schlechthin behauptet: „Der Priester schächtet und fängt das Blut auf". — In Midrasch Numeri Rabba (XVIII, 17) heisst es: Aharon [der Priester] und Korach [der Levite] stehen einander gleich [im Sinne des Psalmwortes LV, 15]: ‚Im Hause Gottes wandelten wir vereinigt'; der Eine (Korach) schächtet und tut Opferdienst[23], der Andere (Aharon) sprengt das Blut". —

Diese Beispiele dürften, wie anzunehmen, zum Beweise dafür genügen, dass sich schon bei den Propheten und Hagiographen Erklärungen für die unklaren Stellen in der Thora finden und ebenso Erweiterungen zu deren Satzungen sowie eine Reihe von Bräuchen. Dies alles wird zusammengefasst unter dem Begriff „Mündliche Lehre". Den Spuren dieser Lehre und ihren Kennzeichen begegnen wir auch in den ausserkanonischen Büchern, und von besonderer Bedeutung für unseren Gegenstand ist die Übersetzung der Septuaginta zur Thora, die etwa um die erste Hälfte des dritten Jahrhunderts vor der bürgerlichen Zeitrechnung verfasst worden ist. In dieser Übersetzung sind zahlreiche Satzungen der Thora in Übereinstimmung mit unserer Halacha übertragen, einige von ihnen lediglich gemäss einer der verschiedenen Lehrmeinungen, die im halachischen Schrifttum bei der Auslegung des Gesetzes überliefert sind, und zuweilen widerspricht die Übersetzung sogar allen uns bekannten Auffassungen der Mischna-Lehrer hin-

---

23 Es scheint, dass damit gesagt sein soll: „und er reicht dar", „und er bringt das Blut herbei", gemäss der Ansicht des Raw Chisda in Joma 49 a, vgl. R. David Luria und R. Samuel Straschun z. St.; — siehe ferner Mischna Seb. III, 1, und die Gemara dort 32 a, sowie Toss. Kid. 76 b, Stichwort: „אין". — Philo sagt im Buche über die Einzelgesetze I, 199, dass die Priester die Opfer schlachteten (und der gleichen Ansicht ist R. Abraham b. Esra zu Lev. I, 5); aber bezüglich des Passah-Opfers, von dem es heisst (Ex. XII, 6): „Und schlachten soll es die ganze Versammlung der Gemeinde Israels", meint Philo (a.a.O., II, 145), dass ‚ganz Israel' es schlachtete (also auch Nichtpriester). Vgl. ferner in „Altertümer" des Josephus III, 9, 1, sowie die Einltg. zum Trakt. Pes. im Mischna-Komm. d. Verf.

sichtlich der Erklärung des Schriftverses. Die im Folgenden aufgeführten Einzelheiten mögen zur Klarstellung unserer Worte dienen [24].

In Ex. XII, 15, heisst es: „Sieben Tage sollt Ihr ungesäuertes Brot essen, doch am ersten Tage sollt Ihr den Sauerteig ‚entfernen' (hebr. תשביתו) aus Euren Häusern!" Die Septuaginta übersetzt das Wort „תשביתו" mit einem Ausdruck, dessen Hauptbedeutung „Tilgung", „Vernichtung" ist, d. h. man muss den Sauerteig „zunichte machen", ihn „aus der Welt schaffen", — wie: „Ich werde vertilgen (אשביתה) ihr Andenken unter den Menschen" (Deut. XXXII, 26), oder: „zu vernichten (להשבית) den Feind und den Racheheischenden" (Ps. VIII, 3); — nicht also ist der Sauerteig bloss aus dem Hause zu entfernen, wie: „Und ich werde fernhalten (והשבתי) böses Getier vom Lande" (Lev. XXVI, 6), und anderwärts.— Genau dies ist auch die Auffassung der Väter der Halacha: R. Akiba setzte voraus, dass das Gebot von „תשביתו" durch Verbrennung zu vollziehen sei, sein Schüler R. Jehuda meint: „Es gibt keine andere Vernichtung des Gesäuerten als die Verbrennung", während die Weisen die Vernichtung „auf jede Art" für zulässig halten [25]. — Die Übersetzer hatten also offenbar von der Halacha Kenntnis, wie sie in der lebendigen Praxis dadurch geübt wurde, dass man das Gesäuerte völlig aus der Welt schaffte. —

Der Vers Ex. XXI, 7: „Wenn Jemand seine Tochter als Magd verkauft, so soll sie nicht (in die Freiheit) hinausgehen, wie die Sklaven hinausgehen", wird von der Septuaginta dahin übersetzt, dass sie nicht herausgehen soll wie kenaanitische Sklaven und Sklavinnen. Und so entspricht es auch der Halacha, die die Erklärung hinzufügt: „Sie soll nicht hinausgehen auf Grund einer Schädigung der wichtigsten Körperteile, Verlust von Zahn oder Auge, wie die Kenaaniter hinausgehen" (s. Mechilta, ibid.). So wird der Schriftvers auch in anderen griechischen Übersetzungen, bei Aquilas und Symmachos, wiedergegeben, und ebenso in der Übersetzung, die Jonatan zugeschrieben wird, während die (dem einfachen Wortsinn folgenden) Kommentatoren Ibn Esra und R. Samuel b. Mëir („Raschbam") den Vers in anderer Richtung erklären. —

---

24 Vgl. das Werk v. Zacharias Frankel: „Über den Einfluss der palästinensischen Exegese auf die alexandrinische Hermeneutik", ein Buch, das wegweisend für meine Blickrichtung war und dessen Spuren ich folge, wenngleich ich in manchen (hier nicht angeführten) Einzelheiten mit ihm nicht übereinstimme; vgl. nachfolgend Anm. 25.

25 Mischna Pes. II, 1, und Bab. das. 5 a; Mechilta „Bo", Kap. 8, sowie in der Einltg. zum Trakt. Pes. im Mischna-Komm. des Verfassers. S. auch Frankel, a.a.O., S. 89, der beweisen will, dass nach Ansicht der Septuaginta Gesäuertes (חמץ) am Passahfest für jede Art von Nutzniessung verboten sei („אסור בהנאה"). Doch liegt die Annahme fern, dass die Verfasser der Sept. dies gemeint haben. Übrigens ist nach der Ansicht des R. Josë Hag'lili (Bab. Pes. 28 b) das Chamez am Passahfest für die Nutzniessung erlaubt (und nur dessen Verzehrung als Speise verboten). Die von Frankel aus dem Wortlaut der Übersetzung zu Vers 18 entnommene Schlussfolgerung, dass das Chamez-Verbot mit der Mittagsstunde des 14. Nissan beginne, ist ganz verfehlt.

An zwei Stellen übersetzt die Septuaginta deshalb der Halacha entsprechend, weil die Übersetzer auch ihrerseits die Bedeutung des Schrifttextes aus parallelen Stellen der Bibel ableiteten. a) In Ex. XXI, 16, steht: „Wer einen Menschen stiehlt und ihn verkauft, und man findet ihn in seiner Hand, der soll sterben", und die Septuaginta fügt hinzu: (einen Menschen) „von den Söhnen Israels, und er hat sich an ihm vergangen", — auf Grund des Schriftverses Deut. XXIV, 7: „Wenn jemand gefunden wird, der eine Person stiehlt von seinen Brüdern, den Söhnen Israels, und er hat sich an ihm vergangen". Ebenso steht es auch in der Mischna Sanh. XI, 1 (Bab. 85 b) [26]. — b) In Lev. XXI, 5, wo es in Bezug auf die Priester heisst: „Sie sollen sich keine Glatze scheren lassen auf ihrem Haupte", fügen die Verfasser der Septuaginta hinzu: „für einen Toten" (als Zeichen der Trauer), wie es bezüglich eines „Jisrael" (von nicht-priesterlicher Abkunft) in Deut. XIV, 1, steht. Auch dies stimmt mit der Halacha überein, vgl. Bab. Makk. 20 a sowie Sifra „Emor" (Kap. I, 3) [27]. —

In Lev. XXIII, 11 übersetzt die Septuaginta „am Tage nach dem Sabbath" mit den Worten: „am Tage nach dem ersten Festtage", wie es der Halacha entspricht (vgl. oben S. 6 f.).

In Deut. XXIII, 18, bezüglich des Mannes, der seine Frau verleumdet hat, heisst es: „Und es sollen die Ältesten jener Stadt den Mann ergreifen und ihn züchtigen". Die Septuaginta übersetzt: „und sie sollen ihn schlagen", und so steht es auch im Sifrë daselbst sowie in der Barajta (Bab., Ket. 46 a) [28].

In Deut. XXV, 5, sagt die Thora (in Bezug auf die Pflicht der Leviratsehe): „Wenn Brüder zusammen wohnen und es stirbt einer von ihnen, und er hat nicht einen Sohn", usw. Die Septuaginta übersetzt: „Und er hat keinen Samen" (= Nachkommenschaft), um darauf hinzuweisen, dass auch eine Tochter oder ein Enkel die (verwitwete) Ehefrau von der Schwagerehe be-

---

26 Ebenso erklärt Philo (über die Einzelgesetze, IV, 19) der Sept. entsprechend, während Josephus („Altertümer", IV, 8, 27) zwischen Jude und Nichtjude keinen Unterschied machen will, um auch den fremdstämmigen Völkern ‚die Schönheit der Lehre Israels' vor Augen zu führen.

27 Demgegenüber brachten die Vf. d. Sept., — in Widerspruch zur Halacha, — die beiden Verse: „Dein Feld sollst Du nicht besäen mit vermischten Gattungen" (Lev. XIX, 19) sowie: „Du sollst nicht besäen Deinen Weinberg mit vermischten Gattungen" (Deut. XXII, 9) miteinander in Verbindung und übersetzten in Lev.: „Deinen Weinberg" statt „Dein Feld". Ihnen folgt Philo (Über die Einzelgesetze, IV, 208). Auch ein Teil der Karäer (s. „Aderet Elijahu", Gattungsvermischungen von Samen, Kap. 2) verbindet die beiden Schriftverse; s. noch in der Einleitung zu Trakt. Kil., Anm. 1, im Mischna-Komm. d. Vf.

28 R. Abahu das. erschliesst diese Halacha mittels einer fernliegenden Wortgleichsetzung (גזירה שווה), während die Vf. d. Sept. auf Grund des einfachen Wortsinnes so übersetzen; ihnen folgt darin Philo (Über die Einzelgesetze, III, 82), ebenso auch Josephus (Altertümer IV, 8, 23).

freien, in Übereinstimmung mit der Halacha, welche dies aus dem Schrifttext selbst ableitet: „er hat nicht", d. h. „in keiner Weise" [29].

Den Schriftvers in Deut. XXVI, 12: „Wenn Du aufhörst zu entrichten den gesamten Zehnten Deines Ertrages im dritten Jahre, dem Jahre der Zehntabgabe, so sollst Du geben dem Leviten, dem Fremdling, der Waise und der Witwe!" übersetzt die Septuaginta: „so sollst Du geben den Zweit-Zehnt dem Leviten", usw. (d. h. ein Zehntel des nach Abzug des ersten Zehnten verbleibenden Restes). — Danach besteht die Verpflichtung, im dritten Jahre des (siebenjährigen) „Schmitta"-Zyklus den Zweitzehnten dem Leviten und dem Fremdling zu geben (eine Abgabe, die „Armenzehnt" genannt wird) an Stelle des Zweitzehnten der beiden vorhergehenden Jahre, der (vom Eigentümer selbst) in Jerusalem zu verzehren ist; nicht aber ist man verpflichtet, im dritten Jahre sowohl Zweizehnt wie auch Armenzehnt zu entrichten (das hiesse drei Zehnt-Abgaben: den ersten Zehnten, den Zweitzehnten sowie den Armenzehnten). Auch darin stimmt die Septuaginta mit der Halacha überein [30]. —

An den Stellen, die wir vorstehend zitiert haben, entspricht die Erklärung der Septuaginta der anonymen Tradition, wie sie ohne Kontroverse in dem uns vorliegenden halachischen Schrifttum überliefert ist. Es gibt aber auch Fälle, in denen die Mischna-Lehrer über die Auslegung der Schrift geteilter Ansicht sind und die Septuaginta in ihrer Übersetzung nur einer der divergierenden Meinungen folgt. Doch kann man aus diesen Stellen nicht entnehmen, dass die ursprüngliche Halacha in ihrer praktischen Ausübung der Erklärung der Septuaginta entsprach, sondern nur, dass der Schriftsvers sich nach verschiedenen Richtungen erklären lässt und die Auffassung der Übersetzer sich einem der (an der Kontroverse beteiligten) Tannaiten anschliesst. Die in Betracht kommenden Stellen sind folgende:

Ex. XXI, 10: Er (der Ehemann) darf nicht mindern: „שארה כסותה ועונתה", wird von der Septuaginta übersetzt mit „Verpflegung, Kleidung und ehelichen Umgang", wie in der Mechilta daselbst im Namen des R. Josia überliefert wird: ‚ihre Verpflegung, ihre Kleidung und den ehelichen Umgang mit ihr'. Aber auch diejenigen Erklärer, welche die zitierten Wörter sprachlich auf andere Art auffassen, geben sachlich in Bezug auf die praktische Handhabung zu, dass der Ehemann zu diesen drei Leistungen verpflichtet ist; vgl. Babli, Ket. 47 b. —

In Ex. XXI, 28—29, heisst es: Wenn ein Ochs einen Mann oder ein Weib stösst (‚יגח') und die Person stirbt, so soll der Ochs gesteinigt werden", usw.

---

29 Vgl. „Midrasch Tannaim", S. 165, und Sifrë, ed. Finkelstein, z. Stelle; ferner Bab., B. bat. 115 a und 109 a. Ebenso „Altertümer" des Josephus, a.a.O., sowie Matthias 22/23. So auch die Ansicht der Karäer.

30 S. Jad. IV, 3 und Bab. R. hasch. 12 b; das Gleiche geht aus der ausführl. Fassung (‚Sinaiticus') im Buche Tobit I, 7/8, hervor; vgl. dazu die Einleitung zum Trakt. „Maasser scheni" im Mischna-Komm. d. Vf.

— „Und wenn es ein stössiger Ochs ist von eh und je, und sein Herr ist seinetwegen verwarnt worden, hat ihn aber nicht gehütet", usw. — Die Verfasser der Septuaginta erklären in ihrer Übersetzung den Ausdruck ‚יגח': er „stösst mit dem Horn" (ebenso Bab., B. Kama 2 b), und die Worte: „er hat ihn aber nicht gehütet" in dem Sinne, dass der Eigentümer den Ochsen nicht aus der Welt geschafft hat. Entsprechend übersetzen sie in Vers 35—36: „Wenn der Ochse eines Mannes den Ochsen seines Nächsten stösst und er stirbt . . . ., und sein Herr hat ihn nicht gehütet", — derart, dass der Ochs mit dem Horn gestossen (s. B. Kama, a.a.O.) und dass sein Herr ihn nicht beseitigt hat — In dieser Hinsicht besteht eine Kontroverse in der Mischna B. Kama IV, 9, sowie in der Mechilta, das. Kap. X, darüber, ob es eine genügende Bewachung sei, wenn der Herr seinen Ochsen mit einem Strick angebunden und (das Tor) vor ihm verschlossen hat. Nach der Ansicht des R. Eliëser gibt es für einen Ochsen solcher Art „keine andere Bewachung als das Messer", d. h. der Eigentümer ist verpflichtet, ihn zu schlachten; und ebendies ist auch die Meinung der Septuaginta[31]. —

In Ex. XXII, 12, wird übersetzt: „Wenn es (das zur Hütung übergebene Vieh) zerrissen worden ist, soll er ihn (den Eigentümer) heranführen an (hebr. עד) das Zerrissene". Diese Auffassung der Septuaginta folgt der Ansicht des R. Jonatan in der Mechilta das. (Kap. XVI): Er (der Hirt fremden Viehs) soll den Eigentümer heranführen an das zerrissene Tier und sich damit von der Bezahlung befreien, d. h.: er zeigt dem Eigentümer, dass das Tier tatsächlich zerrissen worden ist, und wird dadurch frei. Es gibt indessen auch andere Erklärungen in der Mechilta sowie in der Mechilta des R. Simon das., und ferner in B. Kama 11 a. —

In Lev. XXII, 28, steht: „Einen Ochsen oder einen Schafbock, ihn und sein männliches Jungtier sollt Ihr nicht schächten an ein und demselben Tage!". Die Septuaginta übersetzt: „sie und ihr Junges", d. h. das Muttertier und ihr männliches oder weibliches Jungtier am gleichen Tage zu schlachten, ist verboten (obwohl der Wortlaut der Schrift nicht diesen Sinn zu haben scheint). So ist auch die Ansicht der Weisen; Chananja jedoch meint, dass das Verbot nicht nur gegenüber weiblichen, sondern auch gegenüber männlichen Tieren gilt (Bab., Chul. 78 b), d. h. auch das Vatertier

---

31 Philo (Über d. Einzelgesetze, III, 145) erklärt jedoch den Ausdruck: „Er hat ihn nicht gehütet" dahin, dass der Eigentümer seinen Ochsen „nicht angebunden und das Tor nicht vor ihm verschlossen" habe. Josephus (in „Altertümer", IV, 8, 36) bringt den Vers 36 überhaupt nicht, erwähnt indessen Vers 29 und sagt dazu, dass der Herr den Ochsen „nicht gehütet habe" entsprechend dem Wortlaut des Schrifttextes, während er vorher schreibt, es obliege dem Besitzer, den stössigen Ochsen „zu schlachten". Jedenfalls besteht keine Notwendigkeit zu der Annahme, dass die Vf. d. Septuaginta lasen: „ולא ישמדנו" (er hat ihn nicht ‚beseitigt') statt „ולא ישמרנו" (er hat ihn nicht ‚gehütet').

darf nicht mit seinem Jungtier am gleichen Tage geschächtet werden (vgl. R. Abraham b. Esra und Nachmamides z. St.). —

Das Wort ‚זג‘ in dem Schriftvers bezüglich des Nasiräers: „מחרצנים ועד זג“ (Num. VI, 4) erklärt die Septuaginta mit „Kern“. Dies entspricht der Ansicht des R. Jehuda in der Mischna Nasir VI, 2, während R. Josë (ibid.) anderer Meinung ist und erklärt, ‚זג‘ bedeute „Schale“ (s. dort in den „Ergänzungen“ im Mischna-Kommentar des Verfassers). —

In Deut. XXI, 12, steht in Bezug auf die (in Gefangenschaft geratene) ‚Frau von schöner Gestalt‘: „Und sie soll ihr Haupthaar scheren und ihre Fingernägel ‚herrichten‘ (hebr. ועשתה). Die Septuaginta erklärt, dass sie ihre Fingernägel kurz schneiden soll, und dies ist auch die Ansicht des R. Eliëser im Sifrë, das., sowie in Bab. Jeb. 48 a. Einen Beweis für seine Auffassung entnimmt er aus dem Vers: „Und Mephiboschet, der Sohn Sauls, kam herab dem König entgegen, und er hatte seine Füsse nicht hergerichtet und nicht seinen Lippenbart“, usw. (II Sam. XX, 25)[32]. R. Akiba jedoch erklärt, ועשתה bedeute, dass sie ihre Nägel lang wachsen lassen soll. —

An den vorstehend angeführten Stellen folgt die Septuaginta-Übersetzung völlig der Auffassung eines der darüber in Kontroverse stehenden Mischna-Lehrer. Doch kommt es auch vor, dass nur ein Teil der Übersetzung in Einklang mit der Halacha, ein Teil aber in Widerspruch zu ihr steht, wie in nachfolgendem Beispiel:

Den Vers Ex. XXII, 7: „Wenn der Dieb nicht gefunden wird, mag der Besitzer (d. h. hier der Depositar) hintreten ‚אל האלהים‘, dass er (als Hüter des nach seiner Behauptung gestohlenen Stücks) nicht Hand gelegt habe an seines Nächsten Gut“, übersetzt die Septuaginta: ‚Der Besitzer möge vor Gott hintreten und schwören, dass dem Gute seines Nächsten in keiner Weise Übles geschehen sei‘. Das Entscheidende dabei, nämlich dass die Worte: „ונקרב . . . . אל אלהים“ bedeuten: „zum Zwecke der Eidesleistung“ ist die Ansicht der Halacha, s. Mechilta daselbst. Aber nach der dortigen Erklärung ist mit „אלהים“ nicht Gott gemeint, sondern der Richter; in der Sprache der Mechilta: „Ich hätte annehmen können, (er soll hintreten) um die „Urim und Tumim“ (das Orakel im Brustschild des Hohenpriesters) zu befragen, deshalb sagt der Schriftvers (XXII, 8): ‚den die Richter (hebr.: ‚אלהים‘) schuldig gesprochen haben‘; — also sind auch hier unter ‚אלהים‘ die Richter zu verstehen, denen der Schuldspruch obliegt“. — Der Sinn der Septuaginta, dass der Depositar wirklich „vor Gott“ hinzutreten habe, ist nicht klar. Philo („Über die Einzelgesetze“ IV, 34) sagt, gestützt auf die Septuaginta: ‚Der Depositar trete vor das göttliche Gericht[33] und schwöre, weder von dem an-

32 Nachmanides sagt, dass dies ‚ein starker Beweis‘ sei; auf Grundlage der Septuaginta-Übersetzung wird der Bibelvers auch von Philo so zitiert (De Virtute 111). So übersetzt auch Ps. Jonatan: „ותצמי“, wogegen Onkelos „ותרבי“ (wie R. Akiba) übersetzt, und ebenso erklärt auch Ibn Esra. Josephus in den „Altertümern“ (IV, 8, 23) erwähnt das „Herrichten“ der Fingernägel überhaupt nicht.

33 Vgl. dazu J. Heinemann, „Philons griechische u. jüd. Bildung“, S. 426.

vertrauten Gut etwas fortgenommen, noch mit einem Anderen gemeinsame Sache gemacht, noch einen Diebstahl erlogen (= vorgetäuscht) zu haben'.

Auch an anderer Stelle übersetzt die Septuaginta das Wort אלהים nicht nach der Erklärung der Halacha, nämlich in Ex. XXII, 27: ‚אלהים' sollst Du nicht lästern!, — womit nach der Septuaginta-Übersetzung in der Tat kein menschliches Wesen, sondern ‚Gott' gemeint ist, aber im Sinne von: „ihre Götter" (in der Mehrzahl!), d. h. diejenigen anderer Völker [34], so dass der Schriftvers (nach dieser Auffassung) keine Verwarnung vor Gotteslästerung oder vor einer Verfluchung der Richter darstellt (vgl. demgegenüber Mechilta das.).

Übersetzungen, die der Halacha widersprechen, finden sich auch an einer Reihe von weiteren Stellen der Septuaginta [35], doch in manchen dieser Fälle stehen sie nicht bloss in Widerspruch zur Halacha, sondern auch zu der uns überlieferten Lesart des Textes [36], und deshalb gehören sie nicht hierher. Unsere Absicht hier war lediglich zu zeigen, dass der Strom der Überlieferung auch in der Epoche zwischen Propheten und Hagiographen sowie derjenigen der Tannaiten nicht unterbrochen worden ist, und dass Spuren der mündlich tradierten Erklärung auch in der Septuaginta sichtbar sind, die aus anderer Zielsetzung, nicht aber zum Zwecke des Halacha-Studiums geschaffen wurde. Denn es ist unmöglich, eine Trennung zwischen schriftlicher und mündlicher Lehre vorzunehmen, die einander gegenseitig ergänzen.

Aus diesem Grunde wollen wir uns noch ein wenig bei der Halacha aufhalten, wie sie sich in den Schriften der ersten Apokryphen und Pseudo-Epigraphen findet, — deren Ursprung nach der Meinung der meisten Forscher aus den letzten Jahrhunderten vor der Tempelzerstörung zu datieren ist, — um damit die Kette zwischen den Hagiographen und der Mischna zu schliessen. Begonnen sei mit dem Buche der Jubiläen, dessen Verfasser eine besonders hervortretende Tendenz aufweist, uns zu zeigen, dass die Thora bereits zur Zeit der Weltschöpfung auf die „Tafeln des Himmels" gemeisselt war, und deren Gebote und Rechtssatzungen, noch ehe sie vom Sinai gegeben worden waren, schon von Noah und den Erzvätern gehalten wurden,

---

34 Ebenso Philo I, 53, und Josephus IV, 8, 10.

35 Den Vers Ex. XXI, 22 zum Beispiel erklären die Vf. d. Sept.: Es geschah aber kein Unfall „bezüglich der Leibesfrüchte", weil nämlich deren Gestalt (im Mutterleibe) damals noch nicht voll ausgebildet war (vgl. die Einltg. zum Traktat B. kama, S. 10, im Mischna-Komm. d. Vf. — Das Wort מְכַשֵּׁף („Zauberer") in Deut. XVIII, 10, und entsprechend: מכשפה („Eine Zauberin sollst Du nicht am Leben lassen!", Ex. XXII, 17) übersetzen sie: „Wer ein tötliches Gift zur Ermordung eines Menschen bereitet". — Num. V, 17: „Und der Priester soll nehmen heiliges Wasser", bedeutet nach ihrer Übersetzung: „reines [und lebendiges] Wasser" (d. h. Quellwasser); — sowie mehr solcher Art.

36 Z. B. Lev. XVIII, 21: „Und von Deinen Abkömmlingen sollst Du keinen hingeben, ihn zuzuführen (לְהַעֲבִיר) dem Molech" (oder „Melech" = Herrscher), wird übersetzt: dem (Molech) „zu dienen" („לְהַעֲבִיד" [bezw.: „לַעֲבוֹד"] = „dienen zu lassen").

wie sie ihnen schriftlich und mündlich von Henoch überliefert worden waren [37]. Noah und seine Söhne sowie die Erzväter feierten bereits das Wochenfest (Kap. VI, 18—19; Kap. XXII, 1; Kap. XLIV, 4). Abraham beging das Passah- sowie das Hüttenfest (Kap. XVIII, 18; — vgl. auch Kap. XVII, 15; — Kap. XVI, 20 ff.), und Jakob feierte sowohl das Hüttenfest wie auch das Schlussfest an dessen achtem Tage (Kap. XXXII. 4 u. 27). — Noah und Abraham befahlen ihren Söhnen und deren Häusern nach ihnen, den Weg Gottes zu hüten sowie eine Reihe von Geboten zu halten, die sie im Einzelnen besonders kennzeichneten. Der Verfasser des Jubiläenbuches, der auf die Berichte der Thora von der Weltschöpfung bis zum Auszug aus Ägypten zurückgeht und sie mit zahlreichen Erzählungen ausschmückt, findet viele Gelegenheiten, um die Gebote der Thora mit Handlungen aus dem Leben der Vorväter zu verknüpfen und eine Reihe von Halachot aufzuzählen, an denen seiner Meinung nach unbedingt festzuhalten ist und die eine strikte Erfüllung verlangen. Ein grosser Teil seiner Halachot stimmt nicht mit den unsrigen überein; denn der Verfasser zählt zu einer Gruppe der Sektierer, welche die Thora weder wie die Pharisäer noch nach Art der Sadduzäer erklären [38]. Er kennt allerdings auch die Ansicht der pharisäischen Gelehrten, aber er bekämpft sie. Einer Festlegung der Monate und Jahre nach dem Mondwechsel widerspricht er und fordert (Kap. VI, 32 ff.), 364 Tage im Jahr zu zählen, d. h. dem Jahre zu 12 Monaten von je 30 Tagen noch 4 weitere Tage hinzuzufügen, wie es auch im Buche Henoch steht (Kap. LXXV, 1—2, und Kap. LXXXII, 4 ff.). Und ebenso streitet er offenbar mit den Pharisäern über die Zeit der Schlachtung des Passah-Opfers und seiner Verzehrung sowie auch über den Ort der Verzehrung (Kap. XLIX, 10 ff.). Nach seiner Meinung ist das Passah-Opfer im dritten Teile des Tages zu schlachten (nicht also „die ganze Zeit, solange es hell ist"), und ebenso ist es bis zum dritten Teil der Nacht zu verzehren, und zwar lediglich am Orte des Heiligtums, also nicht ausserhalb desselben in ganz Jerusalem. — Aber gerade weil der Verfasser

— Dortselbst XIX, 26: „Ihr sollt nicht essen über (mit) dem Blut (על הדם) übersetzen sie: Ihr sollt nicht essen „auf Bergen" (על הרים); vgl. dazu Ez. XVIII, 6. — Lev. XXI, 4: ‚Nicht darf er (der Priester) sich verunreinigen „בעל" in seinem Volke' (בעמיו), wird übersetzt: Nicht darf er sich verunreinigen „auf plötzliche (unvorhersehbare) Weise". Und mehr desgleichen.

37 Zu allem hier Folgenden s. meine Broschüre „Das Buch der Jubiläen und die Halacha"; vgl. auch unten S. 30 ff.

38 Wie ich in meiner vorerwähnten Broschüre bewiesen habe (s. dort S. 36). Meine Kritiker und deren Nachbeter haben mich deswegen angegriffen, aber meine Auffassung wurde durch die Entdeckung der hebräischen Schriftrollen am Toten Meer bestätigt (vgl. Ztschr. ‚Sinai', Bd. 32, S. 13). Als Professor Sukenik einige dieser Rollen erworben hatte, brachte er sie zu mir, und nachdem er mir die ersten Sätze vorgelesen hatte, fragte er mich, ob ich irgendeine Ähnlichkeit zwischen ihnen und anderen alten Schriften feststellen könne (d. h. ob die Rollen nicht gefälscht seien). Sogleich erwiderte ich ihm: „Ja, mit der Damaskus-Schrift!" (s. unten Anm. 62).

nicht zu den Pharisäern gehörte, ist aus seinem Buch zu entnehmen, in welchem Grade die mündliche Lehre erstarkt und beherrschend geworden war, sowie auch, dass man sich innerhalb aller Gruppen bemühte, deren Auffassung entsprechend die Gebote der Thora zu erklären und zu erweitern. Ja, die in unserem Buche enthaltenen Satzungen sind oft sogar noch strenger als die Hachalot der Pharisäer. Bezüglich der Sabbath-Vorschriften (Kap. II und Kap. L) verbietet der Verfasser, von Haus zu Haus heraus- sowie hineinzutragen, Wasser zu schöpfen, von einem Ort zum anderen auf einem Wege zu gehen oder auch zu Schiff zu reisen, Handel zu treiben, am Sabbath zu fasten, Krieg zu führen, ehelichen Umgang zu pflegen, und dergleichen mehr. Wer diese Verbote übertritt, ist Todes schuldig. — Es zeigt sich somit, dass hier die Todesstrafe auch für solche Gesetzesübertretungen statuiert wird, die nicht ausdrücklich in der Thora erwähnt, und sogar für Handlungen, die nach der Halacha erlaubt sind. All dies beweist, wie gross die Kraft der mündlichen Lehre schon zur Zeit der ersten Hasmonäer war, — derart, dass sie die verschiedensten Kreise von Trägern fernstehender und sogar gegnerischer Anschauungen umfasste, sofern sie nur alle einig waren in ihrem von Eifer und Fleiss getragenen Bestreben, einen Zaun um die Thora zu errichten und deren Gesamtbestimmungen sowie ihre unklar gehaltenen Stellen zu erläutern. Denn der Verfasser des Jubiläenbuches hat sein Werk zu dem besonderen Zweck geschrieben, die Verehrung für die Gebote der Thora zu erhöhen, die unabänderlich von Ewigkeit zu Ewigkeit Bestand haben, und die mitsamt allen Erklärungen und Erweiterungen, die der Verfasser und seine Anhängerschaft ihnen geben, als Grundlage für den Fortbestand der Welt und für das Leben Israels zu dienen bestimmt seien. —

Die übrigen ausserkanonischen Bücher, die wir besitzen, basieren nicht auf der Thora, und sie enthalten Abschnitte aus der Geschichte Israels oder Berichte und Erzählungen sowie ethische Lehren. Aber hier und da sind bei ihnen auch Halachot oder Hinweise zu finden, mit denen die Verfasser beiläufig auf Gebräuche des praktischen Lebens hindeuten, deren Quelle in der Halacha (im weiteren Sinne) liegt, wie sie in der Mischna und den übrigen Werken der Tannaim festgelegt ist. Im Buche Ben-Sirach XXII, 12, steht: „Die Trauer um einen Verstorbenen währet 7 Tage, die Trauer um einen Toren oder um einen Frevler aber sein ganzes Leben lang". Wir ersehen daraus, dass man schon zu jener Zeit 7 Tage zu trauern pflegte, und so heisst es auch am Ende des Buches Judith, dass das Haus Israel um Judith trauerte 7 Tage lang [39]. Im Talmud (Bab. M.kat. 20 a, sowie Jer., das. Kap. III Hal. 5,

39 Am Ende des Buches „Adam und Evas Leben" sagt der Engel Michael zu Set (dem dritten Sohne Adams), dass er nicht mehr als sechs Tage trauern solle (vgl. Preuschen, „Die apokryphen und gnostischen Adam-Schriften", S. 24). Nach der Halacha gilt für den siebenten Tag die Regel: „Ein Teil des Tages wird als voller Tag angerechnet" (מקצת היום ככולו), d. h.: Wenn nur an einem Bruchteil des Tages, z. B. eine Stunde lang, die Trauervorschriften innegehalten wurden, wird damit das Trauerzeremoniell für

Bl. 82 c) wird gefragt, woher wir wissen, dass die Trauerzeit 7 Tage währt. Und im Talmud Jer. (Anfang v. Ket.) heisst es, dass dies auf eine Anordnung von Moses zurückgeht (vgl. unten S. 47). Darin liegt kein Widerspruch zu dem, was im Buche Ben-Sirach steht (XXXVIII, 16 ff.): „Mein Sohn, über den Toten lass' die Träne fliessen ......, und widme ihm die Trauerzeit, die ihm gebührt, e i n e n T a g o d e r z w e i für die Träne", ... usw. „Denn 2 Tage sind zum Weinen bestimmt", wie es im Talm. Jer. (M. kat., a.a.O.) heisst: ‚Und es waren vorüber die Tage des Weinens, der Trauer um Moses" (Deut. XXXIV, 8): ‚die Tage', — das sind sieben (die Trauerwoche); ‚des Weinens' — d a s s i n d z w e i ; ‚der Trauer', — das sind dreissig (der Trauermonat)[40]. — Ebenso weist Ben-Sirach in Kap. LXXXVII. 33—35, zur Aneiferung auch auf die Pflicht der Totenbestattung hin sowie auf die Tröstung von Trauernden und den Besuch von Kranken[41].

In Kap. XXIII, 9 ff. sagt Ben-Sirach: „Eide zu schwören, lehre nicht Deinen Mund, und die Erwähnung des (heiligen) Namens werde Dir nicht zur Gewohnheit!" usw.; ferner: „Denn so einer ständig schwört und den (heiligen) Namen erwähnt, wird er von Sünde nicht rein bleiben"; „Wer häufig schwört, wird Unrecht beschwören", usw. — Wie bekannt, wird auch in Halacha und Agada auf die schwerwiegende Bedeutung von Eid und Gelübde warnend hingewiesen, und im Midrasch Tanchuma („Wajikra" VII u. „Matot" I) wird gelehrt: ‚Ihr sollt nicht glauben, dass ich Euch bei meinem Namen zu schwören erlaubt habe, selbst wenn es sich um die Wahrheit handelt!', usw.; sowie Ähnliches mehr[42]. —

Aus den Worten von Ben-Sirach (Kap. XLIII, 11): „Sieh hin auf den Regenbogen und preise dessen Schöpfer, denn gar herrlich ist er in seiner Pracht!", entnehmen wir, dass der Mensch verpflichtet ist, einen Segensspruch zu verrichten, wenn er einen Regenbogen zwischen den Wolken sieht, — wie es auch die Halacha bestimmt[43]. Allerdings lassen sich die Worte

---

den ganzen übrigen Tag als abgegolten betrachtet). Es ist kaum anzunehmen, dass hier der Sabbath ausgenommen werden sollte, denn in Bezug auf Dinge, die nicht öffentlich sichtbar werden (דברים שבצנעה), wird das Trauer-Ritual auch am Sabbath beobachtet; s. Bab., M. kat. 23 b ff. Vgl. auch Ende des Simon-Testamentes und im Buch der Jubiläen 34, 17, sowie in meiner oben (Anm. 37) zit. Broschüre über dieses Buch, Anm. 236.

40 Vgl. in meinen Anmerkungen zu Bereschit Rabba, S. 1288, 1290.

41 Nach der griechischen Fassung dort. — Siehe auch Mechilta „Jitro", Kap. 2, (198); Bab., B. mez 30 b, sowie Sota 14 a. — Bezüglich der Totenbestattung s. Tobit 1, 17 ff; II, 7 sowie auch 4, 17. Ebenso im Buche „Achjakar" (= ‚Achikar der Weise'): „Giess' aus Deinen Wein auf die Gräber der Gerechten!". Vgl. auch Bab. Sanh. 48 a und Tosephta Schek., Ende v. Kap. I, sowie Jer. daselbst. Josephus, „Gegen Apion" II, 26, sagt: ‚Jeder der einen Trauerzug sieht, ist verpflichtet, sich ihm anzuschliessen und sich an der Trauer zu beteiligen'. —

42 S. Einleitung zu Trakt. Schebuot im Mischna-Komm. d. Vf.

43 Tosephta Ber. Kap. VII, 5; Bab. das. 59 a sowie Jer., Kap. IX Hal. 3, Bl. 13 d, u. a.

„und preise“ (hebr. ‚וברך‘) auch im allgemeinen Sinne einer blossen Lobpreisung deuten, wie in dem Psalmvers: „Ich will Gott lobsingen zu jeder Zeit!“ usw. (Psal. XXXIV, 2) und an ähnl. Stellen. R. Natan (Mechilta ‚Bo‘, Kap. XVI, und Bab. Ber. 48 b) bringt einen Beweis aus der Schrift: „Das Volk wird nicht essen vor seinem (des Sehers) Kommen; denn er wird den Segen über das Opfer sprechen“ (I Sam. IX, 13) als Beleg dafür, dass wir verpflichtet sind, einen Segensspruch zu verrichten, bevor wir von einer Speise geniessen. Aber auch an dieser Stelle besagt der Schrifttext nach seinem einfachen Wortsinn nur, dass er (der Prophet) das Opfer weihen werde, damit es heilig sei. Jedenfalls besteht kein prinzipiell erheblicher Unterschied zwischen Lobpreisung, Danksagung oder Heiligung (im allgemeinen Sinne) gegenüber einem festgeprägten Segensspruch. Vgl. auch die Sibyllinischen Weissagungen (LXIV, 24—26): Heil dem Manne auf Erden, der Gott, den Allmächtigen, liebt und Ihn preist (= ‚segnet‘), ehe er isst und trinkt (s. auch d. Einführung d. Verf. zum Trakt. Berachot in seinem Mischna-Kommentar). —

Auch aus den Ratschlägen, die Ben-Sirach gibt, sind einige Halachot zu entnehmen. In Kap. XLII, 4, äussert er einen Rat „über das Abstauben von Waage und Wiegegerät ‚sowie über das Abwischen von Hohlmaass und Gewichtstein“, wonach von jedem Verkäufer zu fordern sei, dass er den Staub von Waage und Gewichten entfernt und seine Maasse reinigt. — Und so heisst es darüber in der Halacha: „Der Grosshändler reinige seine Maasse ein Mal in 30 Tagen . . . usw.; der Krämer reinige sie zwei Mal in der Woche, und er entstaube seine Gewichte ein Mal in der Woche und reinige seine Waage vor jedesmaligem Abwiegen“. Rabban Simon b. Gamliël sagt dazu: „Wovon ist hier die Rede? Von flüssiger Ware. Aber bei trockener Ware ist es nicht notwendig“ (Mischna B. bat. V, 10—11). Von Ben-Sirach ergibt sich ein Beweis für die Weisen, die anderer Meinung sind als Rabban Simon b. Gamliël, d. h. sogar der Verkäufer trockener Ware muss (vor jedesmaliger Benutzung) den Staub von der Waage reiben. [Auch die Worte von Ben-Sirach im folgenden Verse: „über den Verkauf, sei es viel oder wenig“ . . . usw., erfahren ihre Klarstellung im Lichte der Halacha dahin, dass der Verkäufer von Wein oder Öl verpflichtet ist, dem Käufer nach dem Einfüllen noch weitere drei Tropfen (aus dem Maassgefäss) austropfen zu lassen; a.a.O., Mischna 8, s. auch das. Mischna 11]. —

Ebenso gibt Ben-Sirach den Rat, den Arzt zu ehren und sich seiner zu bedienen: „Schliesse Dich dem Arzt an, ehe Du seiner bedarfst [44]; denn auch ihn hat Gott (uns) zugeteilt“ (Kap. XXXVIII, 1); „Mein Sohn, bei einer Krankheit gerate nicht in zürnende Erregung, (sondern) bete zu Gott, denn er wird heilen!“ (ibid. 9); „Und auch dem Arzte gib Raum, und er weiche nicht (von

44 Zit. in Tanchuma, „Mikez“ 10: R. Eleasar sagt, es steht im Buche Ben-Sirach: „Ehre den Arzt, ehe Du seiner bedarfst!“; so auch in anonymer Form an anderen Stellen.

Dir), denn auch er ist vonnöten!" (das. a.a.O., 12). — Das entspricht der Ansicht des Tanna aus dem Lehrhause des R. Ismaël (Bab. Ber. 60 a), der aus dem Schriftvers: „Und er soll ihn heilen!" (bei Körperverletzung, Ex. XXI, 19) ableitet, dass dem Arzte das Recht gegeben ist zu heilen. Aus den Worten des Amoräers Abaje daselbst: „Man solle nicht sagen, dass es nicht in der Natur der Menschen liege zu heilen (d. h. sich mit Heilmitteln zu befassen, statt Gott um Heilung anzuflehen), dass sie es aber aus Gewohnheit tun", geht hervor, dass nicht dem Arzt allein das Recht zur Heilbehandlung gegeben ist, sondern dass es auch dem Kranken selbst gestattet ist, sich mit Heilmethoden zu befassen. Im Midrasch Temura, Kap. II [45], wird der Körper (des Menschen) mit dem Erdboden verglichen; ebenso wie dieser ist auch der menschliche Körper: sein Düngungsstoff ist das Medikament sowie die sonstigen Heilmittel, und dem Landmann entspricht der Arzt. — Ramban (Nachmanides) jedoch sagt in seinem Kommentar zu Lev., XXVI, 11: „Und so pflegten die Gerechten zu tun zur Zeit der Prophetie: Auch wenn Schuld auf ihnen lastete und Krankheit sie befiel, befragten sie nicht die Ärzte, sondern die Propheten, was aus dem Fall des Königs Assa hervorgeht und demjenigen des Königs Chiskia bei seiner Krankheit, wie es heisst (bezüglich Assas, II. Chron. XVI, 12): ‚Auch in seiner Krankheit suchte er nicht Gott auf, sondern die Ärzte' usw., wie jemand sagen würde: ‚Ich will kein ungesäuertes Brot am Passah[-Fest] essen, sondern gesäuerte Speise', . . . usw.; und sie gebrauchten die Redensart (vgl. Midr. Rabba zu Cant. Kap. VI, 11, und zu Num. Kap. IX, 13; sowie Pessikta Rabbati, Kap. XI): ‚Ein Tor, das nicht offen steht dem Arzte', und dasselbe besagt ihr Ausspruch im Talm. Bab. (Ber., s. oben): ‚Dass es nicht in der Natur der Menschen liegt zu heilen', . . . usw. Die gleiche Tendenz verfolgen sie auch mit ihrem Ausspruch: „Und er soll ihn heilen!" — ‚daraus geht hervor, dass dem Arzt das Recht gegeben ist zu heilen'. Sie haben nicht gesagt, dass dem Kranken das Recht gegeben sei, sich heilen zu lassen, sondern: Nachdem der Kranke (nun einmal) krank ist und er kommt (zum Arzt), um Heilung zu suchen, — weil er es gewohnt ist, von Heilmitteln Gebrauch zu machen, — braucht der Arzt es sich nicht zu versagen, ihn zu heilen, . . . usw. Wenn aber jemand nach der Vorschrift Gottes wandelt, so hat er mit ärztlichen Heilmitteln nichts zu tun!". —

Diesen Worten nahekommend, sagt Philo von Alexandrien („Über die Einzelgesetze", I, 252), dass der Nasiräer einen Widder als Friedensopfer bringt, weil er Gott als seinen Retter und Helfer anerkannt hat und nicht die Ärzte, deren Heilmittel nicht zu jeder Zeit und nicht jedem Menschen Hilfe bringen können und zuweilen sogar von schädlicher Wirkung sind, da die Ärzte nicht einmal sich selbst zu heilen vermögen [46]. — R. Abraham b. Esra

45 Abgedruckt auch in „Pardes Hagadol" (Ausg. Warschau, S. 20) sowie in „Beth-Hamidrasch" (Jellinek) 107; u. sonst. — Ebenso in Midr. Samuel, Kap. IV, 1.

46 Vgl. Bereschit Rabba Kap. XXIII, 4: „Heile Du, o Arzt, Deine Lahmheit!" (= Deine gelähmte Hüfte).

(Ex. XXI, 19) entscheidet: „Bei äusserlichen Verletzungen liegt es dem Arzte ob zu heilen, aber die Heilung innerer Krankheiten liegt in Gottes Hand, wie bei [König] Assa erwähnt", s. dortselbst [47]. — Aus den Worten von Ben-Sirach erfahren wir jedoch, dass man sich in jedem Falle eines Arztes zu bedienen habe, wie es dem einfachen Wortsinn der Halacha und dem in der Praxis üblichen Brauch entspricht. —

Ben-Sirach schildert (Kap. L, 13 ff.) den Dienst des Hohenpriesters Simon ben Jochanan, wenn er erschien, um auf dem Altar zu opfern: wie er die zerlegten Opferstücke entgegennahm aus der Hand seiner Brüder, über dem ordnungsmässig geschichteten Altar-Aufbau stehend, umgeben vom Kranz seiner Söhne, wie Zedersprösslinge vom Libanon anzuschauen, und rings um ihn wie Weiden am Bache alle Söhne Aharons in ihrer Pracht, die Feueropfer Gottes in ihrer Hand, gegenüber der ganzen Gemeinde Israels, — bis er vollendet hatte den Dienst am Altar und geordnet die Schichtungen auf ihm vor dem Höchsten . . . usw.; dann stiessen die Söhne Aharons in die Silber-Trompeten von getriebener Arbeit und bliesen Schmettertöne und liessen einen mächtigen Schall hören, um vor dem Höchsten Erwähnung zu finden; und alle Fleischgeborenen eilten zusammen und fielen zu Boden auf ihr Angesicht, sich tief verneigend vor dem Höchsten, dem Heiligen Israels; — und ein Lied erhob seinen Klang . . . ., und es jubelte alles Erdenvolk . . . — Alsdann stieg er (der Hohepriester) herab und hob seine Hände über die ganze Gemeinde Israels, und Gottes Segen war auf seinen Lippen, und im Namen Gottes sah er seinen Stolz, usw. — Diese Schilderung entspricht der Mischna (Tamid VII, 3): „Zur Zeit wenn der Hohepriester mit Räucherwerk verbundene Opfer darbringen wollte, stieg er hinauf auf der schrägen Anstiegsfläche (des Altars) und sein Stellvertreter zu seiner Rechten . . . usw.; der erste Priester reichte ihm Kopf und Fuss (des Opfertieres) etc., der zweite reichte es dem ersten weiter, ... und so reichte man ihm alle übrigen Glieder". „Gab man ihm Wein zum Trankopfer, so stand der Stellvertreter an der Altarecke, in seiner Hand die Tücher [als Winkzeichen für die Leviten, ihr Lied zu beginnen], und zwei Priester standen am Tisch der Fettstücke, zwei Trompeten von Silber in ihrer Hand; sie bliesen einen langgezogenen Ton, einen Schmetterton und noch einen langgezogenen Ton usw. Ben-Arsa schlug die Zimbel und die Leviten sangen ihr Lied; waren sie ans Ende eines Abschnittes gelangt, so blies man einen langgezogenen Trompetenstoss, und das Volk neigte sich zu Boden. Auf jeden Lied-Abschnitt folgte ein langgezogener Trompetenstoss und auf jeden Trompetenstoss eine Verneigung" [48]. —

47 Nicht so in den Tossaphot R. Jehudas des Frommen sowie bei R. Ascher b. Jechiël zu Ber. das. und in Tossaphot B. kama 85 a, Stichw.: „שניתנה". — Vgl. ferner im Mischna-Komm. des Maimonides, Pes., Ende v. Kap. IV, sowie in den „Ergänzungen" das. im Mischna-Komm. d. Vf.

48 S. darüber in den „Ergänzungen" zu Tam. VII, 2, im Mischna-Komm. d. Vf.

Parallelen zu den ethischen Lehren von Ben-Sirach finden sich im ganzen talmudischen und midraschischen Schrifttum, und es besteht weder eine Notwendigkeit, sie im Einzelnen aufzuführen, noch ist hier der Ort dafür [49].

Von dem Buche Ben-Sirachs wenden wir uns zu einem anderen wichtigen Buch der Apokryphen, das anscheinend am Ende des zweiten Jahrhunderts vor der gewöhnlichen Zeitrechnung geschrieben worden ist, nämlich zum ersten Buche der Makkabäer. Eine alte Halacha wird dort ausdrücklich in Kap. II erwähnt, nämlich dass es ursprünglich üblich gewesen sei, am Sabbath nicht zu kämpfen und sogar keine Steine auf den Feind zu werfen, sowie die Höhlen und Verstecke nicht zu versperren, in denen sie sich verborgen hielten, um Schutz zu suchen, — bis Mattitjahn auftrat mit seinen Gefährten und sie den Beschluss fassten, sich selbst zu verteidigen und gegen die Feinde zu kämpfen, die sie angriffen. Die erwähnte alte Halacha war auch den Feinden bekannt, und sie nutzten sie oftmals zum Nachteil von Israel aus (s. II Makk. V, 25; VI, 11 und XV, 1) [50]. Ebenso übernimmt auch Josephus („Jüdische Altertümer", XII, 1; „Gegen Apion" I, Kap. 22, Ende) von dem griechischen Schriftsteller Agatharchides, dass die Juden am Sabbath nicht zu kämpfen pflegen, und dass sie in der Zeit von Ptolemäus Lagi am Sabbath ihre Stadt nicht verteidigten, so dass sie kampflos von ihm erobert werden konnte. Auch Josephus (Altertümer XII, 6, 2) sagt, dass sie bis zu Mattitjahus Zeit den Sabbath nicht entweihten, selbst nicht zum Zwecke einer notwendigen Verteidigung, und erst er (Mattitjahu) lehrte sie die Zulässigkeit der Selbstverteidigung, unter dem Hinweis, dass sie, — im Falle des Festhaltens an der Thora mit der vollen Strenge des Gesetzes, — sich grosses Übel zuziehen könnten, weil die Feinde sie gerade am Sabbath-Tage angreifen würden, damit sie ausserstande seien, sich zu verteidigen. Dieser Gedanke leuchtete den Kämpfenden ein, „und seit damals besteht der Brauch bis heute, auch am Sabbath im Falle der Notwendigkeit zu kämpfen" [51]. In II. Makk. VIII, 26, wird berichtet, dass die Juden am Tage vor dem Sabbath den Feind nicht verfolgen konnten, weil der Sabbath herannahte. Nach unserer Halacha aber ist es sogar erlaubt, Städte fremder Völker am Sabbath zu belagern, wenn die Belagerung drei Tage vor dem Sabbath begonnen wurde

49 Über die Parallelen, die sich in der Mischna finden, s. in meinen „Ergänzungen" zu Joma VIII, 9, sowie in der Erläuterung zu B. mez. IV, 10, und zu Abot II, 7 u. 10; IV, 4 u. 10; sowie zu V, 7, im Kommentar.

50 Hier wird erzählt, dass Nikanor den Jehuda und seine Mannschaft am Sabbath angreifen wollte, ohne sich dabei zu gefährden; denn augenscheinlich wusste er nicht, dass man inzwischen die Kriegsführung zu Verteidigungszwecken am Sabbath erlaubt hatte. Ebenso berichtet Josephus in den „Altertümern" XIII, 1, 3, über Bakchides, dass er Jonatan am Sabbath angriff, weil er damit rechnete, dass dieser dann nicht gegen ihn kämpfen werde; Jonatan aber nahm den Kampf auf und wurde gerettet.

51 Dies gegenüber „Dorot ha-Rischonim", Teil I, Bd. 3, S. 340 ff. — Vgl. oben, wonach gemäss dem ‚Buch der Jubiläen' Jemand, der am Sabbath kämpft, todesschuldig ist. S. auch in der Einleitung z. Trakt. Schab. im Mischna-Komm. d. Vf.

(Sifrë Deut. 203, 204; Bab. Schab. 19 a; und sonst). Im Falle der Lebensgefahr jedoch ist es gestattet, die Sabbathgesetze auf jede Art zu übertreten. Josephus sagt in Bezug darauf („Altertümer“ XIV, 4, 2): ‚Unser Gesetz erlaubt, uns am Sabbath gegen einen Angriff des Feindes zu verteidigen, nicht aber zum Kampfe gegen ihn auszuziehen zu einer Zeit, wenn er [blosse] Vorbereitungen zum Kampfe trifft‘. —

Ein anderes Problem wussten die Hasmonäer nicht zu lösen, und sie liessen es ruhen, „bis ein Prophet kommen werde, darüber eine Entscheidung zu lehren“, nämlich das Problem der Altar-Steine, die unrein geworden waren. In Bezug darauf heisst es (I. Makk. IV, 42 ff.) folgendermassen: „Und er (Jehuda ha-Makkabi) wählte von Körperfehlern freie Priester aus, die der Thora nachstrebten, und sie reinigten das Heiligtum und brachten die Steine, die zu Greuelzwecken gedient hatten, an einen unreinen Ort. Und sie berieten bezüglich des entweihten Ganzopfer-Altars, was mit ihm zu geschehen habe. Und es setzte sich unter ihnen der verständige Gedanke durch, ihn zu zertrümmern, damit er ihnen nicht zum Fallstrick werde; denn die Fremdvölker hatten ihn verunreinigt. So zertrümmerten sie den Altar und liessen die Steine auf dem Tempelberg an einem besonderen Platz liegen, bis ein Prophet kommen werde, darüber eine Entscheidung zu lehren“. — Die Auswahl von Priestern zum Zwecke der Reinigung des Heiligtumes erfolgte entsprechend dem Schriftvers (II. Chron. XXIX, 16): „Und es kamen die Priester ins Innere des Gotteshauses, um es zu reinigen, und sie schafften alle Unreinheit hinaus, die sie im Tempel Gottes fanden“, usw. Und ebenso bestimmt die Halacha, dass fehlerfreien Priestern das Gebot obliegt, in den Tempel einzutreten und die Unreinheit herauszuschaffen. Darüber wird gelehrt (Tos. Kel. I, 11)[52]: „Alle dürfen eintreten (ins Heiligtum), um zu bauen und auszubessern und Unreinheit zu entfernen. Ein Gebot für die Priester ist es ..... usw., ein Gebot für die Fehlerfreien; sind keine Fehlerfreien vorhanden, dann dürfen auch mit Fehlern Behaftete eintreten“, ... usw. — Der Grund, weshalb sie nicht wussten, was mit den Steinen des Altars zu geschehen habe, wird erklärt in Bab., Ab. sara 52 b (vgl. dort sowie in den „Ergänzungen“ zu Mid. I, 6, im Mischna-Komm. des Verfassers).

Aus der Handlungsweise der Hasmonäer und aus ihren Gebräuchen ist es mitunter möglich, ihre Halachot zu entnehmen. In I. Makk. III, 45, heisst es, dass Jerusalem verwüstet war und sie sich versammelten und nach Mizpe kamen, gegenüber der Stadt Jerusalem, und fasteten und sich mit Säcken bekleideten und Asche auf ihre Häupter gaben und ihre Kleider zerrissen, dass sie eine Thora-Rolle ausbreiteten und die Trompeten bliesen und (zu Gott) riefen und beteten mit lauter Stimme. — Ähnlich wird auch die Fasttags-Ordnung in der Mischna (Taan. II, 1) geschildert: Sie tragen die Lade hinaus (in welcher sich die Thora-Rolle befindet) und streuen Asche auf die Lade sowie auf ihre Häupter und stossen in die Trompeten und blasen Schmetter-

52 Vgl. Sifra „Emor“ Kap. 3, 11; sowie Bab. Erub. 105 a.

töne, wie man sie in jeder Not bläst, die nicht (über uns) kommen möge [53]. — Sie hüllten sich auch in Säcke, wie im Talmud gefragt wird (Bab. Taan. 16 a): ‚Und warum bedeckt man sich mit Säcken?' (vgl. dort in dem Raschi zugeschriebenen Komm. z. St., sowie R. Nissim), und wie es auch bei Nehemia (IX, 1) heisst: „Es versammelten sich die Kinder Israels fastend und in Säkken, Erde auf sich gestreut", sowie bei Ester (IV, 3) „. . . unter Fasten und Weinen und Klagen; Sack und Asche wurde von vielen auf sich genommen"; ebenso bei Jona III, 5 ff. — Es scheint, dass die Hasmonäer und ihr Gefolge ihre Kleider deshalb zerrissen, weil sie Jerusalem in seinem zerstörten Zustande sahen, wie es in der Barajta gelehrt wird (Bab. M.kat. 26 a), gestützt auf Jeremias XLI, 5. Ebenso heisst es im Makkabäer-Buch I, 4, 38 ff: „Sie sahen das Heiligtum verwüstet und den Altar entweiht . . . usw., und sie zerrissen ihre Kleider und weinten, und sie legten sich Asche auf . . ., und sie stiessen in die Trompeten und schrieen auf zum Himmel" [54]. —

Die Hasmonäer vermeiden es, den Gottesnamen auszusprechen, und bedienen sich dafür der Umschreibung „Himmel", wie z. B. I. Makk. III, 18 u. 60; IV, 10; ferner XII, 15. Vgl. auch Ben-Sirach XXIII, 9, — oben S. 15 angeführt, — sowie im Aristeus-Brief, 98. — Ebenso bestimmt auch die Halacha, dass es verboten ist, den Gottesnamen buchstabengetreu auszusprechen (vgl. die „Ergänzungen" zu Sot. VII, 6, im Mischna-Kommentar des Verfassers). —

Aus II. Makk. III, 35 erfahren wir, dass auch die Fremdvölker Gelübde tun und Opfer auf den Altar bringen durften, jedoch wird dort nicht erklärt, was für eine Art Opfer Heliodoros darbrachte. In III. Makk. I, 9, aber, beim Bericht über die Opfer des Ptolemäus Philopator, — wird ausdrücklich gesagt, dass er Ganzopfer auf den Altar brachte und Dankopfer schlachtete. Daraus ist also zu ersehen, dass Nichtjuden ihre Opfer als Ganz- und Dank-Opfer darbrachten, und dies entspricht der Ansicht des R. Akiba (Sifra

---

53 S. Taan. III, 5—8, sowie R. Hasch. III, 4, und Sifrë „Behaalot'cha" Nr. 76.

54 Vgl. auch 2, 14, sowie Makk. II, 10, 25, und Judith 4,11 ff. Bemerkt sei noch, das Matitjahu und seine Söhne die neugeborenen Knaben, die nicht beschnitten worden waren, zwangsweise beschneiden liessen (2, 45), gemäss der Halacha, wonach der Gerichtshof, falls der Vater seinen Sohn nicht beschneidet, zur Vornahme der Beschneidung verpflichtet ist (Bab., Kid. 29 a.) — In Makk. I, 13, 25 heisst es, dass Simon die Gebeine von Jonatan exhumierte und sie in Modiim, der Stadt seiner Väter, bestatten liess. Dies entspricht der Halacha, wonach es zwar grundsätzlich verboten ist, ein Grab auszuräumen; geschieht dies jedoch, um einen Toten auf eigenem Boden und neben seinen Vätern zu bestatten, so ist es erlaubt (Jer., Moëd kat., Ende v. Kap. II, und S'machot, Kap. XIII). — Die Tat des Matitjahu, der auf einen Götzendiener eindrang und ihn nach dem Vorbild von Pinchas mit dem Schwert tötete (s. 2, 23 ff), ist nur als eine zeitbedingte Ausnahme-Handlung („הוראת שעה") zu erklären, vgl. Nachmanides zu Ex. XXXII, 27, sowie in meinem Aufsatz: „Ausserkanonische Halacha in den palästinensischen Targumim u. der Aggada" in der Festschrift für B. M. Lewin, S. 96.

„Emor“, Abschn. VII, 2)[55], der aus dem Schriftvers schliesst, dass Nichtjuden auch ein Dankopfer geloben oder spenden können, während R. Josë, der Galiläer, anderer Auffassung ist und meint, dass sie lediglich Ganzopfer bringen dürfen.

Eine andere Halacha hebt der Verfasser des zweiten Makkabäer-Buches hervor, nämlich dass ein Sündopfer für die Toten zu bringen und für sie zu beten sei, damit ihnen ihre Sünde vergeben werde. Er erzählt (XII, 43 ff.), dass Jehuda (ha-Makkabi) Silbergeld nach Jerusalem schickte, um ein Sündopfer zu bringen für diejenigen, die im Kriege um ihres Vergehens willen gefallen waren, denn sie hatten Götzenbilder unter ihrer Kleidung getragen; und der Verfasser rühmt ihn (Jehuda), dass er Recht daran getan habe, weil er nämlich wusste, dass die Toten dareinst wieder zum Leben erwachen würden; deshalb betete er für ihre Seelen und brachte ein Opfer zu ihrer Entsühnung. Hätte er aber nicht an die Wiederbelebung der Toten geglaubt, so wäre es als „Torheit“ zu betrachten, für die Toten zu beten. — Den gleichen Gedanken finden wir auch im Sifrë (am Ende von „Schoftim“, bei dem — als Sühne für einen unbekannten Erschlagenen — durch Genickbruch zu tötenden Kalbe, s. Deut. XXI, 1—9): Wenn gesagt wird, — a.a.O., Vers 8, —: [Entsühne Dein Volk Israel] „das Du, o Gott, erlöst hast“, — so lehrt uns dies, dass jene Sühnehandlung die aus Ägypten Ausgezogenen von Sünde reinigt, und zwar: „Entsühne Dein Volk“, — ‚das sind die Lebenden‘, „die Du erlöst hast“, — ‚das sind die Toten‘; dies lehrt uns, dass auch die Toten der Sühne bedürfen[56]. — Ähnlich der bei den Makkabäern erwähnten Handlung findet sich auch im Talmud eine Überlieferung aus den Tagen Esras über die aus dem Exil Heimgekehrten, bezüglich derer R. Josë (nach anderen: R. Jehuda) sagt: „Die Sühnopfer, die die Exulanten brachten (Esra VIII, 35), waren dazu bestimmt, sie von der Sünde des Götzendienstes zu reinigen“; und dazu erklärt der Amoräer Samuel: [als Sühne] „für den Götzendienst, den sie zur Zeit des Königs Zedekia getan hatten“. Nach der Ansicht Raw Papas brachten sie Sündopfer, obwohl die Schuldigen bereits gestorben waren, weil ein als Sündopfer bestimmtes Tier einer Gemeinschaft, auch wenn dessen Eigentümer verstorben sind, nicht als unverwendbar getötet,

---

55 S. auch Tosephta Schek. I. 7. Im Bab., Men. 73 b, ist die Anordnung umgekehrt, sodass R. Akiba annimmt, ein Nichtjude dürfe lediglich ein Ganzopfer bringen; und aus den Worten des Raw Huna daselbst geht hervor, dass man nach R. Akiba von einem Nichtjuden, der kein Ganzopfer, sondern ein anderes Opfer bringt, das Opfertier zwar entgegennimmt, es aber dann als Ganzopfer behandelt. Vgl. auch Schek. I, 5, und die abweichenden Lesarten dort, sowie „Seder Elijahu“, Kap. VI (S. 34 = Wajikra Rabba Kap. II, 9).

56 Von hier stammt der Brauch, der Seelen Verstorbener im Gebete zu gedenken, s. Beth Joseph, Orach Chajim, Ende v. § 284 sowie 621; vgl. auch in den Zusätzen zu Midr. Tanchuma“ „Haasinu“ Nr. 1.

sondern als Opfer dargebracht wird [57] (gemäss dem Grundsatz: „Eine Gemeinschaft stirbt nicht"). —

In II. Makk. XII, 38, wird der Brauch in Israel erwähnt, sich vor Eintritt des Sabbath z u r e i n i g e n. So war es auch die Gewohnheit des R. Jehuda (Bab. Schab. 25 b) sein Gesicht sowie seine Hände und Füsse zu waschen am Tage vor dem Sabbath. Ebenso wird in den Sch'iltot (Bereschit, Kap. I) gebracht, dass Hillel am Tage vor dem Sabbath seinen ganzen Körper badete. Im Midrasch jedoch (Wajikra Rabba, Kap. XXXIV, 3) heisst es, dass er an jedem Wochentage so zu tun pflegte. Und in Bab. Schab. 31 a wird erzählt, dass er am Tage vor dem Sabbath seinen Kopf wusch. — Jedenfalls entnehmen wir aus dem zweiten Makkabäer-Buch, dass das Waschen am Tage vor dem Sabbath ein uralter Brauch ist, und auf dieser Grundlage wird auch die Frage verständlich, die an die Gaonen gerichtet wurde, ob nämlich derjenige, der zu Ehren des Sabbath oder eines Feiertages ein Tauchbad nimmt, darüber einen Segensspruch zu verrichten habe oder nicht (Responsen der Gaonen, Schaarë Teschuba, Nr. 175) [58].

Endlich ist noch die Begründung zu erwähnen, die in II. Makk. X, 6—7, für die Feier der achttägigen Tempel-Weihe durch Jehuda Makkabi und seine Mannen gegeben wird, dass nämlich dieses Fest dazu bestimmt war, als Ersatz für die Feier des Hüttenfestes zu dienen, welches sie in jenem Jahre nicht hatten feiern können, weil sie damals auf Bergen und in Höhlen hausten wie das Getier des Feldes. Deshalb nahmen sie nun Zweige vom Myrtenbaum und Zitrus-Frucht und Palmzweige in ihre Hände und feierten acht Tage unter Danksagungen. — Von hier ersehen wir, dass schon zu Zeiten der ersten Hasmonäer das Gebot des „Nehmens" der vier Pflanzen-Arten (des Fest-Strausses) am Hüttenfest als ein wirkliches „Zur-Hand-Nehmen" im buchstäblichen Sinne verstanden wurde, nicht etwa als ein blosses „Nehmen" (= Benutzen) zum Zwecke der Errichtung der Fest-Hütten, wie dies aus

---

57 Bab., Hor. 6 a (und Jer. dort, Kap. I, Hal. 5), ferner Tem. 15 b, Sifra Wajikra, „Chowa" Kap. III, 5, und Tosephta Para Kap. I, 4; vgl. auch in den „Ergänzungen" zu Temura II, 2, im Mischna-Komm. d. Verf.

58 Noch ein anderer Brauch ist aus Makk. II, 7, 27, zu entnehmen, nämlich dass man die neugeborenen Kinder d r e i Jahre lang an der Mutterbrust säugte; ebenso heisst es in Dewarim Rabba, Ende v. Kap. VII, dass es üblich sei, Kinder b i s zu 3 Jahren zu säugen. Gemäss der Mischna Gittin VII, 6, beträgt die Stillzeit zwei Jahre und nach R. Jehuda 18 Monate. Eine Kontroverse zwischen R. Eliëser und R. Josua besteht darüber, ob es dem Kinde noch nach Ablauf von 2 Jahren erlaubt sei, an der Mutterbrust zu saugen: R. Eliëser meint, dies wäre so, als ob das Kind an einem (unreinen) Kriechtier saugt, während es nach Ansicht von R. Josua dem Kinde sogar 4 oder 5 Jahre lang gestattet ist, Muttermilch zu saugen (s. Tosephta Nidda, Kap. II, 1—4; Bab. Ket. 60 a; u. a.). Im II Makkabäer-Buch wird wie R. Josua und in Übereinstimmung mit der Halacha erklärt. Im Buche der Jubiläen wird die Zeit bis zur Entwöhnung von Isak auf 2 Jahre berechnet (s. Kap. XVI, 13, u. XVII, 1, dort). Vgl. auch in den „Ergänzungen" zu Nid. I, 4, im Mischna-Komm. des. Vf.

Nehemia VIII, 14 ff., zu entnehmen möglich wäre, und wie es in der Tat von den Samaritanern sowie den Karäern verstanden wird. — Ebenso heisst es auch im Jubiläen-Buch (XVI, 30—31), dass Abraham das Hüttenfest mit Palmzweigen und Zitrusfrucht feierte, dabei an jedem Tage den Altar umschritt, usw. (vgl. die „Einleitung“ zum Trakt. Sukka im Mischna-Komm. d. Verfassers). —

Im Buch Judith (VIII, 6) wird erklärt, dass Judith am Sabbath, am Festtag und am Tag der Neumondsweihe nicht fastete, ebenso nicht am Tage vor dem Sabbath sowie am Tage vor der Neumondsweihe. Und so heisst es auch ausdrücklich in der Barajta im Babyl. Talmud (R. Hasch. 19 a), dass es am Sabbath, am Feiertag sowie am Neumondstag verboten ist zu fasten[59]. Jedoch wird dort ausdrücklich gelehrt, dass am Tage vor dem Sabbath und am Tage vor der Neumondsweihe das Fasten erlaubt ist[60]. —

Der Verfasser des Aristeus-Briefes, der die Entstehung der Septuaginta-Übersetzung zur Thora schildert und dabei von dem hohen Rang der Thora spricht und ihren Wert sowie ihre Bedeutung rühmt, erwähnt im Rahmen seiner Worte auch die Gebote der Schaufäden („ציצית“), der Türpfosten-Schrift („מזוזה“) und der Gebetriemen („תפילין“). Als Grund für die Gebote der Schaufäden und der Befestigung bestimmter Thora-Abschnitte (Deut. VI, 4—9, sowie das. XI, 13—21) an den Türpfosten (מזוזה) gibt er an, dass dadurch an die Existenz Gottes erinnert werden solle. Und ebenso habe er (der Gesetzgeber) „mit klaren Worten“ befohlen, „das Zeichen rings um die Hand zu knüpfen“ (תפילין), um damit zu zeigen, „dass jede Handlung in gerechter Weise zu vollziehen sei,“ ..... usw. (158/9). — Somit kannte der Verfasser bereits das Gebot der Gebetriemen, wie die Überlieferung es erklärt[61]. —

---

59 S. oben S. 22, wonach Jemand, der am Sabbath fastet, gemäss dem Buch der Jubiläen todesschuldig ist, vgl. dazu in meiner Broschüre über das Jubiläen-Buch S. 10, sowie in den Anmerkungen dort. S. ferner auch Or Sarua, Teil II, § 453, sowie Beth-Joseph (R. Joseph Karo) und Beth Chadasch (R. Joël Sirkes) Orach Chajim § 418.

60 Aus Tosephta Taanit, Kap. II, 6, sowie Ende v. Megillat Taanit, geht hervor, dass es am Freitag verboten ist, den Fasttag zu Ende zu führen, während sich aus den Schëiltot zu „Wajak'hel“ (Tanchuma, ‚Bereschit‘ Nr. 3) ergibt, dass am Tage vor dem Sabbath das Fasten überhaupt unerlaubt ist. Vgl. Schulchan Aruch, Orach Chajim § 249, Nr. 3; s. ferner: „Hazofe l'Chochmat Jisrael“, Teil X, S. 45 ff. — Darüber ausführlicher zu sprechen, ist hier nicht der Ort.

61 S. Mischna Sanh. XI, 3 sowie im Mischna-Komm. d. Maimonides z. St. — Es verlohnt sich, hier ferner auf ein etwas späteres Buch hinzuweisen, nämlich auf Makk. IV, 2, 10, wo es heisst, dass „der Thora auch gegenüber der Liebe zu den Eltern die Vorherrschaft gebührt“. Und dies gilt ebenso nach der Halacha; denn das Gebot der Elternverehrung wird im Falle einer dadurch veranlassten Übertretung des Religionsgesetzes verdrängt, und wenn der Vater seinem Sohne befiehlt, ein (halachisches) Verbot zu übertreten, darf dieser ihm nicht gehorchen (Sifra „Kedoschim“ I, 10; Bab. Jeb. 5 b). Vergl. auch zum Vers 11 das., wonach die Vernunft „sogar die Liebe zum Weibe beherrscht

Ebenso sind auch in den anderen Apokryphen-Büchern[62] verschiedene religionsgesetzliche Vorschriften und Bräuche zu finden, die mit unserer Halacha übereinstimmen. Manchmal stehen sie zu ihr auch in Gegensatz; aber nicht alle Widersprüche gegenüber unserer Halacha weisen auf uralte Halachot oder auf eine andere Richtung in der Auslegung der Thora hin, die der Methode der Pharisäer bezüglich der Erklärung der Thora-Satzungen zuwiderläuft. Erstlich sündigten viel dabei die Übersetzer vom Hebräischen ins Griechische usw., die in der Mehrzahl keine Juden waren, also das Leben des jüdischen Volkes gar nicht kannten und deshalb nicht verstanden, wovon der Text spricht, so dass sie den Sinn der Schriften entstellt und verkrümmt wiedergaben. Zum Zweiten sind eine Reihe von Abweichungen vom Wege der Halacha auf Rechnung der Verfasser selbst zu setzen, die keine „Kenner von Religion und Satzung" (im Sinne des Bibelwortes Est. I, 13) und daher nicht mit allen Einzelheiten in Gesetzes- und Rechtsangelegenheiten vertraut waren, soweit diese sich nicht im gewohnten Leben tagtäglich ereigneten. Drittens aber sind uns nicht all die verschiedenen Lehrmeinungen zu den Erklärungen der Halacha erhalten geblieben, denn viele der Lehrsysteme und Halachot, die nicht in die Mischna- und Barajta-Sammlungen aufgenommen worden waren, sind im Laufe der Zeit verloren gegangen. Die zahlreichen Barajot, von denen ein Teil in den beiden Talmuden unter dem Namen einer Reihe von Redaktoren und Sammlern gebracht wird, sind in Vergessenheit gesunken und nicht mehr vorhanden. Und ebenso sind sogar ganze Sammlungen verloren gegangen, die noch im Mittelalter bekannt waren, wie z. B. Mechilta des R. Simon und „Sifrë suta", von denen Teile erst in der jüngsten Zeit wiederentdeckt worden sind. Darüber hinaus sind uns einige Lehrmeinungen und Anschauungen, die der überlieferten Halacha widersprechen, sogar in der Aggada erhalten geblieben, weil es niemals verboten war, eine von der Ansicht der Mehrheit abweichende Meinung zu äussern, sofern deren Autor die Mehrheitsentscheidung nicht in der Praxis zu bekämpfen beabsichtigte[63]. —

Somit können wir feststellen, dass die religionsgesetzlichen Vorschriften und Bräuche in den ausserkanonischen Schriften, — sowohl die mit unserer Halacha übereinstimmenden wie die ihr zuwiderlaufenden, — Zeugen sind

und ihr wegen einer Sünde Vorhaltungen macht", Mischna Ket. VII, 6: „Und folgende [Frauen] gehen [aus der Ehe] heraus ohne Ketuba (d. h. ohne die ihnen im Ehevertrag für den Scheidungsfall ausgesetzte Geldsumme): ..... diejenige [Ehefrau], welche das Gesetz von Moses oder die jüdische Überlieferung übertritt"; — ferner Bab., Schab. 56 b: „Er (König Salomo) hätte seine Frauen daran hindern sollen, aber er hat sie nicht gehindert", etc.; u. a.

62 S. auch in der Damaskus-Schrift, Ausg. Schächter, S. 9 ff., sowie Ausg. Habermann (in „Eda w'Edot") S. 110 ff.

63 S. meinen Aufsatz: „Ausserkanonische Halacha in den palästinensischen Targumim und der Aggada", Festschrift für B. M. Levin, S. 94 ff.

für das Bestehen einer Ur-Halacha in der Vorzeit und für die Kontinuität der mündlichen Lehre von den Propheten sowie Esra und Nehemia bis herab zu den Mischna-Weisen. —

— — —

Bis hierher waren wir bemüht, auf Grund von ausserhalachischen Quellen das Uralter der mündlichen Lehre zu beweisen. Im Folgenden soll nun die Ansicht der Weisen als Träger der Tradition sowie ihre Überlieferung zu diesem Gegenstande dargelegt werden. Die Hauptquelle dafür ist die erste Mischna in den „Sprüchen der Väter" (Trakt. „Abot"): Moses empfing die Thora vom Sinai und übergab sie Josua, Josua den Ältesten, die Ältesten den Propheten, und die Propheten[64] überlieferten sie den Männern der Grossen Synode[65], usw; Simon der Gerechte war einer von den Letzten der Grossen Synode usw.; Antigonos aus Socho empfing (die Tradition) von Simon dem Gerechten; Josë ben Joëser aus Cereda und Josë b. Jochanan aus Jerusalem empfingen von ihnen (in einigen Handschriften die korrekte Lesart: „von ihm") usw.; Josua b. Perachjah und Nittaj aus Arbel empfingen von ihnen usw.; Jehuda b. Tabbaj und Simon b. Schatach empfingen von ihnen usw.; Schemaja und Abtaljon empfingen von ihnen usw.; Hillel und Schammaj empfingen von ihnen usw. — Die Mischna nach ihrem schlichten Wortsinn spricht hier von Simon dem Gerechten I., der nach der Barajta (Bab. Joma 69 a sowie Megillat Taanit) Alexander dem Grossen, dem König von Mazedonien, zur Begrüssung entgegenzog, als dieser im Lande Israel weilte. Wenn wir nun zu diesem Bericht noch einen zweiten des Inhalts hinzufügen, dass Simon 40 Jahre lang als Hoherpriester amtierte (Bab. Joma 9 a), so können wir folgende Berechnung aufstellen: Simon der Gerechte zog

64 Und in erweiterter Fassung ‚Abot des R. Natan', Kap. I: „..... die Ältesten den Richtern, die Richter den Propheten, die Propheten an Haggai, Secharja und Mal'achi, und diese den Männern der Grossen Synode". — Wie bekannt, werden auch die Worte der Propheten „Kabbala" (= Überlieferung) genannt.

65 Nach Bab. Meg. 17 b betrug die Zahl ihrer Mitglieder 120, darunter einige Propheten (s. weiterhin). Ebenso Jer. Ber., Kap. II, Hal. 4; Bl. 4 d. — Dagegen wird in Jer. Meg., Kap. I, Hal. 5, sowie Midr. Ruth IV, 4 (vgl. dort in der Erkl. des R. Seew Wolf Einhorn) gesagt: 85 Älteste, darunter einige Dreissig Propheten. Unter den nichtjüdischen Wissenschaftlern sind Kritiker aufgetreten, die das Bestehen einer solchen Synode von der Zeit Esras her in Zweifel gezogen haben. Doch liegt für uns im Zusammenhang mit unserem Gegenstand keine Notwendigkeit vor, uns mit diesen Gegnern auseinanderzusetzen, weil ohne Zweifel Esra, der den Staat gemäss den Gesetzen der Thora begründete, auch einen Grossen Gerichtshof eingesetzt hat, um die Thora samt ihren Gesetzen zu erläutern und in allen Zweifelsfällen eine Entscheidung zu treffen, wie es in Deut. XVII, 8 ff. befohlen ist. Vgl. Krochmal, „Führer der Irrenden der Zeit", Tor. XI Nr. 7, sowie in der Anm. (Ausg. Rawidowicz S. 62 und S. 121 ff.); ferner Halevy, „Dorot ha-Rischonim", Bd. III, S. 646 ff.

Alexander zu Beginn seiner Amtszeit als Hoherpriester entgegen (als er etwa 30 Jahre alt war), und danach lebte er noch etwa 40 Jahre. Da nun Alexander ungefähr im Jahre 332 vor der gewöhnl. Zeitrechnung (402 Jahre vor der Tempel-Zerstörung) im Lande Israel weilte, so ergibt sich daraus, dass Simon etwa im Jahre 292 vor der üblichen Zeitrechnung starb. Josë b. Joëser aus Cereda starb augenscheinlich infolge des Anschlages von Alkymos im Jahre 160 v. d. gew. Zeitrechnung (Bereschit rabba, Kap. LXV, 22; Ausg. Theodor-Albeck, S. 742). Sonach ergibt sich, dass etwa 132 Jahre zwischen dem Tode Simons und demjenigen von Josë b. Joëser lagen. Wenn also Antigonos und Josë jeder etwa 80 Jahre lebten, so besteht keinerlei Schwierigkeit, die uns zwingen könnte, die Mischna ihres einfachen Wortsinnes zu entkleiden und fremde Gedankenrichtungen in sie hineinzudeuten, da man annehmen kann, dass tatsächlich jeder der Genannten die Tradition unmittelbar von seinem Vorgänger empfing[66]. Allerdings ist auch diese Berechnung Zweifeln unterworfen; denn nach Josephus (Altertümer XI, 8, 4—5) fand das Ereignis zwischen Alexander und der Grossen Synode in Jerusalem[67] in den Tagen von Jadua, dem Grossvater von Simon, statt und die Epoche von Simon dem Gerechten lag später als diejenige von Alexander. Jedenfalls befindet sich kein Fehler in der Kette der Tradition nach der Darstellung der Mischna, und deren Inhalt ist auch auf Grund der Aggada nicht zu widerlegen. —

Die Überlieferungen lassen sich in verschiedene Arten einteilen: [a] Erläuterungen zu den Satzungen der Thora; [b] Entscheidungen bezüglich neuartiger Fragen, die in der Thora keine ausdrückliche Erwähnung gefunden haben, — sei es, dass sie sich aus dem Schriftvers im Wege logischer Ableitung oder mittels der hermeneutischen Deutungsregeln herausarbeiten lassen, — sei es, dass es nicht möglich ist, sie von dort herzuleiten; [c] Anordnungen (d. h. Verbesserungen, Neuordnungen; „תקנות“), und ihnen verwandt: [d] vorsorgliche Verbotsverhängungen („גזרות“)[68]. — Solche Über-

66 Nach der Ansicht Krochmals (dort, Nr. 6 und Nr. 7 in der Anmerk.) [Ausg. Rawidowicz S. 121] ist mit Simon dem Gerechten Simon der Zweite gemeint; vgl. auch Frankel, „Darchë ha-Mischna“, Kap. II, S. 28, 30. Doch ist seine Berechnung unrichtig, und er berücksichtigt auch nicht, dass der Ausdruck: Simon ‚amtierte‘ („שימש“) 40 Jahre, bedeutet: ‚Er fungierte 40 Jahre lang als Hoherpriester‘; aber „bereits zu Jahren gekommen“ war er schon zu Beginn seiner Amtszeit. Ferner verwechselt er den Empfang der Tradition („קבלה“) seitens der Weisen mit der Berufung zum Patriarchat (נשיאות), von dem in Abot überhaupt nicht die Rede ist; der erste Patriarch nach der Mischna Chag. II, 2, war vielmehr Josë b. Joëser. Vgl. auch Halevy, a.a.O., Bd. III, S. 162 ff.

67 Die Historiker bestreiten überhaupt, dass Alexander in Jerusalem war, s. „Zion“, Jahrg. 12, S. 3.

68 ‚Takanot‘ sind neue Verpflichtungen, die die Weisen ihren Mitmenschen zu deren eigenem Nutzen und auf Grund einer (jeweils gegebenen) bestimmten Notwendigkeit auferlegten; ‚Geserot‘ jedoch sind Verbots-Erweiterungen, die sie vorbeugend verhängt ha-

lieferungen werden bereits Moses zugeschrieben. Wir finden auch in der Thora, dass Moses bezüglich einer Reihe von neu aufgetretenen Fragen im Zweifel war: In Bezug auf die für den Gotteslästerer geltende Rechtsbestimmung: „Und sie hielten ihn in Gewahrsam, bis ihnen eine ausdrückliche Entscheidung von Gott kundgetan wurde" (Lev. XXIV, 12); hinsichtlich der Vorschriften über die durch Berührung von Toten Verunreinigten, wie sie sich nämlich gegenüber der Pflicht zur Darbringung des Passah-Opfers verhalten sollten (Num. IX, 8); betreffs der Art der Strafe für den am Sabbath beim Holzfällen Betroffenen: „denn es war nicht ausdrücklich klargestellt, was mit ihm zu geschehen habe" (das. XV, 34); bezüglich des Erbes der Töchter von Zelofchad (das. XXVII, 5) und der Frage eines Übergangs des ihnen zufallenden Nachlasses auf einen anderen Stamm (a.a.O. XXXVI, 5). — Aharon führte während seiner Trauerzeit den Bock des Sündopfers der Verbrennung zu, — und zwar auf Grund einer logischen Überlegung, — „und es erschien gut in den Augen von Moses" (Lev. X, 20). — Unsere Alten bemerken auch, dass Moses bei einer Anzahl von Dingen, die mit den Thorageboten in Zusammenhang stehen, Schwierigkeiten fand und Gott ihm die Deutungen gleichsam „mit dem Finger aufzeigte": bei der Heiligung des Neumondes, bei unreinem Gewürm, beim siebenarmigen Leuchter sowie bei der Vollziehung des Schächtgebotes (Mechilta „Bo", Kap. I; Bab. Men. 29 a). Ebenso zeigte Er ihm auch die reinen und die unreinen Tiere (Bab. Chul. 42 a; vgl. auch Tossaphot daselbst).

Einige alte Halachot werden gleichfalls Moses zugeschrieben, und man sagt, sie seien „הלכה למשה מסיני", d. h. „von Moses am Sinai empfangene Halacha"[69], womit ausgedrückt sein soll, dass bereits Moses

ben, damit man nicht zu einer Übertretung der von der Thora selbst erlassenen Verbote gelangen könne. Sie fallen also unter den Begriff des „Zaunes um die Thora", vgl. die Einleitung des Maimonides zu seinem Mischna-Kommentar. — Doch werden diese Bezeichnungen nicht immer im genauen Sinne angewendet und nicht überall wird zwischen Takanot und Geserot unterschieden, s. Bab. Schab. 15 b: „In Uscha (wo das Synhedrion zeitweilig tagte) wurden Anordnungen getroffen (‚התקינו')" usw., „....... sondern Jene kamen und verhängten Verbote (‚גזרו')" usw.; sowie a. m. — Vgl. M. L. Bloch, „Schaarë Thorat ha-Takanot", Einführung.

69 Vergl. zu diesem Ausdruck: „Moses empfing die Thora vom Sinai", Mischna Schebuot III, 6: „Ein Gebot, auf das er eingeschworen ist vom Berge Sinai her", sowie Mischna Chul. VII, 6: „Am Sinai (nach anderer L. A.: ‚vom' Sinai) wurde es ausgesprochen (nämlich das Verbot des Genusses der Spannader am Hüftgelenk), aber niedergeschrieben wurde es an seinem Platze" (d. h. in Gen. XXXII, 33); vgl. dazu im Mischna-Komm. d. Maim. z. St. — Siehe ferner die Kontroverse zwischen R. Ismaël und R. Akiba, die in Bab. Chag. 6 a gebracht wird: „R. Ismaël sagt: ‚Gesamtbestimmungen wurden am Sinai ausgesprochen und Einzelheiten im Stiftszelt' (Lev. I, 1 ff.), während R. Akiba sagt: ‚Gesamtbestimmungen und Einzelheiten wurden am Sinai ausgesprochen, im Stiftszelt wiederholt und zum dritten Mal verkündet in den Steppen Moabs' (Deut. I, 5 ff.)". S. auch Sifra, „b'Har" I, 1: „Alle Gebote nebst ihren Gesamtbestimmungen und

selbst sie in der mündlich empfangenen Lehre erklärte. Dazu bemerkt Maimonides (in der Einleitung zu seinem Mischna-Kommentar): Jede Lehre, für die es keine Andeutung im Schriftvers gibt, die mit ihm nicht in Verbindung steht und die aus ihm nicht auf einem der Wege seiner Ausdeutung entnommen werden kann, — sie allein heisst: ‚von Moses am Sinai empfangene Halacha'. Aber die sonstigen alten Halachot, obwohl ihre Erklärung Moses überliefert worden ist, — wie z. B. dass mit der „Frucht des Hadarbaumes" (Lev. XXIII, 40) die Zitrusfrucht gemeint ist und dgl., — werden nicht als „von Moses am Sinai empfangene Halacha" bezeichnet, weil sich für sie eine Andeutung in der Schrift finden lässt[70]. — In der Mischna wird eine von Moses am Sinai empfangene Halacha bei drei Gelegenheiten erwähnt: a) in Pea II, 6: Es geschah einmal, dass R. Simon aus Mizpa [Getreide] aussäte, und er kam vor Rabban Gamliël, und sie stiegen hinauf zur Quaderhalle und befragten sie (die Mitglieder des dort tagenden Grossen Gerichtshofes), und Nachum der Schreiber sprach: Ich habe es überliefert bekommen von R. Mejascha, der es von seinem Vater übernahm, der es seinerseits von den (Gelehrten-) Paaren empfing (die in Abot I, 4 ff. erwähnt sind, wie oben zit.), die es von den Propheten überliefert bekamen als eine von Moses am Sinai empfangene Halacha: Wer sein Feld besät mit zwei Arten von Weizen, lässt, wenn er daraus eine gemeinsame Tenne bildet, nur eine (für die Armen bestimmte) „Ecke" unabgeerntet stehen, bildet er aber zwei Tennen, so lässt er zwei „Ecken" stehen. — b) In Edujot (VIII, 7) sagt R. Josua: Ich habe es überliefert bekommen von R. Jochanan b. Sakkai, der es von seinem Lehrer hörte, und dieser von dessen Lehrer, als eine von Moses am Sinai empfangene Halacha, dass (der Prophet) Elijahu nicht kommt, um für unrein oder für rein zu erklären, um fernzuhalten oder um nahezubringen, sondern um diejenigen zu entfernen, die gewaltsam nahegebracht worden waren", ... usw. — Maimonides in seinem Mischna-Kommentar bemerkt dazu: ‚Nicht dieser Wortlaut wurde von unserem Lehrer Moses, — Friede über ihn!, — vernommen, sondern nur dieser Gedanke[71]; denn Moses hat vom

---

ihren einzelnen Feinheiten wurden vom Sinai herab verkündet"; ferner das. „b'Chukotaj", Ende v. Kap. VIII: „...... dass die Thora, ihre Halachot und ihre einzelnen Feinheiten, sowie ihre Erläuterungen durch Moses am Sinai gegeben wurden"; Bab. Nidda 45 a: „..... so wie die ganze Thora eine von Moses am Sinai empfangene Halacha darstellt"; usw. —

70 An den Stellen, wo es heisst: „Es sind (tradierte) Halachot und der Schriftvers dient lediglich als ‚Anlehnung' (אסמכתא)" (vgl. Bab. Suk. 6 a, und sonst), ist gemeint, dass in der Schrift nicht einmal ein blosser Hinweis aus den Gegenstand enthalten ist, und das heisst: ‚der Vers dient lediglich als Anlehnung'; vgl. Jad. Maleachi § 227, auch in Men. 92 b, sowie Tossafot dort, Stichwort: נירסא; ferner in den Chiduschim (Novellen) des R. Nissim zu Sanh. 81 b.

71 Maimonides sagt dies gemäss seiner (in der Einleitg. zum Mischna-Komm. dargelegten) grundsätzlichen Auffassung, wonach es keine Kontroverse bezüglich einer von Moses am Sinai empfangenen Halacha gibt. In jener Mischna werden aber von R. Jehuda,

Kommen des Messias erzählt, wie es in der Thora (Deut. XXX, 4) heisst: „Wenn Deine Versprengten ...., so wird Er Dich von dort sammeln!" usw. — Und er (Moses) verkündete ihnen ebenfalls in göttlichem Auftrage auch die Voraussetzungen und die Ursachen (für das Kommen des Erlösers), sowie dass ihm ein Mann vorausgehen werde, um ihm den Weg auf Erden zu ebnen, nämlich Elijahu; und er (Moses) liess sie wissen, dass jener Mann nichts hinzufügen werde zur Thora und nichts von ihr fortnehmen' .... usw. — c) In Jadajim (IV, 3) sagt R. Eliëser: „Ich habe es überliefert bekommen von R. Jochanan b. Sakkai, der es von seinem Lehrer hörte, und dieser von dessen Lehrer, bis hinauf zu einer von Moses am Sinai empfangenen Halacha, dass Ammon und Moab (d. h. die Bewohner der früher den Ammonitern und Moabitern gehörenden Landstriche) den Armenzehnt zu entrichten haben im siebenten Jahre (dem Brachjahre). — In der Tosephta (das. Kap. II, 16) heisst der Wortlaut: „Ich habe es überliefert bekommen von Rabban Jochanan b. Sakkai, der es von den (Gelehrten-) Paaren übernahm, und diese von den Propheten, und die Propheten von Moses als eine von Moses am Sinai empfangene Halacha" usw. — R. Simson in seinem Kommentar zur Mischna (das.) bringt diese Tosephta und folgert aus ihrem Wortlaut, dass von ihnen (den Tradenten) tatsächlich eine von Moses am Sinai empfangene Halacha in vollem Sinne gemeint war; aber den Wortlaut der Mischna erklärt er ‚nicht im eigentlichen Sinne [eine von Moses am Sinai empfangene Halacha], — denn es handelt sich hier nicht um eine Pflicht auf Grund der Thora', — sondern gemeint sei: „w i e eine von Moses am Sinai empfangene Halacha". Ähnliches bringt auch R. Ascher b. Jechiël am Ende des Traktates Nidda (unter den Bestimmungen über die Tauchbäder, הלכות מקוואות, Nr. 1) im Namen von R. Jizchak: „Das soll heissen: Eine Sache, die so klar ist wie eine von Moses am Sinai empfangene Halacha" [72]. —

R. Simon und den Weisen divergierende Meinungen geäussert. Deshalb erklärt Maimonides: Moses habe ihnen nur tradiert, dass Elijahu „nichts hinzufügen werde zu der Thora und nichts von ihr fortnehmen, sondern lediglich die Gewaltsakte aufheben und beseitigen", und sie diskutieren nun darüber, welches die Übeltaten sind, die er beseitigen wird, — wie denn auch Maimonides schliesst: „und es gibt darüber keinen Streit und keinen Widerspruch, sondern die Streitfrage geht darum, worin die Missetaten bestehen, die er beseitigen wird". Auf Basis dieser seiner Worte lassen sich viele Einwände widerlegen, die gegen seine grundsätzliche Meinung erhoben worden sind; doch ist hier nicht der Ort, die Frage ausführlich zu behandeln. Vgl. dazu in Bab. Erubin 15 b die Kontroverse der Amoräer darüber: „Wie hat der Allbarmherzige es Moses gelehrt?", sowie Ähnl. in Chul. 28 b.

72 Ebenso vertritt der Mischna-Komm. „Tif'eret Jisrael" (R. Israel Lipschütz) in Joma (Kap. II, Nr. 12) die Ansicht, dass an einer Reihe von Stellen nicht eine wirkliche „von Moses am Sinai empfangene Halacha" gemeint sei, sondern die dort überlieferte Lehre „sei anzusehen wie eine von Moses am Sinai empfangene Halacha"; vgl. a.a.O. — Entsprechend dieser Auffassung der älteren Erklärer („Rischonim") wird der Begriff der von Moses am Sinai empfangenen Halacha erläutert im „Führer der Irrenden der Zeit"

Zwischen R. Eleasar b. Asarja und R. Akiba finden wir in der Barajta eine Kontroverse darüber, ob eine bestimmte Halacha als eine von Moses am Sinai empfangene Halacha zu betrachten sei, oder ob man sie aus dem Schrift-

(N. Krochmal), Tor XIII, Ausg. Rawidowicz, S. 213: „Man hat solche Halachot, — teils im bestimmten, genau abgegrenzten Sinne, zum Teil aber im übertragenen Sinn und in einer gänzlich erweiternden sprachlichen Bedeutung, — als von Moses am Sinai empfangene Halacha bezeichnet usw.; somit stammt eine Halacha dieser Art vom Sinai, oder sie ist [zum mindesten] so anzusehen, als ob sie vom Sinai stammen würde", usw.; d. h.: es gibt Halachot, mit denen man tatsächlich eine von Moses am Sinai empfangene Lehre meinte, und es gibt solche, bezüglich derer man nur sagen wollte, sie seien so zu betrachten, als ob sie vom Sinai herrührten. — Frankel in Darchë ha-Mischna (Ende v. Kap. I, S. 20) bringt nur die Worte des R. Ascher b. Jechiël und bietet dadurch der irrigen Auffassung Raum, als ob an keiner Stelle eine wirklich von Moses am Sinai empfangene Halacha gemeint sei, sondern damit stets gesagt sein solle, die Sache sei so klar, als ob sie Moses am Sinai verkündet worden sei. Seine Zeitgenossen haben ihn deswegen angegriffen [doch bezweckten seine Gegner damit weniger, ihn zu einer Klarstellung der Gedankenrichtung unserer Weisen zu veranlassen, als vielmehr dazu, seine eigene Glaubensmeinung zu offenbaren!]. Deshalb fügte er hinzu (in den Zusätzen zu „Darchë ha-Mischna"): ‚Und der Begriff „von Moses am Sinai empfangene Halacha" bedeutet, wie sein Wortlaut besagt, dass (die betreffende Lehre) vom Sinai herab Moses verkündet worden ist; — zuweilen aber wird dieser Ausdruck auch auf eine Sache angewendet, die ganz besonders klar gehalten ist' [über seine eigene Glaubensmeinung in der Angelegenheit wollte Fr. keine Rechenschaft ablegen!]. — Vgl. auch Bab. Meg. 19 b: R. Jochanan hat gelehrt: „Das Übriglassen einer Naht (oben und unten beim Zusammenheften des Pergaments für eine Thora-Rolle) ist eine von Moses am Sinai empfangene Halacha; doch ‚hat man sie aufs Haupt geschlagen' („ומחו לה אמוחא")" usw. Dazu erklärt Raschi: „Nachdem er, R. Jochanan, sie (diese Lehre) vorgetragen hatte, ‚schlug er sie aufs Haupt', d. h. dann widersprach er ihr und sagte, sie sei keine bereits von Moses am Sinai empfangene Halacha, sondern die Weisen haben sie gelehrt". Raschi las „ומחי" mit einem „Jod" als Endbuchstaben (= 3. Pers. sing.: „er" schlug .....); ebenso in den Responsen der Geonim [s. „Ozar ha-Geonim", dort] sowie Jer. Meg., Kap. I, Hal. 9; deshalb erklärt er, dass R. Jochanan selbst seinen Ausspruch nachher zurückgezogen habe. Daraus ergibt sich, dass R. Jochanan keine klare Überlieferung besass, wonach es sich hier in der Tat um eine von Moses am Sinai empfangene Halacha handelt. Aus Talm. Jer., das., geht jedoch hervor, dass R. Jochanan die erwähnte Halacha samt ihrer Begründung tradiert hat, und es werden (von Anderen) Einwände dagegen erhoben, s. dort. — In Pes. 17 b werden gegenüber der Ansicht von Raw Papa, — wonach die Abwässer des Schlachthauses (bestehend aus Blut und Wasser) auf Grund einer (vom Sinai) überlieferten Halacha nicht verunreinigen, — Bedenken geltend macht, und seine Worte werden abgelehnt (s. dort in der Erkl. des R. Chananël; demgemäss entscheidet auch Maimonides, Kap. X der „Halachot über die Unreinheit von Speisen" (טומאת אוכלים), Hal. 16; vgl. ferner das. in den „Halachot über die Haupt-Unreinheiten" (אבות הטומאות) Kap. XIV, Hal. 7, sowie in „Lechem-Mischne" zu Maim., „הלכות פסולי המוקדשים", Ende v. Kap. I. — S. auch in der folgenden Anmerkung 73, sowie im Komm. des R. Jom-Tow b. Abraham (Asbillia; ריטב"א) zu Erubin, Anfg. v. Kap. II (und R. Salomo Lurja — רש"ל — das. zu Bl. 5 b).

vers herleiten könne. R. Akiba, seiner Methode entsprechend, entnimmt aus dem Schriftvers (Lev. VII, 12) „Und er soll darbringen zu dem Dankopfer ungesäuerte Fladen bestrichen mit Öl“: Es stehe zwei Mal ‚mit Öl‘, um uns zu lehren, dass das Maass des Öles für ein Dankopfer nicht demjenigen für die übrigen Speiseopfer gleiche; denn bei allen Speiseopfern bringt man 1 Log Öl, beim Dankopfer jedoch nur ein halbes Log. — R. Eleasar ben Asarja erwidert dem R. Akiba darauf: „Sogar wenn Du den ganzen Tag sagst, [der verdoppelte Ausdruck] ‚mit Öl‘ bedeute eine Einschränkung oder ‚mit Öl‘ bedeute eine Erweiterung, so höre ich (dennoch) nicht auf Dich; vielmehr beruht (die Maass-Bestimmung) ein halbes Log Öl für das Dankopfer und ein Viertel (Öl) [richtige Lesart: ‚Wein‘] für den Nasiräer . . . . auf einer von Moses am Sinai empfangene Halacha“ (Sifra „Zaw“, Kap. XI, 4—6: Bab. Men. 89 a). Somit ergibt sich, dass Beide in der Halacha selbst übereinstimmen und nur darüber diskutieren, ob diese zur Gruppe der „von Moses am Sinai empfangenen Halacha“ gehört und nicht aus dem Schriftvers abgeleitet werden kann, oder ob es möglich ist, sie der Schrift im Wege der Ausdeutung zu entnehmen, — wie auch im babyl. Talmud erklärt wird (Nid. 73 a): ‚Nach R. Akiba Schriftvers (= Ausdeutung), nach R. Eleasar ben Asarja [von Moses am Sinai empfangene] Halacha‘. Und ähnlich sagt der Talmud in Moëd katan 4 a: ‚Halacha nach R. Ismaël, Schriftausdeutung nach R. Akiba‘. In gleicher Richtung liegt auch die Kontroverse zwischen den Weisen und Abba Schaul (Tos. Sukka, Kap. III, 1), wonach die Bachweide (die man am Hüttenfest ins Heiligtum brachte, um sie neben dem Altar aufzustellen) gemäss der Ansicht der Weisen auf eine von Moses am Sinai empfangene Halacha zurückzuführen ist, während Abba Schaul sie aus dem Schriftvers herleitet, denn es steht (Lev. XXIII, 40): „ערבי נחל“ (in der Mehrzahl: ‚Weiden am Bache‘), was bedeute: zweierlei Weiden, nämlich eine für den Palmzweig [des Feststrausses] und eine für den Altar (vgl. auch Bab. Sukka 44 a) [73]. Der Tanna aus dem Lehrhause von R. Ismaël überliefert (Bab. Chul.

73 Ebenso heisst es im Talm. Bab. dorts., dass der Wasserguss (auf dem Altar) am Hüttenfest auf einer von Moses am Sinai empfangenen Halacha beruhe, während R. Akiba annimmt (Bab. Seb. 110 b und Jer. Suk., Anfg. v. Kap. IV), er sei von der Thora bestimmt (vgl. auch unten Kap. III, Anm. 13). In ähnlicher Weise diskutieren Amoräer in Bab. Kid. 38 b und Jer. (am Ende von Trakt. Orla) darüber, ob das Orla-Gesetz (d. h. das Nutzniessungs-Verbot an neu gezogenen Baumfrüchten während ihrer ersten drei Jahre) ausserhalb des Landes Israel eine von Moses am Sinai empfangene Halacha sei oder nur eine als Landesbrauch übernommene Übung. — Vgl. auch Bab. Men. 32 b: Raw Minjomi bar Chilkija sagt im Namen von Bar-Guria, Rab habe gelehrt: jede Pfosten-Inschrift (מזוזה), die nicht auf einer (ins Pergament geprägten) Liniierung geschrieben ist, ist religionsgesetzlich untauglich, während Raw Minjomi bar Chilkija seinerseits (d. h. im eigenen Namen) sagt: Die Liniierung der Pfosten-Inschrift ist eine von Moses am Sinai empfangene Halacha; hierüber besteht eine Kontroverse zwischen den Mischna-Lehrern, denn wir haben gelernt [usw.]: Tephilin- und Pfosten-Inschriften

42 a), dass 18 Arten von ‚Trephot' (d. h. mit Körperfehlern behafteten und daher zum Genuss unerlaubten Tieren) bereits Moses am Sinai genannt worden sind. Und ebenso werden einige Halachot, welche die Herstellung der Thora-Rollen, der Gebetriemen und der Pfosten-Inschriften betreffen, als von Moses am Sinai empfangene Halacha bezeichnet (Jer. Meg., Kap. I, Hal. 9; Bab. Schab. 28 b, 79 b und 108 a; u. a.) [74]. — Eine allgemeine Regel gibt darüber R. Jochanan (Jer. Pea, Kap. II Hal. 6, Blatt 17 a): ‚Wenn Dir eine Halacha unterläuft und Du weisst nicht, welcher Art (d. h. welchen Ursprungs) sie ist, so wende sie nicht nach einer anderen Richtung; denn zahlreiche Halachot sind Moses am Sinai gesagt worden und alle sind sie in der Mischna niedergelegt'. — Und ebenso sagt R. Jochanan (Jer. Schab., Kap. I, Hal. 2): „Wenn Du die Überlieferungskette einer tradierten Lehre bis auf Moses zurückführen kannst, so tue es!", usw. —

Ebenso wie man Moses Halachot zuschrieb, werden auch einige ‚Takanot' [75] (s. oben S. 35) unter seinem Namen erwähnt. Wer aber in die Quellen Einsicht nimmt und sie miteinander vergleicht, der wird darüber Klarheit gewinnen, dass man nicht auf Grund einer Überlieferung gesagt hat, Moses habe jene Anordnungen erlassen, sondern dass man sie dem Schriftvers entnahm, d. h. man fand in der Schrift einen Hinweis darüber, dass man sich bereits in den Tagen von Moses so zu verhalten pflegte, und man sagte deshalb, Moses selbst habe dies so angeordnet [76]. Zunächst sei in diesem Zusammenhang die Mischna am Ende des dritten Kapitels in Traktat Megilla erwähnt, welche die Thora-Abschnitte aufzählt, die an den Festtagen öffentlich zu verlesen sind, und die mit den Worten schliesst: „Denn es heisst: Und Moses tat kund den Kindern Israels die Feste des Ewigen" (Lev. XXIII, 44), — ‚er befahl ihnen, dass sie (die Thora-Bestimmungen über) jedes einzelne Fest zu seiner Zeit zur Vorlesung bringen sollen'. Im babyl. Talmud (ibid. 32 a) wird dazu die Barajta angeführt: ‚Moses erliess für die Kinder Israels die Anordnung, dass sie fragen und forschen sollten zum [jeweils aktuellen] Thema des Tages, über die Passah-Halachot am Passahfest, über die Halachot des Wochenfestes am Wochenfest, über die Halachot des Hüttenfestes am Hüttenfest'. Diese Barajta erläutert und ergänzt die Mischna, die aus dem Schriftvers: „Und Moses tat kund ......" ableitet, dass man an den Festen

[etc.] bedürfen keiner Liniierung. Vgl. ferner: Jer. Schab., Kap. I, Ende v. Hal. 4, und im Komm. „Mar'eh ha-Panim" dorts. (R. Mosche Margalith).

74 Vgl. im Responsen-Werk „Chawat Jaïr" (R. Jaïr Bacharach) Nr. 192, sowie auch bei Weiss, „Dor Dor w'Dorschaw", Teil I, S. 73.

75 Siehe M. L. Bloch, „Schaarë Thorat ha-Takanot", Teil I, wo der grösste Teil der Takanot zusammengestellt ist.

76 In derselben Art wird in der Barajta (in Bab. Ber. 26 b) gesagt: Abraham führte das Morgen-Gebet ein [usw.], Isak führte das Nachmittags-Gebet ein [usw.], Jakob führte das Abend-Gebet ein [usw.]; — weil man nämlich so die Schriftverse ausdeutete. Und im Jer. (Anfang v. Kap. IV, das.) heisst es genau in diesem Sinne: ‚Die Gebete hat man von den Erzvätern gelernt'.

über den Gegenstand der Feste zu lesen habe; die Barajta fügt dem hinzu, dass Moses demgemäss handelte und die Anordnung traf, man solle fragen und forschen über das Thema des Tages, — wobei sie sich auf den Schriftvers stützt: „Und Moses tat kund", der bereits in der Mischna gebracht wird[77]. In der Tosephta (Meg. Kap. IV [III], 5) wird nicht erwähnt, dass Moses diese Anordnung traf, sondern es heisst dort nur: „Man stelle Fragen über die Passah-Halachot am Passahfest usw., über die Halachot des Hüttenfestes am Hüttenfest‘ usw.; ebenso im Talm. Jer. (Pes. Kap. I, Ende v. Hal. 1; Bl. 27 b). In Sifra, „Emor", Kap. XVII, 12 (103 b) steht: „Und Moses tat kund", — ‚dies lehrt uns, dass Moses ihnen, dem Volk Israel, gesagt hat die Passah-Halachot am Passahfest ...... usw. — In dem gleichen Wortlaut, in dem er selbst es gehört hatte, im selben Wortlaut sagte er es ihnen, dem Volk Israel, weiter‘, usf. Es ist klar ersichtlich, dass man dies aus der Schrift herleitete, und aus demselben Vers werden noch andere Erklärungen entnommen: ‚Im gleichen Wortlaut, in dem er es hörte‘, usw. (vgl. die Erklärung des R. Abraham b. David das.). Dies geht auch aus dem Sifra („Behaalotcha", — Nr. 66) hervor, wo es heisst: „Und Moses redete zu den Kindern Israels", ‚das Passah-Opfer zu bereiten‘, usw; — eine andere Erklärung: Er sagte ihnen die Passah-Halachot am Passah-Fest usw., die Halachot über das Hüttenfest am Hüttenfest; ‚von hier entnehmen sie (die Weisen), dass Moses für Israel die Anordnung traf[78], zum Thema (des Tages) zu fragen und zum Thema zu forschen‘.

77 In 2 Handschriften sowie in den „Aggadot ha-Talmud" ist tatsächlich dieser Vers beigefügt, ebenso in den Handschriften dorts. 4 a: ‚denn es ist gelehrt worden: „Und Moses verkündete die Feste des Ewigen", d. h. Moses hat angeordnet‘, usw. — Vgl. „Dikduke Soferim", das.

78 In der „Handschrift Rom" ist die Lesart: ‚Moses überantwortete Israel‘ — משה הקנה את ישראל — (in Akkusativ-Form), während es richtig heissen muss לישראל (Dativ), — und dieser Wortlaut steht auch im Traktat Soferim Kap. X, 1: „Moses übereignete" (הקניא). Gemeint ist damit: Ebenso wie Moses selbst gehandelt hatte, indem er ihnen jeden einzelnen Thora-Abschnitt zur gegebenen Zeit vortrug, so hat er es auch Israel übertragen, zum Thema des Tages zu fragen usw.; — vgl. auch Sifrë Deut. Nr. 127. Dem ähnlich wird in der Barajta (Bab. Pes. 6 a) gelehrt: „Man fragt und forscht über die Passah-Halachot 30 Tage vor dem Passah-Fest; R. Simon b. Gamliël sagt: 2 Wochen". Und in der Gemara das. werden die Gründe für die Ansicht der Weisen und diejenige des R. Simon b. Gamliël aus Schriftversen über Moses entnommen, s. dort. Im grossen Ganzen bewegen sich alle Erklärungen nach einer Richtung: dass man nämlich an den Festen in den Thora-Abschnitten über die Feste lesen soll, und darüber im Lehrhause forschen 30 Tage bezw. 2 Wochen vorher, wie es ausdrücklich in der Tos. Meg. sowie Jer. Pes., dortselbst heisst: Im Ratsversammlungs-Hause stellt man Fragen bezüglich des Passah-Opfers 30 Tage vor dem Fest, usw. — S. auch R. Jom-Tow b. Abraham (ריטב"א) und R. Nissim (ר"ן) zu Meg. 4 a, sowie „Beth-Joseph" und die Erklärer zu „Orach Chajim" § 429. — Vgl. ferner Jalkut, Anfg. v. Abschn. „Wajakhel" im Namen des Midrasch „Abkir": ‚Unsere Lehrer, die Meister der Agggada, sagen: Vom Anfang bis zum Ende der Thora gibt es sonst keinen Abschnitt, in welchem zu Beginn der

Weil man nun dem Schriftvers: „Und Moses tat kund den Kindern Israels die Feste des Ewigen“ entnahm, dass man die von den Festtagen handelnden Thora-Abschnitte zu ihrer jeweiligen Zeit zu verlesen habe, und da zu Beginn des (massgebenden) Abschnittes (Lev. XXIII, 3) von den Sabbath-Geboten die Rede ist, ferner in Num. XXVIII, 11, das Neumondsopfer neben den Sabbath- und den Festtags-Opfern steht, wie es auch heisst: „Und am Tage Eurer Freude und Eurer Feste, sowie an Euren Neumondstagen“ usw. (Num. X, 10), und da zudem auch bei den Propheten der Neumondstag zusammen mit dem Sabbath und den Festen erwähnt wird[79], — deshalb wird im Talm. Jer. (Meg. Kap. IV, Hal. 1) die Anordnung, am Sabbath, Feiertag und Neumond die einschlägigen Abschnitte aus der Thora vorzulesen, Moses zugeschrieben: ‚Moses führte in Israel ein, dass man aus der Thora vorliest an den Sabbathen, den Festtagen, den Tagen der Neumondsweihe und den Halbfeiertagen‘, denn es heisst: „Und Moses tat kund“ usw.; — ebenso im Trakt. Soferim (Kap. X, 1)[80]. In der Barajta (Bab., B. Kama 82 a) wird gelehrt, dass die Quelle für die Thora-Vorlesung am Sabbath sowie am Montag und Donnerstag eine Anordnung der Propheten ist: „Und sie gingen drei Tage in der Wüste und sie fanden kein Wasser“ (Ex. XV, 23), — ‚die Schriftausdeuter sagen, mit dem Worte „Wasser“ werde auf die Thora hingedeutet usw.; weil sie drei Tage ohne Thora wanderten, deshalb befiel sie Müdigkeit; hernach traten die Propheten unter ihnen auf und gaben ihnen die Anordnung, dass man (aus der Thora) vorzulesen habe am Sabbath usw., am Montag und am Donnerstag‘. — In ähnlicher Art heisst es auch in der Mechilta (Beschalach, „Wajassa“, Kap. I, S. 154): ‚Und so führten es (bei ihnen) ein die Propheten und die Ältesten, dass man aus der Thora vorzulesen habe am Sabbath, am Montag und am Donnerstag‘. — Die früher angeführte Stelle aus dem Talm. Jer. lässt sich unschwer mit diesen Barajtot in Übereinstimmung bringen, indem man sagt, dass „die Propheten und Moses an ihrer

---

Ausdruck „ויקהל“ („und er versammelte“) steht, ausser diesem einzigen; der Heilige, — Er sei gelobt, — hat zu Moses gesprochen: Schaffe Dir grosse Gemeinde-Versammlungen und erläutere vor ihnen in der Öffentlichkeit die Sabbath-Halachot, damit die kommenden Geschlechter von Dir lernen, Gemeinden zu versammeln an jedem Sabbath-Tage und sich in den Lehrhäusern einzufinden, um zu lehren die Worte der Thora und Israel darin zu unterweisen [usw.]; und von hier stammt der Ausspruch (der Weisen), dass Moses für Israel die Anordnung traf, zum Thema des Tages zu forschen, nämlich die Passah-Halachot am Passah-Fest‘, — usw.

79 Siehe II. Reg. IV, 23; Jes. I, 13—14, u. LXVI, 23; Hos. II, 13; Amos VIII, 5; Ez. XLV, 17, sowie XLVI, 1 u. 3; vgl. ferner Makk. I, 10, 34, und Judith VIII, 6; sowie Buch der Jubil. I, 14 u. VI, 34—38, sow. a. m. — Ferner auch oben S. 9. — Siehe dazu „Tur“ (R. Jakob b. Ascher), Orach Chajim § 419.

80 Ebenso sagt Josephus, „Gegen Apion“, II, 17: ‚Moses traf die Anordnung, an jedem Sabbath in den Gesetzen der Thora zu lesen und sie zu erlernen‘. — Vgl. auch „Apostel-Geschichte“ XV, 21.

Spitze" die Thora-Vorlesung am Sabbath anordneten, wie auch Maimonides (im Kap. XII der Bestimmungen über das Gebet, Hal. 1) einfach schreibt: „Unser Lehrer Moses" ordnete für Israel an, dass sie in öffentlicher Versammlung aus der Thora vorlesen sollten am Sabbath sowie am Montag und Donnerstag", usw [81]. Jedenfalls beruht die Zurückführung der Anordnung auf Moses auch hier auf der Grundlage einer Ausdeutung des Schriftverses.—

Noch eine andere Anordnung wird in der Barajta unter dem Namen von Moses erwähnt, nämlich die Einteilung der Priester und Leviten in bestimmte Abteilungen („משמרות", Dienstgruppen), von denen eine jede zu ihrer festgesetzten Zeit im Heiligtum Dienst zu tun hatte. Darüber wird gelehrt (Tosephta Taan., Kap. IV (III), 2): ‚Acht Dienstgruppen führte Moses ein für die Priesterschaft und acht für die Levitenschaft; als dann David auftrat und der Seher Samuel, schufen sie 24 Dienstgruppen für die Priesterschaft und 24 für die Levitenschaft, wie es heisst (I. Chron. IX, 22): „Jene stifteten David sowie Samuel, der Seher, in ihrer Treue"; dies sind die Dienstgruppen der Priester- und Levitenschaft. Hernach traten Propheten aus Jerusalem auf und bestimmten 24 „Repräsentations-Gruppen" („מעמדות", — d. h. Gruppen von Vertretern des Volkes bei kultischen Handlungen)', usw. — Indessen werden im babyl. Talmud (Taan. 27 a) zwei einander widersprechende Barajtot gebracht, und in beiden werden keine Dienstgruppen der Levitenschaft erwähnt, sondern lediglich solche der Priesterschaft. In der einen Barajta wird gelehrt: Moses führte in Israel acht Dienstgruppen ein, vier von Eleasar und vier von Itamar (den Söhnen Aharons), dann kam David sowie Samuel, und sie setzten ihre Zahl auf 24 fest, wie es heisst: „Jene stiftete David usw.". — In der anderen Barajta steht: ‚Moses führte in Israel 16 Dienstgruppen ein, acht von Eleasar und acht von Itamar'. Rab im Talmud Babli und R. Jochanan im Talmud Jer. (das. Kap. III, Hal. 2) überliefern auch ihrerseits, dass Moses acht Dienstgruppen einführte. Sie alle leiten dies anscheinend vom Schrifttext in den Chronikbüchern ab (Buch I, Kap. 24). In Vers 3 ff. wird dort gesagt, dass David die Söhne Eleasars und Itamars in 24 Dienstgruppen einteilte, und in Vers 19 steht: „Dies ist ihre festgesetzte Ordnung für ihren Dienst, zu kommen in das Haus Gottes nach der für sie geltenden Vorschrift durch ihren Vater Aharon, wie der Ewige, der Gott Israels, es ihm anbefohlen hat"; hieraus ersehen wir, dass die Priester bereits in den Tagen von Aharon und Moses in Dienstgruppen eingeteilt waren. In der „Barajta von den 32 Deutungsregeln", — Regel 17, über einen Gegenstand, der nicht an seinem Platz erklärt wird, sondern an einer anderen Stelle, — wird von hier entnommen, dass das Gebot über die Einteilung in 24

81 Allerdings besteht über diese Frage eine Kontroverse zwischen dem Talm. Jer. und den Barajtot, nach welchen auch die Thora-Vorlesung am Montag und Donnerstag auf einer Anordnung der „früheren Propheten" beruht, während der Talm. Jer. der Meinung ist, dass sie eine Takana von Esra zur Grundlage hat; vgl. dort sowie in Meg. Kap. I, Ende v. Halacha 1; ferner unten S. 53.

Dienstgruppen von Moses selbst empfangen wurde: In ähnlicher Weise (wird erklärt): Es heisst: „Die Familien der Söhne von Kehat sollen lagern zur Seite der Stiftshütte nach Süden hin“ (Num. III, 29). „Die Familien der Gersoniter“ usw. (ibid., 23); — aber wir haben noch gar nichts darüber gehört, dass Gott befohlen hat, von seinen Söhnen sollten 24 Dienstgruppen gebildet werden. Und wo erfahren wir dies? Späterhin‘ (nämlich in dem eben zit. Vers I. Chron. XXIV, 19): „Dies ist ihre festgesetzte Ordnung für ihren Dienst“ usw., —, Dies lehrt uns, dass jenes Gebot den Händen von Moses und Aharon überantwortet war [82]‘ (d. h. durch Moses und Aharon übermittelt wurde). —

Eine weitere Anordnung wird Moses von dem Amoräer Raw Nachman zugeschrieben (Bab. Ber. 48 b): Moses führte den Segensspruch ‚הזן‘ („der Alles ernährt“, im Tischgebet) in Israel ein zur Zeit, als das Manna herabfiel; Josua führte den Segensspruch ‚הארץ‘ („über das Land“) ein, als sie in das Land einzogen; David und Salomo führten (den Segensspruch) ein ‚בונה ירושלים‘ („der Jerusalem erbaut“), David [nämlich] führte ein: „über Israel, Dein Volk, und über Jerusalem“, Deine Stadt“, und Salomo: „über das grosse und heilige Haus“ (beides im Segensspruch ‚בונה ירושלים‘) usw. —

82 Vgl. R. Jom-Tow b. Abraham z. Mischna Taanit 26 a, sowie in den Glossen des Nachmanides z. „Sefer ha-Mizwot“ (Maimonides), Gebot 36. In Wajikra Rabba Kap. I, Nr. 3, wird der Vers I Chron. 24, 6, auf Moses gedeutet; s. auch Midr. Tannaim (ed. Hoffmann) S. 109. Von Vers 4 ff. dort wird ferner entnommen, dass die Dienstgruppen von Eleasar und Itamar ursprünglich an Zahl gleich waren, indem auf jeden von ihnen acht Dienstgruppen kamen. König David vermehrte dann die Anzahl von Eleasar und setzte sie auf 16 Gruppen fest, so dass die Gesamtzahl sich auf 24 belief. Wer demnach annimmt, dass der Prophet Samuel für sich allein sowie König David für sich allein je eine Änderung durch Erhöhung der Gruppenzahl vornahm, führt auf Moses die Einteilung in 8 Gruppen zurück, auf Samuel diejenige in 16 und auf David die in 24 Gruppen, — gemäss dem Ausspruch von Rab un Babli daselbst. Wer aber der Ansicht ist, dass Samuel und David gemeinsam die Zahl der Gruppen vermehrten und sie auf 24 festsetzten, geht davon aus, dass vorher, also von Moses' Zeit her bis zu ihrer Epoche, die Zahl der Dienstgruppen 16 betrug. In Bamidbar Rabba, Kap. III, 10, wird aus der Zahl der 8 Familien der Leviten in Num. III, 18—20, entnommen, dass auf Anordnung von Moses acht Dienstgruppen aus ihnen geschaffen wurden. In der Ausdrucksweise des Midrasch: Unsere Lehrer haben gesagt, dies sind die 8 Dienstgruppen, die Moses auf göttlichen Befehl einführte, bis David aufstand und daraus 24 für die Priester- und die Levitenschaft gebildet hat. — Dementsprechend lässt sich auch erklären, dass Samuel und David gemeinsam die von Moses stammende Anzahl von 8 Gruppen (über die in Num. das. berichtet wird) erhöhten und stattdessen 24 Gruppen schufen, wie es dem einfachen Wortsinn der Barajtot in der Tosephta und im Babli entspricht. Dasselbe geht auch hervor aus dem Wortlaut in Maimonides' Werk, Kap. IV der „Halachot über die Geräte des Heiligtums“ (כלי המקדש), Hal. 3. — Nach dem Talm. Jer. (dorts.) haben Samuel und David zwei Mal Erhöhungen vorgenommen, das erste Mal acht, — nämlich vier bei Eleasar und vier bei Itamar, — und das zweite Mal ebenfalls acht, jedoch lediglich bei Eleasar allein.

Im Midrasch Tanchuma aber („Mass'e", Nr. 6; ebenso Numeri Rabba, Kap. XXIII, 7) werden die vier Segenssprüche des Tischgebetes auf vier Zeiten verteilt, ohne dass der Name ‚Moses' dabei erwähnt wird, und zwar in folgendem Wortlaut ‚So haben unsere Lehrer es gelehrt: Bevor Israel in das Land einzog, sagten sie (im Tischgebet) nur einen [einzigen] Segensspruch, nämlich: „Der Alles ernährt"; als sie in das Land eingezogen waren, ordnete man an, dass sie (auch) einen Segensspruch „über das Land und über die Speise" verrichten sollten; als Jerusalem zerstört worden war, fügte man hinzu: „Der Jerusalem erbaut", usw.'. — In Wahrheit spricht auch Raw Nachman nur deshalb über Moses, Josua, David und Salomo, weil er sagen will, dass die Segenssprüche in unserem Tischgebet n i c h t z u e i n e r e i n h e i t l i c h e n Z e i t f e s t g e s e t z t w o r d e n s i n d, sondern jeder Segensspruch in der für ihn passenden Epoche bestimmt wurde; denn Israel konnte, bevor es das Land betreten hatte, keinen Segen über das Land sprechen und vor der Eroberung Jerusalems sowie der Erbauung des Tempels keinen Segensspruch über diese Ereignisse verrichten [83]. Da nun das Tischgebet auf der Thora beruht, denn es wird aus dem Vers „Und Du wirst essen und wirst satt werden und wirst Deinen Gott segnen . . . . ." (Deut. VIII, 10) hergeleitet (s. Babli das.), deshalb knüpft es Raw Nachman an den Namen von Moses und sagt, dass zur Zeit, als das Manna herabfiel, Moses bereits anordnete, den Tischsegen zu sprechen.

In dieser sprachlichen Bedeutung finden wir an einer Reihe von Stellen im babyl. Talmud, dass „Takanot" und „Geserot" Moses zugeschrieben werden, während man dabei nur Schriftverse aus der Thora im Sinne hatte, in ähnlicher Art wie in dem Ausspruch, dass die ganze Thora eine „von Moses am Sinai empfangene Halacha" darstelle (vgl. oben S. 36/37, Anm. 69). So wird beispielsweise in Joma 69 b gesagt: Moses kam und sagte: ‚Der grosse, der heldenhafte, der furchterregende Gott' (Deut. X, 17); aber Jeremia und Daniel wollten so nicht sprechen, denn: „Wo ist seine Furchtbarkeit, wenn Heiden in seinem Tempel kreischen?! Wo sind seine Heldentaten, wenn Heiden seine Kinder versklaven?!" Und dazu wird gefragt: „Wie konnten sie (Jeremia und Daniel) derart handeln und e i n e A n o r d n u n g, d i e M o s e s g e t r o f f e n h a t t e, aufheben?" Somit wird das, was in der Thora steht, hier „eine Anordnung von Moses" genannt. — Ebenso heisst es auch im Talm. Jer. (Meg., Ende v. Kap. III): „Moses hat angeordnet usw.". Und in gleicher Art wird im Talm. Bab. (Joma 75 b) gesagt: „B i s

---

83 Vgl. in den „Chidusche ha-Raschba" (Novellen des R. Salomon b. Aderet) und bei R. Ascher b. Jechiël zu Ber. das.; auch in den Glossen des Nachmanides zum „Sefer ha-Mizwot", Nr. I, ferner Beth-Joseph (R. Joseph Karo) und Beth Chadasch (R. Joël Sirkes) zu „Tur" (R. Jakob b. Ascher), Orach Chajim § 191, und „Magen Abraham" (R. Abraham Gumbinner) dorts.; sowie in meinem Aufsatz (über den vierten Segensspruch des Tischgebetes) in der Monatsschrift f. Gesch. u. Wiss. d. Judentums, Bd. 78 (1934), S. 435 f.

Moses kam und die Zeit für ihre Speisung festsetzte", womit der Schriftvers gemeint ist (Ex. XVI, 8): „Und Moses sprach: Der Ewige wird Euch am Abend Fleisch zu essen geben und Brot am Morgen zur Sättigung!". — In Jeb. 79 a wird gefragt: „Über die Netinim — (die früheren Gibeoniter, die zu Volks- und Tempel-Sklaven gemacht wurden; s. Josua IX, 3—27) — hat David die Strafe verhängt (dass sie als Sklaven und nicht als Juden angesehen werden, s. II. Sam. XXI, 2)? Hat denn nicht Moses (die Strafe) über sie verhängt, denn es heisst doch (Deut. XXIX, 10): ‚vom Holzfäller bis zum Wasser-Schöpfer', usw.? Und hat nicht Josua (die Strafe) über sie verhängt, wie es heisst ... usw.?" — All dieses beweist, dass die Amoräer den Dingen, die sie aus den Schriftversen der Thora ableiteten, die Bezeichnung „Takanot [bezw. Geserot] von Moses" gaben. — Und ebendies ist auch gemeint in Schab. 30 a: „Unser Lehrer Moses hat so und so viele Geserot verhängt sowie so und so viele Takanot erlassen". Wir finden aber keine Geserot von Moses, sondern man umschrieb Gebote und Verbote (der Thora) mit dem Namen „Takanot und Geserot von Moses" [84]. —

Im Talm. Jer. (Ket., Anfg. v. Kap. I; 25 a) wird noch eine weitere Anordnung von Moses erwähnt, nämlich sieben Festtage anlässlich einer Verheiratung zu feiern und um einen Verstorbenen sieben Tage zu trauern. Bereits im Kommentar „P'ne Mosche" (R. Mosche Margalith) z. St. wird erklärt, der Talm. Jer. wollte damit sagen, dass für diese beiden Bräuche eine Andeutung in der Thora zu finden sei in dem Schriftvers (Gen. XXIX, 27): „Erfülle deren Woche!" (d. h. die Hochzeitswoche von Lea) sowie (Gen. L, 10) „Und er (Joseph) bereitete seinem Vater eine Trauer von 7 Tagen", und in dieser Art wird die Stelle auch im Jer.-Kommentar „Korban ha-Eda" des R. David Fränkel (das.) erklärt. Unseren obigen Ausführungen gemäss weicht die hier gebrachte Formulierung „Moses führte ein" im Talm. Jer. nicht von allen übrigen Stellen ab, die mit dieser Ausdrucksweise auf einen Schriftvers der Thora hinzielen, aus dem entnommen wird, dass Moses eine solche Einführung getroffen habe. Ebenso heisst es auch im Traktat „Abot d' R. Natan" (ed. Schechter, Rezension b, Kap. I): Woher wird die Trauerzeit von

84 S. Wajikra Rabba Kap. XXXI, Ende v. Nr. 4 (auch Schir ha-Schirim Rabba Kap. VII, Nr. 6): ‚Der Heilige, — Er sei gelobt, — hat zu Moses gesagt: Ich habe Dich als König eingesetzt über Israel; Aufgabe eines Königs ist es, Gebote zu verhängen, welche die Anderen zu erfüllen haben. So verhänge auch Du Gebote (!תהא גוזר), und Israel soll sie erfüllen', etc. — Vgl. „Sefer ha-Maphteach" (R. Nissim), in Schab. das. — Nachträglich sehe ich, dass auch R. Samuel Edels in seinen „Chiduschë Aggadot" zu Schab. dorts. die Stelle in gleicher Art erklärt. — Ebenso im „Sefer ha-Juchassin" unter dem Stichw. „Josua", wo auf Midrasch Kohelet (Kap. IX, 1; auch Midr. Ruth Kap. III, 2) hingewiesen wird: ‚Unser Lehrer Moses, als er über uns das Verbot verhängte' (שגזר): „Ihr sollt kein Feuer entzünden in allen Euren Wohnungen!" (Ex. XXXV, 3), usw. — Vgl. in den „Ergänzungen" zu Arach., Kap. IV, Mischna 4, im Mischna-Kommentar d. Vf sowie unten Anm. 89.

7 Tagen entnommen? Weil es heisst: „Und er bereitete seinem Vater eine Trauer von 7 Tagen". Woher wird die siebentägige (Hochzeits-)Feier entnommen? Weil es heisst: „Erfülle deren Woche!" — Der Talm. Jer. selbst (M.kat. Kap. III, Hal. 5; Bl. 82 c) bringt den Vers: „Und er bereitete seinem Vater eine Trauer von 7 Tagen", nebst anderen Schriftstellen als Beleg für die siebentägige Trauerzeit, und ebenso steht es auch in Gen. Rabba (Kap. 100, Nr. 7), vgl. dort, sowie Bab. Moëd. kat. 20 a. In „Pirkë R. Eliëser" (Kap. XVI) sagt R. Josë: „Woher entnehmen wir, dass man eine Hochzeitsfeier von 7 Tagen begeht? Von unserem Vater Jakob usw.; denn es heisst: „Erfülle deren Woche"; während Rabbi (R. Jehuda ha-Nassi, das.) dies von Simson herleitet (Jud., Kap. XII, 12 u. 17), der „ein [Hochzeits-]Fest von 7 Tagen" feierte. — Und in Kap. 17 das. sagt R. Josë, dass wir auch den Brauch der siebentägigen Trauerzeit von Jakob ablernen, dem sein Sohn Joseph eine Trauer von 7 Tagen bereitete. Demnach ist die Gedankenrichtung des Talm. Jer. folgende: Weil in der Thora steht, dass die Völker (der nichtjüdischen Umwelt) ein siebentägiges Hochzeitsfest zu feiern pflegten und ebenso auch Joseph, noch ehe die Thora gegeben war[85], eine Trauer von 7 Tagen abhielt, so hat Israel sicherlich auch nach der Offenbarung der Thora diese Bräuche geübt, und dies pflegten sie nicht aus eigenem Antriebe zu tun, sondern Moses gab ihnen bereits eine dahingehende Anordnung. Und genau so, wie an den übrigen Stellen im Talmud, an denen von einer „Takana von Moses" die Rede ist, die Anordnung Moses zugerechnet wird auf Grund eines der Schrift entnommenen Hinweises, ebenso fand auch hier der Talmud Jer. einen Thora-Hinweis auf diesen Brauch und schrieb ihn deshalb Moses zu. Im babyl. Talmud wird er jedoch überhaupt nicht erwähnt. —

In gleicher Weise, wie man Moses die in der Thora angedeuteten Takanot zuschreibt, werden die vom Einzug in das Land abhängigen Takanot Josua zugerechnet. Bereits oben haben wir den Ausspruch des Raw Nachman erwähnt, dass Josua den Segensspruch über das Land (im Tischgebet) einführte, als sie das Land betraten, — womit gemeint ist, dass erst bei ihrem Eintritt in das Land die Formulierung des Segensspruches „über das gute Land, das Er uns gegeben" (vgl. Deut. XIII, 10), geprägt worden ist, und dass Josua, der das Volk ins Land brachte, diese festgesetzt hat. Ebenso haben die Tannaim (Bab., B.kama 81 b) eine Reihe von Landesbräuchen überliefert, die man deshalb auszuüben gewohnt war, weil „Josua das Land nur unter dieser Bedingung an Israel ausgefolgt hat", damit ‚der Mensch auf sein Recht verzichten lerne zu Gunsten seines Nächsten'. Schon Nachmanides sagt in seinem Kommentar zu dem Thoravers „Dort legte er ihnen fest Gesetz und Recht" (Ex. XV, 25): „Ebenso heisst es (Josua XXIV, 25): „Und Josua schloss einen Bund mit dem Volk an jenem Tage und legte ihnen Gesetz und Recht fest im Sichem"; — ‚damit sind nicht

85 Vgl. Nachmanides im Komm. z. Gen. XXIX, 27, sowie Maimonides, Anfang der „Trauer-Vorschriften" (הלכות אבל); — ferner oben S. 22—23.

die Gesetze der Thora und deren Rechts-Satzungen gemeint, sondern Regeln über die Lebensführung und die geordnete Besiedlung der Länder, wie beispielsweise die Bedingungen, die Josua vereinbarte', usw. — Sicherlich diente dieser Schriftvers den Weisen auch als Beweis dafür, dass bereits Josua Angelegenheiten des staatlichen Zusammenlebens regelte, wie R. Jehuda sagt: ,Zur Zeit, wenn man den Dünger hinausbringt, bringe jeder seinen Dünger hinaus zum Eingang seines Hauses in öffentliches Gebiet, damit er zerrieben werde durch die Füsse von Mensch und Vieh 30 Tage lang; denn nur unter dieser Bedingung hat Josua das Land an Israel als Erbe überanwortet'. Und Rabbi Ismaël, der Sohn von R. Jochanan b. Beroka, (a. a. O.) erwähnt noch weitere Bräuche dieser Art, die „eine vom Gerichtshof festgesetzte Bedingung" darstellen (d. h. eine Art kraft Gesetzes geltender Vereinbarung), weil nur unter dieser Bedingung Josua das Land an Israel als Erbe ausfolgte. Die Formulierung beweist, dass erst n a c h Josua der Gerichtshof diese Anordnung traf und sich dabei auf die Vereinbarung von Josua stützte [und so schreibt auch der Verfasser des „Perischa" zu ,Tur', Choschen ha-Mischpat, Nr. 274; s. dort]. — Noch ein anderer Brauch wird in der Barajta erwähnt (Bab. B kama, a.a.O.), jedoch nicht unter dem Namen Josuas, sondern als eine von den Stämmen Israels selbst untereinander getroffene Vereinbarung: In früherer Zeit vereinbarten die Stämme miteinander, dass keiner geflochtenes Gewebe (zum Zwecke des Fischfangs) ausspannen und dadurch ,das Schiff zum Stillstand bringen' (d. h. den Schiffsverkehr hemmen) dürfe, sondern mit Netzen und Netzwerken zu fangen habe (vgl. auch Tosephta, B. kama, Kap. VIII, 17). In einer anderen Barajta wird diese Vereinbarung — nebst neun weiteren — Josua zugeschrieben, und nach dem Endergebnis der Gemara (ibid. 82 a) hat es der Amoräer R. Josua b. Levi so gelehrt[86]. Es besteht indes kein Unterschied zwischen demjenigen, der sagt, dass Josua dies angeordnet habe, und dem, der meint, die Stämme hätten miteinander eine solche Vereinbarung getroffen. Denn die eigentliche Absicht der Tradenten geht lediglich dahin, festzustellen, dass s o f o r t b e i d e r A u f t e i l u n g d e s L a n d e s staatserhaltende Vereinbarungen getroffen worden sind, oder wie sie der Talmud (Bab. Erub. 17 a) nennt, „Takanot", denn man „festigte" damit die Einrichtungen der Welt im Interesse eines geordneten gesellschaftlichen Zusammenlebens; wie denn auch der Amoräer Samuel (B.kama., a.a.O.) der Meinung ist, dass man sich sogar ausserhalb des Landes so zu verhalten habe[87]. —

86 Und R. Jochanan bringt noch eine weitere Bedingung, die R. Josua b. Levi nicht erwähnt. Nach dem Talm. Jeruschalmi (Baba batra; Anfg. v. Kap. V) zählt R. Josua b. Levi nur 4 Bedingungen auf.

87 S. auch Joma 80 a, wonach Andere sagen, der Gerichtshof des Jabez (vgl. I. Chron. IV, 9—10) habe im Wege der Takana die Maasse festgesetzt (so dass diese nicht auf einer von Moses am Sinai empfangenen Halacha beruhen). Siehe B. Tem. 16 a.

Die Takanot des Propheten Samuel und Davids in Bezug auf die Einteilung in Dienstgruppen („Mischmarot") sowie die Takanot von David und Salomo hinsichtlich des dritten Segensspruches im Tischgebet, welche der Einführung von Josua bezüglich der zweiten Benediktion ähnlich sind, wurden bereits oben erwähnt [88]. —

Über Kohelet-Salomo wird gesagt (Ecc. XII, 9), dass er „das Volk Verständnis lehrte" und dass er „zu begreifen suchte (‚ואיזן') und forschte", auch „viele Sinnsprüche festsetzte" (‚תיקן'). R. Eleasar deutet dies so (Erub. 21 b): „Am Anfang glich die Thora einem Korbe, der keine Griffe hat (‚אזנים' = ‚ohrenförmige Henkel'), bis Salomo kam und ihr ‚Griffe' schuf" (d. h. sie „begreifen" und „erfassen" lehrte, ואיזן). — Der Amoräer Samuel überliefert (a.a.O.), dass Salomo „Erubin", d. h. die „Gebietsvermischungen", festsetzte (‚תיקן') — [am Sabbath etwas aus dem Hause in den Hof hinauszutragen, ist nur dann erlaubt, wenn man früher mittels eines ערוב חצרות, d. h. durch Gebietsvermischung, einen einheitlichen Bezirk daraus geschaffen hat, — vgl. die Einltg. z. Trakt. Erubin im Mischna-Komm. d. Verf.], — sowie dass er die rituelle Händewaschung anordnete, womit nach den Erklärern und dem Talmud (Bab. Schab. 15 a; vgl. die Einleitung d. Verf. z. Trakt. Jadajim) die Hände-Waschung vor dem Genuss von Opferspeisen (‚קדשים') gemeint ist [89]. —

88 In Bab., Aboda sara 36 b, ist vom Gerichtshof Davids die Rede. In Jeb. 77 a und B. kama 61 a (s. auch Jer. Sanh., Kap. II, Hal. 5) wird eine Überlieferung des Gerichtshofes von Samuel erwähnt, und in Makkot 23 b wird von dem Gerichtshof Samuels und Salomos gesprochen. Ebenso wird in der Tosephta Rosch ha-Schana, Ende v. Kap. II, gesagt: „dass der Gerichtshof Jerubaals (des Richters Gideon; s. Jud. VI, 25—32) vor Gott so gross war wie der Gerichtshof Moses', und der Gerichtshof Jiphtachs so gross vor Gott wie derjenige Samuels". — Über das „Recht des Königs" im Buche I Samuel (VIII, 11 ff.) oder über das Recht des Königtums (das. X, 25) s. Tos. Sanh. IV, 5, und Babli dorts. 20 b („פרשת המלך"). In der Aggada (Pesikta des Raw Kahana, ed. Buber, Bl. 38 b; Pesikta Rabbati, Kap. XIV, ed. M. Friedmann, 64 a; Tanchuma, ed. Buber, „Chukat" Nr. 22) werden die Psalm-Verse XCIX, 6—7: „Moses und Aharon unter Seinen Priestern und Samuel unter denen, die Seinen Namen anriefen", [usw.] ..... „und das Gesetz hat Er ihnen gegeben .....", — so erläutert: Wir haben über Moses gehört ‚dass die Thora unter seinem Namen niedergeschrieben wurde, denn es heisst (Mal'achi III, 22): „Gedenket der Lehre Meines Dieners Moses!", und über Samuel (haben wir gehört), dass für ihn ein Buch geschrieben wurde', denn es heisst (I. Sam. X, 25): „Und er schrieb es in ein Buch, und legte es nieder vor dem Ewigen".

89 Siehe bei R. Samuel Edels zu Schab. das., sowie in „Dikdukë Soferim", Erub. S. 76, Ziff. 20. — Raschi und Tossaphot zu Erubin dorts. bringen auch aus Jeb. 21 a, dass Salomo die Gesera über die „שניות לעריות" verhängte (d. h. dass er die Eheverbote für Verwandte auch auf entferntere Grade ausdehnte). Jedoch scheint R. Jehuda in Jeb. das. nur gemeint zu haben, dem Schriftverse: „Und er suchte zu begreifen und forschte und setzte fest" sei ein (genereller) Hinweis darauf zu entnehmen, dass man die Verbote der Thora durch Hinzufügung von Geserot erweitern könne, nicht aber wollte er damit (konkret) behaupten, dass Salomo selber die Ausdehnung der Eheverbote ver-

Den Schriftvers (II Chron. XX, 9): „Und Josaphat erhob sich in der Gemeinde Jehudas und Jerusalems im Hause des Ewigen vor dem neuen Vorhof“, erklärt R. Jochanan (Pes. 92 a) dahin, dass man dort etwas „Neues“ anordnete, indem man bestimmte, ein ‚טבול יום‘— [d. h. ein Unreiner, der bereits ein Tauchbad genommen hat, aber bis zur Erlangung der Reinheit noch den Sonnen-Untergang abwarten muss] — dürfe nicht das levitische Lager betreten (Raschi: So lernte es R. Jochanan von seinem Lehrer, usw.).—

Ausser den Takanot, welche unter dem Namen ihrer Begründer erwähnt sind, die sie eingeführt haben, werden noch Takanot „namens der Propheten“ anonym gebracht. In Jad. IV, 3 sagt R. Josua, die Propheten haben angeordnet, dass man Heben und Zehnt-Abgaben auch in Babylonien zu entrichten habe (vgl. ‚Abot d' R. Natan‘, Ende v. Kap. XX). Nach der Meinung der Weisen in der Barajta sowie des Amoräers Samuel (Pes. 117 a) haben die Propheten (die sich unter den aus Ägypten Ausgezogenen befanden), angeordnet, das „Hallel“-Dankgebet (Ps. CXIII-CXVIII) an jedem Fest-Abschnitte und über jede Notlage zu sprechen, — die nicht über uns kommen möge!, — wenn sie daraus erlöst worden sind. Vgl. auch oben S. 43 ff. bezüglich der Takanot der Propheten über die regelmässige Thora-Vorlesung sowie über die Mischmarot und die Maamadot; darüber ferner in der Mischna Taan. IV, 2. — Auch die Propheten, die aus dem Exil heraufzogen, teilten die vier Mischmarot der Priester, die mit ihnen heimgekehrt waren (Esra II, 36—39), in 24 Dienstgruppen ein (vgl. Neh. XIII, 30) und trafen eine Vereinbarung mit ihnen (Bab. Taan. 27 a; Jer. das., Kap. IV, Hal. 2). Ferner wird erzählt: Als die aus dem Exil Heimgekehrten ins Land heraufgezogen waren, fanden sie dort keine Hölzer (für die Opferfeuer) in der Vorratskammer; da erhoben sich jene (die in der Mischna Taan. IV, 5, aufgezählten) Familien, spendeten freiwillig Hölzer aus eigenem Vorrat und übergaben sie der Gemeinde; und so vereinbarten mit ihnen die Propheten, die sich unter

---

hängt habe, da diese vielmehr nur „Worte der Schriftgelehrten“ genannt werden (= „דברי סופרים“), für welche das Gebot gilt, „auf die Worte der Weisen zu hören“ (Jeb. 20 a). Auch Maimonides in den ‚Halachot über die Ehe‘ (הלכות אישות), Kap. I, Hal. 6, sagt nicht, dass den ausdehnenden Eheverboten eine ‚Gesera‘ von König Salomo zu Grunde liege. — In ähnlicher Weise heisst es in B. kama 81 b: „Dass man in den Pfaden von Privatgebieten gehen darf, hat Salomo gesagt“ usw. (mit seinem Ausspruch:) „Halte nicht fern das Gute Demjenigen, der seiner bedarf!“ usw. (Prov. III, 27), d. h. dass wir auf diese seine Worte (als allgemeine Grundlage) die erwähnte Takana in ihrer Wurzel zurückführen. Vgl. auch im „Führer der Irrenden der Zeit“ (N. Krochmal), Tor XIII, S. 214, sowie in „Schaarë Thorat ha-Takanot“ (Bloch), Teil I, S. 77. Siehe ferner Mischna Schek., Kap. VI (Ende), wo auf Grund von II Reg. XII, 17, gesagt wird: „Diesen Midrasch lehrte der Hohepriester Jehojada“, usw. — Rab erklärt den Vers in Daniel I, 8, indem er sagt, dass Daniel über das Öl der Nichtjuden ein Verbot verhängte (Aboda sara 36 a). Und die älteren Erklärer („Rischonim“) zu Nedarim 55 a sprechen über eine Anordnung des Königs Chiskija bezüglich der Hebe- und Zehnt-Abgabe auf Grund des Schriftverses II Chron. XXXI, 4. — Siehe auch oben S. 45 ff.

ihnen befanden, dass, selbst wenn die Vorratskammer mit Hölzern angefüllt ist, jene aus ihrem eigenen Vermögen freiwillig spenden sollen, wie es heisst (Neh. X, 35; s. auch XIII, 31 das.): ,Und Lose warfen sie über das Hölzer-Opfer', usw. (Tosephta Taan. IV, 5; Bab. das. 28 a).

Als die aus dem Exil Heimkehrenden ins Land hinaufzogen und am Brunnen lagerten, da erlaubten ihnen die Propheten, die unter ihnen waren, [ihre Gefässe] daraus zu füllen am Feiertage (Tosephta Erub. Kap. XI, 22; Bab. das. 104 b, sowie Jer.). R. Eliëser b. Jakob überliefert (B. Seb. 62 a), dass drei Propheten mit ihnen aus dem Exil heraufzogen (nach Raschi: Haggai, Secharja und Mal'achi); einer, der sie bezüglich des Altars und bezüglich seines Platzes unterwies[90], — einer, der bezeugte, dass Opfer darzubringen seien, obwohl noch kein Tempel besteht, — sowie einer, der bezüglich der Thora bezeugte, dass sie in assyrischen Buchstaben (d. h. in Quadratschrift) zu schreiben sei; denn es heisst (Bab. Sanh. 21 b): „Zuerst wurde die Thora in hebräischer Schrift und in der heiligen Sprache Israel gegeben; in den Tagen Esras wurde sie ihnen wiedergegeben in assyrischer Schrift und in aramäischer Sprache", usw. (und in der Barajta dortselbst wird gelehrt, dass durch Esra die Schrift der Thora geändert worden sei). R. Jochanan sagt, dass die Bachweide (für den Altar, s. oben S. 40) eine von Propheten gestiftete Einführung (,יסוד נביאים') sei (Raschi: Eine Anordnung der letzten Propheten Haggai, Secharja und Mal'achi, die unter den Männern der Grossen Synode zu den Schöpfern von Takanot in Israel gehörten), während R. Josua b. Levi sagt, dass die Bachweide ein ,Brauch' (,מנהג') von Propheten sei (also nicht eine ,Anordnung' — ,תקנה' — derselben; Bab. Suk. 44 a; vgl. Jer. dort, Anfg. v. Kap. IV, sowie Erub., Ende v. Kap. III).

Haggai, Secharja und Mal'achi werden ausdrücklich bei einer Anzahl von Halachot erwähnt. R. Simaj bezeugt im Namen von Haggai, Secharja und Mal'achi bezüglich der beiden Monate Adar (im Schaltjahr): Wenn man beide für voll (d. h. 30-tätig, plene) erklären will, so darf man dies tun; will man beide für unvollständig (d. h. 29-tägig, defektiv) erklären, oder einen für vollständig und einen für unvollständig, so darf man es ebenfalls (Bab. R. hasch. 19 b). — Dreimal findet sich im Talmud die Formulierung: „Auf Grund der Überlieferung hat man gelehrt als Tradition von Haggai, Secharja und Mal'achi" (Nas. 53 a; Chul. 137 b; Bechorot 58 a). Im Traktat Megilla (3 a) überliefert R. Jirmeja (Manche sagen: R. Chija bar Abba), dass die (aramäische) Übersetzung der Prophetenbücher von Jonatan b. Usiël verfasst wurde „auf Grund (der Überlieferung von Haggai, Secharja und Mal'achi". Im Namen des Propheten Haggai allein tradiert Schammaj der Alte eine Halacha (Kid. 43 a) des Inhalts: Wenn Jemand einen Vertreter beauftragt,

90 Vgl. Makk. I, 9, 54, wonach Alkymos befohlen hat, die Mauer zum inneren Tempelvorhof niederzureissen, und damit „das Werk der Propheten niederriss", d. h. der Propheten, die aus dem Exil heraufgezogen waren und die Art des Tempelbaues bestimmt hatten.

einen Menschen zu ermorden, so ist der Auftraggeber schuldig (während es nach der sonst herrschenden Regel bei Gesetzesverletzungen kein Stellvertretungsprinzip gibt und der Beauftragte seine Handlung selbst zu verantworten hat). Und R. Dossa b. Hyrkanos bezeugt (Jeb. 16 a; s. auch Jer. das. Kap. I, Hal. 6), dass ‚auf diesem Sitz der Prophet Haggai gesessen hat[91] und drei Dinge lehrte: Die Nebenfrau der Tochter [in Leviratsehe zu heiraten] ist verboten, — [die Bewohner der früheren Gebiete von] Ammon und Moab haben den Armenzehnt zu entrichten im siebenten Jahr (des Schemita-Zyklus'); — man darf Angehörige der (nicht-jüdischen Volksstämme) Kardujim und Tarmudim ins Judentum aufnehmen'.

Von Esra wird überliefert (Bab., B. kama. 82 a), dass er zehn Takanot eingeführt hat, darunter diejenigen, dass man am Sabbath beim Mincha-Gottesdienst (am Nachmittag) sowie am Montag und Donnerstag aus der Thora vorliest, und ferner, dass der Gerichtshof am Montag und Donnerstag tagt. Ebenso steht es auch im Talm. Jer. (Meg. Kap. IV Hal. 1; Bl. 75 a) unter Hinzufügung einer weiteren Takana, die im Babli nicht genannt ist. Nach dem Zeugnis des R. Simon b. Eleasar (Barajta in Meg. 31 b) gibt es noch eine Takana von Esra, nämlich dass man die Unheils-Drohungen im Buch der Priesterlehre (= Leviticus, Kap. XXVI, 14—46) vor dem Wochenfest und diejenigen in Deuteronomium (Kap. XXVIII, 15—69) vor dem Neujahrsfeste zur Verlesung bringt. Da man nun in Erez Israel die Vorlesung der Thora nicht im Laufe eines Jahres zu Ende führte wie nach unserem Brauch, sondern innerhalb von drei Jahren (Meg. 29 b), so muss man daraus folgern, dass man nach der Ansicht des R. Simon b. Eleasar die erwähnten Straf-Ankündigungen zusätzlich zum Pensum des Tages verlesen sollte[92]. —

Von den Männern der Grossen Synode heisst es (Bab., Ber. 33 a), dass sie in Israel Segenssprüche und Gebetsordnungen, Heiligungsformeln (d. h. den Segen über den Sabbath und die Feiertage — קידוש — zum Preise der Heiligkeit Gottes und seiner Festtage) sowie Abschieds-Segnungen (am Sabbath- und Festtags-Ausgang, — הבדלה —) eingeführt haben (vgl. Bab. Meg. 17 b u. Jer. Ber., Kap. II, Hal. 4, Bl. 4 d). Ebenso haben sie den Brauch geschaffen, die Ester-Rolle (am Purim) vorzulesen (s. Bab. Meg. 2 a; Jer. das., Kap. I, Bl. 70 b u. a; nach Bab., B. bat. 15 a, haben sie das Buch Ester auch selbst aufgezeichnet), — und unsere Alten schrieben ihnen noch einige weitere Takanot zu, die nicht im Namen ihrer Begründer tradiert sind[93]. —

---

91 Vgl. Tos. Kelim, B. batra, Kap. II, 3.

92 S. Bab. Jeb. (86 b) wegen der Strafe, die Esra bezüglich der Zehnt-Abgaben über die Leviten verhängte; vgl. dazu auch die Einltg. z. Trakt. Maass. im Mischna-Komm. d. Vf.

93 In der Mischna Bab. Ber. 54 a heisst es: ‚Als die Sadduzäer in ihrer Verdorbenheit lehrten: „Es gibt nur eine Welt" (nämlich die irdische), da haben sie (die Weisen) angeordnet, dass man sagen soll': (Gelobt sei Gott) „von einer Welt bis zur anderen

Ein Ausspruch des R. Chanina (B. Schab. 123 b) wird zwar in der Form überliefert: „In den Tagen von Nehemia b. Hachalja wurde diese Mischna gelehrt“: (In früherer Zeit hat man gesagt, drei Geräte dürfen am Sabbath fortbewegt [= benutzt] werden, nämlich ein Messer zum Schneiden von Feigen, eine Schöpfkelle [d. h. ein grosser Löffel zum Abschöpfen des Schaumes vom Kochtopf] sowie ein kleines Messer zum Gebrauch bei Tische); denn es heisst (Neh. XIII, 15): ‚In jenen Tagen habe ich in Jehuda die Keltern treten sehen am Sabbath und die Haufen herausschleppen‘, usw. — Aber anscheinend ging hierbei die Absicht des Tradenten nicht dahin festzustellen, dass die Mischna tatsächlich schon in jener Zeit gelehrt wurde, sondern R. Chanina meinte damit allgemein: ‚die Zeit, in der man die Sabbath-Verbote leicht zu nehmen pflegte, wie in den Tagen von Nehemia‘, und sagt, dass man damals grade deshalb das Fortbewegen aller Geräte — mit Ausnahme jener drei — verboten hat. Unter den dreien wird auch die Schöpfkelle aufgezählt, und zwar so, wie sie im Griechischen genannt wird („Somlistron“); somit wurde die Barajta erst in späterer Zeit festgelegt. — Dies ist auch aus Jer. Schab. (Anf. v. Kap. XVII) zu entnehmen: R. Abahu im Namen von R. Eleasar (lehrte): ‚In früherer Zeit durfte man alle Geräte am Sabbath fortbewegen; als dann der Verdacht aufkam, dass die Sabbathe und Feiertage entweiht würden, — so wie es geschrieben steht: „In jenen Tagen sah ich in Jehuda .....“, — da verbot man ihnen alles‘ usw. Hier ist nicht davon die Rede, dass das Verbot schon zur Zeit Nehemias verhängt wurde, sondern der Schriftvers (aus dem Buche Nehemia) wird lediglich zum Beweise dafür angeführt, dass die Sabbath-Verbote früher einmal gering geachtet wurden [94]. —

Erwähnenswert ist auch eine Überlieferung von Raw Dimi und Rabin aus Erez Israel (Bab. Sanh. 82 a; Ab. sara 36 b), ‚der Gerichtshof der Hasmonäer habe verhängt: Wer einer Nichtjüdin beiwohnt, ist schuldig wegen des verbotenen Umgangs mit einer Menstruierenden, einer fremdstämmigen Sklavin, einer Nichtjüdin und einer verheirateten Frau‘ (oder nach anderer Ansicht: ‚einer Buhlerin‘). — Ebenso werden als legitimiert zum Erlass von Anordnungen aufgezählt (II. Makk. Kap. I, 10): ‚das Volk, das in Jerusalem und das in Jehuda war, sowie der Rat der Alten (das Synhedrion) und Jehuda‘ — in einem Sendschreiben, das an die Juden Ägyptens geschickt wurde, um ihnen als Gesetz aufzuerlegen, das Chanukka-Fest zu feiern, wie es dort (a.a.O., X, 8) heisst: „Und im Einverständnis mit

---

Welt!“; — wozu Raschi das. bemerkt: „Esra und seine Gefolgschaft“ (haben diese Anordnung getroffen). S. auch im „Seder Tannaim w'Amoraim“: ‚Jede anonym tradierte Takana ist eine Takana von Esra‘.

94 S. Baba mezia 33 b: „In den Tagen Rabbis (= des R. Jehuda ha-Nassi) wurde diese Mischna gelehrt“, — verglichen mit der Parallel-Stelle im Talm. Jer., Schab. Kap. XVI, Hal. 1, Bl. 15 c; ferner Bab. Hor. 13 b. —

Allen wurde abgestimmt und festgesetzt für das gesamte Volk der Juden, diese Tage zu feiern Jahr für Jahr!“ [95]. —

Damit kommen wir zur Zeit der Gelehrten-Paare, deren Halachot bereits in der Mischna gelehrt werden. Ebenso werden auch Takanot des Hohenpriesters Jochanan erwähnt in der Mischna am Ende des Traktates „Maasser Scheni“. — Wir waren bemüht, die Ansichten der Weisen, der Väter unserer Halacha, in Bezug auf die in der mündlichen Lehre enthaltene Überlieferung wiederzugeben, ohne fremde und „aufgeklärte“ Meinungen hineinzutragen, sondern sie im Geiste ihrer Urheber darzulegen, von den Gedankenrichtungen getragen, die diese dabei im Sinne hatten, so wie sie unserer Auffassung nach aus den Quellen hervorgehen. Die Grundauffassung über das Uralter der mündlichen Lehre und über ihre Weitergabe von Geschlecht zu Geschlecht wurde uns auch aus anderen Quellen bestätigt. —

95 Hervorzuheben sind ferner die Worte in „Halachot Gedolot“, Ausg. v. Venedig u. Warschau, S. 282: ‚Die Ältesten des Lehrhauses Schammajs und die Ältesten des Lehrhauses Hillels waren es, die die Rolle des Hasmonäer-Hauses geschrieben haben, aber bis jetzt ist sie nicht auf die (nachfolgenden) Geschlechter gelangt, bis wieder ein (Hoher-) Priester aufsteht, welcher der „Urim w'Tumim“ (des göttlichen Orakels im Brustschild) gewürdigt wird‘. (In der Ausg. Hildesheimer, S. 615, lautet die Lesart: „מגילת תענית“ = „die Rolle der Fasttage“; aber der Titel des Aufsatzes heisst: „Das Buch des Hasmonäer-Hauses“). — In der Vorrede des R. Nissim zum Buche „חיבור יפה מהישועה“ wird gebracht: „die Ester-Rolle und die Rolle der Hasmonäer-Söhne“; vgl. auch Zunz, „Die gottesdienstlichen Vorträge der Juden“, Kap. VIII, hebr. Ausg. S. 299. — Epiphanius in seinem Buche „Haereses“ erwähnt (XV, 2 sowie XXXIII, 9) „vier Mischnajot der Juden“: Moses' „Mischne Thora“ (= Deuteronomium), die Mischna R. Akibas, die Mischna des ‚Juda‘ (R. Jehuda ha-Nassi?) und die Mischna der Hasmonäer-Söhne“. Aber diesen Angaben kommt kein historischer Wert zu; vgl. Grätz „Geschichte der Juden“, Band IV, Note 2, Ende. —

III

DIE „D'RASCHOT" (AUSDEUTUNGEN), IHRE GRUNDLAGE UND IHR WESEN

Die Streitfragen

Bereits oben (S. 4) haben wir ausgeführt, dass die mündliche Lehre mit der schriftlichen aufs engste verknüpft ist und von ihr erfasst wird, weil sie nach Ursprung und Wurzel nichts anderes darstellt als eine Erläuterung zur schriftlich fixierten Thora. Es versteht sich von selbst, dass dieses Verhältnis zwischen Inhalt (Text) und Erklärung sich auch auf die Art des Thora-Lernens auswirken musste; denn es ist natürlich, dass man die Erklärung mit dem Haupt-Text des Buches verbindet und beide gleichzeitig lernt. So ergibt sich, dass man ursprünglich die Halachot, die einen Teil der schriftlichen Lehre darstellen, im Zusammenhang mit der schriftlichen Thora lernte, d. h. man las in der Thora und erklärte sie dabei auf Grund der Überlieferungen und Ausdeutungen, man erweiterte die Gesetze und schmückte die erzählenden Berichte aus, bis beide Lehren ineinander verschmolzen und sich unlöslich miteinander verbanden, wie sie in unseren halachischen Midraschim miteinander verbunden sind. So sagt auch der Gaon Raw Scherira in seinem Sendschreiben (S. 39): „Sifra und Sifrë sind Ausdeutungen der Schriftverse, sowie [Nachweise darüber,] wo die Halachot in den Schriftversen angedeutet sind; und früher, zur Zeit des 2. Tempels, in den Tagen der Alten, hat man sie auf solchem Wege gelernt", d. h. man hat die Halachot mit dem Schriftwort zusammen gelernt. Danach schreibt Raw Nissim in seiner Vorrede zum „Sefer ha-Maphteach" folgendes: „Die Überlieferung und die vom Volke gehütete Tradition ist von ihm nicht gewichen; und wenn Jemand (in der Thora) las: ‚und sie sollen sich fertigen Schaufäden' (‚ציצית', s. Numeri XV, 38), so sagte er [sich]: Diese Schaufäden haben wir an den Ecken des Mantels (‚טלית') anzubringen, die Zahl ihrer Fäden beträgt acht und daran befinden sich fünf Knoten; — und er kannte alle Deutungen der Schaufäden und den Sinn des Gegenstandes, denn all dies war ihm erhalten durch Tradition und Überlieferung. Und ebenso bei allen anderen Geboten: Wenn man sie (im Schrifttext) las, wusste man, in welche Sachgruppen jedes einzelne Gebot zerfällt und was es dafür an Deutungen gibt[1]. Dinge aber, die man zu allen (regelmässig wieder-

---

1 S. Sendschreiben des Gaon Raw Scherira, S. 8.

kehrenden) Zeiten innezuhalten gewohnt war, wie die (am Sabbat verbotenen) Arbeitsverrichtungen oder die mit den Festtagen verbundenen Pflichten usw., waren sogar den Frauen nicht unbekannt, und nicht einmal den Sklaven; denn im täglichen Leben sahen sie jenen Gegenstand [ständig vor Augen] und waren mit seiner Beobachtung vertraut", usw.

Doch im Laufe der Zeit vergrösserte und erweiterte sich die Halacha, sodass ihre Einzelheiten nebst den Ausdeutungen, die dem Schrifttext beigegeben wurden und sich mit ihm verbanden, darüber hinauswuchsen, bis die Schrift zu einem minderen Bestandteil wurde und die Halachot zur Mehrheit, indem das Hinzugefügte den Stamm überwucherte (s. oben S. 5—6). Andrerseits gibt es auch Halachot, deren Ursprung erst von den Schriftgelehrten herrührt; deshalb erstrebten manche Weisen eine klare Scheidung zwischen Schrift und Halacha, und lernten diese als selbständigen Gegenstand ohne Verknüpfung und Zusammenhang mit dem Schrifttext[2]. Und so erfolgte auch die Niederlegung der Halacha in der Mischna, die nicht mit der Grundlage der Thora beginnt, sondern mit dem, was darüber in der mündlichen Lehre überliefert, vorgetragen und ausgedeutet wird. Die erste Mischna beispielsweise beginnt mit der Frage: ‚Von wann ab liest man das „Sch'ma" (das mit den Worten „Höre, Israel!" beginnende Gebet aus Deut. VI, 4—9) am Abend?' usw.; sie setzt also als bekannte Tatsache voraus, dass ein Gebot besteht, das „Sch'ma"-Gebet abends und morgens zu sprechen, wie es überliefert und allgemeine Übung ist in Israel. Tatsächlich fragt dazu der Talmud, worum es in der Mischna geht, und woher wir wissen, dass Jedermann zum Lesen des „Sch'ma" verpflichtet ist, so dass der Autor der Mischna lediglich nach der Zeit des Lesens zu fragen braucht. Und zutreffend antwortet der Talmud, dass es sich in der Mischna um die Deutung des Schriftverses handelt: „Und Du sollst von ihnen (den Worten der Thora) sprechen . . . . ., wenn Du Dich niederlegst und wenn Du aufstehst" (Deut. VI, 7), so wie ihn die Weisen erklären und, auf ihn gestützt, daraus herleiten, dass es ein Gebot ist, das „Sch'ma" zu lesen am Abend und am Morgen[3]. Ebenso verhält es sich bei allen Halachot in der Mischna, die auf Thora und Überlieferung gestützt, aber auf sich selbst gestellt und nicht in den Rahmen einer Erklärung und Ergänzung zur Thora eingefügt sind.

---

2 Die Hypothesen über die Zeit der Loslösung und deren Ursache s. unten S. 114 ff. sowie im Aufsatz von Lauterbach in Jewish Quarterly Review Bd. VI (erneut abgedruckt in dessen Sammelband ‚Rabbinic. Essays', S. 163 ff.: „Midrash and Mishna"; vgl. ferner unten Anm. 21.

3 S. Ber. 21 a sowie Tossaphot dort, — Stichw. ההוא; vgl. auch in der Vorrede des Übersetzers zum Mischna-Komm. d. Maimonides, Ord. Naschim: „Man sieht also, dass der Redaktor (der Mischna), mit dem Gebot des Sch'ma-Lesens beginnt und sagt: Von wann ab rezitiert man das Sch'ma-Gebet am Abend? Doch wird in der Mischna nicht erläutert, an welcher Stelle die Thora das Lesen des Sch'ma zur Pflicht erklärt hat und welcher Vers oder Abschnitt auf ein solches Gebot hindeutet, etc.; s. auch Frankel, Darchë ha-Mischna, S. 3 und S. 7.

Und hier[4] erhebt sich die Frage bezüglich der Halachot und der ihnen zugrunde liegenden D'raschot (Schrift-Ausdeutungen): Welche von beiden gingen voran? Das heisst: Wurde die Halacha festgesetzt, weil man beim näheren Nachdenken herausfand, dass diese Bestimmung nach der Deutung und der logischen Ableitung so aus den Worten der Thora zu entnehmen und herzuleiten sei, oder war die Halacha den Weisen von ihren Vorfahren her überliefert, und sie suchten nun nach einer Anlehnung in der Thora, um sie auf die Schrift zu stützen? Mit anderen Worten: Ging die Halacha der Ausdeutung voran, oder die Ausdeutung der Halacha? Im allgemeinen nimmt man an, dass den D'raschot die Priorität vor der Halacha zukommt, und dass man auf der Grundlage von Ausdeutungen des Schrifttextes neue Halachot schuf in Zweifelsfällen, die sich aus der lebendigen Praxis oder im Wege theoretischer Vertiefung ergeben hatten. Viele der Thora-Gelehrten bemühten sich, die innere Berechtigung der Ausdeutungen aufzuzeigen, dass sie nämlich im Sprachgebrauch der Schrift tief verwurzelt sind, und Ähnliches mehr. Besonders viel hat darin R. Mëir-Löb Malbim in seinem Kommentar zur Thora geleistet. Aber ihm sowie Anderen gegenüber macht R. Jizchak Halevy in seinem Werk „Dorot ha-Rischonim" (Bd. V, Bl. 234 ff.) geltend, dass die Halachot den D'raschot vorangingen, und er behauptet: „Alle Worte der Tannaim in der gesamten Mischna, die uns ihre Aussprüche überliefert hat in ihrer ganzen charakteristischen Eigengestalt, in der sie sich darstellen, — sie selbst legen für sich Zeugnis ab und machen uns klar, dass ihre Worte der Grundlage nach nicht von der Ausdeutung der Schrift herstammen, sondern aus den Urgründen der Mischna (d. h. von der alten Halacha) und deren Klarstellung, die jeder Tanna auf dem ihm gemässen Wege vornahm" (a.a.O., S. 469).

Um Missverständnissen vorzubeugen, muss hier betont werden, dass das vorliegende Problem durchaus nicht in Verbindung steht mit der Frage der Lehr-Ordnung, über die wir oben gesprochen haben. Zwar sagten wir, dass man in früherer Zeit die Halachot im Zusammenhang mit dem Schrifttext lernte, d. h. dass man die Thora studierte und sie dabei der Halacha gemäss erklärte, in der Art unserer halachischen Midraschim. Doch lässt sich von hier kein Beweis dafür entnehmen, dass die Ausdeutung der Halacha voranging. Denn sogar, wenn sich erweisen sollte, dass der Halacha die Priorität gegenüber der Schriftausdeutung gebührt, so bietet doch die Tatsache keine Schwierigkeit, dass man sie mit dem Schrifttext verbunden und gleichzeitig mit ihm gelernt hat, genau so, wie man diejenigen Halachot, die überhaupt keine Stütze in der Schrift besitzen, dennoch mit der schriftlichen Lehre in Verbindung setzte und zugleich mit ihr studierte, entsprechend der oben wiedergegebenen Erklärung des Raw Nissim. Es wird ja von keiner Seite die Tatsache bestritten, dass es Halachot gibt, die überhaupt keine Stütze in der

4 Der hier folgende Teil bis Ende S. 80 ist seinem wesentlichen Inhalt nach bereits in der Festschrift für A. Marx abgedruckt.

Schrift haben, sei es entweder, dass sie unter die Kategorie der „von Moses am Sinai empfangenen Halacha" fallen (s. oben S. 36 ff.), oder dass sie nur durch eine blosse „Anlehnung" (‚אסמכתא') mit dem Schrifttext in Verbindung gebracht werden, indem der Erklärer lediglich bestrebt war, im Schriftvers einen Hinweis auf einen bekannten Brauch zu finden, in der Art, wie es Raba ausdrückt (Sukka 28 a, — s. dort in „Dikduke Soferim"; — Kid. 9 a; Nid. 32 a und b): „Es sind (überlieferte) Halachot, und unsere Lehrer haben sie an einen Schriftvers angelehnt". Diese Arten von Halachot erweisen sich somit als den D'raschot vorangehend. — Ebenso verhält es sich mit denjenigen D'raschot, die den Schriftvers aus seinem einfachen Wortsinne herauslösen (‚מוציאות את המקרא מידי פשוטו'; s. Bab. Jeb. 24 a; Sota 16 a); denn deren Halachot sind älter, und die D'raschot dienen nur dazu, sie dem Wortlaut des Schrifttextes anzupassen. — Und umgekehrt: selbst wenn man annimmt, dass man in früherer Zeit die Halachot für sich allein, also ohne Verknüpfung mit der Schrift lernte, ergibt sich hieraus kein Beweis dafür, dass die Halacha der Schriftausdeutung voranging. Denn es besteht die Möglichkeit, dass man die Halachot zwar zunächst von Ausdeutungen der Schrift herleitete, sie aber dann zu einer (selbständigen) Einheit zusammengefasst und ohne die D'raschot gelernt hat, in der Weise, wie sie in unserer Mischna aufgereiht sind: die Halachot, für welche Beweise aus der Schrift gebracht werden, nebst denjenigen, für die keine Stütze im Schrifttext zu finden ist, da sie den Worten der Schriftgelehrten entstammen, wie Takanot, Geserot usw. — Somit beschränkt sich das hier behandelte Problem auf diejenigen D'raschot allein, von welchen anzunehmen ist, dass ihr Urheber sie als vollgültige Beweise aufgefasst und auf ihrer Basis die Halacha festgesetzt hat. Und es stellt sich die Frage, ob die Mischna-Lehrer ihre Halachot auch auf Grund ihrer Forschungs- und Ausdeutungs-Arbeit am Schrifttext bestimmt haben oder nicht.

In alter Zeit, in den Tagen, da der Grosse Gerichtshof noch bestand, haben dessen Mitglieder, wenn ihnen eine Frage vorgelegt wurde, über die sie keine Überlieferung besassen, sicherlich in den Worten der Thora geforscht, danach geurteilt und aus ihr allein ihren Rechtsspruch entnommen. Die Mischna in Sanh. (XI, 2) berichtet über den Fall des „widerspenstigen Gelehrten" (‚זקן ממרא'), dass dieser samt dem Gerichtshof aus seiner Stadt vor den Gerichtshöfen im Heiligtum zu erscheinen hatte; und der (dissentierende) Gelehrte „spricht: so habe ich (den Text) erklärt (= habe ich aus der Schrift entnommen) und so meine Amtskollegen, so habe ich es (Andere) gelehrt, und so lehrten es meine Kollegen". — Sie stritten also über die Ausdeutung des Schriftverses, und auf deren Grundlage urteilten und entschieden sie. Ebenso heisst es: [Wenn sie zu den Gerichtshöfen im Heiligtum kamen] „falls sie (nämlich deren Mitglieder) gehört haben (eine ihnen zu Ohren gekommene Lehre oder eine Überlieferung in dieser Sache, so dass schon frühere Gerichtshöfe darüber geurteilt und über die Halacha in einem Präzedenzfall bereits entschieden haben), sagen sie es ihnen; wenn aber nicht ......, so kommen sie vor den Grossen Gerichtshof (von 71 Richtern) in der Quaderhalle", und dessen Mitglieder (ob sie es nun — als Überlieferung — gehört haben oder nicht) sagen ihnen (ihre Entscheidung), „sei es auf Grund einer Überlieferung, sei es auf Grund einer der Deutungs-Regeln, kraft derer sie darüber geurteilt haben" [5], — nämlich die früheren Gerichtshöfe oder sie selber. Über die Art der Verhandlung vor dem Gerichtshof wird in der Tosephta (Sanh. IX, 1) erzählt: „Man verhandelt über den zur Sache gehörenden (Thora-) Abschnitt die ganze Nacht, und wenn es um einen Mordverdächtigen geht, so verhandelt man über den Abschnitt, der den Mörder betrifft", ... usw. — Es zeigt sich also, dass man die Entscheidung auf Grund des Studiums in dem einschlägigen Abschnitt der Thora fällte. Darüber hinaus ist R. Jochanan sogar der Meinung, dass zwei Mitglieder des Gerichtshofes, falls sie zwar der gleichen Ansicht sind, ihre Beweise für diese aber aus zwei verschiedenen Schriftversen herleiten, nur als eine Person (d. h. als eine Stimme) gezählt werden, weil einer von ihnen sicherlich in seiner Beweisführung irrte; denn es geht nicht an, eine einzige Lehre aus zwei Schriftversen zu entnehmen, sondern jeder Vers für sich ist zum Zwecke einer besonderen Lehre gesagt worden (Bab. Sanh. 34 a). Hieraus geht hervor, dass nach der Auffassung der Amoräer die Hauptgrundlage der Entscheidung die Beweisführung aus dem Schrifttext ist. Dies ist auch den Worten des R. Jochanan b. Sakkaj (Schek. I, 4) zu entnehmen, und zwar gemäss ihrem einfachen Wortsinn, wonach die Priester den Schriftvers gedeutet und aus ihm gefolgert haben, dass sie keine Schekel-Zahlung (die Zahlung des halben Schekel bei der Musterung des Volkes; Ex. III. 13) zu leisten brauchten [6]. — Da nun die legitime Kraft zur Entscheidung und Rechtsprechung in Israel niemals zu wirken aufgehört hat, so können wir daraus schliessen, dass die Weisen auch in der Epoche der Mischna-Lehrer befugt waren, auf Grund ihrer Deutungen der Thora zu urteilen und zu beschliessen. Im Talm. Bab. (Pes. 70 b) wird berichtet, dass Jehuda b. Dortaj (zur Zeit des Tempels) gesagt hat: ‚Ich wundere mich über die beiden Grossen des Geschlechts, über Schemaja und Abtaljon, die gross sind als Gelehrte und gross als Thora-Deuter, und [dennoch] Israel nicht

5 Maimonides, Hilchot Mamrim, Kap. I, Hal. 4; vgl. auch dort Kap. II, Hal. 1; ebenso im Mischna-Komm. daselbst sowie in seiner Vorrede zu Mischne-Thora, auch unten S. 101 zitiert.

6 Bezügl. der Deutung des Priesters Jehojada in Schek. Kap. VI (Ende), vgl. oben Anm. 89; jedenfalls ergibt sich hieraus ein Beweis, dass die Mischna-Lehrer der Meinung sind, bereits der Priester Jehojada habe den Schrifttext ausgedeutet und ihm eine neue Halacha entnommen. Vgl. Sifrë, „B'haalot'cha", Erklärung 105: „dass Aharon gedeutet hat" usw.; ferner die Deutung in Sifra, „Tas'ria", Negaïm, Kap. I (Ende), sowie Sifrë, „Schof'tim", Erkl. 208. — S. auch Frankel, Darchë ha-Mischna, S. 41, in Bezug auf die Deutung „der Altvordern" (הזקנים הראשונים). Raw Papa in Ab. sara 52 b sagt, das Hasmonäer-Haus „habe einen (hierauf anwendbaren) Schriftvers gefunden und ihn gedeutet".

gelehrt haben, dass das Chagiga-Opfer den Sabbath verdrängt' (d. h. auch am Sabbath darzubringen ist). Nach dem einfachen Wortlaut wunderte er sich darüber, dass sie in ihrer Weisheit solches nicht aus dem Schriftvers herzuleiten und auf Grund ihrer Ausdeutung als Halacha zu lehren wussten. Folglich deuteten Schemaja und Abtaljon die Thora und leiteten von ihren Ausdeutungen neue Halachot ab, weshalb sie auch als „Thora-Deuter" bezeichnet wurden. Aber sie fanden keine entscheidende Ausdeutung, wonach das Chagiga-Opfer die Sabbath-Vorschriften zurücktreten lässt [7]. — Den Methoden von Schemaja und Abtaljon folgten die Weisen und Ausdeuter, die nach ihnen lebten, worüber alle Quellen Zeugnis ablegen. Dafür seien hier einige Beispiele angeführt:

In Ter. VI, 6 wird eine Kontroverse zwischen R. Eliëser und R. Akiba gebracht: Nach der Ansicht des R. Eliëser darf ein Nichtpriester, der versehentlich von der „Teruma" (der an den Priester abzuführenden und nur ihm zum Genuss erlaubten Hebe von allen Boden-Erträgnissen) gegessen hat, das fehlende Quantum „von einer Art (der Feldfrüchte) auf die andere" erstatten, während R. Akiba meint, dass er von genau derselben Art, von der er seinerseits gegessen hat, auch die Erstattung vornehmen muss. Die Mischna hebt dabei hervor: „Von der (gleichen) Stelle (der Schrift), von der R. Eliëser eine Erleichterung herleitet, von dort leitet R. Akiba eine Erschwerung her": denn es heisst (Lev. XXII, 14): „Und er soll geben dem Priester das Geheiligte", — d. h. ‚Alles, was geeignet ist, (durch Absonderung als Teruma) geheiligt zu werden'; so die Ansicht des R. Eliëser, während R. Akiba sagt: „Und er soll geben dem Priester das Geheiligte", das bedeutet ‚das Geheiligte, das er gegessen hat'. — Ihre Kontroverse ist also abhängig von der Ausdeutung des

7 Auch die Tannaim nach ihnen deuteten Solches nicht. Denn wenn es sich um das Festopfer des 14. Nissan handelt (vgl. Tossaphot dort, Stichwort: מאי), so ist dies kein Pflichtopfer, sondern es soll nur dazu dienen, dass das Passah-Opfer „im Zustande der Sättigung" (על השובע) verzehrt wird (vgl. dort Bl. 69 b, Ende). Wenn aber vom Festopfer des 15. Nissan die Rede ist, so bestimmt R. Mëir als allgemeine Regel (Mischna Tem. II, 1) dass ein Opfer, dessen Darbringung nicht an eine bestimmte Zeit gebunden ist, so dass es dafür einen Ersatz (durch spätere Nachholung) gibt, den Sabbath nicht verdrängt (vgl. Bab. Pes. 76 b). Tatsächlich bemüht sich die Gemara (das. 70 b), eine Schriftdeutung dafür zu finden, dass das Festopfer, „Chagiga", (obwohl nachholbar) den Sabbath verdrängt; sie lehnt diese Versuche jedoch ab und bringt dann eine andere Deutung, wonach das Festopfer den Sabbath nicht verdrängt. Ebenso Jer. Chag., Kap. I, Hal. 6; vgl. ferner unten Anm. 19. — J. Brüll, „Einleitung in die Mischna", Teil I, S. 26, vermutet, dass Sch'maja und Abtaljon deshalb „Schriftdeuter" genannt werden, weil sie „den Deutungsweg wählten, der bis zu ihren Tagen nicht sehr häufig war, nämlich mündlich überlieferte Halachot auf den Schriftvers zu stützen und mit Hilfe der hermeneutischen Regeln, mittels derer die Thora gedeutet wird, neue Halachot dem Schrifttext zu entnehmen", usw.; vgl. auch Weiss, „Dor Dor w'Dorschaw", Teil I, Kap. 16, S. 153. — Diese Auffassung entbehrt aber jeder Grundlage. —

Schriftverses [8]. — Ähnliches finden wir in Schebuot III, 5: R. Ismaël sagt, er (d. h. wer seinen Schwur übertritt) ist nur dann schuldig (d. h. zur Darbringung eines Opfers verpflichtet), wenn es um [einen Schwur über] künftige Handlungen geht, denn es heisst (Lev. V, 4): „Böses oder Gutes zu tun". Wendet R. Akiba ein: Wenn dem so wäre, dann kämen ja nur solche Dinge in Frage, bei denen von böser oder guter Handlung die Rede sein kann; woher wissen wir aber [dass auch solche künftigen] Handlungen, die nichts mit böser oder guter Tat zu tun haben [darunter fallen]? Darauf erwidert er (R. Ismaël): Aus einer [im Schriftvers mit den Worten: „auf alle Art, mit welcher Jemand zum Ausdruck bringt", angedeuteten] Erweiterung. Entgegnet ihm R. Akiba: ‚Wenn der Schriftvers in dieser Hinsicht erweitert, so erweitert er auch in jener Hinsicht' (d. h.: Du kannst die erweiternde Interpretation auch auf solche Schwurleistungen ausdehnen, die sich auf Handlungen der Vergangenheit beziehen). — Die Kontroverse geht darum, ob man den Schriftvers nach dem Auslegungs-Schema „Allgemeines und Besonderes" (‚כלל ופרט') zu deuten hat oder gemäss dem Typus „Erweiterung und Einschränkung" (‚רבוי ומיעוט'; vgl. B. Schebuot 26 a). Aber Jeder, der den Sinn des Textes nicht verkrümmen will, wird sich darüber klar sein, dass die Streitfrage in der Auslegung der Schriftworte liegt, also weder in einer Überlieferung, welche die Erklärer von ihren Lehrern empfangen hatten, noch in den „Urgründen der Mischna". — Ähnliches gilt von der Kontroverse zwischen R. Eliëser, R. Ismaël und R. Akiba in Schebuot II, 5 (s. auch in der Tos. dort, Ende von Kap. I). — So wird es auch deutlich erklärt bei der Streitfrage zwischen R. Eliëser und R. Akiba in Jeb. XII, 3. Da heisst es: Hat sie (die kinderlose Witwe bei dem Akt der Chaliza", d. h. des Schuh-

8 R. Eliëser fügt hinzu: „nur dass er vom Guten auf das Schlechte erstattet". Die Kontroverse bezieht sich jedoch lediglich auf die Frage, ob die Hebe von einer Art von Feldfrüchten auf die andere abgesondert werden darf, nicht aber auf die Erstattung durch Früchte von guter auf solche von schlechter Qualität. Deshalb bringt der babyl. Talm. in Pes. 32 a einen Beweis aus der Barajta (Tos. Ter. VII, 9; Sifra „Emor", Kap. VI, 6): „Hat er getrocknete Feigen verzehrt und ihm dafür Dattelfrüchte erstattet, so soll er gesegnet sein", obgleich dies dem Anschein nach nur gemäss der Ansicht des R. Eliëser gesagt worden ist; denn in Wahrheit wird diese Meinung auch von R. Akiba nicht bestritten. R. Simson sagt in seinem Mischna-Kommentar, dass die Gemara auch unsere Mischna hätte bringen können; vgl. auch im Kommentar „Mar'eh ha-Panim" zum Jer. daselbst. — Das alles ist vollkommen klar. Gleichwohl musste ich feststellen, dass es, wie überhaupt das ganze hier behandelte Problem, völlig missverstanden worden ist. Es ist nicht meine Art, mich mit Denjenigen auseinanderzusetzen, die sich nur des von Anderen zusammengetragenen Quellenmaterials und der von Jenen geschaffenen Grundlagen zu bedienen wissen und dann bemüht sind, diese mit eigenen „Ideen" zu verwässern und durch solche „Abänderung" sich „zuzueignen". Auf sie passt der Spruch: „Von Hausierern [kann man nichts anderes als] Worte [erwarten]!" („ממהדורי מילי"; der knappen, alliterierenden Formulierung des Originals angepasst, etwa: „Händlerware — hohle Worte!". Siehe Bab. Ber. 51 b).

ausziehens, s. Deut. XXV, 5—10) dem Levir den Schuh ausgezogen und [die vorgeschriebenen Verse] gesprochen, aber nicht ausgespien, so sagt R. Eliëser, die Chaliza ist ungültig, während R. Akiba sagt, sie ist gültig. Meint R. Eliëser: [Es heisst doch in Vers 9]: „So soll man tun“ „.... dem Manne, der seines Bruders Haus nicht erbauen will“), — ‚jede [Unterlassung einer bei der Durchführung zu vollziehenden] Tat hindert [den Eintritt der Rechtswirkung]‘! Erwidert ihm R. Akiba: ‚Von dort nimmst Du einen Beweis? Es heisst ja: „So soll man tun dem Manne!“; — (d. h. Alles, was eine Handlung an der Person des Mannes darstellt, wie das Schuhausziehen, ist für den Eintritt der Rechtswirkung unerlässlich, nicht aber das Ausspeien)‘. — Somit zeigt sich, dass R. Eliëser einen Beweis für seine Worte aus dem Schrifttext erbringt, R. Akiba aber diesen Beweis ablehnt und den Vers auf andere Art erklärt. Die Grundlage ihres Disputs bildet mithin die Ausdeutung der Schrift. Und ganz ähnlich verhält es sich bei der Streitfrage in Pea VII, 7, zwischen den gleichen Gelehrten (darüber, ob auch für einen solchen Weinberg, der lediglich vereinzelte Weinbeeren, aber überhaupt keine vollen Trauben trägt, das zu Gunsten der Armen bestehende Verbot der Nachlese gilt; s. Deut. XXIV, 21. Nach R. Eliëser gehört alles dem Eigentümer des Weinberges; nach R. Akiba aber den Armen). Sagt R. Eliëser: ‚Im Schriftvers steht: „Wenn Du Wein erntest, sollst Du (unter den vereinzelt zurückgebliebenen Beeren) keine Nachlese halten“; wenn aber (mangels ganzen Trauben) gar keine Weinernte stattfindet, wie kann da von vereinzelt zurückgebliebenen Weinbeeren die Rede sein?‘ (d. h. dann verbleibt alles dem Eigentümer des Weinbergs). — Erwidert ihm R. Akiba, dass nach Lev. XIX, 10, auch im vorliegenden Fall die vereinzelten Beeren den Armen gehören, usw. ‚Wenn dem aber so ist, warum heisst es dann: „Wenn Du Wein erntest“, halte keine Nachlese? [Um uns zu lehren:] Vor der [Zeit der] Weinernte haben die Armen kein Recht auf die vereinzelten Beeren‘.

Die vorstehenden Feststellungen bestätigen sich auch an Hand von Barajtot, von denen wir einige hier bringen wollen: Zu den Kontroversen zwischen den Lehrhäusern Schammajs und Hillels in der Mischna Schab. (I, 5—8) wird in der Tos. (das. I, 21) sowie im Talm. Jer. erklärt, dass die Schammaiten aus dem Schriftvers „Sechs Tage sollst Du arbeiten und alle Deine Werkleistungen verrichten!“ (Ex. XX, 9) entnehmen, dass alle Deine Werkverrichtungen am Tage vor dem Sabbath vollendet sein sollen, — während die Hilleliten erklären: „Sechs Tage sollst Du Deine Arbeiten tun!“, — ‚tue sie die ganzen sechs Tage lang‘, d. h. sogar wenn die Vollendung (nämlich die beabsichtigte Wirkung) erst am Sabbath selbst eintritt (s. in der Erläuterung des Verf. zur Mischna das.; vgl. ferner Tos. Ter. III, 16). — R. Josua erklärt den Vers Deut. XII, 27: „Und Du sollst bereiten Deine Ganzopfer, das Fleisch und das Blut“, folgendermassen: „Wenn kein Fleisch da ist [weil es unbrauchbar wurde], so gibt es auch kein Blut“ (d. h. man sprengt das Blut nicht); während R. Eliëser den Schluss des Verses: „Und das Blut Deiner Schlachtopfer soll ausgegossen werden!" erklärt: „Es soll ausgegossen werden auch dann, wenn kein [brauchbares] Fleisch vorhanden ist" (Sifrë das., Erkl. 78; Tos. Seb. IV, 2). — Ebenso diskutieren R. Eliëser und R. Josua über die halachischen Folgen für den Fall, dass „Jemand gesündigt hat, aber nicht mehr weiss, worin er gesündigt hat", z. B. wenn es sich um den Sabbath-Tag und den ‚Jom ha-Kippurim' (den Sühnetag am 10. Tischri) handelt, und jemand eine (an beiden Tagen verbotene) Arbeit getan hat, aber nicht mehr weiss, an welchem von beiden Tagen, — so verpflichtet ihn R. Eliëser, ein Sündopfer zu bringen, während R. Josua ihn davon frei erklärt (Mischna Ker. IV, 2), weil nämlich R. Eliëser den Thora-Vers Lev. IV, 23: „seine Sünde, die er gesündigt hat", (wegen des verdoppelten Ausdrucks) erklärt: „in jedem Falle" (also auch im Falle einer ihm nicht genau bewusst gewordenen Sünde, — ist das Opfer zu bringen), während R. Josua aus den Eingangsworten des gleichen Verses: „oder wenn ihm bekannt geworden ist" (seine Sünde) usw., entnimmt: „Erst wenn ihm seine Sünde genau bekannt geworden ist", ist er zur Darbringung des Opfers verpflichtet (Tos. Ker. II, 12; vgl. auch Sifra Wajikra, „Chowa" Kap. VII, 7). — So wird auch der Sachverhalt in Sifrë Korach (Erkl. 118, Stichwort: אך פדה) erklärt: Die folgende Frage ist den Weisen im „Weinberg" (dem Lehrhause) zu Jawne vorgelegt worden: Wenn ein erstgeborenes Vieh verendet, ist dann der Eigentümer verpflichtet, es (noch nach seinem Tode) auszulösen, um es (weil unbrauchbar) den Hunden zum Frass vorzuwerfen? Erklärt R. Tarphon den Vers: „Nur sollst Du auslösen" (nämlich den Erstgeborenen eines unreinen Viehs; Num. XVIII, 15) in dem Sinne: ‚Auslösen sollst Du das lebende Tier, aber nicht sollst Du auslösen das tote', usw. Hier löst also R. Tarphon eine Frage der Halacha durch eine von ihm gegebene Ausdeutung des Schriftverses, nämlich dass das Wort ‚אך' (= „nur", das nach allgemeiner Regel stets auf eine Einschränkung hindeutet) vorliegend dazu dient, die Auslösung eines toten Viehs auszuschliessen. — Ebenso finden wir, dass R. Eliëser einen überzähligen Buchstaben, nämlich „Waw", in der Weise deutet, dass damit eine neue halachische Bestimmung einbezogen wird.

In gleicher Art deuteten auch die Hilleliten das Wörtchen ‚או' (= „oder") im Sifra, „Tas'ria", Kap. III, 2 (vgl. Bab. Ker 8 a) und leiteten daraus eine neue Halacha her. Zu der D'rascha des R. Akiba, mittels derer er ein überzähliges Waw ausdeutete, sagt R. Josua: „So hat es auch R. Secharja ben ha-Kazzab gedeutet" (der zur Zeit des Tempels lebte; Mischna Sota V, 1; s. auch die „Ergänzungen" das. in meinem Mischna-Kommentar).

Sprach zu ihm (dem E. Eliëser bezüglich seiner Deutung des ‚Waw') R. Ismaël: Du sagst da zum Schriftverse: „Schweig', bis ich Dich deuten werde!" Worauf R. Eliëser ihm erwiderte: „Ismaël, Du bist wie ein Dattelbaum in den Bergen" (der nicht viele Früchte trägt; — Sifra Tas'ria, „Negaim", Kap. XIII, 3). —

In besonders auffallender Weise wird dieser Vorgang in der Barajta sichtbar, die im Talm. Bab. (Sanh. 51 b) gebracht wird: Nach Aussicht des R. Ismaël trifft eine Priestertochter, die sich der Buhlerei schuldig gemacht hat, die Todesstrafe durch Verbrennung lediglich dann, wenn sie ihrem Manne nur „angelobt" war (durch ארוסין, die nur den ersten Akt der Eheschliessung darstellen), nicht aber, wenn sie bereits (durch „Heimführung", נשואין) vollgültig verheiratet ist; während nach R. Akiba sowohl die bloss angelobte, wie die vollgültig verheiratete Ehefrau in diesem Falle des Feuertodes schuldig ist. Den Grund für diese Auffassung leitet R. Akiba aus der erweiternden Ausdeutung des Schriftverses (Lev. XXI, 9) her, der mit den Worten beginnt „Und die Tochter eines Priesters", wobei das überzählige Eingangswort „und" (durch den hebr. Buchstaben „Waw" ausgedrückt: ‚ובת') dazu dienen soll, auch die vollgültig verheiratete Ehefrau (נשואה) einzubeziehen. Darauf erwidert R. Ismaël höhnend: Soll denn etwa deshalb, weil Du den Unterschied zwischen ‚בת' und ‚ובת' ausdeutest, jene [arme Frau] den Flammentod erleiden? — Hier dient also nicht die Ausdeutung dazu, die Halacha zu bestätigen, sondern R. Akiba hat, seiner grundsätzlichen Methode entsprechend, den Vers ausdehnend gedeutet, so dass danach auch die bereits vollgültig verheiratete Priestertochter, die sich der Buhlerei schuldig gemacht hat, ebenso dem Verbrennungstode verfällt, wie die bloss angelobte, und auf Grund dieser Erweiterung hat er dann eine neue Halacha festgesetzt, die R. Ismaël seinerseits ablehnte. — Ähnlich verhält es sich in Sifra „Zaw" (Kap. VIII, 1; Bab. Seb. 82 a), wo im Schriftvers (Lev. VI, 23) nur das Sündopfer (חטאת) erwähnt ist und R. Akiba im Wege erweiternder Ausdeutung alle Opferspeisen (קדשים) einbezieht, während R. Josë, der Galiläer, ihm erwidert: „Selbst wenn Du den ganzen Tag lang Erweiterungen lehrst, ist hier nichts anderes als nur das Sündopfer gemeint". Ebenso in Sifra, „Emor" (Abschn. VII, 2) und Tos. Schek. (I, 7), wo R. Akiba aus dem Schriftvers durch ausdehnende Deutung entnimmt, dass Nichtjuden Friedensopfer, Dankopfer, Vogel-Opfer und Speise-Opfer usw. als Opfergaben geloben können; während R. Josë, der Galiläer, ihm in gleicher Art entgegnet: „Selbst wenn Du den ganzen Tag lang erweiterst (= erweiternd ausdeutest), ist hier lediglich das Ganzopfer allein gemeint", (vgl. oben S. 29 f.). Dennoch hält R. Akiba an seiner Methode fest, wonach der Schriftvers auf Alles auszudehnen ist, was sich im Wege erweiternder Ausdeutung einbeziehen lässt, und er sagt zu R. Jochanan b. Nuri: „Gegen den Analogieschluss hast Du einen Einwand gefunden; was für ein Argument machst Du aber gegenüber der Deutung aus dem Schriftvers geltend?" usw. (Sifra „b'-Chukotaj" IX, 11; vgl. auch Mischna Tem. I, 1). — So ergibt sich, dass auf der Grundlage der Schriftausdeutung die Möglichkeit gegeben ist, neue Halachot zu gewinnen. [Demgegenüber finden wir jedoch, dass gerade R. Akiba, — der den Schrifttext nach der Regel ‚Erweiterung und Einschränkung' (רבוי ומיעוט) deutet, — den Schriftvers Deut. XX,

8: „Wer furchtsam und verzagten Herzens ist" (soll von der Kriegsfront heimkehren), nach seinem buchstäblichen Wortsinn (כמשמעו) auffasst, nämlich dahin, dass: „er den Kriegswirren nicht standhalten kann und den Anblick eines gezückten Schwertes nicht zu ertragen vermag"; während R. Josë, der Galiläer, anderer Meinung ist und erklärt, dass damit ein solcher Krieger gemeint sei, der „sich wegen der Übertretungen fürchtet, die er begangen hat", und sogar R. Josë b. Chalafta, der selbst ein Schüler R. Akibas war, wendet sich gegen dessen Ansicht und meint ebenfalls, die Bedeutung des Verses sei: „Wer sich fürchtet wegen der von ihm begangenen Übertretungen" (Mischna Sota VIII, 5).] — Ebenso deutet ein Schüler R. Akibas, nämlich R. Simon, die (inneren) Gründe der Schrift und entnimmt daraus neue Halachot (Bab., B.mez. 115 a). Und R. Eleasar b. Asarja erzählt (Mischna Ber., Ende v. Kap. I: s. auch die „Ergänzungen" dazu in meinem Mischna-Kommentar): Er habe nicht zu erreichen vermocht, dass man den Auszug aus Ägypten bei Nacht (im Abendgebet) erwähnt, „bis Ben-Soma es deutete" (aus Deut. XVI, 3) usw. Somit hat man hier die Entscheidung über eine Halacha, die in der Schwebe war, nach der Schrift-Ausdeutung des Ben-Soma getroffen.

Wichtig für unseren Gegenstand ist auch das lebendige Bild von den Beratungen und Diskussionen im Lehrhause, das in der Tosephta am Ende des Traktates Mikwaot gegeben wird: Eine Kuh, die vom Entsühnungswasser (aus der Asche der „Roten Kuh", s. Num. VIII, 7, und XIX, 17) getrunken hatte und innerhalb von 24 Stunden danach geschlachtet worden war, — solches ist einmal geschehen, und R. Josë, der Galiläer, erklärte (das Fleisch) für rein, R. Akiba erklärte es für unrein; unterstützte R. Tarphon R. Josë den Galiläer, unterstützte R. Simon b. Nannos den R. Akiba; tat ab (wies zurück) R. Simon b. Nannos den R. Tarphon, tat ab R. Josë, der Galiläer, den R. Simon b. Nannos, tat ab R. Akiba R. Josë den Galiläer. Nach einiger Zeit fand er (R. Josë, der Galiläer) für seine Ansicht eine Replik; sprach er (zu R. Akiba): Wie ist es, kann ich [jetzt noch] darauf zurückkommen? Sprach dieser (zu R. Josë): Nicht jedem Menschen [ist dies gestattet], wohl aber Dir, denn Du bist Josë, der Galiläer. Sprach er zu ihm: Der Schriftvers (Num. XIX, 9) besagt doch: „Sie (die Asche der Roten Kuh) soll dienen der Gemeinde der Kinder Israel zur Aufbewahrung als Sprengwasser, ein Sündopfer ist es"; — ‚lediglich dann, wenn es aufbewahrt wird als Sprengwasser (macht es Reines unrein), nicht aber dann, wenn eine Kuh es getrunken hat'. So ist es damals geschehen, und 32 Älteste stimmten ab in Lod und erklärten (das Fleisch) für rein, usw. — Es ist klar, dass sie es auf Grund der (Schrift-) Ausdeutung des Galiläers R. Josë für rein erklärten. — Der Inhalt dieser Barajta wird auch im Sifrë „Chukkat" (Erkl. 124) gelehrt und die daraus entnommene Halacha im Sifrë Suta das. XIX, 9 (S. 305). Die Formulierung dort lautet: Einmal fragte man nach der Entscheidung in folgendem Falle: Da war eine Kuh, die Entsühnungswasser getrunken hatte und geschlachtet worden war usw., und man wollte das Fleisch für unrein erklären, sprach zu ihnen R. Eliëser b. Jakob: Für einen solchen Fall steht: „Und es soll dienen der Gemeinde der Kinder Israels zur Aufbewahrung", usw. — Auch in dieser Angelegenheit wurde also im Lehrhause auf Grund einer Ausdeutung des Schrifttextes entschieden. Eine Diskussion ähnlicher Art findet sich ferner in Sifrë „Korach" (Erkl. 118; Bab. Seb. 57 a), vgl. dort. —

Diese Beispiele sind geeignet zu beweisen, dass man neue Halachot aus Ausdeutungen des Schriftverses herleitete. Im Sifrë „Pinchas" (Abschn. 134; im Anschluss an die Erbfolge-Regelung für die Töchter des Zelofchad) heisst es in Bezug auf den Thoravers Num. XXVII, 11: „Und es soll sein den Kindern Israel zur Rechtssatzung" ausdrücklich: ‚Die Thora hat den Weisen Verstand gegeben (nach anderer Lesart: es ist ihnen die Befugnis gegeben), „zu deuten" und zu sagen: Jeder, der näher steht in der Blutsverwandtschaft, geht vor in Hinsicht auf die Erbfolge‘ [9]. — Ebenso sagt R. Oschaja (Bab. Bech. 50 a): Sie wollten alles Silber und Gold (alle in Jerusalem geprägten Münzen) verbergen (da vielleicht unter ihnen heilige Münzen aus der Schatzkammer des Heiligtums waren), bis sie einen Vers in der Thora fanden, wonach es erlaubt ist usw. — Auch von den Mischna-Lehrern wird mehrmals gesagt, dass sie Schriftverse fanden und sie ausdeuteten jeder nach seiner Meinung, und darin ist die Grundlage für ihre Streitfragen zu suchen (vgl. Bab., B. batra 72 b; Seb. 69 b; u. a.). Ebenso ist es an allen Stellen, wo Tannaim über die Auslegung von Schriftversen diskutieren und jeder von ihnen den Text nach seinem Verständnis erklärt, wie z. B. die Kontroverse zwischen dem Lehrhaus Schammajs und demjenigen Hillels über die bei der Rezitierung des „Sch'ma"-Gebetes einzunehmende Haltung (Ber. I, 3) oder über die Ehescheidungs-Gründe (Git. IX, 10).

Andererseits besteht keinerlei Zweifel darüber, dass in vielen Fällen die D'raschot der Mischna-Lehrer nur dazu dienen sollten, um alte Halachot zu bestätigen, nach welchen man sich in der Praxis schon seit jeher zu führen pflegte und die aus der Vorzeit überliefert waren, wie die Auslegungen über den Ausdruck „am Tage nach dem Sabbath", der „am Tage nach dem Festtage" bedeutet (Bab., Men. 65 a ff.), eine Halacha, die bereits den Verfassern

---

9 Vgl. Sifrë suta das.; Bab. B. bat. 108 b (wo es auch heisst: „Weil es einer Schriftdeutung entstammt, deshalb gibt er ihm den Vorrang"!); sowie Jer. das. Kap. VIII, Hal. 1, und unten Anm. 15. — Vgl. auch Bab. R. hasch. 30 b: „Was heisst: ‚Er hat angeordnet‘? Er fand eine Deutung und ordnete daraufhin an"; wozu Raschi sagt: „Er (R. Jochanan b. Sakkai) deutete ihnen den Schriftvers aus und ordnete [demgemäss] an, dass sie es als Verbot behandeln sollten; denn bis dahin sah man die Sache als erlaubt an", usw. — S. ferner Bab. Kid. 24 b: „Weil es eine Ausdeutung der Weisen ist ......", und Tossaphot dort, Stichwort „הואיל": „Sind denn nicht viele wesentliche Dinge der Thora in der Schwebe, so dass sie nur kraft einer Ausdeutung entnommen werden können"? Vgl. auch die Vorrede des Maimonides zu seinem Mischna-Kommentar, Stichw: „החלק השלישי"; sowie Chullin 16 a. —

der Septuaginta bekannt und auf deren Grundlage schon zur Zeit des Tempels praktisch in Gebrauch war. Ebenso werden im Wege der Ausdeutung Beweise aus der Schrift dafür erbracht, dass das Passah-Opfer die Hingabe des Blutes und der Fettstücke auf den Altar erfordert (Bab. Seb. 37 a und Parallelstellen). Dies wird zwar bereits ausdrücklich im zweiten Buche der Chronik (XXXV, 11 ff.) gesagt, aber jene Verse der Chronik werden als Beleg überhaupt nicht angeführt, weil man eben wusste, dass die Halacha so war, und nur eine Stütze dafür in der Thora finden wollte, denn „der Mensch kann einen Analogieschluss (auf Grund der Verwendung gleichartiger Ausdrücke, גזירה שוה) ziehen, um seine (überkommene) Lehre zu bestätigen (Jer. Pes., Kap. VI, Hal. 1). Man kann sagen, dass der grösste Teil der Bestimmungen über die Opfer, die im Sifra sowie in den Barajtot des Talmud durch Schriftausdeutungen gewonnen werden, zu den Halachot gehören, nach denen man sich schon zur Zeit des Tempels zu führen pflegte. Aber erst nach der Tempelzerstörung erforschte und untersuchte man sie und erbrachte Stützen dafür aus der Thora. Eine solche D'rascha findet sich auch in der Mischna Sota (V, 2) im Namen des R. Akiba, und R. Josua sagt dazu: „Wer hebt den Staub von Deinen Augen, R. Jochanan b. Sakkai?! (d. h.: Wollte Gott, Du hättest dies noch mit Deinen eigenen Augen sehen können!). Hast Du doch gesagt: In der Zukunft wird einmal ein anderes Geschlecht ‚den dritten Laib Brot' (auf den die Unreinheit erst im dritten Grade gelangt ist) für rein erklären, denn es gibt keinen Schriftvers aus der Thora, wonach er unrein ist. Und nun hat Akiba, Dein Schüler, einen Schriftvers aus der Thora gebracht, nach dessen Ausdeutung er unrein ist!". Somit hat hier R. Akiba mit seiner Deutung einen Beweis für eine Halacha aus der Vorzeit geliefert, für die man bis zu seinen Tagen aus dem Thoratext keinen Beweis entnehmen konnte [10]. Und ebenso finden wir, dass R. Akiba, und so auch andere Tan-

10 Nur dass R. Akiba anscheinend meint, nach der alten Halacha erzeuge eine Unreinheit zweiten Grades noch eine solche dritten Grades auch bei ungeheiligten (d. h. zum profanen Genuss erlaubten) Speisen („חולין"), wie der Talmud Babli annimmt (s. Pes. 18 a; Chul. 33 b), während andere Tannaim der Auffassung sind, dass nur bei der T'ruma (der Priester-Hebe) eine Unreinheit zweiten Grades noch eine weitere dritten Grades hervorruft, nicht aber bei Profan-Speisen, wie dies Rab im Babli aufzählt (Sota 30 a; s. auch die Ansicht des R. Eliëser in Toh. II, 7). Im Jer. das. diskutieren die Amoräer Rab und Samuel darüber, ob R. Akiba meint, dass auch bei Chullin eine Unreinheit zweiten Grades noch eine solche dritten Grades erzeuge. — So klar dies auch ist, musste ich dennoch feststellen, dass J. N. Epstein in seinem kürzlich erschienenen (hebr.) Werk „Einführungen in das Schrifttum der Tannaim" (S. 81) darin irrt, indem er sagt, dass R. Akiba sich mit seiner Deutung „in Gegensatz zur Halacha" stellte, womit er die halachische Entscheidung in unserer Mischna (in der Ordnung Toharot) meint, dass nämlich eine Unreinheit zweiten Grades bei Profan-Speisen keine solche dritten Grades mehr erzeugt! Ebenfalls auf einem Irrtum beruhen die Worte Epsteins (dort), dass R. Akiba „die Halacha ableugnet", wonach ein Nasiräer (der bestimmte Reinheits- und Enthaltsamkeits-Vorschriften auf sich zu nehmen gelobt hat, s.

naim, auf den Schrifttext altbekannte Halachot zurückführen, darunter auch solche, von denen Andere sagen, dass sie unter den Begriff der „von Moses am Sinai empfangenen Halacha" fallen, während R. Akiba und die anderen Tannaim der Ansicht sind, daß sie auf der Thora beruhen (s. oben S. 40 sowie unten S. 72 f.). Deshalb sagt R. Tarphon von R. Akiba, dass er selbständig (Schriftverse) ausdeutet und dabei nicht mit der überlieferten Halacha übereinstimmt (Sifrë, „B'haalotcha", Erkl. 75; ähnlich Tos. Seb. I, 8 und Bab. das. 13 a). Vergl. ferner unten S. 87 ff.

Num. VI, 1 ff.) im Falle einer Verunreinigung durch Blut von Toten im Quantum von nur einem Viertel Log nicht die zeremonielle Prozedur des Haarscherens vornehmen muss (Nasir VII, 4). Hier wird der Ausdruck „דין" (= „urteilen", insbes. einen Schluss vom Leichteren aufs Schwerere ziehen) mit „כפר" (= „ableugnen") verwechselt, und eine Verunreinigung durch „Überzeltung" (טומאת אוהל, Aufenthalt mit einem Toten innerhalb eines gemeinsamen Zeltes), — wobei der Nasiräer im Falle eines Viertel Log Toten-Blutes nicht zum Haarscheren verpflichtet ist, — wird verwechselt mit einer Verunreinigung durch Berühren oder Tragen, von der R. Akiba hier mittels eines קל וחומר schliessen wollte, dass sie den Nasiräer zum Haarscheren verpflichte; vgl. dort in den „Ergänzungen" meines Mischna-Komm. zur Mischna 3 und 4. [Auch ‚Sifrë suta' XIX, 11 (S. 307) und XIX, 14 (S. 309) unterscheidet anscheinend in Bezug auf Blut zwischen einer Verunreinigung durch Berührung, die bereits bei einem Viertel Log unrein macht (und zwar in jeder Beziehung!), und der Verunreinigung durch Überzeltung, die erst bei einem halben Log zur Unreinheit führt; doch ist hier nicht der Ort, darüber ausführlich zu sprechen. — Nachträglich fand ich, dass die Ausführungen von Epstein hier sowie auf Seite 508 einen Aufsatz von Brüll (Festschrift für H. Graetz, S. 187) zur Grundlage haben, auf welchen Horowitz in seinen Anmerkungen zu „Sifrë suta", S. 243, hinweist.] — Sogar an einer Stelle, wo die anonyme Mischna der Ansicht des R. Akiba folgt, — welcher annimmt, dass ein vaterloses Mädchen unter zwölf Jahren, wenn es bereits zwei Schamhaare hervorgebracht hat, nicht mehr eine (von ihrer Mutter oder ihren Brüdern für sie geschlossene) Ehe durch מיאון (Ehe-Verweigerung) zur Auflösung bringen kann (Bab. Nid. 52 b), — selbst hier behauptet Epstein, dass R. Akiba damit eine a l t e „Halacha ableugnet", an welcher nicht nur R. Ismaël, sondern auch Schüler des R. Akiba, wie R. Jehuda und R. Josë, festgehalten hatten, während er seinerseits eine selbständige Deutung vornahm, die mit der Halacha nicht übereinstimmte" (S. 80). — Doch sind dies alles nichts weiter als Phantasien. (Vgl. auch Weiss, „Dor Dor we-Dorschaw", Teil II, Kap. 11. S. 109 ff.!). Zwar finden wir, dass R. Akiba gegen Entscheidungen seiner Vorgänger oder gegen altüberkommene Bräuche entschied, wie dies an einigen Stellen berichtet wird: „ in früherer Zeit . . . . . ., bis R. Akiba kam und lehrte: . . . . . ." s. Maas. sch. V, 8; Ned. IX, 6, u. a.), aber das hat nichts mit einer „alten Halacha" zu tun. Zuweilen stellte er eine Lehre auf, um die frühere Halacha aufrechtzuerhalten, wie wir dies in der Tosephta Pes. I, 7, finden: „. . . bis R. Akiba kam und lehrte: [usw.]. Sagt R. Josë: Dies sind [schon] die Meinungen der Lehrhäuser Schammajs und Hillels; R. Akiba gab [hier nur] den Ausschlag dafür, die Meinung des Lehrhauses Hillels zu unterstützen" (s. auch in den „Ergänzungen" meines Mischna-Komm. zu Toh., Kap. IX, 1). S. ferner Bab., R. hasch. 17 b (Ende) und das. 14 b, wonach R. Akiba nicht genau wusste, welches die Auffassung des Hauses Hillel war. —

Nach dem Vorbild der Tannaim (der Mischna-Lehrer) handelten die Amoräer (die auf sie folgenden Generationen der Mischna-Erklärer), indem sie Beweise aus der Schrift für Halachot in der Mischna und der Barajta erbrachten und fragten: „Woher kommen diese Worte?“ (מנא הני מילי?), „Woher wissen wir? (מנלן?), usw. Vor ihnen waren die Halachot bereits bestimmt und feststehend, und sie suchten nur nach Beweisen dafür in der Schrift. Folglich waren die Halachot ihren Schrift-Ausdeutungen vorausgegangen. Selbst für Gebote, die unzweifelhaft erst rabbinischer Herkunft sind (מדברי סופרים), brachten sie Verse aus der Thora als Stütze, wie es Raschi (Beza 15 b) ausdrückt: Die Frage „Woher kommen diese Worte?“ bedeutet nicht unbedingt, dass etwas aus der Schrift hervorgeht, denn die Bestimmungen über ערובי תבשילין (die syymbolischen Speisen-Vermischungen zwecks Gestattung des Kochens an einem Feiertag für den unmittelbar auf ihn folgenden Sabbath) stammen von den Rabbanim; die Frage ist vielmehr so zu verstehen: „Worauf haben unsere Lehrer diese Regelung gestützt?“. Die Gemara dazu bringt an dieser Stelle eine Barajta im Namen des R. Eliëser (vgl. Mechilta B'schalach, „Wajassa“, Kap. IV), die mit den Worten schliesst: ‚Von hier entnehmen die Weisen eine Stütze für die Bestimmungen über ערובי תבשילין, wonach diese in der Thora eine Grundlage haben‘. Ähnliches findet sich an anderen Stellen [11]. — Aber auch darin folgten die Amoräer den Spuren der Tannaiten, indem sie bei Zweifeln über die Halacha, die sie aus den Worten der Tannaim nicht zu lösen wussten, im Schrifttext nachforschten und auf Grund ihrer Ausdeutungen die Halacha festsetzten. Als Beispiel vgl. im Babli, B. Mez. 36 a, den Ausspruch des Rabbi Ami: ‚Für jeden Eid, den die Richter schwören lassen, für den ist man nicht wegen (unwissentlicher Übertretung) eines „Bekräftigungsschwurs“ (שבועת בטוי, Mischna Schebuot III, 7) verpflichtet (ein Sündopfer — חטאת — zu bringen), denn es heisst: „oder eine Person, die schwört (wörtlich: ‚כי תשבע‘, wenn sie schwört), durch den Ausspruch ihrer Lippen etwas zu bekräftigen“ (Lev. V, 4), — d. h. wenn sie schwört „aus eigenem Antriebe“ (nicht aber durch das Gericht gezwungen)‘. — Dortselbst 54 a: Die Zweifelsfrage des Rami bar Chama (ob in Fällen, in welchen die Thora zur Hinzufügung eines Aufgeldes im Werte von einem Fünftel zum Grundwert verpflichtet, dieses Fünftel den gleichen Rechtsnormen unterliegt wie der Grundwert selbst oder nicht) wird von Raba mit einem Hinweis auf die Schrift beantwortet (wonach die Thora an den Stel-

11 S. Sifra „M'zora“, Sabim Kap. IV Ende (Bab. Chul. 106 a): Sagt R. Eleasar b. Arach: ‚Von hier entnahmen die Weisen eine Stütze von Seiten der Thora für die Reinigung der Hände‘ (die Händewaschung vor der Mahlzeit); — Jer. Scheb., Kap. X, Hal. 2: ‚Als Hillel diese Anordnung traf (nämlich die Einführung des „Prusbol“, der vom Gerichtshof urkundlich erteilten Befugnis zur jederzeitigen Einziehung einer Schuld, um im Interesse eines geordneten Kreditverkehrs deren Verfall im „Sch'mitta“-Jahr (dem Erlass-Jahre) zu verhindern, s. Scheb. X, 3 ff.), stützte man dies auf das Wort der Thora‘ (vgl. unten S. 72 ff. sowie weiter in Anmerkung 15).

len, wo sie die Zufügung eines Fünftels fordert, den Ausdruck gebraucht: „עליו“ יוסף = er soll „dazu“ beifügen. [s. Lev. V, 24; XXII, 14; XXVII, 15, 19, 27 u. 31], und dieses — stilistisch entbehrliche — Wort עליו = „dazu“ als Erweiterung dienen soll, um nämlich das hinzuzufügende Fünftel in die für den Grundwert geltenden Bestimmungen einzuschliessen. Und später (a.a.O., Bl. 54 b): „Wie ist nun die Entscheidung?“ (zu dem von Raba behandelten Problem, ob derjenige, der einen von ihm dem Heiligtum geweihten Gegenstand ausgelöst und ein Fünftel des Wertes hinzugefügt hat, wenn er danach wiederum auch das Fünftel auslösen will, darauf ein Fünftel von dessen Wert, also ein Fünftel des Fünftels, hinzuzufügen verpflichtet ist). Antwortet Raw Tawjomi im Namen von Abaje: Der Schriftvers (Lev. XXVII, 15) sagt: „Er soll hinzufügen ein Fünftel des Schätzungswertes“, — somit wird das Fünftel dem Schätzungswerte (d. h. dem geschätzten Grundbetrag) gleichgestellt (so dass bei seiner Auslösung in der Tat ein Fünftel dieses Fünftels hinzuzufügen ist). — Dortselbst 79 a sagt Raw Chisda im Namen des Raw Katina: ‚Woher wissen wir, dass ein auf 60 Jahre verkauftes Feld im Jobeljahre (dem Jahre des Heimfalls) nicht an den Verkäufer zurückgeht? Weil es heisst (Lev. XXV, 23): „Und der Erdboden soll nicht verkauft werden auf ewig“ usw., — damit ist ausgeschlossen ein Feld wie dieses, das auch unabhängig vom Jobeljahr nicht für immer verkauft ist‘ (sondern, wie hier, auf nur 60 Jahre). — Vgl. ferner B. Mez. 56 b: Fragt R. Sera: Gilt auch bei einer Vermietung das Verbot der Übervorteilung („אונאה“, Lev. XXV, 14)? Wenn die Thora dort lediglich vom Verkaufsfalle („ממכר“) spricht, heisst das: „aber nicht bei Vermietung“, oder besteht kein Unterschied? Antwortet ihm Abaje: Steht denn „bei einem Verkauf für immer?“ (d. h. auch die Vermietung stellt eine Art von — zeitlich begrenztem — „Verkauf“ dar und wird mithin von den ‚אונאה‘-Bestimmungen mit umfasst). — Siehe noch dortselbst Bl. 65 a, wo es heisst: Sagt Raba: „Unsere Lehrer prüften diese Sache aufs genaueste und fanden eine Grundlage dafür im Schriftvers“ (Lev. XXV, 53) usw. — Vgl. dazu Chagiga 11 a ‚Wenn Dir etwas zweifelhaft ist bezüglich der verunreinigenden Aussatzschäden — נגעים — (bei denen die Schriftverse zahlreich sind, die Halachot aber gering an Zahl), so forsche nach im Schrifttext; hast Du aber Zweifel wegen der Bestimmungen über die Unreinheit in Zelten — s. den Traktat אהלות — (bei welchen die Schriftverse gering an Zahl sind, zahlreich aber die Halachot), so forsche nach in unserer Mischna (des genannten Traktates)!‘ — Vgl. ferner auch die vielen Stellen, wo gesagt wird (Ber. 4 b und die dort am Rande verzeichneten Parallelstellen): „Worin streiten sie? Wenn Du willst, kannst Du sagen: in der Schriftausdeutung; wenn Du willst, kannst Du sagen: im logischen Grundgedanken; usw. Und beide deuten es aus dem gleichen Verse“, ... etc. —

Aus den Quellen, die vorstehend gebracht wurden, ist auch zu ersehen, dass selbst diejenigen Halachot, die als wirkliche Worte der Thora angesehen werden (‚דאורייתא'), weil sie vom Schriftvers abgeleitet sind, dennoch den Schriftausdeutungen vorangingen. Die D'raschot über den Ausdruck „am Tage nach dem Sabbath" usw. sind späteren Datums als die dem Text entnommenen Halachot, werden aber als von der Thora herrührend betrachtet. Und ebenso verhält es sich mit anderen D'raschot, wie beispielsweise denjenigen, wonach unter „der Frucht des Hadar-Baumes" der ‚Etrog' (Zitrusfrucht) zu verstehen ist (Bab. Suk. 35 a nebst Parallelstellen), oder dass „Auge um Auge" eine Ersatzleistung durch Gelderstattung bedeutet (Bab. B. kama 83 b. ff.). Das Etrog-Gebot hat seinen Ursprung in der Thora, die D'raschot aber, die aufzeigen, in welcher Art allein man der Erfüllung dieses Gebotes genügt, — nämlich durch das Nehmen der Etrogfrucht, — stammen ihrerseits erst aus späterer Zeit, so dass der Halacha der zeitliche Vorrang vor der D'rascha zukommt (vgl. oben S. 36 f.). Mithin geht das historische Herkunftsdatum nicht Hand in Hand mit den Folgerungen, die aus dem Talmud darüber entnommen werden, ob ein Gebot von der Thora herrührt oder von den Worten der Schriftgelehrten (‚דרבנן'). Zuweilen fand man für eine bestimmte Halacha eine Ausdeutung als Beweisunterlage aus der Schrift, und weil man diesen Beweis als vollgültig erachtete, so setzte man fest, dass das Gebot aus der Thora stamme. Im Sinne historischer Betrachtung war aber die Halacha selbst noch vor der Erforschung ihrer Begründung und ihrer Quelle bereits in Übung, und Deutung und Grundlagen-Forschung stammen erst aus späterer Zeit. Wir finden eine Kontroverse zu einem solchen Gegenstand im Traktat Para (III, 7): „Will die (rote) Kuh nicht herausgeben, so führt man mit ihr nicht eine zweite rote Kuh hinaus, damit man nicht sagen soll, man hat zwei (Kühe) geschlachtet; R. Josë sagt: Nicht aus diesem Grunde, sondern weil es heisst: „Er soll sie herausführen" (Num. XIX, 3), — „sie", d. h.: ‚sie allein'. — Nach Ansicht beider Tannaim stammt die Halacha aus früherer Zeit, und sie diskutieren lediglich über ihre Grundlage: Nach dem ersten Tanna rührt sie von den Worten der Schriftgelehrten her, nach R. Josë aber von den Worten der Thora, gemäss der Auslegung, die er dafür fand [12].

Bereits oben haben wir dargetan, dass R. Akiba von altersher feststehende Halachot durch ausdehnende Text-Interpretation auf den Schrifttext zurückführt und annimmt, dass sie von der Thora stammen. Und ebendies ist der innere Grund einer Kontroverse im Sifrë, „B'haalot'cha", Erkl. 73 (vgl. auch Bab., R. Hasch. 34 a): Drei Mal werden Schmettertöne — תרועות — (beim Blasen des „Schofar", des Widderhornes) im Zusammenhang mit dem Neujahrstage genannt: „Ein Ruhetag, Gedächtnis des Schmettertones" (Lev.

12 Vgl. jedoch Bab. Joma 42 b; s. ferner Sifra „Sch'mini", Abschn. VIII, 5, sowie Bab. Pes. 18 a: „R. Josë hat es gemäss der Deutungsmethode seines Lehrers R. Akiba gesagt" usw.; Mischna B. mez. II, 10, und in den „Ergänzungen" meines Mischna-Komm. dort; Chul. VIII, 4, sowie Bab. Chul. 104 a; das von R. Jehuda geäusserte „Erstaunen" in Men. X, 5, und Bab. das 68 b. —

XXIII, 24), — „Und Du sollst ertönen lassen des Schofars Schmetterton!" (das. XXV, 9), — „Ein Tag des [Blasens des] Schmettertones soll er Euch sein!" (Num. XXIX, 1) usw. Daraus können wir für den Neujahrstag drei „Teruot" entnehmen, und zwar zwei von den Worten der Thora herrührend und eine von den Worten der Schriftgelehrten; die Verse: „Ein Ruhetag, Gedächtnis des Schmettertones", sowie: „Und Du sollst tönen lassen des Schofars Schmetterton!" sind ‚von der Thora' (d. h. sie dienen als Beweis dafür, dass nach der Thora zwei Schmettertöne — תרועות — zu blasen sind), der Vers [aber]: „Ein Tag des Schmettertones soll er Euch sein!" dient nur als Basis für daraus herzuleitende Lehren (d. h. zu Erläuterungszwecken). R. Samuel bar Nachmani sagt: eine [Terua] von der Thora und zwei von Seiten der Schriftgelehrten, usw. (da nach seiner Ansicht der Vers „Und Du sollst ertönen lassen des Schofars Schmetterton!", der beim 10. Tischri des Jobeljahres steht, nicht auf den Neujahrstag zu beziehen ist). Somit ergibt sich, dass der erstgenannte (anonyme) Tanna den Schriftvers über das Jobeljahr auf den Neujahrstag deutet und sagt, dass auch die zweite Terua von der Thora bestimmt ist, während R. Samuel bar Nachmani diesen Vers nicht auf den Neujahrstag beziehen will, so dass nach ihm nur eine Terua allein ihren Ursprung in der Thora hat. — An einer anderen Stelle wird sogar ausdrücklich gesagt, dass sich eine frühere Anordnung (Takana) auf einen Schriftvers s t ü t z e n lässt, und deshalb wird sie als von der Thora herrührend betrachtet. Eine Barajta (Bab. Ket. 10 a) lehrt: „Geld soll er (der Verführer einer noch keinem Manne angelobten Jungfrau) ihr zuwiegen gemäss der Morgengabe der Jungfrauen!" (Ex. XXII, 16), — von hier entnehmen die Weisen eine Stütze für die „Ketuba" der Ehefrau (d. h. für den Ehevertrag, worin ihr seitens des Mannes für den Fall seines Todes oder der Scheidung eine bestimmte Geldsumme „verschrieben" ist), dass diese in der Thora eine Grundlage habe, wogegen R. Simon b. Gamliël erklärt, die Ketuba der Ehefrau stamme nicht von der Thora, sondern beruhe auf den Worten der Schriftgelehrten. Hier sagt also der zuerst erwähnte Tanna, dass die Weisen „eine Stütze aus dem Schriftvers entnahmen" für die schon in früherer Zeit getroffene Einführung der Ketuba (vgl. Einleitg. zum Trakt. Ket. in meinem Mischna-Komm.), und dass diese mithin von der Thora herrührt [13]. R. Simon

13 Tossaphot in Sota 27 a, Stichwort: איש, bringen aus dem Wortlaut („Von hier entnehmen die Weisen eine Stütze") einen Beweis dafür, dass auch nach Ansicht derer, die sagen, die Ketuba der Ehefrau beruhe auf der Thora, nicht gemeint sei, dass sie wirklich unmittelbar auf der Thora basiere, sondern nur, dass sie in der Thora eine Stütze habe. Doch erscheint mir dies schwierig; denn wenn dem so wäre, worin streiten dann die Tannaim? Streiten sie denn darüber, ob die Ketuba eine Stütze in der Thora habe? Nachmanides in seinen Novellen (חידושים) zum Trakt. Ket. (Ende), — abgedruckt in der Novellen-Sammlung des R. Salomo b. Aderet, — äussert sich darüber folgendermassen: „Obschon gesagt wird, die Ketuba der Ehefrau beruhe auf der Thora, so ist damit nur gemeint, sie sei eine von Moses am Sinai empfangene Halacha so wie die übrige mündliche Lehre" usw. Anscheinend folgt Nachmanides dabei einer grundsätzli-

b. Gamliël aber ist anderer Meinung und nimmt an, dass die Ketuba den Worten der Schriftgelehrten entstammt und der Schriftvers für sie nur als ‚אסמכתא', als blosse Anlehnung, dient. Und ebenso wird in einer Barajta gelehrt (Tos. Ket. XII, 2; vgl. auch Bab. Git. 49 b, und Jer. das., Kap. V, Hal. 1): Weshalb hat man gesagt (= Weshalb haben die Weisen angeordnet), dass man die Schadenserstattung durch Einziehung des Schätzungswertes „vom wertvollsten Grundbesitz" durchführt? Wegen der Räuber und der Gewalttätigen, damit ein Jeder von diesen sich sagen soll: ‚Weshalb raube

---

chen Auffassung in den Einwänden zum Sefer ha-Mizwot (des Maimonides), Grundsatz II, wonach auch eine von Moses am Sinai empfangene Halacha in den Kreis der unmittelbaren Thora-Gesetze gehört (vgl. Joma 44 b sowie bei Raschi das., Stichwort: מעלות; diese Ansicht vertritt Raschi an einigen Stellen: Men. 39 a, Stichwort: קשר; Seb. 110 b, Stichwort: הא; Chul. 64 a, Stichwort: ה"נ; Nid. 9 a, Stichwort: וסתות). Maimonides jedoch teilt diese Auffassung nicht (vgl. unten; ferner in den Responsen des Maimonides, Ausg. Freimann Nr. 166, sowie Toss'phot Jom-Tow zu Ohal. VII, 3). Er ist sogar der Meinung, dass für eine von Moses am Sinai empfangene Halacha noch nicht einmal eine Andeutung im Schrifttext zu finden sei (s. oben S. 37). Danach kann mit dem Ausdruck „von hier entnehmen die Weisen eine Stütze" nicht eine von Moses am Sinai empfangene Halacha gemeint sein. Hinzu kommt ferner, dass auch Nachmanides manchmal die Bezeichnung „Worte der Schriftgelehrten" auffasst als: „eine Erklärung der Schriftgelehrten, die sie auf Grund mündlicher Tradition vom Sinai her gelernt hatten", vgl. dort im Sefer ha-Mizwot, Grundsatz I, seine Erklärung zur Mischna Sanh. XI, 3: „Wer sagt, fünf Gehäuse (seien nötig in den Stirnkapseln, —den Phylakterien an den Gebetriemen), um damit über die Worte der Schriftgelehrten hinauszugehen", usw. Ebenso wird dies erläutert in den Responsen der Geonim, Ausg. „Mekize Nirdamim" (Jerus. 5702), S. 153 Zeile 7—9;

> — (dort muss es heissen: die vier Thora-Abschnitte in den Stirn-Kapseln [bedingen sich gegenseitig (Men. III, 7), denn sie] sind eine von Moses am Sinai empfangene Halacha. Desgl. in den [R. Salomo b. Aderet zugeschriebenen] Novellen zu Men., Blatt 37 c; — der Herausgeber der „Resp. der Geonim" hat den Sinn der Worte anscheinend verkannt); —

sowie in den Novellen des R. Nissim zu Sanh. 87 a. Danach ist der Wortlaut der Barajta Ket. 10 a ungenau; denn der zuerst angeführte Tanna sagt: „Von hier entnehmen die Weisen eine Stütze für die Ketuba der Ehefrau, dass sie eine von Moses am Sinai empfangene Halacha ist", während R. Simon b. Gamliël sagt, die Ketuba der Ehefrau beruhe nicht auf der Thora, sondern auf den Worten der Schriftgelehrten, wobei der Ausdruck „auf den Worten der Schriftgelehrten" erklärt werden kann: „auf der Erläuterung, die sie vom Sinai her für das in der Thora stehende Wort ‚מוהר' gelernt hatten".

Ähnliches findet sich im Sifra „b'Har", Kap. I, 3 (vgl. dort im Kommentar des R. Abraham b. David): „Von hier entnehmen die Weisen eine Stütze bezüglich des Nachwuchses auf den Brachfeldern (der auf natürliche Weise, also ohne menschliches Zutun, von selbst entsteht), dass er im siebenten Jahre (dem Brachjahre) verboten ist". Sowie das. Kap. IV, 5: „Sagt R. Akiba: von hier entnehmen die Weisen eine Stütze in Bezug auf den Nachwuchs", usw.; während die (mit R. Akiba streitenden) Weisen sagen, der Nachwuchs sei von der Thora aus nicht verboten, sondern nur auf Grund der Worte der Schriftgelehrten. Vgl. Bab. Pes. 51 b und Tossaphot dort.

ich da .... usw.? Morgen wird mir der Gerichtshof dafür im Wege der Schadens-Schätzung mein schönes Feld wegnehmen'; dabei stützten sie (die Weisen) sich auf den Schriftvers (= sie stützten ihre Anordnung auf den Schriftvers): „Das Beste von seinem Felde und das Beste von seinem Weinberg soll er bezahlen!" (Ex. XXII, 4). — Dieser Tanna (nach dem Talm. Bab.: R. Simon) nimmt an, dass „das Beste seines Feldes" bedeutet: Das Beste vom Felde des Schadens-Stifters, und so ergibt sich, dass man von der Thora aus die Schadensregulierung mit dessen wertvollstem Grundbesitz vornimmt. Weil aber diese Erklärung nur nach der Ansicht des R. Akiba zutrifft, während R. Ismaël sich dagegen wendet und annimmt, dass mit dem „Besten seines Feldes" gemeint sei: ‚das Beste vom Felde des Geschädigten', so dass danach die Einkassierung vom wertvollsten Grundbesitz des Schädigers nur auf einer Anordnung der Weisen beruhen kann (Git. V, 1, sowie in der Gemara dort 48 b), deshalb sagt der Tanna, dass sie diese alte Takana unmittelbar auf den Schriftvers gestützt haben, und damit wird sie als eine Art Thora-Vorschrift anerkannt [14].

Ebenso diskutieren die Amoräer zuweilen über den Charakter einer Bestimmung, nämlich ob sie von der Thora herrührt oder rabbinischer Herkunft ist, wie z. B. beim Verzehren einer verbotenen Speise im Umfange von weniger als einer Olive (also unterhalb der Mindestgrenze für die Straffälligkeit), was nach R. Jochanan von der Thora aus verboten ist, nach R. Simon b. Lakisch aber nur auf Grund rabbinischer Vorschrift (Bab. Joma 74 a). R. Jochanan bringt einen Beweis für seine Worte aus der Barajta, wo gedeutet wird: „alles" Fett (Lev. VII, 23), — ‚das schliesst auch ein halbes Maass ein'; während R. Simon b. Lakisch darin lediglich eine blosse „Anlehnung" an den Schrifttext erblickt. Nach der Auffassung beider ist also das „halbe Maass" seit jeher verboten, nur dass dies nach R. Jochanan auf einer vollgültigen Schriftausdeutung beruht und das halbe Maass sonach von Seiten der Thora dem Genuss entzogen ist, während es sich nach R. Simon b. Lakisch bei der Zurückführung auf den Schriftvers eben nur um eine Anlehnung (‚אסמכתא') handelt, die den rabbinischen Charakter der Vorschrift unberührt lässt. — Darüber hinaus bringen sogar die Amoräer selbst mitunter einen Beweis aus der Schrift für eine alte Halacha und setzen daraufhin fest, dass sie auf der Thora beruhe. Als Beispiel sei wiederum eine Kontroverse zwischen R. Jochanan und R. Simon b. Lakisch angeführt (B. Mez. 47 b), nämlich darüber, ob die „Meschicha" (מְשִׁיכָה, d. h. die Eigentums-Übertragung durch „Heranziehen" [Ergreifung] der Kaufsache seitens des Erwerbers) von der Thora aus Eigentumsrecht verschafft oder nur kraft rabbinischer Bestimmung. Beide Diskussionspartner kannten somit die Halacha aus der Mischna, wonach die Meschicha zum Eigentums-Erwerb führt, nur dass R. Jochanan erklärt, sie beruhe auf einer rabbinischen Anordnung, wogegen R. Simon b. Lakisch

14 Vgl. in den „Ergänzungen" meines Mischna-Kommentars zu B. kama I, 1, Stichwort: במיטב הארץ.

annimmt, sie sei in der Thora ausgedrückt, auf Grund der Deutung: „oder er erwirbt aus der Hand seines Nächsten" (Lev. XXX, 14) — das bedeutet: „eine Sache, die erworben wird von Hand zu Hand", was er so erklärt, dass damit der Rechtserwerb durch Heranziehen der Kaufsache einbezogen werden soll. Mithin hatte die Meschicha einen Übergang des Eigentumes bereits zur Folge, noch ehe R. Simon b. Lakisch ihre gesetzliche Kraft dazu aus der Thora nachgewiesen hatte. Nachdem er aber dann einen Beweis hierfür aus dem Schrifttext gefunden hatte, behauptete er, dass sie von der Thora aus Eigentum verschafft. Die Halacha ging sonach der Schriftausdeutung, die R. Simon b. Lakisch fand, zeitlich voran, und doch stammt sie seiner Auffassung nach aus der Thora. — Vgl. ferner Bab. Pes. 58 a: Woher wissen wir diese Worte (nämlich die in der Mischna das. V, 1, angegebenen Stunden für die Darbringung des täglichen Brandopfers, des תמיד)? Meint R. Josua b. Levi: weil der Schriftvers (Num. XXVIII, 4) sagt: . . . . ., usw. Wendet Raba ein: Wenn Du annimmst, dass diese Regelung von der Thora herrühre . . . . usw. Vielmehr erklärt Raba die Regelung als rabbinisch. — Und ebenso R. Hasch. 29 b: Woher wissen wir diese Worte (der Mischna IV, 1, wonach man am Neujahrstage, der auf einen Sabbath fällt, ausserhalb des Heiligtums nicht das Schofar bläst)? Meint R. Chama b. Chanina: „Weil es heisst" usw. Wendet Raba ein: „Wenn es (das Verbot des Schofarblasens am Sabbath) von der Thora herrührt, wie konnte man dann im Heiligtum blasen?", usw. Vielmehr erklärt Raba: „Von der Thora aus ist es gestattet, und erst unsere Lehrer waren es, die das Verbot verhängten", usw. — S. ferner B. kama 66 a: Sagt Raba: ‚Dass auf Grund von „Schinuj" (‚שנוי', d. h. jede Veränderung einer geraubten Sache im Wege der Umwandlung durch Verarbeitung, „Spezifikation") Eigentum erworben werden kann, steht geschrieben (d. h. es geht aus dem Schriftvers Lev. V, 23, hervor, nach der Ausdeutung der Gemara dort) und ist auch in der Mischna (B.kama. IX, 1) so gelehrt worden usw.; — bezüglich des „Jëusch" (‚יאוש', d. h. Verzicht bezw. Rechtsaufgabe; ‚Renuntiation', ‚Dereliktion') meinten unsere Lehrer ebenfalls, dass er zum Eigentums-Erwerb führt, doch wissen wir nicht, ob von der Thora aus oder kraft rabbinischer Anordnung'. — Ebendort 71 a: Darin streiten Raw Acha und Rabina; der Eine sagt: das am Sabbath bereitete Werk (d. h. das Produkt einer am Sabbath verbotenen Arbeitsleistung, wie z. B. eine am Sabbath gekochte Speise) ist von der Thora aus zum Genuss verboten, der Andere sagt: auf Grund rabbinischer Bestimmung. — B. Mez. 27 a: ‚Sind die „Kennzeichen" (‚סימנין', d. h. die Zulässigkeit der Aushändigung einer Fundsache an den nur durch Angabe ihrer besonderen Kennzeichen ausgewiesenen Prätendenten) von der Thora vorgesehen oder rabbinischer Herkunft?' — S. auch das. 18. b: Raw Aschi war es zweifelhaft, ob die Kennzeichen von der Thora (als Beweismittel zugelassen) sind oder von Seiten der Rabbanim. — Chullin 13 a: Es war R. Jochanan zweifelhaft, ob eine im Anschluss an die Mischna Machsch. VI, 1, tradierte Lehre biblisch oder rabbinisch sei. Vgl. ferner auch die Frage in Jer. Ter., Ende von Kap. I: Ist das Verbot biblisch, so dass man für dessen Übertretung die Geissel-Strafe erleidet? Und Ähnliches mehr. — Genau so aber, wie (in den vorstehend angeführten Beispiels-Fällen) Streit oder Zweifel darüber besteht, ob eine Halacha von der Thora herrührt oder von den Rabbanim, ebenso ist bei einer Halacha, von der schlechthin gesagt wird, sie sei rabbinischer Herkunft und der Schriftvers stelle eine blosse Anlehnung dar, die Möglichkeit gegeben, dass nach dem tatsächlichen historischen Vorgang die „Rabbanim" sie anordneten und als Halacha so festsetzten, weil sie eben im Schrifttext eine Stütze für sie fanden, und auf solche Weise wäre dann die Ausdeutung des Schriftverses zeitlich der Halacha vorausgegangen[15]. —

Auch die älteren Erklärer (‚ראשונים') streiten in Bezug auf viele Dinge darüber, ob sie von der Thora oder den Rabbanim herrühren, und der Anlass ihrer Kontroverse ist die Klarstellung einer Abhandlung im Talmud in der Richtung, ob sie von der Annahme ausgeht, dass der behandelte Gegenstand unmittelbar der Thora entstamme oder nicht. Bekannt ist die These des Maimonides im „Sefer ha-Mizwot", Grundsatz [שורש] II, wonach Alles, was mittels einer der 13 Deutungsregeln aus der Schrift hergeleitet wird, als „Worte der Schriftgelehrten" (‚דברי סופרים', also als rabbinischer Herkunft) zu bezeichnen ist, sofern nicht ausdrücklich gesagt wird, es rühre von der Thora her. Nachmanides und Andere widerstreiten seiner Lehre, und die Meinung von Nachmanides (daselbst) geht umgekehrt dahin, dass Alles, was im Talmud im Wege einer der 13 hermeneutischen Regeln herausgedeutet wird, als der Thora entstammend zu bezeichnen ist, ausser wenn ausdrück-

15 S. in den Novellen des Jom-Tow b. Abraham (ריטב"א) zu R. hasch. 16 a: „Alles, wofür es eine Anlehnung (אסמכתא) in der Thora gibt, hat der Heilige, — Er sei gelobt, — selbst kundgetan, [nämlich] dass es richtig sei, so zu handeln; nur hat Er es nicht als Pflicht festgesetzt, sondern [diese Festsetzung] den Weisen überantwortet. Das ist eine klare und wahre Tatsache, und nicht wie die Worte Jener, welche die „Anlehnung" so erklären, dass diese nur eine Art Hinweis sei, den die Weisen uns gegeben haben, ohne dass die Thora selbst darauf abziele. Bewahre uns Gott [vor solchem Irrtum] und möge dieser in Vergessenheit sinken und niemals [mehr] geäussert werden; denn es ist ein ketzerischer Gedanke! Vielmehr hat die Thora selbst darauf hingewiesen und es den Weisen überlassen, die damit verbundene Verpflichtung festzusetzen, sofern dies deren Willen entspricht, wie es heisst (Deut. XVII, 10): ‚Und Du sollst handeln gemäss dem Worte, das sie Dir künden werden!' (vgl. Bab. Chag. 18 a sowie oben S. 67). Und deshalb wirst Du finden, dass die Weisen überall einen Beweis oder eine Andeutung oder eine Anlehnung aus der Thora für ihre Worte geben, das will sagen, dass sie nichts aus ihrem eigenen Herzen neu erdacht haben, und dass die gesamte mündliche Lehre sich bereits angedeutet findet in der schriftlichen Thora, die vollkommen ist, und Gott behüte [uns davor], dass in ihr etwas fehle!" Vgl. Bab. Taan. 9 a und Chul. 139 b. — Nachträglich fand ich eine meiner Darstellung entsprechende Auffassung im Werke: „שני לוחות הברית" des R. Jesaja Hurwitz (של"ה), „Mündliche Lehre", Buchstabe Taw (תי"ו).

lich gesagt wird, es sei eine blosse „Anlehnung" (an die Worte der Schrift). Das alles aber trägt nicht zur Lösung des Problems in seinem historischen Sinne bei, ob die erwähnten Halachot den D'raschot zeitlich vorausgingen oder umgekehrt, wie wir dies erläutert haben [16].

Das Ergebnis unserer bisherigen Untersuchung ist also, dass es D'raschot gibt, denen die Priorität gegenüber den daraus gewonnenen Halachot zukommt, sowie solche, die ihnen im zeitlichen Range nachstehen, und dass es nur im Wege einer sorgfältigen Prüfung der Quellen und ihrer Vergleichung möglich ist, zu einer Klarstellung des Charakters der D'raschot zu gelangen, nicht aber durch ihre schematische Einteilung in solche, die in der Thora, und solche, die in den Worten der Schriftgelehrten ihren Ursprung haben. — Indessen hätten wir den mit einer gewissenhaften Forschungsarbeit verbundenen Pflichten noch nicht Genüge getan, wenn wir uns nicht mit den Beweisen auseinandersetzen würden, die Halevy, der Verfasser des Werkes „Dorot ha-Rischonim", für seine Auffassung bringt, wonach die Tannaim niemals neue Halachot auf Grund von Ausdeutungen des Schrifttextes festgesetzt haben. Es obliegt uns daher nun zu prüfen, inwieweit diese Beweise stichhaltig sind [17]. — Der Autor der „Dorot ha-Rischonim" (Bd. V, S. 487) fragt: „Wenn dem so wäre, dass es die Schriftdeutungen sind, aus denen die Halachot entstanden, d. h. dass die Tannaim, wenn sie über irgendeine Sache in Zweifel waren, sich den Ausdeutungen der Schrift zuwandten und solche Deutungen auf den für sie gegebenen Wegen [18] vornahmen, um danach zu

16 Vgl. Frankel, Darchë ha-Mischna, S. 17; dies ist auch kein Gegenstand der „Überlieferung der Gemara", wie der Verf. des „Dorot ha-Rischonim", Band V, S. 505 ff., annimmt, denn die Amoräer selbst waren, wie wir gesehen haben, manchmal in Zweifel, ob eine Sache von der Thora oder von den Rabbanim herrührt. Vgl. Bab. Jebamot 21 a: „Woher haben wir eine Andeutung aus der Thora für das [Ehe-] Verbot der שניות (d. h. der entfernteren Verwandschaftsgrade)? Weil es (in der Schrift) heisst: [usw.]. Sagte Abaje zu Raw Josef: Dann rührt es doch von der Thora her? [usw.]. Vielmehr stammt es von den Rabbanim, und der Schriftvers ist nur eine Anlehnung" [in gleicher Art lässt sich auch der Einwand des Abaje in Gittin 59 b beantworten]. Ähnlich Jeb. 72 a: „Er nahm an, dies rühre von der Thora her, weil man dazu einen Schriftvers bringt. Dem ist aber nicht so; es stammt von den Rabbanim, und der Schriftvers dient nur als Anlehnung". — Ebenso Suk. 6 a: „. . . folglich stammen sie von der Thora her. Ist denn dies aber logisch einleuchtend? [usw.]. Vielmehr sind es [überlieferte] Halachot, und der Schriftvers stellt eine blosse Anlehnung dar". S. ferner Jeb. 24 a und 52 b, sowie Nid. 28 a.

17 Zu seinem Beweise (S. 480 ff.) aus der Mischna Chag., Kap. I (Ende), siehe in den „Ergänzungen" meines Mischna-Kommentars dort; und zur Mischna in Chul. III, 6, auf die er ausführlich eingeht (S. 515), vgl. Epstein in der Gedenkschrift für Gullak und Klein S. 255 [jetzt: „מבוא לנוסח המשנה", S. 1146 ff].

18 Der Verf. erläutert uns nicht, welche „Deutungsarten" es sind, mittels derer man keine Halachot ableiten soll, sowie was eine „voll einleuchtende logische Erklärung der Thora" („סברה גמורה של דרכי התורה") ist, auf deren Grundlage man Entscheidungen treffen kann, wie er dort weiterhin (Ende der Seite) sagt.

entscheiden, ob die halachische Vorschrift so oder anders sei, — wenn dem wirklich so wäre, warum haben sie sich dann nicht dieser selben Methode bedient, wenn sie von Anderen bei Zweifeln über ein neu zu untersuchendes Problem befragt wurden? Und warum findet sich etwas Derartiges bei keinem von den Häuptern der ersten Tannaim, dass sie nämlich eine Zweifelsfrage auf Grund einer Ausdeutung des Schriftverses nach diesen sonst gegebenen Wegen der Schriftdeutung entschieden? Überall vielmehr, wo es vorkommt, dass sie etwas gefragt wurden und sich ihnen ein Zweifel bezüglich einer neu abzuklärenden Frage darbot, überall dort haben sie, wie wir sehen, die Sache entweder aus den Grundlagen der allen überlieferten Mischna-Worte entschieden, oder auf Grund einer Tradition, die sie selbst als persönliche Überlieferung gehört hatten, oder aber sie haben sie überhaupt nicht entschieden, sondern darauf geantwortet: ‚לא שמענו‘ = „Wir haben es nicht gehört“. . . . usw. — Um seine Worte zu bekräftigen, bringt Halevy die Mischnajot in Keritot (Kap. III, 7—9), wo R. Akiba an R. Gamliël und R. Josua drei Fragen gerichtet hat und sie darauf erwiderten: „Darüber haben wir nichts gehört; gehört aber haben wir, dass . . . . . ., und es scheint uns, dass sich von dort aus eine Schlussfolgerung vom Leichteren auf das Schwerere (קל וחומר) ableiten lässt“. In der Barajta (Chullin 127 b) wird die Antwort auf eine der Fragen des R. Akiba (Mischna 8) aus dem Schrifttext entnommen, aber R. Gamliël und R. Josua „kam es nicht in den Sinn, dies auf Grund einer Ausdeutung von Schriftversen abzuklären, weil sie sich all diesen Deutungen nur gegenüber einer mit absoluter Gewissheit feststehenden halachischen Vorschrift bedienten, jedoch nicht davon Gebrauch machten, um damit einen Zweifelsfall zu entscheiden und eine (in ihrer Anwendung) bis dahin unbekannte halachische Bestimmung klarzustellen“. — Demgegenüber lässt sich indessen aus den oben angeführten Beispielen klar ersehen, dass die Weisen tatsächlich auf Grund einer Ausdeutung der Schrift Entscheidungen getroffen haben, nur dass eben hier R. Gamliël und R. Josua die Antwort nicht aus dem Schriftvers zu entnehmen wussten, weil sie darüber „nichts gehört hatten“, weder eine Deutung noch eine Überlieferung; denn die Worte: Wir haben nichts gehört“ umfassen auch die Feststellung, dass sie keine Deutung dazu aus der Thora entnommen hatten. Sowohl in der Mechilta wie im Sifrë zu Numeri ist der Ausdruck üblich: „Ich höre“ (‚שומע אני‘): „Die Strafe haben wir gehört, die Verwarnung jedoch haben wir nicht gehört“; „Aber wir haben es nicht gehört“ im Sinne von: „Wir haben es aus der Thora gelernt“ bzw. „nicht gelernt [19]“. Ebenso verhält es sich auch mit

19 Vgl. meine „Untersuchungen über die halachischen Midraschim“, S. 59, 71, 76. — R. Gamliël und R. Josua folgten nicht der Deutung (zu Lev. XI, 35) in der Barajta Chul. 127 b, weil die Schriftstelle von Kriechtieren spricht, jedoch nicht vom Vieh (vgl. Chul. 74 a, sowie Raschi zu Chul. 127 b), und uns im Wesentlichen lehren soll, dass erst vom Eintritt des Todes ab ein „Herabfallen“ im Sinne des Schriftverses vorliegt (מיתה עושה ניפול), wie Tossaphot dort schreiben (Stichwort: „דרחמנא“); R. Gamliël und R.

der Kontroverse zwischen den Lehrhäusern Schammajs und Hillels darüber, ob die Nebenfrau einer solchen kinderlosen Bruder-Witwe, bezüglich derer ein halachisches Heiratsverbot besteht, auch ihrerseits von der Verpflichtung zur Chaliza, bezw. zur Leviratsehe, befreit ist [20]. Das Lehrhaus von Schammaj und seine Anhänger kannten nicht und deuteten nicht die D'raschot, die später gelehrt wurden (vgl. Bab. Jeb. 3 b und 13 b). Deshalb entschieden sie in ihrem Meinungsstreit nicht auf deren Grundlage. Dort aber, wo die Weisen massgebende D'raschot besassen, entschieden sie danach und setzten diesen D'raschot entsprechend die Halacha fest, wie es aus Sifrë „Korach“, Erkl. 118 (auch oben S. 64 zit.) deutlich hervorgeht. Und insoweit besteht kein Unterschied zwischen den „Häuptern der ersten Tannaim“ und ihren späteren Nachfolgern, sogar nicht einmal zwischen Tannaiten und Amoräern [21]. —

Josua waren nicht der Meinung, dass man daraus ‚folgerichtig‘ (= „ממילא“) auch in Bezug auf ein herabhängendes d. h. teilweise abgerissenes Glied entnehmen könne (dass es nicht als abgefallen anzusehen sei). Alle hierauf bezüglichen Ausführungen des Verf. der „Dorot ha-Rischonim“, a.a.O., entfallen damit. Vgl. auch oben Anm. 7.

20 S. Halevy, „Dorot ha-Rischonim“, das. S. 489 ff. — Vgl. ferner Mischna Neg. VII, 4, und meine Erläuterung dazu im Mischna-Komm.; sowie Sifra Negaïm, Kap. II, 10 (Bl. 61 a) u. im Komm. des R. Abraham b. David, dort.

21 In dem kürzlich erschienenen Buch Epsteins: „Einführungen in das Schrifttum der Tannaim“ („מבוא לספרות התנאים“) behandelt der Verf. S. 508 ff. den Übergang von der Methode des Midrasch zu derjenigen der Mischna und polemisiert dabei gegen Lauterbach (oben Anm. 2); im Verlaufe seiner Abhandlung stimmt er Halevy bei und fügt hinzu (S. 511, Anm. 103): „Schon der Gaon Raw Haj schreibt in den „Responsen der Geonim“, Ausgabe Assaf [aus der „Genisa“], S. 102 (Nr. 14): „So haben wir es angesehen: dass es kein Beweis ist, sondern ein Midrasch, und die Hauptsache ist eine überlieferte Halacha; „ומנסבין בה תלמודא“ (wie in Jebamot 72 a: הוא סבר מדקא נסיב לה תלמודא) usw.; vgl. oben Anm. 16. — Aber das Eine hat mit dem Anderen nichts zu tun, und es liegt hier eine Begriffsverwirrung vor! Man hat Raw Haj gefragt: Was beweist der Schriftvers, den die Barajta in B. kama 28 a für die von ihr behandelte Halacha bringt? (Woher wissen wir, dass der Herr eines Sklaven, — dem zum Zeichen der Knechtschaft das Ohr durchbohrt wurde [s. Ex. XXI, 6], — wenn er ihn, den Sklaven, nach Ablauf seiner Dienstjahre zum Fortgehen zwingt und ihn dabei verletzt, schuldfrei ist? Weil der Schriftvers [Num. XXXV, 32] sagt: ......). Was beweist der hier angeführte Schriftvers? Und Raw Haj antwortet darauf, dass hier kein wirklicher Beweis vorliege, sondern dass die Barajta den Schriftvers nur als eine Anlehnung für die überlieferte Halacha bringt (die Worte „ומנסבין תלמודא“ bedeuten: und sie bringen „einen Schriftvers“, vgl. Joma 23 b; s. auch Raschi zu B. mez. 92 a, Stichwort: „קא נסיב“). Diese Auffassung ist allgemein bekannt (vgl. oben S. 59); aber so ist die Art jenes Autors und seinesgleichen, frühere Forscher als „Ansichtsgenossen“ zu suchen, um alsdann feststellen zu können, dass „schon vor ihm“ diese Meinung vertreten worden sei, oder dass sie „erst Dieser und danach Jener“ geäussert habe, während in der Mehrzahl der Fälle keine Spur von Übereinstimmung mit den beigebrachten Auffassungen besteht, und dies nur gesagt wurde, um das Verdienst mühevoll arbeitender Forscher zu schmälern, die sich nicht auf die Leistungen Anderer verlassen (vgl. unten Anhang I). —

Der Verfasser der „Dorot ha-Rischonim" geht jedoch noch weiter, indem er behauptet, „dass sich über grundlegende Dinge keinerlei Kontroverse zwischen Tannaim finde, und dass es in der gesamten Mischna und Gemara von Beginn ihrer 6 Ordnungen bis zu deren Ende nirgends eine Kontroverse zwischen Tannaim in irgendeiner Grundfrage gebe" (wie in Bd. III, S. 213, dargetan wird), „weil in Israel niemals Erklärer der Mizwot aufgetreten seien, die Gebote aus Schriftdeutungen herleiteten und damit etwas Neuartiges schufen. Deshalb gebe es in allen grundlegenden Fragen weder Kontroversen noch Schrift-Ausdeutungen". — Wahrlich, schon über früher aufgestellte Thesen ähnlicher Art empfinden wir Bedauern, nämlich über die Ansicht des Maimonides in der Einleitung zu seinem Mischna-Kommentar, wonach es bezüglich der unmittelbar von Moses stammenden Überlieferung sowie über die „von Moses am Sinai empfangene Halacha" keine Kontroverse gebe[22]; — und nun kommt der genannte Autor und fügt dem noch hinzu, dass auch „über die grundlegenden Dinge" kein Streit bestehe, ohne uns den Begriff „grundlegende Dinge" auch nur zu erläutern oder klar zu definieren. — Bezüglich der bereits erwähnten Kontroverse zwischen den Lehrhäusern Schammajs und Hillels darüber, ob auch die Nebenfrau einer zur Vollziehung der Schwager-Ehe wegen eines halachischen Eheverbotes nicht fähigen Witwe von Chaliza und Leviratsehe gleichfalls befreit sei, gibt der Verfasser selbst zu, dass sie zu den ‚grundlegenden Dingen' gehört. Meiner Auffassung nach ist die Kontroverse darüber, ob das „Sch'ma"-Gebet am Abend in geneigter und am Morgen in stehender Haltung zu rezitieren sei (Ber. I, 3), ebenfalls den grundlegenden Fragen zuzurechnen. Und dasselbe gilt für das zwischen den Lehrhäusern Schammajs und Hillels strittige Problem (Schab. I, 5—8), ob man am Sabbath auch für die Innehaltung der Arbeitsruhe durch seine Geräte (‚שביתת כלים') Sorge zu tragen verpflichtet sei (d. h. ob und inwieweit diese am Sabbath automatische Arbeit leisten dürfen oder nicht), wobei die Einen wie die Anderen Beweise für ihre grundsätzliche Stellungnahme aus der Schrift bringen (vgl. oben S. 64); — auch diese und ähnliche Fragen gehören zu den „grundlegenden Dingen". In Wirklichkeit werden in der Mischna zahlreiche Streitfragen zwischen Tannaim über alte und durchaus wesentliche Halachot gebracht, wie z. B. in Ter. II, 1: Man sondere die Hebe (‚תרומה', die für die Priester bestimmte Abgabe) nicht ab vom Reinen auf das Unreine usw; in Wahrheit hat man [freilich] gesagt: Bei (nur) einem Kranz kreisförmig aufgereihter Feigen, von denen ein Teil unrein geworden ist, sondert man die Hebe ab von dem Reinen, das daran ist, auf das daran befindliche Unreine usw.; waren es aber zwei Feigenkränze [usw.], so sondert man die Hebe nicht von einem auf den anderen ab; R. Eliëser sagt: Man sondert [überhaupt] die Hebe ab

22 S. oben S. 37, Anm. 77; vgl. ferner in dem Responsen-Werk „חוות יאיר" (des R. Jaïr Bacharach) Nr. 192, sowie in den Schriften über Talmud-Regeln und -Termini, die darüber ganz ausführlich sprechen.

vom Reinen auf das Unreine. — Der Ausdruck „In Wahrheit hat man gesagt" bedeutet regelmässig, dass diese Meinung als anerkannte Halacha rezipiert ist (Bab., B. mez. 60 a) oder eine „von Moses am Sinai empfangene Halacha" darstellt (Jer. Ter. das.), — also in jedem Falle eine Halacha aus alter Zeit, — und dennoch bekämpft R. Eliëser hier deren Grundlage. Ebenso ist R. Eliëser in Tem. III, 3, abweichender Auffassung, indem er annimmt, dass auch ein im Austausch für ein Schuldopfer (‚אשם') hingegebenes Tier [usw.] .... zu töten sei, — entgegen der überlieferten Regel („Es wurde als Halacha festgesetzt"), wonach jedes Tier, das bei einem Sündopfer (‚חטאת') zu töten ist, bei einem Schuldopfer auf die Weide geschickt werden soll (bis es durch einen Körperfehler von selbst zur Opferung ungeeignet wird; Bab. das. 18 a; vgl. auch Toss'phot Jom-Tow z. St., ferner Orla II, 11—12). — Auch R. Jehuda vertritt eine abweichende Ansicht, indem er sagt, dass die Geisselstrafe mit 40 Schlägen zu vollziehen sei (Makkot III, 10), im Gegensatz zu der bekannten Halacha, wonach man nicht mehr als 39 Hiebe verabfolgt (vgl. dort in der Erläuterung z. St. sowie in den „Ergänzungen" meines Mischna-Kommentars).

R. Jehuda nimmt auch an, dass das Grosse Synhedrion aus 70 Mitgliedern bestanden habe und nicht aus 71 (Sanh. I, 6); ferner dass man der „Sota" (einer der ehelichen Untreue verdächtigen Ehefrau, s. Num. V, 11—31) ein Viertel Log vom Wasser aus dem kupfernen Waschbecken im Heiligtum zu trinken gebe und nicht ein halbes Log (Sota II, 2 und Toss. Jom-Tow das.), sowie dass ein Sündopfer der Gemeinde, dessen Herren bereits durch ein anderes Opfertier entsühnt worden sind, zu töten sei (Tem. II, 2). Ebenso polemisiert R. Jehuda gegen R. Simon, der die weiblichen Angehörigen des ägyptischen und edomitischen Volkes zur alsbaldigen Aufnahme in die jüdische Gemeinschaft zulässt „auf Grund der Überlieferung sowie im Wege eines Schlusses vom Leichteren aufs Schwerere" (vgl. Jeb. VIII, 3, und die Gemara dort 77 b, sowie Tossaphot das., Stichwort: ‚הלכה'). — In allen diesen Fällen bilden alte Halachot über „grundlegende Dinge" den Gegenstand der Kontroversen und bei vielen von ihnen liegt die Ursache des Meinungsstreites in der Ausdeutung des Schrifttextes. —

Nun ist es noch unsere Aufgabe, das Wesen (d. h. die charakteristischen Eigenheiten) der in der Mischna enthaltenen Schriftdeutungen zu erläutern. An vielen Stellen beruhen die D'raschot auf den hermeneutischen Regeln, nach welchen die Thora ausgelegt wird. Von den sieben Regeln dieser Kategorie, die Hillel vor den Ältesten des Hauses B'tera vortrug (Sifra, Anfang v. Kap. I, 7; Tosephta Sanh., Ende v. Kap. VII), werden in der Mischna angewendet: a) der Schluss vom Leichteren aufs Schwerere (‚קל וחומר'; — Jeb. VIII, 3; Sota VI, 3; Makk. III, 15; u. a.)[23]; — b) die gleichartige hala-

23 Der Auslegungsregel des „קל וחומר" bediente man sich nicht allein zur Herleitung aus dem Schrifttext, sondern auch zur Ableitung aus überlieferten Halachot, die nicht ausdrücklich in der Schrift erwähnt sind, s. Beza V, 2; B. bat. IX, 7, u. a. Vgl. auch

chische Behandlung auf Grund der Verwendung gleichartiger Ausdrücke (‚גזרה שווה‘; Ar. IV, 4 — vgl. auch dort in den „Ergänzungen“ meines Mischna-Kommentars; Nasir IX, 5; Sota VI, 3, u. VII, 3—5; Hor. I, 4; u. a.); — c) der (als Urmodell für die Ableitung von bestimmten halachischen Prinzipien dienende) „Grundtypus“ (‚בניין אב‘; B. kama I, 1, und V, 5; Makk. II, 2; Seb. IX, 1; Ar. IV, 4)[24]; — d) zwei Schriftstellen, die einander zu widersprechen scheinen[25]; — doch bedürfen wir hierbei nicht eines dritten Schriftverses, der für die Entscheidung zwischen ihnen ausschlaggebend ist, wie nach dem Prinzip des R. Ismaël in seinen 13 Deutungsregeln (Sifra, das. I, 2), sondern wir haben den scheinbaren Widerspruch zwischen den beiden Stellen im Wege logischer Überlegung zu lösen, wie in Sota V, 3: ..... „Und Ihr sollt messen vom Aussenrande der Stadt her bei der Ost-Ecke 2000 Ellen“ (Num. XXXV, 5), während ein anderer Vers (der vorhergehende Vers 4) sagt: „Von der Stadtmauer her nach aussen 1000 Ellen im Umkreise“, usw. ‚Wie ist dies zu verstehen? 1000 Ellen als Freifläche (für die Leviten) und 2000 Ellen als Sabbath-Grenze (die der Stadt zuzurechnen sind, und deren Überschreitung den Stadtbewohnern am Sabbath untersagt ist)‘, usw. — Ähnliche Erklärungen in Schek. VI, 6; Seb. IX, 5; Ar. VIII, 7.

Neben den genannten Auslegungsformen bedienen sich die Mischna-Lehrer auch der folgenden Deutungsart des R. Ismaël: e) wenn eine Sache, obschon in einer Allgemein-Bestimmung enthalten, daraus hervorgehoben wird, um eine Besonderheit zu lehren, so dient ihre Hervorhebung nicht nur dazu, um die Besonderheit für sie selbst zu lehren, sondern diese gilt für den gesamten Inhalt der Allgemein-Bestimmung; (das bedeutet: Wird im Anschluss an eine Gesamtbestimmung ein von dieser mitumfasster Sonderfall erwähnt, der bestimmte Sonderzüge aufweist, so gelten diese Besonderheiten für alle der Gesamtbestimmung zu subsumierenden Einzelfälle; B. mez. II, 5; Tem. I, 6). — Ferner wird die Deutungsart benutzt: f) die gleichartige Interpretation zweier Ausdrücke, die nebeneinander (oder nahe beieinander) stehen (‚היקש‘[26], eine Art Analogieschluss; s. Schebiit I, 4, nach der Deutung von Ex. XXXIV, 21, durch R. Ismaël; Sanh. I, 4; Makk. I, 7; Tem. I, 1—2; u. a.)[27]. — Von den Auslegungsarten, die in der „Barajta über die 32 Deutungsregeln“ aufgeführt sind: g) „Was nicht zum [behandelten] Gegen-

---

Nasir, Kap. VII (Ende), sowie in den „Ergänzungen“ meines Mischna-Komm. z. St., und unten S. 95 f. —

24 Auch der Auslegungsart des „בניין אב“ bediente man sich zur Ableitung aus anderen Halachot, s. Ter. V, 4; Tem. II, 2, u. a. m.

25 Nach der Lesart des Sifra und der Erklärung des R. Abraham b. David in seinem Kommentar, das. Bl. 3 a.

26 In Jer. Pes., Kap. VI, Hal. 1, wird ein בניין אב als „היקש“ bezeichnet, und Hillel trug ihn den Ältesten der „B'ne B'tera“ vor.

27 In Chul. IX, 5, werden Ausdrücke aus zwei nebeneinander stehenden Schriftversen gedeutet, nämlich: Wer [einen unreinen Tierkadaver] „berührt“ (Lev. XI, 39), und: Wer [einen solchen] „trägt“ (das., Vers 40). Diese Auslegungsart wird im Talmud

stande gehört" (‚אם אינו ענין', d. h.: eine Bestimmung, die auf den Gegenstand, bei dem sie steht, aus bestimmten Gründen keine Anwendung finden kann, ist auf einen verwandten Gegenstand zu beziehen; z. B. Schebiit I, 4: „beim Pflügen und beim Ernten sollst Du die Sabbathruhe innehalten" (Ex. XXXIV 21); wenn es nicht zum Gegenstand des Sabbath-‚Tages' gehören kann, so beziehe es auf den Gegenstand des Sabbath-‚Jahres', nämlich des Sch'mitta-Jahres); — h) „Erweiterung", d. h. extensive Interpretation des Schrifttextes auf Grund überzähliger Worte (‚ריבוי'; -Schebuot III, 5, und II, 5; Sota V, 1; — [auch die erweiternde Deutung des Buchstabens „Waw" durch R. Akiba gehört hierher, vgl. oben S. 64]; — ferner das. VIII, 4; B. mez. II, 9 und 10; Chullin XII, 3; u. a.); — oder die Erklärung, dass das Wort ‚כל' [= „alle", „jeder"] als Hinweis auf eine erweiternde Auslegung zu dienen bestimmt ist, s. Ber. I, 5; Tem. VI, 4); — i) „Abkürzung", „Zusammenziehung" (‚נוטריקון', Abbreviatur; z. B. Kil. IX, 8, wo das Wort „Schaatnës", — die nach Deut. XXII, 11, verbotene Verbindung bestimmter Stoffarten, nämlich Wolle und Leinen, — erklärt wird als Zusammenziehung von „Schua, Tawuj w'Nus", d. h.: glattgekämmt, gesponnen und gezwirnt"). —

Ebenso finden wir, dass die Tannaim die Worte des Schriftverses in ihrer Reihenfolge vertauschten (‚סרס המקרא ודרשהו', — „Stelle den Schriftvers um und erkläre ihn so!"), d. h. dass sie den Satzbau in seiner syntaktischen Anordnung veränderten und den Vers demgemäss deuteten[28] (B.mez. II, 7); ferner dass sie die „Kal"-Form (die einfache Aktiv-Form) wie eine „Piël"-Form (intensiviertes Aktiv) erklärten (R. Akiba in Sota V, 2; vgl. auch Bab. Pes. 18 a) oder die „Pual"-Form (intensiviertes Passiv) wie „Kal" (Machschirin I, 3). — Das Wort ‚אותה' (weibliches Personal-Pronomen in der Akkusativ-Form des Singular) wird als Einschränkung (מיעוט) gedeutet im Sinne von „sie allein" (Para III, 3, — weil die Schrift sich sonst kürzer fassen und mit der blossen Anhängung des Buchstaben „He" als Suffix an die Verbform begnügen könnte), und entsprechend wird die Plural-Form ‚אותם' (anstelle des blossen Buchstabens „Mem" als Suffix) ebenfalls im einschränkenden Sinne erklärt, um damit andere Objekte auszuschliessen[29] (Chullin X, 1). — Das Wort ‚לאמור' (wörtlich: „um zu sagen"; in der Thora regelmässig den Übergang zur direkten Rede ankündigend) wird erklärt: „um es Anderen (zur Weitergabe) zu sagen" (Sota V, 4). — Der Buchstabe „Waw" als Suffix (grammatisch das männliche Possessiv-Pronomen „sein" bezeichnend) lehrt uns, dass die Sache „ihm angemessen" ist (B.mez. II, 10, bezüglich der in Ex. XXIII, 5, statuierten Pflicht, dem Tier seines Gegners, das unter

---

„סמוכין" genannt (d. h. „aneinander gelehnte" [= benachbarte] Stellen); s. Bab. Ber. 21 b.

28 Vgl. Sifrë „Bamidbar", Erkl. 68, 113 und 133; ferner Bab. B. bat. 119 b.

29 Vgl. Sifra Wajikra, „Nedawa", Abschn. V, 5, und XII, 3 und 5, u. a.; sowie in meinen „Untersuchungen über die halachischen Midraschim", S. 5.

seiner Last zusammenzubrechen droht, durch Abladen aufzuhelfen: ‚unter „seiner“ Last‘, d. h.: ‚unter einer Last, der es [normalerweise] standhalten kann‘; — vgl. dort in den „Ergänzungen“ meines Mischna-Komm.; ferner Jeb. XII, 6; Ket. III, 5). — Zuweilen wird ein Wort selbständig, d. h. unabhängig von seinem syntaktischen Zusammenhang, gedeutet, wie z. B. bei den Bestimmungen über die Auslösung von veräusserten Feldern mittels Rückkaufs; zu den Worten des dafür massgebenden Verses: „Dem Manne, dem er es verkauft hat“ (Lev. XXV, 27) wird dort erklärt: „dem Manne“, das ist ‚derjenige, der sich (gegenwärtig) darauf befindet‘ (d. h. der es zur Zeit der Auslösung inne hat), selbst wenn der auslösende Voreigentümer es seinerzeit nicht an diesen verkauft hatte (Ar. IX, 2; vgl. dort sowie in den „Ergänzungen“, Anfg. v. S. 414, in meinem Mischna-Kommentar). — Ebenso werden manchmal Worte nach oben gezogen und so vom nachfolgenden Satz in den vorhergehenden hinaufgerückt, wie in Num. XXVIII, 19—20: „Fehlerfrei sollen sie Euch sein!“ — „Und ihr Speiseopfer von Feinmehl“ ..... usw., was gedeutet wird: „Fehlerfrei sollen sie sowie ihr Speiseopfer Euch sein“ (Men., Ende v. Kap. VIII, vgl. auch dort in meinen „Ergänzungen“); — und so vielfach in den Barajtot. —

Um die aus dem Schrifttext entnommenen Beweise des Tannaim richtig zu verstehen, müssen wir uns auch mit dem Zusammenhang des Schriftverses vertraut machen, also mit dem, was vor und nach der zur Beweisführung zitierten Stelle geschrieben steht. In der Mischna sowie in den sonstigen Büchern der Tannaim und in den Midraschim werden nicht selten nur bruchstückweise angeführte Schriftstellen gebracht, und zuweilen ist gerade der eigentliche Hauptinhalt des Beweises nicht in dem zitierten Stück selbst enthalten, sondern in einem benachbarten Teil des Verses. Zum Beispiel ist in Jeb. VI, 6, das Lehrhaus Hillels der Meinung, dass das Gebot der Fortpflanzung des Menschengeschlechtes (‚מצוות פריה ורביה‘) nur durch Zeugung eines männlichen sowie eines weiblichen Nachkommens erfüllt wird, und bringt einen Beweis dafür aus den beim Bericht über die Erschaffung des Menschen stehenden Worten (Gen. V, 2): „Männlich und weiblich hat Er sie erschaffen“. — Dieser Beweis ist nur dann zu verstehen, wenn man erkennt, dass sein eigentlicher Kern dem Ende des Verses entstammt: „..... und Er nannte ihren Namen ‚Mensch‘ am Tage, da sie erschaffen wurden“. Von hier ergibt sich, dass ein männlicher und ein weiblicher Nachkomme zusammen „Mensch“ genannt werden, und mit deren Zeugung der Pflicht zur Erhaltung der Menschheit genügt wird, wie ich dies in meinem Mischna-Kommentar z. St. erklärt habe (vgl. auch die „Ergänzungen“ dort). — Ähnlich in Makk. II, 7: (Und retten soll die Gemeinde den Totschläger [falls er unbeabsichtigterweise den Tod eines Menschen verursacht hat] aus der Hand des Bluträchers, und die Gemeinde soll ihn zurückbringen in seine Zufluchtsstadt), „wohin er entflohen war“ (Num. XXXV, 25); daraus entnimmt die Mischna eine Reihe von Bestimmungen: „Dort sei seine Wohnung .....

usw.!", wobei sie sich offenbar darauf stützt, dass es in dem (nicht mitzitierten) Schlussteil des angeführten Verses heisst: „Und dort soll er wohnen bleiben bis zum Tode des Hohenpriesters", usw. — Ebenso in Abot II, 13: ‚Wenn Du betest, mache Dein Gebet nicht zu einer blossen Pflichtsache, sondern zu einem Flehen um Barmherzigkeit und Gnade vor dem Allgegenwärtigen (dem Heiligen) — Er sei gelobt!'; — da es heisst (Joël II, 13): „Denn gnädig und barmherzig ist Er" .... usw. Dass Gott gnädig und barmherzig ist, finden wir in der Thora allenthalben und brauchen dafür keinen Beweis aus dem Vers des Propheten Joël zu erbringen. Bei Joël steht aber vorher (in den Eingangsworten des zitierten Satzes): „Eure Herzen zerreisst, nicht Eure Kleider!" usw. — Vgl. auch Ker. VI, 9; und sonst; — ferner Bab. Ber. 5 a: „Wie geht dies aus dem Schrifttext hervor? Es ergibt sich aus dem Anfang der Stelle", usw. —

Gelegentlich begegnen wir auch einer Beweisführung aus Schriftversen, die nur einen Teil der Behauptung belegen, für den sie als Beweis angeführt werden, aber nicht geeignet sind, für die gesamte These als Beweis zu dienen. In Wahrheit jedoch beabsichtigten die Weisen in solchen Fällen durchaus nicht, a l l ihre Worte aus dem Schrifttext zu beweisen, sondern lediglich die aus der Schrift entnommenen Grundlagen zu bringen, auf die sie sich stützen, während das Übrige Überlieferung oder logische Ableitung bleibt. Denn ebenso wie es Deutungen gibt, die nur als blosse „Anlehnung" (אסמכתא) aufzufassen sind, da die ganze Halacha, um die es geht, nichts anderes als eine Überlieferung oder logische Überlegung darstellt und der Beweis aus der Schrift nur als Stütze und andeutender Hinweis auf den Gegenstand gebracht wird[30], genau so gibt es auch Deutungen, die lediglich ein Teilstück der zu beweisenden Behauptung belegen sollen, jedoch nicht die Gesamtthese. Nachstehend seien einige Beispiele angeführt, um das Gesagte zu erläutern. In Pes. II, 2 wird gelehrt, dass Gesäuertes (חמץ) aus jüdischem Besitz, über welches „das Passahfest hinweggegangen ist" (d. h. das sich während der Passah-Tage unerlaubterweise in jüdischer Hand befunden hat), für jegliche Nutzniessung verboten ist (אסור בהנאה); denn es heisst (Ex. XIII, 7): „Es soll nicht gesehen werden bei Dir Sauerteig!". Aus diesem Thora-Vers ergibt sich indes kein Beweis dafür, dass das Chamez zur Nutzniessung verboten ist, sondern nur dafür, dass derjenige, der am Passah-Fest Chamez in seinem Besitz zurückbehält, damit ein ausdrückliches Thora-Verbot übertritt (vgl. Mischna Pes. III, 3, sowie Tosephta Makk. V, 10); erst die Weisen haben dann als Strafe für diese Übertretung verhängt, dass das verbotenerweise aufbewahrte Chamez für jede Art der Nutzniessung auch nach Ablauf des Passah-Festes unerlaubt bleibt (s. Bab. dort 29 a). — In R.hasch. I, 2, steht: ‚Am Neujahrstage ziehen alle Weltbewohner an Ihm vorüber', usw.; denn es heisst (Ps. XXXIII, 15; s. auch das. Vers 13—14): „Der ihnen allesamt

30 S. oben S. 59 und 70 f. Vgl. zum Beispiel: Scheb. X, 8, sowie Makk. II, 5 und 8; ferner Schab. VIII, 7 — IX, 4; Sota IX, 9, 11 u. 12.

ihr Herz gebildet, Er wendet all ihren Taten sein Verständnis zu!". Von hier ist nur bewiesen, dass vor Gott nichts verborgen ist, aber es liegt darin noch kein Beweis dafür, dass am Neujahrstage alle Weltbewohner an Ihm vorüberziehen; dies ist vielmehr eine Überlieferung, ebenso wie überliefert wird (ibid.), dass am Passah-Fest die Welt gerichtet wird in Bezug auf den Getreide-Ertrag, am Wochenfest wegen der Baumfrüchte und am Hüttenfest „bezüglich des Wassers", d. h. der natürlichen Bodenbefeuchtung durch das Regenwasser (vgl. dort bei R. Nissim und R. Samuel Edels). — In Taan. I, 7, sagt die Mischna: Ist der Monat Nissan (nach einem regenlosen Winter) vorübergegangen, so ist der (danach fallende) Regen ein Zeichen des Fluches, denn es heisst (I. Sam. XII, 17): „Ist nicht heute die Zeit der Weizenernte"? (und weiter: „Ich will Gott anrufen, und Er wird Donner und Regen senden!".). Aus dem Schriftvers ist nur zu ersehen, dass zur Erntezeit kein Regen mehr zu fallen pflegt, nicht aber, dass er zu dieser Jahreszeit ein Zeichen des Fluches ist. — In Sanh. X, 5, wird gelehrt: „Mit dem Banne der Vernichtung sollst Du sie belegen (nämlich die zum Götzendienst aufgehetzte Stadt, ‚עיר הנדחת'; s. Deut. XIII, 13—19), samt Allem, was darinnen ist!" (a.a.O. Vers 16); — von hier hat man entnommen: ‚Diejenigen Güter der Gerechten, die sich innerhalb der Stadt befinden, werden vernichtet, diejenigen die ausserhalb sind, bleiben von der Vernichtung verschont; die Güter der Frevler aber, seien sie innerhalb oder ausserhalb, fallen [sämtlich] der Vernichtung anheim'. — Aus dem zitierten Schriftvers ist nur zu ersehen, dass Alles, was sich innerhalb der zum Götzendienst aufgehetzten Stadt selbst befindet, der Vernichtung geweiht ist, nicht aber, was sich ausserhalb der Stadt befindet. Eine andere Schriftstelle (daselbst, Vers 17) besagt jedoch: „und all ihr Beutegut" (sollst Du im Feuer verbrennen), und damit sind, — im Wege ausdehnender Deutung „רבוי", — auch diejenigen Güter der Stadtbewohner eingeschlossen, die ausserhalb der Stadt lagern. Die Unterscheidung aber zwischen den Gütern von Gerechten und denjenigen von Frevlern lässt sich aus dem angeführten Schrifttext nicht entnehmen [31], sondern wir müssen, nachdem der eine Vers die ausserhalb der Stadt befindlichen Güter ihrer Bewohner von der Vernichtung ausnimmt und ein anderer Vers sie einschliesst, kraft logischer Überlegung annehmen, dass die Güter der Gerechten ausgenommen, diejenigen der Frevler jedoch eingeschlossen sind. — Vgl. ferner Abot III, 13 und 17, sowie IV, 1. —

Und mehr noch: In vielen Fällen beruht der ganze „Beweis" aus der Schrift in seiner Grundlage auf einer logischen Überlegung (סברה) oder auf eben jener Halacha, für die der Schriftvers gerade als Beleg dienen soll, d. h. die Halacha, die der Deutung voranging, prägt ihr Siegel der Erklärung des Textes auf, und dieser wird ihr entsprechend ausgelegt. So ergibt sich, dass in Wahrheit der Schrifttext nicht zwecks Beweises einer Halacha herange-

31 Vgl. auch dort im Komm.; sowie in der Tosephta XIV, 4. Ferner in den „Ergänzungen" meines Mischna-Kommentars zu Ab. I, 5.

zogen wird, sondern zum Zwecke seiner eigenen Erläuterung, um nämlich damit zu sagen, dass auf Grund der zuvor erwähnten Halacha der Text in diesem Sinne aufzufassen sei. Diese Anwendungsart tritt besonders augenfällig hervor in den Barajtot, die in den halachischen Midraschim sowie im Talmud gebracht werden. In den Barajtot ist die Frage geläufig: Woher wissen wir, dass eine (bestimmte) Sache einzuschliessen, eine andere (ihr ähnliche) aber auszunehmen ist, da man doch ebenso gut das Umgekehrte annehmen könnte? Und die Antwort lautet, dass wir auf Grund logischer Überlegung so urteilen. Im Sifra heisst die dafür übliche Formulierung: „Was hast Du [für einen Grund] gesehen, gerade Dieses einzuschliessen und Jenes auszuschliessen, nachdem der Schriftvers erweitert [und] einschränkt? (nachdem der eine Vers als Erweiterung und der andere als Einschränkung dient). Vgl. den Wortlaut des R. Josë im Sifra „b'Har", Kap. II, 4; Bab. R. hasch, 9 b. — Ferner auch Jer. Chagiga Kap. I, Hal. 1 [wo der A m o r a R. Josa sagt: Nachdem der eine Vers einschliesst und der andere ausnimmt, usw.!]; vgl. das.), so schliesst man auf Grund logischer Überlegung Dieses ein und nimmt Jenes aus. Wie beispielsweise in Wajikra „N'dawa", Kap. V, 4—5: Welchen Grund hast Du gesehen, sie (nämlich die Ganzopfer von Nichtjuden und Sklaven) einzuschliessen bezüglich des Enthäutens und Zerlegens (des Opfertieres, s. Lev. I, 6) und sie auszunehmen von der Hand-Auflegung (der ‚סמיכה', einer kultischen Zeremonie vor dem Opferungsakt — s. Lev. I, 4 —, die man bei Ganzopfern von Nichtjuden und Sklaven nicht vornimmt; Sifra, a.a.O., Abschn. II, 1—2)? ‚Nachdem der Schrifttext erweitert [und] einschränkt, weshalb schliesse ich dann die Enthäutung und die Zerlegung ein? — Weil Enthäutung und Zerlegung durch Jedermann zulässig sind. Die Handauflegung aber nehme ich aus, weil sie nur durch die Eigentümer [der Opfertiere] zu vollziehen ist' (und zu diesem Akt Nichtjuden und Sklaven nicht zugelassen sind). — Daselbst, Kap. VII, 6—7: „Ein Ganzopfer" (ist es, Lev. I, 13), — obgleich es nicht enthäutet und nicht zerlegt worden ist. Oder sollte ich etwa meinen: Obgleich es nicht [gemäss Lev. I, 11] auf der Nordseite des Altars geschlachtet worden ist? Deswegen sagt die Schrift (Lev. I, 13): „הוא" (ein Ganzopfer ist „es", im einschränkenden Sinne von: ‚nur es', (d. h. n u r dann, wenn e s in der vorgeschriebenen Form dargebracht wurde). Welchen Grund hast Du nun aber gesehen, das Opfer für brauchbar zu erklären, falls Enthäutung und Zerlegung unterblieben sind, jedoch für unbrauchbar, falls nicht auf der Nordseite geschlachtet? ‚Nachdem der Schrifttext erweitert [und] einschränkt, warum erkläre ich es dann für brauchbar auch ohne Enthäutung und Zerlegung? — Weil diese erst n a c h der ‚הרציה' erfolgen (d. h. nach der entsühnend wirkenden Entgegennahme des Opfers „in Wohlgefallen"). Dagegen erkläre ich es für unbrauchbar, falls nicht auf der Nordseite geschlachtet, weil dies v o r der הרציה geschehen ist', ... usw. — Dortselbst Kap. XII, 5: „Und Du sollst es (das Speiseopfer auf der Pfanne) zerstückeln zu Brocken" . . . . „als ein Speiseopfer"

(Lev. II, 6), — ‚um damit alle Speiseopfer einzuschliessen in Bezug auf die Zerstückelung‘. Oder sollte ich etwa meinen, auch die beiden Brote (die man am Wochenfest als Getreide-Erstlinge bringt, vgl. Lev. XXIII, 17) sowie die (zwölf) Schaubrote (die allwöchentlich auf dem goldenen Tisch im Heiligtum auszulegen sind, vgl. Ex. XXV, 30, sowie Lev. XXIV, 5—9)? Deswegen sagt die Schrift: ‚אותה‘, Du sollst „es“ zerstückeln (d. h. einschränkend: „nur es“; nur beim Speiseopfer ist die Zerstückelung vorgeschrieben). Welchen Grund hast Du nun gesehen, alle Speiseopfer einzuschliessen und die beiden Brote des Wochenfestes sowie die Schaubrote auszunehmen? ‚Nachdem der Vers erweitert [und] einschränkt [ist anzunehmen]: so wie bei diesen (den Speiseopfern) etwas dazu bestimmt ist, im Altarfeuer aufzugehen, so ist bei Allem, von dem etwas dazu bestimmt ist, im Altarfeuer aufzugehen (die vorherige Zerstückelung vorgeschrieben). Damit sind ausgenommen die beiden Brote des Wochenfestes sowie die Schaubrote, von denen nichts zur Verbrennung bestimmt ist‘. — Und so an zahlreichen anderen Stellen. Ähnlich auch im Sifrë „D'warim“, Erkl. 77, 118, 221 u. a.; ferner Mechilta „Bo“ Abschn. 9 („Welchen Grund hast Du gesehen zu unterscheiden?“ usw.), sowie Mechilta des R. Simon zu Ex. XXII, 8.— Im babylonischen Talmud finden wir häufig die Formulierung: „Und was (für einen Grund) hast Du gesehen? Es ist logisch einleuchtend“ usw. (vgl. Jeb. 23 a; Kid. 5 a; u. a.); — und die darauf folgende gedankliche Begründung ist dann manchmal nichts anderes als die abschliessende Feststellung einer Halacha. — Entsprechend haben wir die Erläuterung des Sifrë, „Dewarim“, Erkl. 34, zu verstehen: „Und Du sollst sie (diese Worte) Deinem Sohn einschärfen!“ (Deut. VI, 7); — ‚nur diese (nämlich die Worte des „Sch'ma“-Abschnittes) unterliegen dem Gebote der „Einschärfung“, nicht aber fallen darunter die Abschnitte: „Heiligen sollst Du mir jeden Erstgeborenen!“ (Ex. XIII, 2—10) sowie: „Es geschehe, wenn Dich bringen wird “.... usw. (das., Vers 11—16); denn es wäre die Schlussfolgerung berechtigt, (d. h. man hätte es mittels eines Schlusses vom Leichteren aufs Schwerere ableiten können): Wenn schon der Abschnitt: „Und es sprach“ usw. (der dritte Abschnitt des „Sch'ma“-Gebetes, nämlich derjenige über die Schaufäden, Num. XV, 37—41), welcher nicht bei der „Knüpfung“ [der Gebetriemen an den Arm] Verwendung findet (d. h. der nicht in den Tefillin-Kapseln enthalten ist, da in ihm die Pflicht zur Knüpfung der Gebetriemen nicht erwähnt wird) unter die Pflicht der „Einschärfung“ fällt, (so sollten die beiden vorgenannten Abschnitte aus Ex. XIII, welche in den Kapseln der Gebetriemen enthalten sind, erst recht unter die „Einschärfungs“-Pflicht fallen). Nun könnte ich aber (selbst wenn ich diese Schlussfolgerung ablehne), immer noch sagen: Wenn der Abschnitt: „Und es sprach“ (über das Gebot der Schaufäden), welchem andere Gebote zeitlich vorausgingen, unter die „Einschärfungs“-Pflicht fällt, so sollten doch die „Zehn-Gebote“ (der Dekalog in Ex. XX, 1—17; auch Deut. V, 6—18), denen zeitlich keine anderen Gebote vorausgingen (da ihre Verkündung die

Offenbarung am Sinai einleitete), erst recht der Pflicht der „Einschärfung“ unterliegen? Deshalb sagt der Schriftvers: „Und Du sollst ‚sie‘ einschärfen“, — nur „sie“ allein (nämlich die Worte des „Sch'ma“) unterliegen der Pflicht der Einschärfung, nicht aber die zehn Gebote‘. — Aus dem Schrift-Text ergibt sich kein Beweis dafür, dass der dritte Abschnitt des „Sch'ma“-Gebetes: „Und es sprach“ unter die Einschärfungs-Pflicht fällt; aber ebensowenig lässt sich aus dem Ausdruck: „Und Du sollst sie einschärfen“ entnehmen, dass auch die zehn Gebote von der Pflicht der „Einschärfung“ nicht betroffen werden. Tatsächlich wurden sie im Heiligtum öffentlich gesagt, und auch in der Provinz wollte man sie ursprünglich (in Verbindung mit dem „Sch'ma“-Gebet) täglich rezitieren lassen (Bab. Ber. 12 a). Aber so, wie es aus dem zitierten Absatz des Sifrë hervorgeht, war nun eben die Halacha, und ihr entsprechend hat man dann die Schriftstellen erklärt [32]. —

Deutungen solcher Art finden sich auch in der Mischna: In Sanh. IV, 1 wird gelehrt: ‚Einheitlich gestaltet sind Zivil-Streitigkeiten und Strafprozesse in Bezug auf die Ausforschung und Verhörung (der Tatbestands-Zeugen), denn es heisst (Lev. XXIV, 22): „Einerlei Recht soll Euch sein!“; — was ist nun der Unterschied zwischen Zivil-Streitigkeiten und Strafsachen?‘ usw. (es folgt dann eine Aufzählung der prozessualen Verschiedenheiten). In der Schrift steht vorher (a.a.O., Vers 21): „Und wer ein Vieh erschlägt, soll dafür bezahlen; wer [aber] einen Menschen erschlägt, soll sterben!“, und dies lässt sich dahin deuten, dass Zivil- und Strafprozesse im Prinzip gleichgestellt sind. Man kann aber aus dem Schrifttext keinen Beweis dafür herleiten, dass beide Prozessarten gerade bezüglich der Ausforschung und Verhörung der Tatzeugen einander gleichstehen (vgl. Tossaphot, das. 32 a, sowie Bl. 2 b, Stichwort ‚דברי‘, am Ende). Im Sifra, Ende v. Abschn. „Emor“, wird diese Deutung gebracht und dazu gefragt: ‚Oder (soll ich sagen): ebenso wie Strafprozesse vor 23 Richtern stattfinden, so auch Zivil-Verfahren vor 23? Deshalb sagt der Schriftvers (Lev. XXIV, 20): „Auge um Auge“ und will damit erweitern‘. — Auch hier hätte der Sifra fortfahren können: ‚Und welchen Grund hast Du gesehen, die Ausforschung und Verhörung der Zeugen einzuschliessen, jedoch die Besetzung des Gerichtshofes mit 23 Richtern auszuschliessen?‘ — Es kann somit kein Zweifel darüber bestehen, dass die Erklärer den erwähnten Vers gerade deshalb auf die Zeugen-Ausforschung bezogen haben, weil dies eben eine alt-überkommene Halacha war.

Diesen Vorgang finden wir ausdrücklich in der Mischna selbst erklärt, und zwar in Terumot III, 6—7: Wer die Priester-Hebe (Teruma) vor den Erstlingsfrüchten absondert, oder den Erstzehnten (für die Leviten) vor der Priester-Hebe oder den (vom Eigentümer selbst im 1., 2., 4. und 5. Jahre des „Sch'mitta“-Zyklus in Jerusalem zu verzehrenden) Zweitzehnten vor dem

32 Vgl. im Sifrë dort Erkl. 35, Stichw.: „וקשרתם“. — S. ferner Erkl. 34: „Und wenn Du Dich niederlegst“, — ‚ich könnte meinen: Sogar dann, wenn Du mitten am Tage liegst‘; deshalb sagt der Schriftvers: „Und wenn Du aufstehst“.

Erstzehnten, der übertritt damit zwar ein Verbot, aber seine Handlung ist wirksam, denn es heisst (Ex. XXII, 28): „Deinen voll ausgereiften Bodenertrag — מלאתך — (auf die Erstlingsfrüchte gedeutet) sowie Deinen vermischten (d. h. noch nicht aussortierten) Bodenertrag — ודמעך — (auf die Priester-Hebe bezogen) sollst Du nicht [auf später] verschieben!". Und woher wissen wir, dass die Erstlingsfrüchte der Priester-Hebe vorangehen, da doch das Eine (die Erstlingsfrüchte) „Hebe" und „Erstling" genannt wird (vgl. Deut. XXII, 6; Ex. XIII, 19) genau so wie das Andere (die Hebe; s. Num. XVIII, 12 u. 29; Deut. XVIII, 4)? Aber die Erstlingsfrüchte gehen allem Anderen voran, denn sie sind die Erstlinge „von Allem" (also ‚Erstlinge' im absoluten Sinne) und die Priester-Hebe geht dem Erstzehnten voran, denn sie wird „Erstling" genannt, und der Erstzehnt geht dem Zweitzehnt voran, denn der Erstzehnt enthält einen Teil vom „Erstling" (nämlich von der Priester-Hebe, welche die Leviten davon ihrerseits an die Priester als „Erstzehnt-Hebe" abzuführen haben). — Die Mischna selbst erklärt hier ausdrücklich, dass wir aus dem Schrifttext allein nicht entnehmen können, was vorangeht, sondern nach logischer Überlegung (מן הסברה) sind an allererster Stelle die Erstlingsfrüchte abzusondern ,und so stufenweise weiter (vgl. Mechilta „Mischpatim", Abschn. 19). Aber die Deutung des massgebenden Schriftverses selbst (Ex. XXIII, 28), wonach mit „מלאתך" die ‚Erstlingsfrüchte' gemeint sind, mit „ודמעך" die ‚Priester-Hebe' und mit: „sollst Du nicht verschieben": ‚Du sollst nicht später absondern, was früher abzusondern war', — diese ganze Deutung bleibt schwer erklärbar. R. Jochanan im Talm. Jer. das. sagt, dass eine Übertretung dieses Verbotes nicht mit der Geisselstrafe geahndet wird, weil die Schrift hier von der „Beseitigung" (‚ביעור') spricht (d. h. von der Entfernung der geheiligten Gaben aus dem Hause; s. Deut. XXVI, 13), dass man also die darzubringenden Gaben nicht über die Zeit ihrer „Beseitigung" hinaus zurückhalten dürfe, vergl. dort. Anscheinend ist somit auch hier die Erklärung des Verses Ex. XXII, 28, auf die Halacha gegründet, wonach es verboten ist, die Priester-Hebe den Erstlings-Früchten vorwegzunehmen, usw. — Vgl. ferner Moëd katan III, 9 (wo zwei verschiedene Arten von Klage-Gesängen der Frauen bei Trauerfällen unterschieden werden: ‚עינוי' und ‚קינה'): ‚Was ist עינוי? Dass alle Frauen im gemeinsamen Chor eine Klage-Lied anstimmen; — קינה? Dass eine den Text rezitiert und alle Anderen nach ihr einfallen'; denn es heisst (Jeremia IX, 19): „So lehret Eure Töchter einen Trauer-Gesang (‚נהי') und jede Frau ihre Gefährtin ein Klage-Lied (‚קינה')!" — Auch hier scheint es, dass man den Schrifttext nach der gewöhnlichen Sprachbedeutung erklärt hat, wie sie im Munde aller vertraut war und wonach eben ‚עינוי' bedeutet: dass alle im gemeinsamen Chor klagen, und ‚קינה': dass Eine vorspricht und danach alle Anderen einstimmen. —

Zum Schluss sei noch das schwierige Problem aufgeworfen, das schon in den Lehrhäusern der Alten den Gegenstand von Fragen bildete: Wie konnten

Meinungsverschiedenheiten zur Zeit des Tempels, als noch das Synhedrion bestand, überhaupt aufkommen und warum wurden sie nicht vor diesem Gremium zur Abstimmung gebracht? R. Josë sagt (Tos. Sanh., Kap. VII, 1; Jer. das., Kap. I, Hal. 4, Bl. 19 c; sowie Bab. 88 b): In früherer Zeit gab es keine Meinungsverschiedenheiten in Israel, sondern der Gerichtshof von 71 Mitgliedern tagte in der Quader-Halle usw.; wurde ihnen eine Frage vorgelegt und sie hatten darüber schon [eine Entscheidung] gehört, so verkündeten sie diese; falls nicht, brachten sie die Sache zur Abstimmung usw.; als die Zahl der Schüler Schammajs und Hillels zunahm, die nicht in genügendem Maasse ‚ihren Lehrern gedient' (d. h. von ihren Lehrern gelernt) hatten, da mehrten sich die Streitfragen in Israel, usw. — Und tatsächlich werden in der Mischna nicht mehr als drei Kontroversen zwischen Schammaj und Hillel selbst erwähnt (Edujot I, 1—3) [33]. Aber auch deren Lehrhäuser (bestehend aus ihren Schülern) waren bereits in den Tagen der beiden Gründer vorhanden, als der Tempel noch bestand, und sie waren über viele Halachot divergierender Meinung. Man kann auch nicht annehmen, dass zu jener Zeit das Synhedrion schon zu bestehen aufgehört hatte, weil überall gesagt wird, dass 40 Jahre vor der Tempelzerstörung zwar die Entscheidung in Sachen der Strafgerichtsbarkeit Israel entzogen wurde (vgl. Bab. Schab. 15 a sowie Jer. Sanh., Anfg. v. Kap. I); aber das Synhedrion selbst wurde nicht aufgehoben und seine Mitglieder hätten auch weiterhin über Zweifelsfragen entscheiden können, die bezüglich der Halacha entstanden [34].

Es scheint, dass zu jener Zeit im Synhedrion auch Sadduzäer und deren Anhänger sassen, die an Forschungen über die Halacha kein Interesse hatten; die Pharisäer selbst aber waren in zwei Lehrhäuser aufgespalten, nämlich dasjenige Schammajs und dasjenige Hillels, und innerhalb jedes Lehrhauses entschied man nach der Mehrheit der Lehrmeinungen und bestimmte noch vor der entscheidenden Sitzung des Synhedrions die Auffassung des ganzen Lehrhauses, weshalb man dann im Rahmen des Grossen Gerichtshofes nicht mehr zu einer absoluten Mehrheitsentscheidung gelangen konnte. Bis zur Spaltung in die Lehrhäuser Schammajs und Hillels waren die Pharisäer unter sich einig, und jeder Einzelne von ihnen konnte seine Beweise vortragen und darüber mit seinen Kollegen verhandeln, bis der eine Teil die Richtigkeit der Auffassung des anderen einsah. Als aber die beiden Lehrhäuser, das Haus Schammaj und das Haus Hillel, auftraten und auf Grund verschiedenartiger Methoden in den Auslegungen der Thora, in den vorbeugenden Abgrenzungen (durch Errichtung von „Zäunen" um die Thora-Gebote) sowie in Bezug auf sonstige ordnende Neueinführungen („Takanot") divergierender Mei-

33 Vgl. auch Bab. Schab. 16 a. Über die Kontroverse in Bezug auf die Zeremonie der Handauflegung bei der Opferung von Vieh (Chag. II, 2) vgl. meinen Aufsatz in der Ztschr. „Zion", Jhrg. 8, S. 166, Anm. 5.

34 Vgl. zu allen diesen Ausführungen meinen vorerwähnten Aufsatz, S. 173, Anm. 28.

nung waren und auf ihrer Ansicht, über die man innerhalb ihres Lehrhauses bereits abgestimmt und Beschluss gefasst hatte, fest beharrten, da fand man keine Möglichkeit mehr, zu einer Stimmenmehrheit im Rahmen des Grossen Gerichtshofes zu gelangen; und wenn man den Gegenstand zur Abstimmung bringen wollte, entzogen sich Viele von denen, die erkannt hatten, dass sie in der Minderheit bleiben würden, der Teilnahme an derselben (vgl. Jer. Schab., Kap. I, Hal. 4; sowie Bab. das. 17 a), so dass man keine abschliessende Entscheidung des Synhedrions herbeiführen konnte. Und tatsächlich wissen wir, dass 18 umstrittene Fragen nicht vom Synhedrion entschieden wurden, sondern „auf dem Söller des Chananja b. Chiskija“, und auch zu jener Stunde wollten sich die Mitglieder des Lehrhauses Hillels der Abstimmung entziehen, doch gelang es ihnen nicht, wie dies im Jer. und Bab. dort berichtet wird. Und so wurden keine weiteren Beschlüsse mehr angenommen, ausser in Sonderfällen, nämlich zu einem Zeitpunkt, als das eine der beiden Lehrhäuser gerade die Oberhand hatte (vgl. Tos. Chag., Kap. II, 11, und Bab. Beza 20 a). —

IV

DIE REDIGIERUNG DER ERSTEN MISCHNAJOT

Aus unseren bisherigen Ausführungen geht klar hervor, dass die Tannaim Halachot aus der Vorzeit besassen, die sie im Wege der Überlieferung empfangen hatten. Mit diesen Halachot beschäftigten sich die Tannaim in gleicher Art wie mit der schriftlichen Lehre, sie stützten sie auf die Schrift, erklärten sie und leiteten von ihnen mittels der verschiedenen Auslegungsarten sowie im Wege der blossen Logik neue Halachot ab. Einiges von den Verhandlungen darüber ist uns auch in der Mischna erhalten geblieben. Bereits die Lehrhäuser Schammajs und Hillels führten eine prinzipielle Kontroverse über die Definition des Wesens einer alten Halacha und die Abgrenzung ihres Geltungs-Umfanges, d. h. inwieweit es gestattet ist, von ihr Folgerungen für andere Fälle abzuleiten. In Jeb. XV, 1 wird in der anonymen Mischna gelehrt: ,Wenn eine Frau zusammen mit ihrem Ehemann in ein überseeisches [= fernes] Land gereist ist usw., und sie kommt zurück und sagt aus: „Mein Mann ist gestorben“, so darf sie sich wieder verheiraten; ebenso darf, wenn sie sagt: „Mein Mann ist kinderlos verstorben, die Leviratsehe mit ihr vollzogen werden‘. Und in der folgenden Mischna (das. 2) sagen die Hilleliten ,Wir haben das nur gehört, wenn sie von der Ernte kommt‘ (wie in einem tatsächlich geschehenen Falle — ,מעשה שהיה‘ —, s. Babli, das. 116 b). Sprachen zu ihnen die Schammaiten: ,Das Gleiche gilt für eine Frau, die von der Ernte kommt, wie für eine solche, die von der Olivenlese oder von der Weinlese kommt, usw.; die Weisen haben nur deshalb gerade von der Ernte gesprochen, weil dies der gewöhnliche Fall ist . — Hier streiten die Lehrhäuser Schammajs und Hillels darüber, ob die Überlieferung über einen tatsächlich vorgekommenen Fall bezüglich einer Frau, die während der Zeit der Getreide-Ernte bezeugte, dass ihr Mann auf dem Felde verstorben sei, und der die Weisen daraufhin gestatteten, wieder zu heiraten, ausschliesslich (,דווקא‘) gemeint ist, so dass die Ehefrau mit ihrer Aussage lediglich dann Vertrauen verdient, wenn sie wirklich von der Getreide-Ernte kommt, oder ob nur im konkreten Falle der tatsächliche Vorgang gerade so lag, aber die Ehefrau im Prinzip in allen Fällen dieser Art als vertrauenswürdig gilt. In ähnlicher Weise diskutieren die Weisen und R. Jehuda (Ned. V, 5) in Bezug auf eine Überlieferung [wonach zwei Bewohner einer Stadt, die ein Gelübde auf gegenseitige Versagung der Nutzniessung getan haben, für den Fall einer Überschreibung auf den Fürsten (wenn sie nämlich ihren Anteil an den Gegenständen des öffentlichen Gebrauchs „auf den Fürsten" übertragen) die Nutzniessung an diesen Gegenständen gestattet ist], ob dies im ausschliesslichen Sinne zu verstehen sei, also lediglich für die Überschreibung auf den Fürsten gilt, jedoch nicht auf eine Privatperson, oder ob es sich hierbei um kein unbedingtes Erfordernis handelt (לאו דווקא), ‚und sie (die Weisen) nur deshalb gerade vom Fürsten gesprochen haben, weil dies der gewöhnliche Fall ist'. — Eine Kontroverse ähnlicher Art führen auch R. Mëir und R. Jehuda miteinander in Erub. IV, 9.

Ebenso erwähnt R. Josua alte Halachot und zieht Schlüsse aus ihrem genauen Wortlaut (Ter. XI, 2): Dattelhonig [usw.] erklärt R. Eliëser für verunreinigungsfähig als Flüssigkeit (d. h. insbesd. insofern, als er ihn zu den Flüssigkeiten rechnet, die Speisen durch Befeuchtung zur Annahme von Unreinheit geeignet machen im Sinne von Lev. XI, 34 u. 38). Sagt R. Josua: Die Weisen haben nicht sieben Flüssigkeiten aufgezählt (Machsch. VI, 4), wie man etwa Gewürze aufzählt (d. h. in unverbindlicher, rein exemplifikatorischer Art), sondern sie haben g e s a g t (d. h. in ausschliesslich gemeintem Sinne festgesellt, worauf besonders die ausdrückliche Erwähnung der Anzahl hindeutet): ‚Sieben Flüssigkeiten sind verunreinigungsfähig'; alle übrigen Flüssigkeiten aber sind rein. — Ebenso sagt in der Mischna Nid. I, 3, R. Josua (gegenüber R. Eliëser, der vier Frauen aufzählt, bei denen lediglich der Zeitraum der Menstruation selbst für Eintritt und Dauer der periodischen Unreinheit entscheidend ist): Ich habe das nur bezüglich einer Jungfrau gehört (aber nicht in Bezug auf andere Frauen). — Einer ähnlichen Methode folgt an anderer Stelle auch R. Eliëser selbst (Edujot VI, 2): ‚Denn R. Eliëser meint, s i e (die Weisen) h a b e n d i e s n u r g e s a g t in Bezug auf ein (losgelöstes) Glied von Lebendem' (aber nicht in Bezug auf ein Glied von Totem). Entgegneten sie ihm (dem R. Eliëser): ‚Ist es denn nicht ein Schluss vom Leichteren aufs Schwerere? usw. Erwiderte er ihnen: „Sie haben es nur in Bezug auf ein Glied von Lebendem gesagt'. — Ebenso sagt R. Gamliël zu R. Akiba, der vor ihm Erwägungen (über die für den behandelten Fall in Frage kommenden faktischen Möglichkeiten) anstellte: ‚Für Dich ist nur das [massgebend], was die Weisen gelehrt haben (Pes. III, 4); so ist die Grundregel" . . . ., usw. (Barajta Pes. 48 b). — Dasselbe sagen die Weisen zu R. Jehuda (Schebiit V, 1; B. mez. IV, 9). — Manchmal jedoch zieht R. Josua einen Schluss vom Leichteren aufs Schwerere aus den Halachot, die er gehört hatte (Ker. III, 7—9) oder die als Überlieferung empfangen worden waren (B. bat. IX, 7) [1]. Ebenso zieht Ben-Asaj eine Folgerung aus einer alten

1 Ähnlich in der Tosephta, — Traktat „T'wul-Jom", I, 8, — und R. Josë sagt (das. 10): „Sieh', wie die Häupter der alten Lehrer („אבות הראשונים") über diese Halacha diskutiert und Schlussfolgerungen (vom Leichteren aufs Schwerere) daraus abgeleitet haben, Worte der Thora von Worten der Thora und Worte der Schriftgelehrten von Worten der Schriftgelehrten". — Vgl. auch Mischna Jadajim III, 2, und im Kommentar „Elijahu Rabba" (des R. Elijahu aus Wilna) z. St. — Ebenso sagt R. Josua in der Barajta (Pes. 43 a): „Warum haben die Weisen gerade jene [Speisen, welche Gesäuertes enthalten, in

Halacha (Sota III, 4): „Von hier entnahm Ben-Asaj", usw. — R. Akiba weist in einer Diskussion mit R. Ismaël (Bech. III, 1) dessen Worte zurück auf Grund einer alten Halacha: ‚Wäre ein Vieh lediglich durch die bereits erfolgte Geburt eines Jungtieres befreit (von den bei einer Erstgeburt geltenden Verpflichtungen), so wären Deine Worte zutreffend; a b e r s i e (die Weisen) h a b e n g e s a g t : Kennzeichen für ein (nicht ausgetragenes) Junges gibt es beim Vieh' .... usw. (d. h. auch eine Trächtigkeit, die nicht zur Geburt, sondern zum Abgang der Frucht im Embryonal-Stadium geführt hat, befreit alle nachgeborenen Tiere von den Erstgeburts-Pflichten). — An anderer Stelle bringt R. Akiba einen Beweis für seine Meinung aus dem Wortlaut der alten Halacha: Sagt R. Akiba: Sie (die Weisen) haben nicht gesagt: ‚מטילין' („sie schütten hinein" in Pluralform; gemeint ist: Gefässe [bezw. Menschen], die 3 Log „geschöpftes Wasser" in ein rituelles Tauchbad — ‚מקווה' — einschütten, machen es damit unbrauchbar); sondern (sie haben gesagt): ‚מטיל' (im Singular, so dass nur ein einzelner Mensch, welcher aus einem Gefäss drei Log geschöpftes Wasser in ein Tauchbad einschüttet, dasselbe unbrauchbar macht). Haben sie dem R. Akiba entgegnet: „Weder so noch so haben sie (die oben zitierten Weisen) gesagt', sondern: „3 Log, die hineingefallen sind" (Mik. III, 3; vgl. auch dort VI, 4 u. 11). — In gleicher Art hat R. Jochanan b. Nuri dem R. Akiba in Ohal. II, 7, entgegnet. — Es kommt auch vor, dass R. Akiba und R. Gamliël über den Sinn der Halacha diskutieren: R. Gamliël meint, sie haben dies (nämlich dass die Armen von der zu ihren Gunsten unabgeerntet stehen zu lassenden „Ecke" des Feldes

der Mischna das. III, 1] einzeln aufgezählt (obschon sie nebst vielen anderen unter die dort aufgestellte Gesamtregel fallen)? Damit man mit ihnen und ihren Bezeichnungen vertraut werde" (die gleiche Vorschrift gilt jedoch auch für andere). — Vgl. Ähnliches in der Tosephta Negaïm, I, 1 (Babl. Scheb. 6 a). — Auch R. Jochanan b. Sakkai sagt zu R. Eleasar b. Arach: Haben denn die Weisen nicht so gelehrt (Chag. II, 1): „Und über den (göttlichen) ‚Thronwagen' (‚מרכבה'; — auf Grund der Schilderung in Ez. I, 4 ff.) soll man auch nicht mit einem einzelnen [Schüler] forschen", es sei denn .... usw. (Jer. Chag. Kap. II, Hal. 1; Bab. das. 14 b: „Habe ich Euch denn nicht so gelehrt"?; in der Tosephta dort (II, 1): „Habe ich Dir nicht so gesagt"?). Und R. Josua pflegt zu sagen: „Ich habe gehört," (Orla I, 7; Edujot VIII, 6) oder: „Ich habe gehört, doch ich weiss es nicht zu erklären", (Pes. IX, 6; Jeb. VIII, 4; vgl. auch Para I, 1). Ebenso sagt R. Papjas: „Ich habe gehört", (Schek. IV, 7), und so sagt auch R. Simon: „Ich habe gehört", (Schebiit VI, 5—6), sowie an anderer Stelle: „Als [überlieferte] Halacha sage ich so" (Jeb. VIII, 3). Ebenso brachte auch R. Chanina aus Ono eine Halacha „aus dem Gefängnis herauf" (anscheinend im Namen des damals dort gefangen gehaltenen R. Akiba): ‚Ich habe als Überlieferung empfangen': usw. Und R. Josë erwiderte ihm: ‚Auch wir haben eine Überlieferung empfangen' (im gegenteiligen Sinne), ‚dass sogar, wenn er zum Grossen Gerichtshof in Jerusalem sagt': „..... usw. (Gittin VI, 7). Vgl. auch die Barajta in Bab. Pes. 38 b, wo R. Josua sagt: „Sie haben doch gesagt (gelehrt):" usw., — und die dann wiedergegebene Lehre ist der letzte Satz der Mischna das. II, 5.

drei Mal am Tage einsammeln dürfen), nur in dem Sinne gesagt, dass sie, — die Feldeigentümer, — [die täglichen Sammelzeiten] nicht vermindern dürfen (also als Minimalbestimmung), während R. Akiba meint, sie haben es nur in dem Sinne gesagt, dass sie diese Zeiten nicht vermehren (also als Maximalbestimmung; — Pea IV, 5).

Den Ausdruck: „Sie haben nur gesagt" (‚לא אמרו ..... אלא‘) finden wir ferner bei den Kontroversen des R. Jehuda (B. bat. III, 2; Kel. V, 2) des R. Josë (Erub. VII, 9; Kel. XXV, 7, und XXVI, 1; Mik. IV, 3; Sab. I, 5), des R. Simon (Kil. II, 1; Schebiit IX, 3; Schab. VIII, 1; B. bat. II, 2), sowie bei den Worten der Weisen (Erub. II, 3; V, 2 u. 5). Zuweilen wird auch gesagt: „Sie wurden nur [von den Weisen] erwähnt" (Git. I, 5; Kel. XVII, 5; XXV, 2; XXVII, 12; Toh. VI, 6). — Während in der Mehrzahl der Fälle alle Weisen die Halacha in ihrer Grundlage einhellig akzeptieren (s. oben S. 81), suchte R. Tarphon eine Halacha aus der Vorzeit von Grund auf zu bekämpfen, indem er sagt (Ohal. XVI, 1): „Meiner Söhne will ich beraubt werden" (eine Art Schwurformel: ‚Beim Leben meiner Söhne!‘; d. h.: ‚Möge mein Dasein fruchtlos bleiben!‘), „wenn das [nicht] eine ihres wahren Sinnes beraubte, ‚fruchtlose‘ (= verfehlt wiedergegebene) Halacha ist, die derjenige, der sie hörte, missverstanden hat", [usw.]. Sagt R. Akiba: „Ich will sie so klarstellen, dass die Worte der Weisen aufrecht erhalten bleiben" (vgl. auch Neg. IX, 3, sowie XI, 7). An allen diesen Stellen verhandeln die Tannaim darüber, wie die alte Halacha zu erklären sei [2].

Nun erhebt sich die Frage: Sind diese aus der Vorzeit überkommenen Halachot, die sich in der Hand der Tannaim befanden, ihnen in fester Formulierung und Anordnung überliefert worden, in einem vollkommen geschlossenen systematischen Aufbau, wonach der Platz einer jeden auf Grund besonderer Merkmale bestimmt war, z. B. nach den Namen der Weisen, die sie tradiert hatten, oder nach einer ihnen gemeinsamen formelhaften Ausdrucksart (wie etwa: ‚אין בין ...... אלא‘ = „es gibt keinen Unterschied zwischen ...... ausser"; ‚מקום שנהגו‘ = „an einem Orte, wo der Brauch besteht"; ‚שרגליים לדבר‘ = „denn die Sache hat Füsse", d. h. sie „fusst" auf fester Grundlage, sie ist einleuchtend; u. dgl.) oder ihrem Inhalt nach, wie im allgemeinen in unserer Mischna; —oder aber waren dies nur einzeln überlieferte Halachot ohne jeden Zusammenhang untereinander? Mit anderen Worten: Bestand eine redaktionelle Ordnung für die altüberlieferten Halachot oder bestand eine solche nicht? Und falls man annimmt, es war keine derartige Redigierung erfolgt, so bleibt immer noch Raum für die Frage: Wurden die Halachot zum mindesten in allen Lehrhäusern in festem Wortlaut und einheitlichem Stil gelehrt, oder waren sie nur ihrem Inhalt, jedoch nicht ihrem Wortlaut nach bekannt und jeder der Weisen trug sie seinen

2 Vgl. Krochmal, „Führer der Irrenden der Zeit", Abt. XIII (S. 208); Frankel, „Darchë ha-Mischna", S. 12, 26, 286 (Regel 27); sowie meine „Untersuchungen über die Redaktion der Mischna", S. 9, S. 10, Anm. 1, S. 101, Anm. 1, u. S. 105.

Schülern in seiner eigenen sprachlichen Formulierung vor? Nehmen wir als Beispiel für diese Möglichkeiten die bereits oben zitierte Mischna in Jeb. XV, 1: Der Eine lehrte: ‚Eine Ehefrau, die von der Ernte kommt, verdient Glauben, wenn sie von ihrem Mann bezeugt, er sei gestorben, und daraufhin darf ihre Wiederverheiratung bezw. die Schwagerehe mit ihr vollzogen werden‘. Der Andere lehrte: „Wenn Jemand bei der Getreide-Ernte gestorben ist und seine Frau dies von ihm vor Gericht bezeugt, so ist sie glaubwürdig‘ *. Der Dritte lehrte: ‚Man darf eine Frau wieder verheiraten auf Grund ihres Zeugnisses‘ usw. Und der Vierte lehrte es im Wortlaut unserer Mischna. So ergibt sich, dass alle diese Tannaim die gleiche Halacha lehrten, aber jeder Einzelne lehrte sie in anderer Formulierung. — Oder als ein weiteres Beispiel die erste Mischna im Traktat Kidduschin: ‚Eine Frau kann auf drei Wegen [als Ehefrau] erworben werden‘, usw. Lehrte ein Tanna: ‚Der Mann erwirbt die Frau durch Geld‘, usw.; ein Anderer lehrte: „Wenn jemand eine Frau nimmt und ihr Geld gibt‘, usw.; ein Dritter: ‚Die Frau wird angelobt durch Geld‘ usw. — In der Frage nach einer geordneten Aufreihung der früheren Halachot sind mithin zwei Fragen enthalten, die man auch umkehren kann: a) Bestand für diese Halachot eine feste und einheitliche Form? b) Falls man annimmt, dass sie bestand, waren dann die Halachot auch miteinander verbunden und verknüpft durch Einteilung in bestimmte Traktate; und wann begann man mit dieser Redigierung der Mischna? [3]

Als Antwort auf diese Fragen werden verschiedene Ansichten geäussert.

Die Meinung des Gaon Raw Saadja in seinem „Sefer ha-Galuj“ (vgl. Schechter, „Saadjana“, S. 5), und zwar so, wie dessen Worte — erklärt — von einem Karäer gebracht werden [4], lautet: „Denn die Vorväter begannen die Mischna zusammenzustellen nach Ablauf von 40 Jahren seit dem [Bau des] zweiten Tempel[s], und bis 150 Jahre nach der Tempelzerstörung

* *Anm. d. Übers.:* Die Übersetzung folgt wortgetreu dem hebr. Originaltext, obschon dessen Formulierung („Wenn Jemand ..... gestorben ist“) für die Auffassung Raum lässt, der Tod des Ehemannes werde hier als eine feststehende gerichtsnotorische Tatsache vorausgesetzt, womit sich allerdings jede Beweisführung darüber erübrigen würde. In Wahrheit ist jedoch hier gemeint, dass der Todesfall noch nicht erwiesen ist, sondern lediglich von der Ehefrau behauptet und nur durch ihre eigene Bekundung bezeugt wird, so dass es sich vorliegend um eine Frage der Beweiswürdigung handelt, also um die Glaubwürdigkeit der Ehefrau als alleiniger Zeugin in Fällen solcher Art. Nur in diesem Sinne sind die im Text erörterten Möglichkeiten einer Formulierung der in der Mischna enthaltenen Rechtsnorm zu verstehen.

3 In dem kürzlich erschienenen Buch v. J. N. Epstein „מבואות לספרות התנאים“ (= „Einführungen in das Schrifttum der Tannaim“) fand ich, dass d. Verf. (das. S. 24) über die ersten Mischnajot spricht (s. oben) und mit der apodiktisch gehaltenen Feststellung schliesst: „Dies alles beweist zur Genüge, dass eine aus der Vorzeit herrührende Mischna — geordnet und in festen Stil gebracht — existiert hat“. Er kannte meine Ausführungen zu diesem Gegenstand in meinem oben genannten Buch über die Mischna, aber er fällt seine Entscheidung ohne jeden Beweisversuch!

(arbeiteten sie daran) usw.; so umschliessen ihre Verfasser 11 Generationen: das Geschlecht der Männer der Grossen Synode [usw.] und das Geschlecht „unseres heiligen Lehrers" („Rabbenu ha-kadosch" = R. Jehuda ha-Nassi). Die Ursache, die sie zwang, sie (die Mischna) schriftlich zusammenzustellen, lag darin, dass sie, — nachdem die Propheten unter ihnen zu wirken aufgehört hatten und sie sich selbst überallhin verstreut sahen, — befürchten mussten, die Überlieferung werde in Vergessenheit geraten; und so setzten sie ihr Vertrauen auf die Niederschrift (in Buchform). Deshalb sammelten sie alle Lehrmeinungen, die noch (mündlich) erhalten waren, legten sie schriftlich nieder und gaben ihnen den Namen Mischna". — Demgegenüber vertritt der Gaon Raw Scherira in seinem „Sendschreiben" die Auffassung, dass vor der Redigierung unserer Mischna die alten Halachot weder in einheitlicher Ordnung noch in einheitlichem Wortlaut gelehrt worden waren. Er bringt dies mit folgenden Worten zum Ausdruck (Ausg. Levin, S. 18): „Und nicht Einen gab es unter den früheren Gelehrten, der bis zum Ende der Lebenszeit unseres heiligen Lehrers (R. Jehuda ha-Nassi) auch nur das Geringste niedergeschrieben hatte. Ebenso lernten nicht Alle die Lehre übereinstimmend und in einheitlicher Ausdrucksweise. Vielmehr war ihnen (nur) ihr Inhalt bekannt usw. Sie besassen indessen keine festgeprägten Worte und keine bestimmte Lehrform (משנה ידועה), die alle einhellig und in einheitlicher Ausdrucksweise lernten. Jene Erklärungen vielmehr und jene überlieferten Aussprüche, die zu ihrer Kenntnis gelangt waren, lehrte, — obwohl alle Weisen in Bezug auf sie übereinstimmten, — jeder Einzelne von ihnen seine Schüler (nach seinem Belieben, d. h.) in welcher Zusammenstellung auch immer er wollte und auf welche Art er wollte. Mancher wählte eine kurz gefasste Art usw.; es gab Manchen, der Allgemeines, und Manchen, der Einzelheiten lehrte, usw. Und jeder Einzelne der Rabbanim lehrte so, wie sein Lehrer ihn gelehrt hatte: Dieser stellte eine Sache voran (lehrte sie früher), während Jener sie zurückstellte (erst an späterer Stelle lehrte). Dieser verkürzte seine Sprache (war in seinen Worten knapp), Jener war darin ausführlich". — Und weiterhin (dorts., S. 21 ff.): „Und er (‚Rabbi' = R. Jehuda ha-Nassi) beschloss, die Halachot so zu ordnen, dass alle Rabbanim sie einhellig und in einheitlicher Ausdrucksweise formuliert lernen konnten, und nicht mehr jeder Einzelne eine besondere Formulierung für sich wählte. Denn jene früheren Gelehrten, die vor der Tempelzerstörung gelebt hatten, hatten dessen nicht bedurft, weil es sich um die mündliche Lehre handelt und ihr Inhalt nicht mit bestimmten Worten (d. h. in festem Wortlaut) gesagt worden war wie bei der schriftlichen Thora. Vielmehr wussten und lernten sie die Lehre in ihrem Herzen (d. h. mündlich), und jeder Einzelne lehrte sie seinen Schüler so, wie jemand seinem Freund etwas erzählt und ihn darüber belehrt, in einer Ausdrucksart, wie sie ihm gerade beliebt". —

4 S. Harkavy, Studien u. Mitteilungen V, S. 194; vgl. auch den Aufsatz von Lauterbach (oben Kap. III, Anm. 2), Nr. 4.

Nachdem wir gesehen haben, dass nach der klar niedergelegten Auffassung Raw Scheriras bis zu den Tagen Rabbis keine geordnete Mischna vorhanden war und nicht einmal eine einheitliche Ausdrucks-Form für die Halachot existierte, kann kein Zweifel darüber bestehen, dass das Gutachten, das unter seinem Namen in dem Sammelband „Schaarë T'schuwa" veröffentlicht wurde (Nr. 187; auch am Anfang der gaonäischen Responsen-Sammlung „Schaarë Zedek")[5] und worin von sechs Mischna-Ordnungen die Rede ist, die seit den Tagen Hillels und Schammajs verborgen gehalten wurden, nicht von seiner Hand stammt; denn nach seiner Meinung gab es keine „Ordnungen" der Mischnajot, d. h. der Halachot, vor Rabbi. Es ist also hier nicht die Frage, ob es nach Ansicht Raw Scheriras erlaubt war, die Worte der mündlichen Lehre (d. h., der Mischnajot) niederzuschreiben oder nicht, worüber in diesem Zusammenhang diskutiert worden ist[6]. Vielmehr ist es unmöglich, dass Raw Scherira sagen kann, es hätten bereits vor Rabbi „Ordnungen" der Mischna existiert, während er die Meinung vertritt, dass jeder Einzelne die früheren Halachot in der ihm beliebenden Zusammenstellung und auf dem ihm zusagenden Wege lehrte, weil sie keine „festgeprägten Worte" und keine „bestimmte Lehrform" besassen. Ebensowenig kann man sich auf die Worte der Aggada (in „Schaarë T'schuwa", das. Nr. 20) stützen, die besagen: ‚Von den Tagen unseres Lehrers Moses bis zu Hillel dem Alten gab es 600 Ordnungen der Mischna[7], wie sie der Heilige, — Er sei gelobt!, — Moses am Sinai übergeben hatte; doch von Hillel an und weiterhin nahm die Welt ab und sie verarmte immer mehr und das Ansehen der Thora wurde schwächer, so dass von Hillel und Schammaj ab nur noch 6 Ordnungen eingeführt waren', usw. — Die Quelle für diesen aggadischen Bericht ist die Aggada im Talm. Babli (Chag. 14 a), wo der Schriftvers Jesaja III, 1, homiletisch ausgedeutet wird: „eine Stütze" (‚משענת'), — ‚das sind die Meister der Mischna wie R. Jehuda b. Tema und dessen Genossen; darüber streiten R. Papa und die Rabbanim: Der Eine sagt, es gab 600 Mischna-Ordnungen (zu jener Zeit), der Andere sagt: 700 Mischna-Ordnungen'. Für Angaben solcher Art gilt der Grundsatz: Aus Aggadot ist nichts abzuleiten[8].

Ähnlich der Ansicht Raw Scheriras ist die Auffassung Raschis (B. mez. 33 b, Stichwort: ‚בימי'): „Und bis zu seinen Tagen (den Tagen Rabbis) be-

5 Auch abgedruckt am Anfang der gaonäischen Responsen-Sammlung „Chemda" g'nusa", Jerusalem 1863.

6 Vgl. Harkavy in seiner Einführung zu den von ihm herausgegebenen Responsen der Geonim, S. X ff.

7 Ebenso in „Seder Tannaim w'Amoraim"; vgl. auch „Bereschit Rabbati", S. 48, sowie in meiner Anmerkung dort. Vgl. ferner die ‚Erzählung' in der gaonäischen Responsen-Sammlung „Schaare T'schuba", Nr. 143.

8 Vgl. „Sefer ha-Eschkol", Teil. I, S. 152, und in meinen Anmerkungen dort. Nach der Aggada enthielt der Traktat „Aboda sara" unseres Erzvaters Abraham 400 Kapitel (Talm. Bab., Ab. sara 14 b).

standen keine geordneten Traktate, sondern jeder Schüler, der eine Lehre von Jemandem vernommen hatte, der grösser war als er, lehrte sie so weiter und gab Kennzeichen (für ihre Herkunft) an: ‚Diese oder jene Halacha habe ich im Namen jenes (Gelehrten) gehört', usw." — Und ferner (das. 86 a, Stichwort: ‚סוף המשנה'): „Bis zu ihren Tagen (den Tagen von Rabbi und R. Natan) liess jeder seine Worte (d. h. seine Lehrmeinungen)im Lehrhause hören und die Schüler lernten jede vernommene Lehre für sich allein, und es gab noch keine geordneten Traktate". — Ebenso sagt Maimonides in seiner Vorrede zu „Mischne Thora": ‚Und von den Tagen unseres Lehrers Moses an bis zu unserem heiligen Lehrer (Rabbi) ist keine schriftliche Zusammenstellung der mündlichen Lehre verfasst worden, die man in der Öffentlichkeit lehrte, sondern in jedem einzelnen Geschlecht schrieb das Oberhaupt des Gerichtshofes oder ein Prophet, der in jener Generation auftrat, für sich selbst [9] (als Gedächtnisstütze notierte) protokollarische Aufzeichnungen über die Lehren nieder, die er von seinen Lehrern vernommen hatte, und lehrte sie dann mündlich weiter vor öffentlichem Hörerkreis. Ebenso schrieb jeder Einzelne für sich selbst und gemäss seiner geistigen Fassungskraft etwas von der Erklärung der Thora und von ihren Halachot auf, so wie er es vernommen hatte, und von dem Material, das in jeder Generation neu gewonnen worden war an halachischen Bestimmungen, die nicht im Wege unmittelbarer Tradition empfangen, sondern mittels einer von den 13 hermeneutischen Deutungsarten abgeleitet worden waren und denen der Oberste Gerichtshof seine Zustimmung erteilt hatte. Und so blieb die Sachlage ständig bis zu unserem heiligen Lehrer (Rabbi)'. —

In Bezug auf die vorliegende Mischna-Kodifikation, die von Rabbi geordnet wurde, meint Raw Scherira (a.a.O., S. 23 ff.), dieser habe ‚die Mischna nicht aus eigenem Herzen (d. h. aus eigenem Verstande) verfasst, sondern lediglich dasjenige geordnet, was bereits die Gelehrten gelernt hatten, die ihm vorausgegangen waren". Einen Beweis dafür bringt Raw Scherira aus der Mischna Sanh. V, 2: „Es geschah einmal, dass Ben-Sakkai die Zeugen untersuchte (befragte) über die Stiele der Feigen" (des Feigenbaumes, unter dem nach ihrer Aussage das Verbrechen begangen worden war); — wozu im Talm. Bab. daselbst (41 a) bemerkt wird, mit „Ben-Sakkai" sei hier R. Jochanan b. Sakkai gemeint, wie es in der Barajta heisst, doch werde er in unserer Mischna nur mit dem Namen „Ben-Sakkai" bezeichnet, weil jener Vorgang sich zu einer Zeit ereignete, als er noch ‚ein Schüler war, der vor seinem Lehrer sass' (d. h. als er noch nicht ordiniert war) und daher nur „Ben-Sakkai" hiess, dass er aber später, nachdem er als „Rabbi" autorisiert war, „Rabban Jochanan b. Sakkai" betitelt wurde, und dass in unserer Mischna

9 Vgl. in der Vorrede des „Mëiri" zu Abot, Bl. 5 b. Anscheinend hat er die Worte des Maimonides mit den oben S. 98 f. zitierten Worten des Gaon Raw Saadja kombiniert, wonach man in den Tagen der Männer der Grossen Synode begann, die Mischna zusammenzustellen.

noch an dem (alten) Ausdruck „Ben-Sakkai" festgehalten werde, wie sein Name zur Zeit des Vorfalls gelautet hatte. Raw Scherira meint nun, man habe den Vorfall schon zur Zeit seines Geschehens unter (Verwendung) der Bezeichnung „Ben-Sakkai" überliefert, und er sieht hierin einen Beweis dafür, dass man „schon seit jener Zeit Hillels und Schammajs" lehrte: „Es geschah einmal, dass Ben-Sakkai die [Zeugen über die Stiele der] Feigen untersuchte", — und dass Rabbi dann diesen Wortlaut in die Mischna übernahm, ohne etwas daran zu ändern. — Ebenso bringt Raw Scherira die Gemara in Erub. 53 b, wo (nach seiner Lesart dort, s. Dikduke Soferim) Rabbi selbst fragt, ob in der Mischna (das. V, 1) zu lesen sei: ‚מאברים' (mit Aleph; von ‚אבר' = „Glied"), oder: ‚מעברים' (mit Ajin; von ‚עבור' = „Schwangerschaft"; beide Bezeichnungen hier im Sinne von „erweitern" gebraucht), — woraus hervorgehe, dass die Halacha von Rabbi unter diesem Ausdruck vorgetragen worden sei und Manche „מאברים" (mit Aleph), Manche aber „מעברים" (mit Ajin) lehrten. Doch nicht nur vereinzelte Mischnajot, sondern auch ganze Traktate hätten bereits Rabbi vorgelegen, wie dies im Babli (Hor. 13 b) zu finden sei, wonach R. Mëir und R. Natan beschlossen, den derzeitigen Nassi R. Simon b. Gamliël darum zu bitten, dass er im Lehrhause den Traktat „עוקצין" lehren möge. Ebenso wird in Berachot (28 a) gesagt: ‚Der Traktat „Edujot" wurde an dem Tage gelernt, an welchem R. Eleasar b. Asarja als Oberhaupt des Lehrhauses eingesetzt worden war'. Andere Traktate jedoch habe Rabbi, obgleich (auch) deren Halachot noch vor seiner Zeit gelernt worden waren, nach seinem Gutdünken zusammengestellt. — Danach war also Raw Scherira der Auffassung, dass „Ukzin" und „Edujot" bereits vor Rabbi geordnet worden waren und er ihnen diejenigen Halachot anfügte, die man in den Tagen seines Vaters (R. Simon b. Gamliël) gelernt hatte, dass aber, bezüglich der übrigen Traktate seiner Mischna-Sammlung, Rabbi der erste Redaktor der Mischnajot war, welche die früheren Gelehrten bis zu seiner Zeit gelehrt hatten.

Aus den Worten Raw Scheriras erfahren wir, dass man aus der Redigierung der Traktate „Ukzin" und „Edujot" keine Schlüsse auf die Redigierung der übrigen Traktate ziehen könne. Dagegen ist R. Simson aus Chinon (Frankreich, im ersten Jahrhundert des 6. Jahrtausends; n. gew. Ztr.: Anfang des 14. Jahrhunderts), der die Worte Raw Scheriras nicht kannte, der Ansicht, dass es möglich sei, von der Anordnung des einen Traktates auf alle übrigen zu schliessen. Er sagt darüber („Sefer Keritot", L'schon Limudim, Abt. II, Nr. 58): ‚Die Mischnajot waren schon vor Rabbi geordnet, aber (erst) er setzte die Halacha fest (‚סתם') auf Grund der Meinungen der Gelehrten, die um ihn waren: „Dieser sagte so und Jener sagte so, und er (Rabbi) wählte aus, was in seinen Augen richtig erschien; aber weder die Mischna noch der Traktat wichen von ihrem Platz, und ihre Ordnung ist so geblieben wie früher". Ein Beweis dafür (ergebe sich) aus der Mischna am Ende des Traktats Kelim, wo es heisst: Sagt R. Josë: „Heil Dir, (Traktat) Kelim, der Du mit Unreinheit Deinen Eintritt hältst und in Reinheit ausklingst!"; denn er (der Traktat) beginnt mit den „Haupt-Unreinheiten" und schliesst mit: „Ein trichterförmiges Gefäss aus Glas ist rein". Wenn also „Rabbi die Mischna (selbständig) geordnet und dabei die von den vorangegangenen Gelehrten herstammende Anordnung geändert hätte, wie konnte R. Josë dann Solches sagen? Hat er denn nicht gelebt, bevor Rabbi die Mischna redigierte, und woher konnte er wissen, wie er (Rabbi) beginnen und wie er schliessen würde?" — Der Verfasser selbst hatte jedoch gewisse Bedenken, ob diese Beweisführung vollkommen schlüssig sei, und bemerkt dazu: „Doch vielleicht war es schon die Absicht der früheren Gelehrten, mit Unreinheit zu beginnen, — weil die ganze Mischna-Ordnung („Taharot") vom Thema der Unreinheit spricht, — um dann mit Reinheit zu schliessen; und dies war die Methode Jener, die Rabbi vorangingen, und ihr folgte dann Rabbi". Dennoch geht seine Ansicht dahin, dass der Traktat Kelim bereits vor Rabbi redigiert war, und dass sich von „Kelim" ein Beweis hinsichtlich aller übrigen Traktate dafür entnehmen lasse, dass (auch) sie schon vor der Zeit Rabbis geordnet vorlagen [10]. —

Unter den modernen Forschern war N. Krochmal der erste, der sich mit der Untersuchung der Mischna-Redaktion befasst hat, und zwar in Abteilg. XIII seines Werkes „Führer der Irrenden der Zeit". Zur Grundlage nahm er die Worte des oben erwähnten gaonäischen Gutachtens [11], — wonach seit Moses' Tagen bis zu Hillel 600 Mischna-Ordnungen bestanden hatten und Hillel 6 Ordnungen zusammenstellte, und zwar (wie im „Sefer ha-Juchassin" hinzugefügt wird:) m ü n d l i c h. Mit diesen Worten brachte er auch die Darstellung Raw Scheriras in Verbindung, und daraus entwickelte sich für ihn folgendes System (Ausg. Rawidowicz, S. 218 ff.): Vor der Epoche Hillels, d. h. seit der Zeit der letzten Männer der Grossen Synode, des Simon b. Choni II. (vgl. oben S. 38 f., Anm. 72 zu Kap. II) und des Antigonos, — etwa 280 Jahre vor der Tempelzerstörung, — begann man, die Halachot zu ordnen, und bemühte sich, eine Verknüpfung zwischen ihnen zu finden, um sie aneinandergereiht zu lernen. Diese Verknüpfung beruhte entweder auf dem Stoff der Halachot und ihrem Inhalt, oder sie lag in der Verwandtschaft und Ähnlichkeit ihrer Darstellungsform (wie z. B.: die oft wiederkehrenden Formulierungen: „Es gibt keinen Unterschied zwischen Diesem und Jenem ausser ...." [= 'אין בין זה לזה ..... אלא‚]; — „schwerer [= strenger, wichtiger] ist es bei Diesem als bei Jenem" ['חומר בזה מבזה‚] usw.), oder die Verbindung ergab sich aus dem gleichartigen Charakter der Halachot (Teile der

10 Vgl. Tossaphot B. kama 94 b, Stichwort: בימי, wo im Namen des Rabbenu Tam (R. Jakob b. Mëir) gesagt wird, „dass die Mischnajot schon vor Rabbi vorhanden waren, nur dass erst Rabbi sie geordnet hat". Aber damit ist nicht gemeint, dass sie bereits vor Rabbi geordnet waren, sondern nur, dass sie schon vorher gelernt wurden.

11 Wie es im „Sefer ha-Juchassin" an dessen Anfang gebracht wird, Stichwort: „Hillel und Schammaj" sowie in der alphabetischen Ordnung unter „Hillel".

Gebote „bedingen sich gegenseitig", [‚מעכבים זה את זה', — d. h. sie hindern, wenn nicht in ihrer Gesamtheit erfüllt, den Eintritt der halachischen Wirkung, vgl. Men. III, 6]; — „es gibt hierbei eine Erleichterung und eine Erschwerung" [‚יש בהן קולא וחומרא'; vgl. Orla II, 10, u. Ar. III] u. a.), oder sie wurde durch die den Halachot gemeinsame Anzahl [der von ihnen umfassten Einzelfälle] hergestellt („Zwei Hauptfälle, die sich in vier [Unter-fälle] gliedern", — [„שתיים שהן ארבע"]) sowie Ähnliches [12]. Eine solche Zusammenstellung von Halachot nannte man ‚מסכת' = „Traktat", in der eigentlichen Bedeutung: „Gewebe", was besagen soll, dass man eine Anzahl von Halachot nach ihrem Gegenstand oder auf Grund einer (sonstigen) Gleichartigkeit miteinander „verwob"; man sprach von 600 „Ordnungen" (‚סדרים'), womit gemeint war, dass zahlreiche und verschiedenartige Verknüpfungen zwischen den (so geordneten) Halachot bestanden; die Zahl 600 hat man dabei vielleicht entsprechend der ungefähren Gesamtzahl der (in der Thora enthaltenen) Ge- und Verbote [613] gewählt (wie es auch die Art mancher Autoren im Mittelalter war, Bücher gemäss der Zahl der Gebote und Verbote zusammenzustellen). Diese Mischnajot waren kurz gefasst (S. 204) und man lernte sie mündlich in einheitlicher Sprache in den Lehrhäusern, sowie wenn man zu Hause sass und wenn man unterwegs war. Ein Beispiel für kurz gefasste Halachot (S. 208 ff.): Zu Beginn des Traktats B. kama (wird gelehrt): Vier Haupt-Schadensfälle (d. h. vier Urtypen der Schadens-Stiftung) gibt es, usw. . . . .; — bei Allem, zu dessen Beaufsichtigung ich verpflichtet bin, gelte ich als Urheber des von ihm angerichteten Schadens; — habe ich den Schaden nur teilweise verursacht (so bin ich zur Erstattung verpflichtet) wie bei der Verursachung des vollen Schadens; — bestimmte (d. h. einem bestimmten Eigentümer zustehende) Güter (im Gegensatz zu herrenlosen); — Güter von Angehörigen des jüdischen Volkes; — (Schädigungen) im (gemeinschaftlichen) Gebiet von Schädiger und Geschädigtem; — Schädiger und Geschädigter bei (gemeinsamer) Schadensdeckung; — Schätzung (des Schadens) in Geld, (Schadenserstattung) in Geldeswert (Grundbesitz). — (Vgl. den vollständigen Wortlaut des Mischna-Textes, a.a.O., I, 1—3). [Auf S. 226 weist der Verfasser auf einen Ausspruch im Babli hin, — B. kama 6 b, — wonach der Tanna ein Jerusalemite war, und erklärt dies so, ‚dass er noch vor der Tempelzerstörung in Jerusalem wohnte, als die grossen Lehrhäuser noch in Jerusalem waren, während sich nach der Zerstörung des Tempels der grösste Teil von ihnen in Galiläa befand und nur eine Minderheit im Süden des Landes']. — Ebenso wird eine kurz gehaltene Mischna im aramäischen Idiom in Edujot (VIII, 4) gelehrt: R. Josë b. Joëser aus Zereda bezeugte von (der Heuschreckenart) ‚Ajal-Kamza', dass sie rein (und daher zum Genuss erlaubt) sei, auch von den Abwässern (Blut und Wasser) des Schlachthauses (im

12 Auf S. 227 erklärt er die Worte des Gaon Raw Scherira, die ich oben (S. 56) gebracht habe, dahin, dass man vor Hillel die Halachot mitsamt dem Midrasch zu den entsprechenden Abschnitten der Thora lernte.

Tempel-Vorhof), dass sie rein seien, sowie von Jemand, der einen Toten berührt hat, dass er unrein sei. — Von solcher Art ist auch die erste Halacha im Traktat Pesachim: ‚Am Vorabend des 14. (Nissan) sucht man nach Gesäuertem (חמץ), [usw.]. Und in Bezug worauf haben sie (die Weisen) gesagt: „Zwei Reihen (von Weinfässern) im Keller“ (sind nach Gesäuertem zu durchsuchen)?‘, usw.; bereits die Lehrhäuser Schammajs und Hillels streiten über die Erklärung dieser Halacha. — Eine sehr grosse Anzahl von den in unserer Mischna sowie in den Barajtot niedergelegten Halachot sind in ihrem wesentlichen Wortlaut, sowie grösstenteils auch in ihrer Anordnung untereinander, von sehr früher Vorzeit her festgelegt worden. Zum Beispiel die Halacha, die als erste in unserer Mischna vorkommt: „Von wann ab rezitiert man das Sch'ma-Gebet am Abend? Von der Stunde an, wenn die Priester eintreten, um ihre Hebe zu verzehren“. — Wer würde nicht zugeben, dass diese Begrenzung jedenfalls spätestens (zu einer Zeit) niedergelegt worden ist, als der Tempel noch nicht zerstört war und daher die Priester noch in einer geschlossenen Gruppe (lebten) und ihre Handlungen sich vor allem Volke sichtbar zeigten, und als es die Priester waren, die die Stunden und Zeitabschnitte der Morgen- und Abend-Dämmerung für jede Jahreszeit zu berechnen verstanden?! In der Tat sind Beweise hierfür ganz überflüssig, weil die Mehrzahl der Halachot nach ihrem Hauptinhalt, und besonders jene in den Ordnungen „Seraïm“, „Kodaschim“ und „Toharot“ für sich selbst Zeugnis ablegen dafür, dass sie in ihrem Hauptteil festgelegt und gelehrt worden sind, als der Tempel erbaut war und Israel sich auf eigenem Boden befand, und zwar in besonders grosser Gemeinschaft, — d. h. also in jenen 280 Jahren zwischen Simon II. und der Tempelzerstörung. Es finden sich auch (S. 220) viele griechische Wörter in der Mischna, insbesondere juristische Bezeichnungen, die von der Zeit herstammen, als das Land Israel griechischer Herrschaft unterworfen war; und auch dies ist ein Beweis für die (Ursprungs-) Zeit der Halachot und ihr hohes Alter. Nur wurden sie erst später erklärt und erweitert, und es wurden ihnen allgemeine Regeln (‚זה הכלל‘ = „Dies ist die Grundregel“) angefügt usw. (s. dort S. 209). —

Hillel (S. 219 begründete die 6 Ordnungen der Mischna und teilte sie in Traktate ein (‚מסכיות‘; aramäisch: ‚מסכתות‘) sowie in Abschnitte (‚פרקים‘) und die Abschnitte in Halachot. Und weil man Alles auf mündlichem Wege lernte, so lernte ein Jeder die Traktate nach seinem Belieben (ausgewählt), manchmal diesen Traktat und manchmal einen anderen, denn es bestand keine feste Ordnung unter den Traktaten in ihrer Reihenfolge bis zu Rabbi; und auch noch lange Zeit nach ihm war die Sache in der Schwebe, wie dies R. Scherira in seinem Sendschreiben bezeugt (s. unten, Ende v. Kap. VII). — Der Stil (S. 220) der Mischna in Sanh. (V, 2): „Es geschah einmal, dass Ben-Sakkai die Zeugen ausforschte über die Stiele der Feigen“ (s. oben S. 101 f.). lässt erkennen, dass die Mischna „in dem Stil und der Sprache aus den Tagen nahe (der Epoche) von Hillel gelehrt worden war", zu einer Zeit also, als R. Jochanan b. Sakkai noch ein Schüler war. Ebenso (S. 225) werden in Schek., Kap. V, die Aufsichtsbeamten, die im Heiligtum amtierten, namentlich angeführt, und nach einer Erklärung im Talm. Jer., das., werden hier diejenigen Aufseher aufgezählt und mit ihren Namen bezeichnet, die in der Generation des Redaktors (dieser Mischna) lebten. Einer dieser Aufseher wird unter 2 Namen erwähnt: ‚Mordechaj' und ‚Petachja'; nach dem Talm. Bab., Men. 64 b, hat dieser Petachja in den Tagen von Hyrkanos und Aristobul gelebt, — nahe der Zeit von Hillel, — und wenn dem so ist, dann hat Hillel die Mischna in Schekalim gelehrt. Dem entspricht auch das Zeugnis des (Amoräers) Samuel (in Jeb. 37 a), wonach Hillel die Mischna in Kid. IV, 1, gelehrt hat: ‚Zehn, nach ihrer (familiären) Herkunft (graduell) unterschiedene Gruppen zogen nach Erez Israel herauf von Babylon'. — Die Mischna Hillels (S. 220 ff.) war in anonymer Form ohne Kontroverse gelehrt worden, doch nachher fügten ihr die Tannaim in jeder einzelnen Generation „bezüglich derjenigen Halacha, die in der Schwebe ‚unvollendet' (?) war, die Worte der beiden Diskussionspartner hinzu; und sogar dort, wo ein Einzelner gegen eine Mehrheit streitet, setzten sie manchmal seine Worte ein", und zwar innerhalb des Mischna-Textes. Demgemäss gab es in Hillels Mischna selbst viele Hinzufügungen und Abänderungen, die in den verschiedenen Lehrhäusern beigefügt worden waren. — Ausser dieser (der Mischna von Hillel) gab es noch Mischna-Ordnungen, die von vielen Tannaim gelernt wurden, z. B. die Halachot und den Midrasch, die gemeinsam zu den (entsprechenden) Abschnitten der Thora gelehrt wurden und von der durch Hillel eingeführten Mischna-Ordnung völlig verschieden waren. Als nun Rabbi daran ging, unsere Mischna zu redigieren, fand er alle diese Mischna-Ordnungen vor und bezog sie allesamt ein in den Rahmen seines Mischna-Systems, wobei er die Mischna des R. Mëir zugrunde legte, der sie (seinerseits) aus den umfangreichen Mischnajot des R. Akiba geschöpft hatte; dies bedeutet der Ausspruch (Babli. Sanh. 86 a): Die anonyme Mischna ist R. Mëir [usw.]; und Alles gemäss R. Akiba (vgl. auch dort S. 229 ff., sowie unten S. 157 ff. Anm. 13 zu Kap. VI).

Von dem Ausspruch des R. Josë: „Heil Dir, Traktat Kelim, der Du mit Unreinheit Deinen Eintritt hältst und in Reinheit ausklingst" (s. o. S. 102 f.) ist ein Beweis dafür zu erbringen (S. 219 ff.), dass eine feste Ordnung für die Mischnajot schon lange Zeit vor Rabbi bestanden hatte, der dann die Mischna des R. Mëir seiner eigenen Mischna zugrunde legte. Weil nun bereits in der Mischna des R. Josë dieselbe Ordnung besteht wie in unserer Mischna, so ist anzunehmen, dass sie jedenfalls von der Mischna des R. Akiba herrührte, des Lehrers R. Mëirs und R. Josës. Und die Annahme ist sehr naheliegend, dass die Anordnung der Halachot in der Mehrzahl der Traktate unserer Mischna aus den Tagen Hillels herstammt. Freilich stammt lediglich die Mehrzahl aus den Tagen Hillels, da ein Teil von ihnen späteren Datums ist als Hillels Zeit, gemäss dem Ausspruch im Talmud, dass „Edujot" an dem Tage gelehrt wurde, als man R. Eleasar b. Asarja im Lehrhause (als Oberhaupt) einsetzte (vgl. oben S. 102). Ebenso wird gesagt (Joma 16 a): ‚Wer ist der Tanna, der die [betreffende] Mischna in „Middot" lehrte? R. Eliëser b. Jakob'; — das bedeutet, dass R. Eliëser b. Jakob den Traktat „Middot" lehrte. Ferner wird gesagt (das. 14 b), dass R. Simon aus Mizpa, der in den Tagen R. Gamliëls des Alten lebte, den Traktat „Joma" (= ‚סדר יומא') lehrte. Ebenso wurde der Traktat „Ukzin" nahe den Tagen des R. Simon b. Gamliël gelehrt (s. oben), weshalb er im Munde des „Nassi" (Oberhaupt des Lehrhauses, damals R. Simon b. Gamliël) noch nicht geläufig war. — Jedoch berührt dies Alles nur die Anordnung der Traktate allein, während in unserer Mischna die Halachot selbst „fast sämtlich in ihrer Sprache und in ihrer wesentlichen Prägung lange vor Rabbi gelehrt worden waren, — ein grosser Teil von ihnen seit den Tagen R. Akibas und ein anderer Teil seit den Tagen Hillels, die kurz gefassten alten (Halachot) sogar noch vor Hillel", und ihr Anfang reicht bis in die Zeit des Simon und des Antigonos zurück.

Ausser den vorerwähnten Traktaten, von denen die Zeit ihrer ersten Redigierung im Talmud überliefert ist, wurde auch der Traktat „Tamid" schon in sehr früher Zeit redigiert (S. 224), wie dies sein Wortlaut erweise, „sowie die Anordnung der Halachot gemäss der Ordnung des Dienstes am [täglichen] Tamid-Opfer von Beginn ab bis zu seiner Vollendung". Ebenso werden dort Segenssprüche der diensttuenden Priestergruppen (V, 1) „in der früher üblichen Ordnung" gebracht; auch fügte der Redaktor keinerlei Kontroverse der anonymen Mischna bei, sondern nur ein Mal wird eine abweichende Ansicht des R. Eliëser b. Jakob (V, 2) gelehrt in einer Angelegenheit, die nicht speziell den Dienst am Tamid-Opfer berührt, und ebenso eine Gegenmeinung des R. Jehuda in Kap. VII, 2, die (überhaupt) nicht zum Traktat Tamid gehört und von dem Redaktor nur beigefügt wurde, um den Gegensatz zwischen dem [Gottesdienst im] Heiligtum und [demjenigen] der Provinz stärker hervorzuheben. Ferner ist ein Beweis aus dem Wortlaut der Barajta in Joma 14 b zu entnehmen: „R. Simon aus Mizpa ‚משנה בתמיד' (= „änderte am Tamid"); woraus sich ergibt, „dass die Ordnung ‚Tamid' (‚סדר תמיד') in unserer Mischna noch früheren Datums ist als die Ordnung ‚Jom ha-Kippurim' (‚סדר יומא') [13], die in den Tagen R. Gamliëls des Alten aufgestellt wurde oder kurz nach ihm". — Soweit die wesentlichen Ausführungen Krochmals. —

13 Krochmal fasst anscheinend den Ausdruck: „משנה בתמיד" (er änderte am „Tamid") dahin auf, dass er die Ordnung (der Kulthandlungen) in der Mischna „Tamid" änderte, und will von hier beweisen, dass schon vor R. Simon aus Mizpa ein geordneter Traktat „Tamid" bestand. Vgl. jedoch Raschi z. St., der erklärt, dass damit gemeint sei: ‚Er änderte (die Art) der Sprengung des Blutes vom Tamid-

Die Theorie Krochmals ist die „Anschauung" eines forschenden Denkers, aber sie hält der Kritik nicht stand. Ihre Grundlage entnimmt sie der Aggada, wonach von Moses' Tagen bis zu Hillel Mischna-Ordnungen bestanden haben, und Krochmal hält sich dabei an die (umstrittene) Beweis-Regel: „Wir teilen die Aussage" (d. h. das Zeugnis wird nur teilweise als glaubhaft anerkannt), womit hier gemeint ist, dass er die erste Hälfte des Ausspruches nicht akzeptiert, da nach seiner Ansicht der Beginn der Redigierung nicht in Moses' Zeit fällt, sondern am Ende der Epoche der „Männer der Grossen Synode" liegt. In Wahrheit gibt es jedoch keinen Beweis dafür, dass selbst die alten Halachot in unserer Mischna noch aus der Zeit der Mitglieder der Grossen Synode herstammen, und erst recht keinen Beweis dafür, dass sie in deren Epoche bereits redigiert und geordnet worden sind. Es bedarf keiner Hervorhebung, dass die griechischen Worte und die fremdsprachigen Bezeichnungen nichts für eine frühe Herkunftszeit beweisen, aus der Epoche nämlich, als das Land noch unter griechischer Herrschaft stand; denn zu allen Zeiten, und sogar noch nach der Tempelzerstörung, war die griechische Sprache im Lande auch unter dem Volk verbreitet. Bekannt ist der Ausspruch Rabbis (Bab. Sota 49 b): „Wozu [braucht man] in Erez Israel die syrische Sprache? Vielmehr bedient man sich entweder der heiligen (hebräischen) oder der griechischen Sprache!". — Ebenso besteht kein Beweis dafür, dass Hillel die Mischna ordnete. Aus dem Wortlaut: „Es geschah einmal, dass Ben-Sakkai untersuchte .....", beweist Raw Scherira (s. oben S. 101 f.) lediglich, dass man zur Zeit von Hillel und Schammaj diesen Wortlaut lernte, nicht aber, dass er innerhalb einer redaktionellen Ordnung so gefasst wurde. In Wahrheit weist die Formulierung: „Es geschah einmal, dass ..." (‚מעשה ו ...') darauf hin, dass man diese Fassung lange Zeit nach dem „Geschehnis" (מעשה) festsetzte, und dass man R. Jochanan b. Sakkai als „Ben-Sakkai" bezeichnete, um damit auf die Zeit des Vorfalls hinzudeuten, der sich zu einer Zeit ereignete, als R. Jochanan b. Sakkaj noch ein Schüler war, der vor seinem Lehrer sass. Ebenso erklärt Raschi (Sanh. 41 b), dass der Tanna ihn in der Mischna „Ben-Sakkai" nennt im Hinblick auf die Zeit, zu welcher er (R. Jochanan) dies lehrte. Ebenso wird er auch im Bab. Schab. (34 a) unter dem Namen „Ben-Sakkai" erwähnt, und Maimonides in seinem Mischna-Kommentar zur Stelle sagt dort: „Der Vorfall wird unter der Bezeichnung [des Namens als] „Ben-Sakkai" erwähnt, und unser heiliger Lehrer (= Rabbi) schrieb ihn zur Zeit der Zusammenstellung (der Mischna) so nieder, wie er ihn überliefert bekommen hatte". — Alle stimmen also darin überein, dass nicht Hillel diesen Ausdruck in der Mischna festsetzte. —

Opfer', usw. — R. Chananël (dort) erklärt: ‚Das will besagen: Er streitet [„ändert] = ist abweichender Meinung] gegen den Tanna, der den Traktat Tamid gelehrt hat'. — Jedenfalls ist von hier kein Beweis dafür zu erbringen, dass der Traktat Tamid schon vor R. Simon aus Mizpa redigiert war.

Die Aufsichtsbeamten im Heiligtum, die in Schek. (Kap. V) aufgezählt werden, lebten nicht gerade zur Zeit Hillels; denn dort wird auch der Name „גביני כרוז“ („Gewini Charos“ = Gabinius, der „Ausrufer“ oder „Herold“) erwähnt, der in den Tagen des Königs Agrippa lebte (s Jer. Schek. das., sowie Bab. Joma 20 b), und die Ansicht Hoffmanns geht tatsächlich dahin, dass die Mischna in der Zeit Agrippas redigiert worden sei (s. unten). In Wahrheit werden jedoch unter diesen Namen auch die weiteren Aufseher (mit demselben Aufgabenkreis) aus späterer Zeit aufgeführt, weil dies keine persönlichen Einzelnamen waren, sondern allgemeine Bezeichnungen für die Inhaber bestimmter Ämter, die jedem beigelegt wurden, der als Aufseher über die in der Mischna im Einzelnen genannten Arbeiten eingesetzt war (s. in den Ergänzungen“ meines Mischna-Komm. zu Schek. das.). Wenn dem aber so ist, so lässt sich aus dieser Mischna überhaupt nichts für die Zeit ihrer Redigierung beweisen und erst recht nicht für eine Redigierung zur Zeit Hillels [14].

---

14 Der Ausspruch des (Amoräers) Samuel in Bab. Jeb. 37 a: „Hillel lehrte: Zehn „יוחסין“ (= nach ihrer familiären Abstammung graduell unterschiedene Gruppen) zogen herauf von Babylon“, — ist schwer erklärbar, weil wir nirgends sonst finden, dass eine anonyme Mischna (wie hier Kid. IV, 1) auf den Namen eines Tanna aus so früher Zeit zurückgeführt wird. Und ferner: R. Jehuda und R. Eleasar bestreiten in der dritten Mischna dieses Kapitels die Regel, die in der ersten Mischna aufgestellt wird; was ist also dann mit der Feststellung gewonnen, dass Hillel sie gelehrt hat, da die beiden genannten Tannaim doch augenscheinlich der Meinung sind, Hillel habe nicht so gelehrt, und Rab eben nach R. Eleasar entscheidet? Im Talm. Jer. das., Halacha 3, wird gesagt, dass R. Eliëser b. Jakob acht Juchassin lehrte und R. Gamliël sowie R. Eleasar neun. — Raschi in Kid. (75 a) erklärt, dass Hillel so in einer Barajta lehrte, und ebenso wird es dort in den Pseudo-Tossaphot R. Jizchaks des Alten erklärt. Danach wäre hier (in der Mischna) nicht Hillel der Alte gemeint. Vgl. Git. 37 a und Nasir 44 b: „Hillel hat gelehrt“; es gab ja auch einen (späteren) Hillel, den Sohn R. Gamliëls und Enkel Rabbis. Doch ist diese Erklärung schwierig; denn wenn der Amoräer Hillel in seiner Barajta unsere (anonyme) Mischna wiedergibt, sollte dann Rab nicht das Recht haben, gegen sie zu entscheiden? Rab darf gegen die anonyme Mischna entscheiden, nicht aber gegen die Barajta Hillels (eines Amoräers)?! Oder in der Ausdrucksweise von Raba (Erub. 96 b): „Weil Ahawa, der Sohn R. Seras, sie (die Lehre) als Barajta vorträgt, hat er sie deshalb mit Schmuck behängt?“ (d. h.: hat er sie mit einer überzeugenden Begründung ausgestattet und dadurch zu einer unantastbaren Kostbarkeit gemacht?; vgl. Raschi zur Parallelstelle in Ket. 81 b). — In Toss'phot ריו״ד (des R. Jesaja de Trani) zu Kid. das. wird erklärt, dass Samuel mit seinem Ausspruch unsere Mischna gemeint habe, „die so seit den Tagen der Alten gelehrt worden ist; und weil Rabbi dem Hause Hillels entstammte, deshalb sagte er: ‚Hillel hat gelehrt‘, sowie um die Lehre wertvoller zu machen, damit sie nicht zu bestreiten sei“. Aber das ist mir nicht verständlich; denn es liegt hier eine (zunächst unbestrittene) anonyme Mischna vor, auf die später eine Kontroverse folgt (סתם ואחר כך מחלוקת, — wobei die Halacha nach der allgemeinen Regel in Jeb. 42 b nicht der zuerst erwähnten Meinung entspricht). Vgl. auch Frankel, „Darche ha-Mischna“, S. 188. — Jedenfalls lassen sich aus dem Ausspruch Samuels keinerlei Schlussfolgerungen (für unser Problem) ziehen.

— Krochmal ist, wie erwähnt, der Meinung, dass viele Tannaim auch nach Hillel die Mischnajot in anderer Ordnung lernten, wobei es Manche gegeben habe (S. 227), die die Halachot und den Midrasch gemeinsam entsprechend den (dazu gehörigen) Thora-Abschnitten studierten, so wie sie in der Vorzeit gelernt worden waren. Es wird erzählt, dass R. Jochanan b. Achmaj und Andere den Abschnitt über die Gelübde lernten bei R. Simon b. Jochaj (Bab., M. kat. 9 a; vgl. auch unten Kap. V). Manche lernten gesondert: „die Lehre von den Arten" (‚משנת המידות'), d. h. von den Arten (Normen) der Schriftdeutung, die sie entweder mittels eigenen Urteils abgeleitet oder von ihren Lehrern überliefert bekommen hatten, wie „Kal wa-Chomer" oder „Gesera schawa", mit Beispielen für jede einzelne Art; und dies meinte R. Simon, als er zu seinen Schülern sagte (Git. 67 a): ‚Meine Söhne, lernet meine „Middot" („Deutungsarten"); denn meine „Middot" sind die erlesensten aus den erlesenen „Middot" R. Akibas!' — Ebenso sagt Rabbi (Men. 18 a, s. dort): „Als ich hinging, um auszuschöpfen die ‚Middot' des R. Eleasar b. Schamua" (d. h. um sie gründlich zu erforschen), usw. — Mithin ist nicht anzunehmen, dass schon damals eine von der Vorzeit her geordnete Mischna existierte und die späteren Tannaim diese missachteten, um nach einer neuen Ordnung zu lernen, die sie ihrerseits erst selbst eingeführt hatten. — Bezüglich der Traktate Joma, Tamid, Middot und Ukzin vgl. unten. —

In den Spuren Krochmals wandelte Z. Frankel in seinem Werke „Darchë ha-Mischna", nur mit dem Unterschied, dass Frankel nicht von einer ersten „Ordnungs-Arbeit" (‚סידור') gegen Ende der Tage der „Männer der Grossen Synode" spricht, sondern von alten Halachot, die in jener Zeit begründet wurden. Auf S. 12 ff. sagt er: „Es finden sich in der Mischna aber auch Halachot, von denen die Namen ihrer Tradenten nicht bekannt sind, und dieselben haben ein sehr hohes Alter und stammen von den „Gelehrten-Paaren" her (d. h. von den in Abot I als Nachfolger von Antigonos paarweise aufgezählten Gelehrten), oder sogar noch von deren Vorgängern, usw. — Und wir finden Halachot, deren Verständnis schon den ersten Tannaim Schwierigkeiten bereitete, oder bezüglich derer sie darüber streiten, in welcher Art sie gemeint seien, s. Bab. Men. 68 b: ‚R. Tarphon sass (beim Studium), und es erschien ihm schwer ' . . . . usw. — Kid. I, 1: ‚Eine Frau kann auf drei Arten (als Ehefrau) erworben werden: durch Geld [usw.]; das Lehrhaus Schammajs meint: durch einen Denar [usw.], das Haus Hillels: durch eine Peruta', usw. — Manchmal lässt entweder der Sprachgebrauch, wie er in den Tagen der Vorzeit üblich war (Archaismus), oder allgemein die kurze Fassung des Wortlauts erkennen, dass die Halacha alter Herkunft ist, vgl. beispielsweise: B. kama I, 2: ‚Alles, zu dessen Beaufsichtigung ich verpflichtet bin' [usw.]; in Kelim I, 2, den schwierigen Satz: ‚וחשוכי בגדים במגע'; — Schab. I, 1: ‚Die (Haupt-) Fälle des Herausschaffens (von Gegenständen aus privatem in öffentliches Gebiet bezw. umgekehrt) am Sabbath sind zwei, die vier (Unterfälle) umfassen'; — B. kama I, 1: ‚Vier Haupt-Schadensfälle (d. h. Urtypen der Schadensstiftung) gibt es', etc. — Auch unter denjenigen Geboten, deren Ursprung den Worten der Schriftgelehrten entstammt, finden wir alte Halachot"; usw., usw. — Ferner auf S. 15 ff.: „Bereits oben haben wir bemerkt, dass viele Halachot entweder von den Worten der Schriftgelehrten oder von den Worten der „Gelehrten-Paare" ausgingen, usw. Die Ordnung „Seraïm" (Vorschriften über den Boden-Ertrag usw.) wurde ohne Zweifel in ihren Wurzeln und Grundlagen schon in früher Zeit begründet. Ebenso entstammen die Halachot über die „geheiligten Tage" (= Festtage), die in der Ordnung „Moëd" gelehrt werden, in der Hauptsache bereits den Schriftgelehrten, sowie auch noch den Generationen die ihnen vorangingen, wie dies die Worte des Propheten Jeremia in Kap. XVII beweisen. Viele Halachot der Ordnung „Naschim" (= „Frauen", — hauptsächlich Ehevorschriften) werden den Schriftgelehrten zugeschrieben, usw. Die Männer der Grossen Synode sprachen die Warnung aus: „Seid bedachtsam in der Rechtsprechung!" (Abot I, 1), und danach lässt sich urteilen, dass die wichtigsten Bestimmungen über Geldangelegenheiten (also Zivilsachen) schon von der damaligen Zeit herstammen, usw. Die Halachot über die Opfer sind alter Herkunft und wurden bereits von den Priestern begründet etc. — Zur Ordnung „Toharot" (über die Reinheitsvorschriften): .... Die Halachot über diesen Gegenstand sind sehr alt". —

Was aber die Anordnung der Mischna angeht, d. h. ihre Redigierung, so meint Frankel, dass R. Akiba ihr erster Redaktor war, dass dann R. Mëir dessen Arbeit fortsetzte, R. Jehuda ha-Nassi sie vollendete, und diejenigen Gelehrten, die nach ihm kamen, noch eine Reihe von Zusätzen beifügten. Über die Ordnung der Halachot durch R. Akiba gibt das Gleichnis in „Abot des R. Natan" Kap. XVIII (ed. Schechter S. 67) folgende Andeutung: Den R. Akiba nannte er (R. Jehuda ha-Nassi) eine reich gefüllte Schatzkammer. ‚Womit ist R. Akiba zu vergleichen? Mit einem Arbeiter, der seinen Korb nahm und hinauszog; fand er Weizen, so legte er ihn hinein; fand er Gerste, so legte er sie hinein, usw. Wenn er dann sein Haus betritt, sondert er sie voneinander: den Weizen getrennt, die Gerste getrennt, usw. So tat R. Akiba, und er machte die ganze Thora zu Ringen' (d. h. zu reifenförmigen „Handgriffen", um ihren übersichtlich nach Fächern geordneten Lehrstoff „griffbereit handhaben" zu können; S. 115). — „Aber zwei (Stellen) sind es, die klar auf den Beginn irgendeiner Ordnung der Mischna durch R. Akiba hinweisen, wobei vielleicht ein Teil derselben bereits vor diesem geordnet worden war: 1. der bekannte Ausspruch in Sanh. 86 a: ‚Die anonyme Mischna ist R. Mëir, die anonyme Tosephta ist R. Nechemja usw.; und Alles gemäss R. Akiba'. Der Ausdruck: ‚Alles gemäss R. Akiba' kann nicht in dem Sinne gemeint sein, dass alle ihre Aussprüche im Namen von R. Akiba (als deren Urheber) erfolgten; denn die Halachot jener Tannaim sind doch in ihrer überwiegenden Mehrzahl, wie jeder Neuling begreifen wird, die Frucht ihres eigenen Verstandes, und auch die anonym vorgetragenen Lehren, die in der Mischna vorkommen, rühren nur an wenigen Stellen von R. Akiba her. Vielmehr ist mit dem Satze: ‚Und Alles gemäss R. Akiba' gemeint: ‚Sie alle folgen den Spuren ihres Lehrers [in dem Bestreben], die Halachot nach dem ihnen zukommenden Platz zu ordnen. Ohne Zweifel hörten sie viele alte Halachot von R. Akriba, und diese wurden von ihm unmittelbar an sie weiter überliefert; sie fügten dann seiner Anordnung (noch mancherlei) hinzu und nahmen auch an einigen Stellen eine Neuordnung vor, usw.; von dieser Art war die Arbeit des R. Mëir an der Mischna und die Arbeit des R. Nechemja an der Tosephta. — 2. Der Ausspruch von R. Josë am Ende von Kelim: ‚Heil Dir, (Traktat) Kelim, der Du mit Unreinheit Deinen Eintritt hältst und in Reinheit ausklingst!' zeigt, wie schon der Verfasser des ‚Sefer-Keritot' feststellt (s. o. S. 102), mit voller Klarheit, dass der Traktat Kelim bereits vor R. Josë geordnet war. Unter Berücksichtigung der weiteren im Namen des R. Josë überlieferten Aussprüche, in welchen die ‚Mischna des R. Akiba' erwähnt wird, — wie oben [15] bemerkt, — liegt also die Annahme nicht fern, dass auch dieser Ausspruch des R. Josë: „Heil Dir, Kelim, usw.!" auf eine Ordnung jenes Traktates durch R. Akiba hinweist" (S. 211).

Frankel vermutet ferner, dass die Redigierung sich stufenweise in folgenden Stadien vollzogen habe (S. 214): „Der grösste Teil der aus der Vorzeit

---

15 Dort S. 210 sagt er: Aus dem von R, Josë gebrauchten Wortlaut: „Dies ist die Mischna des R. Akiba" (Mischna Sanh. III, 4; Tosephta Maasser scheni II, 1, 12), sei nicht zu entnehmen, dass R. Akiba eine Mischna, die unter seinem Namen erschien, auch selbst geordnet hat. Denn wenn dem so wäre, dann wären wir zu der Annahme genötigt, dass schon vor R. Akiba eine „erste Mischna" in geordneter Form existiert hat, da die „Mischna des R. Akiba" dort der „ersten Mischna" gegenübergestellt wird und die Bezeichnung „erste Mischna" sich in ähnlicher Anwendung auch sonst an einer Reihe von Stellen findet (Nasir VI, 1; Git. V, 6; Edujot VII, 2). In Wahrheit aber habe das Wort „Mischna" an diesen Stellen die Bedeutung von „Halacha" und mit dem Ausdruck „erste Mischna" sei gemeint: „die Halacha, die in der Zeit vor jenem Tanna gelehrt worden ist, der sie bekämpft". In Ket. V, 3, werden von der „ersten Mischna" auch die Meinungen des R. Tarphon und des R. Akiba umfasst, die dort (Mischna 2) die Bestimmung erklären: Wenn die Zeit gekommen (d. h. die mit der „Angelobung" — ארוסין — beginnende Jahresfrist abgelaufen) ist und die „Heimführung" — נישואין — nicht stattgefunden hat, so werden sie (die Ehefrauen) von ihm (dem Manne) verpflegt und dürfen (falls der Mann dem Priesterstamme [Aharons] angehört) von der Priester-Hebe essen (vgl. meinen Aufsatz: „Die ארוסין und die Urkunden darüber" in dem wissenschaftl. Sammelband zum Gedächtnis von M. Schorr, S. 23, Anm. 32). — Darüber hinaus finden wir sogar, dass in der Tosephta Para, Kap. IV (V, 1) die Bezeichnung „erste Mischna" auf die Halachot des R. Simon u. des R. Josë angewendet wird. „Aus alledem ist ersichtlich, dass die eigentliche Bedeutung des Ausdrucks, ‚erste Mischna' ist: eine Halacha, die in früherer Zeit gelehrt worden ist und nach deren Vorschrift man sich zu richten pflegte, bis jener Gerichtshof oder jener Tanna (gegen sie) auftrat; das entspricht etwa dem Ausdruck „בראשונה' (= ‚in der ersten Zeit'); — Maasser scheni V, 8; Ned. IX, 6)". — S. auch im Anhang I, am Schlusse dieses Buches.

stammenden Halachot wurde von R. Akiba gesammelt und geordnet, ausserdem auch die alten Kontroversen zwischen den Lehrhäusern Schammajs und Hillels, sowie vielleicht noch einige Kontroversen seiner (des R. Akiba) Lehrer, nämlich des R. Eliëser und des R. Josua. R. Mëir fügte diesem (Stoff) dann Halachot hinzu, die er aus dem Munde seines Lehrers, R. Akiba, vernommen hatte, sowie Kontroversen zwischen R. Akiba und dessen Zeitgenossen. Der Letzte aber ist derjenige, der die abschliessende Zusammenfassung vornahm, und er ist der Grösste unter ihnen Allen, weshalb die Mischna auch nach seinem Namen benannt wurde, — nämlich Rabbi, der die Halachot sammelte und zusammenfasste, die im Lehrhaus des R. Mëir und des R. Jehuda usw., der Schüler R. Akibas, gelernt worden waren, nebst vielen Halachot (und) Kontroversen aus der Generation des R. Akiba, die R. Mëir unberücksichtigt gelassen hatte, sowie Kontroversen der Lehrhäuser Schammajs und Hillels und vielleicht auch alten Kontroversen, die R. Akiba und R. Mëir fortgelassen hatten, usw. Rabbi stellte auch Erörterungen und Untersuchungen an, um diejenigen Mischnajot (klar) aufzustellen, in welchen verschiedene Lesarten vorkamen", usw.[16]. —

Was nun die beiden Beweise Frankels für die Ordnung der Mischna durch R. Akiba anlangt, die in Wahrheit nur einen einzigen Beweis darstellen[17] und auf welche bereits Krochmal hingewiesen hatte (oben S. 106 f.), so haben sie keine entscheidende Beweiskraft, weil der Ausspruch: ‚Unsere anonyme Mischna ist R. Mëir' usw., ‚und Alles gemäss R. Akiba' sich nicht auf die Ordnung der Mischna und ihre Redigierung bezieht in dem Sinne, dass R. Mëir die Halachot ebenso ordnete, wie sie R. Akiba geordnet hatte, und dessen Werk noch mancherlei hinzufügte, — sondern die Tendenz des Ausspruchs dahin geht, dass R. Mëir die alten Halachot in dem Stil und der Sprache lehrte, die er von R. Akiba gehört hatte, und dass in genau diesem Stil die alten, anonym gefassten (unstreitigen) Lehren in unserer Mischna festgehalten worden sind. Dies meint Maimonides in seiner Einführung zum Mischna-Kommentar (Stichwort: ‚הפרק השלישי', am Ende; — auch zitiert in „Darchë ha-Mischna", S. 212): „Aber die anonyme Mischna (‚סתם משנה') ist Dasjenige, worin sie nach der Ansicht ihrer Majorität übereinstimmten, worüber also ihre Auffassung gleichgerichtet war und keine Meinungsverschiedenheit bestand, oder was sie von Mehrheit zu Mehrheit bis zu Moses hinauf (als Überlieferung) empfangen hatten, usw.; und der ihnen (zeitlich) am nächsten stehende Empfänger, dem der Ausspruch zugeschrieben wird, ist R. Mëir; ebendas ist die Bedeutung ihrer Worte: ‚Die anonyme

---

16 Zu seinen weiteren Ausführungen dort über die Methode Rabbis, in unserer Mischna die für die Praxis geltende Halacha (‚הלכה למעשה') festzusetzen, vgl. den Anhang Nr. VII am Ende des Buches.

17 Denn der zweite Beweis basiert auf dem ersten, dass nämlich die Mischna „Kelim", die schon vor R. Josë bestand, diejenige Mischna ist, die von der Hand des R. Akiba geordnet wurde.

Mischna ist R. Mëir‘, usw.“. — Bereits Raw Scherira hatte dies in seinen Sendschreiben so erklärt (S. 26): „Und unsere anonyme Mischna stammt sicherlich von R. Mëir, aber R. Mëir hat sie nicht aus eigenem Herzen (= Verstande) gesagt, sondern: An denselben Weg, bezüglich dessen Rabbi von R. Mëir gelernt hatte, dass dieser so seine Schüler lehrte, — an diesen gleichen Weg hielt sich auch Rabbi [seinerseits] und legte ihn fest, um so für alle Welt weiterzulehren; und R. Mëir hatte diesen Weg von seinem Lehrer R. Akiba her festgehalten, R. Akiba aber wiederum von seinen früheren Lehrern her“, usw. (vgl. auch dort S. 55). Nicht von der ‚Ordnung‘ der Mischna durch R. Akiba und R. Mëir ist somit hier die Rede, sondern von der Festlegung ihrer Sprache und der Formulierung. Denn von den alten Halachot bestanden verschiedene Formulierungen, — wie schon von R. Scherira gesagt wurde (s. oben; S. 66), — und für unsere Mischna wurde im allgemeinen die Formulierung des R. Mëir bestimmt, die dieser von R. Akiba empfangen hatte (vgl. ferner unten, Anfg. v. Kap. VI). —

Von drei Redigierungen der Mischna sprechen auch Graetz (in seinem Werk „Geschichte der Juden“, Bd. IV) [18] sowie Andere. Graetz fügt hinzu (S. 54 und Note 8), dass die Mischna des R. Akiba nach dem Inhalt der Halachot und deren Gegenstand geordnet war, sowie auch ‚nach Zahlen‘, womit gemeint ist: R. Akiba pflegte eine Anzahl von Dingen zu einer Einheit zusammenzufassen, wie beispielsweise: ‚Vier Hauptschädigungsfälle‘ (Anfg. v. Trakt. B. kama), ‚Fünf dürfen keine Teruma (Priesterhebe) abheben‘ (Anfg. v. Trakt. Ter.), ‚Fünf Dinge (d. h. Getreidearten) sind der Challa (Teighebe)-Pflicht unterworfen‘ (Anfg. v. Trakt. Chal.), ‚36 Anwendungsfälle der „Karet“ (Ausrottungs)-Strafe gibt es nach der Thora‘ (Anfg. v. Trakt. Ker.), — so wie diese Dinge in unserer Mischna auf Grund der Mischna des R. Mëir gelehrt werden, der sie seinerseits von der Mischna R. Akibas übernommen hatte. Diese Mischna wurde als „Mischna des R. Akiba“ oder als dessen „Middot“ (= ‚Maasse‘) bezeichnet (Bab. Git. 67 a) anscheinend wegen der Zahlen, welche das Verbindungsmittel der Halachot darstellten [19]. Die Mischna, oder die „Middot“, des R. Akiba war nicht in Buchform niedergeschrieben, sondern sie wurde mündlich gelernt. — Als Stütze für seine Worte bringt Graetz die Tosephta am Anfang von Traktat „Sabim“ sowie den Talm. Jer., Schek., Anfg. v. Kap. V [20]. In dieser Tosephta wird gelehrt: ‚Als R. Akiba die Halachot für seine Schüler ordnete (‚היה מסדר‘; — im Mischna-Kommentar des R. Simson lautet die Lesart: ‚היה מחבר‘, d. h.: ‚zusammenstellte‘), sagte er: Jeder, der eine Begründung gehört hat [auf dem Wege] über seinen Kollegen (‚על חברו‘, im Sinne von ‚על ידי חברו‘; bei R.

18 Siehe 4. Aufl., S. 23 ff., 177, 201.

19 Über „Middot“ vgl. die Einführung zur Mechilta von M. Friedmann (Isch-Schalom), S. 31 ff.

20 Auf sie hat bereits Zunz hingewiesen, und zwar in seinem Buche: „Die gottesdienstlichen Vorträge der Juden“, S. 46, Anm. a; Hebräisch: S. 240, Anm. 36.

Simson: ‚מחברו‘ ‚von seinem Kollegen‘), der möge kommen und es [mir] sagen!‘. — Dazu die allerdings ‚nicht ganz authentische‘ Notiz im Jeruschalmi Schekalim: „Und die Starken wird er als Beute verteilen“ (Jesaja LIII, 12), — ‚damit ist R. Akiba gemeint, welcher Midrasch, Halachot und Aggadot ordnete‘ (‚התקין‘). Dort wird hinzugefügt: „Und manche sagen: Das waren die Männer der grossen Synode (die sie geordnet haben: ‚תקנום‘); und was ist es, das dieser (R. Akiba) geordnet hat (‚מה שהתקין‘, lies: ‚דתקין‘)? Gesamtlehren und Einzelheiten, d. h. dass er den Stoff unter Rubriken gebracht habe“. — Die Art der Ordnung seiner Mischna wird dort später klargelegt, nämlich so, dass die Halachot an Zahlen geknüpft wurden, d. h. „dass sie die Thora zu lauter Zählungen machten: ‚Fünf dürfen keine Teruma abheben‘, usw.“. — Nachher schreibt dann die Aggada, wie es ihre Art ist, die Ordnung des R. Akiba den Männern der Grossen Synode zu, und sogar (auf Grund einer Ausdeutung von I. Chron. XXII, 55) einer „Familie von Schriftgelehrten (סופרים), den Bewohnern von Jawetz“ (a.a.O.: ‚Weshalb sagt der Bibelvers: Schrift-„Erzähler“, ‚סופרים‘? Denn sie machten die Thora zu „Zählungen“ = ‚ספורות‘; usw., — vgl. die Einleitg. zu Trakt. Schab., Anm. 13, in meinem Mischna-Kommentar) [21]. —

21 Weiss, „Dor Dor w'Dorschaw“, Teil, II, Kap. 19 (Ende), S. 184, sagt: „Und darin irren Alle, die annehmen, dass Rabbi als Grundlage für seine Ordnung die von R. Akiba und R. Mëir herrührende Ordnung ihrer Mischna gewählt habe, — als ob R. Akiba und R. Mëir darin eine Sonderstellung gegenüber allen übrigen Weisen dieser Generationen dadurch eingenommen hätten, dass sie Ordner von Mischnajot waren. So ist es keineswegs; denn das, was R. Akiba und R. Mëir taten, taten auch alle anderen Weisen, die in ihren Lehrhäusern vor der Öffentlichkeit Thora lehrten, und von denen jeder Einzelne seine „Mischna“ hatte. Wenn wir also R. Akiba und R. Mëir als „Ordner der Mischna“ bezeichnen, so könnten wir auch R. Eliëser b. Hyrkanos, R. Eliëser b. Jakob und alle anderen Weisen „Ordner der Mischna“ nennen. Aber die Mischna-Ordnung, die aus der Hand von Rabbi hervorging, fällt unter einen [grundsätzlich] anderen Begriff; denn seine Ordnungs-Arbeit war in der Hauptsache und in erster Reihe von der Absicht getragen, den wesentlichen Inhalt aller jener Mischnajot zu ordnen und geschlossen zusammenzustellen, die von allen Weisen bis herab zu seiner Zeit gelehrt worden waren“. Indessen erklärt uns Weiss nicht die Bedeutung des Ausspruchs: „Die anonyme Mischna ist R. Mëir [usw.] .....; Alles gemäss R. Akiba“, der den Hauptbeweis für eine geordnete Existenz der Mischna des R. Akiba und des R. Mëir darstellt. In Kapitel 27, S. 217, sagt Weiss über R. Nechemja, dass er Zusätze („Tossaphot“) sammelte, und dass aus seiner Sammlung „die anonymen Lehren in der Tosephta hervorgingen, die sich noch in der Hand der Amoräer des ersten Geschlechts nach der Zusaumenstellung der Mischna befand, und von der es heisst: Die anonyme Tosephta ist R. Nechemja. Dementsprechend müssen wir auch sagen, dass R. Mëir Mischnajot sammelte, und dass aus seiner Sammlung die anonymen Lehren in der Mischna hervorgingen, die sich in der Hand der Amoräer befand (d. h. in der Mischna Rabbis), von welcher es heisst: ‚Die anonyme Mischna ist R. Mëir‘! — Vgl. dazu auch Halevy, „Dorot ha-Rischonim“, Teil II, S. 84 ff; Alles, was der Verf. dort im Namen von Graetz und Weiss sagt, ist nicht zutreffend, und seine

Die Aggada über die 600 Ordnungen der Mischna, die von den Tagen Moses' her bis zu Hillel bestanden, sowie über die sechs Ordnungen, die von Hillel und Schammaj eingerichtet wurden, — auf welche Krochmal seine Theorie aufgebaut hatte, — tritt wieder in Erscheinung in dem Buch von Hoffmann: „Die erste Mischna und die Kontroversen der Tannaim" [22]. Er erklärt (in Kap. II) die Worte des Raw Scherira, dass man „ursprünglich zur Zeit des zweiten Tempels" in der Midrasch-Form lehrte, so wie sie Krochmal erklärt hatte (vgl. oben S. 104, Anm. 12), nämlich dass man bis zu Hillel und Schammaj die überlieferte Thora (= „Traditionslehre") in der Art des Midrasch lehrte, d. h. die Halachot Hand in Hand mit der schriftlichen Lehre, und von Hillel und Schammai ab die Mischna verkürzt und lediglich in sechs Ordnungen aufgestellt wurde, während man gleichzeitig auch die Lehrweise abänderte und die Mischnajot ohne Anknüpfung an die Schriftverse der Thora ordnete, gemäss ihrer Anordnung in unserer Mischna. Nur meint Hoffmann, dass die Worte „bis zu Hillel" usw. sowie „von Hillel ab" bedeuten: bis Hillel einschliesslich, während von der Zeit nach Hillel ab das Ansehen der Thora gesunken war, d. h. von der Zeit der Schulen Schammajs und Hillels ab, seit dem Tode R. Gamliëls des Alten, ‚als Krankheit die Welt befiel'; und in Bezug darauf heisst es: „Als R. Gamliël der Alte starb, schwand das Ansehen der Thora" (B. Meg. 21 a, und dazu ‚Dikduke Soferim' das.). Demgemäss sagt H., dass in den Tagen der Schulen Schammajs und Hillels, nach dem Tode R. Gamliëls des Alten „mit der Umwandlung der Traditionslehre in sechs Mischna-Ordnungen auch die Redigierung der in unserer Hand befindlichen Mischna begonnen hat". Ein grosser Teil dieser ersten Mischna sei in ihrer ursprünglichen Gestalt in unserer Mischna erhalten geblieben, trotz der vielen Änderungen, die durch die späteren Tannaim hineingetragen wurden. — H. will nun aus vielen „Partien" der Mischna beweisen, dass sie in diesem Wortlaut während des Tempelbestandes zur Zeit der Blüte der Schulen Hillels und Schammajs redigiert worden seien.

Sein erster und hauptsächlichster Beweis ist die Mischna in Bik. III, 2—6, worin die Darbringung der Erstlingsfrüchte geschildert wird, und wo sich der Satz findet: ‚Waren sie am Tempelberge angelangt, so nimmt selbst der König Agrippa den Korb auf seine Schulter'; — „und dies beweise zur Genüge, dass die Partie zur Zeit des Königs Agrippa redigiert wurde [23], denn in späterer

kritischen Glossen sind nichts anderes als eine Kritik an den irrigen Auslegungen, die er den Worten der genannten Autoren gibt.

22 Erschienen Berlin 1882.

23 Diese Mischna erörterte Graetz in der „Monatsschrift f. Gesch. u. Wissenschaft d. Judentums" Bd. XXVI (1877), S. 437 ff. Nach seiner Ansicht lebte der Tanna unserer Mischna, der die Darbringung der Erstlingsfrüchte als eine Art Fest schildert, in der Zeit von Agrippa I., und er schildert den (einmaligen) Vorgang, den er in dem Jahre sah, in welchem Agrippa aus Rom zurückkehrte (im Jahre 41 vor der gew. Zeitrechnung). Damals habe man die Erstlinge mit ganz besonderer Feierlichkeit dargebracht: Der Stier mit den

Zeit hätte man hier einen mächtigen biblischen König, etwa König Salomo (vgl. B. mez. VII, 1), genannt. Es sei aber wahrscheinlich hier von Agrippa I. die Rede, der ein frommer König war und sicherlich diese Vorschrift befolgte, was sich von Agrippa II. schwerlich behaupten lasse"[24]. Auch die

goldbedeckten Hörnern schritt vor ihnen einher ....., die Fürsten und die Vornehmen sowie die Verwalter des Heiligtums zogen ihnen entgegen, und alle Handwerksmeister von Jerusalem erhoben sich vor ihnen ...., und die Leviten sangen ihr Lied. Aber alljährlich brachte man die Erstlingsgaben nicht mit solcher Pracht und Feierlichkeit dar. Auch Philo habe damals jene Feier mitangesehen, und sie sei es, die er in seinem Buche über die Einzelgesetze II, § 215 ff., schildert. — Es besteht, wie mir scheint, keine Notwendigkeit, diesen Ausführungen entgegenzutreten; vgl. unten.

24 Büchler in seinem Buch: „Die Priester und der Cultus", S. 11 ff., neigt zu der Meinung, dass dies Agrippa II. sei; doch ist ihm das zweifelhaft, weshalb er in seinem später erschienenen Buche „Das Synedrion in Jerusalem" (S. 61) sagt, der in der Mischna Bikkurim und Sota erwähnte Agrippa sei ‚einer von den beiden Königen dieses Namens', Agrippa I. oder Agrippa II. (s. auch im Index dort, unter: „Agrippa I. oder II."). Das hindert jedoch Epstein nicht, in den (hebr.) „Einführungen zum Schrifttum der Tannaim" (S. 44, Anm. 118 a) in apodiktischer Formulierung, wie es seine Art ist, festzustellen: „Das ist Agrippa der Zweite (gemäss der Ansicht Büchlers [wo?]) und nicht der Erste (gemäss der Ansicht Hoffmanns)". Aber dort S. 399 bringt er dann einen Beweis (und zwar ist dies der Beweis Büchlers!, auf welchen er in Anmerkung 35 hinweist: „Vgl. Büchler, „Priester", 11—14) aus der Tosephta Sota VII, 16, dafür, dass der in der Mischna das. VII, 8, erwähnte Agrippa der König Agrippa II. sei, denn wir lernen dort: „An diesem Tage („בו ביום") sah R. Tarphon einen Lahmen stehen und die Trompete blasen usw.; [zu jener Stunde] wurde Israel der Vernichtung schuldig befunden, weil sie dem Agrippa geschmeichelt hatten"; — ‚und dies beweise, dass der Vorgang zur Zeit Agrippas II. geschah, denn R. Tarphon lebte gegen Ende der Zeit des Tempels und danach'. — In Wahrheit sind das jedoch verschiedene Dinge. Die Tosephta lehrt dort, Hal. 15 ff.: An jenem Tage (אותו היום; — zur Zeit der Volksversammlung — הקהל — am Hüttenfest nach dem Sch'mitta-Jahre gemäss Deut. XXXI, 10 ff.) waren die Priester auf den Umzäunungen usw., und sie bliesen Trompetenstösse und Schmettertöne usw.; an diesem Tage sah R. Tarphon einen Lahmen usw; — d. h. an diesem Tage zur Zeit der Volksversammlung (vgl. Sifrë, „B'haalot'cha", Erkl. 75, sowie Jer. Joma, Kap. I, Ende v. Hal. 1). Ebenso findet sich der Wortlaut: „an diesem Tage" („בו ביום") in der Tosephta Joma II, 2: Und zehn Mal erwähnte er (der Hohepriester) den Namen [Gottes] „בו ביום" (d. h. באותו היום), nämlich am Jom ha-Kippurim, dem Sühnetage; — und so an zahlreichen anderen Stellen. Nachher sagt die Tosephta: Im Namen von R. Natan wurde gesagt: ‚Israel ist der Vernichtung schuldig befunden worden', usw.; — doch dies gehört zu einem anderen Thema und bezieht sich auf die Episode mit Agrippa, die in der Mischna berichtet wird. Beide, Büchler wie Epstein, bringen die Worte: „Im Namen von R. Natan wurde gesagt:" nicht, obwohl sie auch im Babli (Sota 41 b) stehen: „Im Namen von R. Natan wurde gelehrt: Zu jener Stunde wurde Israel schuldig befunden", usw. — Epstein fügt hinzu: „Und ferner: Zur Zeit Agrippas I. gab es keinerlei Zusammenstoss mit dem König, auf welchen die Tosephta hindeutet (‚Zu jeder Stunde wurde Israel' .... usw.) und über den mit klaren Worten seitens des R. Chanina b. Gamliël berichtet wird (Jer. das., Bl. 22 a: ‚Viele Erschlagene fielen an jenem Tage')". — Dieses Argument bringt

Ordnung für die Passah-Nacht (= „Seder") in Pes. X, 1—7, stamme aus alter Zeit, und zwar noch aus der Zeit des Tempels, nur wurden dort einige Zusätze beigefügt. Gleich die erste Mischna stamme aus alter Zeit; denn eine „Tosephta" dazu (d. h. ein Zusatz in der Barajta Bab. Pes. 107 b) bestimmt: ‚Sogar König Agrippa, der [sonst] in der neunten Tagesstunde zu speisen gewohnt ist, darf an jenem Tage (dem 14. Nissan) nicht vor Eintritt der Dunkelheit speisen'. Mag auch vielleicht hier Agrippa II. gemeint sein (vgl. Bab. Suk. 27 a), so müsse doch die Mischna, zu der dieser Zusatz gehört, aus früher Zeit datieren. Der König Agrippa wird auch in der Mischna Sota VII, 8. erwähnt. Im Zusammenhang mit der Thora-Vorlesung, die dem König am Festtage des Erlass-Jahres (Sch'mitta-Jahres) am Hüttenfest oblag (s. Deut. XXXI, 10 ff.), wird dort gelehrt: Der Diener der Synagoge (am Tempelberge) nimmt die Thora-Rolle und übergibt sie dem Oberhaupt der Synagoge [usw.], und der Hohepriester übergibt sie dem König, und der König steht auf und nimmt sie in Empfang und verliest sie [dann] sitzend. König Agrippa [aber] nahm sie stehend in Empfang und verlas sie stehend, und die Weisen lobten ihn [dafür]; und als er an die Stelle kam: „Du darfst über Dich keinen fremdstämmigen Mann als König einsetzen" (Deut. XVII, 15), da entflossen seinen Augen Tränen. Sprachen sie (die Weisen) zu ihm: „Sei ohne Furcht, Agrippa, Du bist unser Bruder!" . . . . usw. — Dieser Agrippa sei Agrippa I., der ein frommer König war, usw. Die späteren Tannaim äusserten scharfen Tadel gegenüber den Weisen, die dem Agrippa schmeichelten (s. dort, Bab. 41 b und Jer., sowie Tosephta VII, 16 vgl. Anm. 24), in der Mischna aber geschehe dessen keinerlei Erwähnung, weil sie vorher redigiert worden sei, nämlich in der Zeit Agrippas. —

Zu dem Hauptbeweis Hoffmanns aus Bik., Kap. III, ist zu bemerken: Hoffmann gibt zu, dass Agrippa diese Vorschrift befolgt und den Korb mit den Erstlings-Früchten auf seine Schulter genommen hat; ohne Zweifel war dieses Ereignis den Weisen bekannt, und deshalb haben sie den Namen des Königs Agrippa anerkennend erwähnt, um uns zu lehren, dass selbst ein König verpflichtet ist, den Korb vom Tempelberge an und weiter auf seiner Schulter zu tragen, in der Art wie dies Agrippa getan hat. Hoffmann bringt keinen Beweis von dem Ausdruck „nimmt" (‚נוטל'), — im Hebräischen durch das Partizipium Präsentis (= ist nehmend") gebildet, — um zu beweisen, dass die Mischna in jener Zeit redigiert worden ist. Und mit Recht; wenn wir

Büchler (S. 12) im Namen Branns (Monatsschrift f. Gesch. u. Wissenschaft d. Judentums, Bd. XIX [1870], S. 545), doch hat Büchler Bedenken (S. 13), ob das ein schlüssiger Beweis ist, und will sagen (S. 14 in der Anm.), dass dieser R. Chanina b. Gamliël nicht der Sohn R. Gamliëls des Zweiten sei, sondern ein anderer R. Chanina, der zur Zeit des Tempels lebte. — All dieses ist unrichtig, und es ist kein Wunder, dass Büchler selbst, wie bereits bemerkt, die Sache im Zweifel lässt. Auch ich (in den „Ergänzungen" zu Sota, ibid., meines Mischna-Kommentars) schrieb dort, es sei nicht klar, ob dies Agrippa der Erste oder der Zweite ist.

nämlich den Wortlaut genau nehmen wollten, so könnten wir aus den Vergangenheits-Formen in diesen Mischnajot folgern, dass sie erst nach der Tempelzerstörung redigiert worden sind. Denn der Wortlaut ist folgender: ‚Und sie (die übernachtenden Wallfahrer, die die Erstlingsfrüchte nach Jerusalem brachten) traten nicht in die Häuser ein, und frühmorgens sagte der Aufseher usw.; die Flöte bläst man vor ihnen, bis sie in der Nähe von Jerusalem ankommen (‚שמגיעין'; in den Handschriften: ‚שהיו מגיעין', „angekommen waren"); waren sie in der Nähe von Jerusalem angelangt, so schickten sie [Boten zur Ankündigung ihres Kommens] vor sich her und schmückten ihre Erstlingsgaben usw.; entsprechend der Ehre der Einziehenden (der Ehre, die den Einziehenden gebührte) zog man [zu ihrer Begrüssung] hinaus, und alle Handwerksmeister in Jerusalem erheben sich (im Talm. Jer.: erhoben sich) vor ihnen usw.; waren sie am Tempelberge angelangt, so nimmt selbst der König Agrippa usw.; und die Leviten sprachen (sangen) ihr Lied usw. Die jungen Tauben auf den Körben waren Ganzopfer (d. h. sie wurden als solche dargebracht), und was in ihren Händen, wird den Priestern übergeben (‚ניתנים'; in der Münchener Handschrift: ‚היו נותנים', „übergaben sie") usw.; und er setzt ihn (den Korb) hin (in der Ausgabe Lowe: „והניחו", „und er setzte ihn hin") neben den Altar und warf sich nieder und ging hinaus'. — Diese Formulierungen beweisen, dass die Schilderung aus einer vergangenen Zeit herrührt, und man könnte höchstens sagen, dass der Ausspruch: „Sogar der König Agrippa [usw.]" in seinem Wortlaut zur Zeit des Agrippa festgelegt wurde. Der Fall läge dann ähnlich wie bei dem Ausspruch: „Es geschah einmal, dass Ben-Sakkaj untersuchte [usw.]", den wir oben gebracht haben. Von hier ist jedenfalls kein Beweis für die Redigierung der ganzen in unserer Mischna enthaltenen Schilderung (über die Darbringung der Erstlingsfrüchte) zur Zeit des Agrippa zu erbringen, sondern nur für die Festsetzung einer alten Halacha in ihrem Wortlaut. Wenn man annehmen will, dass man bei der letzten Redigierung die im Partizip des Präsens gehaltenen Formulierungen der übrigen Teile der Mischna in die Vergangenheitsform umwandelte, so bleibt immerhin schwer erklärbar, warum man dann nicht auch den Ausdruck ‚נוטל' (er „nimmt") entsprechend abgeändert hat. In Wahrheit ist aber der Stil der erzählenden Schilderung in der Mischna so, dass die Form des Partizipium Präsentis mit der Vergangenheits-Form abwechselt [25]. —

Der Beweis Hoffmanns aus dem Zusatz in der Barajta Pes. (107 b), worin Agrippa als vorbildliches Beispiel erwähnt wird, ist sogar noch schwächer als

25 Vgl. Joma, Kap. I; Suk. IV, 4—5; Sota I, 3 ff.; Neg. Kap. XIV; Para Kap. III. — S. auch Pes. IV, 8: sechs Dinge taten die Bewohner von Jericho usw., sie pfropfen Dattelbäume usw. Der Ausdruck הגיע („er war angelangt", in Vergangenheitsform) mit darauf folgendem Part. Praes. ist auch an anderen Stellen geläufig, vgl. Schab. XXII, 4; Joma III, 1; V, 1; Taan. IV, 2. —

der erste, weil man aus der Entstehungszeit dieses Zusatzes nicht entnehmen kann, zu welcher ihm vorausgegangener Zeit die Mischna redigiert wurde. Wenn der Zusatz von Agrippa I. spricht, so ergäbe sich, dass die Redigierung der Mischna (nach der Beweisführung Hoffmanns) noch vor dessen Zeit erfolgte; und falls dort Agrippa II. gemeint ist, so ist es sicherlich unmöglich, an Hand dessen die Zeit der Mischna zu bestimmen, in welcher sie vor Agrippa II. redigiert worden ist. In Wahrheit wird jedoch Agrippa nur deshalb in der Barajta erwähnt, weil er „gewohnt war", in der neunten Tagesstunde zu speisen (vgl. in der Gemara dort). Die Mischna in Sota, Kap. VII, berichtet zweifellos eine Episode, die sich tatsächlich bei Agrippa ereignet hat (מעשה שהיה), und sie konnte deshalb gar keinen anderen als diesen Namen nennen! — Ebensowenig lässt sich daraus, dass die Mischna nicht die missbilligenden Worte erwähnt, mit welchen R. Natan die Weisen rügte, die dem Agrippa geschmeichelt hatten, die Folgerung ziehen, dass sie in der Zeit des Agrippa redigiert worden sei; denn selbst bei dieser Annahme bliebe die Schwierigkeit ungelöst, warum auch der letzte Mischna-Redaktor die Worte des R. Natan nicht gebracht hat. Und notwendigerweise müssen wir darauf antworten, dass er diese Worte eben nicht kannte oder sie nicht für wichtig genug hielt, um sie in die Mischna aufzunehmen. Wenn dem aber so ist, so gewinnen wir nichts mit der Annahme, dass die Mischna in einer früheren Zeit redigiert worden ist; denn diese Annahme nützt uns nichts bei der Beantwortung der erwähnten Frage, und wir bleiben auf eine andere Lösung angewiesen. —

Hoffmann bringt ferner Beweise von den Aufsichtbeamten im Heiligtum, die in Schek. (V, 1) namentlich aufgezählt werden, — darunter auch „Gewini Charos", ein Zeitgenosse von Agrippa, — und ebenso aus dem Wortlaut: „es geschah einmal, dass Ben-Sakkai untersuchte usw."; doch über den mangelnden Wert dieser Beweisführung wurde bereits oben gesprochen (S. 108 f.)[26]. —

Schliesslich liegt es uns noch ob, auch die Theorie Halevys zu bringen, der das Problem der Redigierung der ersten Mischna an mehreren Stellen seines Werkes „Dorot ha-Rischonim" erörtert, und besonders im III. Band, Seite 204 ff. Nach seiner Auffassung: „ist die ganze Mischna, d. h. die Grundlage der Mischna, insgesamt geordnet und in fester Prägung in ihrem vollen Wortlaut, wie sie uns jetzt vorliegt, festgelegt und der Gesamtheit überliefert worden in den Tagen der Männer der Grossen Synode". Einen Beweis dafür entnimmt er aus ‚so und so vielen Kontroversen zwischen den Schulen Schammajs und Hillels', die seiner Meinung nach nur stritten: „über die Auslegung dessen, was mit den Worten der Mischna gemeint ist", welche ihnen in fester

26 In meinen „Untersuchungen über die Red. der Mischna", S. 89 ff., habe ich diese Beweise sowie auch die übrigen Ausführungen Hoffmanns erörtert und in meinem Aufsatz in der Monatsschrift f. Gesch. u. Wiss. d. Judentums, Bd. LXIX (1925), S. 416 ff., auf die Einwände meiner Kritiker entgegnet.

Form vorlag; „und alle ihre Ausführungen und Diskussionen bezogen sich lediglich auf deren Auslegung oder auf den Endbegriff ihrer Worte, oder auf einen (konkreten) Fall, bei dem zu untersuchen war, wie die Entscheidung darüber gemäss den feststehenden und allgemein bekannten Grundlagen der Mischna zu lauten habe, ganz so, wie wir dies auch heutzutage noch tun; es kommt bei ihnen auch vor, dass sie über die Lesart der Mischna streiten" (S. 205). Als Beispiel dient ihm unter anderem die Mischna zu Beginn des Traktates Kidduschin: ‚Eine Frau kann auf drei Wegen [als Ehefrau] erworben werden usw.; sie wird erworben durch Geld, durch eine Urkunde oder durch Beiwohnung; durch Geld: das Lehrhaus Schammajs sagt: durch einen Denar oder den Wert eines Denars; das Lehrhaus Hillels sagt: durch eine Peruta oder den Wert einer Peruta'. — Halevy meint nun dazu: „Und Alles liegt in der gleichen Richtung, dass nämlich die Schulen Schammajs und Hillels lediglich streiten über die Worte der Grund-Mischna, und zwar über die Bemessung des gesetzlich vorgesehenen Geldbetrages, von welchem dort gesprochen wird" (S. 207). — Genau so ist dies nach seiner Auffassung der Fall bei vielen sonstigen Kontroversen zwischen den Lehrhäusern Schammajs und Hillels, sowie zwischen anderen Tannaim.

Nach unserer obigen Erörterung über den eigentlichen Kern des Problems besteht, wie mir scheint, keine Notwendigkeit mehr, noch auf die Worte Halevys einzugehen. Vor allem: Niemand bestreitet die Tatsache, dass alte Halachot bereits vor Gründung der Schulen Schammajs und Hillels vorhanden waren, und dass diese mehrmals Kontroversen über deren Erklärung und Formulierung führten, — obwohl wir auf Grund dessen noch kein Recht haben, eine allgemeine Regel des Inhalts aufzustellen: ‚dass alle ihre Worte und ihre Kontroversen sich lediglich auf deren Erklärung bezogen'. — Auf Kid. I, 1, hat schon Frankel hingedeutet (s. oben S. 110), und ebenso sind noch einige weitere der von Halevy herangezogenen Beispiele bereits von Anderen vor ihm so erklärt worden. Man kann aber unmöglich wissen, ob die alten Halachot in ihrer Sprache und in ihrem Wortlaut festgelegt waren und in allen Lehrhäusern in einheitlicher Form gelehrt worden sind (vgl. oben S. 97 f.). Und selbst wenn man annimmt, sie seien in einheitlicher Form gelehrt worden, so bleibt immer noch die Frage offen, ob sie bereits in fester Ordnung hintereinander aufgereiht und in (schon während der Vorzeit geordneten) Traktaten gelehrt worden sind, wie wir dies an genannter Stelle erläutert haben. — Zweitens: Es gibt keinerlei Beweis aus den Quellen dafür, dass die Männer der Grossen Synode Mischnajot redigiert haben. R. Saadja verlegt die Zeit der Mischna-Redigierung bis zu den Tagen der Männer der Grossen Synode zurück, um damit den Worten der Karäer entgegenzutreten (oben, a.a.O.). Krochmal, — der annimmt, dass gegen Ende der ‚Epoche der Grossen Synode', zur Zeit Simons des Gerechten, mit der Mischna-Redigierung begonnen wurde, — stützt sich dabei auf einen Satz in „Seder Tannaim w' Amoraim", der im „Sefer ha-Juchassin" gebracht wird, — so wie er (Krochmal) ihn erklärt (vgl. oben S. 107 f.). Halevy aber will das Problem, wie es sich gebührt, auf Grund der Mischna selbst lösen; nur dass in all seinen Beweis-Material noch nicht einmal eine Andeutung über eine Redigierung der ersten Mischna gerade durch die Männer der Grossen Synode enthalten ist[27]. —

Nunmehr soll aufgezeigt werden, was sich aus den Quellen entnehmen lässt, um das Problem zu lösen. Ausführlich habe ich mich darüber in meinem Buch „Untersuchungen über die Redaktion der Mischna" geäussert (S. 108 ff.) und dessen wesentlichen Inhalt in die Einführung zum Traktat ‚Edujot' (meines Mischna-Kommentars) übernommen. Ich gebe sie hier nochmals wieder: Der Traktat Edujot unterscheidet sich in seiner Gestalt und seinem Aufbau offenkundig von allen anderen Traktaten. Er behandelt nicht einen einheitlichen Gegenstand, sondern es werden darin Halachot über verschiedene Gegenstände gelehrt, die zu anderen Traktaten gehören, und sie sind nur durch ein ihnen gemeinsames äusseres Merkmal miteinander verbunden, z. B. dass ein und derselbe Gelehrte sie vorgetragen oder sie bezeugt hat, u. dgl. — Die Mehrzahl dieser Halachot sind an dem ihnen zukommenden Platz in anderen Traktaten eingereiht; ein Teil von ihnen wird dort in gleichem Wortlaut gelehrt wie hier, ein Teil jedoch in abweichendem Wortlaut. Wenn dem aber so ist, warum sind dann diese Halachot in einem selbständigen, gesonderten Traktat, nämlich Traktat Edujot, gesammelt und geordnet worden? Hätte es denn nicht genügt, sie in demjenigen Traktat festzulegen, wo sie ihren Gegenständen nach hingehören? Darauf gibt es keine andere Antwort als die folgende: Der Traktat Edujot ist schon in früherer Zeit geordnet worden, noch bevor man mit der Ordnung der anderen Traktate begonnen hatte, und er wurde nicht nach den darin behandelten Gegenständen geordnet, sondern nach den Namen der Weisen, die die Halachot überlieferten. Erst nachher, als man mit der Redigierung der Mischnajot nach ihrem Inhalt begonnen hatte, fügten deren Ordner und Redaktoren die Halachot aus dem Traktat Edujot, der vor ihrer Zeit redigiert worden war, in diejenigen Traktate ein, in welchen inhaltlich ihr Platz ist.

Dies lässt sich auch aus der Tosephta am Anfang von Traktat Edujot beweisen, die lautet: Als die Weisen im „Weinberg" (dem Lehrhause) von Jabnë zusammentraten, sagten sie: ‚Es mag einmal die Stunde kommen, da der Mensch nach einem Wort von den Worten der Thora suchen wird und es nicht finden, [nach einem Wort suchen wird] von den Worten der Schriftgelehrten und es nicht finden; denn es heisst (Amos VIII, 11—12): „Siehe, es kommen Tage ...., da werden sie umherschweifen, um des Ewigen Wort zu suchen, und sie werden es nicht finden", — denn nicht eines der Thora-Worte wird mehr dem anderen gleichen!' Da sprachen sie: „Lasset uns von Hillel und von Schammaj ab beginnen!" usw. — Von hier können wir

27 In meinen „Untersuchungen etc.", S. 97 ff., bin ich ausführlich auf die Widersprüche in den Ausführungen Halevys eingegangen.

entnehmen, dass die Weisen, — als sie nach der Tempelzerstörung im Lehrhause von Jabnë zusammentraten, — obschon die Grossen und die Fürsten der Thora unter ihnen waren, dennoch befürchteten, vielleicht könnte die Thora einmal vergessen werden in Israel, unter dem Joch der Knechtschaft und der Bedrängnisse. Denn die Geschlechter nach ihnen würden nicht mehr mit solchem Eifer über die Thora wachen können, in der Art, wie es die früheren Generationen getan hatten, und am Ende werden sie die Worte der Thora, nach denen sie verlangen, nicht mehr finden, weil ihre Mischna keine Ordnung aufweisen wird. Deshalb beschlossen sie, mit der Ordnung der Halachot nach den Namen ihrer Träger zu beginnen („Lasset uns von Hillel und Schammaj ab beginnen!"). — Wollte man aber sagen, dass schon Mischnajot, die vor ihnen geordnet worden waren, zu jener Zeit bestanden, so hätten sie zu der Befürchtung, man werde vielleicht einmal nach den Worten der Thora dürsten und sie nicht finden, gar nicht gelangen können, weil ihnen ja bereits eine geordnete Mischna vorlag; und was hätte ihnen dann eine Neuordnung für Nutzen gebracht? Wenn man weiter einwenden würde: Sie hatten ja die Möglichkeit, Verbesserungen und Ergänzungen oder allgemeine Regeln hinzuzufügen?, — so ist zu antworten: Dazu hätten sie nicht nötig gehabt, eine nochmalige Umredigierung der Mischna vorzunehmen, sondern sie hätten diese Zusätze an den passenden Stellen einfügen können, ohne deshalb mit einer Neuordnung „beginnen" zu müssen! Aus alledem folgt, dass sie zu jener Stunde, und nicht früher, begonnen haben, den Grundstein für eine Ordnung der Mischna zu legen. Sie sahen eben ein, dass „die Zeit gekommen war, um für Gott zu wirken" (vgl. Ps. CXIX, 126), und sie sagten sich selbst sowie ihren Schülern, dass es ein Gebot der Stunde sei, die Halachot zu ordnen, wobei sie sicher waren, dass die Weisen in den nach ihnen kommenden Generationen mit dieser Ordnung der Halachot fortfahren würden, um so die Kraft der künftigen Geschlechter zu stützen, damit die Thora von ihnen nicht vergessen werde und sich erfülle, was geschrieben steht (Deut. XXXI, 21): „Denn sie wird nicht vergessen werden im Munde ihrer Nachkommen!" [28]. —

Die Ordnung der Mischna, die durch die Weisen von Jabnë vorgenommen, wurde, stellte nur einen „Beginn" dar: Sie ordneten die Halachot nicht nach ihrem Inhalt und konnten auch in so kurzer Zeit nicht alle Halachot ordnen, sondern sie sammelten und verbanden miteinander jene Halachot, die ein (ihnen gemeinsames) besonderes Merkmal aufweisen und deshalb dem Ge-

---

28 R. Simon sagt: „Gott behüte, dass die Thora je vergessen werde in Israel, da es doch heisst: ‚Denn sie wird nicht vergessen werden im Munde seiner Nachkommen'! Wie aber ist zu verstehen: ‚Sie werden umherschweifen, um das Wort des Ewigen zu suchen, und werden es nicht finden'? Dass sie nicht eine klare Halacha und eine klare Mischna an einer (einheitlichen) Stelle finden werden (Bab. Schab. 138 b; vgl. auch Sifrë „Ekew", Erkl. 48, sowie in Anm. 3 der „Einleitung" zu „Edujot" in meinem Mischna-Kommentar). Vgl. ferner im Anhang am Ende des Buches, Nr. I.

dächtnis leicht einzuprägen sind, wie (im I. Kap. von Trakt. Edujot) die Halachot, über die Schammaj selbst mit Hillel streitet, oder solche, über die Schammaj mit der Schule Schammajs streitet, oder solche, bezüglich welcher die Schule Hillels ihre frühere Meinung aufgab und fortan wie die Schule Schammajs lehrte; und ebenso (im IV. Kap. dieses Traktats) die Dinge, die zu den Erleichterungen der Schule Schammajs und den Erschwerungen der Schule Hillels gehören, sowie verschiedene Zeugnisse über alte Halachot, nach ihrer Anzahl zusammengefasst: R. Chananja, der Priester-Aufseher, bezeugte 4 Dinge usw. (II. Kap.), in 4 Zweifelsfällen erklärt R. Josua für unrein und die Weisen erklären für rein; drei Dinge erklärt R. Zadok für unrein und die Weisen erklären sie für rein, usw. (III. Kap.). —

Im babylonischen Talmud (Ber. 27 a und an den Parallelstellen) wird der Traktat Edujot mit dem Ausdruck ‚בחירתא‘ („Auslese") bezeichnet, und der Verfasser des „Aruch" (R. Natan aus Rom; Stichw. ‚בחר‘) erklärt dies so: „dass seine Halachot auserlesen (מובחרות) sind, gesammelt aus der ganzen Mischna", d. h. dass man darin Themen ausgewählt und zusammengestellt hat, die zu allen Ordnungen der Mischna gehören. Doch auch qualitativ ist der Traktat „erlesen" und von zuverlässiger Exaktheit, da er in der Plenar-Versammlung der Weisen zu Jabnë zusammengestellt worden ist. Allein nicht alle seine Aussprüche enthalten eine fest entschiedene, gültige Halacha (‚הלכה פסוקה‘); denn es werden darin auch eine Reihe von Kontroversen gebracht, in denen überhaupt keine Entscheidung über die Halacha getroffen wird, weil nicht beabsichtigt war, die für die Praxis geltende Halacha (‚הלכה למעשה‘) festzusetzen, sondern nur den Stoff geordnet zusammenzustellen. Zahlreiche Kontroversen zwischen den Schulen Schammajs und Hillels sowie Kontroversen Anderer werden in diesem Traktat nicht einmal erwähnt, und erst recht wird keine halachischeEntscheidung zwischen den Lehrmeinungen gefällt [29]. — Die Durchführung der Auswahl bei der Redigierung erfolgte, wie bereits gesagt, auf Grund besonderer Merkmale der Aussprüche, um dem Gedächtnis deren Einprägung zu erleichtern. — Diese Mischna-Sammlung wurde weit verbreitet; man lernte sie in den Lehrhäusern, und alle Tannaim, welche Mischnajot ordneten und redigierten, kannten sie und nahmen sie in ihre Mischna-Sammlungen auf. Im Laufe der Zeit bildeten sich verschiedene Fassungen heraus, auch bezüglich derjenigen Halachot, die im Traktat Edujot enthalten sind; und unser Traktat in der Formulierung, wie er aus der Hand des R. Jehuda ha-Nassi hervorging, enthält Mischnajot, die in der Fassung des R. Jehuda, und solche, die in der Fassung des R. Mëir sowie anderer Tannaim gelehrt worden sind. Solche Fassungen werden sogar in der Mischna selbst gebracht [30]. Ebenso gibt es darin Zusätze, die R. Jehuda,

---

29 Dass die Halacha der Meinung des Lehrhauses von Hillel folgt (הלכה כבית הלל), wurde erst in späterer Zeit bestimmt; vgl. in den „Ergänzungen" zu Jeb. I, 4, meines Mischna-Kommentars.

30 Vgl. in Anm. 6 u. 7 der „Einleitung" zu „Edujot" meines Mischna-Kommentars.

R. Josë und andere beigefügt haben. Doch nur die Kernsubstanz des Traktats Edujot war allen Redaktoren bekannt, während die Zusätze nicht in andere Traktate eingefügt worden sind, weil sie deren Ordnern und Redaktoren unbekannt waren. Hiernach ist verständlich, dass man im Traktat Edujot Antwort auf die Frage gab: „Weshalb werden die Meinungen Hillels und Schammajs unnötigerweise erwähnt?“, oder allgemein gehalten: „Weshalb wird die Meinung eines Einzelnen gegenüber derjenigen der Mehrheit erwähnt?“, nachdem doch die Halacha sich nach der Mehrheit richtet (Edujot I, 4—6). Fragen über solche allgemeinen Lehrprinzipien sind bei systematischem Aufbau im e r s t e n Traktat der Mischna-Ordnung am Platze, und zwar aus Anlass der ersten Kontroverse. —

Nach der Versammlung zu Jabnë f ü h r t e n die Tannaim die Ordnung der Halachot f o r t. Wir haben bereits gehört, dass R. Akiba die ganze Thora zu „Ringen“ („טבעות‘) machte, indem er die Halachot für seine Schüler ordnete und Midrasch, Halachot sowie Aggadot einführte (s. oben S. 111, 114), weshalb man ihn (R. Akiba) mit Esra und dessen Bedeutung für seine Epoche verglichen hat; denn wäre er nicht gewesen, „so wäre die Thora vergessen worden von Israel“ (Sifrë „Ekew“, Erkl. 48). — Ebenso lag dem R. Josë ein geordneter Traktat Kelim vor, der „mit Unreinheit (d. h. mit Halachot über Unreinheit) begann und mit Reinheit endete“, genau so wie der Traktat Kelim in unserer Mischna [31]. Auch der Traktat Ukzin war schon R. Mëir, R. Natan sowie R. Simon b. Gamliël bekannt (s. oben S. 102). Selbst wenn man annimmt, dass die Bezeichnung „Ukzin“ hier nichts anderes zu bedeuten habe als Halachot in Bezug auf „Ukzin“, — nämlich die „Stiele“ von Früchten, — dass also „halachisch“ im Falle einer Unreinheit des Stieles auch die ganze übrige Frucht von der Unreinheit ergriffen wird usw., — ohne dass man damit einen geschlossenen Traktat des Namens ‚Ukzin‘ gemeint habe, — so lässt sich doch hieraus entnehmen, dass man eine Reihe von Halachot ihrem Inhalt entsprechend zu einer Einheit zusammenfasste. Ebenso sprechen die Tannaim von „נגעים ואהלות“ (d. h. Unreinheits-Vorschriften bei „Aussatz-Schäden und Überzeltungen“, Bab. Chag. 14 a nebst Parallelstellen), sowie von Halachot über: „„בהרת עזה““ (d. h. über einen „stark hervortretenden

Im Bab. (Ber. 28 a) wird gesagt: Edujot wurde „an jenem Tage“ gelehrt (nämlich am Tage, als man R. Gamliël seines Amtes enthob und R. Eleasar b. Asarja als Oberhaupt des Lehrhauses einsetzte). Vielleicht ist damit gemeint, dass der Traktat „an jenem Tage“ einer Neu-Redigierung unterzogen wurde und man ihm eine Reihe von Halachot hinzufügte, so wie er uns jetzt vorliegt. In „Dikdukë Sof'rim“ lautet die Lesart: an jenem Tage haben sie ihn „eingerichtet“ („תקנום“, — was auch bedeuten kann: richtiggestellt“, „verbessert“). Vgl. die „Erklärungen und Novellen zum Jeruschalmi“ (פירושים וחידושים בירושלמי) von Ginzberg (Teil III, S. 200), welcher, seiner Art entsprechend, mein Buch über die Mischna benutzt hat, ohne es zu erwähnen.

31 R. Josë meinte jedoch nicht unseren (jetzigen) Traktat „Kelim“, wie er von der Hand Rabbis redigiert worden ist; vgl. in der „Einführung“ zu Trakt. „Kelim“ meines Mischna-Kommentars.

hellweissen Fleck“ in der menschlichen Haut als Symptom einer Aussatz-Erkrankung, Bab. Sanh. 68 a), u. Ähnliches. — Elischa b. Abuja sagt (in „Abot d' R. Natan“, Kap. XXIV): „Wenn Jemand sechs Monate (müssig) sitzt und (seinen Thora-Wissensstoff) nicht wiederholt, so ist die Folge, dass er Unreines für rein erklärt [usw.]; wenn er 18 Monate nicht wiederholt, so ist die Folge, dass er den Beginn der Kapitel (‚פרקים‘) vergisst; wenn er 24 Monate nicht wiederholt, so ist die Folge, dass er den Beginn seiner (d. h. der von ihm gelernten) Traktate (‚מסכתות‘) vergisst“. — Wir finden auch den Ausdruck ‚סדר‘ (Mischna-„Ordnung“) bei Abba Schaul b. Nannos („Abot d' R. Natan“, Kap. XXIX): „Hat Jemand eine Ordnung gelernt oder zwei oder drei, sie aber nicht Andere gelehrt usw., so ist dies Einer, der nur für sich selbst lernt, aber nicht für Andere“, usw. —

Nun bleibt noch die Überlieferung der Amoräer in Bezug auf die Traktate „Tamid“ und „Middot“ zu klären, wie sie aus den Quellen hervorgeht. In Jer. Joma Kap. II, Hal. 2 (39 d) sagt R. Jochanan, „Tamid“ sei von R. Simon aus Mizpa, und R. Jakob b. Acha fügt hinzu: ‚nicht der ganze Traktat Tamid, sondern nur solche Aussprüche, welche bei den Rabbanim Zweifel erregen‘ („מילי דצריכין לרבנן“), — das soll heissen: ‚diejenigen Aussprüche, die den Weisen zweifelhaft sind‘. Lediglich solche anonymen Aussprüche also, die erkennen lassen, dass sie nicht der Lehre der Mehrheit entsprechen, sondern nur der eines Einzelnen, — nur von ihnen wurde gesagt, dass sie der Mischna des R. Simon aus Mizpa entstammen, während andere anonym überlieferte Aussprüche in „Tamid“ nicht gerade auf jenen Tanna zurückzugehen brauchen. — Und an einer benachbarten Stelle sagt der Talm. Jer.: R. Chiskija, R. Acha im Namen von R. Abahu: „Middot ist von R. Eliëser b. Jakob“; — und auch hier wird hinzugefügt: ‚Sagt R. Josë b. R. Bun: Aber nicht der ganze Traktat, sondern nur solche Aussprüche, welche bei den Rabbanim Zweifel erregen‘. Somit ergibt sich, dass nach dem Talm. Jer. die Überlieferung der Amoräer besagt, dass der anonyme Teil von „Tamid“ auf R. Simon aus Mizpa und der anonyme Teil von „Middot“ auf R. Eliëser b. Jakob zurückzuführen sei; ebenso wie die Überlieferung des R. Jochanan besagt, dass die anonyme Mischna in den übrigen Traktaten von R. Mëir herstamme. Der Talm. Babli jedoch ist nicht der Auffassung, dass es sich hier um eine feststehende (also unverbrüchliche) Überlieferung handelt, über die sich nicht streiten lässt, sondern dass (von Fall zu Fall) der Beweis dafür erbracht werden muss, dass dem so ist. Denn in Joma 14 b wird eine Schwierigkeit auf Grund des Widerspruches zwischen der Mischna in Joma und derjenigen in Tamid aufgezeigt, worauf Raw Huna antwortet: ‚Wer lehrte Tamid? Das ist R. Simon aus Mizpa‘. Dagegen wird eingewendet: ‚Finden wir denn nicht in der Barajta, dass R. Simon aus Mizpa die Mischna in Tamid bekämpft?‘ Und die Antwort darauf lautet: ‚Vielmehr hat R. Jochanan gesagt: Wer lehrte den Traktat Joma (‚סדר יומא‘)? Das ist R. Simon aus Mizpa‘. — Und so sagt Raw Huna (a. a. O., Bl. 16 a): ‚Wer lehrte

Middot? Das ist R. Eliëser b. Jakob'; — und dafür werden Beweise gebracht, — entgegen der Ansicht des Raw Ada b. Ahawa, der sagen will, dass „Middot“ von R. Jehuda herrührt, vgl. dort (sowie im Kommentar von Raschi, das. Bl. 17 a). — Wir können also von hier entnehmen, dass nach Ansicht des Talm. Bab. keine feststehende Überlieferung in dieser Hinsicht existiert; sondern auf Grund des Widerspruchs zwischen den Traktaten Joma und Tamid ist umgekehrt zu antworten, dass die anonymen Teile des Traktates Joma auf R. Simon aus Mizpa zurückgehen. Denn wir finden in der Barajta, dass er einer anonymen Lehre im Traktat Tamid widerspricht, weshalb ihm auch diejenige anonyme Lehre im Traktat Joma zuzuschreiben ist, welche mit der im Traktat Tamid in Widerspruch steht. Nach der Erklärung Raschis (Bl. 14 b, Stichwort: ‚מאן‘) gehen nicht alle anonymen Teile im Traktat Joma auf R. Simon zurück, sondern nur diejenigen (anonymen) Lehren, die von der Darbringung des ständigen Tages-Opfers („Tamid“) sprechen, ähnlich dem, was im Talm. Jer. gesagt wird: ‚Nicht der ganze Traktat, sondern nur „solche Aussprüche, welche den Rabbanim Zweifel erregen“ (im oben erklärten Sinne)‘. — Ebenso werden aus den anonymen überlieferten Lehren im Traktat Middot Beweise hergeleitet, dass „Middot“ auf R. Eliëser b. Jakob zurückgeht; z. B. aus dem Wortlaut in Mid. (II, 5): ‚Sagt R. Eliëser b. Jakob: Ich habe vergessen, wozu sie diente‘ (nämlich die dort erwähnte Ecke im Vorhof des Heiligtums); — weil nun R. Eliëser b. Jakob hier in der ersten Person spricht, so gehe daraus hervor, dass er der Tanna ist, welcher Traktat Middot gelehrt hat. Deshalb werden die Widersprüche zwischen ‚Middot‘ und den übrigen Traktaten in der Weise gelöst, dass gesagt wird, die anonym tradierte Lehre in Middot entspreche (lediglich) der Ansicht des R. Eliëser b. Jakob [32].

Da nun nach der Ansicht des Talm. Jer. eine feststehende Überlieferung besteht, wonach die anonyme Lehre in ‚Tamid‘ von R. Simon aus Mizpa und diejenige in ‚Middot‘ von R. Eliëser b. Jakob herrühren, so können wir nicht umhin, diese Tradition zu akzeptieren. Und tatsächlich finden wir, dass bezüglich der Mischna Tamid III, 1 (mit unbedeutender Abweichung auch in Joma II, 3) in der Tosephta Joma I, 13, gelehrt wird: „Dies sind die Worte des R. Simon aus Mizpa“ [33]. — Aber wir haben kein Recht, diese Überliefe-

32 S. Raschi, Joma 15 b, Stichw. „תנן התם“. Vgl. ferner oben Anm. 13 sowie in den „Ergänzungen“ zu „Tamid“, III, 3, meines Mischna-Kommentars; auch im „Anhang“ am Ende des Buches, Nr. II.

33 Der Einwand des Babli, dass R. Simon aus Mizpa sich ja in der Barajta gegen die Ansicht der Mischna in „Tamid“ wendet (also nicht der Redaktor dieses Traktats sein könne), bietet nach dem oben im Text Gesagten keine Schwierigkeit, weil es auch anonyme Lehren in „Tamid“ gibt, die nicht wie R. Simon aus Mizpa entscheiden, genau so, wie es in unserer Mischna-Sammlung anonyme Lehren gibt, die nicht der Meinung R. Mëirs folgen. Vgl. auch Tossaphot Seb. 55 b, Stichw.: „R. Josë“. Ferner könnte man annehmen, dass Raw Huna eine andere Lesart dieser Barajta vorlag, womit auch der Einwand von Tossaphot und Toss. Jeschanim, Stichwort: מאן, beantwortet wäre; vgl.

rung in anderem Sinne zu erklären, als sie im Talm. Jer. erklärt wird, nämlich so, dass damit nicht die erste Redigierung unserer Traktate Tamid und Middot gemeint ist, sondern dass eine Anzahl von anonymen Lehren dieser Traktate sich in unserer Mischna in demselben Stile vorfinden, in welchem sie im Trakt. Tamid durch R. Simon aus Mizpa und im Trakt. Middot durch R. Eliëser b. Jakob festgesetzt worden sind; — in der gleichen Art, wie gesagt wird: „Die anonyme Mischna (ist) R. Mëir“ [34]. —

Im Talmud Babli (Seb. 67 b u. 68 a) wird aus dem Wortlaut der Mischna am Ende des Traktates ‚Kinnim‘: „Sagt R. Josua, usw.“ ein Beweis dafür entnommen, dass die anonymen Mischnajot im Traktat Kinnim auf R. Josua zurückgehen. Es ist indes möglich, dass der Babli damit nicht den ganzen Traktat meint, sondern lediglich dessen drittes Kapitel; denn wie ich dort in der „Einleitung“ in meinem Mischna-Kommentar (S. 338) erläutert habe, ist der Traktat in drei Teile eingeteilt; das dritte Kapitel steht unabhängig von den beiden vorhergehenden da, und in ihm sind zwei Teile des Traktates enthalten. In diesem Kapitel wird kein einziger Tanna erwähnt ausser Ben-Asaj, dem Schüler R. Josuas, sowie R. Josua selbst, der die Halachot des Traktates abschliesst [35]. Ebenso sagt auch Raw Huna in Bab. Ned. 82 a: ‚Unser ganzes Kapitel (nämlich das ganze XI. Kapitel des Traktats Nedarim) geht auf R. Josë zurück‘ usw.[36]. — Ähnlich heisst es im Talm. Jer., Gittin Kap. VIII, Hal. 5: Raw Huna (sagt) im Namen von Rab: ‚Dieses ganze Kapitel (das VIII. Kapitel des Traktats Gittin) [37] geht auf R. Mëir zurück, aus-

in meinem Buch „Untersuchungen über die Barajta und die Tosephta“ (מחקרים בברייתא ותוספתא), S. 57.

34 S. oben S. 114, also nicht wie Krochmal, dessen Ansicht oben S. 106 f. gebracht wurde. Zum Thema „Traktat Middot“ vgl. auch Krochmals Ausführungen in seinem Buche S. 221 ff., ferner diejenigen Hoffmanns in seinem Buche Kap. II, sowie meine „Untersuchungen über die Red. der Mischna“, S. 25 ff. — Vgl. ferner Toss. Jom-Tow zu Mid. V, 2, Stichwort: „והמותר“, und meine Ausführungen in der „Monatsschrift“, Bd. LXIX, S. 417 Anmerkung. — Jetzt sehe ich die Ausführungen Halevys in „Dorot ha-Rischonim“, Bd. V, Bl. 41 ff., welche dem Gesagten entsprechend zu berichtigen sind; auch unterscheidet er (S. 92) nicht zwischen der ersten und der letzten Redaktion.

35 Auch in den beiden ersten Kapiteln werden lediglich erwähnt: „Ben Asaj“ (Ende von Kap. II), „Manche sagen“ („יש אומרים“; das. II, 3) sowie „R. Josë“ in Kap. I, 4, welche Mischna eine Erklärung zur Mischna 3 das. hinzufügt. Der Ausdruck „sagt R. Josua“ findet sich auch in Nid., Ende v. Kap. VI; doch dieses Kapitel rührt sicherlich nicht von R. Josua her. Vgl. ferner im Anhang am Ende des Buches, Nr. II.

36 S. im Anhang am Ende des Buches, Nr. III.

37 Nach der Erklärung der Kommentatoren meint Raw Huna damit diejenigen Mischnajot dort, in welchen gelehrt wird: Sie (die Ehefrau, wenn sich nachträglich herausstellt, dass ihre Wiederverheiratung mangels Auflösung der früheren ehelichen Bindung unzulässig war) muss von diesem wie von jenem Ehemanne fortgehen „und es treten für sie alle jene Folgen ein“ („וכל הדרכים האלו בה“); das soll heissen: Das Kind (aus zweiter Ehe) ist ein Bastard (ממזר); — ebenso heisst es ausdrücklich in der Tosephta das. Kap. VIII (VI), 6—7 u. 9: „Dies ist die Meinung des R. Mëir, der sie im Namen

ser .... usw.‘ (vgl. ferner in der „Einleitung“ zu Traktat Edujot meines Mischna-Kommentars, S. 278).

Der Ausspruch aber: „Keritot ist R. Akiba“ (Ker. 2 a; — in der Parallel-Stelle Sanh. 65 a: „Unsere Mischna [!] aus Keritot ist R. Akiba“), sowie der Ausspruch des Raw Huna, der gesagt hat: „Wer lehrte den Traktat Ohalot? Das ist R. Josë“, — während von Anderen diese Ansicht abgelehnt und dann gesagt wird: „Vielmehr sagt Raw Assi: „Wer lehrte den Traktat Erubin? Das ist R. Josë“ (Erub. 79 a), — alle diese Aussprüche meinen nur eine bestimmte Mischna, über die gerade an jenen Stellen verhandelt wird, jedoch nicht alle anonymen Mischnajot in den erwähnten Traktaten, oder auch nur die Mehrzahl derselben. —

von R. Akiba überliefert hat“. Vgl. auch im Jer. das. Hal. 6, u. Kap. IX, Ende von Hal. 3; sowie Bab. das. 80 b.

V

DIE „MISCHNA"-LEHREN DER TANNAIM UND IHRE LEHRMETHODE

Im vorhergehenden Kapitel wurde auseinandergesetzt, dass die Tannaim nach der Zerstörung des Tempels mit der geordneten Zusammenstellung der Mischnajot begannen, ein Jeder von ihnen nach seiner Weise, und insbesondere ist dabei die überragende Leistung R. Akibas und seiner Schüler für die Ordnung der Halachot festgestellt und gewürdigt worden. Um aber deren Wirken, ihre Ordnungsarbeit und ihre Lehrmethode richtig zu erfassen, müssen wir uns in den Stil der Halachot in unserer Mischna, in ihren Charakter und ihre Entwicklung vertiefen, um daraus Folgerungen auf die Eigenart der ersten Mischnajot ziehen zu können, die unserer Mischna als Quellen dienten. Die Halachot sind in unserer Mischna nach ihrem Inhalt geordnet, und alle Halachot über ein einheitliches Thema sind miteinander zu einem Sachgebiet verbunden. Die einander thematisch besonders nahestehenden Halachot sind innerhalb eines Kapitels (פרק) vereinigt, die Kapitel wiederum sind gemäss ihrer inneren Verwandschaft zu einem Traktat (מסכת) verwoben, und die Traktate ihrerseits sind nach ihrer Gattung miteinander zu Ordnungen (סדרים) verknüpft. So jedenfalls ist die allgemeine Regel, doch gibt es davon auch Ausnahmen. Abgesehen vom Traktat „Edujot", über den schon gesprochen wurde, finden sich auch andere Mischnajot, die nicht entsprechend ihrem Inhalt geordnet sind, sondern nach dem Namen ihrer Urheber, die sie gesagt oder überliefert haben. Zwei Halachot von Chanan und sieben von Admon wurden in Kap. XIII des Trakt. Ketubot zusammengefasst, das mit den Worten beginnt: „Zwei Richter in Straf- und Schadens-Sachen (דייני גזירות) waren in Jerusalem, nämlich Admon und Chanan b. Absalom; Chanan sagte (lehrte) drei Dinge und Admon sieben", usw. Ebenso wurden „Takanot" (= ‚Verordnungen') des R. Jochanan b. Sakkai im Traktat R. hasch. aneinander gereiht (IV, 1—4), sowie solche von Jochanan, dem Hohenpriester (— Johann Hyrkanos; Ende v. „Maass.sch.", sowie „Sota" IX, 6), ferner Takanot, die „im Interesse eines geordneten Bestandes der Welt" (‚מפני תיקון העולם') eingeführt wurden (Git. IV, 2—5 u. 7) oder Takanot" um der Erhaltung des Friedens willen" (‚מפני דרכי השלום', — s. Git. V, 8—9; vgl. auch Schek. VII, 6). Auch solche Mischnajot wurden in einheitlicher Zusammenfassung geordnet, die sich zwar mit verschiedenen Themen beschäftigen, deren Gegenstände aber eine gleichartige Eigenschaft aufweisen, wie beispielsweise: dass sie ‚nicht weniger an Zahl sind als .... und nicht mehr als ....‘ (Ar., Kap. II.); oder: dass bei ihnen ‚Fälle von Erleichterungen und solche von Erschwerungen‘ auftreten (Ar., Kap. III). Es werden Dinge zusammengefasst, bei denen gesagt wird, dass sie ‚sich gegenseitig bedingen‘ (Men. III, 5—7); oder dass sie (zwecks Erreichung des straffälligen Mindestmaasses) ‚zusammengerechnet werden‘ (Mëila, Kap. IV); oder solche, bei denen es heisst: „Der Mund, der bindet“ (= verpflichtet), „ist der Mund, der löst“ (= befreit), d. h.: dass eine belastende Aussage oder Selbstbezichtigung, die zugleich einen Befreiungsgrund umfasst, auch in Bezug auf diesen letzteren glaubwürdig ist (Ket. II, 2 ff.); oder: „Da die Sache ‚Füsse‘ hat“ (d. h. auf einer festen Basis ‚fusst‘, mithin einleuchtend ist; Nasir IX, 2—4); oder dass bei ihnen (den dort genannten Personen oder Handlungen) ‚eine den Vorrang vor der anderen hat‘ (Hor. III, 6—8; Bech. I, 7); oder dass von allen dort erwähnten Personen ‚die Annahme gilt, dass sie noch am Leben seien‘ (Git. III, 3 ff.); oder: ‚dass etwas, was in dem einen Fall zulässig ist, im anderen unzulässig ist“, bezw. umgekehrt; oder: ‚wenn dieser Fall gegeben ist, kann jener nicht gegeben sein‘ (d. h. wenn diese halachische Folge eintritt, kann jene nicht eintreten), und umgekehrt (Chul. I, 4 ff.); oder: ‚wenn dieser Fall (mit dieser halachischen Folge) gegeben ist, ist auch jener gegeben, jedoch nicht umgekehrt‘ (Nid. VI, 1—10); oder: ‚Dinge, die einander [in einer Reihe von Beziehungen] gleichstehen‘ (Bik., Kap. II.); oder Dinge, bei denen man sich ‚nach dem bestehenden Brauch‘ richtet (Pes. IV, 1—5); ferner Vorschriften über die ‚Mehrzahl‘ bezw. ‚den grössten Teil‘ („רוב“) sowie ‚bei gleichen Quantitäten‘ („מחצה על מחצה“ = ‚halb und halb‘) in Bezug auf eine Reihe von Dingen (Machsch. II, 3 ff.); oder: „Dinge, die gefunden wurden“ (in bestimmter Lage oder zu bestimmten Zeiten, woraus sich Schlüsse über ihre Beurteilung ziehen lassen; Schek. VII, 1, — VIII, 3), oder Dinge, bei welchen auch „das geringste Maass“ von Bedeutung ist (Pea III, 6—8); Dinge, für ‚welche die Bestimmung (des Mindestmaasses) von einer Peruta‘, sowie solche, für welche die Vorschrift gilt, dass man ‚im Falle einer Auslösung (bzw. bei der Schadenserstattung) ein Fünftel ihres Wertes (חומש) hinzufügen muss‘ (Bab. mez. IV, 7—8): „Fünf Fälle (des Mindestmaasses) von einer Peruta gibt es“, usw.; „fünf Fälle [derHinzufügung] eines Fünftels gibt es“, etc. — Ferner werden Halachot zusammengestellt, bei denen zwei Hauptfälle von der Thora aus bestehen, die sich zu vier Unterfällen verzweigen (‚שתיים שהן ארבע‘ = „Zwei, die sich in vier gliedern“; — Schebuot I, 1); oder Halachot, bei denen es ‚zwar keinen vollen Beweis (‚ראיה‘), aber doch eine Andeutung‘ (‚רמז‘) für die Vorschrift gibt (Schab. VII, 7 — IX, 4); oder Halachot, die mit den Worten beginnen: „Es gibt zwischen (Diesem) und (Jenem) keinen Unterschied, ausser .....“ (‚אין בין ... ל ... אלא; Meg. I, 4—11); oder solche, deren erstes Wort lautet: ‚כל‘ („alle“ bezw. „alles“; Kid. I, 6—10; vgl. auch

Abot V, 16—19); oder solche Dinge, die gesagt wurden ‚בו ביום‘ = „an jenem Tage“ (Sota V, 2 ff; Jad. III, 5 — IV, 4) [1].

Da unsere Mischna gemäss dem Inhalt ihrer Halachot geordnet ist, ist anzunehmen, dass jene nach anderen Gesichtspunkten aneinander gereihten Mischnajot in dieser Art in verschiedenen Lehrhäusern festgesetzt worden sind und der Redaktor unserer Mischna sie so, wie er sie empfangen hatte, seinem Werke beifügte. Obwohl also unsere Mischna nach anderen Regeln geordnet ist und die Mehrzahl jener Halachot an denjenigen Stellen, die ihrem Inhalt entsprechen, ebenfalls gebracht werden, hat der Redaktor dennoch auch diesen Halacha-Sammlungen innerhalb unserer Mischna Raum gegeben. Jedenfalls können wir daraus entnehmen, dass eine Reihe von Tannaim, und nicht gerade nur solche aus früher Zeit, ihre Mischna nicht nach dem Inhalt der Halachot ordneten, sondern nach einem bestimmten, ihnen gemeinsamen Merkmal. So wird erzählt: „R. Jonatan b. Assmaj und R. Jehuda b. Gerim lehrten den A b s c h n i t t über die Gelübde (‚פרשת נדרים‘) im Lehrhause des R. Simon b. Jochaj“ (Bab., M. kat. 9 a. u. Midr. Tanchuma, „Bereschit“ XIII; — R. Chananel sagt dort zwecks Verkürzung nur: „Nedarim“); sowie in Bereschit Rabba (Kap. XXXV., 3, S. 330): „R. Jizchak, R. Jonatan und R. Judan b. Giori gingen hin, um einen A b s c h n i t t der Thora (‚פרשת תורה‘) aus dem Munde des R. Simon b. Jochaj zu hören“, und Manche sagen: „den A b s c h n i t t über die Trank-Opfer (‚פרשת נסכים‘)“. Gemeint ist damit, dass sie Halachot in einheitlichem Zusammenhang mit der Schrift lernten, und nicht gesondert niedergelegte Halachot für sich, wie sie in unserer Mischna enthalten sind [2]. Tatsächlich gibt es auch in unserer Misch-

---

1 Vgl. ferner Bech. IV, 5 ff.; Tem. I, 4—5; Sota, Kap. VII.—IX.; und Chul., Kap. V.—XII; sowie auch in meinen „Untersuchungen über die Red. der Mischna“, S. 32 u. S. 37.

2 S. auch Jer. Nasir, Kap. V, Hal. 1: Rabbi sass und lehrte im Abschnitt: „Man darf nicht umtauschen“, usw. (vgl. Tem. I, 1); sowie in der Parallel-Stelle „Pessikta-Rabbati“, Kap. XIV (62 b). Vgl. ferner die „Middot“ des R. Simon, Bab. Git. 67 a, und oben S. 110 f.

3 R. Serachja ha-Levi in seinem „Sefer ha-Zawa sagt: „Die sechste Deutungsart ist ähnlich dem Midrasch, aber [sie ist] doch kein Midrasch; in Jeb. [usw.]: ‚Und es soll herantreten seine Schwägerin‘ usw. (Deut. XXV, 9); unsere Mischna lehrt hier fortlaufend die Regelung des ‚Chaliza‘-Aktes und gebraucht dabei den Wortlaut der Schrift. Wenngleich damit teilweise ein wenig von der Sprache des Midrasch vermischt ist (‚Speichel, der den Richtern sichtbar ist‘), so ist doch das Wesentliche dabei die Regelung des ‚Chaliza‘-Vorgangs. Ebenso auch in Joma (V, 5): ‚. . . . und er (der Hohepriester) geht heraus zum Altar, der vor dem Ewigen steht, und vollzieht auf ihm den Sühne-Akt‘ (Lev. XVI, 18), — damit ist der Goldene Altar gemeint“, usw. — Entsprechend dieser Auffassung erklärt auch R. Jom-Tow b. Abraham (Ritba: abgedruckt neben R. Jizchak Alfasi (= RIF) und R. Mosche b. Nachman (RaMBaN), Ned. XI, 9 (Bl. 88 b): „Und das Gelübde einer Witwe oder einer geschiedenen Frau [usw.] soll für sie aufrecht erhalten bleiben“ (Num. XXX, 10), — ‚wie ist das gemeint?‘ usw. (Dazu bemerkt Ritba): „Obschon dies der Wortlaut der Schrift ist, so wird doch der wörtliche Schrifttext hier

na Halachot, die beweisen, dass sie als eine Art Erläuterung zur Thora in der Weise des Midrasch gelernt worden sind, und die Schriftstellen werden darin zusammen mit der Erklärung und dem Midrasch gebracht, wie z. B. Maasser scheni V, 10 ff: ‚Wie lautete das Bekenntnis (die Danksagung)? „Ich habe das Geheiligte aus dem Hause entfernt" (Deut. XXVI, 13), — ‚damit ist der Zweitzehnt sowie der Ertrag an Baumfrüchten im vierten Jahre (nach der Anpflanzung; ‚נטע רבעי') gemeint'; „Ich habe es dem Leviten gegeben" (das.), — ‚das ist der Leviten-Zehnt', usw. — Ferner Jeb. XII, 6: Das Gebot der „Chaliza" (wird so vollzogen): Er (der Bruder des kinderlos verstorbenen Ehemannes) kommt mit seiner Schwägerin (der Witwe des Bruders) vor den Gerichtshof usw., und sie spricht: „Mein Schwager weigert sich" (Deut. XXV, 7) . . . . . . „und sie speit aus vor ihm" (das V. 9), — ‚Speichel, der den Richtern sichtbar ist' [3], usw.; „und sein Name werde genannt in Israel [unter der Bezeichnung]: das Haus dessen, dem der Schuh ausgezogen wurde" (das V, 10), — ‚das Gebot [diese Bezeichnung auszurufen] liegt den Richtern ob', usw. — Ferner Sota, Kap. VIII: Der für den Kriegsdienst gesalbte (Priester) . . . . usw.; denn es heisst (Deut. XX, 2): „Und wenn Ihr Euch dem Kampfe nähert, so soll herantreten der Priester", — ‚das ist der für den Kriegsdienst gesalbte Priester'; „und er soll sprechen zum Volke" (das.), — ‚und zwar in der heiligen Sprache', usw. — S. auch Sanh. X, 4 ff. — Ferner (Neg. XII, 5 ff.: ‚In welcher Weise geschieht die Besichtigung des (eines Aussatz-Schadens verdächtigen) Hauses?' „Und es komme derjenige, dem das Haus gehört, und spreche zum Priester so: Wie ein Schaden (‚כנגע') erscheint es mir am Hause" (Lev. XIV, 35), — ‚selbst wenn er ein Schriftgelehrter ist und weiss, dass ein wirklicher Aussatzschaden vorliegt, soll er nicht in entschiedener Form sagen: „Ein Schaden" (‚נגע') erscheint mir am Hause, sondern „Wie ein Schaden" (‚כנגע'), ... usw. — In „Maasser scheni" (das. Mischna 14), in Sanh. (Mischna 6) und Neg. (Mischna 6) finden wir den Ausdruck: ‚מכאן אמרו' („von hier hat man entnommen"), der in den halachischen Midraschim allgemein üblich ist. Jene Mischnajot stammen also sicher aus dem Lehrhause eines Tanna, der die Halachot nach den entsprechenden Schriftstellen der Thora geordnet hatte [4]. —

Verwandter Ursache ist die Erscheinung, dass wir in unserer Mischna mehrmals Begründungen für die Ansichten der Tannaim und Beweise aus

---

nicht angeführt [zu dem Zwecke], um ihn (in der Weise des Midrasch) so auszudeuten, sondern es ist die Ausdrucksform des Tanna, welcher der sprachlichen Schönheit halber [d. h. zur Wahrung der Stilreinheit] sich des Wortlauts der Schrift bedient; somit liegt hier eine Art Midrasch vor, der doch kein (eigentlicher) Midrasch ist. Und ähnlich im Talmud, wie der ‚Baal ha-Maor' (R. Serachja ha-Levi) in seinem ‚Sefer ha-Zawa' ausgeführt hat". — Vgl. auch Men. VII, 2.

4 Vergl. auch B. mez. II, 5; Sanh. II, 4; Makk. I, 6—8; sowie in den „Ergänzungen" meines Mischna-Komm. zu Ar. IX, 8, und B. mez. III, 1; ferner im Anhang am Ende des Buches, Nr. IV.

der Schrift finden (‚שנאמר', „denn es heisst": usw.)[5], sowie auch Diskussionen und Verhandlungen zwischen den Teilnehmern an der Kontroverse[6], wie es sonst nicht der Art der Mischna entspricht, die lediglich die Halachot und die Kontroversen darüber zu bringen pflegt, ohne die dazu gehörigen Beweise oder die Verhandlungen, die in den Barajtot gebracht werden. Zuweilen gibt die Mischna nur einen andeutenden Hinweis auf Verhandlungen welche über die zur Diskussion stehende Halacha geführt worden sind, wie z. B. Neg. VII, 4: „Ich begann, ihnen Beweise zu bringen" (vgl. meine Erläuterung das. im Mischna-Kommentar); — Ter. V, 4: „Nachdem sie (die Schammaiten) zugegeben hatten" (d. h. nachdem sie die Richtigkeit der gegnerischen Ansicht des Lehrhauses Hillels anerkannt hatten; vgl. dort); — Kelim VII, 1: „Dies war die Antwort (die Beweisführung) des R. Jehuda in Bezug auf den Ofen" usw. (vgl. die Kontroverse das. V, 6). Ebenso finden wir an drei Stellen (Pea III, 6; Scheb. IX, 5 [vgl. dort in „Dikduke Soferim"]; Jeb. IV, 13) Entscheidungen über die Halacha unter dem Wortlaut: „und die Halacha [geht] nach seiner Meinung" (‚והלכה כדבריו'), während an den sonstigen Stellen keine ausdrückliche Entscheidung zwischen den Ansich-

---

5 Vgl. als Beispiel Makk. II, 4—8, u. Men. VII, 6, sowie die einschlägigen Stellen in der Konkordanz von Kassovsky, Teil I, S. 230—231. — Frankel gemäss seiner Theorie in „Darchë ha-Mischna" (S. 5 ff.), wonach die Mischnajot, die in der Art des Midrasch gelehrt wurden, „sehr alt sind und aus den Worten der Schriftgelehrten (סופרים) hervorgingen", sagt (S. 7), dass die „Weisen" (חכמים), welche auf die „Schriftgelehrten" folgten, „den Weg ihrer Vorgänger nicht völlig verliessen, sondern auch ihrerseits Aussprüche zur Schrift zusammenstellten; diese Methode wird ‚Midrasch' genannt, und sie hat ihren gebahnten Weg in der Mechilta, in Sifra und Sifrë sowie zuweilen auch in der Mischna". Er erklärt seine Worte näher im Artikel über R. Akiba (S. 112): dass man nämlich zur Zeit des R. Akiba „in der Hauptsache auf den Schrifttext zurückgriff, und entweder die Halacha aus den Worten der Schrift ableitete oder aus dem Schriftvers Beweise dafür erbrachte". Die Schulen Schammajs und Hillels sowie R. Eliëser und R. Josua „entnahmen nur an wenigen Stellen die Begründung für die Halacha aus der Schrift, und an den Stellen, wo R. Eliëser den Schrifttext bringt, bleibt er zumeist dessen einfachem Wortsinn nahe", usw. (S. 113, Anm. 1; vgl. auch unter „R. Eliëser", S. 77). Nach diesen Ausführungen Frankels werden die kritischen Einwände hinfällig, die Halevy gegen ihn vorgebracht hat („Dorot ha-Rischonim", Bd. III, Bl. 147 ff.). Alles, was Halevy gesehen hat, sah auch bereits Frankel, nur dass er es auf andere Weise erklärt; und auf viele Stellen, die Halevy bringt, hat schon Frankel hingewiesen. Vgl. auch in der folgenden Anm. 6.

6 Vgl. die Verhandlung zwischen den Schulen Schammajs und Hillels in Beza I, 6; Suk. II, 7; Ker. I, 6; ferner die Verhandlungen zwischen R. Eliëser und R. Josua (Pes. VI, 5; Taan. I, 1), zwischen diesen und R. Akiba (Pes. VI, 2; Ende v. Jeb.), sowie sogar seitens der späteren Tannaim R. Mëir und R. Jehuda gegenüber Abba Schaul als Diskussionsgegner (Men. XI, 5), und noch viele weitere dieser Art, die zum grössten Teil bei Frankel, „Darchë ha-Mischna", Kap. IV, Regel 24, S. 283, angeführt sind; s. dort. Vgl. auch die Verhandlung in Tos. Men. XII, 8—9, sowie in der Gemara dort, Bl. 103 b, die in verkürzter Form in der Mischna, das. XII, 4, wiedergegeben ist.

ten der Diskussionspartner gefällt wird[7]. Der hier vertretenen Auffassung gemäss ist es einleuchtend, dass diese Mischnajot, welche nicht in der Fassung geformt sind, die sich sonst in der Mischna ausprägt, in diesem Wortlaut in den Lehrhäusern von solchen Tannaim gelehrt worden sind, welche in ihren Mischnajot nicht nur die Halachot allein festlegten, sondern auch die Begründungen, die Beweise, sowie die Verhandlungen darüber einbezogen, und die dann eine ausdrückliche Entscheidung zwischen den divergierenden Meinungen zu treffen pflegten. In Wahrheit werden auch in unserer Mischna Entscheidungen über die Halacha im Namen von Tannaim gebracht: R. Josua trifft augenscheinlich eine Entscheidung, wenn er sagt: ‚Die Halacha ist wie R. Eliëser' (Nid. I, 3), und R. Simon sagt: ‚Die H a l a c h a [zwar] geht nach der Ansicht des Ben-Nannos, aber die B e g r ü n d u n g folgt nicht seiner Meinung' .... usw. (Men. IV, 3). Deshalb wurde späterhin bestimmt: Man könne die Halacha „nicht aus dem Talmud entnehmen" (Bab. Nid. 7b, s. auch dort bei Raschi; sowie B.batra 130b und im Komm. des R. Samuel b. Mëir dort), was heissen soll: „nicht aus einer Halacha-Entscheidung, die in einer Mischna oder Barajta enthalten ist", — weil eine solche Entscheidung nur der Meinung eines Einzelnen entspricht, der so gelehrt hat, und nicht das autoritative Ansehen einer anonymen Mischna geniesst. Und schon R. Josua pflegte zu sagen (Bab. Sota 22a), die ‚Tannaim' seien „Zerstörer der Welt", ‚weil sie die Halacha aus ihrer Mischna lehren'. —

Die Kennzeichen der verschiedenen Quellen, die sich in unserer Mischna offenbaren, zeugen auch für die Methode bei der Aufstellung der Mischna-Ordnungen in den Lehrhäusern der Tannaim. Die Mischnajot wurden in unsere Mischna, obwohl diese nach Grundlage und Aufbau durchaus von jenen verschieden ist, so eingesetzt, wie sie überliefert worden waren; denn weder Rabbi noch die Mischna-Ordner vor ihm nahmen an ihnen Änderungen gegenüber der Prägung vor, in welcher die ihnen vorangegangenen Gelehrten sie geformt hatten, wie im nächsten Kapitel erläutert werden soll. —

Aus unserer Mischna können wir auch auf die Lehrweise der Tannaim und ihrer Lehrhäuser Rückschlüsse ziehen[8]. S i e l e i t e t e n n e u e H a l a -

---

7 Mit dieser Frage hat sich bereits der Verf. des Responsen-Werkes „Chawat Jaïr" (R. Jaïr Bacharach) in einem Gutachten (Nr. 94) abgemüht und keine Antwort gefunden. Vgl. „Darchë ha-Mischna", Kap. IV, Regel 12, sowie in meinem Buche „Untersuchungen über Barajta und Tosephta", S. 175, Anm. 3. Vgl. ferner Toh. IX, 1: „R. Gamliël sagt: [usw.]; und die Weisen folgen seiner Meinung"; sowie in der Tosephta dort X, 1: „und die Halacha geht nach seinen Worten". — Nachträglich habe ich bemerkt, dass Frankel in „Darchë ha-Mischna", das. Regel 15, die Mischnajot Neg. VII, 4, Ter. V, 4, und Kel. VII, 1, unter den Beweisen dafür bringt, dass „die Mischna manchmal auf den Ausspruch irgend eines Tanna hinweist und jener Ausspruch sich nicht in der Mischna findet".

8 S. in meinen „Untersuchungen über die Redaktion der Mischna", S. 5 ff.; sowie oben S. 94 f.

chot aus den Worten der Tannaim her, die ihnen vorangegangen waren, in gleicher Art, wie sie solche aus der Schrift herleiteten. Derartige Ableitungen werden mehrmals in der Mischna ausdrücklich erwähnt: Aus dem Zeugnis des R. Chananja, des Priester-Aufsehers, entnahm R. Akiba eine neue Halacha (Edujot II, 2 [u. Seb. XII, 4]; Bab; Pes. 19 a: ‚Aus seinen Worten haben wir gelernt', haben wir die Lehre „gewonnen" („זכינו")'; ebenso lernte R. Mëir aus den Worten dieses R. Chananja sowie des R. Akiba (Pes. I, 7: ‚Aus ihren Worten haben wir gelernt'); und R. Simon lernte aus einem tatsächlichen Vorgang (‚מעשה') im Hause des R. Gamliël und aus dessen Unterhaltung darüber mit den Ältesten (den Gelehrten): ‚Und nebenher haben wir [daraus] gelernt: Wer (in der Sukka des Hüttenfestes) unter dem Bette schläft, erfüllt damit seine Pflicht nicht' (Sukka II, 1). — Aus einem tatsächlichen Vorgang zur Zeit des Vaters R. Zadoks sowie des Abba Schaul b. Batnit wurde eine Halacha abgeleitet, die in der Mischna in anonymer Form festgehalten ist (Ende v. Trakt. Schab.: ‚Man darf [am Sabbath] die Lichtöffnung [des Fensters mit einem Brett oder einem ähnlichen Gegenstand] versperren' usw.; ‚und es geschah einmal' usw., ‚und aus ihren Worten haben wir gelernt, dass man versperrt', usw.; vgl. in den „Ergänzungen" meines Mischna-Kommentar, das.). — Ähnlich in Ejudot (II, 3): Auch bezeugte er (R. Chananja, der Priester-Aufseher) dass ein kleines Dorf neben Jerusalem lag und dort ein Greis lebte, der an alle Dorfbewohner Geld auslieh und mit eigener Hand [die Schuldscheine] ausschrieb, während Andere [sie als Zeugen] unterzeichneten, und dass die Sache vor die Weisen kam und diese es für zulässig erklärten (d. h. für rechtswirksam, obwohl der Gläubiger selbst die Schuldscheine ausgeschrieben hatte); „nebenbei ist von hier zu entnehmen, dass die Ehefrau ihren Scheidebrief selbst schreiben darf", usw. Ebendiese Halacha wird als anonyme Mischna in Git. II, 5, gelehrt. Hiernach sind wir berechtigt, auf ähnliche Stellen der Mischna zu schliessen — (in welchen eine Halacha anonym gelehrt wird und dann ein Tatsachen-Bericht folgt, der einen Vorgang mitsamt genau dieser Entscheidung über die Halacha wiedergibt) —, dass das tatsächliche Geschehnis in solchen Fällen der Halacha-Festsetzung voranging, d. h. dass man die Halacha von jenem tatsächlichen Vorgang ableitete. Wie beispielsweise Beza III, 5: ‚Ein Vieh, das verendet ist, darf man [am Feiertage] nicht von seinem Platze fortbewegen; es geschah einmal [ein derartiger Fall], und man befragte R. Tarphon darüber . . . usw.; er trat [darauf] ins Lehrhaus ein und fragte [dort], und sie (die Weisen) antworteten ihm: Man darf es nicht von seinem Platze fortbewegen'. — Jeb. XVI, 6: ‚Man kann den Tod eines Ehemannes bezeugen [auch wenn man ihn nur] beim Schein einer Kerze [gesehen hat] usw., und man darf [eine Ehefrau wieder-] verheiraten auf Grund eines Echos (‚בת קול'); es geschah einst, dass Jemand auf dem Gipfel eines Berges stand und rief: Der Mann X, Sohn des Y. aus dem Orte Z. ist gestorben! Man ging [zu dem Berggipfel] hin und fand dort keinen Menschen; doch verheiratete man [daraufhin] seine Ehefrau (d. h. man gestattete ihre Wiederverheiratung). Und ferner geschah es', usw. — Ned. IX, 5: ‚Man öffnet dem Menschen [eine Pforte, d. h. einen Ausweg, um sein Gelübde auflösen zu können] im Hinblick auf die Ketuba seiner Ehefrau. So geschah es einmal, das Jemand sich jeder Nutzniessung von Seiten seiner Ehefrau zu enthalten gelobte, deren Ketuba auf 400 Denare lautete, und er kam damit vor R. Akiba, der ihn für verpflichtet erklärte, ihr die [in der] Ketuba [ausgesetzte Summe] auszuzahlen, usw. Da sagte er (der Ehemann) zu ihm (zu R. Akiba): „Hätte ich gewusst, dass es so liegt, so hätte ich das Gelübde nicht getan", und [auf diese Äusserung hin] erklärte R. Akiba dasselbe für aufgelöst' (weil unter irriger Voraussetzung erfolgt). — Daselbst, Mischna 8: ‚(Wenn jemand erklärt hatte): „Ich gelobe, keine Zwiebel zu geniessen, weil die Zwiebel schädlich für das Herz ist", sagte man zu ihm: „Ist denn nicht die Zwiebel „Kufri" (‚כופרי'; d. h. die ländliche Zwiebel; nach Anderen: die Zwiebel aus Cypern) gut für das Herz?!", — so ist ihm die „Kufri"-Zwiebel erlaubt (d. h. man löste insoweit sein Gelübde auf); und nicht nur in Bezug auf die „Kufri"-Zwiebel löste man das Gelübde, sondern in Bezug auf alle Zwiebeln (auf Grund der Regel des R. Akiba, das. Mischna 6, wonach ein Gelübde als einheitliches Ganzes aufzufassen ist, dessen teilweise Auflösung zur Gesamtauflösung führt). Es geschah einmal (ein Fall der genannten Art) und R. Mëir löste das Gelübde bezüglich aller Zwiebeln auf'. — B. batra X, 8: ‚Von einem Bürgen, der (d. h. dessen Bürgschafts-Verpflichtung) im Schuldschein erst nach der Zeugen-Unterschrift erscheint, kann man [die Forderung] nur aus seinen freien Gütern (d. h. nur aus den nicht veräusserten) einziehen Es kam einmal ein [derartiger Bürgschafts-] Fall vor R. Ismaël, und dieser entschied, dass man nur von den freien Gütern einziehen kann; sagte Ben-Nannos zu ihm: Nicht kann man einziehen ....' usw. — Sowie Ähnliches mehr. — R. Jochanan (Bab. Pes. 19 a) sagt, die Mischna in Chag. (III, 2) sei auf Grund des Zeugnisses des R. Akiba in Edujot VIII, 1, gelehrt worden, und ebenso sagt er (Bab. Seb. 25 b), dass die Mischna in Para (VI, 4) auf Grund des Zeugnisses des R. Zadok in Edujot VII, 4, gelehrt worden sei.

Doch die späteren Tannaim zogen Folgerungen aus den Worten der ersten Mischna- Lehrer nicht nur in Bezug auf den gleichen Lehrgegenstand, sondern auch von einem Gegenstand auf den anderen. Sie leiteten also eine Sache aus der anderen ab. Die Begründungen, die der Halacha in dem einen Falle als Grundlage dienten, übertrugen sie auch auf einen anderen, wenn beide einen gemeinsamen Berührungspunkt aufwiesen, und sie bestimmten dann eine gleichartige Beurteilung für beide. Aus den halachischen Midraschim, die sich in unserer Hand befinden, ist zu ersehen, dass die Weisen Erklärungen und Deutungen von einem Verse der Thora auf andere Schriftverse zu übertragen pflegten, zu welchen diese Erklärungen und Deutungen ebenfalls passten [9]. Diese Methode befolgten sie auch bezüglich der mündlichen Lehre, indem sie den früheren Halachot ihre Begründungen entnahmen, um danach in anderen vergleichbaren Fällen zu entscheiden. Ebenso übertrugen sie Kontroversen zwischen den ersten Tannaim auf andere Gegenstände, wobei sie annahmen, dass deren Begründungen und die ihnen zugrunde liegenden Prinzipien in diesem Falle zu der Folgerung nötigten, dass jene Tannaim darüber auch in anderen (ähnlich gelagerten) Fällen im Streit lagen, und sie überlieferten dann eine entsprechende Kontroverse in deren Namen. In Wahrheit stritten die Tannaim darüber ausdrücklich nur an einer einzigen Stelle, aus welcher man aber hernach auch auf andere Stellen Schlüsse zog, in der Art, wie der Talmud über Aussprüche der Amoräer sagt: „Was man im Namen jenes Amoräers überliefert, ist nicht ausdrücklich von ihm erklärt, sondern nur aus seinen Worten geschlossen worden" (‚מכללא איתמר', Ber. 9 a); oder: „Eines ist aus dem Anderen entnommen worden" (‚חדא מכלל חברתא איתמר', Meg. 29 b). Hierfür einige Beispiele [10], die das Gesagte verdeutlichen sollen:

Kil. IX, 1:

Kamelwolle und Schafwolle, die man miteinander vermischt hat: Wenn die überwiegende Quantität von Kamelen stammt, so ist es erlaubt (sie mit Flachsleinen zu mischen); stammt die überwiegende Quantität von Schafen, so ist es verboten (d. h. die Vermischung mit Flachsleinen, als unerlaubte Gattungsmischung nach Deut. XXII, 11); bei Halb auf Halb ist es verboten. Ebenso bei Flachs(-Leinen) und Hanf(-Gewebe), die man miteinander vermischt hat. —

Neg. XI, 2:

Kamelwolle und Schafwolle, die man miteinander vermischt hat: Wenn die überwiegende Quantität von Kamelen stammt, so werden sie nicht durch Aussatz-Schäden verunreinigt; stammt die überwiegende Quantität von Schafen, so werden sie durch Aussatz-Schäden verunreinigt (vgl. Lev. XIII, 47 ff.); bei Halb und Halb werden sie durch Aussatz-Schäden verunreinigt. Ebenso bei Flachs(-Leinen) und Hanf(-Gewebe) die man miteinander vermischt hat. —

Sowohl bei unerlaubten Gattungsmischungen (‚כלאים') wie bei Aussatz-Schäden am Material von Kleidungsstücken (‚נגעי בגדים') wird nur die von Schafen herrührende Wolle als „Wolle" im eigentlichen Sinne bezeichnet (d. h. im Sinne von Deut. XXII, 11, sowie Lev. XIII, 47, 48 u. 59); wenn sich daher diese Wolle mit Kamelwolle vermischt, so ist die halachische Beurteilung der Vermischung die gleiche sowohl bezüglich des Verbotes von

9 S. in meinen „Untersuchungen über die halachischen Midraschim", Kap. I, insbesondere S. 26 ff.

10 Weitere Beispiele in meinen „Untersuchungen über die Redaktion der Mischna", a.a.O.

Gattungsmischungen wie auch in Bezug auf die Verunreinigung durch Aussatz-Schäden. —

Git. VI, 3:

Wenn jemand sagt: „Übergib diesen Scheidebrief meiner Ehefrau an dem und dem Orte!", und er (der Beauftragte) hat ihn ihr an einem anderen Orte übergeben, — so ist es (die Scheidung) unwirksam; (hat er jedoch gesagt): „und zwar befindet sie sich an dem und dem Orte", und er hat ihn ihr an einem anderen Orte übergeben, — so ist es wirksam. —

Kid. II, 4:

Wer zu seinem Beauftragten sagt: „Geh hin und gelobe mir die und die Frau an, an dem und dem Orte!", und er ist hingegangen und hat sie an einem anderen Orte angelobt, — so ist sie nicht angelobt; (hat er jedoch gesagt): „und zwar befindet sie sich an dem und dem Orte", und er hat sie an einem anderen Orte angelobt, — so ist sie angelobt. —

Kil. I, 2:

Gurke (‚קישות') und Melone (‚מלפפון') miteinander sind keine verbotene Gattungsmischung (nach Lev. XIX, 19). R. Jehuda sagt: Sie sind eine verbotene Gattungsmischung.

Ter. II, 6:

‚קישות' und ‚מלפפון' sind von einheitlicher Art (und man darf deshalb die Priester-Hebe von dieser auf jene abheben). R. Jehuda sagt: Sie sind zwei [verschiedene] Arten.

Schab. X, 5:

Kann einer [allein] ihn (d. h. den Laib Brot) nicht [in öffentliches Gebiet] hinaustragen, und es haben ihn [am Sabbath] zwei hinausgetragen, so sind sie schuldig; R. Simon erklärt sie für frei (von der Opferpflicht).

Schab. XIII, 6:

Kann einer [allein] nicht schliessen (nämlich die Tür vor einem Hirsch, um ihn zu fangen), und zwei haben sie geschlossen, so sind sie schuldig; R. Simon erklärt sie für frei (von der Opferpflicht).

Seb. VIII, 6:

Blut [von Opfertieren], das sich mit Wasser vermischt hat: Wenn es das Aussehen von Blut behalten hat, — so ist es geeignet [zur Sprengung auf den Altar]; hat es sich mit Wein vermischt, — so sehen wir ihn (den Wein) so an, als ob er Wasser wäre. Hat es sich mit [pro-

Chul. VI, 6:

Blut [von Wild sowie von Geflügel], das sich mit Wasser vermischt hat: Wenn es das Aussehen von Blut behalten hat, — so ist man verpflichtet, es zu bedecken (mit Erde, gemäss Lev. XVII, 13). Hat es sich mit Wein vermischt, — so sieht man diesen an, als ob er Wasser

fanem] Vieh-Blut oder mit Blut von Wild (nicht opferungsfähigem Getier) vermischt, so sehen wir es (das von den erwähnten Profan-Tieren stammende Blut) so an, als ob es Wasser wäre. R. Jehuda sagt: Blut kann Blut nicht aufheben (d. h. ihm seine halachische Eigenart nicht nehmen, da nach R. Jehuda das Gesetz über die Beurteilung gemäss der Mehrheit hier nicht gilt). —

wäre. Hat es sich vermischt mit Vieh-Blut ..... [usw.], so sieht man dieses so an, als ob es Wasser wäre. R. Jehuda sagt, Blut kann Blut nicht aufheben (im nebenstehend erläuterten Sinne). —

In diesen Methoden ruht der Keim für eine innere Fortentwickelung der Halacha. In den Lehrhäusern der Tannaim erweiterte man den überlieferten Stoff, leitete eine Sache von der anderen ab und übertrug Halachot von einem Gebiet auf das andere; man teilte die Abteilungen in Abschnitte (Paragraphen) ein, die Allgemein-Lehren in Einzelvorschriften, und man erörterte auch, ob es möglich sei, auf Grund von Einzelvorschriften Allgemein-Lehren aufzustellen, sowie Ähnliches [11].

Die Verhandlungen zwischen den Tannaim fanden in ihrer Mehrzahl auf mündlichem Wege statt [12]. Die Teilnehmer versammelten sich am Sitze des „Nassi" (des Oberhauptes) im Grossen Lehrhause (dem „Synhedrion") — [dessen Platz kein fester war, da der Nassi mitsamt seinem Lehrhause sich nicht selten unter dem Druck der Zeitverhältnisse gezwungen sah, zum Wanderstab zu greifen und seinen Sitz an einen anderen Ort zu verlegen] — und dort, im Lehrhause, brachte jeder Einzelne seine Meinung zum Ausdruck [im Babli, R. hasch. 31 a, werden die Wanderungen des Synhedrion geschildert: von Jerusalem nach Jabnë, von Jabnë nach Uscha, von Uscha nach Schefar-Am (in der Zeit des R. Jehuda ha-Nassi), von dort nach Beth-Schearim, nach Zippori und nach Tiberias]. — Solche Verhandlungen werden in der Mischna gebracht (Jad. IV, 3—4) sowie im Sifrë „Bamidbar". (Erkl. 118 u. 124; auch oben S. 66 zit.). Ausserdem sassen sie auch beisammen in den privaten Lehrhäusern, die sie leiteten, wie im Lehrhause des R. Eliëser in Lod, des R. Josua in Pekiin, des R. Akiba in B'në-B'rak, des R. Josë in Zippori (= Sepphoris), ... usw. (Bab. Sanh. 32 b). Wir finden, dass R. Josë im Lehrhause des R. Jehuda sass (Kid. 52 b). R. Akiba zog einmal eine logische Schlussfolgerung vor R. Eliëser, und er kam dann zu R.

11 Vgl. die Formulierungen: „Sie haben nur gesagt" (לא אמרו ..... אלא), oder: „Sie wurden nur [von den Weisen] erwähnt" (לא הוזכרו .... אלא) oben S. 97.

12 Vgl. auch Frankel „Darchë-ha-Mischna", Ende v. Kap. II, S. 204 ff., sowie dort unter „R. Jehuda ha-Nassi", S. 193. Aus den hier angeführten Quellen geht hervor, dass man schon vor Rabbi die Lehrmeinungen der Weisen auf Grund mündlicher Überlieferung von ihrer Seite sowie seitens ihrer Kollegen und ihrer Schüler ordnete.

Josua und trug diesem seine Worte vor (Mischna Nas. VII, 4). Ebenso werden viele Diskussionen zwischen den Tannaim in der Mischna sowie in den Barajtot erwähnt (sprach er zu ihm" : usw.; s. oben S. 132 f.), und zwar fand diese Verhandlung im allgemeinen in einem der Lehrhäuser statt. R. Eleasar erzählt (Tos. Nas. V, 1): ‚Als ich nach Ardiskos (in Galiläa) ging, traf ich [dort] R. Mëir und R. Jehuda b. Betera, die (im Lehrhause R. Mëirs) sassen und Gegenstände der Halacha erörterten, usw. — Ebenso wird berichtet, dass vier Gelehrte bei R. Eleasar b. Asarja (nach der Lesart von R. Simson im Komm. zu Kel. XXII, 9: „im Laden des R. Eleasar b. Asarja") zu Zippori sassen, nämlich: R. Chuzpit, R. Jeschewaw, R. Chalaphta und R. Jochanan b. Nuri, ‚und man ihnen .... vorlegte ... usw., und sie es für rein erklärten' (Tos. Kel.,B. Batra II, 2). Aber viele Halachot erörterten sie auch, während sie unterwegs waren, indem sie den Schriftvers (Deut. VI, 7): „Und Du sollst von ihnen (den Worten der Thora) sprechen, ... wenn Du Deines Weges gehst!", in seinem buchstäblichen Sinne erfüllten, wie es auch heisst (Jos. I, 8): „Und Du sollst darin forschen bei Tag und bei Nacht!" (vgl. auch Abot III, 7). So wird erzählt (Ab. sara II, 5): ‚Es fragte R. Ismaël den R. Josua, als sie ihres Weges gingen' (vgl. auch Bab. Nid. 68 b). R. Akiba sagt einmal (Ker. III, 7): ‚Ich habe R. Gamliël und R. Josua gefragt auf dem Fleisch-Markte von Emma-us, als sie dort hinwanderten, um Vieh für die Hochzeitfeier von R. Gamliëls Sohn einzukaufen'; — oder (Neg. VII, 4): ‚Ich habe R. Gamliël und R. Josua gefragt, als sie nach Gadwod gingen'. Ebenso wird ein Vorgang über R. Ismaël berichtet, der R. Josua geleitete: ‚Sprach er zu ihm: usw.' (Tos. Para X, 3); — und mehr desgleichen.

Aber zahlreiche Lehren der Tannaim wurden nicht durch diese selbst bekannt, sondern erst durch ihre Schüler und Kollegen, wie wir dies in der Mischna finden (Edujot II, 7): ‚Drei Dinge sagten sie vor R. Akiba, zwei im Namen des R. Eliëser und eins im Namen des R. Josua'; — und ebenso sagten sie vor R. Akiba: ‚Gesagt hat R. Eliëser' usw. (Schebiit VIII, 9—10). R. Eleasar sagte eine Lehre im Namen des R. Josua (Nas. VII, 4); und ferner sagten im Namen R. Josuas: R. Akiba (Sanh. VII, 11; Teb. J. III, 4—5); R. Simon b. Gamliël (Sota IX, 12); R. Jeschewaw (Chul. II, 4) sowie R. Eleasar b. Jehuda aus Bartota (Teb. J. III, 4—5). Auch Ben-Asaj sagte vor R. Akiba eine Lehre im Namen R. Josuas (Joma II, 3), und einmal sagte er zu ihm: ‚So hat R. Josua gelehrt' (Taan. IV, 5); ebenso sagt R. Akiba: ‚Ich habe im Namen des R. Josua gehört' (Toss. Bech. VII, 6; vgl. dort). R. Mëir sagt eine Lehre in R. Ismaëls Namen (Kil. III, 7), und ebenso überliefert R. Jehuda in dessen Namen (Mik. IX, 6); gleichfalls im Namen des R. Ismaël sagte ein Schüler eine Lehre vor R. Akiba (Erub. I, 2)[13]; und ebenso findet sich anonym: Im Namen R. Ismaëls haben sie ge-

13 Im Babli (das. 13 a) sagt R. Josua b. Levi: ‚Überall, wo Du findest: „Im Namen des R. Ismaël sagte ein Schüler vor R. Akriba", ist kein anderer gemeint als R. Mëir, der

sagt (Sanh. I, 2). — R. Mëir sagt eine Lehre im Namen des R. [Simon b.] Gamliël (Ket. XII, 4); R. Jehuda überliefert im Namen R. Josës des Galiläers (B. kama VIII, 6) und namens seiner Genossen (Tos. Kel., B. batra VI, 1). — Wir finden auch in der Mischna Halachot, die sogar im Namen späterer Tannaim, nämlich des R. Mëir, des R. Josë und des R. Simon, überliefert werden: „Im Namen des R. Mëir hat man gesagt" (Bech. IX, 8; vgl. auch Bab. Hor. 14 a); ferner überlieferten in seinem Namen: sein Schüler Symmachos (‚סומכוס'; B. mez. VI, 5; Chul. V, 3; vgl. auch Bab. Kid. 52 b, wo Symmachos vor R. Jehuda sagt: ‚So lehrte mich R. Mëir'), R. Dostaj b. Jannaj (Erub. V, 4; Abot III, 5) sowie Jadua der Babylonier (B. mez. VII, 9). Ebenso sagt R. Simon b. Jehuda eine Lehre im Namen des R. Josë (Maass.sch III, 6; Sowie im Namen R. Simons (Makk. III, 6; Neg. X, 8); — und Ähnliches mehr in Mischna und Barajta. — R. Akiba regte seine Schüler auch ausdrücklich dazu an, ihm zu sagen, was sie an Lehren gehört hatten (Tos. Sab. I, 5; oben S. 114 f.): ‚Als R. Akiba Halachot für seine Schüler ordnete, sprach er: Jeder der eine Begründung von seinem Kollegen gehört hat, der möge kommen und es mir sagen! Sagte vor ihm R. Simon im Namen des R. Eleasar b. Jehuda aus Bartota: Die Schulen Schammajs und Hillels streiten nicht . . . . .' usw.; sagte er (R. Akiba): „Nicht jeder ‚Sprunghafte' (d. h.: Wer voreilig eine Meinung wiedergibt) ist zu loben, ausser wenn er die Begründung dafür anzugeben weiss" (sondern nur derjenige, welcher die Begründung dafür angibt); sprach R. Simon vor ihm: „So sagte die Schule Hillels zu der Schule Schammajs" usw.; darauf lehrte R. Akiba fortan gemäss der Meinung des R. Simon' [14]. Trotzdem wird in unserer Mischna (Sab. I, 1) zu diesem Gegenstand nur die frühere Ansicht R. Akibas gebracht, und zwar anonym (weil so die erste Mischna lautete), und danach die Meinung des R. Eleasar b. Jehuda, während der Name des R. Akiba sowie die Begründung, die R. Simon ihm gegenüber angab, überhaupt nicht erwähnt werden. — Ähnliches wird in der Tos. Para (IV, 9) erzählt: Sagte R. Simon: Ich habe Chanina b. Gamliël in Zaidan getroffen und er fragte mich: ‚Wenn einer Kuh (nämlich einer Roten Kuh, die zur Gewinnung der reinigenden Asche gemäss Num. XIX, 1 ff. bestimmt war) ein zu ihrer Unbrauchbarkeit führender Fehler zugestossen ist, wie ist dann die Vorschrift?' Sagte ich zu ihm [usw.]. — Sprach er zu mir: ‚Hat mir denn nicht in Deinem Namen R. Eleasar gesagt'

---

sowohl R. Ismaël wie R. Akiba (als Schüler) diente'. Ähnlich diesem Ausspruch findet sich in der Tosephta (Sab. I, 8): „Sagte ein Schüler von den Schülern des R. Ismaël vor R. Akiba im Namen des R. Ismaël"; vgl. auch dort in der Mischna I, 2. S. ferner Tos. Para III (II), 3: „Sagten sie vor R. Akiba im Namen des R. Ismael".

14 Ähnlich in Tos. Ukzin III, 2 (Bab. Chul. 128 a). Vgl. auch Tos. Para, Ende v. Kap. V (IV): „Sagte R. Josë: Bei (der Erörterung) dieser Halacha vor R. Akiba bin ich aufgesprungen und habe vor ihm gesagt: [usw.]"; — sowie in der Mischna Para V, 9. Vgl. ferner Ter. IV, 13.

[usw.]? Erwiderte ich: ‚Ich habe das nicht gesagt; aber ob ich es nun [früher einmal] gesagt habe oder nicht, erscheinen meine [jetzigen] Worte [jedenfalls] einleuchtend'. In der Mischna (das. IV, 4) wird nur die letzte Fassung der Worte des R. Simon gelehrt, und auch diese in anonymer Form.

Wie bereits erwähnt (oben S. 134), werden in der Mischna vielfach auch die Verhandlungen zwischen den Tannaim wiedergegeben; dagegen werden die Erörterungen der Schüler vor ihrem Lehrer in aller Regel nicht gebracht, weil diese nichts anderes als die Fragen und Antworten darstellen („sie haben gefragt"; „sie haben vor ihm gesagt"), welche den Gegenstand von allen Seiten zu klären bestimmt waren. Einmal finden wir eine Diskussion R. Akibas mit den Weisen, und am Ende der Verhandlung wird bemerkt: ‚Bis hierher reichte die Replik (d. h. die Diskussion R. Akibas mit seinen Kollegen, deren Einwände er zurückwies); sagt R. Simon: Von hier ab und weiterhin (d. h. in der nun folgenden Fortsetzung der Diskussion) haben wir (nämlich die Schüler) vor R. Akiba eingewendet', usw. (Ende v. Trakt. Machschirin; vgl. auch dort in den „Ergänzungen" meines Mischna-Kommentar). — Ebenso wird einmal eine Frage der Schüler R. Akibas sowie dessen Antwort erwähnt (Kel. XXV, 4): ‚Sie (die Schüler) sagten (wendeten ein) vor R. Akiba: Da doch [usw.]; sprach er zu ihnen (erwiderte er)': [usw.]. — In ähnlicher Weise wird in der Mischna eine Frage der Schüler R. Gamliëls nebst seiner Antwort gebracht (Ket. VIII, 1): ‚Sprachen sie vor R. Gamliël: Da doch' [usw.] (vgl. dort in der Barajta Bab. 78 b, und Jer. Kap. VIII, Hal.). sowie eine Frage der Schüler R. Jehudas und dessen Antwort (B. kama IV, 2): ‚Sagten sie vor R. Jehuda [usw.]; sprach er zu ihnen' [usw.]. — In Nid. (VIII, 3) wird erzählt: ‚Es geschah einmal bei R. Akiba, dass er in einem Fall, der vor ihn gebracht worden war, über die Halacha entschied und [darauf] sah, dass seine Schüler einander [fragend] anblickten'; sprach er zu ihnen: „Was erscheint Euch an der Sache so schwer?" usw. — Einen Vorgang solcher Art erzählt auch R. Simon in der Tos. Kel., B. batra II, 2: ‚Es geschah einmal, dass Jemand [etwas zwecks Entscheidung] vor R. Akriba brachte . . . . ., und dieser sagte usw.; sah er, dass seine Schüler staunten; sprach er: Weshalb staunt Ihr?', usw. — In der Tos. Mëila (I, 5) erzählt R. Simon: ‚Als ich den Sabbath im Dorfe Beth-Pagi verbrachte, begegnete mir [dort] einer von den Schülern R. Akibas und sprach zu mir: [Opfer-]Fleisch, das herausgebracht worden ist ausserhalb der Vorhänge [des Heiligtums] und für welches das Blut gesprengt wurde, ist damit [als Opfer] in Wohlgefallen angenommen worden (d. h. die Sprengung des Blutes bewirkt Sühne auch dann, wenn das Opferfleisch untauglich geworden ist); und als ich nach Galiläa kam und diese Lehre dort meinen Kollegen vortrug, sagten sie [usw.]; ich kam damit [dann] vor R. Akiba und trug ihm diese Worte (nämlich ihren Einwand) vor, worauf er zu mir sprach: Wenn Jemand ein [Tier als] Sündopfer abgesondert hat, und es ist verloren gegangen' usw. (eine andere Lesart im Bab., Mëila 7 a). In der Mischna das. (I, 2) wird indessen nur die Lehre des R. Akriba allein gebracht. — Auch in der Tosephta werden die Erörterungen zwischen dem Lehrer und seinen Schülern nicht wiedergegeben, abgesehen von 3 Fällen: Pea III, 6 (R. Simon b. Gamliël), Nasir V, 2 (R. Simon; Bab. das. 60 b: ‚Fragten seine Schüler' usw.), sowie Neg. II, 3 (R. Josë; ebenso Sifra „Tas'ria", Negaim, Abschn. II, 9). —

Durch Schüler, die mehreren Tannaim als Zöglinge dienten und von einem Lehrhause in ein anderes übergegangen waren, wurden die verschiedenen Lehrmeinungen der Weisen bekannt gemacht, und die Tannaim lehrten ihre Schüler nicht nur ihre eigenen Lehren, sondern auch diejenigen Anderer. Bereits von der Schule Hillels wurde gesagt, dass sie ihre eigenen Meinungen sowie diejenigen der Schule Schammajs lehrte, und dass sie sogar die Worte der Schule Schammajs den ihrigen voranstellte (Bab., Erub. 13 b). In späterer Zeit finden wir, dass Schüler des R. Ismaël die Mischna R. Simons lehrten: ‚Schüler aus dem Lehrhause R. Ismaëls lehrten (eine Barajta, die) im Lehrhause des R. Simon b. Jochaj' (gelehrt worden war; — Bab. Seb. 53 b, nach der zutreffenden Erklärung bei Raschi das.; vgl. mein Buch „Untersuchungen über Barajta und Tosephta", S. 47). Die Halachot, — seien es jene, die sie auf Grund überlieferter Lehre empfangen hatten, oder jene, die von ihnen selbst, wie oben erläutert, im Wege gedanklicher Ausweitung sowie logischer Ableitung entwickelt worden waren, — ordneten sie nach ihren Arten und Gattungen, jedweder seiner Lehrmethode und seinem System entsprechend. Aus diesen Mischnajot wurde dann unsere Mischna gesammelt und geordnet, in ihrer wohl ausgewogenen Eigenart, die im nächsten Kapitel aufgezeigt werden soll. —

VI

DIE REDIGIERUNG UNSERER MISCHNA

Nach der Überlieferung im Talmud war es R. Jehuda ha-Nassi, schlechthin ‚Rabbi' genannt („mein Lehrer" kat'exochen), der unsere Mischna geordnet hat, und bereits die ersten Amoräer in Erez Israel haben sie Rabbi zugeschrieben. R. Simon b. Lakisch sagt mehrmals (Bab. Jeb. 41 a; Git. 29 a; B kama 55 a; Jer. Kil., Kap. I, Hal. 6; Schab. Kap. XIV, Hal. 1) auf Halachot unserer Mischna: „Rabbi hat gelehrt" (= ‚שנה רבי'). So sagen auch R. Jochanan (in Jer. Kid. Kap. III Hal. 2, Bl. 64 c) sowie andere Amoräer (Raw Josef in Bab. Jeb. 11 b und 50 a; Rabba das. 64 b; Rabba b. Abuha in Ket. 98 b; R. Jona in Jer., Anfang v. Chag.); und auch ohne Urheberzeichnung sagt der Talmud allgemein an einer Anzahl von Stellen: „Rabbi hat in anonymer Form bestimmt" (‚רבי סתם'), d. h. Rabbi hat die anonyme Mischna festgesetzt (Beza 2 b, Ket. 95 a, Schebuot 4 a, u. a.). Und sogar R. Natan sagt nach der Formulierung des Jer. zu Rabbi (B. batra, Kap. VIII, Hal. 5): Hast nicht Du selbst uns so gelehrt? (Vgl. Bab., B. batra 131 a). Mit diesen Ausdrücken meinten sie das Ordnen der Mischna; sie bedeuten also: „Rabbi setzte es so fest in seiner Mischna; die er geordnet hat'.

Rabbi sammelte die Mischnajot, die vor ihm in verschiedenen Anordnungen vorlagen (vgl. in den vorhergehenden Kapiteln) und redigierte sie. R. Jochanan sagt (Bab. Sanh. 86 a): ‚Unser anonyme Mischna ist R. Mëir und gemäss der Auffassung des R. Akiba'. Ebenso hat R. Simon b. Lakisch (Jer. Jeb., Kap. IV Hal. 11) überliefert, dass die anonymen Mischnajot von R. Mëir seien, sofern nicht der sie erklärende Lehrer bezüglich einer anonymen Mischna ausdrücklich festgestellt, dass sie nicht von R. Mëir herrühre. Bereits oben (S. 113 f.) haben wir erläutert, dass sie damit auszudrücken beabsichtigten, die alten Halachot in unserer Mischna seien im allgemeinen in dem Stil und in der Form überliefert worden, wie sie R. Mëir gelehrt hatte, der sie seinerseits von R. Akiba empfing. Somit ergibt sich, dass R. Mëir diese Halachot nicht neu geschaffen, sondern nur in ihrer fest geprägten Fassung überliefert hat. In der Barajta (Bab. Kid. 52 b) sagt Symmachos, ein Schüler R. Mëirs, zu R. Jehuda: ‚So hat R. Mëir mich gelehrt' (nämlich den anonymen Teil der Mischna dort II, 8; vgl. auch daselbst im Jer., sowie ferner in Bab. Nasir 49 b); und R. Jehuda meint, dass dies eine überflüssige („nicht notwendige") Mischna sei, während R. Josë sie rechtfertigt und deshalb aufrecht erhalten will. Ferner sagt R. Jochanan in Jer. Jeb., das.: ‚Die anonymen Mischnajot sind von „unseren Lehrern"

(‚של רבנן‘)‘, d. h. sie stellen die Ansicht einer Mehrzahl von Gelehrten dar, sofern nicht der (sie erklärende) Lehrer ausdrücklich feststellt, dass sie nach der Ansicht eines Einzelnen gehen [ebenso sagt Levi in Bab. Jeb. 10 b in Bezug auf die anonyme Mischna: „Obgleich ‚die Weisen‘ in unserer Mischna gelehrt haben“; und die anonyme Mischna wird in beiden Talmuden als von den ‚רבנן‘ („unseren Lehrern“) herrührend bezeichnet (im Babli auch תנא קמא, „der erste Tanna“, genannt, d. h. die zuerst erwähnte, — gewöhnlich anonym gehaltene, — Ansicht; vgl. auch den Ausdruck ‚דאמור רבנן‘, — „unsere Lehrer haben gesagt“; — Schab. 34 a, in Bezug auf die Mischna II, 7, das.)]. R. S'era sagt: ‚R. Simon b. Lakisch „sah“ (erkannte), dass die Mehrzahl der anonymen Mischnajot von R. Mëir stammen‘; das Wort „Mehrzahl“ (‚רוב‘) ist jedoch hier nicht im vollen Sinne zu verstehen, sondern nur dahin, dass zahlreiche Mischnajot von der Mischna des R. Mëir herstammen. Auch der Talmud Babli folgt diesem Wege, wonach die anonyme Mischna von R. Mëir ist und dessen Meinung derjenigen unserer Mischna entspricht, insoweit er diese nicht ausdrücklich bestreitet. So sagt der Babli einmal, dass er sich bemühe, die anonyme Mischna mit der Ansicht des R. Mëir in Einklang zu bringen (Git. 4 a). — Wenn sich indessen herausstellt, dass R. Mëir nicht der gleichen Meinung ist wie die anonyme Mischna, dann gibt auch der Babli zu, dass „diese anonyme Lehre nicht von R. Mëir herrührt“ (Ket. 71 a, Jeb. 111 b, B. batra 65 b) [1]. Und in der Tat finden wir zahlreiche Fälle, in denen R. Mëir den Inhalt der anonymen Mischna bekämpft (Pea IV, 11; VII, 2; VIII, 5; Maass. II, 3; V, 8; Bik. I, 6 u. 11; Erub. I, 7; Schek. I, 6; II, 5; Ned. III, 9; sowie noch viele weitere Stellen) [2]. Ebenso sagt Babli in vielen Fällen: Die anonyme Mischna geht

---

1 Vgl. in der Einführung (פתיחה) des Maimonides zu seinem Mischna-Kommentar, Ende v. Kap. VI, wo er sagt: (Anonyme Mischna ist: Was der übereinstimmenden Mehrheitsmeinung entsprach oder was man als Überlieferung empfangen hatte, und sie wird daher mit R. Mëir gleichgesetzt, weil dieser der ihr zeitlich am nächsten stehende Empfänger und Bewahrer überlieferter Lehren war). — „.... abgesehen von wenigen anonymen Mischna-Lehren, bei welchen die Möglichkeit besteht, dass sie auf R. Mëir allein zurückgehen (d. h. dass sie seiner [persönlichen] Ansicht sowie seiner [eigenen] Grundauffassung folgen, ohne dass er sie als Überlieferung von seinem Lehrer empfangen hat), und darüber eine Kontroverse geführt wird, oder dass sie von jemand Anderem als R. Mëir herrühren und der Talmud sie erklärt“. — Zu bemerken ist hierbei, dass der Talm. Babli auch bemüht ist, unsere Mischna nicht in einem solchen Sinne aufzufassen, dass sie der Meinung R. Akibas zuwiderläuft (B. mez. 82 a; vgl. dort bei Raschi, Stichwort: אי הכי). Vgl. auch den Ausspruch des R. Jochanan: „Das ist die Meinung R. Akibas, des Lehrers der anonymen Mischna“, — זו דברי ר׳ עקיבא סתימתאה, — Meg. 2 a, Makk. 17 a, Bech. 30 a (s. auch Sanh. Bl. 60, Ende von Seite a).

2 In Kel. V, 7, betont R. Mëir, dass er nicht mit der Ansicht der anonymen Mischna übereinstimme: „Und man kratzt (bei der Reinigung eines irdenen Ofens) die äussere Lehmschicht ab, bis man zum Erdboden gelangt; R. Mëir sagt: Es ist nicht nötig, die

[hier] nach R. Jehuda oder nach R. Simon oder nach anderen Tannaim, und vielfach fragt er auch: ‚Nach wessen Ansicht geht unsere Mischna?' (‚מני ? מתניתין') usw. —

Wenn wir die Mischna mit der Tosephta und den Barajtot vergleichen, sehen wir, dass viele in unserer Mischna anonym gehaltene Lehren dort im Namen anderer Tannaim und nicht im Namen des R. Mëir wiedergegeben werden. Denn Rabbi benutzte zwar als Grundlage für seine Kompilation die Mischna des R. Mëir, in welcher dieser lehrte, was er von seinen Lehrern als Überlieferung empfangen und was er aus eigenem Verstande gefolgert hatte; doch fügte Rabbi diesem Material noch Mischnajot anderer Tannaim hinzu, die auch ihrerseits lehrten, was sie von ihren Lehrern empfangen und was sie selbst aus eigenem Verstande neu abgeleitet hatten. Zuweilen wird in unserer Mischna eine alte anonyme Mischna des R. Mëir gebracht unter Beifügung der Fassungen anderer Tannaim, wie z. B. in Erub. VI, 2: ‚Sagte R. Gamliël: Es geschah einmal bei einem Sadduzäer' usw. (und zwar ist dies eine Mischna des R. Mëir, vgl. die Barajta in Bab. 68 b), ‚R. Jehuda sagt in anderem Wortlaut': usw. — Kel. VIII, 9: ‚Ein irdener Backofen (mit seitlich angebrachter Öffnung) ist, wenn er einen Rand hat, verunreinigungsfähig; R. Jehuda sagt: wenn er Decken hat; R. Gamliël sagt: Wenn er Säume (gedeckte Abteilungen) hat'. Aus der Tosephta dazu (B. kama VI, 17) ist ersichtlich, dass der anonyme Teil von R. Mëir stammt, der ihn im Namen des R. Gamliël gesagt hat, und dass die Tannaim lediglich über die Formulierung der Halacha R. Gamliëls diskutieren, dass also über den sachlichen Inhalt überhaupt kein Streit zwischen ihnen herrscht, sondern nur über die Ausdrucksweise: „R. Mëir sagt im Namen R. Gamliëls: Wenn er (der Ofen) einen Rand hat, ist er verunreinigungsfähig; R. Jehuda sagt im Namen R. Gamliëls: wenn er Decken hat; R. Josë sagt im Namen R. Gamliëls: wenn er Säume hat; — und alle (diese Ausdrücke) sind ein und derselbe Name [= halachische Grund]" (d. h. sie bezeichnen sämtlich die gleiche Ursache der Verunreinigungsfähigkeit, für welche es verschiedene Kennzeichen gibt. — Vgl. in den „Ergänzungen" meines Mischna-Komm. zu Kel. das.). In gleicher Art wird im Jer., Ab. sara, Ende v. Kap. II, erklärt [3]. —

Lehmschicht abzukratzen, und auch nicht, dass man zum Erdboden gelangt, sondern . . . ." usw. — Vgl. auch Tosephta das. IV, 17. Ähnlich: Mischna Edujot III, 1 (= Ohal. III, 1): „. . . . . rein. Sagt R. Mëir: Auch in diesem Falle erklärt ihn [nur] R. Dossa b. Harkinas für rein, die Weisen aber erklären ihn für unrein", u. a.

3 Der Talm. Jer., das., zählt noch einige Fälle auf, darunter Kontroversen innerhalb der Mischna, bei welchen lediglich eine abweichende sprachliche Bezeichnung den Gegenstand des Streites bildet. Ähnlich an anderen Stellen; vgl. die von mir angeführten Zitate in den „Ergänzungen" meines Mischna-Kommentars zu Sota VIII, 7. — Vgl. auch in meinen „Untersuchungen über die Red. der Mischna", S. 62 ff. sowie im Anhang am Ende des Buches, Nr. V).

Sogar hinsichtlich derjenigen Halachot, die in der Mischna im Namen R. Akibas gebracht werden, lässt sich aus Barajtot entnehmen, dass sie ein anderer Tanna, — und nicht R. Mëir, — im Namen R. Akibas überliefert hat [4]. Auch R. Jochanan, der annimmt, dass die anonyme Mischna von R. Mëir sei, selbst er sagt über die Mischna in Jeb. III, 1, dass er „nicht wisse, wer sie gelehrt habe" (Bab. Jeb. 27 b); und manchmal sagt er: „Dies ist keine Mischna" (das. 43 a, vgl. dort), oder: „Ich lerne sie in der Einzahl-Formulierung", (d. h. als Meinung eines Einzelnen, die nicht der Halacha entspricht; Chul. 55 b), sowie Ähnliches in dieser Art. Solches sagen auch andere Amoräer [5]. R. Jochanan teilt sogar e i n e Mischna nach zwei Quellen, indem er sagt (B. mez. 41 a): „Wer mir (die Mischna das. III, 9) nach der Lehrmeinung eines einzigen Tanna erklärt, dem will ich seine Kleider nachtragen ins Badehaus" (eine persönliche Dienstleistung von so erniedrigender Art, dass sie nicht einmal einem jüdischen Knecht zugemutet werden durfte, s. Sifra „B'har", VII, 2); „sondern der erste Teil (der Mischna) folgt R. Ismaël und der Schlussteil R. Akiba", in derselben Art, wie wir im Talmud finden: „Der erste Teil folgt Rabbi X. und der Schlussteil folgt Rabbi Y.", oder auch: „Ein Bruch (‚תברא' [= ‚שבר'], — d. h. ein Widerspruch zwischen erster und zweiter Hälfte), „wer Dieses gelehrt hat, hat Jenes nicht gelehrt" (Schab. 92 b, u. a.). Oder im Jeruschalmi: „Zwei Tannaim sind es" (Jer. Schebiit, Ende v. Kap. VII; Chal. Kap. I, Hal. 4; Ned. Kap. II, Hal. 4 [vgl. auch dort Kap. I, Hal. 1, Bl. 36 c], s. ferner Ter. Kap. IV, Hal. 7). — Wie hieraus ersichtlich, was also schon den ersten Amoräern bekannt,

4 Vgl. Mischna Jeb. XII, 3, und in der Tosephta das. XII, 15: „R. Simon sagt im Namen des R. Akiba"; aber der Wortlaut der Mischna mit der Diskussion zwischen R. Eliëser und R. Akiba beweist, dass die dortige Lehre nicht der Mischna des R. Simon entstammt, sondern einer anderen Quelle. — Seb. IX, 3, und in der Tosephta dort IX, 5: R. Simon sagt im Namen des R. Akiba, usw.; — Ter. IV, 8, und Tos. das. V, 10: R. Jehuda in seinem Namen; — ebenso Kel. XXVIII, 2, und Tos. dort II, 20: R. Simon b. Eleasar in seinem Namen; u. a. — Bemerkt sei dabei, dass sich nirgends in der Mischna eine Stelle findet, wonach: ‚Rabbi X. im Namen des R. Akiba sagt'. Wir haben oben S. 141 ff. gesehen, dass R. Mëir im Namen des R. Ismael sagt sowie im Namen des R. Simon b. Gamliël, und R. Jehuda im Namen des R. Ismaël sowie im Namen R. Josës des Galiläers, auch dass R. Akiba selbst sowie Andere im Namen des R. Josua sagen, niemals aber, dass Jemand im Namen des R. Akiba sagt. Und in Seb. IV, 4, wird sogar ein Ausspruch im Namen des R. Simon gebracht, während in der Tos., das. V, 4, R. Simon sagt: „Diese Halacha hat mir R. Akiba überliefert". Hieraus können wir entnehmen, dass eine Reihe von Halachot des R. Akiba in der Mischna unter dem Namen seiner Schüler untergebracht sind. Die anonyme Mischna in Jeb. X, 3, und Git. VIII, 6—7, wird in der Tosephta Jeb. XI, 6, und Git. VIII (VI), 6—7, unter dem Namen des R. Mëir überliefert, der sie im Namen des R. Akiba gelehrt hat. In Jer. Ber., Kap. II, Hal. 1, wird gesagt, dass R. Mëir eine Lehre im Namen des R. Ismaël überlieferte, aber nicht im Namen des R. Akiba, weil nämlich allgemein bekannt ist, dass R. Mëir der Schüler des R. Akiba war.

5 S. in meinen „Untersuchungen über die Red. der Mischna", S. 84.

dass unsere Mischna aus vielen Quellen gesammelt und zusammengefügt worden ist, die zuweilen einander widersprechen. Durch Vergleichung mit den Barajtot lassen sich Abgrenzungen zwischen den Halachot der Mischna aufstellen, sie lassen sich in Teilstücke zerlegen und man kann darin den Anteil so und so vieler Tannaim auffinden [6].

Aber auch innerhalb der Mischna selbst ist es möglich, im Wege kritischer Vertiefung die „Nahtstellen“ zwischen den einzelnen Halachot aufzuzeigen, sie in ihre Einzelteile zu zerlegen und dadurch eine Reihe von Schwierigkeiten und Widersprüchen zu lösen. Bereits im vorhergehenden Kapitel haben wir nachgewiesen, dass in unserer Mischna, — obschon ihr bei der Anordnung des Stoffs als Grundlage die Regel diente, die Halachot nach ihrem Inhalt zusammenzustellen, — gleichwohl diejenigen Mischnajot, die in den Lehrhäusern der Tannaim nach anderen Regeln oder Kennzeichen geordnet worden waren, in ihrer ursprünglichen Gestalt — ohne Änderungen — erhalten geblieben sind. Diese Tatsache für sich allein beweist schon, dass der Redaktor der Mischna keine Änderungen, keine Umstellungen und keine Kürzungen an dem Stoff vornahm, der ihm vorlag, sondern ihn in unserer Mischna so festlegte, wie er ihn empfangen hatte. Diese Methode des Redaktors bei der Anordnung der Mischna ist auf mannigfache Art zu beobachten, und sie eröffnet uns einen Zugang zur Erkenntnis der Mischna und zu deren Verständnis [7]. Zunächst ist zu bemerken, dass viele Halachot in unserer Mischna mehrfach vorkommen. Wenn Rabbi in den Sammlungen, die ihm vorlagen, eine Mischna vorfand, in der mehrere, inhaltlich zu verschiedenen Traktaten gehörende Vorschriften miteinander verbunden waren, so wiederholte er im Allgemeinen diese ganze Mischna in jedem der einschlägigen Traktate. Der Redaktor zerriss die Mischna nicht in Teilstücke und fügte das eine Stück diesem, das andere jenem Traktat bei, sondern er gliederte die Mischna in ihrer Gesamtheit, — so wie sie im Lehrhause gelernt worden war, — in zwei Traktate ein; wie z. B.: „Wer sich eine Frau angelobt unter der Bedingung, dass keine Gelübde (d. h. keine Pflichten, die aus Gelübden herrühren) auf ihr ruhen, und es stellt sich heraus, dass Gelübde (-Pflichten) auf ihr ruhen, so ist sie nicht angelobt; hat er sie schlechthin (d. h. ohne besondere Bedingungen) heimgeführt, und es stellt sich heraus, dass Gelübde (-Pflichten) auf ihr ruhen, so geht sie heraus (d. h. sie wird auf sein Verlangen geschieden) ohne Ketuba (ohne Anspruch auf die ihr in der Ketuba ausgesetzte Summe)“, usw. — Diese Mischna wird in Ket. VII, 7, sowie in Kid. II, 5, gelehrt, weil sie sowohl die Regelung der Ketuba wie diejenige der Kidduschin (der Angelobung) behandelt; der Redaktor zerlegte sie nicht etwa in zwei Teile, um alsdann den ersten Teil dem Traktat Kidduschin und den zweiten dem Traktat Ketubot ein-

6 Man vergleiche auch die Mischna in Nid. IV, 3, mit derjenigen in Edujot V, 1 u. 4. — S. ferner im Anhang Nr. VI am Ende des Buches.

zufügen. So wird es auch im Babli (Ket. 72 b und Kid. 50 a) erklärt: „Hier wird [die Mischna für die Regelung der] Ketubot gebraucht und der Tanna lehrt die Kidduschin [-Regelung nur nebenbei] wegen der Ketubot; dort aber wird [die Mischna für die Regelung der] Kidduschin gebraucht und der Tanna lehrt die Ketubot [-Regelung nur nebenbei] wegen der Kidduschin". Und nicht nur dies allein, sondern der Redaktor änderte im Traktat Ketubot noch nicht einmal die Anordnung der Mischna und stellte den Schlussteil über die Ketuba-Angelegenheit nicht etwa dem ersten Teil über die Kidduschin-Angelegenheit voran, — obgleich doch die Vorschrift über die Ketuba, die im Schlussteil der Mischna steht, im Traktat Ketubot die Hauptsache ist und daneben nur beiläufig auch die Vorschrift über die Kidduschin gelehrt wird[8], — weil eben der Redaktor den Mischnajot niemals eine von der Prägung, in der er sie empfangen hatte, abweichende Gestalt gegeben hat. Das Gleiche findet sich in Pea VII, 6, und Maass. sch. V, 3, wo in beiden Traktaten folgende Mischna gelehrt wird: „In Bezug auf Weinbergsfrüchte des vierten Jahres — (nach der Anpflanzung, die [bezw. deren Gegenwert in Geld] vom Eigentümer, — nachdem der Ertrag der drei ersten Jahre als „Orla" für jede Nutzniessung verboten war, — nach Jerusalem zu bringen und dort zu verzehren sind; Lev. XIX, 23—24) — sagt die Schule Schammajs, es gibt dabei kein „Fünftel" (d. h. keine Pflicht, im Falle der Auslösung ein Fünftel des Wertes hinzuzufügen) sowie keine „Fortschaffung" (d. h. keine Pflicht, sie am Vorabend des Passahfestes im 4. und 7. Jahre des Sch'mitta-Zyklus aus dem Hause zu entfernen, vgl. Maass.sch. V, 6), während die Schule Hillels sagt, es gibt Beides; die Schule Schammajs sagt, es gibt dabei ‚פרט' (vereinzelt herabgefallene Weinbeeren, die nach Lev. XIX, 10, den Armen zustehen) sowie ‚עוללות' (gewisse Formen von Weinbeeren, die nach Lev., a. a. O., gleichfalls den Armen zu überlassen sind; vgl. Pea VII, 4), usw.". — Hierbei ist für den Traktat „Pea" der Schlussteil über die abgefallenen oder vergessenen Beeren die Hauptsache, für den Traktat „Maasser scheni" aber der erste Teil über das bei der Auslösung hinzuzufügende Fünftel sowie über die Fortschaffung aus dem Hause, während der Redaktor die Mischna an beiden Stellen in unverkürzter Form bringt und auch die Anordnung ihres Lehrstoffs nicht ändert. — Ähnlich in Tem. IV, 1, und Mëila III, 1: „Das von einem [zum] Sündopfer [bestimmten Vieh] geborene Jungtier oder das gegen ein [zum] Sündopfer [bestimmtes Vieh] eingetauschte Tier ..... usw., und es schafft keine „Temura" (d. h. es überträgt beim Umtausch keine Opfer-Heiligkeit mehr auf das dafür eingetauschte Tier) und man darf von ihm keinerlei Nutzniessung ziehen, und es gelten dafür nicht die Vorschriften über die

7 S. in meinen „Untersuchungen über die Red. der Mischna", S. 11 ff.

8 Vgl. in den Novellen des R. Salomo b. Aderet zu Kid., sowie in „Schitta Mekubezet" (R. Bezalel Aschkenasy) zu Ket. daselbst.

„Mëila“ (die Veruntreuung von Gütern des Heiligtums) usw.“; — und so noch viele Fälle solcher Art. —

Die strikte Beachtung der Regel, dass die (aus früheren Sammlungen übernommene) Verknüpfung zwischen den Halachot nach Möglichkeit unangetastet bleiben soll, führt mitunter dazu, dass auch die räumliche Nähe zwischen jenen Halachot aufrecht erhalten wird, die einer grossen, nicht nach dem Inhalt geordneten Sammlung entstammen, wenngleich sie in unserer Mischna in denjenigen Traktaten untergebracht sind, welchen sie inhaltlich zugehören; zum Beispiel: Drei Halachot, die zu den Erleichterungen der Schule Schammajs und zu den Erschwerungen der Schule Hillels gehören, werden in Beza I, 1, gelehrt, darunter eine Kontroverse in Bezug auf Gesäuertes am Passah-Fest, worüber die Schule Schammajs meint, dass man bei Sauerteig (‚שאור‘) vom Umfange einer Olive ab (‚כזית‘) das Verbot gemäss Ex. XIII, 7, übertritt, bei Gesäuertem (‚חמץ‘) aber erst vom Umfange einer getrockneten Dattel ab (‚ככותבת‘). Obschon der gegebene Ort für diese Kontroverse nicht der Traktat Beza ist, ist sie doch hier eingereiht worden im Zusammenhang mit den übrigen Halachot dieser Gattung, wie sie in Edujot IV, 1, geordnet sind. Ebenso findet sich unter den Mischnajot in Beza II, 6—8, eine Kontroverse darüber, ob man ein ‚גדי מקולס‘ (d. h. ein zusammen mit seinem Kopf, seinen Kniestücken und seinen Eingeweiden gebratenes Lamm, vgl. Ex. XII, 9) in der Passah-Nacht als Opfer bereiten dürfe, eine Kontroverse, die dort nur nebenbei gelehrt wird, gemäss der Anordnung der entsprechenden Mischnajot in Edujot III, 10—12. Denn die Grund-Mischnajot aus Trakt. Edujot wurden in ihrem Wortlaut in allen Lehrhäusern der Tannaim gelehrt, und so wurden sie auch in unserer Mischna festgehalten (s. oben S. 124 f.). Daraus können wir entnehmen, dass die Ordner der Halachot auf die Erhaltung ihres Wortlauts wie auch ihres Zusammenhangs sorgfältig bedacht waren, und ihren Spuren folgte strikt auch der Redaktor unserer Mischna. Hiernach können wir folgern, dass diejenigen Mischnajot, die in unserer Mischna an mehreren Stellen in abweichenden Formulierungen oder mit abweichendem Inhalt gelehrt werden, nicht einer einheitlichen Quelle entstammen, sondern in jedem Lehrhaus in einem andersartigen Rahmen festgesetzt wurden, und dass sie dann so auch in unsere Mischna ohne jede Änderung eingegliedert worden sind. —

Die Abweichungen zwischen den Mischnajot lassen sich in folgende zwei Kategorien einteilen:

a) Eine Mischna wird an zwei Stellen gelehrt und an einer von diesen Stellen sind darin Zusätze, die an der anderen Stelle fehlen; beispielsweise die Mischna: „Eine auf die Vollziehung der Schwagerehe wartende (kinderlose Witwe, — ‚שומרת יבם‘ —), wenn ihr Güter zugefallen sind“, [usw.].

Diese Mischna wird in Jeb. IV, 3—4, sowie in Ket. VIII, 6—7, gelehrt, aber in Ketubot ist zwischen Anfang und Schluss ein mittlerer Teil eingefügt: „Hat sein [verstorbener] Bruder Geld hinterlassen, so soll dafür Grundbesitz gekauft werden und er (der zur Schwagerehe verpflichtete überlebende Bruder des Verstorbenen) verzehrt die Früchte", [usw.]. Dieser Zwischenteil fehlt in Jebamot ohne ausreichenden Grund; haben wir doch gesehen, dass der Redaktor der Mischna keine Halachot aus den ihm überlieferten Mischnajot fortlässt! Sicher war also der Mischna des Tanna in Ketubot eine zusätzliche Halacha eingefügt, die dem Tanna, der die Mischna in Jebamot lehrte, nicht vorlag. Diese Halacha in Ketubot war anscheinend in ihrer Formulierung aus der Mischna das. VIII, 3, übertragen worden, die von der Ehefrau spricht, welcher Gelder zugefallen sind. Jedenfalls kannte die Mischna in Jebamot sie nicht und unser Redaktor fügte sie in Jebamot auch nicht etwa auf Grund der Mischna in Ketubot hinzu. — Noch ein weiteres Beispiel: In R. hasch. I, 8, werden die als Zeugen untauglichen Personen aufgezählt, und es wird dabei folgende allgemeine Regel festgesetzt: ‚Für jede Zeugenaussage, für die eine weibliche Person nicht tauglich ist, sind auch sie untauglich'. Der erste Teil mit der Aufzählung der Zeugnisunfähigen wird auch in Sanh. III, 3, gelehrt, jedoch fehlt dort die allgemeine Regel aus Trakt. Rosch ha-Schana; demgegenüber sind dort die Lehrmeinungen des R. Simon und des R. Jehuda hinzugefügt. In der Tos. Sanh. V, 3, wird der Inhalt beider Mischnajot aus „Rosch ha-Schana" und aus „Sanhedrin" zusammengefasst; aber aus unserer Mischna geht hervor, dass sie aus zwei verschiedenen Quellen stammen, und dass dasjenige, was der Eine wusste, dem Anderen unbekannt war. —

Zuweilen werden der in der Mischna enthaltenen Halacha wesentliche Einzelheiten beigefügt, die zu ihren integrierenden Bestandteilen gehören und trotzdem in der Parallel-Mischna innerhalb eines anderen Traktates nicht erwähnt werden. So beispielsweise in B. mez. IX, 12: „Der Lohnarbeiter (der seine Bezahlung fordert), falls innerhalb der Frist (d. h. des für die Geltendmachung in Mischna 11 das. bestimmten Termines): so schwört er [wenn der Arbeitgeber bezahlt zu haben behauptet, — dass er nichts erhalten habe] und empfängt [seinen Lohn]; nach Ablauf des Termines: so schwört er nicht und empfängt nicht", usw. Diese Bestimmung wird in Schebuot VII, 1, in folgendem Wortlaut gelehrt: „Der Lohnarbeiter . . . . . . usw. Wie ist das gemeint? Sagt er zu ihm (zum Arbeitgeber): ‚Gib mir meinen Lohn, den ich bei Dir guthabe!'. Er (der Arbeitgeber) sagt darauf: ‚Ich habe [ihn] gegeben'; worauf Jener (der Lohnarbeiter) sagt: ‚Ich habe [ihn] nicht empfangen', — so schwört er (der Lohnarbeiter) und empfängt [seinen Lohn]. R. Jehuda sagt: Nur dann, wenn dabei ein teilweises Geständnis vorliegt" (d. h. lediglich dann wird dem Kläger der Eid anvertraut, wenn der Beklagte den Anspruch teilweise zugibt, also nur Zahlung eines Teilbetrages behauptet). — Die Mischna in Baba mezia bringt nicht die Ansicht des R. Jehuda, während andererseits in Schebuot die Hauptsache nicht gelehrt wird, nämlich die Bedingung, dass der Lohnarbeiter nur dann „schwört und empfängt", wenn er seine Forderung innerhalb der dafür bestimmten Frist erhoben hat. Beispiele solcher Art gibt es viele und sie beweisen, dass nicht in allen Lehrhäusern die Halachot, — und sogar auch nicht die alten Halachot, — in einheitlichem Stile gelehrt wurden (vgl. oben S. 113 f.), und dass uns in unserer Mischna die verschiedenen Quellen in ihrer ursprünglichen Gestalt erhalten geblieben sind. —

b) Zur zweiten Kategorie gehören diejenigen Mischnajot, in welchen dieselbe Halacha innerhalb von zwei Traktaten in verschiedenen Formulierungen gelehrt wird, also nicht, wie bei den meisten wiederholt vorkommenden Mischnajot, in einheitlichem Wortlaut an zwei Stellen. Auch diese Arten von Abweichungen weisen auf zwei Quellen hin. Als Beispiel sei hier eine Mischna gebracht, die beide Formen der Abweichungen erhält, d. h. es finden sich darin sowohl Zusätze wie auch Änderungen im Stil. In Kid. IV, 6—7, lernen wir: R. Jehuda sagt: ‚Die Tochter eines männlichen Proselyten ist [anzusehen] wie die Tochter eines männlichen „entweihten Priesters" (d. h. eines ‚חלל', der — wiewohl priesterlicher Abstammung — wegen seiner Herkunft aus einer unerlaubten Verbindung vom Priesterdienst ausgeschlossen und dessen Tochter zur Ehe mit einem Priester untauglich ist). R. Eliëser b. Jakob sagt: Wenn ein Israelit (von nichtpriesterlicher Abkunft) eine Proselytin geheiratet hat, so ist seine Tochter [zur Ehe] für einen Priester tauglich; wenn ein Proselyt die Tochter eines (nicht priesterlichen) Israeliten geheiratet hat, so ist seine Tochter [zur Ehe] für einen Priester (ebenfalls) tauglich; wenn [aber] ein Proselyt eine Proselytin geheiratet hat, so ist seine Tochter [zur Ehe] für einen Priester untauglich. Das Gleiche wie für den Proselyten gilt auch ...... [usw.]; R. Josë sagt: Auch wenn ein Proselyt eine Proselytin geheiratet hat, so ist seine Tochter [zur Ehe] für einen Priester tauglich'. — Dagegen wird in Bik. I, 5, lediglich die Ansicht des R. Eliëser b.Jakob in folgendem Wortlaut gebracht: ‚eine Frau, welche die Tochter von Proselyten ist, darf sich nicht mit einem Priester verheiraten, ausser wenn ihre Mutter israelitischer Abkunft war; das Gleiche wie für Proselyten gilt auch ..... [usw.]'. — Diese Mischnajot weichen nicht nur in ihrem Stil, sondern auch in ihren Zusätzen voneinander ab (welch letztere sich nur in Kidduschin, nicht aber in Bikkurim finden). — Ein zweiter Beispielsfall: Die Regel, dass Niemand eine (über die blosse Werterstattung hinausgehende) Strafzahlung — ‚קנס' — auf Grund eigenen Geständnisses zu leisten hat, liegt der Mischna in Ket. III, 9, zugrunde, welche lautet: ‚(Wer sagt:) „Ich habe [Vieh] gestohlen und [es dann] geschlachtet oder verkauft", erstattet den Grundbetrag (‚קרן', d.h. den Wert des Gestohlenen) auf Grund seines eigenen Geständnisses, aber er bezahlt nicht den Doppelwert (nach Ex. XXII, 6) oder den Wert des Vier- bezw. Fünffachen (Ex. XXI, 37)'. In B. kama VII, 4, wird jedoch diese Halacha in folgendem Wortlaut gelehrt: ‚Hat er nach der Aussage von zwei Zeugen gestohlen, aber geschlachtet oder verkauft nach der Aussage nur eines Zeugen oder nach seiner eigenen Aussage, so bezahlt er den Doppelwert, nicht aber den Wert des Vier- oder Fünffachen‘. —

Ausser Abweichungen solcher Art gibt es Halachot, die nur nebenbei in einer Mischna gelehrt, aber nicht an ihrem gegebenen Platz gebracht werden, an welchem sie ihrem Inhalt nach hätten eingegliedert werden müssen[9]; woraus sich ergibt, dass der Redaktor diejenigen Halachot, die nicht in den gleichen Lehrhäusern gelehrt worden waren wie der (für sie zuständige) Traktat, keineswegs etwa auf Grund der Mischnajot aus anderen Traktaten ergänzt hat. Wenn wir noch hinzufügen, dass sich zwischen den in verschiedenen Traktaten enthaltenen Mischnajot zuweilen Widersprüche finden, die der Talmud zu lösen bemüht ist oder damit erklärt, dass sie von verschiedenen, miteinander streitenden Tannaim gelehrt worden seien (vgl. oben S. 148), so haben wir eine Fülle von Kennzeichen in der Mischna selbst, die einerseits für die Vielfalt der ihren Traktaten zugrunde liegenden Quellen zeugen und andrerseits auch für die Methode der abschliessenden Redaktion, nämlich: Nichts aus den Quellen zu verändern, sie niemals „zurechtzubiegen“ und ihnen nichts hinzuzufügen. — Aber nicht allein auf Grund der Vergleichung verschiedener Traktate, sondern auch innerhalb eines einzigen Traktates selbst ist es möglich, die Einzelteile zu erkennen, aus denen sein Gewebe hergestellt und zusammengefügt ist. Auf welche Weise? Es kommt vor, dass dieselbe Halacha im gleichen Traktat ohne Notwendigkeit wiederholt wird, weil der Redaktor von solchen Halachot, die er aus der einen Quelle übernahm, nicht diejenigen strich, die er bereits vorher auf Grund einer anderen Quelle eingesetzt hatte. Es kommt auch vor, dass er eine Mischna lehrt, die „nicht notwendig“, also überflüssig ist (‚משנה שאינה צריכה‘), weil man sie aus dem Inhalt einer anderen Mischna entnehmen kann, und der Talmud löst diese Schwierigkeit mit dem Hinweis, dass auf diese Weise gelehrt wird: „Dieses und damit selbstverständlicherweise auch Jenes“ (‚זו ואין צריך לומר זו‘, — also: die weitergehende Vorschrift vor der — von ihr umfassten — engeren; Jeb. 13 a); oder: „Nicht nur Dieses, sondern sogar auch Jenes“ (‚לא זו אף זו‘, — also in umgekehrter Reihenfolge: zuerst die enger gehaltene und danach die weitergehende Vorschrift; Jeb. 19 a, B. mez. 38 a); oder: „Die Mischna ist nicht von ihrem Platz gewichen“ (משנה לא זזה ממקומה, — d. h. die einmal fixierte Mischna wird, auch wenn sich ihr Inhalt aus anderen Stellen herleiten lässt, nicht mehr gestrichen; Jeb. 30 a und 32 a). Ebenso finden sich auch innerhalb des gleichen Traktates Widersprüche zwi-

9 Vgl. als Beispiel Ber. I, 1: „Die Verbrennung der Fettstücke und der Gliedmassen (ist zulässig), bis die Morgenröte aufsteigt“, usw. Diese Halacha wird im Trakt. Sebachim nicht gelehrt. Und solcher Art gibt es viele. Vgl. auch die Anmerkung in dem Werk: „Scheërit Joseph“, die in „M'lechet Schlomo“ zu Erub. III, 1, sowie in den „Regeln über die Mischna (abgedruckt hinter Traktat Berachot) gebracht wird.

schen einzelnen Mischnajot. All dieses zeugt für verschiedene Quellen sowie für den typischen Charakter der Redigierung, deren kennzeichnende Eigenart es war, zu sammeln und zusammenzufassen, niemals aber zu ändern, zu streichen oder hinzuzufügen.

Nachstehend nur einige wenige Beispiele für Wiederholungen und Verdoppelungen im Rahmen des gleichen Traktates. Ber. VII, 1: „Drei (Männer), die gemeinsam gespeist haben, sind verpflichtet, das Tischgebet gemeinschaftlich (unter Voranstellung besonderer Segens-Formeln) zu sprechen"; sowie die gleiche Halacha dort in Mischna 4: „Drei (Männer), die gemeinsam gespeist haben, dürfen sich nicht voneinander trennen (vor gemeinsamer Verrichtung des Tischgebets)". — Scheb. IV, 3: „Man darf den Nichtjuden im 7. Jahr (bei der Feldarbeit, die in diesem Brachjahr den Juden verboten ist) Unterstützung gewähren (d. h. moralische Stütze durch ermunternde Zurufe, Danksprüche, Erfolgswünsche oder Ähnl.)" usw.; ebenso das. V, 9. — Ferner Bik. I, 6: „Wer zwei Bäume erwirbt innerhalb [des Grundbesitzes] seines Genossen usw.; R. Mëir meint: Er bringt (davon Erstlingsfrüchte) und sagt (das dabei zu sprechende Dank-Bekenntnis gemäss Deut. XXVI. 3 ff.); ebenso dort Mischna 11)[10]. —

Aus dem bisher Gesagten sind uns zwei Dinge deutlich geworden: a) Dass die Halachot in den Lehrhäusern der Tannaim nicht in einheitlicher Sprache gelernt worden sind, sondern dass jeder Tanna sie in der ihm eigenen Sprache und in dem ihm eigenen Stil lehrte. b) Dass die Halachot bei der abschliessenden Redigierung: nicht verändert worden sind, sondern in genau derselben Sprache festgesetzt und geordnet wurden, in welcher sie überliefert waren. Wenn daher bezüglich einer Halacha verschiedene Lesarten vorlagen, so war der Redaktor bemüht, die richtige Lesart klarzustellen (s. weiterhin). Hieraus ist zu folgern, dass der Redaktor sich nicht zum Ziele gesetzt hatte, in seiner Mischna halachische Entscheidungen „für die Praxis" (‚למעשה') zu ordnen; denn in diesem Falle hätte er die Halachot abändern und aus der Mischna eines Einzelnen eine solche der Mehrheit (‚חכמים') machen müssen, nach welcher die praktische Halacha sich zu richten hätte, und wiederum die Mischna der Mehrheit in diejenige eines Einzelnen verwandeln, falls er und sein Gerichtshof anders als diese frühere Mehrheit der Gelehrten entschieden, oder er hätte nach seinem Gutdünken Dinge hinzufügen und Abänderungen vornehmen müssen, wie man dies gewöhnlich anzunehmen pflegt. Demgegenüber haben wir gesehen, dass der Redaktor sich niemals erlaubt hat, die Mischna seiner Vorgänger anzutasten, sondern die Mischnajot genau so festsetzte, wie er sie empfangen hatte, und dabei sogar die besondere Eigengestalt der von ihm benutzten Quellen gewahrt hat. Da-

10 Vgl. in den „Ergänzungen" meines Mischna-Kommentars zu diesen Stellen, auch zu Scheb. III, 3; Maass. sch. III, 1; Schab. XIX, 2; Erub. III, 1, sowie VI, 10; Beza III, 7; Jeb. III, 4, sowie IX, 1; Ket. VI, 1, sowie X, 5; — ferner in meinen „Untersuchungen über die Red. der Mischna" S. 40 ff.

her findet man vielfach, dass die Amoräer nicht wie die anonyme Mischna entscheiden, wenn ihnen nämlich klar geworden war, dass es sich um die Mischna eines Einzelnen handelt, und dass sie in solchen Fällen nicht etwa sagten: ‚Weil Rabbi die Mischna nach diesem Einzelnen anonym festgesetzt hat, so bilden er (Rabbi) und sein Gerichtshof eine Mehrheit, nach der die Halacha sich zu richten hätte'. Vielmehr wussten jene Amoräer sehr wohl, dass Rabbi die Mischna nicht deshalb in solcher Art anonym festlegte (‚סתם') und aus der Mischna eines Einzelnen eine anonyme Mischna gemacht hat, um danach die Halacha zu entscheiden, sondern dass er in seiner Mischna-Sammlung die Mischnajot, — ob sie nun von einem Einzelnen oder von einer Mehrheit herrührten, — lediglich aus dem Grunde in anonymer Fassung wiedergab, weil sie in dieser Formulierung in der Quelle gelehrt worden waren, die ihm vorgelegen hatte. Daraus ergibt sich, dass es überhaupt nicht in seiner Absicht lag, eine Entscheidung über die Halacha zu treffen. Deshalb haben die Amoräer, sobald sie Klarheit darüber gewonnen hatten, dass gewisse Mischnajot lediglich der Mischna eines Einzelnen entstammten, die Halacha nicht danach entschieden, und zwar mit der Begründung, dass „unsere Mischna diejenige eines Einzelnen ist" (‚מתניתין יחידאה היא'. — Schab. 140 a, Beza 31 a, Suk. 19 b, B. batra 79 b), oder ähnlich (s. oben S. 148 sowie in meinen „Untersuchungen über Barajta und Tossephta", S. 7; vgl. ferner oben S. 134 f.). Aus diesem Grunde finden wir viele anonyme Mischnajot, die der Ansicht Rabbis in Barajta und Tosephta widersprechen (vgl. z. B. Babli Ber. 30 a, Schab. 155 b, Beza 40 a und R. Hasch. 19 b), weil sie so in der ihm vorliegenden Mischna standen und er sie weder abänderte, noch auch nur seine eigene Ansicht, — als diejenige eines Einzelnen gegenüber der anonymen Meinung, — ihnen beifügte, und zuweilen bestreitet er sogar ausdrücklich die in unserer Mischna vertretene Ansicht (Bab. Jeb. 52 b u. Ket. 93 a sowie Seb. Bl. 92, Ende v. Seite b) [11].

Das Ergebnis unserer Untersuchung ist also, dass die Redigierung des Traktats „Edujot" eine Art „Grundtypus" (Urmodell, ‚בניין אב') für die ihr folgenden Mischna-Redigierungen darstellt, und damit auch für die Redigierung Rabbis. Der Anlass für die Redigierung des Traktats ‚Edujot' war die Befürchtung, dass „man dereinst nach einem Worte von den Worten der Thora suchen werde und es nicht finden" (Tosephta, Anfg. v. Edujot; oben S. 122 zitiert), und ebendies war auch der Anlass für die weiteren Redigierungen. Auch zur Zeit Rabbis bestand die Befürchtung, dass man wegen der verschiedenartigen Ordnungs-Systeme „eine klare Halacha und eine klare Mischna nicht mehr an einer (einheitlichen) Stelle werde finden können",

11 In der Tos. Ohal. XII, 1, äussert er seine Verwunderung über den Wortlaut einer Mischna, und in Tos. Git. III, 1 (Bab. dort 30 b) erklärt er den Wortlaut der Mischna das. III, 7; sowie Ähnliches mehr. Vgl. zu Alledem in meinen „Untersuchungen über die Red. der Mischna", S. 80 ff., sowie in den „Untersuchungen über Barajta und Tosephta" (hebr.), S. 173 ff.; ferner im Anhang am Ende des Buches, Nr. VII.

nach dem Ausdruck des R. Simon (vgl. oben, Kap. IV, Anm. 28), und deshalb hat Rabbi die Mischnajot „aufgelesen", sie gesammelt und geordnet zu dem Werk, das heute unsere Mischna bildet. Wenn man sich in die Grundsätze vertieft, denen Rabbi bei seiner redaktionellen Tätigkeit folgte, so muss man feststellen, dass sie die Grundzüge für eine jede rein „wissenschaftlich" orientierte Sammlung darstellen. Der Redaktor sammelte die Quellen, er klärte die wichtigsten Lesarten ab aus den abweichenden Fassungen, die ihm vorlagen (vgl. unten S. 172 ff.), überlieferte also einen „eklektischen Text" aus den „dreizehn Arten" der Halacha, die er gelernt hatte (s. Bab. Ned. 41 a), aber er änderte diese nicht und fügte ihr nicht seine eigenen Ansichten ein [12], sondern er legte seine eigenen Erklärungen und Meinungen in dem „Talmud" klar, den er seine Schüler lehrte (s. weiterhin). Nach den Begriffen unserer Zeit müssen wir zugeben, dass das Werk Rabbis, wäre er in anderer Art verfahren und hätte die ihm vorliegenden Quellen nach seinem Gutdünken verändert, einen Makel aufwiese und man ihm hätte nachsagen können, dass er die Überlieferungen „verfälscht", die Worte nicht getreu in Namen ihrer Urheber wiedergegeben habe, und nicht nur dies, sondern auch, dass er fremde Gedanken in die Worte der Tannaim hineingetragen, den Sinn ihrer Aussprüche ins Gegenteil verkehrt und ihnen Worte in den Mund gelegt habe, die sie nicht gesagt hätten und die ihnen niemals in den Sinn gekommen seien, — so wie dies eben Jene annehmen, die Rabbi Änderungen, Auslassungen und Hinzufügungen zur Last legen.

Es ist ein grundsätzlicher Irrtum, Rabbis Sammlung beispielsweise mit der halachischen Entscheidungs-Sammlung des Maimoides gleichzusetzen und zu fragen, weshalb Rabbi nicht wie dieser vorgegangen sei [13]. Vor den ersten

---

12 Über die wenigen Mischnajot, in welchen Rabbi erwähnt ist, s. Frankel, „Darchë ha-Mischna", Teil III, S. 215, sowie in meinen „Untersuchungen über die Red. der Mischna", S. 83, und in den „Untersuchungen über Bar. u. Tos." S. 174; ferner unten im Anhang Nr. VII, Anm. 25.

13 Krochmal im „מורה נבוכי הזמן" („Führer der Irrenden der Zeit"), gegen Ende v. Abt. XIII (S. 232), schreibt: „Und wisse: Hätte es in der Hand unseres heiligen Lehrers (= Rabbis) und der ihm nahestehenden Gruppe der Weisen gelegen, die Ordnungen und Verknüpfungen sowie die unklaren Formulierungen, die ihnen in den Mischnajot vorangingen, ganz und gar zu verlassen und Alles, was sich an Halachot vorfand, aufzuschmelzen und in seine Bestandteile zu zerlegen, um daraus ein neues „Gewebe" („מסכת") in einer allgemein verständlichen und in klare Formen gegossenen Sprache herzustellen, — sei es selbst gesondert zwischen dem, was als übereinstimmende Meinung Aller eine fest entschiedene Halacha darstellt, und dem, was sich noch in der Schwebe befindet und den Gegenstand von Kontroversen bildet, nach der Art, wie es in den sonstigen Wissenschaften geschieht und wie es auch der Lehrer (= Maimonides) in den „Halachot" getan hat, — so wäre ihnen dies ein sehr Leichtes gewesen, angesichts der Zahl der versammelten Weisen, ihrer grossen [allgemeinen] Gelehrsamkeit sowie ihres umfassenden Thora-Wissens, und es hätte darin auch nach manch einer Richtung nicht wenig Gutes gelegen; — aber aus einer Reihe von Gründen

Sammlern (dem Verfasser der „Halachot Gedolot", R. Jizchak Alfasi und Maimonides) bestand bereits das talmudische Schrifttum, —die Mischna, die Tosephta und die beiden Talmude, — in geordneter Form, und sie entnah-

---

haben die Weisen jenes Standes Solches nicht gewollt, und es lag damals auch garnicht in ihrer Macht. Der hauptsächlichste unter diesen Gründen war das dringende Erfordernis, dass die mündliche Lehre, welche die Tradition der Väter und die uralten Überlieferungen umfasst, in der ihr angemessenen Weise besonders gestaltet sei, ihrer Eigenart angepasst und deutlich erkennbar nicht allein durch die Erwähnung der Namen ihrer Tradenten, sondern mehr noch durch Stil und Sprache sowie die Art ihrer Überlieferung seit den Tagen der Vorzeit; denn das Alles sind ausgesprochene Kennzeichen dafür, dass ebendies in ihrem wesenhaften Kern die Lehre ist, die von den Vätern auf die Söhne überliefert wurde. Deswegen haben sich die erwähnten Weisen bei der geschlossenen Zusammenstellung einer einheitlichen, umfassenden Mischna dafür entschieden, die früheren Verknüpfungen in ihrer Beschaffenheit wie in ihrer Sprache unangetastet zu erhalten, Einheitlichkeit und Gleichheit [aber] sowie Klarheit und Ordnung nur in den Grenzen des äusserst Möglichen (= Zulässigen) walten zu lassen (= hineinzutragen). Insoweit dabei notwendigerweise noch Raum bleiben musste für Widerspruchsvolles, Schwieriges und Unklares, so überliessen sie es Denjenigen, die nach ihnen kommen würden, die Arbeit zu vervollständigen und sich damit hervorzutun". — So weit der Wortlaut bei Krochmal. Er hat uns nicht enthüllt, welches die „Reihe von Gründen" waren, die Rabbi und sein Lehrhaus dazu veranlassten, die Mischna in der uns vorliegenden Form zu redigieren. Aber aus dem „hauptsächlichsten Grunde" lassen sich auch auf deren Wert Rückschlüsse ziehen. Nach seiner Meinung war der Hauptgrund dafür, dass Rabbi und sein Lehrhaus nicht den [später] von Maimonides für sein Werk gewählten Weg beschritten, deren Absicht, mit der Erwähnung der Namen der Tannaim sowie mit dem Stil der Mischna zu zeigen, dass diese eine uralte Überlieferung darstellt. Ich kann aber nicht einsehen, weshalb Widersprüche sowie unaufgehellt gebliebene Unklarheiten und Schwierigkeiten, — von Ausdrücken, deren Bedeutung uns nicht verständlich ist, ist hier nicht die Rede, sondern nur von einem „schwierigen" Gegenstande, — „ausgesprochene Kennzeichen" für eine Überlieferung aus der Vorzeit sind, und weshalb die Namen der Tannaim in unserer Mischna, die in der Mehrzahl Schüler des R.Akiba waren, einen Beweis für die alte Tradition darstellen. Leiten denn nicht gerade von diesen Kennzeichen beispielsweise die Karäer einen Beweis dafür her, dass die Überlieferung der Weisen durch Fehler entstellt und nicht von so hohem Alter sei? Und haben nicht gerade die Namen der Weisen aus späterer Zeit die Anfrage der Gelehrten von Kairuan an Raw Scherira veranlasst („Sendschreiben", Anfang): „Wie erfolgte die Niederschrift der Mischna, falls die Männer der Grossen Synode sie aufzuschreiben begonnen haben [usw.]? Ist denn nicht ihr überwiegender Teil anonym gehalten, und die anonyme Mischna ist doch R. Mëir? Und sind nicht die Weisen, die darin am häufigsten genannt werden: R. Mëir, R. Jehuda, R. Josë sowie R. Simon, und sie alle waren doch Schüler des R. Akiba?", usw. — Und Maimonides in seinem Briefe an R. Pinchas (Responsen-Sammlung des Maimonides, Leipzig 1859, Nr. 140, Bl. 26 a) schreibt: „Um nicht den Abtrünnigen Herrschaft einzuräumen, die da sagen: ‚Auf die Worte von Einzelnen stützt Ihr Euch?' [usw.], deshalb war es mein Wille und mein Ziel, dass jede einzelne Halacha sich in anonymer Form finde, d. h. [wiewohl sie] die Meinung eines Einzelnen darstellt, sollte sie dennoch nicht im Namen [des Betreffenden, d. h.] des „So und So" angeführt werden, so dass davon eine destruk-

men daraus, was ihrer Meinung nach für die Entscheidung der Halacha notwendig war, während der übrige Teil der „Thora“ unangetastet in sich ruhen blieb, so dass „ein Jeder, der ihn lernen wollte, hingehen konnte und ihn lernen“. Maimonides sagt im Vorwort zu seinem Sammelwerk: „Jedermann soll zuerst in der schriftlichen Lehre lesen (forschen) und erst hernach in diesem (Werk), und er kann daraus die gesamte mündliche Lehre erfahren, ohne dass er es nötig hätte, daneben noch ein anderes Buch zu lesen (zu benutzen)“. Jedenfalls existieren also die „anderen Bücher“, und wer sie lesen will, der möge sie lesen! (vgl. dazu in den Glossen des R. Abraham b. David sowie in „Kessef Mischnë“ des R. Joseph Karo). Maimonides selbst schreibt z. B. in seinem Brief an seinen Schüler R. Joseph (Briefe des Maimonides, Ausg. Baneth, S. 68): „Mein Rat ist, [usw.]: befasse Dich mit wahrem Thora-Studium und lerne lediglich die Halachot ‚des Lehrers‘ (R. Jizchak Alfasi), — dessen Andenken gesegnet sei!, — und stelle sie ‚dem Werk‘ (Mischnë-Thora des Maimonides) gegenüber; und so Ihr eine Meinungsverschiedenheit (zwischen ihnen) findet, so möget Ihr wissen, dass die Einsichtnahme in den Talmud (d. h. eine Divergenz in der Auffassung seines Inhalts) die Ursache dafür ist, und Ihr werdet die Stellen aufdecken“ (aus welchen die Kontroverse fliesst). Ebenso schreibt er an R. Jehonatan aus Lunel (Sammlg. d. Responsen des Maimonides, Nr. 49): „. . . . dass ich mit diesem Werke nichts anderes beabsichtigt habe, als die Wege freizulegen und die Hindernisse fortzuräumen vor den Schülern, damit diese sich nicht geistig erdrückt fühlen (nicht verzagt werden) vor der Fülle der Verhandlungen (im Talmud)“. — Demgegenüber lag Rabbi keine geordnete und in festem Wortlaut redigierte Mischna vor, wie Raw Scherira ausführt (s. o. S. 100 f.), und wie konnte er sich somit das Recht nehmen, dasjenige auszuwählen, was ihm einleuchtend erschien, und Ansichten seiner Vorgänger nach seinem Gutdünken abzulehnen oder abzuändern? Gerade umgekehrt! Seine ganze Tendenz bei der Ordnung der Mischna musste dahin gehen, ihre Worte mit peinlicher Genauigkeit zu bewahren, damit diese nicht in Vergessenheit gerieten, und sogar auch die (nicht massgebliche) Meinung eines Einzelnen gegenüber der (entscheidenden) Mehrheitsansicht zu erwähnen, „damit ein Gerichtshof, wenn er die Meinung des Einzelnen einleuchtend fände, sich darauf stützen könne“ (Edujot I, 5). Und ebenso benutzte auch Rabbi selbst die Ansichten der Einzelnen wie diejenigen der Mehrheit als Grundlage für seine eigenen Bemerkungen und Entscheidungen,

---

tive Wirkung seitens jener Abtrünnigen ausgehen würde, welche die ganze mündliche Lehre mit Füssen treten, weil sie diese [nur] ‚im Namen Dieses und Jenes‘ überliefert gefunden haben“, usw. — Ebenso hat uns Krochmal nicht offenbart, wie weit bei der redaktionellen Arbeit die „Möglichkeit“ reichte, Abänderungen vorzunehmen, also: „Einheitlichkeit, Gleichheit und Klarheit walten zu lassen“. Kurz: der Weg dieser Art von „Philosophie“ ist mir nicht zugänglich, und „Über das, was Dir verborgen, sollst Du nicht forschen!“ (Chag. 13 a nach Ben-Sirach, Kap. III).

von denen uns eine Anzahl in den Barajtot aus Rabbis „Talmud" erhalten geblieben sind. —

Zusammenfassend sei festgestellt: Rabbi ordnete und redigierte ein Sammelwerk zur mündlichen Lehre auf Grund von mündlichen Überlieferungen [14] in den zahlreichen Lehrhäusern, stellte ihren genauen Wortlaut klar und fügte ihnen in seinem „Talmud" Zusätze sowie auch Erklärungen bei. Bruchstücke aus diesem seinem Talmud sind in den Sammlungen seiner Schüler bewahrt geblieben, wie wir weiterhin sehen werden. —

Nicht alle Halachot sammelte Rabbi in seiner Mischna; ein grosser Teil von ihnen ist uns in der Barajta und der Tosephta erhalten, und so erhebt sich die Frage: Warum hat Rabbi sie nicht in seine Mischna-Ordnung aufgenommen? Raw Scherira in seinem Sendschreiben (S. 36) sagt dazu: „Wenn Rabbi Alles, was bis zu seinen Tagen gelernt worden war, niederzuschreiben und zusammenzustellen versucht hätte, so wären seine Lehren umfangreich und schwer zugänglich geworden (also schnell in Vergessenheit geraten). Daher hat Rabbi nur den wesentlichen Kern der Worte geordnet und aufgeschrieben, wie die Grundsätze, und dies in knappen Ausdrücken, mittels derer man sogar aus einem einzigen Satz eine Reihe von Erklärungen ableiten kann sowie auch ganze ‚Berge' von Halachot . . . usw. Und danach kam R. Chija und erläuterte in der Barajta Einzelheiten und Unterfälle zu jenen Hauptlehren und Grundsätzen; denn der grösste Teil der Erklärungen, die in der Barajta so zahlreich und verbreitet sind, hat seine Wurzel in unserer Mischna, und auf diese Wurzel in unserer Mischna stützen wir uns, wie es in ‚Taanit' heisst (21 a): Ilpha (ein Amoräer) hängte sich an den Mastbaum eines Schiffes und sprach: ‚Wenn jemand mich etwas fragen sollte (über den Lehrstoff) aus dem Lehrhause R. Chijas und dem Lehrhause R. Oschajas (den Sammlern der Barajtot) und ich werde es nicht aus unserer Mischna ableiten können, so will ich mich vom Mastbaum herabstürzen und ertränken!'. Daraus ist ersichtlich, dass Alles, was sich unter den Lehren R. Chijas und R. Oschajas findet, aus unserer Mischna herzuleiten ist, ... usw". — Aber

14 Handschriften besass er nicht, sondern er hörte die Mischnajot aus dem Munde der „Tannaim", die solche lehrten. In Jer., M. kat., Kap. III, Hal. 1, sagt R. Jochanan im Namen Rabbis: Wenn mir Jemand sagt: „So lehrte R. Liëser (R. Eliëser)", dann lerne ich nach seinen Worten, nur dass die Tannaim „wechseln", d. h. dass sie den Namen des R. Eliëser [mit einem anderen] vertauschen, ihn [selbst] aber nicht erwähnen, weil er in den Bann getan worden war (s. Bab., B. mez. 59 b); deshalb konnte Rabbi nicht immer feststellen, welches die Halachot des R. Eliëser waren. Vgl. auch Jer. Kil., Kap. IX, Hal. 2, sowie Bab., Suk. 19 b, und Ähnliches an anderen Stellen. Rabbi erzählt (Bab. Jeb. 84 a): Als ich hinging, um Thora zu lernen bei R. Eleasar b. Schamua, da scharten sich seine Schüler um mich wie die Hühner von Beth-Bukija (die keine Fremden unter sich dulden, s. Raschi das.), und sie liessen mich nur eine einzige Lehre in unserer Mischna lernen, usw. (vgl. Jer. das., Ende v. Kap. VIII). S. ferner Bab. Men. 18 a, sowie in der Barajta Bab. Nid. 68 b, wo Rabbi sagt: „Ich habe R. Josë und R. Simon gefragt, als sie ihres Weges gingen", usw.; vgl. auch dort in der Mischna X, 2.

diese Antwort ist nicht befriedigend[15]; denn in den Barajtot und Tosephtot werden auch alte Halachot über Gegenstände gelehrt, die überhaupt nicht in der Mischna erwähnt sind; und warum hat Rabbi diese fortgelassen? Ein Beispiel: Die Schulen Schammajs und Hillels führen eine Kontroverse (in der Tos. Ber. III, 13) in Bezug auf einen Feiertag, der auf den Sabbath fällt; die Schule Schammajs lehrt: Man betet (das Hauptgebet, „תפלה") mit acht (Segenssprüchen; d. h. man fügt einen besonderen Segensspruch über den Festtag zu den sieben sabbathlichen Benediktionen hinzu), während die Schule Hillels lehrt: mit sieben, usw. — Gemäss der Barajta im Babli (Beza 17 a) hat Rabbi seine Ansicht über die Fassung des (massgebenden mittleren) Segensspruches beigefügt, wonach man mit den Worten schliesst: (gelobt sei) „der heiligt den Sabbath und Israel und die (Fest-)Zeiten!". — Weshalb wird diese Kontroverse in der Mischna nicht gebracht? Und ebenso ist schwer zu erklären: Weshalb werden die weiteren Kontroversen dort über Fragen des Gebetes nicht erwähnt, die sich aus der Mischna in keiner Weise entnehmen lassen? Von solcher Art gibt es in den Barajtot noch zahlreiche Kontroversen zwischen den Schulen Schammajs und Hillels, die nicht in unsere Mischna eingefügt sind. Zuweilen finden wir eine Kontroverse zwischen Tannaim in der Mischna, und in der Barajta wird eine weitere Ansicht hinzugesetzt, die in der Mischna nicht enthalten ist[16]; aus welchem Grunde ist diese Ansicht innerhalb der Kontroverse fortgelassen worden? Und nicht nur dies allein, sondern manchmal trifft Rabbi eine Entscheidung zwischen Tannaim in Kontroversen, die in der Mischna garnicht erwähnt sind, wie z. B. in Tos. D'maj I, 9; Chul. II, 5; Tem. I, 8: „Sagt Rabbi: Einleuchtend erscheint mir die Meinung des Rabbi X. in Bezug auf .....“; — weshalb also hat er sie dann nicht in seine Mischna eingeordnet? Darüber hinaus: In Bab. Chul., Bl. 137 (Ende v. Seite a), rühmt Rabbi die Ansicht des R. Josë, die dessen Sohn R. Ismaël in seines Vaters Namen überliefert hat; in der Mischna jedoch erwähnt er sie überhaupt nicht. —

Um alle diese auffallenden Schwierigkeiten zu erklären, sind wir der Meinung, dass sogleich, nachdem es Rabbi gelungen war, eine aus so vielen Lehrhäusern zusammengetragene Sammlung der Mischnajot zu ordnen, und bevor er noch seine Arbeit, dieses heilige Werk, vollendet hatte, sich jene Mischna auch schon unter seinen Schülern verbreitete und von allen Siedlungen Israels aufgenommen wurde. Und obgleich ihr nachher noch so und so viele Zusätze aus anderen Lehrhäusern beigegeben wurden, wich doch die erste Mischna in ihrem Hauptinhalt und ihrer Grundlage „nicht von ihrem Platze" (d.h. nachdem sie in dieser Fassung

15 Ausführlich habe ich darüber bereits in meinen „Untersuchungen über Barajta und Tosephta", S. 180 ff., gehandelt.

16 Vgl. Mischna Schebiit III, 2, u. Tos. das. II, 14; Mischna IV, 6, u. Tos. III, 19; Mischna und Barajta in Meg. 19a; Mischna u. Barajta in B. mez. 82 b; sowie noch viele Stellen ähnlicher Art.

einmal verbreitet war, liess sich ihr Zusammenhang nicht mehr ändern; vgl. Raschi zu Kid. 25 a, Stichwort: ‚תנא'). — Die hinzugefügten Mischnajot, die zahlreicher waren als die ursprünglichen Halachot in der Mischna, wurden in „Lehrhäusern des Rabbanim" (‚בי רבנן') zusammen mit der Mischna gelernt [17]. Auf den Rat Rabbis und gemäss seiner Anweisung begannen seine Schüler R. Chija und R. Oschaja u. A., — d. h.: „das Lehrhaus Rabbis" [18], — seine Mischna zu ergänzen und diejenigen Halachot zusammenzustellen, zu deren Ordnung in seiner ersten Ausgabe Rabbi keine Möglichkeit mehr gehabt hatte, und sie fügten auch seine Meinung in ihre Sammlungen ein. Diese Mischnajot, die im Lehrhause Rabbis als Zusatz zur Mischna gelernt wurden, waren im „Talmud" Rabbis zusammengefasst, und in Bezug darauf wird gesagt (Jer. Schab., Kap. XVI, Hal. 1): „Nachdem Rabbi darin (im Talmud) die meisten Mischnajot niedergelegt hat, sollst Du stets dem Talmud nachstreben, mehr noch als der Mischna!" Dementsprechend haben wir auch die oben erwähnte Barajta in Chullin Bl. 137 in dem Sinne zu erklären, dass Rabbi erst nach Abschluss der Mischna-Ordnung die Ansicht des R. Josë von dessen Sohn R. Ismaël vernahm, sie akzeptierte und dazu bemerkte: ‚Wir hören auf die Worte des Berabbi' (Beribbi, = R. Josë). Das Gleiche geschah Rabbi in einem anderen Fall, und dort werden die Einzelheiten des Vorganges ausführlicher dargestellt: In Bab. Jeb. 105 b wird erzählt, dass eine „יבמה" (zur Schwagerehe oder Chaliza verpflichtete kinderlose Witwe) zur Vollziehung des Chaliza-Aktes vor Rabbi kam und dieser festzustellen befahl, ob sie schon volljährig sei, weil nämlich die Chaliza einer Minderjährigen (unter 12 Jahren) nach der anonymen Mischna dort XII, 4, keine (gültige) Chaliza darstellt. R. Ismaël bar Josë, der vor Rabbi sass, sagte zu diesem im Namen seines Vaters, dass auch eine Minderjährige die Chaliza wirksam vollziehen könne, und zwar sogar von vornherein (d. h. dass der Akt nicht nur im bereits geschehenen Falle nachträglich als gültig anerkannt werde), und Rabbi schloss sich seiner Meinung an und bemerkte: „Es hat bereits ein erfahrener Gelehrter darüber entschieden" (‚כבר הורה זקן'). — Somit hat Rabbi die Ansicht des R. Josë nicht gekannt, bis er sie aus dem Munde seines Sohnes vernahm. — In einem ähnlichen Falle sagte Rabbi ebenfalls: „Es hat bereits ein erfahrener Gelehrter darüber entschieden", nämlich in Bab. Schab. 51 a; und die Gemara dort erklärt, dass Rabbi, bevor er von der durch R. Josë erteilten Erlaubnis hörte, ein Verbot ausgesprochen hatte, doch dann, nachdem er von der Entscheidung des R. Josë erfuhr, seine bisherige Ansicht zurücknahm und es für gestattet erklärte; vgl. dort sowie das. Bl. 147 a. — Auch in Jer. Kid; Kap. IV, Hal. 6, sagt R. Hoschaja, dass Rabbi in einem

17 S. Bab., Seb. 30 b, wo Rabbi sagt: „Und er hörte auf die Rabbanim, die Beides lernen, usw.; — und das bedeutet: Die Rabbanim haben gelernt (gelehrt, — תנו רבנן)". — Vgl. ferner unten im Anhang, Nr. VIII.

18 Vgl. Midrasch Kohelet, Kap. V (V, 9), sowie in meinem Buche: „Untersuchungen über Barajta u. Tos.", S. 62, Anm. 2.

praktischen Falle wie R. Simon gehandelt habe, der aber in der Mischna dort, 6—7, überhaupt nicht erwähnt ist (vgl. auch Bab. Jeb. 60 b).

Darüber hinaus finden wir sogar, dass Rabbi eine Vorschrift selbst garnicht kannte, — die daher auch in der Mischna nicht erwähnt ist, — und dass erst R. Ismaël bar Josë sie ihn lehrte. In der Barajta (Ab. sara 40 b) wird erzählt: „Einstmals litt Rabbi an Störungen der Verdauungsorgane und sagte (zu seinen Schülern): Ist Jemand [unter Euch], der weiss, ob der Apfelwein von Nichtjuden zum Genuss verboten oder erlaubt ist? Sprach vor ihm R. Ismaël bar Josë: Einmal litt mein Vater (R. Josë) an gastrischen Störungen, und man brachte ihm siebzigjährigen Apfelwein von Nichtjuden, und er trank davon und genas. Sagte [Rabbi] zu ihm: So viel [Wissen darüber] hast Du besessen und hast mich leiden lassen?!" usw. — Tatsächlich wird dies in der Barajta dort (Tos. Kap. IV (V), 12) für erlaubt erklärt, in der Mischna dagegen wird überhaupt keine Vorschrift über Apfelwein von Nichtjuden gelehrt, und Rabbi wusste eine solche auch nicht (auf indirekte Weise) aus der Mischna abzuleiten! — Vgl. ferner Bab. Nid. 25 a. —

Abschliessend sei hier noch d a s P r o b l e m d e r N i e d e r s c h r i f t d e r M i s c h n a erörtert, dessen Lösung umstritten ist[19]. Der erste, der ausdrücklich sagt, dass die Mischna nicht aufgeschrieben wurde, ist Raschi, der darüber schreibt (Schab. 13 b, Erub. 62 b u. a.): ‚Mischna und Barajta waren nicht schriftlich fixiert, denn es ist verboten, die mündliche Lehre schriftlich festzulegen; aufgeschrieben wurde jedoch die „Fastenrolle" (‚מגילת תענית‘, ein Verzeichnis der Tage, an welchen es wegen ihres festlichen Charakters nicht erlaubt ist zu fasten), um sie im Gedächtnis zu behalten, damit man die Tage kennen sollte, an welchen zu fasten verboten ist‘. Ihm (Raschi) folgten Andere. Aber Raschi selbst in seiner Erklärung zu dem Ausspruche Rabs, wonach er eine Geheimrolle (‚מגילת סתרים‘) im Lehrhause des R. Chija aufgefunden habe (Schab. 6 b), bemerkt: „dass man diese verborgen gehalten hatte, weil es nicht erlaubt war, sie niederzuschreiben; und wenn man neue Lehren eines Einzelnen vernimmt, die nicht im Lehrhause gelehrt worden sind, u n d m a n s c h r e i b t s i e a u f, d a m i t s i e n i c h t i n V e r g e s s e n h e i t g e r a t e n, so verbirgt man die Schriftrolle". Danach ist es gestattet, neu gewonnene Halachot niederzuschreiben, damit sie nicht vergessen werden. Dies ist auch aus der einschlägigen Stelle zu beweisen, nämlich aus Bab. Tem. 14 b, wo das Problem der Niederschrift von Halachot erörtert wird. Dort wird gefragt, wie es erlaubt sein könne, Send-

19 Vgl. in „Ijë ha-Jam" zu dem gaonäischen Responsen-Werk „Schaarë Teschuba", Nr. 187; in „Darchë ha-Mischna" (Frankel), S. 218, sowie in den Zusätzen dazu. Ferner Weiss „Dor Dor w'Dorschaw", Teil III, Kap. 20 (s. 243 ff.); Strack in der „Einleitung zum Talmud" Kap. II, Nr. 2. Vgl. auch in den Glossen des R. Samuel Straschun zu „Netiwot Olam", S. 198, und in der Vorrede des Verf. von „Netiwot Olam"; sowie in der Vorrede meines Vaters, R. Schalom Albeck s. A., zu seinem Werk „Mischp'chot Sof'rim", S. 25.

schreiben in einer halachischen Angelegenheit zu verschicken, da doch R. Jochanan sagt: „Diejenigen, die Halachot aufschreiben, sind anzusehen als ob sie die Thora verbrennen, und wer daraus (aus der Niederschrift) lernt, empfängt keinen Lohn" ?! — In ähnlichem Sinne deutet R. Jehuda bar Nachmani, der „öffentliche Erklärer" (‚מתורגמן') des R. Simon b. Lakisch, den Schriftvers (Ex. XXXIV, 27): „S c h r e i b e D i r a u f diese Worte, denn diesen Worten e n t - „ s p r e c h e n d " (‚על פי', — wörtlich: ‚nach dem Munde') habe ich einen Bund geschlossen mit Dir und mit Israel!" in der Weise, dass sie die Lehre enthalten: ‚Worte der mündlichen Überlieferung bist Du nicht berechtigt, schriftlich zu äussern, und Worte der schriftlichen Überlieferung bist Du nicht berechtigt, mündlich zu äussern!'. — Ebenso lehrt ein Tanna aus dem Lehrhause R. Ismaëls: „Schreibe Dir auf diese Worte!" — ‚nur diese allein sollst Du aufschreiben, dagegen darfst Du nicht Halachot aufschreiben!'; darauf erklärt der Talmud: ‚Eine n e u e Lehre ist etwas Anderes' (d. h. ihre Niederschrift ist gestattet), oder nach der „anderen Erklärung" (bei R. Gerschom und in „Schitta Mekubezet" das., auch zitiert in der Vorrede des „Ittur" zu Teil I, in „Or Sarua" des R. Jizchak aus Wien, Aleph-Beth, Nr. 49, sowie im „Sefer Chassidim" des R. Jehuda he-Chassid aus Regensburg, Ausg. „Mekize Nirdamim", S. 419): ‚Unsere Lehrer stützen sich auf das mündlich von ihnen Gelernte; weil aber die Vergesslichkeit überhand nimmt, schreiben sie die Halachot nieder, und soweit es nötig ist, sehen sie dann im Buch nach, so wie auch R. Jochanan und R. Simon b. Lakisch am Sabbath in das Aggada-Buch Einsicht nahmen'; denn: „wenn die Zeit es verlangte, für den Ewigen zu wirken, haben sie Deine Thora hintangesetzt" (Psal. CXIX, 126; d. h. dass sie unter den gegebenen besonderen Zeitumständen das sonst bestehende Verbot einer Niederschrift zu übertreten für gerechtfertigt hielten; vgl. auch Bab. Ber. 63 a), und sie sagten sich: ‚Besser, dass ein Buchstabe der Thora preisgegeben wird, als dass die [ganze] Thora vergessen werde in Israel!'. Sonach ergibt sich, dass sie Sendbriefe in Halacha-Angelegenheiten schrieben, und auch Bücher darüber verfassten, deren Inhalt sie dann mündlich lehrten, und wenn etwas in Vergessenheit geraten war, schlugen sie dort nach, so wie R. Jochanan und R. Simon b. Lakisch im Aggada-Buch nachgeschlagen hatten [20].

---

20 Wie es scheint, nahm man es mit dem Verbot der Niederschrift von Aggada noch strenger als mit der Niederschrift von Halacha, da nämlich bei der Aggada die Beifügung von Erklärungen und Ansichten zugelassen war, nicht aber bei der Halacha (vgl. meinen Aufsatz: „Ausserkanonische Halacha in den palästinensischen Targumim und der Aggada", Festschrift für B. M. Levin, S. 93 ff.), und weil Jedermann Aggada zu lernen verstand. Deshalb sagt R. Josua b. Levi (Jer. Schab., Kap. XVI, Hal. 1): „Wer Aggada aufschreibt, hat keinen Anteil an der künftigen Welt"; und R. Chija bar Abba sagt (das.): „Abgehauen werde die Hand dessen, der sie niederschreibt!" (vgl. auch Jer. Maass., Ende v. Kap. III). Ein Aggada-Buch war nicht zur Niederschrift bestimmt, und R. Jochanan sowie R. Simon b. Lakisch nahmen in ein Aggada-Buch nur Einsicht auf Grund des Schriftverses: „Wenn es an der Zeit ist, für Gott zu wirken, [usw.]". Augenscheinlich

Ebendies meinen Jene, welche der Ansicht sind, dass es verboten sei, die mündliche Lehre niederzuschreiben: R. Jochanan sagte, dass „Diejenigen, welche Halachot aufschreiben", um sie unter ihren Schülern zu verbreiten, „so anzusehen seien, als ob sie die Thora verbrennen", weil man diese (Niederschriften) am Sabbath nicht vor einem Brande retten darf; — eine Formulierung, welche der in Schab. 115 b angeführten Barajta entlehnt ist: „Die Segenssprüche usw. darf man nicht vor einem Brande retten, sondern [man lässt] sie verbrennen an ihrem Platze; von hier hat man entnommen, dass diejenigen, welche Segenssprüche aufschreiben, so anzusehen seien, als ob sie die Thora verbrennen". Diejenigen, „die Segenssprüche aufschrieben", taten dies deshalb, damit das Volk sie aus der Niederschrift ablesen könne; und auch mit „Denjenigen, welche Halachot aufschreiben", sind Jene gemeint, die Halachot für die Öffentlichkeit niederschreiben, damit man daraus lernen und vorlernen könne. — R. Jehuda bar Nachmani deutete den Schriftvers: „Und es sprach der Ewige zu Moses: Schreibe Dir auf ..... usw.!" dahin, dass Moses damit zwei Dinge anbefohlen worden seien, nämlich die schriftliche Lehre sowie die mündliche Lehre, und dass ihm untersagt wurde, sie zu vertauschen: Die Worte, die Moses mündlich überantwortet worden sind, „bist Du (Moses) nicht berechtigt, (an Israel) schriftlich weiterzugeben, und das, was Du schriftlich empfangen hast, bist Du nicht berechtigt, auf mündlichem Wege weiterzusagen" (nach Raschi zu Git. 60 b: „es Israel zu überliefern"). Ebenso lehrte eine Tanna aus dem Lehrhause R. Ismaëls: „Schreibe Dir auf!" (usw.), — ‚nur diese (allein) sollst Du (Moses) aufschreiben, dagegen darfst

---

haben R. Jochanan und R. Simon b. Lakisch nämlich am Sabbath während ihrer öffentlichen Lehrvorträge in ein Aggada-Buch eingesehen. Denn R. Jochanan pflegte am Sabbath vor der Gemeinde zu dozieren (Jer. Suk., Kap. V, Hal. 1), und auch R. Simon b. Lakisch tat dies, wobei R. Jehuda b. Nachmani sein „Dolmetscher" (‚מתורגמן') war. Bei diesen Lehrvorträgen brachten sie Aggadot und stützten sich dabei lediglich deshalb auch auf ein Aggada-Buch, weil es eben „an der Zeit war, für Gott zu wirken". Ein Beleg dafür ist, dass in Bab. Git. 60 a von ihrer Handlungsweise her ein Beweis für die Zulässigkeit des Brauches entnommen wird, aus dem ‚Buche der Propheten-Abschnitte' (ספר הפטרה) am Sabbath vor der Öffentlichkeit vorzulesen. Danach ist es erklärlich, weshalb sie ihrerseits dort keinen Beweis von den Halachot herleiteten, die aufgeschrieben waren, und insbesondere auch nicht von der schriftlich niedergelegten Mischna selbst, wie wir dies oben im Text erklärt haben, dass sie ‚darin nachschlugen'. Vielmehr wollten sie dort den Beweis erbringen, dass es, wenn keine andere Möglichkeit besteht, in Erfüllung des Zeit-Gebotes, „für Gott zu wirken", sogar erlaubt sein kann, etwas zu tun, was im Allgemeinen zu tun verboten ist, wie in ein Aggada-Buch vor der Öffentlichkeit Einsicht zu nehmen; und das Gleiche gilt entsprechend auch für die Verlesung des Buches der Propheten-Abschnitte in der Öffentlichkeit. Für sich allein aber (d. h. bei seinen privaten Studien) pflegte R. Jochanan regelmässig im Aggada-Buch zu lesen, wie Rabba bar bar Chana dies bezeugt (Bab. Ber. Bl. 23, Ende von Seite a). Und R. Jochanan selbst sagt in Bezug auf das Privatstudium (Jer. Ber., Kap. V, Hal. 1): „Wer Aggada aus einem Buche lernt, der wird sie so bald nicht vergessen!". —

Du nicht Halachot aufschreiben', d. h. solche Halachot, die Moses (vom Sinai herab) überliefert worden waren und die er an Israel nicht auf schriftlichem Wege weiterüberliefern durfte. Daraus wurde entnommen, dass auch die Bundes-Schliessung mit Israel, die in jenem Verse erwähnt ist (vgl. Jer. Pea., Kap. II, Hal. 6, sowie „Sch'mot Rabba", Kap. 47, 3), dem Bunde mit Moses gleichgestellt war, dass somit auch Israel anbefohlen ist, die beiden Lehren nicht zu vertauschen: weder die schriftliche Lehre mündlich weiterzusagen, noch die mündliche Lehre aus einer Niederschrift herzu-, sagen', oder (nach den Worten des Tanna aus der Schule R. Ismaëls): ‚die mündliche Thora für die Öffentlichkeit niederzuschreiben', ebenso wie es Moses untersagt war, die Halachot für Israel aufzuschreiben [21]. Dagegen ist es dem Einzelnen gestattet, Halachot niederzuschreiben, um in ihnen (für sich selbst) nachschlagen zu können, — nur darf er aus dem Konzept nicht in öffentlicher Versammlung vorlernen.

Tatsächlich war es so auch zu allen Zeiten Brauch in Israel, wie wir finden, dass Rabin Sendschreiben in Halacha-Fragen verschickte (Ket. 49 b, B. mez. 114 a, Nid. 68 a) [22], ebenso auch R. Ebjatar eine Schrift über Halacha-Angelegenheiten nach Babylon sandte (Git. 6 b, s. dort) und man versprach, Sendschreiben über die Halacha von Erez Israel zu bringen (vgl. B. batra 41 b sowie die dort am Rande verzeichneten weiteren Stellen). In Ket. 69 a wird berichtet, dass Rab an Rabbi eine schriftliche Anfrage „ביני חיטי" richtete, d. h. „zwischen den Zeilen". Die Angelegenheit wird ausführlicher in Jer. Git., Kap. V Hal. 3, erzählt, dass nämlich Rab bei Rabbi nach etwas anfragte, dass der Brief (mit der Anfrage) vor R. Chija kam, und dass dieser „zwischen den Zeilen" seine Ansicht darüber notierte. Ebenso schickte der Amoräer Samuel eine briefliche Anfrage über zweifelhafte Fälle von verletzten Tieren (‚ספיקי טריפות', — ob sie zum Genusse erlaubt seien) an R. Jochanan (Chul.

21 So heisst es auch in „Megillat Taanit", zum 4. Tammus: „dass bei den Sadduzäern aufgeschrieben und niedergelegt war ein Buch mit den Strafverhängungen über Jene, die der Steinigung schuldig sind, [usw.]. Und wenn sie nun (bei der Beratung) sassen und Jemand eine Frage stellte, so zeigten sie ihm im Buche [usw.]. Da sprachen die Weisen zu ihnen: Es steht doch geschrieben: ‚Auf Grund der Thora, die sie Dich lehren werden', usw. (Deut. XVII, 11), und dies besagt, dass man Halachot nicht in einem Buche aufschreiben darf? Das soll heissen: Man schreibt keine Halachot nieder, um Jemand, der nach etwas anfragt, zu zeigen, dass es so im Buche geschrieben steht; sondern man entscheidet mündlich ohne Einsichtnahme" (vgl. weiterhin). — Aber dieser Text in „Megillat Taanit" ist nicht authentisch.

22 Auch an anderen Stellen, wo einfach steht, dass Rabin „geschickt hat" (vgl. Git. 9 b, B. batra 127 a sowie 144 b; u. a.), ist sicher gemeint, dass er auf schriftlichem Wege „geschickt" hat. Ebenso „schickte" R. Eleasar in die Exil-Länder (Beza 16 b, Git. 9 b, Chul. 86 b); es „schickte" auch Raw Huna bar Abin (B. kama 108 b, B. batra 51 a, 52 b, 55 a, 70 b; u. a.). Und vielfach findet sich der Ausdruck: „Sie schickten von dort", Sanh. 17 b und die das. verzeichneten Stellen; ferner B. batra 90 b, 124 b, 125 b, 126 b, 157 b, 158 b, 165 b. Ebenso „schickte" R. Abba an Raw Joseph (B. batra 127 b — 128 b).

95 b). Auch R. Mëir und R. Natan schrieben Fragen und Antworten für das Lehrhaus auf (Hor. 13 b). Bei den Amoräern war es üblich, Halachot in Notizbüchern aufzuschreiben (Men. 70 a, u. Jer. Maass., Kap. II Hal. 3; Bab. Schab. 156 a, wo auch ein Notizbuch aggadischen Inhalts des R. Josua b. Levi erwähnt wird; vgl. ferner Jeb. 21 b). An allen diesen Stellen wird im Talmud nicht einmal die Frage gestellt, wie es gestattet sein konnte, Halachot niederzuschreiben und zu verschicken[23], weil eben offensichtlich Klarheit darüber bestand, dass die Niederschrift erlaubt sei, und nur der Lehrvortrag daraus mündlich zu erfolgen habe.

Das Gleiche gilt für die Mischna, die man den Schülern im Lehrhause nicht aus einer Niederschrift übermittelte, sondern mündlich vortrug. In den Lehrhäusern gab es besondere Lehrer für den Mischna-Unterricht (‚משנים‘), auch als „Tannaim" bezeichnet (aber nicht im klassischen Sinne von „Mischnalehrern", sondern in der Bedeutung von besonders gedächtnisbegabten Gelehrten, die das Material der Mischnajot und Barajot auswendig beherrschten), welche die Mischna auf mündlichem Wege lehrten[24]. Doch war diese aufgeschrieben, um nicht vergessen zu werden, und im Bedarfsfalle sah man im Konzept ein. So wird auch in der Aggada berichtet (B. mez. 85 b), dass R. Chija sagte, er habe die Thora Kindern „vorgelesen" (aus einer Niederschrift) und sie sechs Ordnungen „gelehrt", nämlich — nach der Erklärung Raschis — auf mündlichem Wege, weil es verboten war, aus einem Buche zu lehren. Die Fragestellung von Abajë (Erub. 62 b): „z. B. bezüglich der Fastenrolle", die „in festgeschriebener Fassung ruht" (‚כתובה ומונחת‘), „ob es einem Schüler gestattet sei, aus ihr eine halachische Entscheidung am Wohnorte seines Lehrers zu treffen", ist kein Beweis dafür, dass die übrigen Halachot nicht niedergeschrieben waren, sondern Abaje wollte damit sagen, dass man aus „Megillat Taanit", da sie in ihrer „festgeschriebenen Fassung ruhe", auch a u s d e r N i e d e r s c h r i f t entscheidet, ohne dass Irrtümer zu befürchten seien[25], im Gegensatz zu den Halachot aus der Mischna, über die

23 Der Traktat „Temura" unterlag nicht der gleichen Redigierung wie der übrige Talmud, was aus seiner Sprache zu erkennen ist. Anscheinend erläuterten dort die Saboräer (die in der Epoche zwischen Amoräern und Gaonen den Verhandlungen des damals bereits abgeschlossenen Talmud „Erläuterungen" beifügten) den Gegenstand, der ihnen vertraut war, und bedienten sich dabei der in Git. 60 a u. b entwickelten und zur Diskussion gestellten Gedankengänge. Von der Erlaubnis zur Einsichtnahme in ein Aggada-Buch entnahmen sie den Grund dafür, weshalb man nicht verboten hat, die Halachot aufzuschreiben: Denn ebenso, wie es nach Ansicht des R. Jochanan und R. Simon b. Lakisch erlaubt ist, in einem Aggada-Buch nachzuschlagen, damit die Thora nicht vergessen werde in Israel, so ist es auch gestattet, Halachot niederzuschreiben, damit sie nicht in Vergessenheit geraten.

24 Vgl. Tossaphot Meg. 32 a, Stichwort: „והשונה בלא זמרה", wonach man die Mischna in einer Art Sprechgesang zu lernen pflegte (d. h. in einem rhythmisch gehaltenen Rezitativ), um sie dem Gedächtnis besser einzuprägen.

25 S. Kid. 66 a, wonach die Thora „r u h t" (niedergelegt ist) „in einem [ver-

niemand aus der Niederschrift zu entscheiden das Recht habe, sondern lediglich auf Grund mündlicher Belehrung, weil ihre Halachot noch der Erklärung und Erläuterung sowie ‚des Dienstes (als Schüler) bei den Schriftgelehrten' (d. h. der praktischen Unterweisung durch die Schriftgelehrten, ‚שימוש תלמידי חכמים') bedürfen (vgl. Bab. Sota 22 a sowie „Seder Elijahu" Kap. VI, S. 37; „Wajikra Rabba", Kap. III, 7). Deswegen wird zwischen ‚גמרא' (dem Lehrstoff an sich) und ‚סברא' (dessen logischer Durchdringung) unterschieden; denn auch wer viele Lehren in sich aufgenommen hat, der hat damit allein noch keineswegs die Gründe verstanden, nämlich in ihrer tiefer eindringenden Bedeutung (‚עיון') und gedanklichen Erfassung (‚סברה'), also im Sinne von „Talmud" (vgl. Schab. 63 a, B. mez. 33 a, Aboda sara 19 a). Deshalb lernt man Entscheidungen nicht von den Halachot ab, sondern vom „Talmud" (Jer. Pea. Kap. II Hal. 6), und Manche sagen, nicht einmal vom Talmud, es sei denn, dass dort ausdrücklich gesagt wird, dass so die „praktische Halacha" ist (‚הלכה למעשׂה'; s. Bab., B. batra 130 b; vgl. auch oben S. 135).

Das eben meint auch R. Jehuda b. Schalom (Tanchuma „Wa-jëra" Nr. 5, Ausg. Sal. Buber, Nr. 6): ‚Moses hat (vor Gott) darum gebeten, dass die Mischna auch ihrerseits in schriftlicher Form gegeben werde, doch der Heilige, — Er sei gelobt!, — sah voraus, dass in Zukunft die Völker der Umwelt die Thora übersetzen und in griechischer Sprache lesen würden, und dass sie dann sagen würden: „Auch wir sind [wie] Israel!". So sprach der Heilige, — Er sei gelobt!, — zu Moses: „Ich will Dir den grössten Teil meiner Lehre aufschreiben" (vgl. Hosea VIII, 12), und wenn dies geschehen ist, „wird es wie eine fremde Lehre betrachtet werden" (vgl. dort). — Und weshalb all Dieses? Weil die Mischna das Mysterium des Heiligen ist, — Er sei gelobt!, — und weil Er Sein Mysterium nur den Gerechten überantwortet!" ..... [usw.]. — Zum Thora-Abschnitt „Ki tissa" (Ex.), Nr. 34, heisst der Wortlaut dieser Midrasch-Stelle: ‚Der, bei welchem mein Mysterium ruht, das sind meine Söhne; und was ist dies [Mysterium]? Das ist die Mischna, die mündlich gegeben worden ist', — „und an Dir liegt es nun, Alles zu erforschen!". Ja, die Mischna verlangt nach einer „Erforschung", und sie ist den Händen der Weisen überantwortet worden, um sie zu „erforschen" (vgl. Pessikta Rabbati, Kap. V, Bl. 14 b, sowie oben S. 77, Anm. 15). — Von hier aber ist kein Beweis dafür, daß die Mischna, die R. Jehuda b. Schalom vorlag, noch nicht niedergeschrieben war, weil nämlich auch eine aufgeschriebene Mischna ‚mündliche Lehre' bleibt, die eine Überlieferung voraussetzt, sowie Studium und Vertiefung in diese erfordert. Doch die Völker der Umwelt erkennen sie und ihre Überlieferung nicht an, und sie übersetzen sie auch nicht und beschäftigten sich überhaupt nur mit der schriftlichen Thora, so dass es Mischna und Talmud sind, welche die Scheidewand bilden zwischen Israel und den Völkern (Jer. Pea, Kap. II

---

lassenen] Winkel; ein Jeder, der zu lernen begehrt, möge kommen und [sie] lernen", und es bedarf dazu keiner Weisen. Vgl. auch oben Anm. 21.

Hal. 6, sowie „Sch'mot Rabba", Kap. 47, 1). Das gerade meint R. Chelbo im Midrasch zum Hohenliede (II, 7) damit, dass „der Heilige, — Er sei gelobt!, — Israel beschworen habe, sein Mysterium nicht den Völkern der Umwelt preiszugeben!" (vgl. Erub. 21 b: ‚Weshalb sind nicht aufgeschrieben worden ....?'. usw.). —

Aus der Tatsache, dass die Amoräer bezüglich der Lesart der Mischna mitunter im Zweifel waren, wie dort korrekt zu lesen sei, — z. B. in Schab. 13 b: ‚Haben wir in der Mischna ‚אלו' („diese") gelernt oder ‚ואלו' („und diese")?'; sowie dort 66 a: ‚Wie lernen (lesen) wir in der Mischna?' (und auch sonst; vgl. weiterhin Kap. VII), — aus dieser Tatsache lässt sich kein Beweis dafür entnehmen, dass die Mischna ihnen nicht in niedergeschriebener Form vorgelegen hat. Denn auch in ihren schriftlichen Mischnajot gab es abweichende Fassungen und Lesarten, wie solche auch uns vorliegen, und die Amoräer waren eben bemüht, die richtige Fassung des Textes einwandfrei klarzustellen. Hierüber ist bereits Maimonides angefragt worden und hat in einem seiner Responsen die Antwort erteilt (Ausg. Freimann, S. 320): ‚In Bezug auf die Frage im Bab. Ket. 95 b, ob wir in der Mischna (das. XI, 1) zu lesen haben: „Die Witwe, die ernährt wird" (‚הנזונת'), oder: „Eine Witwe wird ernährt" (‚נזונת'), habt Ihr angefragt: Liegt denn nicht die Mischna uns vor? So wisset .... [usw.]! Ist denn die Mischna wie das Buch (der Thora) im Tempelvorhof (vgl. Moëd katan III, 4). in welchem kein Buchstabe fehlt und kein Buchstabe zu viel ist? Und woher wissen wir [genau], wie unser heiliger Lehrer (Rabbi) in der Mischna geschrieben hat ....? Doch nur von den Ältesten (durch mündliche Überlieferung), und nicht aus Büchern! Und an einer Reihe von Stellen werden Fragen dieser Art aufgeworfen', ... [usw.]. —

Wir haben somit Klarheit darüber gewonnen, dass es keinen Beweis von irgendeiner Seite her dafür gibt, dass die Mischna nicht schriftlich redigiert worden ist, und solange ein derartiger Beweis nicht existiert, nötigt uns der natürliche Verlauf der Dinge zu der Annahme, dass die Mischna in schriftlicher Form geordnet worden ist, damit sie nicht vergessen werde. Weiterhin in Kap. VII soll klar gelegt werden, dass bereits den Amoräern eine Mischna mit Ergänzungen am Ende der Traktate und der Kapitel vorlag, sowie mit Überspringungen von einem Worte zum anderen bei gleichartigen Worten, und dies beweist, dass die Mischna aufgeschrieben worden ist. Tatsächlich ist das auch die Ansicht vieler unserer Altvordern, wie Raw Saadja (oben S. 98 f.), Raw Nissim in seiner Vorrede zum „Sefer ha-Maphteach"[26], R. Samuel ha-Nagid (b. Chofni?) zu Beginn seiner Einführung in den Talmud, Maimonides in seiner Vorrede zu „Mischnë Tora (oben S. 101; vgl. auch das oben zit. Gutachten), Tossaphot (Entscheidungen) des R. Jesaja de Trani zu Git. 60 a, R. Bechaj zu Ex. XXXIV, 27; u. a. — Wie bekannt finden sich be-

26 Er sagt, dass auch der Talmud aufgeschrieben worden, sei, dass man ihn aber mündlich gelernt habe.

züglich dieses Problems im Sendschreiben Raw Scheriras verschiedene Fassungen. In der sogenannten „spanischen Rezension“ heisst es mehrfach, dass Rabbi die Mischna geschrieben habe, nicht aber in der „französischen Fassung“ (vgl. die Vorrede Lewins, S. 24 ff.). —

VII

DER TEXT DER MISCHNA UND IHRE ANORDNUNG

In den vorhergehenden Kapiteln haben wir die Merkmale der verschiedenen Quellen kennen gelernt, aus welchen unsere Mischna zusammengesetzt ist. Diese Kennzeichen lassen die Einzelteile im Bau unserer Mischna klar hervortreten und weisen auf deren textliche Formulierung hin, die nicht einheitlich aus dem gleichen Holze geschnitzt ist. Auch abgesehen hiervon sind in der Anordnung der Dinge sowie in ihrer Darstellung oft Unebenheiten zu bemerken, und diese deuten auf Zusätze und Änderungen hin, welche der in unserer Hand befindlichen Fassung eingefügt worden sind. Sie wurden zuweilen vom Redaktor selbst vorgenommen, der seine Mischna mit einer Reihe von Ergänzungen vervollständigte, manchmal auch von den „Tannaim", welche die Mischna vortrugen (vgl. oben S. 167), sowie auch von den Kopisten. Im vorliegenden Kapitel wollen wir die wichtigsten Änderungen, die im Texte der Mischna entstanden sind, in ihrer zeitlichen Reihenfolge aufzeigen: a) die Zusätze, die in ihrer Hauptsache vom Redaktor selbst eingefügt worden sind, b) die Änderungen, die im Wesentlichen von den „Tannaim" veranlasst sind und bereits den Amoräern im Talmud vorlagen, c) die Zusätze und Änderungen, die aus der Hand der Kopisten hervorgingen und in den Lesarten der Mischna innerhalb der Mischnajot-Sammlungen, — in Drucken wie in Handschriften, — hervortreten, sowie in den Textarten der Mischna innerhalb der beiden Talmude.

a) Die Zusätze, die aller Wahrscheinlichkeit nach bereits von der Hand des Redaktors selbst eingefügt worden sind, lassen sich in zwei Gruppen einteilen: Ergänzungen, die am Ende von Traktaten oder am Ende von Kapiteln beigefügt wurden, sowie „Randglossen" (גליונות), d. h. zuzsätzliche Bemerkungen, die ursprünglich „am Rande" (בגליון) des Buches notiert worden waren und erst später in den Haupttext eindrangen [1]. In unserem Kommentar zur Mischna haben wir vielfach, — und zwar besonders in den Einleitungen zu den Traktaten, — auf solche innerhalb der Mischna zu findende Ergänzungen aufmerksam gemacht; deshalb mögen hier nur wenige Beispiele genügen.

Am Ende von Traktat Bikkurim lehrt die Mischna: „In welchem Sinne haben sie gesagt: die Erstlingsfrüchte sind wie Eigentum des Priesters (כנכסי

---

1 S. in meinen „Untersuchungen über die Redaktion der Mischna", S. 126 ff.

כהן)? Dass er mit ihnen Sklaven und Grundbesitz erwerben kann“ usw. — Dieser Satz bildet eine Ergänzung zu Kap. II, Mischna 1, wo es heisst, dass die ‚Teruma‘ (Priesterhebe) sowie die Erstlingsfrüchte „Eigentum des Priesters“ (נכסי כהן) darstellen. Im III. Kapitel wird jedoch in der Mischna die für die Absonderung und Darbringung der Erstlingsfrüchte geltende Ordnung geschildert, und der erwähnte Satz hat daher dort nicht seinen passenden Platz. Auch der dortige Schluss-Teil: „R. Jehuda sagt, man darf sie (die Erstlingsrüchte) nur einem solchen Priester geben, der ein ‚Chawer‘ ist (כהן חבר, d. h. einem Priester, welcher die Vorschriften der levitischen Reinheit strikt innehält), und zwar ‚in Güte‘ (d. h. der Priester mag dem Eigentümer dafür dankbar sein)“, — stellt einen Nachtrag zu den Vorschriften im Traktat Bikkurim dar. Denn die Kontroverse zwischen R. Jehuda und den Weisen spricht nicht vom Priester (der die vom Grundeigentümer empfangenen Erstlinge an einen Dritten weitergibt), sondern von den Eigentümern des Grundbesitzes selbst, und betrifft die Frage, an wen diese ihre Erstlingsfrüchte abzuführen haben, wobei R. Jehuda meint, man dürfe sie nur einem כהן חבר überlassen, nicht aber einem „unwissenden Priester“ (כהן עם הארץ), während die Weisen der Ansicht sind, dass man sie den Priestern der jeweils amtierenden Dienstgruppe (אנשי משמר) zu übergeben habe, wie dies auch aus der Mischna in Challa (IV, 9) hervorgeht. Demgemäss bildet der Schluss-Teil der Mischna am Ende vom Traktat Bikkurim nicht eine Fortsetzung zu ihren Eingangs-Worten, sondern er enthält eine selbständige Vorschrift, die nicht in den vorhergehenden Kapiteln gelehrt und erst am Ende des Traktates nachgetragen wurde. —

Die letzte Mischna im Traktat Schabbat „Man verstopft die Lichtöffnung“ usw., ist nichts Anderes als eine Ergänzung zu Schab. XVII, 7, bezüglich der Frage, wann man das Fenster mit seinem Verschluss (פקק) am Sabbath verstopfen darf, und nicht nur dies, sondern das ganze X. Kapitel im Traktat Erubin, das vereinzelte Halachot in Bezug auf den Sabbath enthält, ist lediglich ein Nachtrag zu den Traktaten Schabbat-Erubin. Ebenso stellt die letzte Mischna in Makk., Kap. I: „Wenn Jemand nach der Urteilsfällung geflohen ist usw., so hebt man den Urteilsspruch über ihn nicht auf, usw.; ein (vollautorisierter) Gerichtshof darf sowohl im Lande (in Erez Israel) wie ausserhalb des Landes amtieren, usw.“ — nur einen Nachtrag dar zu den Traktaten Sanhedrin-Makkot (vgl. in der Einleitung zu Trakt. Makk. in meinem Mischna-Kommentar, S. 216 ff.). —

Die Mischna in B. kama, Ende von Kap. VII: „Man darf kein Kleinvieh züchten in Erez Israel“, gehört ihrem Inhalt nach zu Kap. VI, Ende von Mischna 3; denn die ersten drei Mischnajot des VI. Kapitels handeln von Schädigungen durch Vieh, das mit seinen Zähnen Schaden verursacht hat, während das VII. Kapitel sich mit Diebstahlsfällen befasst, woraus sich ergibt, dass die letzte Mischna dortselbst einen Nachtrag zum vorhergehenden Kapitel VI (Mischna 3) bildet. —

Jene Aussprüche in der Mischna, welche ihre Ordnung stören und deren Platz wir daher verlegen müssen, um eine „der Logik entsprechende" Anordnung zu gewinnen, oder solche Aussprüche, die als blosse Erklärungen zu anderen erscheinen und sich nicht an dem für sie geeigneten Ort befinden, sind als „Randglossen" anzusehen, d. h. als Aussprüche, die früher am Rande des Buches notiert waren und dann an einer ihnen nicht zukommenden Stelle in den Text hineingestellt worden sind. Als Beispiel möchte ich die Worte Raschis zu Beza 34 a, Stichwort ועוד, anführen, der die Frage aufwirft: Warum unterbricht die Mischna dort (IV, 7) mit dem Ausspruch: „Man darf kein Feuer hervorbringen, nicht von Hölzern durch Reibung [usw.]" zwischen den Worten des R. Eliëser (in der vorhergehenden Mischna 6): „Jemand darf einen Holzspan nehmen von dem, was vor ihm liegt, [usw.]", und den späteren Worten des R. Eliëser (in der Kontroverse am Ende von Mischna 7): „Jemand darf sich hinstellen an dem Platz, wo Früchte ausgebreitet sind (אל המוקצה), [usw.]", die unter der Einleitung gebracht werden: „U n d f e r n e r hat R. Eliëser gesagt?" Raschi antwortet darauf: „Ich meine, dass der Wortlaut der Mischna nicht der Ordnung entspricht" (s. dort). — Das ist unserer Ansicht nach so zu erklären, dass die Mischna: „Man darf kein Feuer hervorbringen usw." am Rande niedergeschrieben war und dann an einer unrichtigen Stelle in den Text eingerückt wurde. In ähnlicher Weise vertauscht R. Elijahu aus Wilna die Reihenfolge der Aussprüche in Pea VIII, 9, und bemerkt dazu: „Ebenso finden wir noch in einer Reihe von Mischnajot, dass die בבות (die einzelnen Teilstücke der Mischna) umgestellt worden sind". Gemäss der hier vertretenen Auffassung, wonach derartige Aussprüche ursprünglich am Rande verzeichnet worden waren, lassen sich diese Mischnajot sowie solche ähnlicher Art [2] zwanglos erklären. —

b) Hinsichtlich derjenigen Änderungen, die in der Mischna alsbald nach deren Redigierung eingetreten sind, ist zu bemerken, dass bereits Rabbi verschiedene Formulierungen der Tannaim in Bezug auf die gleiche Halacha vorlagen, und dass er diese in seine Mischna übernommen hat, wie wir dies oben erläutert haben (Kap. VI, sowie in Anm. 3 das.). Es wird auch überliefert, dass zuweilen Rabbi selbst im Zweifel darüber war, welches die eigentliche Lesart in der ihm vorliegenden Quelle sei, und er verhandelte darüber beispielsweise mit R. Natan bezüglich der Formulierung des „Ketuba"-Vertrages, welche in der Mischna (Ket. IV, 10) gelehrt wird: Hat er (der Ehemann) ihr nicht hineingeschrieben: ‚die männlichen Kinder, die Du von mir empfangen wirst, sie sollen „erben" den Geldbetrag aus Deiner Ketuba' usw., — ob zu lesen sei: „ירתון" (sie sollen „erben") oder: „יסבון" (sie sollen „nehmen"), wie dies in der Barajta im Bab., B. batra 131 a, berichtet wird (vgl auch Jer. das. Kap. VIII, Hal. 5). Ebenso fragten sie einmal Rabbi (Jer., Maass. sch. Anfang v. Kap. V), ob in der Mischna zu lesen sei: „כרם רבעי"

2 Vgl. in den „Ergänzungen" zu „D'maj" IV, 2, zu Erub. VII, 4, zu Pes. X, 3, zu B. kama X, 8, sowie zu Nid. VI, 14, in meinem Mischna-Kommentar.

(der „Weinbergs"-Ertrag des vierten Jahres) oder: „נטע" רבעי (der „Pflanzungs"-Ertrag des vierten Jahres) und er erwiderte ihnen, dass sie R. Jizchak Roba befragen sollten; dieser sagte dann, dass in den ersten Mischnajot im Traktat „Maasser schëni", Kap. V, zu lesen sei: „כרם" und in den späteren: „נטע". Und so steht es in der Tat in unserer Mischna, weil nämlich diese Mischnajot aus verschiedenen Quellen herrühren, die in ihren Lesarten, deren Grundlage in der Deutung des Schrifttextes durch die Halacha wurzelt, voneinander abwichen [3]. — Bereits oben (S. 102) haben wir die Feststellung des Raw Scherira erwähnt, wonach Rabbi selbst fragt, ob wir in der Mischna Erub. V, 1 zu lesen haben: „מאברין" (mit Aleph) oder: „מעברין" (mit Ajin). Im Babli und Jeruschalmi wird erzählt [4] (B. mez., Anfg. v. Kap. IV): ‚Rabbi lehrte seinen Sohn R. Simon: „Gold erwirbt Silber" (d. h. Goldmünzen gelten im Verhältnis zu Silbermünzen als „Ware", — so dass mit dem Erwerb des Eigentums am Golde der Gegenwert in Gestalt des Silbers — als Münze — automatisch in das Eigentum des Vertragsgegners übergeht). Sagte er (R. Simon) zu ihm: Rabbi, Du hast uns in Deiner Jugend gelehrt, dass Silber Gold erwirbt, und nun lehrst Du uns wiederum in Deinem Alter, dass Gold Silber erwirbt?' — Dem Talmud Babli (45 b) lag in der angeführten Mischna die Lesart vor: „Gold erwirbt Silber", wie Rabbi in seinem Alter lehrte, während dem Jeruschalmi die Lesart vorlag: „Silber erwirbt Gold", wie in der Jugendzeit von Rabbi. — Ebenso in Bab., Ab. sara 52 b, sowie in Jer. dort, Kap. IV, Hal. 5: ‚Rabbi lehrte seinen Sohn R. Simon: Ein Heide kann sowohl sein eigenes Götzenbild wie auch das seines Nächsten zunichte machen (d. h. durch bestimmte zerstörende oder herabsetzende Handlungen zum Ausdruck bringen, dass er es nicht mehr als Götzenbild anerkennt, vgl. die folgende Mischna IV, 5). Sagte er (R. Simon) zu ihm: Rabbi, in Deiner Jugend hast Du uns gelehrt, dass ein Heide sowohl sein Götzenbild wie dasjenige eines Juden zunichte machen kann?' Bereits R. Jomtow b. Abraham (zit. in „Schitta Mekubezet", B. mez., das.) bemerkt dazu, „dass zwei Lesarten bestanden usw.; in seiner Jugend entschied er (Rabbi) gemäss dieser Lesart, aber in seinem Alter zog er die Entscheidung zurück und entschied gemäss der anderen Lesart". —

In gleicher Weise wie es abweichende Lesarten in den Mischnajot gab, die Rabbi vorlagen, bildeten sich auch zahlreiche Lesarten innerhalb der Mischna Rabbis infolge der Tätigkeit der „Tannaim" heraus, welche die Mischna vorgetragen hatten, und viele dieser abweichenden Texte werden in den beiden Talmuden erwähnt. So wird im Bab. Schab. 66 b gebracht: ‚Ein Tanna lehrte vor R. Jochanan' (in der Mischna VI, 8, über Gehstützen eines Krüppels, der sich nur sitzend fortbewegen kann): „Man darf damit eintreten in den Tem-

3 Vgl. in meinen „Unters. über die Red. der Mischna", S. 78 ff., sowie in meinen „Ergänzungen" zu Maass. sch. V, 4, im Kommentar.

4 Vgl. zu dem oben im Haupttext Gesagten meinen Aufsatz „Lesarten im Mischna-Texte der Amoräer", unter den Abhandlungen zur Erinnerung an Hirsch Perez Chajes.

pel-Vorhof" (da sie nicht als Schuhwerk im Sinne von Ber. IX, 5 gelten); ‚sagte er (R. Jochanan) zu ihm': „Lehre (= lies): man darf n i c h t eintreten!". Ebenso in Pes. 13 b: ‚Ein Tanna lehrte vor Raw Jehuda' (in der Mischna I, 5): „auf dem Rücken (‚על גב' im Sinne von: ‚oberhalb') der Säulenhalle". Sagte er (Raw Jehuda) zu ihm: „Lies: ‚auf dem D a c h e (על גג)' der Säulenhalle!"; — sowie Ähnliches mehr. Manchmal wird in Bezug auf die verschiedenen Lesarten gesagt: ‚Wer so (d. h. in diesem Wortlaut) liest, begeht keinen Fehler, und wer so (d. h. in jenem Wortlaut) liest, begeht keinen Fehler' (vgl. Erub. 61 a; Suk. 50 b; Beza 35 b; Jeb. 17 a; B. kama 60 a, 116 b; Ab. sara 2 a). Im Talm. Jer. werden solche Lesarten unter der Einleitungsformel gebracht: „אנן תנינן" („wir lesen in unserer Mischna") ...., „אית תניי תני" (aber es gibt einen Tanna, der liest"); oder: „אנן תנינן" ......, „תניי דבית רבי" („die Tannaim aus dem Lehrhause Rabbis lesen"); oder: „אית תניי תני" ....., „אית תניי תני" (es gibt einen Tanna, der [Dieses] liest, [und] es gibt einen Tanna, der [Jenes] liest'). Zuweilen wird eine andersartige Lesart nur unter der Einleitung: „תניי דבית רבי" oder nur unter: „אית תניי תני" allein gebracht. Im allgemeinen soll mit diesen Formeln gesagt sein: ‚Es gibt Abweichungen in der Formulierung unter den Tannaim, welche die Mischna vortrugen; mancher lehrte in dieser und mancher in einer anderen Text-Fassung'. Einige dieser Formulierungen werden auch im Babli an dem für sie zuständigen Platz gebracht[5]. Siehe z. B. Jer. Ber., Kap. I, Hal. 3: Wir lernen (in unserer Mischna): „Das Verzehren des Pessach-Opfers" = ‚אכילת פסחים' (.... ist eines der Gebote, die zu erfüllen sind, bis die Morgenröte aufsteigt); manche lesen nicht „das Verzehren des Passah-Opfers". Die Lesart ‚אכילת פסחים' lag auch nicht dem Babli vor (das. 9 a). — Ebenso Schab. Kap. VII, Hal. 1: Wir lesen (in unserer Mischna): „Wer den Sabbath-Begriff überhaupt v e r g e s s e n h a t"; die Tannaim aus dem

5 Epstein in seinem Buch „מבוא לנוסח המשנה" („Einführung in den Mischna-Text"), S. 30 ff., handelt ausführlich über diesen Gegenstand, und obwohl er meinen oben (in Anm. 4) angeführten Aufsatz nicht erwähnt (vgl. die dortige Literaturangabe S. 51), ist doch dessen Einwirkung aus seinen Worten hier wie an anderen Stellen unverkennbar (vgl. dort S. 188, S. 205 usw.). Freilich sind jene Tannaim nach seiner Auffassung solche, die Barajtot lehrten, also nicht diejenigen, welche abweichende Texte in der Mischna selbst vortrugen. Aber bei all seiner Weitschweifigkeit und trotz der Umdeutung von Textstellen lässt sich die Tatsache nicht verhehlen, dass im Jeruschalmi „Tannaim aus dem Lehrhause Rabbis" nur in Bezug auf unsere Mischna gebracht werden, und nicht als selbständige Lehrer von Barajtot, wie ich dies in meinem Aufsatz erläutert habe. Ich kann hier nicht auf Einzelheiten eingehen, aber zu seinen Worten auf S. 46, dass „eine Barajta (Hillels) deren Ursprung ‚sicherlich' aus dem Lehrhause Rabbis herrührt, einige Male im Babli erwähnt wird", — wofür er als Beleg auch die Barajta Hillels in Jeb. 37 a bringt („Hillel lehrte" usw.), — genügt es, auf das oben (S. 109, Anm. 14) Gesagte hinzuweisen, um zu erkennen, welchen Wert seine „sicheren Feststellungen" besitzen. — Zu dem Ausdruck „דבי" im Babli (das. S. 44) vergleiche man meine „Untersuchungen über Barajta u. Tosephta", S. 44, und man wird erkennen, dass seine Ausführungen unhaltbar sind.

Lehrhause Rabbis lesen: „Wer den Sabbath-Begriff überhaupt nicht kennt". — Ferner Schab., Kap. IX, Hal. 3, sowie Kap. XIX, Hal. 3: ‚Wir lesen (in unserer Mischna): Man darf das Kind (am Sabbath wegen der Beschneidung) waschen; die Tannaim aus dem Lehrhause Rabbis lesen: Man darf das männliche Glied waschen'. — Ber; Kap. V, Hal. 3 zu unserer Mischna (V, 3): ‚Wer sagt: „[sogar] auf ein Vogelnest erstreckt sich Dein Erbarmen! (vgl. Deut. XXII, 6—7)": Es gibt einen Tanna, der liest: „על" („auf" ein Vogelnest), und es gibt einen Tanna, der liest: „עד" („bis zu" einem Vogelnest)'. — Schab. Kap. XI, Hal. 2: ‚Es gibt einen Tanna, der liest: „כיצד" (= „Wie ist das gemeint"), und einen Tanna, der nicht liest: „כיצד" (d. h. in dessen Lesart das Wort כיצד nicht enthalten ist)'. — Schab. Kap. VIII, Hal. 3, zu unserer Mischna: „Leder (wer es am Sabbath in einer solchen Quantität hinausträgt), um davon ein Amulett herzustellen": ‚Es gibt einen Tanna, der liest: „Um es auf ein Amulett zu geben" (um damit ein Amulett zu umwickeln)'. Ebenso fragt Raba den Raw Nachman in Bab. 79 a: „Wer Leder hinausträgt", — ‚in welcher Menge?' weil er nämlich nicht wusste, welche Lesart die richtige ist [6].

Ähnlich befragte Raba den Raw Nachman nach dem korrekten Text in der Mischna (‚היכי תנן?' = „wie lernen [lesen] wir?") an einer Stelle, bezüglich welcher es mehrere Lesarten gibt; vgl. Bab. Schab. 66 a zur Mischna VI, 8: „Der Krüppel darf (am Sabbath) mit seiner Krücke hinausgehen gemäss der Ansicht des R. Mëir; aber R. Josë hält es für verboten". Sprach Raba zu Raw Nachman: Wie lernen wir? Antwortete er ihm: Ich weiss es nicht; usw. Samuel sagte: Nicht darf der Krüppel (hinausgehen, usw.), und ebenso sagte Raw Huna: Nicht darf der Krüppel usw. Sprach Raw Joseph: Weil Samuel gesagt hat: Nicht darf der Krüppel usw., müssen darum auch wir lernen: Nicht darf der Krüppel usw.? (Darauf wird eingewendet: ‚Haben sie denn nicht gehört,) dass Raw Chanan bar Raba den Chija bar Rab in Gegenwart von Rab in der Nebenkammer des Lehrhauses von Rab gelehrt hat: „Nicht darf der Krüppel usw., aber R. Josë erklärt es für erlaubt", und Rab zeigte ihm (deutete seinem Sohne Chija mit einer Geste der Hand an): „Kehre [die Lesart] um!" usw.?' —

In der Mischna im Jeruschalmi sowie in der Handschrift Cambridge (ed. Lowe) und auch an sonstigen Stellen lautet die Lesart: „Der Krüppel darf mit seiner Krücke hinausgehen, nach der Meinung des R. Josë; aber R. Mëir erklärt es für verboten", und das deckt sich im Ergebnis mit der Lesart: „Nicht darf der Krüppel usw., aber R. Josë erklärt es für erlaubt". — Ebenso fragt Raba bei Raw Nachman an (Schebuot 47 a): „Wie lernen (lesen) wir?" usw.

---

6 Im Jeruschalmi findet sich auch die Gegenüberstellung: „Wir haben gelernt (אנן תנינן) — R. Chija hat gelehrt (תני ר׳ חייא)", aber damit ist die Barajta des R. Chija gemeint, in welcher die Halacha aus unserer Mischna in anderer Formulierung gelehrt wird, ebenso wie es in der Tosephta Abweichungen vom Mischna-Text gibt, vgl. in meinen „Untersuchungen über Bar. u. Tos., S. 37 Anm. 3, u. S. 150 ff.

— Manchmal finden sich Kontroversen zwischen den Amoräern über die Lesart in der Mischna, wie z. B. Schab. 137 a (zur Mischna XIX, 4): Raw Huna lehrt: ‚חייב‘ (d. h. „verpflichtet“, ein Sündopfer zu bringen), Raw Jehuda lehrt: ‚פטור‘ (d. h. „frei“ von der Opferpflicht). — Erub. 53 a: ‚Rab und Samuel (streiten über den Text der Mischna V, 1), der Eine lehrt מעברין (mit Ajin), der Andere lehrt מאברין (mit Aleph)‘ usw.; ebenso Jer. das., Kap. V, Hal. 1. — Suk. 22 a (zur Mischna II, 2): Rab lehrt ‚eins‘ (חדא, d. h. die beiden verschiedenartigen Bezeichnungen in der Mischna beziehen sich auf den gleichen Fall) usw., und Samuel lehrt ‚zwei‘ (תרתי, d. h. es ist darin von zwei verschiedenen Fällen die Rede) usw.; ebenso Jer. das. Kap. II, Hal. 2. — Ket. 53 b (in Bezug auf den Ketuba-Text hinsichtlich der Dauer der Versorgungspflicht gegenüber den Töchtern): Rab lehrt: „bis sie (die Töchter) von Männern ‚genommen‘ werden“ = ‚עד דתילקחן לגוברין‘, und Levi lehrt: „bis sie erwachsen sind“ = ‚עד דתבגרן‘ (d. h. bis zum Eintritt der Mannbarkeit), — während in unserer Mischna dort (IV, 11) die Lesart lautet: ‚עד דתינסבן לגוברין (דיתנסבן)‘ = „bis sie von Männern geheiratet werden“; — sowie Ähnliches mehr. — In B. kama 37 a: Raw S'wid sagt, wir lesen (in der Mischna das. IV, 2, bezüglich eines stössigen Ochsen): ואינו מועד (= „und er“ ist nicht verwarnt, — zum vorhergehenden Relativsatz gezogen, der die tatsächlichen Voraussetzungen des Falles bezeichnet); Raw Papa sagt, wir lesen: אינו מועד (= „der“ ist nicht verwarnt, — als nachfolgender Hauptsatz, der die rechtliche Beurteilung enthält).

Manchmal wird nach der Lesart der Mischna in Bezug darauf gefragt, ob darin der Buchstabe „Waw“ zu lesen sei, z. B. Schab. 13 b: ‚Lesen wir (zu Beginn der Mischna I, 4): אלו („dies“ sind die Halachot), oder lesen wir: ואלו („und dies“)?‘ — B. mez. 87 a: Lesen wir (in der Mischna VII, 1): ‚פת כטנית‘ (ohne Waw, — Brot „von“ Hülsenfrüchten), oder lesen wir: ‚פת וכטנית‘ (Brot „und“ Hülsenfrüchte)? — Bech. 34 b: Lesen wir (in der Mischna Neg. VII, 5): ‚יטהר‘ („so wird er rein“, d. h. der von einem zweiten Aussatzschaden Betroffene wird rein von dem früheren Schaden, sobald der spätere ihn befällt), oder lesen wir: ‚ויטהר‘ („und“ er wird davon rein, — d. h.: erst, wenn er von dem zweiten Schaden rein geworden ist, tritt auch die Reinheit bezüglich des ersten ein). — Vgl. auch Ab. sara 48 b (zur Mischna das. III, 8): ‚עבר‘ (wer unter diesem dem Götzendienst geweihten Baume „vorübergegangen ist“, ist rein), oder ‚עובר‘ (er „geht vorüber“); — R. hasch. 23 b: Lesen wir (in der Mischna II, 5): ‚בית יעזק‘ oder lesen wir: ‚בית יזק‘?; — Ket. 95 b: Lesen wir (in der Mischna XI, 1): ‚ניזונית‘ (die Witwe „wird ernährt“), oder lesen wir ‚הניזונית‘ (die Witwe, „die ernährt wird“)?; — Ähnlich in Seb. 30 b: Sprach Ulla (ein Amoräer), und Manche sagen R. Oschaja: Vielleicht ist unseren babylonischen Kollegen bekannt: „Lesen wir (in der Mischna II, 5): [למחר] „כזית“ [בחוץ] כזית oder lesen wir: „וכזית“ . . . כזית?‘; — vgl. dort. — Zuweilen lässt sich aus dem Gedankengang der Diskussion im Talmud entnehmen, dass den Amoräern eine abweichend formulierte Lesart vorlag, die sich mit dem uns vorliegenden Text der Mischna nicht deckt. Ebenso finden wir vielfach, dass der Talm. Jer. sagt: „!כיני מתניתא“, „Stelle die Mischna klar!“, — d. h. dass der Text der Mischna einer Klarlegung bezw. Korrektur bedarf, während in der uns vorliegenden Mischna bereits der verbesserte Text steht [7]. — All dieses beweist, dass schon vor den ersten Amoräern (Rab und Samuel sowie R. Jochanan) verschiedene Lesarten in der Mischna existiert haben.

Die Vermutung liegt nahe, dass die „Tannaim“ auch eine Reihe von Zusätzen in unsere Mischna einfügten, wie wir diese in Aussprüchen des R. Simon bar Rabbi (Mak. III, 15; ebenso Sifrë „Ki-Teze“, Erkl. 286) oder des R. Gamliël, Sohnes des R. Jehuda ha-Nassi (Abot II, 2) finden. Ab sara II, 6, wurde hinzugefügt: „Rabbi und sein Gerichtshof erklärten das Öl (von Heiden) für erlaubt“, — womit R. Jehuda Nessia, der Sohn des R. Gamliël bar Rabbi, gemeint ist. Raschi (das. 35 b) streicht diesen Zusatz aus dem Mischna-Text; aber anscheinend wurde er bereits im Talm. Jer., Nid. Kap. III Hal. 4, gebracht, und zwar unter der Bezeichnung: „תנינן תמן“ = „wir haben dort gelernt“. — Sowie Ähnliches mehr [8].

Ausser diesen Veränderungen und Zusätzen finden wir, dass der Talm. Bab. manchmal sagt, die Mischna weise Lücken auf und bedürfe einer Ergänzung, „חסורי מחסרי והכי קתני“, d. h. „es fehlt etwas, und so muss man lesen: . . . . .“. — Doch nicht überall, wo der Babli die Mischna ergänzt, ist diese wirklich einer Ergänzung bedürftig. Es kommt vor, dass der Babli die Mischna gemäss der Halacha richtigstellen will, — wie er z. B. in Git. 4 a sagt: ‚Wir kommen immer wieder auf R. Eleasar zurück‘ (d. h. wir bemühen uns, die Mischna der Meinung des R. Eleasar entsprechend aufzufassen), ‚denn wir haben eine feststehende Regel, wonach die Halacha in Bezug auf Scheidebriefe sich nach ihm richtet‘; — deshalb ergänzt der Babli die Mischna und fügt ihr einen ganzen Ausspruch hinzu, wie dies bereits Tossaphot bemerkt haben in Ber. 15 b, Stichwort: דילמא, sowie in Schab. 37 a, Stichwort לעולם. An solchen Stellen hat man die Mischna richtiggestellt, um sie mit der halachischen Entscheidung der Amoräer in Einklang zu bringen, in gleicher Art, wie man an ihr Text-Korrekturen vorgenommen hat (‚אימא‘ = „sage: . . .!“ oder: ‚תני‘ = „lies: . . . .!“), um sie den Aussprüchen der Amoräer anzupassen. In Wahrheit wurde aber die Mischna vielleicht garnicht der Ansicht des Amoräers entsprechend gelehrt, von dem in der Gemara entschieden wird, dass die Halacha sich nach ihm richtet. Manchmal wurde der

---

7 Vgl meinen oben (in Anm. 4) erwähnten Aufsatz, S. 9—14.

8 Wie ich bemerke, hat bereits Sch. J. Rappoport in „Kerem Chemed“ Teil VII, S. 162, auf diesen Jeruschalmi hingewiesen. Vgl. ferner Babli Seb. 114 b („Die Korrektur des Sëiri haben die Tannaim in die Mischna eingesetzt“) und in der Erklärung Raschis, das., sowie in meinen „Untersuchungen über Barajta und Tosephta“, S. 24 u. S. 175. S. ferner die „Zusätze“ („Tossaphot“), die weiterhin im Text unter Buchst. c) behandelt werden (oben vor Anm. 11).

Mischna auch nur eine Erklärung beigefügt und diese (lediglich der Form nach) in den Rahmen einer „Ergänzung von Fehlendem" (חסורי מחסרא) eingepasst, ohne dass damit überhaupt beabsichtigt war zu sagen, dass die Mischna lückenhaft sei, wie dies die Bemerkung darüber von Tossaphot zu Schab. 102 a, Stichwort: „רב אשי אמר חסורי מחסרא" ergibt: „dies ist keine eigentliche Ergänzung von etwas Fehlendem (חסורי מחסרא), denn die Mischna lässt sich so, wie sie formuliert ist, in dieser Weise erklären; und nur in der Absicht, sie klarzustellen, gebraucht er (Raw Aschi) den Ausdruck: חסורי מחסרא" (d. h. er bedient sich nur der äusseren Form einer „Ergänzung von Fehlendem", um in Wahrheit die ihm vorliegende Mischna ohne jede Text-Änderung inhaltlich zu erläutern). Ebenso wird an vielen Stellen in Bezug auf eine „מעשה", — einen tatsächlich geschehenen Fall, welcher in der Mischna berichtet wird und einer vorher gelehrten Halacha widerspricht, — die Frage gestellt: ‚?מעשה לסתור‘ (— „Diese Handlungsweise steht doch in Widerspruch zur Halacha?"). Und es wird darauf geantwortet: „Es fehlt (hier) etwas, und so muss man lernen: ...... usw.". In Wahrheit aber besteht auch hier keine Notwendigkeit, etwas hinzuzufügen und die vorhergehende Halacha im eigentlichen Sinne zu „korrigieren", da wir aus dem Wortlaut der Mischna selbst entnehmen können, dass diese Halacha keine unverbrüchliche „Regel" darstellt, nach der wir uns überall zu richten haben, sondern dass es gemäss dem Beispiel des dort erzählten tatsächlichen Vorgangs Ausnahmefälle gibt, oder dass aus dem tatsächlichen Geschehnis hervorgeht, dass der Tanna, der so handelte, die vorher angeführte Halacha bestreitet [9].

An einigen Stellen jedoch scheint die Mischna wirklich unvollständig zu sein, und in der Mehrzahl dieser Fälle ist die Lücke durch gleichlautende Worte verursacht worden, bei denen die Abschreiber (unter Weglassung des Zwischentextes) von einem Worte auf das ihm gleiche übersprangen, das kurz danach folgt (ein als „Homoioteleuton" bekannter Vorgang). So z. B. in Seb. XI, 8: „Hat er darin (in einem Kupfergefäss) Opferspeisen usw. gekocht, wenn ihrer so viele sind, dass sie einen Geschmack in die anderen Speisen hineingeben, so werden die (Speisen) von geringerer Heiligkeit ebenso verzehrt (d. h. unter den gleichen Begrenzungen in Bezug auf Ort und Zeit) wie die von strengerem Heiligkeitsgrade, und es bedarf keiner Abreibung und keiner Abspülung (vgl. Lev. VI, 21), und sie machen durch Berührung nicht untauglich". Nach dem Babli 97 a ist hier hinter den Worten: „ebenso verzehrt wie die von strengerem Heiligkeitsgrade" hinzuzufügen: ‚[und es bedarf der Abreibung und der Abspülung, und sie machen durch Berührung un-

9 Vgl. R. Nissim zu Ned. 48 a, Stichwort. „מעשה לסתור": „Hier ist nicht eine wirkliche Widerlegung gemeint" usw. Ebenso sagt Nachmanides in seinen Novellen zu B. mez. 102 b; s. auch dort in „Schitta Mekubezet". Vgl. ferner die Erkl. des R. Bechaj zu Ex. XXXIV, 27; sowie Frankel, „M'wo ha-Jeruschalmi", Bl. 30 a; und Weiss, „Dor Dor w'Dorschaw", Teil III, S. 18.

tauglich. Sind aber nicht so viele von ihnen da, dass sie einen Geschmack hineingeben können, so werden diejenigen von geringerer Heiligkeit nicht ebenso verzehrt wie die von strengerem Heiligkeitsgrade] und es bedarf keiner Abreibung und keiner Abspülung', wie es im Sifra „Zaw", Kap. VII, 5, heisst [10]. — Der Talm. Jer. bedient sich des Ausdrucks „חסורי מחסרא" nicht, sondern er sagt in solchen Fällen: „!כיני מתניתא" = „stelle die Mischna klar!", — was bedeutet, dass die Mischna (dem Sinne nach) so zu erklären oder dass sie tatsächlich textlich zu korrigieren ist.

c) Es finden sich in der Mischna Zusätze, die auf Grund der Barajtot sowie der im Talmud enthaltenen amoräischen Erklärungen eingefügt wurden, darunter auch solche, die in Handschriften ausdrücklich als „Zusatz" bezeichnet werden: „תוספת" [11]. Beispielsweise steht in der Handschrift Cambridge (Ausgabe Lowe) in Ket. VII, 6 (wo Fälle aufgezählt werden, in denen die Ehefrau wegen ihres unziemlichen Verhaltens den Ketuba-Anspruch verliert): „Welches ist — תוספת (= ein Zusatz) — die קולנית (Keifende)?" usw., was bedeuten soll, dass die in der Mischna enthaltene Definition von „קולנית" ein Zusatz ist, der aus der Barajta in Tos. VII, 7 übernommen wurde. Dies ergibt sich auch aus den Talmuden; denn in Bab. 72 b ist die Bedeutung des Wortes ‚קולנית' Gegenstand einer Kontroverse zwischen Samuel und einer Barajta (מתניתא), und im Talm. Jer., das., zwischen Rab und Samuel, worauf bereits der Verf. des „M'lechet Sch'lomo" hingewiesen hat. — Auch der Satz in der Mischna Ned., Ende v. Kap. III: „eine andere Erklärung: Gross ist die Beschneidung" (d. h. das Gebot der Beschneidung ist von fundamentaler Bedeutung), „denn wäre nicht sie, usw."), wird in der Handschrift Cambridge als „תוספה" (Zusatz) bezeichnet und ist auf Grund der Barajta beigefügt worden (vgl. in den textkritischen Glossen — הגהות — des R. Jesaja Berlin in Bab. 31 b). — Der Ausspruch am Ende von Trakt. Ker. (im Anschluss an den Satz: ‚Der Vater geht der Mutter überall vor'): „und ebenso hinsichtlich des Thora-Wissens; wenn [aber] der Sohn es (zum grossen Teil) bei seinem Lehrer erworben hat, so geht dieser dem Vater vor, ... usw." — steht nicht in der Handschrift München, und in „M'lechet Sch'lomo" wird gebracht, dass in anderen Exemplaren vor diesem Ausspruch das Wort „תוספתא" steht (= Zusatz, Tosephta), „als ob dies nicht ein Teil der Mischna ist, sondern eine Tosephta". Doch gibt es viele Aussprüche solcher Art in der Mischna, welche, — obschon in den uns vorliegenden Handschriften nicht ausdrücklich als „תוספתא" bezeichnet, — dennoch nichts Anderes sind als den Barajtot

10 S. auch dort in den „Ergänzungen" meines Mischna-Kommentars sowie in meinen „Untersuchg. über die Red. der Mischna", S. 152 ff.

11 Vgl. zu dem oben im Text weiterhin Gesagten in meinen „Untersuchungen über die Red. der Mischna", S. 139, sowie in meinen „Untersuchungen über Barajta u. Tos." S. 169, Anm. 2; ferner auch bei Epstein: „Einführung in den Mischna-Text", S. 950 ff., zu dessen Ausführungen dort sich Vieles bemerken lässt; — doch ist hier nicht der Ort dafür.

entnommene Zusätze, und die in einer Anzahl von Handschriften fehlen. Dafür einige Beispiele: Der Satz in Schek. V, 1 (bei der Aufzählung der Aufseher — ממונים — im Heiligtum): „Petachja, das ist Mordechaj“ ist in die Mischna eingefügt aus der Barajta in Bab. Men. 65 a sowie Jer. Schek. das., und fehlt in einer Reihe von Texten (vgl. dort in den „Ergänzungen“ meines Mischna-Kommentars). — Suk. III, 8: „Sprachen sie zu ihm (nämlich zu R. Mëir, der aus einem tatsächlichen Vorgang, — einer „מעשה“, — wonach die Bewohner von Jerusalem ihre Palmzweige am Hüttenfest ‚mit goldenen Fäden‘ zusammenbanden, einen Beweis dafür entnehmen wollte, dass man den Feststrauss nicht nur mit Material der gleichen Art zusammenbinden dürfe): „Mit (Material) der gleichen Art banden sie ihn von unten zusammen“ — steht nicht in einer Reihe von Handschriften und ist auf Grund der Barajta in Tos. II, 10 sowie Bab. 37 a hinzugesetzt worden. — Daselbst IV, 5 (über die Umzüge um den Altar am siebenten Tage des Hüttenfestes): „Zur Stunde ihres Abschiedes, — was sprechen sie [dann]?“ usw., — wurde auf Grund des Bab. 45 b (vgl. „Dikduke Soferim“ das., S. 138 Ziff. 7, und S. 141 Ziff. 30) sowie Tos. III, 1, eingefügt und ist in einigen Handschriften nicht enthalten. — Beza V, 5: „Wer eine glühende Kohle hinausträgt in öffentliches Gebiet“ usw., ist ein Zusatz auf Grund der Barajta in Tos., Kap. IV, 7, sowie Bab., das. 39 a, und fehlt in einer Reihe von Handschriften. — Sota IX, 13: „R. Simon b. Eleasar sagt: ‚Die Reinheit hat (als sie von Israel gewichen ist, den Früchten) ihren Wohlgeschmack genommen, usw.“ — stammt aus der Tos. XV b und der Barajta in Bab. 49 a sowie Jer. daselbst. — Taan. IV, 3: . . . . „und die Mitglieder der Dienstgruppen, die das Volk repräsentieren (אנשי המעמד), pflegten zu fasten usw.“ — ist ein Zusatz aus der Barajta nebst der Erklärung des R. Simon b. Lakisch in Bab. 27 b und fehlt in den Handschriften (vgl. dort in „Dikduke Soferim“).

Eine Reihe von Zusätzen sind auf Grund der Talmude beigefügt worden, wie beispielsweise Kid. III, 5 (wenn jemand für den Fall, dass die Frau seines Gefährten ein weibliches Kind zur Welt bringt, sich dieses angelobt): „Falls die Frau seines Gefährten schwanger und das Kind bereits erkennbar war, sind seine Worte gültig“, usw. — dies ist ein Ausspruch des R. Chanina in Bab. das. 62 b und in den Handschriften nicht enthalten (vgl. „Tossphot Jomtow“ sowie „M'lechet Sch'lomo z. St.). — Zuweilen finden sich derartige Zusätze zwar in den Handschriften und Erstdrucken, stehen aber nicht in unseren Texten, wie z. B. Ber. IX, 5, wo es (bezüglich des Verbotes, sich auf dem Tempelberge in unziemlicher Weise zu benehmen) in der Handschrift Cambridge und sonst (vgl. „Dikduke Soferim“) heisst: [und erst recht ist das Ausspeien unerlaubt;] „wenn schon das Betreten mit Leder-Schuhwerk, das nur ein Ausdruck mangelnder Ehrerbietung ist, verboten wurde, so ergibt sich für das Ausspeien, welches eine (ausgesprochene) Verächtlichmachung darstellt, eine Folgerung im Wege des קל וחומר“ (d. h. eines Schlusses von Leichteren aufs Schwerere, und somit ist es erst recht unerlaubt), — wie in der Barajta in Tos. VII, 19 sowie Bab. 62 b und Jeruschalmi. — Taanit, Ende v. Kap. III im Erstdrucke, in der Handschrift Cambridge, sowie in der Mischna im Jerusch. und sonst: „Was ist ‚das Grosse Hallel‘ (der grosse Lobgesang)? Danket Gott, denn Er ist gütig, usw. (Psal. CXXXVI)“, — wie in Jer. das. (vgl. „Dikduke Soferim“ und „M'lechet Sch'lomo“). — Schab. VIII, 1: [Wer hinausträgt] „Honig (in einem solchen Quantum), um ihn auf eine aufgeschürfte Wundstelle (על הכתית) zu geben (zu Heilzwecken)“; in der Handschrift München lautet die Lesart: על פי הכתית („auf die Öffnung“ einer Schürfwunde), wie es in der Barajta in Bab. 77 b gelehrt wird. — Daselbst VIII, 2 in der Handschrift München: „Wollflocken (in einem Quantum), um daraus einen kleinen Ball zu formen“, — ist ein Zusatz auf Grund der Barajta in Bab. 78 b. — Das. VIII, 3: Der im Bab. und Jer. in der Mischna enthaltene Satz: ‚דוכסוסטוס‘ (Tierhaut, die nur auf ihrer äusseren Seite zu Pergament verarbeitet ist)“ in einem Quantum, um darauf den Text einer ‚Mesusa‘ (die beiden ersten Absätze des Sch'ma-Gebetes) zu schreiben“, — ist eine Barajta in Bab. 79 b. — Das. VIII, 4: „Kalk (in einem Quantum), um die kleinste (jüngste) der Töchter damit einzureiben (zwecks Entfernung ihrer lästigen Haare)“; im Erstdrucke heisst es an dieser Stelle: um „den kleinen Finger“ der Tochter damit einzureiben, wie es in der Barajta das. 80 b steht. — Erub. II, 3 in der Handschrift München: ‚Eine allgemeine Regel hat R. Simon b. Eleasar gesagt‘ usw., wie in der Barajta in Tos. III, (II), 9 sowie Bab. 22 a. — In Jeb. XIII, 6 ist im Erstdruck sowie im Talm. Jer. nach einer Kontroverse zwischen R. Eliëser und den Weisen — (über die Zulässigkeit der Schwagerehe im Falle einer Minderjährigen, die [nach dem Tode ihres Vaters] durch ihre Mutter oder ihre Brüder an den [nunmehr kinderlos verstorbenen] Mann verheiratet, von diesem geschieden und darauf von ihm selbst wieder geheiratet worden ist) — der Satz hinzugefügt: „Und die Weisen stimmen R. Eliëser bei für den Fall, dass er sich von ihr als einer Minderjährigen geschieden und sie als noch Minderjährige wieder geheiratet hat“, usw.; — nach der Barajta in Tos. XIII, 5 und Bab. 109 a.

Insbesondere finden sich Zusätze am Ende von Traktaten oder am Ende von Kapiteln, wie in Pes. IV, 9: „Sechs Dinge hat der König Chiskija getan“ usw., was in den Ausgaben des Babli und Jeruschalmi sowie in manchen Handschriften (vgl. „Dikduke Soferim“) fehlt und in der Gemara das. 56 a unter der Bezeichnung: „תנו רבנן“ gebracht wird (= „Unsere Rabbanim haben gelehrt“, — im Allgemeinen angewendet als Einleitungsformel vor Anführung einer Barajta). — Ferner Joma VI, 8 und VIII, 9 (vgl. „Dikduke Soferim“, das. S. 290); — Sota IX, 9 (s. dort in den „Ergänzungen“ meines Mischna-Kommentars; — Ende von Trakt. Kidduschin (s. dort in den „Ergänzungen“); — Abot V, 21 bis zum Schluss (vgl. dort in der „Einleitung“ meines Mischna-Kommentars); — Tamid VII 4; — Ende von Trakt. Kinnim; — sowie Ukzin III, 12 [12]. Ebenso wurden das IV. Kapitel von ‚Bikkurim‘ und das VI. Kapitel von ‚Abot‘ erst später angefügt. —

Zum Schluss noch einige Worte über die Mischna-Texte in den uns vorliegenden Ausgaben. Die Mischna ist zum ersten Male in Neapel im Jahre 5252 (= 1492 nach d. gew. Ztr.) mitsamt dem Kommentar des Maimonides gedruckt worden. Der Grundtext wurde im Wesentlichen nach der Lesart des Maimonides-Kommentars abgedruckt. Ausser dieser Text-Fassung befinden sich in unserem Besitz noch die Mischna-Texte, die in den beiden Talmuden abgedruckt sind. In den Drucken des Talmud Babli sind die Halachot der Mischna vor den darauf bezüglichen Abhandlungen der Gemara niedergelegt; das bedeutet: die Kapitel der Mischna sind in kleine Teilstücke zerlegt, deren jedem der Abschnitt der Gemara beigefügt ist, welcher die Verhandlung darüber enthält, mit Ausnahme einzelner Stellen, bei denen das ganze Kapitel der Mischna geschlossen vor der Gemara dieses Kapitels abgedruckt ist, nämlich: Ber. Kap. IX; Taan. Kap. III und IV; Jeb. Kap. V und XIV; Sota Kap. V und VI; Sanh. Kap. I und V; Schebuot Kap. I, II, V, VII und VIII; Chul. Kap. XI; sowie Tamid Kap. I und II. In den meisten Handschriften des Talmud Babli sind zwar die ganzen Kapitel der Mischna zu Beginn der entsprechenden Kapitel der Gemara niedergeschrieben [13]. Aber auch in diesen Handschriften ist die Mischna zuweilen nochmals vor der auf sie bezüglichen Abhandlung der Gemara aufgezeichnet. In der Handschrift München ist die Mischna als Innentext niedergeschrieben und rings um sie der Text des Talmud. Aus den zahlreichen Widersprüchen, die wir in den Handschriften sowie auch in den Drucken zwischen dem Text der Mischna zu Beginn der Kapitel oder vor den einschlägigen Gemara-Abschnitten und dem Text in den kurzen Absätzen vor jeder talmudischen Abhandlung darüber finden [14], lässt sich entnehmen, dass die Mischnajot von den Abschreibern (Kopisten) zu Beginn der Kapitel oder vor den entsprechenden Gemara-Abschnitten hinzugefügt worden sind und nicht zum eigentlichen Inhalt des Talmud gehören. Mitunter ist der Text der Mischna, um den sich die Verhandlung im Talmud bewegt, verschieden von dem Text, welcher der talmudischen Abhandlung vorangestellt ist (vgl. oben S. 176 f.). Ebenso verhält es sich beim Talmud J e r u s c h a l m i. In der Handschrift Leyden, von welcher der Jeruschalmi im Druck von Venedig im Jahre 5283 (= 1523 nach d. gew. Ztr.) abgedruckt worden ist (und danach im Druck von Krakau und Krotoschin), sind die entsprechenden Kapitel der Mischna geschlossen jedem einzelnen Kapitel des Talmud im Druck vorangestellt, und einer jeden der dort abgedruckten talmudischen Verhandlungen sind kurze Teil-Absätze der dazugehörigen

---

12 Vgl. auch Ende v. Traktat Taanit und v. M. kat., sowie in meinen „Untersuchungen über die Red. der Mischna“, S. 134 ff.

13 Vgl. Epstein, a.a.O., S. 921 ff.

14 Vgl. als Beispiel Pes. 116 a im Mischna-Text: „Denn in allen (anderen) Nächten sind wir nicht verpflichtet einzutunken, sogar nicht ein einizges Mal“, und in dem (der einschlägigen Gemara-Abhandlung vorangestellten) Mischna-Auszug dort: „denn in allen (anderen) Nächten tunken wir [nur] ein einziges Mal ein“.

Mischna vorausgeschickt, mit Ausnahme von Traktat Berachot, in welchem die vollständigen Mischnajot sowohl vor den Verhandlungen der Gemara wie ausserdem noch zu Beginn der Kapitel abgedruckt sind. Aber auch im Jeruschalmi gehört der dort wiedergegebene Mischna-Text nicht zum eigentlichen Inhalt des Talmud, sondern die Mischnajot sind von der Hand der Kopisten hinzugefügt worden. Somit ergibt sich, dass uns drei Texte der Mischna vorliegen: der Text in den Mischnajot, der Text im Talmud Babli sowie derjenige im Talmud Jeruschalmi. Innerhalb der Texte selbst finden sich zahlreiche Varianten in den Drucken sowie in den Handschriften [15].

Auf Grund des Textes der Mischnajot im Druck von Neapel wurden diejenigen Mischnajot abgedruckt, die später erschienen sind, nur wurden diese vielfach korrigiert und verbessert auf Grund des Textes in den Babli-Ausgaben, und insbesondere wurden zahlreiche Emendationen von dem Korrektor der Mischnajot im Druck Justinian vorgenommen, die in den Jahren 5306—07 (= 1546/47) erschienen sind. Seinem Wege folgten die Drucker, die nach ihm kamen, wie z. B. im Druck Venedig 5308—09 (= 1548/49), bis R. Jomtow Lipman Heller auftrat und die Mischna mit seiner Erklärung „Toss'phot Jomtow" herausgab (Prag 5377 = 1617, Krakau 5403 = 1643), wobei er aus den Text-Ausgaben in den Mischnajot und dem Talmud Babli auf eklektischem Wege eine verbesserte Text-Fassung herstellte und diese in den Innentext (פנים) der Druckseite einsetzte, während er die abweichenden Lesarten, die er gefunden hatte, am Rande verzeichnete, und zwar unter der Bezeichnung ס״א (= „ספרים אחרים", „nach anderen Büchern" :). Seine Mischna-Ausgabe wurde allen Drucken zu Grunde gelegt, die nach ihm mit dem Kommentar des R. Obadja di Bertinoro und „Toss'phot Jomtow" erschienen, nur dass diese an vielen Stellen durch Druckfehler und verschiedene „Verbesserungen" entstellt sind, wie dies bei allen Buchausgaben zu geschehen pflegt. —

Die Ordnung der Mischna: Die Mischna ist in sechs Ordnungen (סדרים) eingeteilt, und diese werden erwähnt von R. Chija (Bab., B. mez. 85 b; vgl. auch Meg. 28 b), im Midrasch zum Ester-Buch, Kap. I, 2, sowie im Tanchuma, abgedruckt in „Or sarua" (Teil I, Aleph-Beth, Nr. 19), im Midrasch zu den Psalmen XIX, 4, u. a. Im Midrasch Rabba zum Hohenlied, Kap. VI, 4, sowie in der „Pessikta" des Raw Kahana, Bl. 7 a, werden die sechs Mischna-Ordnungen unter der Bezeichnung gebracht: ששה ערכי משנה = „sechs Mischna-Ordnungen" („ערכים" hier dem Sinne nach annähernd gleichbedeutend mit סדרים) [16], während im gleichen Ausspruch in Bamidbar Rabba, Kap. XII, 17, steht: ששה סדרי משנה. — Die Ordnungen sind folgende:

---

15 Vgl. Epstein a.a.O., S. 1007 ff. sowie S. 1269 ff.

16 Vgl. Seder Elijahu Rabba, Kap. I (S. 4): „Steh' auf und ordne (‚ועֲרֹךְ') die Schriftstelle, die Du gelesen, steh' auf und ordne die Mischna, die Du gelernt hast!", — sowie den oben im Text S. 142 zit. Ausspruch: „Als R. Akiba Halachot für seine Schüler ordnete" („היה „מסדר); — ferner die Worte von R. Jochanan in Men. 66 b: „Es ist eine

„Seraïm" (= „Sämereien"; — im wesentlichen Vorschriften über den Bodenertrag und die davon zu entrichtenden Abgaben, sowie über die Segenssprüche etc.), „Moëd" (= „Feste"; — Vorschriften über Sabbath und Festtage) „Naschim" (= „Frauen"; — Ehevorschriften u. ähnl.), „Nesikin" (= „Schädigungen"; — Zivil- und Strafrecht sowie Gerichtsverfassung und Prozessordnung, auch ethische Regeln), „Kodaschim" (= „Geheiligtes"; — Opfervorschriften u. ähnl., auch die Schächtbestimmungen enthaltend); „Toharot" (= „Reinheits"-Vorschriften), — wie sie von R. Simon b. Lakisch in Bab. Schab. 31 a aufgezählt werden. Die Frage einer abweichenden Zählung der Mischna-Ordnungen habe ich in der Einführung (פתיחה) zur Ordnung „Moëd" in meinem Mischna-Kommentar besonders erörtert. — R. Menachem b. Schlomo, genannt: „Mëiri", in der Einführung zu seinem Kommentar (abgedruckt in der Vorrede zu „Taanit", S. 6), sagt über die Zählung der Ordnungen: „Sei es, dass er (Rabbi) sie zufälligerweise so geordnet hat, oder sei es, dass er einen bestimmten Grund für ihre Anordnung hatte, in der Art, wie unser Meister, der Lehrer des Rechten (‚מורה צדק', hier: Maimonides), dies in der Einführung zum Mischna-Kommentar erläutert oder sei es aus einer sonstigen Ursache".

Die Ordnungen sind eingeteilt in Traktate = ‚מסכות' (Handschrift Cambridge, Ausgabe Lowe, S. 69 a) oder: ‚מסכתות' („Abot" des R. Natan, Ende v. Kap. XII, sowie Kap. XXIV; Tanchuma „Korach" XII und Bamidbar Rabba, „Korach" das.; Midrasch zu Psalm CIV, 22) oder auch: ‚מסכתיות' (Midr. Rabba zum Hohenlied Kap. VI, 9); „Mëiri" schreibt: ‚מסכיות'. In der Einzahl: ‚מסכת' (= ‚Gewebe', vgl. Jud. XVI, 13, sowie in der Einführung von „Toss'phot Jomtow" zur Mischna), und im Aramäischen: מסכתא („Abot" des R. Natan, Ende von Kap. XII; Bab. Schab. 3 b; u. a.). Der Traktat Kelim ist als solcher bereits in der Mischna am Ende von „Kelim" erwähnt (vgl. über „Ukzin" oben S. 125). Im Talm. Bab. findet sich[17]: „Pea" (B. mez. 10 a); „Terumot" (Teruma, Pes. 34 a, sowie Jer. Ber. Kap. II, Hal. 4; vgl. auch in der Einleitung zu Trakt. Ter. meines Mischna-Kommentars, S. 174), „Erubin" (Erub. 79 a, ebenso in Jer. Schab. Kap. XIX, Hal. 1); „Sukka" (Erub. 23 a; vgl. auch Jer. Suk., Kap. IV, Hal. 6); „Rosch ha-Schana" (Taan. 2 a); [„Ordnung Joma", vgl. in der Einleitung zu Trakt. Joma meines Mischna-Kommentars; S. 217]. „Ketubot", „Nedarim", „Nasir" und „Sota" (Sota 2 a; Nedarim kommt auch im Jeruschalmi, B. kama, Kap. IX, Hal. 8, vor); „Gittin" (Kid. 50 a, ebenso Jer. Schebiit, Ende v. Kap. V); „Kidduschin" (Ket. 72 b). „Baba kama" und „Baba mezia" (B. kama 102 a sowie Ab. sara 7 a; — daselbst und im Jer., B. kama, Kap. IX, Hal. 8, findet sich auch „Nesikin" als gemeinsamer Name für die drei „Babot"; vgl. die Einleitung zum Traktat „B. kama" meines Mischna-Kommentars, Anm. 7);

geordnet aufgestellte Lehre (‚תלמוד ערוך', vgl. „Dikdukë Soferim" das.) im Munde R. Akibas", usw.

17 Vgl. Epstein, „Einführung in den Mischna-Text" S. 989.

„Sanhedrin" (Sanh. 41b); „Makkot" und „Schebuot" (Schebuot 2 b, 28 b, 36 b); „Edujot" (Ber. 28 a; das. 27 a: „Bechirta"); „Aboda sara" (Ab sara 56 b); „Abot" (B. kama 30 a; dort wird auch gesagt: „Worte der Segnungen" — מילי דברכות —; vgl. das. in „Schitta Mekubezet" sowie „Mëiri"). [„שחיטת קדשים", „Schächtung der Opfertiere" = „Sebachim" (B. mez. 109 b sowie Sanh. 51 b); vgl. die Einleitung zu Trakt. Seb. in meinem Mischna-Kommentar]. „Menachot" (Men. 7 a); „Bechorot" (Beza 28 a); „Temura" und „Mëila" (Tem. 22 a); „Keritot" (Sanh. 65 a); „Tamid" (Joma 14 b; vgl. oben S. 126); „Middot" (Joma 16 a); „Ohalot" (Erub. 79 a sowie Jer. Nasir Kap. VII, Hal. 2). Andere Traktate finden Erwähnung im Jeruschalmi: „Kilajim" (Kil., Kap. VI, Hal. 3). „Orla" (Ab. sara, Kap. V, Hal. 12); „Schabbat" (Schab. Kap. XIX, Hal. 1: ‚Bei [Traktat] „Schabbat" haben sie ihn gefragt usw.; — als sie zu „Erubin" kamen usw.'; — vgl. dort im Kommentar „Korban ha-Eda" des R. David Fränkel); „Nidda" (Ber., Kap. II, Hal. 6); „Machschirin" (Schab., Kap. VII, Anf. v. Hal. 2). [„Toharot" (Ter., Kap. XI, Ende v. Hal. 3, s. dort)].

Im Babli, B. kama 102 a sowie Ab. sara 7 a, wird gesagt, dass es in der Mischna in Bezug auf zwei verschiedene Traktate keine feststehende Ordnung gibt (d. h. dass die Grundsätze, welche die halachische Entscheidung bei aufeinander folgenden anonymen und kontroversen Lehren — [bezw. umgekehrt] — über den gleichen Gegenstand regeln, auf zwei verschiedene Traktate keine Anwendung finden). Dementsprechend sagt Raw Scherira in seinem Sendschreiben (S. 32): ‚Rabbi ordnete die Traktate nicht einzeln hintereinander, sondern er lehrte jeden für sich, und wir wissen nicht, welchen Traktat er zuerst lehrte; und so ist es möglich, sie vorwegzunehmen oder zurückzustellen'. R. Scherira bringt nun die Reihenfolge gemäss der Lehrweise der Geonim in der Ordnung „Moëd" und gibt dafür eine Begründung [18]; doch stehe (seiner Meinung nach) Jedermann die Befugnis zu, diese Anordnung zu ändern. — Es gibt auch Traktate, bezüglich derer eine Begründung für ihre Eingliederung (an bestimmter Stelle) schon im Talmud angeführt ist, wie Schebuot 2 b, wo erklärt wird, weshalb der Traktat Schebuot auf den Traktat Makkot folgt [19]. Deswegen schreiben dort die Verfasser

18 Vgl. die Lehrordnung in der Einführung zum „Beth ha-Bechira" des ‚Mëiri' (abgedruckt in der Vorrede zu Trakt. Taanit, S. 7). Zur Zeit des Gaon Raw Amram lernte man im Jahre 857 die Talmud-Traktate B. kama und Joma (Ginzberg, Geonica, S. 326) sowie im Jahre 858 die Traktate Jebamot und Joma („גנזי שכטר", Teil II, 24, Sammlung: ‚תשובות הגאונים מתוך הגניזה', Jerusalem 5689 [= 1929], S. 70).

19 In der sog. „spanischen" Fassung (= „span. Rezension") ist auch Sota 2 a hinzugefügt, wo eine Begründung für die Einreihung des Trakt. Sota hinter Traktat Nasir gegeben wird. Vgl. auch Babli, Anfang von Traktat Taanit, wo gesagt wird, dass der Tanna in Traktat Taanit sich an Rosch ha-Schana ‚anlehnt': „Mit ‚R. hasch.' hat er aufgehört" („Von [Ende] ‚R. hasch.' nahm er seinen Ausgang", מראש השנה סליק), — d. h.: der Trakt. ‚Taanit' beginnt deshalb mit Vorschriften über die Gebete um Regen,

der „Tossaphot" (Stichwort: מכדי), dass, nachdem Rabbi die Traktate nicht nach einer bestimmten Ordnung g e l e r n t hatte, er sie in seinem Werke in der richtigen Weise g e o r d n e t hat. — Ebenso gibt Maimonides in seiner Einführung zum Mischna-Kommentar (Stichwort: והחלק הששי) für die Reihenfolge der Traktate eine Begründung nach der L o g i k oder nach der R e i h e n f o l g e d e r M i z w o t i n d e r T h o r a. Aber auch hier (ebenso wie bezüglich der Zählung der Ordnungen, s. oben S. 128) äussert Mëiri (in seiner Einführung, S. 7) Bedenken in der Richtung, ob nicht die Traktate „in zufälliger Art" zusammengestellt worden seien, vgl. dort sowie auch in „Beth ha-Bechira" zu Nasir 2 a (Bl. 68 d). Die Frage der Ordnung der Traktate und der ihnen bei uns gegebenen Namen habe ich in meinem Mischna-Kommentar in den Einführungen zu den Ordnungen sowie in den Einleitungen zu den Traktaten erörtert. Nach dem dort Gesagten ergibt sich [20], dass die Trakate zumeist nach ihrer Grösse aneinander gereiht worden sind, d. h. ein Traktat, dessen Kapitel zahlreich sind, vor einem Traktat mit einer geringeren Anzahl von Kapiteln (bezüglich der Ordnung „Seraïm" s. in meiner Einführung dort).

Die Zahl der Traktate in unseren Mischna-Ausgaben beträgt 63. — Aber wenn wir die drei „Babot" als nur einen Traktat namens „Nesikin" rechnen sowie ferner „Sanhedrin" und „Makkot" als einen einzigen Traktat ansehen (vgl. in den Einleitungen zu B. kama und Makk. in meinem Mischna-Kommentar), so ist die Anzahl genau 60. Ebensoviel beträgt sie auch nach der Deutung des R. Jizchak im Midr. Rabba zum Hohenliede, Kap. VI, 9: „Sechzig sind die Königinnen" (Cant. VI, 8), — ‚das sind die sechzig Traktate der Halachot' (vgl. Tanchuma „Korach", Nr. 12, und Bamidbar Rabba, „Korach", das.; sowie in den Glossen des R. Samuel Straschun dort, Ziffer 23).

Die Traktate sind in Kapitel eingeteilt, eine Einteilung, die bereits den Talmuden vorlag [21], wie es im Babli, R. hasch. 31 b, heisst: „Sechs (Anordnungen des R. Jochanan b. Sakkai) aus diesem Kapitel und eine aus dem ersten Kapitel". Ferner Ber. 52 b: „Sagt Raw Huna: In unserem ganzen Kapitel richtet sich die Halacha nach der Schule Hillels" usw. — Jeb. 9 a: „In unserem Kapitel meinen wir"; — das. 96 b: ‚Der Lehrer (Tanna) in der Mischna des Kapitels, das beginnt: „Vier Brüder" (= Kap. III)'. — Ket. 77 a: „Samuel hat unser ganzes Kapitel ständig im Munde geführt". — Ned. 82 a: „Unser ganzes Kapitel geht nach R. Josë". — B. mez. 35 a: ‚Sagt Raba: Ich habe vor Raw Nachman gesessen, und unser Kapitel (d. h. das Kapitel,

---

weil er an Trakt. ‚Rosch ha-Schana' anschliesst und dort [am Ende von I, 2] über ein ähnliches Thema gehandelt wird), usw. — Vgl. auch Bab. Makk. 2 a.

20 Der erste, der darauf hingewiesen hat, war Geiger, Zeitschrift f. jüd. Theologie, Teil II, S. 489 ff. Bei Frankel („Darchë ha-Mischna", S. 257 in der Anmerkung) wird zwar gesagt, dass dessen Ausführungen „keine Befriedigung bieten"; sie sind aber gleichwohl von fast allen Forschern akzeptiert worden.

21 Vgl. Frankel, „Darchë ha-Mischna", S. 264.

welches unseren Lehrgegenstand bildete) war: „Wer zur Behütung anvertraut“ (= Kap. III). — Taan. 14 a: „Im anderen Kapitel“. — Sanh. 52 b: ‚Und was wir im anderen Kapitel [unseres Traktates] gelernt haben: „Und das sind diejenigen, die mit dem Schwert hingerichtet werden“ (IX, 1)‘. — Nid. 47 b: ‚Sprach Rab: Die Halacha bezüglich des ganzen Kapitels ist‘ usw. — Das. 48 a: ‚Und Raw Joseph sagt bezüglich unseres Kapitels, das beginnt: „Ein auf künstlichem Wege (d. h. durch Kaiserschnitt) zur Welt gebrachtes Kind“ (= Kap. V)‘ usw.; — sowie an sonstigen Stellen. — Jer. Ber. Kap. II, Hal. 6: ‚Samuel sagt: „Diese ganze Halacha am Beginn des letzten Kapitels von Traktat Nidda“, usw. — Git. Kap. VIII, Hal. 5: ‚Raw Huna im Namen von Rab sagt: „Dieses ganze Kapitel geht nach R. Mëir“, usw.; ‚R. Mana fragte vor R. Jassa: Auch das Kapitel, das beginnt: „Wer sich von seiner Ehefrau scheidet“ (= Kap. IX)?‘ ‚Sprach er zu ihm: „Nicht Euer Kapitel (= Kap. IX), sondern unser Kapitel“ (= Kap. VIII)‘. — Raw Scherira in seinem Sendschreiben (S. 32) sagt: „Die Kapitel innerhalb jedes einzelnen Traktates hat Rabbi eines nach dem anderen geordnet“. Doch gibt es dabei Kapitel-Umstellungen in den Texten, wie wir dies in den Einführungen zu Erubin, Pesachim, Megilla, Ketubot, Gittin, Baba batra, Sanhedrin und Menachot im Mischna-Kommentar erläutert haben. Vgl. auch in der Einleitung zum Traktat Berachot, S. 11.

Die Kapitel sind in kleine Teilstücke zerlegt, die in den Jeruschalmi-Ausgaben sowie im Sendschreiben des Raw Scherira (S. 7 u. S. 32): „הלכתא“ („Hilch'ta“, — der aramäische Ausdruck für Halacha) genannt werden; im „Aruch“, in der Einführung des Maimonides und in einigen Handschriften, sowie auch sonst: „הלכה“ („Halacha“); in den Babli-Ausgaben: „מתני“ („Matnitin“) und bei den älteren Erklärern: „משנה“ („Mischna“). Die Frage der Anordnung der Halachot innerhalb jedes einzelnen Traktates wird in den Einführungen zu den Traktaten in meinem Mischna-Kommentar behandelt. —

VIII

DIE SPRACHE DER MISCHNA

Die Sprache der Mischna unterscheidet sich von derjenigen der Bibel sowohl in ihrer Grammatik wie auch in ihrem Wortschatz. Schon unsere Altvordern haben diesen Unterschied betont. R. Jochanan sagt: Die Sprache der Thora besteht für sich selbst (d. h. sie hat ihre eigenständige Prägung), und die Sprache der Weisen besteht für sich selbst (Bab., Ab. sara 58 b sowie Chul. 137 b; vgl. auch weiterhin S. 192, Anm. 6). Der Agadist R. Tanchuma bringt die verschiedenen Namen, mit welchen der Ochsenstecken bezeichnet wird: Die Mischna nennt ihn „מרדע“ (Kel. XVII, 8), während ihn die Schrift „דרבן“ oder „מלמד“ nennt, denn es heisst (Jud. III, 31): „במלמד בקר“ = „mit einem Rinderstecken“, sowie (I. Sam. XIII, 21): ‚ולהציב הדרבן‘ = „und die Stachelspitze des Ochsensteckens einzusetzen“, usw. (Pessikta Rabbati, Kap. III, S. 7 b; Bamidbar Rabba, Kap. XIV, 4). — Das Wort שׂדה („Feld“) ist in der Bibel männlich, in der Mischna jedoch weiblich, und im Sifra („B'chukotaj“, Kap. XI, 1) wird bemerkt: „Und es soll [geheiligt] sein [dem Ewigen] das Feld (‚השׂדה‘), wenn es im Jobeljahr frei herausgeht“ (בצאתו ביובל, Lev. XXVII, 21), — ‚dies (nämlich die männliche Form: bei „seinem“ Austritt) besagt (= belehrt uns darüber), dass [das Wort] שׂדה im Sprachgebrauch männlich angewendet wird‘ [2], etc. Und Dergleichen auch sonst vielfach. — Aus diesem Grunde nannte man in späterer Zeit die Ausdrucksweise der Mischna: „die Mischna-Sprache“ (לשון המשנה) gegenüber „der heiligen Sprache“ (לשון הקודשׁ) oder „Hebräisch“ (עברית) der Bibel (s. den Anhang [die Barajta] zu Abot VI, 1; ebenso in den Drucken von Bamidbar Rabba Kap. I, 4: „Das ist die Mischna-Sprache“, während in der Handschrift der National-Bibliothek in Jerusalem die Lesart an dieser Stelle lautet: ‚כהדיא דתניא‘ = „so, wie wir gelernt haben“).

Die Mischna-Sprache hat sich auf natürlichem Wege aus der Sprache der Bibel entwickelt. Sie schied viele Ausdrucksformen der Bibel-Sprache aus und setzte anders geartete Formen an deren Stelle; sie vernachlässigte viele in der

---

1 Vgl. Segal, „Grammatik der Mischna-Sprache“ (hebr.), und die dort S. XXII angeführte Bibliographie. Hinzuzufügen: Ben-Jehuda, die grosse Einleitg. zum Wörterbuch der hebr. Sprache, S. 83 ff.

2 Doch wird in dem R. Simon zugeschriebenen Kommentar (das.) „aus einem sehr alten Buche“ die Lesart gebracht: „Dies lehrt uns, dass das Feld nach dem Vermögensverwalter [des Heiligtums] benannt wird“. Vgl. auch in „Tossephet Rischonim“, Teil II, S. 281.

Bibel häufig vorkommende Wörter und nahm dafür andere in ihren Sprachschatz auf, insbesondere unter dem Einfluss der aramäischen Sprache, die im Exil wie auch im Lande Israel zur beherrschenden Sprache wurde, und dies sogar auch unter den Gelehrten, welche beide Sprachen, Hebräisch wie Aramäisch, gebrauchten. Die Mischna selbst bringt Aussprüche in aramäischer Sprache: das Zeugnis des Josë b. Joëser (Edujot VIII, 4) sowie die Sprüche Hillels (Abot I, 13 [IV, 5], II, 6). Ebenso sind in den Zusätzen („Tossaphot") innerhalb der Mischna die Aussprüche des R. Eliëser (Sota IX, 15; andere Lesart: R. Josua) sowie die Aussprüche des Ben Bag-Bag und des Ben He-He (Abot V, 22—23) aramäisch wiedergegeben. In „Abot d' R. Natan", Kap. XII, ist eine Bemerkung zu einem Spruche Hillels beigefügt, wonach er diesen „in babylonischer Sprache", d. h. aramäisch, gesagt hat. Der Verfasser dieses Zusatzes wollte damit zum Ausdruck bringen, dass die Worte Hillels im aramäischen Idiom überliefert worden sind, weil er sie eben in dieser Sprache gesagt hatte, und hieraus ist zu entnehmen, dass seine sonstigen Aussprüche, die in hebräischer Sprache gehalten waren, gleichfalls in seiner Originalsprache überliefert sind. Ebenso findet sich eine derartige Bemerkung zu den Worten Samuels „des Kleinen", die er kurz vor seinem Tode gesprochen hat, in der Tosephta Sota, Kap. XIII, 4 (= Jer. das. Kap. IX, 24 b; Schir ha-Schirim Rabba, Kap. VIII, 9 sowie Traktat S'machot, Kap. VIII): „und zwar hat er sie in aramäischer Sprache gesagt" [3]. Abgesehen aber von diesen vereinzelten Aussprüchen sowie dem Texte der „Ketuba" (Ket. IV, 7—12; vgl. auch Jeb. XV, 3) und des Scheidebriefes (גט) [4], von Teilen gewisser Urkunden (z. B. des Pachtvertrages, B. mez. IX, 3; B. batra X, 2), von den Aufschriften im Heiligtum (zur Kennzeichnung bestimmter Sammelbüchsen, Schek. VI, 5; s. auch dort V, 3), ferner von Zitaten aus der „Fastenrolle" (Taan. II, 8) sowie der Wiedergabe der aramäischen Übersetzung eines Thora-Verses (Lev. XVIII, 21, in Meg. IV, 9), ist die gesamte Mischna in hebräischer Sprache geschrieben.

Die speziellen Fachausdrücke („termini technici"), die in der Mischna enthalten sind, wurden zumeist auf Grund der Thora-Sprache geschaffen, wie etwa: „שבועת בטוי" = „Eidesausspruch" (Schebuot III, 7,9,10; nach Lev. V, 4); — „שמיעת הקול" und „בטוי שפתים" = „Anhören der (beschwörenden) Stimme" und „ein (Eides-) Ausspruch der Lippen" (Hor. II, 5. nach Lev. V, 1 u. 4); — „Sie (der Viehhüter gegen Entlohnung sowie der Mieter von Vieh) schwören in Bezug auf das Vieh, das [infolge Unfalls] durch Bruch verletzt — ‚שבורה' — oder das abgetrieben worden — ‚שבויה' — oder das [un-

3 Vgl. ferner Tosephta das., Hal. 5—6, und Schir ha-Schirim Rabba das.; sowie Tosephta Meg. IV, 16, u. Taan. II, 5.

4 In Git. IX, 3, bringt R. Jehuda eine aramäische Formulierung; in der anonymen Mischna steht eine hebräische. Ebenso bringt Abba Schaul in der Tos. Git. IX, 6, einen hebr. Text. Vgl. auch in meinem Mischna-Komm., Einleitung zu Ket. S. 80 sowie zu Git. S. 266.

verschuldeterweise] umgekommen ist — ‚מתה' — (also bei Schädigungen infolge ‚אונס' = „höherer Gewalt", für welche der Hüter nicht haftet; B. mez. VII, 8, und Schebuot VIII, 1, — nach Ex. XXII, 9); — „Wer heimlich [mit Diebstahlsabsicht] eindringt" — ‚הבא במחתרת' — usw., „wenn ihm gegenüber Blutschuld besteht" — ‚אם יש לו דמים' (Sanh. VIII, 6; nach Ex. XXII, 1—2); — „Wer seinen Nächsten (wund) schlägt, sei es mit einem Steine, oder sei es mit der (blossen) Faust" (das. IX, 1; nach Ex. XXI, 18: ‚באבן או באגרוף'; — „einen Eid (schwöre ich), dass Du weder ein Pfand, noch ein Darlehen, noch Geraubtes, noch Verlorenes bei mir hast", (Schebuot V, 3; nach Lev. V, 21—22, und danach auch Mischna, das. IV, 5); — ‚בשׂר תאוה', = „Fleisch, das [nicht als Opfer, sondern] nur zur Befriedigung der Esslust bestimmt ist" (Maass.sch. I, 3, in Anlehnung an Deut. XII,20); — ‚בית הבחירה' = „das Haus der Erwählung" (d. h. das Heiligtum; Maass.sch. V, 12. in Anlehnung an Deut. XIV, 23); — „Wer sät . . . . im Weinberg usw., der ‚heiligt' damit" usw. (‚קידש', hier im Sinne von „unerlaubt machen", „dem Genuss entziehen"; Kil. IV, 5 nach Deut. XXII, 9, bzgl. unerlaubt. Gattungsmischungen, ‚כלאים'); — „Was vom Weinstock hervorgeht" = "היוצא מן הגפן„ (ist dem Narisäer verboten, — Nasir VI, 1, nach Num. IV, 4; vergl. Jud. XIII, 14); — „Wer Eifersuchtsverdacht hegt gegen seine Ehefrau" (‚המקנא לאשתו'; Sota I, 1, nach Num. V, 14); — „Das fällt unter: "כי יותן (Machsch. I, 1; ein Hinweis auf Lev. XI, 38. Vgl. die Einleitung zu Trakt. Machsch. in meinem Mischna-Kommentar); — ‚מי חטאת' („entsühnendes Wasser") oder ‚אפר חטאת' („entsühnende Asche", — in Anlehnung an Num. XIX, 9 u. 17, — im Trakt. Para über die „Rote Kuh"; vergl. Num. VIII, 7, sowie die Einleitung zu dem genannten Traktat in meinem Mischna-Kommentar); — ‚בשר' („Fleisch"), im Sinne von „Glied" [= Penis] gebraucht (in Mikw. VII, 3; ebenso wie in Lev. XV, 2—3); — ‚זוב' = „Ausfluss", als Folge einer Erkrankung der Genitalien (Lev. XV, 2 ff; vergl. in der Einleitung meines Mischna-Kommentars zu Trakt. Sabim); — ‚ביאת מים' = „Reinigung durch Wasser" (d. h. ein rituelles Tauchbad; Para XI, 4, nach Lev. XI, 32)[5].

Zuweilen ist die Sprache der Mischna mit Zitaten oder stehenden Wortverbindungen aus der Bibel untermischt, wie beispielsweise Pea II, 2: וכל ההרים אשר במעדר יעדרון „und (auf) allen Bergen, die man mit der Hacke umgräbt" (Jes. VII, 25); — Pea IV, 4: ‚שלא יכו איש את רעהו' = „damit der Eine den Anderen nicht verletze" (nach Ex. XXI, 18, vgl. auch Deut. XIX, 4; ebenso Sanh. IX, 1); — Bikk. III, 3: ‚הפחות והסגנים' = „die Fürsten (und) die Vornehmen" (nach Ez. XXIII. 6, 12 u. 23); — Joma VII, 3: ‚ויצא ועשה את אילו' = „und er (der Hohepriester) gehe heraus und bereite seinen Widder" (als Ganzopfer; nach Lev. XVI, 24); — Ket. I, 10: ‚שירדה

5 Vgl. auch „מספחת" (= eine Art des Aussatzes; s. Lev. XIII, 6—8) in Neg. VII, 2, sowie in den „Ergänzungen" meines Kommentars das.; — „מעשה בראשית" (= „das Schöpfungswerk"; nach Gen. I, 1) in Chag. II, 1.

למלאות מים מן העין‘ = [ein Mädchen] „das herabstieg, um Wasser zu schöpfen aus der Quelle (in Anlehn. an Gen. XXIV, 16); — Sota VIII, 7: ‚חתן מחדרו וכלה מחופתה‘ = [im Falle eines ausdrücklich gebotenen Krieges gehe heraus] „der Bräutigam aus seiner Kammer und die Braut aus ihrem Brautgemach“ (nach Joël II, 16); — B. kama IV, 5: ‚וכן בבן וכן בבת‘ = „ebenso beim Sohne wie bei der Tochter“ (d. h. bei Kindern, die ein Ochs gestossen hat; nach Ex. XXI, 31); — Sanh. III, 4: ‚דודו ובן דודו‘ = „sein Onkel und der Sohn seines Onkels“ (gehören zu den als Zeugen untauglichen Personen; nach Lev. XXV, 49); — das. VII, 6: ‚אלי אתה‘ = [wer zu einem Götzenbilde spricht:] „mein Gott bist Du!“ (s. Jes. XLIV, 17); — das. IX, 5: ‚לחם צר ומים לחץ‘ = „knappes Brot und dürftiges Wasser“ (nach Jes. XXX, 20); — Makk. II, 5: ‚וידברו אליו‘ = „und sie sollen ihm zureden“ (in gleicher Bedeutung z. B. II. Reg. V, 13; vgl. auch Gen. XLV, 27); — das. II, 6: ‚מחיה וכסות!‘ = „Speise und Gewand“ (statt: ‚מזון ומלבוש [וכסות]‘; — Schebuot V, 3: ‚חטה ושׂעורה וכוסמת‘ = „Weizen und Gerste und Spelt“ (nach Ex. IX, 31—32); — Ab. sara II, 3: ‚זבחי מתים‘ = „Totenopfer“ (nach Ps. CVI, 28); — das. III, 5: ‚נשאה הר גבוה ונבעה‘ = „[auf] hohem Berge und ragendem Hügel“ (nach Jes. XXX, 25); — Bech. I, 4: ‚מן הכּבשׂים ומן העזים‘ = „von den Lämmern und von den Ziegen“ (nach Ex. XII, 5); — das. VII, 6: ‚שש ושש עשרים וארבע‘ = „je sechs [Finger], insgesamt vierundzwanzig“ (Finger und Zehen, die ihrer anormalen Anzahl wegen als körperlicher Mangel bei einem Priester gelten; nach II. Sam. XXI, 20)[6]. —

6 Vgl. ferner: Sota IX, 15: „ואין דורש ואין מבקש“ usw. („Und keiner [ist mehr da], der [für Israel etwas] fordert, und keiner, der [für sie] bittet“, s. Ez. XXXIV, 6); — Abot II, 2: „וצדקתם עומדת לעד“ („Und ihre Gerechtigkeit hat Bestand auf ewig“, vgl. Psal. CXI, 3; CXII, 3); — das. V, 5: „צר לי המקום“ („Zu eng ist mir der Raum“, s. Jes. XLIX, 20); — Nasir I, 1: „לשלח פרע“ „das Haar wild wachsen zu lassen“, vgl. Ez. XLIV, 20); — Para XII, 5: „בכנפו“ („mit der Ecke seines Gewandes“, vgl. Hag. II, 12); Toh. V, 3: „וטבל וטהר“ („und er nimmt ein Tauchbad und ist rein“, wohl in Anlehnung an Num. XIX, 19); — s. ferner die Formel des Gebetes in Ber. IV, 4; den Wortlaut der oben S. 132 ff. angeführten Mischna-Stellen; — in meinem Kommentar: B. kama I, 1 (Stichwort: „במיטב“) und in den „Ergänzungen“ dort; —in den „Ergänzungen“ zu Kid. I, 10 (nebst dem Text Jes. LVII, 13, und Psal. LXIX, 37) sowie zu Chul. XI, 2 (bezüglich der Pluralform „רחלות“); ferner Frankel, Darche ha-Mischna, Kap. IV, Regel 43. Freilich bedienen sich zuweilen auch die Amoräer der bibl. Sprache, wie z. B. in Bab., Ab. sara 58 b, erzählt wird, dass R. Assi „מסך“ statt „מזג“ sagte (beides in der Bedeutg. von: „[Wein] mischen“), sowie in Bab. Chul. 137 b, wonach der Amoräer Issi bar Hini seinen Sohn in der Mischna (das. XI, 2) die Pluralform „רחלים“ nach dem biblischen Ausdruck lehrte und nicht „רחלות“ gemäss der Sprache der Weisen, wobei in beiden Fällen berichtet wird, dass R. Jochanan darüber ärgerlich war und verlangte, dass sie der Sprache der Weisen (in ihrem genauen Wortlaut) folgen sollten. In Wahrheit findet sich in unserer Mischna Schab. V, 2, die Form „רחלות“ wie auch „רחלים“ (רחלין) und ebenso die Form „רחלים“ auch in Kil. I, 6; IX, 1; Schab. V, 4; sowie Bech. V, 3, — einer Mischna aus späterer Zeit: „Es ereignete sich, dass ein „קסדור‘ [römischer Quaestor] einen alten Schafbock [‚זכר של רחלים‘] erblickte“); ferner Para III, 3. Ver-

Das alles sind indessen nur Ausnahmefälle. Die Regel bleibt, dass die Aussprüche wie auch die Verhandlungen und Diskussionen in hebräischer Sprache, und zwar im Idiom der Mischna, vorgetragen werden [7]. Und nicht nur in der Mischna allein, sondern im gesamten Schrifttum der Tannaim sowie in den Barajtot der Talmude ist die Sprache ein urwüchsiges und lebenssprühendes Hebräisch, ohne Anzeichen für eine Übertragung aus einem anderen Idiom, wiewohl man damals auch Aramäisch sprach sowie zuweilen teils Ḥebräisch und teils Aramäisch nach der Art von Menschen, die zwei im gleichen Landstrich gebräuchliche Umgangssprachen beherrschen. Deshalb lässt sich zwischen jenen beiden Sprachen eine gegenseitige Einflussnahme auf einander feststellen, dergestalt, dass das Hebräische vom Aramäischen beeinflusst wurde, während umgekehrt das Aramäische seinerseits, besonders im Munde der Juden, einer Beeinflussung vom Hebräischen her unterlag. Die Einwirkung von Seiten des Aramäischen ist bereits in den späteren biblischen Schriften erkennbar, doch im Laufe der Zeit verstärkte und erweiterte sich dieser Einfluss, bis er dem Hebräisch der Mischna geradezu sein Siegel aufprägte und seine Spuren in allen Verzweigungen der Mischna-Sprache hervortreten lässt.

Die wichtigsten Unterschiede zwischen der Mischna-Sprache und der Sprache der Bibel sind folgende:

P r o n o m i n a (Fürwörter): אנו (= wir) an Stelle von אנחנו (im Aramäischen des Jeruschalmi: אנן); הן (als Maskulinum im Plural: „sie") an Stelle von הם, wie überhaupt d e r G e b r a u c h d e s E n d b u c h s t a b e n s „N u n" a n S t e l l e v o n „M e m" ü b e r w i e g t. In vielen Mischna-Ausgaben (wenngleich nicht in allen wie auch nicht in der Mehrzahl der Handschriften) und ebenso im Schrifttum der Tannaim ist als Bezeichnung der ersten Person im Maskulinum die Endsilbe ני . . . . als Suffix hinter dem Partizipium praesentis üblich, z. B. חוששני (= „ich befürchte", zusammengezogen aus חושש אני), מקובלני (= „ich habe als Überlieferung empfangen", מקובל אני) usw., wie im Aramäischen. Die Pronomina, die mit אין (= „nicht") oder עוד (= „noch") verbunden sind, treten in folgenden Formen auf: איני („ich . . . . nicht" = אינני, אין אני), אינו („er . . . . nicht" = איננו), אינה („sie . . . . nicht" = איננה); עודהו („er . . . . noch" = עודנו), עודה („sie . . . . noch" = עודנה).

Vor einem mit einer Präposition verbundenen Substantiv wird die Präposition zusammen mit dem entsprechenden Personalpronomen wiederholt, wie dies mitunter auch in der Sprache der Bibel üblich und im Aramäischen durchaus geläufig ist: אמרו לו ל. . . . („sie haben zu ihm, zu . . . ., gesprochen"; Maass. sch. II, 2 u. III, 10); — אמרו להם בית הלל לבית שמאי („sprachen die Anhänger der Schule Hillels zu ihnen, zu denjenigen der Schule Schammais";

gebens bemüht sich der Verf. des „Tif'eret Jisrael", in Kil. IX, 1, den Gebrauch der Pluralform „רחלים" zu erklären.

7 Vgl. Pes. VI, 2—5; Ker. III, 7—10; Jad. IV, 3—4.

Suk. II, 7); — אמרו עליו על רחב״ד („man sagte von ihm, von R. Chanina b. Dosa“; Ber. V, 5); — היו לו לר״ג(„. . . . lagen ihm, dem Rabban Gamliel, vor“; R. hasch. II, 8); — הודו לו חכמים לבן זומא („die Weisen stimmten ihm, dem Ben-Soma, zu“; Nasir VIII, 1); — [את האדם =] אין מקרבין לו לאדם („sie ziehen ihn, den Menschen, nur zu sich heran“; Abot II, 3); — בו ביום (= „an eben jenem Tage“, Joma III, 3; Sota V, 2). —

‚אלו‘ an Stelle von ‚אלה‘ (als Demonstrativ-Pronomen im Plural, = „diese; ebenso Ben-Sirach LI, 24); — ‚הלה‘, gleichbedeutend mit den Worten ‚הלז‘, ‚הלזו‘ („jener“, „jene“ im Singular), und im Plural ‚הללו‘ („jene“). Ebenso dient das Wort את als Ausdruck für das Demonstrativ-Pronomen in den Formen: אותם, אותה, אותו (z. B. אותו היום = jener Tag, אותה השעה = jene Stunde, אותם הימים = jene Tage), in der Art der palästinensischen [Christlich]—Aramäischen („ית“) sowie des Samaritanischen. Vielfach findet sich auch: „את ש. . . .“ (im Sinne von „diejenigen, welche“; Ber. III, 1; Pea VI, 4)[8].

Häufig ist der Gebrauch der Vorsilbe „ש . . . . .“ (= „אשר“; sonst meist als Einleitung eines Relativ-Satzes angewendet), und zwar zuweilen einfach als Verbindungswort, auf das verzichtet werden kann, z. B. בפניו ושלא בפניו („in seiner Gegenwart und nicht in seiner Gegenwart“; Jeb. XIII, 1); — והוקרו או שהוזלו („und sie sind teurer geworden oder billiger geworden“; B. batra V, 8) usw. — Die Vorsilbe „ש. . . . .“ verbindet sich auch mit dem Buchstaben „Lamed“ (in Verbindung mit dem Pronomen), um das Besitzverhältnis auszudrücken: ‚שלי‘, ‚שלך‘ („mein“, „dein“; vergl. Cant. I, 6: ‚כרמי שלי‘, „meinen [eigenen] Weinberg“, mit besonderer Betonung des Besitzverhältnisses durch die Verdoppelung des Possessivpronomens); sowie ferner zum Zwecke der Bezeichnung des „Status constructus“ (‚סמיכות‘, um das Abhängigkeitsverhältnis des ersten von dem ihm unmittelbar folgenden zweiten Substantiv zum Ausdruck zu bringen): שנה של שחרית („Schlaf am Morgen“, „Morgenschlaf“; Abot III, 10). Meist wird dann dem in verbundener Form gebrauchten Wort (נסמך) das entsprechende Personalpronomen angefügt[9]: חולו של מועד (= „Halbfeiertag“, wörtlich: „[sein] Wochentag des Festes“, als Bezeichnung für die zwischen den Vollfeiertagen am Anfang und am Ende der Passah- und Hüttenfest-Woche liegenden Mittel-Festtage; Meg. IV, 2); שורו של בעל הבית („der [eigtl.: ‚sein‘] Ochs des Eigentümers“, B. kama V, 3); מקומן של זבחים(„der [‚ihr‘] Darbringungs-Ort der Schlachtopfer“, Seb. V, 1) usw. — Das Wort עצם (= „selbst“) dient zur Bezeichnung des Reflexiv-Pronomen, das auf das Subjekt zurückverweist: האשה עצמה („die Ehefrau selbst“, Git. II, 7); וסכנתי בעצמי („und ich habe mich selbst in Ge-

---

8 Ebenso im paläst. Aramäisch sowie in den Targumim „יתיה ד . . . . .“; vgl. auch: „את אשר“ in Jerem. XXVII, 8, u. XXXVIII, 16 (in der כתיב-Form); Ecc. IV, 3; u. a. — Zu Schab. XVI, 5: „שאחז בהן ‚את, האור“ („die das Feuer ergriffen hat“) vergleiche man Ez. XVII, 21; Neh. IX, 34; sowie ähnl. Stellen solcher Art.

9 In Cant. III, 7: „מטתו של שלמה“ = „das [eigtl.: ‚sein‘] Bett des Salomo“). Im Aramäischen häufig: „די“ oder „ד . . . .“.

fahr gebracht", Ber. I, 3); קונה את עצמו („er erwirbt sich selbst", d. h. er erwirbt seine Freiheit, Kid. I, 1—2); אל תאמין בעצמך („glaube nicht an Dich selbst", Abot II, 4); — ähnlich dem Gebrauch des Wortes גרם im Syrischen und insbesondere im [Christlich-] Aramäischen Palästinas, in den Targumim sowie im Jeruschalmi.

פלום (= „etwas"; aus ‚כל מה' — „alles, was" — entstanden?) tritt in der Frageform auf: ?פלום אמרת אלא מפני כבודי („hast Du es [denn] nicht nur um meiner Ehre willen gesagt?", Ned. VIII, 7); ?שמא עשה פלום („hat er vielleicht etwas getan?", Nasir V, 3); — und zwar meist in negativem Sinne: לא עשה פלום [= מאומה] („so hat er nichts [= nicht das Geringste] getan", d. h. so ist seine Handlung nicht wirksam, Ter. II, 2; entsprechend: לא אמר כלום Git. VII, 1; Ned. I, 1; B. batra VIII, 5); הרי זו אינה פלום („so ist diese [Testamentsurkunde] nicht rechtsgültig", B. batra VIII, 6). — Ebenso ist die Anwendung im palästinensischen Aramäisch (כולום) sowie im Samaritanischen und im Targum (vgl. Monatsschrift f. Gesch. u. Wiss. d. Judentums, Bd. 78 S. 12). —

Das V e r b u m (Zeitwort): Die Verbal-Konstruktion (= בנין) des Typus נתפעל (‚Nitpaël', mit ‚Nun' als Anfangsbuchstaben) tritt an die Stelle von התפעל (=Hitpaël mit ‚He', im reflexiven Sinne gebräuchlich), und man bedient sich ihrer auch zur Bezeichnung der Passiv-Form statt des sonst dafür üblichen פועל („Pual"), der in der Sprache der Mischna fast ganz ausser Gebrauch kommt (mit Ausnahme des Partizipiums). Wenn der erste (dem 'פ im Paradigma פעל entsprechende) Buchstabe des verbalen Wortstammes ein 'ז ist, so verwandelt sich das ihm sonst voranzustellende 'ת in ein 'ד und tritt hinter das ז des Wortstammes, wie im Aramäischen: מזדמנו („es hat sich [ihnen] geboten", Schebiit VII, 4); ‚יכול ‚להזדייף (er [der Scheidebrief] könnte [sonst] „gefälscht werden", Git. II, 4) usw.

Im Futurum verschwindet der Unterschied zwischen Maskulinum und Femininum in der Plural-Form, und die mit der Endsilbe נה . . . . . gebildete weibliche Form wird, wie zuweilen auch schon im biblischen Sprachgebrauch, obsolet: ונשיהן לא יאכלו (statt: לא תאכלנה; — „und ihre Frauen dürfen nicht essen" [von der Priester-Hebe], Jeb. VIII, 1); הבנות יזונו („die Töchter sollen ernährt werden", Ket. IV, 6), und Ähnliches mehr.

In Bezug auf die Tempora der Verbformen nimmt es die Mischna genauer als die Bibel. פעל wird ausschliesslich in der Vergangenheitsform (עבר = Perfekt) angewendet, יפעל lediglich in der Zukunftsform (עתיד = Futur), und das Partizip בינוני für die Gegenwartsform (הווה = Praesens). Ein „Waw konsecutivum" (= Waw konversivum, — וי"ו ההיפוך, — das der Zukunftsform den Sinn einer Vergangenheitsform gibt, bezw. umgekehrt) kennt die Sprache der Mischna nicht. Das Partizipium praesentis verbindet sich häufig mit dem Verbum היה (הוה = „sein"; im Aramäischen: הווא) und bezeichnet dann die (fortdauernde) Handlung in der Vergangenheit und in der Zukunft: אני הייתי בא בדרך („ich kam des Weges", Ber. I, 3); היה קורא בתורה והגיע („las er in der Thora, und es ist herangekommen" [die Zeit der Rezitierung des „Sch'ma"-Gebetes] usw.; das. II, 1); היה מתפלל („er pflegte zu beten"; das. IV, 2); ר"א היה אומר („R. Eliëser pflegte zu sagen"; Scheb. VIII, 9); הוא היה מטמא ..., מתיר ..., אומר („er erklärte für unrein, ... für erlaubt, ... er sagte"; Edujot V, 6); ויהא חייב („sodass er sich schuldig macht"; Schab. XII, 1); שיהא שמור („damit es verwahrt bleibt"; das. XXII, 4); יהא מונח („es möge liegen bleiben"; B. mez. III, 4); יהיו אומרים („man wird [von Deinen Töchtern] sagen; Ned. IX, 9); עד שיהו שניהם רוצים („erst dann, wenn beide einverstanden sind"; Sanh. VIII, 4) usw. — Ebenso in der Imperativform [= „צווי"]: ! אל תהי מפליג לכל דבר („halte keine [gefahrbringende] Sache für [so] fernliegend"; Abot IV, 3); ! אל תהי דן יחידי („entscheide niemals als einzelner [Richter]"; das. IV, 8); ferner die Befehlsform ‚הווה' (= „sei"): ! הוה מודה לו („sei Ihm dankbar"; Ber. IX, 5); ! והוי מתאבק בעפר רגליהם („lass' Dich bestäuben mit dem Staube ihrer Füsse", d. h. ‚sitze als Schüler in Demut zu ihren Füssen'; Abot I, 4); הוו יודעין („Ihr sollt wissen", bei der Zeugen-Vermahnung in Strafsachen; Sanh. IV, 5). — Die Zukunftsform lässt sich auch durch das Wort „עתיד" (= „bereit zu", hier etwa im Sinne von „künftig") verbunden mit der Infinitiv-Form des Verbs ausdrücken: שאני עתיד להפריש („die ich künftig absondern werde", „die ich abzusondern im Begriffe stehe"; D'maj VII, 1 ff.); אם עתיד לחזור למקומו („wenn er künftig an seinen [Heimat-] Ort zurückzukehren beabsichtigt"; Meg. II, 3); ועתידין להיות יוצאין („später werden sie herausfliessen" [unter der Schwelle des Tempels, nach Ez. XLVII, 2]; Schek. VI, 3).

Ein Teil der im Aramäischen üblichen Formen ist auch in der Sprache der Mischna anzutreffen: Die Verbal-Konstruktion, die in פעל-Form (= „קל") bei den Verben שחרר (freilassen) und שעבד (dienstbar machen, belasten) auftritt. Ebenso die Konstruktion der Intensiv-Form פיעל (כבד) bei den Verben ע"ו und ע"י (deren mittlerer Stammbuchstabe, — dem Aijn von פעל entsprechend. — ein „Waw" oder ein „Jod" ist): כוון, נתכוון („beabsichtigen, meinen"), היו מזדווגין („sie schlossen sich [zu Paaren] zusammen"; Sanh. V, 5); נתקווצה (ein Feld, das im Brachjahr „von Dornengestrüpp [= קוצים] befreit worden ist"; Scheb. IV, 2); חייב (verpflichten, für schuldig erklären); קיים (aufrecht erhalten, bestätigen, erfüllen; einige Male auch in der Bibel); בייש (beschämen); זייף (fälschen); סייד (mit Kalk bestreichen, tünchen); und andere. Ebenso ist bei diesen Verben die Verdoppelung der Wurzelsilbe anzutreffen, nach der Konstruktion פלפל, die sich mitunter auch in der Bibel findet: נענע (schütteln); זעזע (erschüttern); טלטל, מיטלטל (tragen, fortbewegen); התנמנם (in leichten Schlummer fallen); u. a.

Die Verben der Gruppen פ"נ und פ"י (mit „Nun" oder „Jod" als erstem Stammbuchstaben) lauten in Infinitivform: ליתן (zu geben); ליטול (zu nehmen), לידור (zu geloben) usw.; לידע (zu wissen); לילד (zu gebären); לירד (herabzusteigen); לישב (zu sitzen); לישן (zu schlafen). Ebenso findet sich in der Mischna häufig die Konjugation der Verba ל"א (letzter

Stammbuchstabe: Aleph) derjenigen der Gruppe ל״ה nachgebildet: קריתי (statt קראתי: „ich habe gelesen"); לקרות (statt לקרוא: „um zu lesen"); מצינו statt מצאנו (wir haben gefunden); ‚יצתה' (sie ist hinaus gegangen; ebenso: ניסת, נישׂאת, באת, באתה, יצאת), usw. Die Verben der Gruppe פ״א insbesondere אמר, bilden den Infinitiv wie: לומר („um zu sprechen").

Weiter unten werden ferner noch die verschiedenen Formen von Substantiven aufgeführt, die von Verbformen, insbesondere an Stelle der biblischen Infinitivform in der Verbalkonstruktion des פעל (= קל, aktive Grundform), פיעל (כבד, aktive Intensivform) und הפעיל (Veranlassungsform, „Kausativ") geschaffen worden sind (wie etwa הקטרה, הקטר, קיטור, קטירה, — sämtlich Bezeichnungen für die Darbringung des Räucherwerks und Opfers), ebenso Verhältniswörter (= Präpositionen) sowie Eigenschaftswörter (= Adjektiva), und Anderes.

In Bezug auf den Wortschatz besteht ein erheblicher Unterschied zwischen der Bibel und der Mischna. Es gibt Wörter in der Bibel, die in der Mischna nicht erwähnt werden, und umgekehrt gibt es in der Mischna Wörter, die in der Bibel nicht vorkommen. Diese Erscheinung versteht sich von selbst und ist bei allen Sprachen zu beobachten, die sich eben im Laufe der Zeit organisch entwickeln und ihre Gestalt verändern, alte Formen abstreifen und sich in neue Formen kleiden. Die Erfordernisse des Lebens ändern sich, neuartige Begriffe werden geschaffen und empfangen ihren Ausdruck in der Sprache, in welcher sich die Höhe des Lebensstandards und des Kulturniveaus spiegelt. Aber im vorliegenden Falle gibt es noch mehr Gründe für die weitgehenden Veränderungen, die zwischen der Sprache der Bibel und derjenigen der Mischna eingetreten sind: Die hebräische Ursprache ist nicht in ihrem vollen Umfange in den Schriften der Bibel erhalten geblieben, und es besteht kein Zweifel darüber, dass man sich vieler Ausdrücke, die in der Mischna auftreten, bereits in der biblischen Epoche bedient hat, nur dass diese in den Schriften, die auf uns gekommen sind, keine Erwähnung gefunden haben und deshalb in unseren Augen als neuartig erscheinen. Aber auch hier sind viele Änderungen auf Rechnung des Aramäischen zu setzen, das im Volke wie unter den Gelehrten verbreitet war und sicherlich keinen geringen Einfluss auf die Entwicklung der Mischna-Sprache ausgeübt hat, die ihm in ihrem Wortschatz und ihrem Aufbau so nahe steht. Es gibt wohlfundierte Anhaltspunkte dafür, dass sogar die den übrigen semitischen Sprachen gemeinsamen Wortwurzeln von der aramäischen Umgangssprache her, die überall zu hören war und vom Ohr ununterbrochen aufgenommen wurde, in die Sprache der Mischna eingedrungen sind. Bei Wörtern, die in der Bibel nicht erwähnt sind, sich aber im Aramäischen finden, liegt also die Vermutung sehr nahe, dass sie mit Hilfe des Aramäischen zur allgemeinen oder zur überwiegenden Anwendung gelangt sind. Auch die Fremdwörter aus dem Griechischen und Lateinischen, die in der Mischna auftreten, sind auf dem

Wege über das Aramäische in deren Sprache aufgenommen worden, d. h. dass sie aus dem Aramäischen, welches sie den fremden Sprachen entlehnt hatte, in die Mischnasprache übergegangen sind.

Ausser den neu auftretenden Wörtern gibt es in der Mischna auch solche, die zwar bereits in der Bibel vorkommen, in der Mischna jedoch eine neuartige Bedeutung gewonnen haben, die sie in der Bibel nicht aufweisen, und auch hier ist oft die gleiche Bedeutung jener Wörter oder ihnen ähnlicher Bezeichnungen im Aramäischen zu finden.

Anschliessend bringen wir alle Wörter (Substantive, Verben, Präpositionen etc.) aus der Mischna, die in der Bibel nicht auftreten oder dort in einem anderen Sinne gebraucht sind, und wir teilen sie in folgende Kategorien ein:

[a] Neue Wörter.

1. Wörter, die sich auch im Aramäischen finden; — mögen sie eine Wurzel in der Bibel haben oder nicht.

2. Wörter, die nicht aramäisch sind; — ein Teil davon gehört sicher zum Althebräischen.

[b] Wörter aus der Bibel in einer Bedeutung, die sie dort nicht besitzen.

Wenn diese Wörter die gleiche Bedeutung auch im Aramäischen haben, so wird besonders darauf hingewiesen.

[c] Fremdwörter: Hier ist ebenfalls ausdrücklich vermerkt, ob die Wörter auch ins Aramäische eingedrungen sind.

WORTVERZEICHNISSE

a) Neue Wörter[10]

1. Wörter, die auch im Aramäischen vorkommen

אב (Name des 11. Kalendermonats: „Ab“, vgl. Jer. R. hasch, Kap. I, Hal. 2).

* אבא „Vater“, in der Bedeutung: „mein Vater“ oder: „unser Vater“ (אבינו, wie das Wort in Ket. X, 2, vorkommt). Ebenso im [christlich-]paläst. Aramäisch. Dagegen bei Dan. V, 13, sowie in den aramäischen Inschriften[11]: „אבי“. Anscheinend diente das Wort אבא auch als Ehrentitel, wie „Abba Schaul“ usw. (vgl. Bab. Ber. 15 b sowie Targ. Gen. XLI, 43). Ebenso im Syr. und ähnl. im Assyr.

אבוב „Rohr“, auch im Sinne von: „Flöte“ (vgl. Arach. II, 3).

אבוב רועה „Hirtenflöte“, Name einer Heilpflanze (Schab. XIV, 3).

אבעיה das „Absuchen“ (der Felder durch die Armen zwecks Einsammlung der ihnen zustehenden Überreste der Ernte; Pea IV, 5), s. auch dort in den „Ergänzungen“ meines Mischna-Kommentars; ferner unten: בעה.

אבר „Glied“, „Körperteil“; ebenso im pal. Aramäisch.

אבר „Blei“ (gleichbedeutend mit עופרת, das in der Mischna Kel. X, 2, vorkommt.

אבש „gedörrte Traube“, „Rosine“ (Maass. I, 2: אבשים).

אוג „Beere eines bestimmten Baumes“, sowie dieser Baum selbst (Gerberbaum, Sumach).

אווז „Gans“.

* אום „Ursprung“ (eine aramäische Form von אם — „Mutter“ — im Sinne des aram. Wortes עיקר = „Wurzel“, Neg. I, 5; IV, 8—10. Nach einigen Lesarten in Chul. III, 2, und

10 Das obenstehende Verzeichnis habe ich bereits im Jahre 1920 zusammengestellt und nunmehr den grössten Teil der Quellenangaben weggelassen, weil sie in der Konkordanz von Kassowsky eingesehen werden können, z. T. auch in den Wörterbüchern. Ein Sternzeichen vor dem Worte: * zeigt an, dass seine Wurzel sich bereits in der Bibel findet.

11 In dem Werk von Lidzbarski: „Handbuch der nordsemitischen Epigraphik“.

Bech. IV, 4, in der Bedeutung von רחם האם = „Gebärmutter").

[אונאה'* „Übervorteilung"; „unzulässige Benachteiligung" [insbes. des Vertragsgegners beim Kaufvertrage] (B. mez. IV, 3, 4 u. 7; auch im Sinne moralischer Beeinträchtigung gebraucht, in der Bedeutung von „Kränkung" = אונאת דברים, das. Mischna 10. — Ebenso das Verbum: „אנה" („אוניתני" = „Du hast mich übervorteilt", das. Mischna 4). Nach anderer Lesart: „הונאה", u. entspr: „הוניתני"].

[אזהרה * „Verwarnung" (aramäisch?)].

אחראי, אחריות „verantwortlich, haftbar", bezw. „Verantwortung, Haftung", (vgl. Ket. IV, 7; VIII, 5).

איד „(heidnisches) Fest"; Ab. sara I, 1—3.

איכן „wo", auch היכן (als abweichende Lesart von איכן).

אילך „weiter, weiterhin" (abw. Lesart: הילך).

אילן „Baum" (vgl. Dan. IV, 7).

איםתי (אמתי) „wann?".

אייר Name des achten Kalendermonats: „Ijar" (vgl. oben: „Ab").

אוכף „Sattel".

אכפת nur in der Verbindung: „מה אכפת ל... ?" = „Was geht es [Dich, ihn, etc.] an?", „Was kümmert es [Dich]?", „Was macht es [Dir] aus?" (B. mez. III, 7; IX, 4).

אלא „nur", „ausser", „sondern".

אליית „Klageweib" (gleich bedeutend mit מקוננת).

אליתא „Holzstamm" (vgl. in den „Ergänzungen" zu Tamid II, 4, meines Mischna-Kommentars).

אלמלא „wenn nicht" (in der talmud. Lit. auch im Sinne von: „wenn").

אלקטיות (?) „Sommerhütten".

אלתר, לאלתר (nach anderer Lesart: „על אתר") „auf der Stelle", „sofort" (vgl. Git. III, 3; VIII, 8).

אמא * „meine Mutter" (wie oben: אבא).

אמום „Modell, Form, [Schuh-] Leisten".

אומן „Beet".

אומן * „Arbeiter, Handwerker, Meister" (vgl. Cant. VII, 2).

אומנות „Handwerk" (vgl. Pes. IV, 6. In B. batra IX, 4, in der Bedeutung von: עבודת המלך = „Zwangsarbeit für den Staat", „Heeresdienst" [12]).

12 Nach Barth: „Etymologische Studien", S. 61, aus dem Assyrischen (in der Be-

אמץ „schliessen" (insbes. das Schliessen der Augen, s. weiter unter: „עמץ").

אמצע „Mitte, Hälfte" (nach Manchen griechischen Ursprungs, s. auch מצע).

אמרא „Lamm" (Ned. I, 3).

אמרה „Rand", „Saum eines Gewebes" (Neg. XI, 10; in Pluralform: אמריות).

אמרכל „Oberster" (= „Vorsteher, Verwalter"; Schek. V, 2: אמרכלין. Vgl. auch Tos., das. II, 15, sowie Bab. Hor. 13 a).

אמתי s. oben unter אימתי.

אמתלא „Grund, Begründung" (Git. IX, 9). [Oft auch im Sinne eines bloss vorgeschützten Grundes: „Vorwand, Ausrede"].

* אנינות „Trauer, Kummer" (vgl. Sanh. VI, 6). Ebenso im Targum (vgl. unten S. 294 unter „אונן, אנן").

* אנס „Gewalttäter, gewalttätiger Mensch" (vgl. in der Erläuterung sowie in den „Ergänzungen" zu Kil. VII, 6, meines Mischna-Kommentars; ebenso im Targum: אניסא, אנוסא. — S. auch unten S. 294 unter: אנס).

אסקופה „Unterschwelle".

(?) * אפילו „sogar, selbst".

[אפך „umwenden" (vgl. Kil. II, 3—4; V, 7; Ter. IX, 1)?].

אפסר „Zaum" (von Reit- oder Zugtieren; Schab. V, 1).

אפר „Weide, Wiese" (gleichbedeutend mit אחו = Wiesengrund, Weideplatz).

אפש [„Wille"], nur in der Verbindung „אי אפשי" = „ich will nicht, ich mag nicht" (ebenso im paläst. Aramäisch).

ארבּן „Staude" (vgl. Para XII, 8; nach anderer Lesart: רובּן).

אריח „Latte" (Erub. I, 3—4).

אריס, אריסות „Pächter" bezw. „Pachtverhältnis" (wobei als Pachtzins keine festgelegte Summe, sondern ein bestimmter Anteil am Ertrage vereinbart ist, „Teilpacht").

ארכּובה „Knie" (ebenso im palästinensischen Aramäisch).

ארמל „zur Witwe machen" (נתארמלה = „sie ist Witwe geworden". Nach anderer Lesart: נתאלמה). In einigen Handschriften lautet die Lesart in B. batra VI, 4: „ארמלות", statt „אלמנות" wie in unserem Text).

---

deutung von „Heer", „Truppe"). Aber sicherlich ist das Wort nur auf dem Wege über das Aramäische in die Mischna-Sprache eingedrungen.

ארע „zustossen, sich ereignen“ (vgl. unten: עראי).

[אשויה „Spindel, Spule“ (Kel. XXI, 1). Aramäisch? Vgl. im Syrischen: שווית‍א (P. Smith 4081); s. im „Perusch ha-Geonim“ sowie in meinem Kommentar, daselbst].

* אישות „Blindmaus“ [oft irrigerweise mit „Maulwurf“ übersetzt]. (Vgl. M. kat. I, 4, und die „Ergänzungen“ meines Kommentars z. St.; Targum zu Lev. XI, 30: אשותא. Vgl. auch Ps. LVIII, 9: אשת, sowie den Targum dazu).

אשכרוע „Buchsbaum“.

אשתקד „voriges Jahr“, „früher“.

אתרוג „Zitronenart“, insbes. die zum Feststrauss am Hüttenfest benutzte Gattung.

בדק „untersuchen, prüfen“.

בור „brach liegen lassen“ (nur im Hiphil: הוביר, הביר; Arach. IX, 1; vgl. auch B. mez. IX, 3). בור: „Brachfeld“, „unbestellter Acker“ (= שדה בור). Im übertragenen Sinne angewendet auf einen „leeren, ungebildeten Menschen“ (איש בור wie im Syrischen).

[בזך „Schale“ (Plural: בזיכין)].

בזק „streuen, verstreuen“ (Erub. X, 14: „בוזקין“ im Sinne von „מפזרים“ = „man streut aus“).

* בטול „Aufhebung, Annullierung“; — בטלה: „Müssiggang“; — בטלן: „Beschäftigungsloser“ (insbes: „weltabgewandter Thorabeflissener ohne praktischen Beruf“; s. Meg. I, 3). — Vgl. unten S. 296: „בטל“.

ביב „Kanal“, „künstlich angelegter Wasserweg“.

* בלבל „verwirren“, „vermischen“ (Jad. IV, 4).

בלורית „Haarlocke“ (Ab. sara I, 3).

בלש (Verbform des פעל) „durchsuchen“; בלשת = „Streifschar“ (Ab. sara V, 6).

* בסם „würzen“ (B. batra VI, 3: מבוסם oder מבושם = „gewürzt“).

בעה „aufzehren“, „abweiden“ (B. kama I, 1: מבעה = „das abweidende [oder mit den Füssen zertretende] Vieh“. Vgl. oben unter אבעיה).

בעץ eine Art „Zinn“.

[בקי „kundig“, „vertraut“ (mit einem Wissensgebiet); findet sich im Targum (vgl. auch das syrische בקא)].

בר „Sohn“ (= בן).

[בריה * („Geschöpf, Lebewesen"; Plural: בריות = „Geschöpfe, Menschen")].

פרץ „durchdringen, sich ausbreiten, überlaufen" (Men. I, 2: מבורץ = „randvoll, überbordend"); פרוץ = „gehäuftes Maass, Übermass", das. IX, 5.

נב[13] (in der Verbindung „נב הנהר" = „Ufer des Flusses", Machsch. I, 4. Nach anderer Lesart: נף, beide im Targum [נב, ניף נהרא] sowie im Syrischen [P. Smith 638, 764]. Vgl. auch Ben-Sirach XL, 16: נפת נחל. Siehe ferner unten: „נף", sowie S. 300: „נב").

נבב, נבבא „auflesen", bezw: „zusammengeklaubtes Reisig".

נבה (Verbform des פעל) „erheben" [Abgaben, Steuern etc.], „einkassieren". Davon נבאי = „Sammler" [von Wohlfahrtsgeldern u. Ähnl.], „Steuereinnehmer".

נבין * „Augenbraue" (Bech. VII, 2).

נבל „kneten, anrühren" [von Teig].

נדם „Jemand, dem eine Hand fehlt", „Einhändiger" (Sanh. VIII, 4).

[נולל „Stein, der vor den Grufteingang gewälzt wurde" (vgl. Esra V, 8; VI, 4: אבן גולל; im Talmud: גוללא [Sanh. 109 b u. sonst], ebenso im Tadmorischen). Im Targum Hiob XIV, 22, sowie Jonatan Num. XIX, 16 u. 18: גוללא, anscheinend aus dem Hebr. entlehnt].

נון nur in der Bedeutung „Art", und zwar mit vorangesetztem Buchst. ‚Kaph': „כגון" = „nach Art von", „wie".

נום „[bei sich] gross sein", „sich überheben" [in Verbindung mit לב: „גם לבו" im Sinne von: „überheblichen Herzens, anmassend sein"].

נוף * „Körper" (ebenso im Targum sowie in den aram. Inschriften. In I. Chron. X, 12: „גופה" = Leichnam: „Der Leichnam Sauls sowie die Leichname seiner Söhne", wofür jedoch in der Parallelstelle I. Sam. XXXI, 12, das Wort „גויה" steht). — (Vgl. P. Smith 687)].

נז „eine Raubvogelart" (nach Manchen: „Falke"). So die richtige Schreibweise in Chul. III, 1 (mit ז), also nicht: „נס". Im Targum: „בר נזא".

נזירה * „Verordnung, Bestimmung".

13 Vgl. Gesenius, Stichwort: נב, I נף, sowie נבב.

נט „Urkunde“, insbes. „Scheidebrief“ (vgl. Git. IX, 3. Im Aramäischen: „נט פטורין“ = „Freilassungs-Urkunde“).

*** נייד** „zerschneiden, zerstückeln“ (* מנויד = zerstückelt, s. Jeb. XVI, 3, und Mëiri dort, sowie Ohal. I, 6. Ebenso im Syrischen).

נייס „Räuberschar“.

גיס „Schwager“, insbes. „Gatte einer Schwester der Ehefrau“ (Sanh. III, 4. Nach anderer Lesart: „אגיס“; beide Lesarten im Syrischen).

גליד „Eis“.

גומא „Vertiefung, Grube“, auch: „Grübchen“.

*** גמלון** „sehr gross“ (pl.: „גמלנים“. Im Babli Ab. sara 28 b: „גמלניתא“; vgl. im Syrischen: „גמלא רביתא“ [P. Smith 736] und in den aramäischen Inschriften als Eigenname: „גמלן“).

*** גמר** „Beendigung, Vollendung, Abschluss“ („גמר מלאכה“ = „Abschluss einer Arbeit“. Vgl. auch unten S. 301 f.: „גמר“). Ebenso im Targum.

גנה „schmähen“ (Ned. III, 11: „נתגנו“ = „sie werden geschmäht); — Substantiva: גנאי, גנות = „Schmach, Schimpf“ (Pes. X, 4).

*** גנז, גניזה** „verbergen, aufbewahren“, — bezw.: „Aufbewahrungsort, Archiv“ (Schab. XIV, 1).

גף „Flügel“ (vgl. auch: „גב“. S. ferner unten S. 291: „אגף“).

גפף „umarmen“.

גץ „Funke“ (B. kama VI, 6).

גרב eine Art „irdenes Gefäss“ (Ter. X, 8; vgl. auch Jer. R. hasch., Kap. I, Hal. 8, wo von diesem Wort gesagt wird: „Die Thora [= Mischna] redet in jeder Sprache“, anscheinend so gemeint, dass es sich hier um ein Fremdwort handelt).

גרגיר „Rauke“ (vgl. Schebiit IX, 1, und Maass. IV, 5).

*** גרגרן** „gierig“ (Nid. X, 8), in weibl. Form: „גרגרנית“ (Toh. VII, 9).

גרדי „Weber“.

[**גרדום** „Stumpf“ (Para XI, 9: „גרדומיו“)?].

גריד „dürrer, ausgedörrter Boden“ (B. mez. V, 10; vgl. Babli Sota 10 a: „גרידיא“ sowie im Syrischen: „גורתא“ [P. Smith 777]).

נריס * „Graupe" („נרוסות" = „Gräupner, Graupenmacher", als Pluralform).

גריץ (Plural: „גריצין" = „dicke Brotkuchen").

גרם „verursachen, veranlassen".

גרע * „Haarschneider", „Bader", „Aderlasser" (Kel. XII, 4).

[דאוון * (So die Lesart in einigen Handschriften von Abot II, 7; in unseren Ausgaben: „דאנה") = „Trauer", „Kummer"].

דבשנין * „Honigkuchen" (Chal. I, 4. Im Syrischen: „דבשניא").

דות s. unten „חדות".

דוחק „Not, Bedrängnis".

דיר * „Aufenthaltsort" (insbes. für Vieh), „Stall". — „דירה" = „Wohnung" (für Menschen), auch in der Form: „בית דירה". — „דיור" (Pl.: דיורים) = „Einwohner, Bewohner".

דכון „Brett, Bord" (worauf ein Herd angebracht ist, — Kel. VII, 2; vgl. dort in den „Ergänzungen" meines Mischna-Kommentars).

דכי „rein" (Ned. I, 3; s. dort sowie in Edujot VIII, 4).

[דליל „Faden, Gewinde" (B. kama II, 1; nach anderer Lesart: „דלי", vgl. auch „דלה" in Jes. XXXVIII, 12). Vergleiche ferner „דולא" im Syrischen, sowie im Talmud Babli: „דוללא", Chul. 60 a].

דמים „Wert, Geld" (vgl. die Wortwurzel „דמה" in der Bibel).

[דנדנה „Ceterach", „Minze" (Schebiit VII, 1—2)].

דף „Brett", „Kolumne".

דופן „Seite, Wand".

דקדק * „zerreiben, zermalmen", im übertragenen Sinne: „genau tun", „genau nehmen", „auf alle Feinheiten achten" (Ber. II, 3. — „נדקדק" [im Sinne von „נשחק"] = „zerrieben, zermalmt werden", s. Ohal. II, 7. Pilp. von „דקק", — das auch in der Bibel vorkommt, — [jedoch nicht von „דוק" abzuleiten]).

דקל „Dattelpalme" (auch in den aram. Inschriften: „דקלן").

דרגש „Lagerstatt".

דרכון (Plur.: „דרכונות", in der Bibel: „אדרכון") = „Dareikos", eine persische Geldmünze.

דרס „treten" (Passivform — פועל — in der Vbdg.: „דרוסת איש" = „von einem Manne sexuell missbraucht" [= defloriert], Ket. I, 7; vgl. im Syrischen: „דרוכתא", Smith 950. — [Bei Raubtieren: „mit den Krallen angerissen",

z. B. „דרוסת ארי, דרוסת נץ“ = „vom Löwen [oder Habicht] angefallenes Tier“, Chul. III, 1]).

רשוש „Gräupner“ (M. kat. II, 5: „רשושות“, im Plural). Die Wurzel רשש kennt das bibl. Hebr. nicht, wohl aber die Sprache des Targum. Die Form „רשוש“ für einen Handwerker weist auf aram. Herkunft hin; vgl. Barth, „Nominalbildungen“ usw., § 122 c. Nach anderer Lesart: רשושות“. Vgl. im Syrischen: רש, Smith 3981.

* הא „siehe“ (vgl. Dan. III, 25. „הא“ in Gen. XLVII, 23); vgl. unten : „הילך“.

[הבהב „sengen, ansengen“, „rösten“; vgl. Hos. VIII, 13: „הבהבי“].

הגן „passend, würdig“ (weiblich: „הוגנת. Vgl. auch Ez. XLII, 12: „הגינה“).

היכן s. oben „איכן“.

הילך „Hier hast Du!“, „Da nimm!“ (vgl. אילך [oben], findet sich auch in der Form von: „הי לך“ oder: „הא לך“).

[הימנו, הימנה „von ihm“ bezw.: „von ihr“ (nach anderer Lesart: „ממנו, ממנה“) [14]].

הלכה „Brauch“, „gültiges Gesetz“, „überlieferte Satzung“ (im Syrischen u. paläst. Aram.: „הלכתא“).

הלן „weiter, weiterhin“ (in Verbdg. mit vorangehendem Buchst. „Lamed“ gebraucht: „להלן“. Im Aramäischen: „להלא“).

המיין (zur Priesterkleidung gehörender) „Gürtel“ (vgl. Erub. X, 15).

הנה (im Niphal: „נהנה“ = „geniessen“). — „הנאה“ = „Genuss, Nutzen“.

* הערב שמש „Sonnenuntergang“ (s. Bik. II, 1). Vgl. im Syrischen: „ערבת שמשא“ (P. Smith 2979). S. unten Seite 345.

הפסד „Schaden“, s. weiter unter: „פסד“.

הפקר „herrenloses Gut“, s. unter „פקר“.

הרהר „nachdenken“, insbes. „unreine Gedanken haben“. — Substantiv: „הרהור“ = „Gedanke“, auch im Sinne des substantivierten Verbums: das „Nachdenken“, „sich-Gedanken-Machen“ (vgl. Dan. IV, 2: „הרהרין“).

---

14 Vgl. Nöldeke, „Neusyrische Grammatik“, S. 174, Anm. 2, sowie Barth (s. oben Anm. 12) S. 59.

[הרי „Siehe". — „הרי הוא", „הרי זה" usw. (meist zur Einleitung des Nachsatzes, anknüpfend an eine vorhergehende Definition gebraucht im Sinne von: „der", „Dieser", „ein Solcher"), oder verbunden mit einem nachfolgenden Substantiv (als Hinweis auf dessen „Eigenart, Besonderheit" wie in B. kama I, 1, bei Aufzählung der unterschiedlichen Kategorien von Schadensstiftern), — entsprechend den Partikeln: „ארום, ארי,ארו" im Aramäischen. Das Wort dient nur zur Hervorhebung und wird zuweilen als entbehrlich fortgelassen [15]].

ועד „festgesetzte, bestimmte Vereinigung", „Ratsversammlung" (auch: „בית ועד" = „Sammelplatz", „Lehrhaus", „Beratungsstätte".

ורד „Rose" (Plural: „ורדים").

וריד „Halsader" (Chul. II, 1: „ורידין").

זבל „Dünger". — Verbum: זבל = „düngen".

זגג „Glaser, Glasmacher".

זוהמא „Schaum, Abschaum, Schmutz" (Ter. X, 1). Im Targ. Ez. XXIV, 6: „זיהומתא". Im Syrischen: „זהמותא" (vgl. weiterhin S. 306: „זהם").

* זהיר „vorsichtig" (Esra IV, 22; ebenso Ben-Sirach XIII, 13, u. XLII, 8).

* זהורית „Karmesinroter Stoff".

זוג „Schelle" (= „Glocke", פעמון. — Wahrscheinlich nahmen die Tannaim an [Nas. VI, 2], dass „זוג" identisch sei mit „זג" [Num. VI, 4: „Schale", „äussere Haut der Weinbeere"; im Ps. Jonatan das.: „זונין, זגין"]; das Wort wird in einigen Texten unserer Mischna [Schab. IV, 1, u. Toh. X, 8] auch: „זוגים" geschrieb. [vgl. auch unten S. 306: „זג"]).

---

15 Im Talmud sowie mitunter in den halach. Midraschim findet sich das Wort „ראי" anstelle von „הרי", z. B. „לא ראי זה כראי זה" im Sinne von: „Das eine ist mit dem anderen nicht vergleichbar". Wahrscheinlich wurde in späterer Zeit das Wort הרי in ראי abgewandelt, weil man annahm, dass הרי von dem Worte „ראה" = „sehen" („ראייה" = „Anblick") herstamme. Die Auffassungen, die in Bezug auf das Wort הרי geäussert worden sind (vgl. Bacher, „Die exegetische Terminologie der jüd. Traditionsliteratur", Teil I, Stichwort: „הרי"), sind nicht überzeugend.

זוז (in der Verbform) „weichen, fortgehen"; im Hiphil: „bewegen, fortbewegen"[16].

זוז (als Substantiv) „eine Silbermünze" (Denar = דינר. Vgl. Tosephta B. mez. I, 20).

* זון (als Verb) „speisen" (vgl. Gesenius, Stichwort: „זון" sowie Stichwort: „מזון").

זון (als Substantiv) „Lolch, Lolium" (wildwachsende Getreideart, nur im Plural: „זונין"; Kil. I, 1; Ter. II, 6)[17].

[?זוע „schwitzen", s. Ben-Sirach XXI, 13; in der Bibel: „יזע, זעה"].

זיו „Glanz" (Sota IX, 15; vgl. auch Dan. II, 31, u. IV, 33).

זיז „Ausbau", „Erker", „Sims" (vgl. in den „Ergänzungen" zu Ohal. XIV, 5 meines Mischna-Kommentars).

זייף „fälschen" (Git. II, 4: „הזדייף" = „gefälscht werden" [Hitpaël]).

* זכאי „unschuldig", „berechtigt zu ....."; Substantiv: „זכות" = „Schuldlosigkeit", „Unschuld", [moralisches] „Verdienst" (vgl. unten S. 307: „זכה").

זלג „triefen" (Sota VII, 8: „זלגו עיניו דמעות" = „seine Augen flossen über von Tränen" [so auch Bab. Pes. 118 a zu Gen. III, 18, sowie Jer. Schek. V, 1]; — in der Handschrift Cambridge: „זלגו דמעיו" = „[da] flossen seine Tränen". Vgl. auch Targ. Threni I, 2).

זלף „träufeln" [Flüssigkeiten] „ausleeren", „austropfen lassen" (vgl.: „דלף" im bibl. Hebr.).

זמם „Zaum anlegen" (Ter. IX, 3: „לא זומם את הבהמה" = „er legt dem Vieh keinen Zaum ums Maul").

זפק „Kropf" (von Vögeln), Chul. III, 4 u. 6.

* זפת „Pech"; — זפת = „Pechbereiter" (Plural: „זפתין", Mikw. IX, 7).

* זקיף „Wachtposten, Schildwache" (Sota VIII, 6: „זקיפין". Vgl. unten S. 308: „זקף").

* זקק „binden, verpflichten" (s. Gesenius, Stichwort: „זקים").

זקק „Schlauchträger" (Mikw. IX, 5: „זקקים"). Das Wort ist aus dem aramäischen „זיקא" (= „Schlauch", hebr.: „נוד") entstanden.

זרז „anspornen" (Ned. III, 1: „זרוזין" [Plural] = „Ansporn,

16 Vgl. Gesenius unter dem entspr. Stichwort, sowie Schwally, „Idioticon etc.", S. 105.

17 Vgl. Schwally, a.a.O.

Aneiferung". — S. auch Ende von „Sota": „זריזות" = „Eifer").

זרז „Gurt" (= חגורה; — Kel. XXIII, 2).

זרעית * „Familie, Nachkommenschaft" (Sanh. IV, 5: „זרעיותיו" = „seine Nachkommen"; in anderer Lesart: „זרעותיו". Im Syrischen: „זרעיתא").

חיבה * „Liebe" (Abot III, 14; ebenso im Targum sowie im pal. Aram.). — „חביב" = „lieb, teuer" (Abot II, 10 u. 17; III, 14. Ebenso im Syrischen u. im paläst. Aramäisch).

חבית „Fass" [Diminutivform: „חביונה, pl. חביונות", = „kleines Fass, kl. Fässer"; Kel. II, 2].

חבץ „Brei einrühren" (Teb. Jom II, 4).

[חבורה * „Gesellschaft"].

חגר[18] „hinken, wackeln" (Sab. III, 1 u. 3: „מתגירין" = „sie schaukeln hin und her"); „חגר", weibl. „חגרת", = „Hinkende[r], Lahme[r]" (im Targum: „חגרא, חגיר"; im Syrischen wie im paläst. Aram.: „חגירא").

חדות „Keller", „Zisterne" (in den uns vorliegenden Texten manchmal: „[ה]דות". In Ohal. XI, 8 u. 9: „החדות").

חובה * „Schuld", „Pflicht" (ebenso Targ.: „חובא, חובתא"; dgl. im paläst. Aram. sowie im Syrischen. Vgl. u. S. 310: „חוב").

חורור „weisser Star" (Augenkrankheit; Bech. VI, 3 u. 12).

חותל „Korb für Datteln" (Kel. XVI, 5; vgl. dort im Kommentar der Geonim: „תוהלא" [חותלא = תותלא]. Siehe P. Smith 4406).

חזזית „Flechte" (beim Tier: Bech. VI, 12; an einer Frucht: Suk. III, 6).

חזינא „eine Art Axt" (Kel. XIV, 2; wahrscheinlich identisch mit: „חצינא" im Aramäischen).

חזם „abkneipen" (Demaj III, 2).

חזן „Diener", „Funktionär" (beim Gericht, im Heiligtum, in der Synagoge, in der Schule, u. ähnl.; vgl. „חזנא" in Sota IX, 15).

חזר „herumgehen", „zurückkehren", „zurücktreten" (von einer Ansicht); (im Targum: „הדר", „חזר"; im Syrischen „חדר". Wahrscheinlich ist der Buchstabe „Sajin" (ז) unter dem

18 Vgl. II. Sam., XXII, 46: „ויחגרו", was nach der Ansicht mancher Sprachforscher (sowie auch der Peschitta) von der hier behandelten Wurzel „חגר" herzuleiten ist.

Einfluss des Hebräischen an die Stelle des Buchstabens „Dalet" (ד) getreten)[19].

[חזרד „Mispel" (Kil. I, 4; nach anderer Lesart: חזרר, vgl. dort in „M'lechet Schlomo")].

חטא „begünstigt, bevorzugt sein" (nur in Hitpaël-Form: „מתחטא", Taan. III, 8. Vgl. Ps. Jonatan sowie Samaritaner zu Deut. XXVIII, 54 u. 56).

חטט „graben, durchgraben", „aufscharren".

חטרת „Höcker" (so in einigen Texten in Chul. IX, 2, u. Bech. VII, 1 [Plural: „חטרות"]; in der uns vorliegenden Lesart: „חטוטרת").

חיה * (im Sinne von „Gebärende, Kreissende": Joma VIII, 1; Kel. XXIII, 4; im Sinne von „Hebamme": Chul. IV, 3. Ebenso im Targum sowie im Syrischen. Vgl. auch: Ex. I, 19: „חיות" und im Targum Onkelos, Tg. Jonatan sowie in der Peschitta das.).

חייט „Schneider".

חכך „reiben, herumreiben"; im übertragenen Sinne: „sich hin- und herwenden", „zweifeln".

חכר „pachten", „verpachten" (vgl. Fleischer im „Talmud. Lexikon" von Levy, Teil II, S. 204 b). „חכור" = „Pachtsumme" (B. mez. IX, 2, 4 u. 6).

חלפיץ „Wurzel von Vogelmilch" [eine milchähnlichen Saft absondernde Pflanze; „Labkraut"?] (nur im Plural: „חלבצין", Schebiit VII, 2).

חלד „hineinstecken", „darunterstecken" (nur im Hiphil; Chul. II, 4: „החליד". Vgl. „חולדה" u. „חלודה" in den folgenden Artikeln).

חולדה * „Maulwurf".

חלודה „Rost" (an der Oberfläche von Eisen, „Ferrihydroxyd").

חלוק „Hemd, Untergewand" (vgl. die Wurzel: „חלק" im bibl. Hebr.).

חלזון „Schnecke" (nur im übertragenen Sinne: „schneckenartige Form", Kel. XII, 1; Bech. VI, 2).

חלט „abbrühen".

חליף * „Messer" (insbesondere: Schächt-Messer; — Middot IV,

---

19 Entsprechend auch in aramäischen Inschriften sowie im Mandäischen, vgl. Nöldeke, „Mandäische Grammatik", S. 43, sowie Brockelmann, „Grundriss etc.", Teil I, S. 134.

7: „בית חליפות“ = „Messeraufbewahrungs-Raum“ ein Tempel; nach anderer LA.: „חילפות“).

חלמון „Eidotter“ (Ter. X, 12).

* חלמית „Ochsenzunge“ (Pflanzenart, nach Manchen: „Malve“; — Kil. I, 8).

חלף „Schilf, Riedgras“ (eine Grasart, Kel. XVII, 17).

חלתית „Teufelsdreck“ (Pflanzenart).

חמילה „Überwurf“ (Ned. VII, 3).

חמם „Amomum“ (Gewürzpflanze; Ukz. III, 5, in Handschriften. In unseren Texten: „חמס“).

[חמת mit vorhergehendem Buchstaben „Mem“ (מ) in der Form „מחמת“ = „wegen“].

* חנווני, חנוונית „Krämer, Krämerin“ (Ket. IX, 4). Vgl. u. S. 313: „חנות“.

חסחוס „Knorpel“ (elastisches Knochengewebe; — nach anderer Lesart: הסחוס, vgl. Bech. VI, 1; Pes. VII, 11).

* חסינה „Korb“ (Kel. XVI, 5).

חף „Zahn am Schlüssel“ (Plural: „חפין“).

חפושית „schwarzer Käfer“ (Para IX, 2).

חפיסה „Beutel“ (aramäisch?; vgl. Bab. Git. 28 a).

* חפף „abreiben“ (Nas. VI, 3: „חופף“ = „er reibt ab“; Maass. sch. II, 3: „חפיפה“ = „Abreibung“).

חצב „Krug“ (vgl. „חסף“ in Dan. II, 33 ff.).

חצר הכבד „Leberlappen“ (vgl. unten S. 314).

חרדל „Senf“.

חרוב „Johannisbrot-Baum“, auch Bezeichnung für dessen Frucht.

חרות „Palmzweig“ (nur in Pluralform: „חריות“ = „Palmzweige“; Suk. IV, 6).

[חירות „Freiheit“, s. weiter unter: „חרר“].

חרטום „Schnabel“.

חריע „Saflor“ (= Färberdistel, eine Korbblüten-Pflanze).

* חריץ „Graben“ (vgl. Dan. IX, 25: „חרוץ“).

חרק (nur in der Pluralform des pass. Partizips: „חרוקות“ = „mit Einschnitten versehen“, Para XII, 8. Ebenso im Syrischen: „חרק“; Smith 1382).

* חרר (in den Formen: „שחרר“ = „freilassen“, שחרור = „Freilassung, Befreiung“, „חרות“ = „Freiheit“, — dies auch auf jüdischen Münzen, s. Lidzbarski 281. „בן חורים“ = „ein Edler“, „ein Freigeborener“, Ecc. X, 17 [vgl. B. kama VIII, 6, im Plural: „בני חורין“]; in der Mischna auch in der Bedeutung von „משוחרר“ = „freigelassener [Sklave]“, wie

im Aramäischen u. in den aram. Inschriften, vgl. Lidzbarski, daselbst).

חררה „(auf Kohlen gebackener) Kuchen".

[**חורש**[20] „Wald, Hain" (auch in der Form: „חורשה"; — Mëilah III, 8)].

חרת „Schwärze" (= tiefschwarze Tintenfarbe, Nid. II, 7).

חשאי (mit vorangesetztem Buchst. „Bet" [ב]: „בחשאי") „geräuschlos", „in der Stille" (Schek. V, 6: „בחשאי" sowie: „לשכת החשאים", im Sinne von: „heimlich", „verschwiegen", „diskret").

* **חשש** „besorgt sein", „sich fürchten", „sich kümmern" (wahrscheinlich auch: „חוש" als Nebenform; Ohal. XVII, 5: „לא חשו" = „sie haben nicht Befürchtungen gehegt", „sie haben keine Bedenken getragen". Vgl. auch Gesenius, Stichw. „חוש", 2).

* **חתנות** „Hochzeit" (nur in der Vbdg.: „בית חתנות" = „Hochzeitshaus", ein vom Vater für seinen Sohn aus Anlass von dessen Verheiratung erbautes Haus, B. batra VI, 4).

טבעין „Münzen", „Prägestücke" (im Werte eines halben Sela; Schek. II, 4). Ebenso im Targum u. im Syrischen: „טבעא" (= מטבע), sowie im Kenaanitischen: „טבע". Vgl. unten S. 212: „טבע".

טיב „Art", „Wesen" (nur in der Vbdg.: „מה טיבו של . . . .?" = „Was ist die Art von . . . .?, Welcher Art ist . . . .?").

* **טיל** „Müssiggänger" (Ket. V, 6; ebenso im Syrischen: „טילא". In Ps. Jonatan mehrfach: „טייל" in der Verbform, sowie in einer Lesart des Targum zu Hiob XXIX, 15: „טייל").

טלף „zweigespaltener Huf" (nur im Plural in der Dual-Form: „טלפים", ebenso im Targum wie im paläst. Aram. — Im Arabischen „ظلف", da das ظ im Arabischen dem Buchstaben ט im Aramäischen entspricht).

טמטם „verstopfen", „zusammenstopfen", „zusammenkneten" (Challa III, 1: „טימטמה" [in der Handschrift Cambridge (Lowe): „טיטמה"], „תטמטם". Vgl. Ben-Sirach X, 15). — „טומטום".

טס „[flachgewalztes] Blech", „Platte".

20 S. Gesenius, Stichwort: I חרש.

טעות * „Irrtum". Ebenso im Syrischen und im paläst. Aram: „טעיותא". Vgl. unten S. 316 f.: „טעה".

טוען * „Last" (Demaj III, 2). Ebenso im Targum u. im Syrischen: „טענא". Vgl. unten S. 317: „טען".

טיפה „Tropfen".

טפח „mit der Faust schlagen" (bezw.: mit der flachen Hand).

טפילה * „Tünche" (vgl. Kel. V, 7, 8 u. 11; III, 6: „טפולו", in anderer Lesart: „טפילו". Ebenso im Targum. Vgl. auch unten S. 317: „טפל").

טרוף * „Verwirrung" (Ber. V, 4). Im Syrischen: „טורפא". Vgl. unten S. 317: „טרף".

יבבה * „Posaunenschall" (R. hasch. IV, 9: „יבבות" = „Posaunenstösse").

יבלית „Cynodon-Halme", „Knaulgras", (Kel. III, 6); eine wild wachsende Unkrautpflanze.

יורה „Kessel".

יחור „Feigenschössling" (ebenso im paläst. Aram.).

[**יציב** * „feststehend" (in der Mischna angeführt aus dem tägl. Morgen-Gebet: „אמת ויציב" = „wahrhaft und feststehend", Ber. II, 1; Tam. V, 1. Vgl. Dan. II, 45; VI, 13, u. a.)].

ירבוז „eine essbare Blattpflanze" (Amaranthus?; Schebiit IX, 1: „הירבוזין" im Pl.).

[**ירק** * „grün, gelb werden", auch „erblassen" (im Hiphil: „הוריק"). „ירוק" = „grün" oder „gelb". „ירוקה" (Schab. II, 1, sowie das. XIV, 3; — vgl. meinen Kommentar z. St.). Ebenso im Syrischen, jedoch wahrscheinlich Alles althebräisches Sprachgut].

יתב s. unter „תותב".

יתר * „überschüssig, überzählig".

כאן „hier, dort" (in einer Anzahl von Lesarten: „כן" (ohne Aleph). Das Wort ist zusammengesetzt aus „כא" (aramäisch) und dem Buchstaben „Nun").

כבן „umhüllen" (Schab. V, 2: „כבונות" = „mit umhülltem Schwanz" [in Bezug auf weibl. Schafe gebraucht]; ebenso im Targum sowie im Syrischen). „כבינה" = „Überwurf" (s. B. batra IX, 7: „כבינתי" = „mein Überwurf"; ebenso im Targum u. im Syrischen).

כוז „eine Art Krug" (Tam. III, 6. u. 9; VII, 2).

פּוּךְ „Grabnische", „Grabkammer" (Plural: פּוּכִין) [21].

* פּוּן im Piël „פּוּין" = „gerade machen"; „bestimmen, beabsichtigen"; „genau, richtig machen"; — „מכוּון" = „genau,
übereinstimmend"; — „נתפּוּון" = „beabsichtigen"; —
„פּוּונה" = „Absicht, Vorbedacht".

[פּוּר] (nur im Piël „פּייר" = „[mit Malereien] überziehen", Ab.
sara III, 7; „פּיוּר" = „Überzug", Mid. IV, 6)].

פּוּורת „Bienenkorb".

פּוּש „Spindel" (s. Schab. XVII, 2).

פּלוּם „etwas" (= „כל מה"?; s. oben S. 195).

* פּלפּי „gegen", „gegenüber" (= „כ-ל-אפּי").

* כּמות „wie", „so wie".

* כּמן (im Piël) „verbergen"; (im Hiphil) „einen Hinterhalt legen" [„מכמין"].

כּמש „verwelken".

* כּנסת „Versammlung", „Synode" („בּית הכּנסת" = „Versamm-
lungshaus, Synagoge"). Im Targum sowie im paläst.
Aram.: „כּנישׁתא", „כּנישׁא" und „בּית כּנישׁתא"; im Syrischen: כּנושׁא, כּנושׁתא; vgl. auch unten S. 323 f.: „כּנם".

פּוּסבּר „Koriander" (ölhaltige Würzpflanze).

פּער (nur in der pass. Partizipialform: „פּעוּר", nach anderer Lesart: „פּאוּר") = „hässlich" (ebenso Ben-Sirach XI, 2. u.
XIII, 22: „מכוּער").

* פּיפּה „Wölbung" (kuppelförmig gewölbte Zimmerdecke; vgl.
Sanh. IX, 3, — dort im Sinne von „Kerker-Gewölbe").

כּפּה a) „umkehren, umstürzen" (z. B. die Schüssel, das Bett);
b) „zwingen". (Vgl. im bibl. Hebr.: „כּפּה, כּפּף").

כּפּר „leugnen, ableugnen".

כּפּת „binden, fesseln" (Dan. III, 20 ff.; ebenso im paläst.
Aram.).

פּרז in der Hiphil-Form „הכריז" = „ausrufen, öffentlich be-
kanntmachen"; „פּרוז" = „öffentlicher Ausrufer", „Herold" (Dan. V, 29. Ebenso im Syrischen, im pal. Aram.
sowie im Samaritaner. Nach Manchen griechischen Ursprungs, vgl. Gesenius unter dem entspr. Stichwort).

פּרי „Getreidehaufen".

---

21 Vgl. auch: „נמח", „נוחא" (Lidzbarski 250); „Jüd. Zeitschrift", Bd. XI, S. 255.

פרישה „Lauch“ (im Aramäischen: „פרתי“, im Sinne von: „Lauchfarbe“, „Lauchgrün“)[22].

* פרך „wickeln, umwickeln, bündeln“. Davon: „פריכות“ = „Getreidebündel, Garbenbündel“. („פרוכות“ = „ineinander gewickelte, gebündelte Gegenstände“, z. B. ineinandergerollte Urkunden).

פרך („befestigte [mauerumringte] Stadt“; ebenso im Syrischen sowie in den aramäischen Inschriften).

* פרפם „gelb färben“ (= „mit Safran färben“).

פרפס „Sellerie“.

פרשינה „Erwe“ (= „vicia ervilia“, als Viehfutter dienende Hülsenfrucht).

פרתי „Lauchfarbe“, „Lauchgrün“ (s. oben unter „פרישה“).

פריתית „Ledertasche“ (Kel. XX, 1. Nach anderer Schreibweise: „פריסית“. Im Syrischen: „פורסתא“, Smith 1835).

פשות „Haarflaum“ (in der Mischna zur Bezeichnung der feinen Härchen von Pflanzen sowie der zarten Flaumhaare kleiner Kinder gebraucht, s. Mikw. IX, 4, und Ukz. II, 1).

[פת „Abteilung“, „Gruppe“ (Plural: „פיתות“)].

פותח „Brei“ (Pes. III, 1: „פותח הבבלי“ = „babylonischer Milchbrei“).

* פתם „Fleck“.

לאו „nicht“ (falls nach vorhergehendem „אם“ gebraucht, im Sinne von: „wenn nicht“), „nein“, „Verneinung“, „Verbot“ (Plural: „לאוין“).

לבד „Filz“ (im Plural: „לבדים“, Kil. IX, 9).

לוגמא (nur in der Verbdg.: „מלא לוגמיו“ = „Mundvoll“ als Quantitäts-Bezeichnung für Getränke im Sinne von: „ein voller Schluck“).

לוטם (Schebiit VII, 6) = „לוט“, s. Gen. XXXVII, 25 (Gewürz oder Gewürzpflanze).

לולב „Zweig, Palmzweig“ (insbes. zur Verwendung im Feststrauss am Hüttenfest).

לוף „eine Art Arum“ (Staudenpflanze).

לכש „Baumfasern“ (Schab. II, 1; vgl. meinen Kommentar daselbst. — Ebenso im palästinensischen Aramäisch).

* לעז „Fremdsprache“ (Meg. II, 1).

22 Ebenso in der Mischna (Ber. I, 2; Suk. III, 6) in der Bedeutung von „Lauchfarbe“. Der Buchstabe „Taw“ im Aramäischen wandelt sich zu „Schin“ im Hebräischen.

לעם „kauen".

לפת „Rübe", davon: „לפתן" = „Zugemüse" (Neg. XIII, 9).

לקה „geschlagen, gegeisselt werden", „beschädigt werden". — „לקוי" = „schadhafte [aussatzverdächtige] Stelle" (Neg. X, 1; vgl. dort. Ebenso im Targum sowie im paläst. Aramäisch).

לשלשת „Schleim, Schmutz" (Schab. XXI, 2).

מגופה „Deckel" oder „Spund" eines Fasses (Kel. II, 4: „מגופת יוצרים" = „das Gestell der Töpfer" [auf welchem sie die Tongefässe herstellen]).

מוגמר „Räucherwerk" (ebenso im paläst. Aramäisch. Das Verbum: „גמר" [= räuchern] kommt in Ben-Sirach XLIII, 4, vor [im Sinne von: „brennen"]. Das Substantiv: „גומרא" in den Targumim sowie im Syrischen hat die Bedeutung von: „Kohle").

* מגרפה „Schaufel", im übertragenen Sinne auch: „[musikalisches] Spielinstrument". — (Im Targum: „מגרופיתא", im Syrischen: „מגרופתא". Vgl. unten S. 302: „גרף").

* מדור „Wohnort, Wohnraum (Daniel IV, 22 u. 29; V, 21; sowie im Targum. Vgl. auch oben: „דיר").

מדרם s. unter „דרם".

מהא „abnutzen, abtragen" (מהה מהוהה; s. Kel. XXVII, 12: „נמהה").

*מוכם „Zöllner" (Plural: „מוכסין". Im Targum, im Syrischen sowie in aram. Inschriften. Vgl. unten S. 330: „מכם").

מורן „Halle" (B. batra I, 6. Im Syrischen: „מרנא"; s. meinen Mischna-Kommentar sowie dort die „Ergänzungen" zur angegebenen Stelle).

* מזג „mischen", „einschenken" [von Getränken, insbes. Wein]. (Vgl. bibl. Hebr.: מזג [Cant. VII, 3] sowie: „מסך").

מזודה „Ranzen für Reisezehrung" (Kel. XX, 1. — Ebenso im Syrischen, Smith 2097. Vgl. Psal. CXLIV, 13: „מזוינו").

מזר I „verderben, verfaulen" (von Eiern; Chul. XII, 3: „ביצים מוזרות" = „verdorbene Eier". — Im Syrischen: „מדר", Smit 2019. Vgl. im biblischen Hebr.: „מזור").

[מזר II „spinnen" (Sota VI, 1: „מוזרות" = „Spinnerinnen", nach anderer Lesart: „מוצרות"; vgl. Talm. Jerus. das. — Ähnlich im Syrischen: „מזר", — Smith 2062 —, und: „מצר", — Smith 2195 —)].

מיזרן * „Gürtel“ (Kel. XIX, 3—6; dort im Sinne von Gurten zur Umschnürung zusammengesetzter Bettstellen. — Im Syrischen: „מיזרנא“).

מחט „Nadel“.

[מחיצה * „Teilung“, „Abtrennung“, „Scheidewand“].

מיחם * „Gefäss zum Erwärmen von Wasser“ (= „Wasserkessel“, „Samowar“. — Im Syrischen: „מחמא“).

מחק „wegwischen“, „abstreichen, ausstreichen“, „glatt abreiben“. (Im Targum sowie im palästinensischen Aramäisch).

מטבחים * „Schlachthaus“ (auch: „בית המטבחים“; vgl. unten S. 297).

מטבע * „Münze“ (vgl. unten S. 315: „טבע“).

מטלטלין * „bewegliche Güter“, „Mobilien“ (vgl. unten S. 316: „טלטל“).

[מכתב * „Griffel“, „Schreibstift“ (Kel. XIII, 2; vgl. auch Abot V, 6). Ebenso im Syrischen: „מכתבא“. Vgl. auch u. S. 261: „פותב“ etc.].

[מלוג eigtl.: „abbrühen, abrupfen“ [insbes. das Gefieder von Geflügel vor dessen Zubereitung als Speise]. In der Mischna nur in der Zusammensetzung: „עבדי מלוג“, d. h. Sklaven einer Ehefrau, welche zu deren „נכסי מלוג“ gehören (נכסי מלוג: „Nutzniessungsgüter, Fruchtziehungsgüter“ = Diejenigen von der Ehefrau eingebrachten oder ihr während der Ehe durch Erbgang oder Schenkung zugefallenen Güter, an welchen dem Ehemann kein Eigentumsrecht, sondern lediglich der Fruchtgenuss zusteht [daher der Name „מלוג“ = „Abpflückung“], ohne dass er für ihren Verlust oder sonstigen Schadenseintritt haftet. — Jeb. VII, 1—2; siehe dazu die „Ergänzungen“ in meinem Mischna-Kommentar)].

[מלקט * „Zange“].

ממון „Geld“ (ebenso Ben-Sirach XXXI, 8).

מסבה „Wendeltreppe“, gewundener „Hohlweg“ (Tam. I, 1; Mid. IV, 3).

מעפורת „Hülle“ (Kel. XXIX, 1).

מצע (nur in der Partizipialform des Piël „ממצע“) „in die Mitte nehmen“ (Sanh. II, 1. — Vgl. oben unter „אמצע“).

מקדר „Bohrer“, insbes.: „Steinbohrer“, „Meissel“ (Kel. XXIX, 6; ebenso im Syrischen, Smith 2463).

מרדעת „Satteldecke“.

מרזב „Rinne“ (B. batra III, 6).

מרחשון „Marcheschwan“, der 2. Monat des jüd. Kalenders (Taan. I, 3—4).

מריש(?) „Balken“ (Ebenso im Targum. Im Syrischen: „מרשא“ = „Strick“. Ebenso im Arabischen und Assyrischen).

מרם (nur in der Partizipialform des Piël „ממרם“) „zerreiben, zerrühren, umrühren“.

מרע nur in der Verbindung „שכיב מרע“ = „krank liegend“, „ein [schwer] krank Daniederliegender“.

[מרפק „Ellbogen“].

[מרתף „(Wein-)Keller“].

משח „messen“ (nur im Plural in der Form „משוחות“ = „Feldmesser“. — „משיחה“ = „Schnur“).

משכן * „pfänden, verpfänden“. — „משכון“ = „Pfand“. (Ebenso im Syrischen sowie in aramäischen Inschriften).

מתן (im Hiphil „המתין“) = „warten“, „ausdauern“, „unversehrt bleiben“; (in der pass. Partizipialform:) „מתון“ = „abwartend, zurückhaltend, vorsichtig“ (Abot I, 1: „מתון בדין“ = „behutsam, überlegt, bedachtsam im Gericht“ [d. h. bei der Urteilsbildung]).

נברשת „Leuchter“ (Joma III, 10. Ebenso Daniel V, 5; im Targum sowie im Syrischen).

נגב „trocknen, trocken werden“.

נגם „abbeissen“ (Teb. Jom. III, 6. Ebenso im paläst. Aram.).

נגר „Riegel“ (entspr. dem bibl. Hebr.: „בריח“ = „Querbalken“. Ebenso im Targum sowie im paläst. Aram.).

נדבך „Steinreihe, Bauschicht“ (ebenso Esra VI, 4, sowie im Targum).

נדל „Tausendfuss“ (Scolopendra, Millepeda; — Mikw. V, 3).

נזף „anschreien, einen Verweis erteilen“ (Taan. I, 7: „נזוף“ = „getadelt, zurechtgewiesen“. — Meg. IV, 9: „נזיפה“ = „Tadel, Ausdruck der Missbilligung“. — Ebenso im Targum sowie im Samaritanischen. — Ben-Sirach XI, 7: „תזיף“).

[נזק * „beschädigen“ (im Hiphil. — Vgl. Ester VII, 4)].

[נזירות * „das Nasirat“ (= „Enthaltsamkeitsgelübde“, vgl. Num. VI, 1 ff. — Ebenso im Targum sowie im Syrischen)].

נחתום „Bäcker“.

ניר „Weberfaden“ (Plural: „נירין“ = „Fäden im Webstuhl“).

נמר * „bunt machen“, „sprenkeln“ (im Piël; Pea III, 2: „מנמר“ = „wer [seinem Felde durch ungleichmässige Bearbeitung] ein buntes, gesprenkeltes Aussehen gibt“; s. dazu die „Ergänzungen“ in meinem Mischna-Kommentar, vgl. auch dort IV, 5. — Ebenso im pal. Aram. sowie im Targum).

נסר * [glattgehobeltes] „Brett“ (ebenso im Syrischen). — „נסורת“ = „Hobelspäne, Sägemehl“.

נעימה * „Gesang, Melodie“ (Arach. II, 6. Ebenso im Syrischen: „נעמתא“. S. auch Ben-Sirach XLV, 9).

נעמית „Strauss-Vogel“ (Kel. XVII, 14).

[נעץ * „hineinstecken“ (Erub. III, 3: „נעוץ“ = „in die Erde gesteckt“. Ebenso im Targum). — „נעיץ“ = „Graben“ (Plural: „נעיצין“, B. kama V, 5; Mikw. V, 6)].

נפח * „Schmied“.

נפט „Naphta, Petroleum“ (Schab. II, 2).

נפץ * „auseinandernehmen“ [von Wolle], „hecheln, durchkämmen“ (in der Partizipialform des Piël: „מנפץ“ = „wer hechelt“, Schab. VII, 2; nach anderer Lesart: „מנפס“. — Ebenso im Targum sowie im Syrischen. Vgl. auch unten S. 336).

נצחון * „Sieg“ (Sota VIII, 1. Ebenso im Targum und im Syrischen: „נצחנא“).

נצפה „Kapperstrauch“ (Demaj I, 1. So auch im Syrischen).

נקז „zur Ader lassen“ (nur im Hiphil; Bech. V, 2: „מקיז דם“ = „man zapft Blut ab, lässt zur Ader“. Im Syrischen: „נקז“, Smith 2453). Vgl. auch unten S. 248: „הקזה“.

נקע „Erdspalte, Erdvertiefung“ (Ebenso im Syrischen).

נקש „aneinander schlagen“, „schlagen“ (im Piël: „הקיש“; Dan. V, 6 [„schlottern“]. — Ebenso im Targum u. im Syrischen. Vgl. auch „נקש“ im bibl.Hebr.). Im übertragenen Sinne vom Analogieschluss gebraucht: „gleichstellen“ („zwecks Gleichstellung nebeneinander setzen“).

נשב „Schlinge“ [zum Vogelfang]. (B. kama VII, 7, im Plural: „נשבים“).

נתז „abspringen“, „wegspritzen“ (vgl. Jes. XVIII, 5: „התז“).

סאב[23] (in der Prinzipialform) „מסואב“ = „verunreinigt“ (vgl. Edujot VIII, 4).

---

23 Zu bemerken ist dabei, dass das linkspunktierte „Schin“ (שׂ, gesprochen „Ssin“) in der Mischnasprache dem Aramäischen entsprechend zu „Gsamech“ (ס) abgewandelt

סבכה * „Kopfbinde“ [der Frauen], „Haarnetz“ (vgl. Hiob XVIII, 8: „שׂבכה“ = „Netz“).

סבר * „meinen, glauben, annehmen“ (nur in der Partizipialform: „סבור“. Daniel VII, 25. Ebenso im Targum, im pal. Aram. und im Syrischen).

סגף „quälen“, „rücksichtslos behandeln“, „leiden lassen“ (B. mez. VII, 10).

סדן „Holzblock“, „Amboss“.

סדק „spalten“ (im Niphal: „נסדק“ = „gespalten werden, sich spalten“); „סדק“ = „Spalte“; „סידוק“ = „Gespaltenes“ (Pes. III, 5).

סדר * „aneinander reihen“, „ordnen“ (ebenso Ben-Sirach L, 14. — Das Verbum ist wahrscheinlich althebräisches Sprachgut). „סידור“ = „Ordnung“, „Aufreihung“, „Anordnung“ (Men. XI, 6).

[סובב * „Rand“ (rings um den Altar angebrachter Rundweg, vgl. Targum zu Ex. XXVII, 5, und XXXVIII, 4 [entspr. dem bibl. „כרכּוב“]. Siehe auch Kel. XI, 3, und XIV, 5; dort im Sinne von „Radreifen“)].

סוט (nur Hiphil „הסיט“) = „rütteln, bewegen“.

סום (nur Piël „סיים“) = „schliessen“, „enden“, „beenden“ (Pes. X, 4: „מסיים“ = „er schliesst“).

סטר „ohrfeigen“ (B. kama VIII, 6; ebenso im pal. Aram.).

סיג „Umzäunung“; im übertragenen Sinne in der Bedeutung von: „vorbeugende Schutzgesetzgebung zur Verhütung einer Übertretung von Thora-Vorschriften“.

סיט „eine Spanne“ (Längenmass: „die Entfernung zwischen der Spitze des Daumens und derjenigen des Zeigefingers“ (nach Anderen: „zwischen der Spitze des Zeige- und der des Mittelfingers“) bei ausgespreizter Hand = „מלא הסיט“. Im Syrischen: „סיטא“).

סיע (in der Partizipialform des Piël) „מסייע“ = „helfen, unterstützen“.

סיף „Schwert“.

[סכם „eine Zahl schliessen“ (d. h. „an die Schlusszahl heranreichen“, gebraucht von der vorletzten Zahl; s. Makkot III, 10, in der Lesart: „סוכם“ את הארבעים = „die Zahl die zur Vollendung der 40 hinführt“, also die Zahl 39. — Vgl.

---

wird, wie die folgenden Beispiele zeigen: ארם, כרם, גסק (המיק), סוטה, סחט, סיד, סיח (סח), סכין, סרג, פרס, תפס.

die „Ergänzungen" dazu in meinem Mischna-Kommentar)].

ספן * „gefährden, in Gefahr bringen" (nur Piël, Ber. I, 3). — „מסוּפּן" = „in Todesgefahr schweben" (vgl. Ecc. X, 9: „יסכּן" = „er wird in Gefahr kommen"). „סכּנה" = „Gefahr, Lebensgefahr".

סמא im Niphal: „geblendet werden" („[העין]נסמית" = „[das Auge] ist blind geworden"); Piël: „blenden, des Augenlichts berauben"; — Nitpaël: „erblinden, blind werden"; — „סומא" = „Blinder".

סמפוניה „Doppelflöte" (s. Daniel III, 5).

סנן „seihen", „durchsieben" (nur in der Partizipialform des Piël: „מסנן". „מסננת" = „Sieb, Seiher". — Ebenso „סנן" im Targum u. im paläst. Aram.).

סעוּדה * „Mahl", „Gastmahl".

ספן * „Schiffer".

ספר „scheren" (Hitpaëls: „הסתּפּר" = „sich scheren"). ספר = „Barbier, Haarscherer"; — „מספרת = „Schermesser"; — „מספרים" = „Schere" (Kel. XVI, 8).

ספר „Grenze", „Grenzstadt". (Im Targum u. im paläst. Aram. nur in der Bedeutung von: „Rand", „Ufer").

סקר „färben" (Bech. IX, 7); „סקרא" = „helle [rote ?] Farbe (im Syrischen: „סקרתא").

סרב * „drängen", „in Jemd. dringen" (Ned. VIII, 7: מסרב .... ב" = „man dringt in [ihn]". — Im Targum zu II Chron. XXVI, 20, sowie im Syrischen: סרהב).

סרבן * „sich weigernd", „widerspenstig" (Ber. V, 3; vgl. Ben-Sirach IV, 25, sowie Lidzbarski, a.a.O., S. 330).

סריגה * „Gitter" (im Targum sowie im Syrischen: „סריגתא").

סרס (s. unten S. 340).

סרק „Leerheit", „Fruchtlosigkeit" (in der Verbdg.: „אילן סרק" = „Baum, der keine essbaren Früchte trägt", s. Kil. VI, 5. — Ebenso im Targum, im Syrischen und in aramäischen Inschriften).

סרק * „kämmen", „hecheln". — „סוֹרק" = „Krempler" (der Wolle auskämmt); — „מסרק" = „Kamm" (ebenso im Syrischen. Vgl. auch Jes. XIX, 9: „שׂריקות" = „Gehecheltes"; — im übertragenen Sinne: „kammförmig").

[**סתר** Vgl. unten S. 340].

עביט „Sattel des Kamels“ (Kel. XXIII, 2), auch: „Kufe“ [= Traubenbehälter] (B. mez. V, 7; in gleicher Bedeutung in der Lesart „עבט“, Toh. X, 4 u. 5).

[עבוֹרה של עיר * s. unten S. 273].

עגל (im Piël) „rollen“ (Partizip: „מעגיל, מעגל“ = „rollend, wälzend“). — „מעגילה“ = „Walze“; — „עיגול“ = „runde Masse“, „kranzförmig aufgereihte Früchte“ [Dörr-Feigen], („Press-Stein der Trauben-Kelter“).

עדל „Pfefferkraut“ (Ukz. III, 4; ebenso im Syrischen).

[עוגא * „Bewässerungsgraben“ (rings um Pflanzungen; Chul. II, 9. Kommt dort auch in den Varianten: „אונן“, „עוגל“ vor. — M. kat. I, 1: im Plural „עוגיות“)].

עָז * „eine Adlerart“ (Kel. XVII, 14).

עוּזרד „eine Mispelart“, „Spierling“ (Plural: „עוזרדין“, in anderer Lesart: „חוררין“. Richtig: „עזררין“, s. „M'lechet Schlomo“ zu Demaj. I, 1. — Ebenso im Syrischen: „עזררא“).

עטרן „Teer“ (Ebenso im Syrischen. — Schab. II, 2, u. IX, 6).

[עכּב (im Piel) „zurückhalten“, „aufhalten“, „verweilen“, „verhindern“. Substantiv: „עכּבה“ = „Verhinderung“].

עכּבית „Distelart“ (Ukz. III, 2: in der Pluralform „עכּביות“).

עילה „Ursache zur Klage“, „Schuld“, „Beschuldigung“ (Edujot V, 7. Nach anderer Lesart: „עולה, עול“. — Dan. VI, 5 u. 6: „עלה, עלא“. Syrisch u. paläst. Aramäisch „עלא“ = „Schuld“).

עלעל „fortwehen, verwehen“ (Kil. VII, 7; transitiv vom Winde gebraucht)!

עמץ (Piël) „zudrücken“ (die Augen; Schab. XXIII, 5. Andere Lesart: „אמץ“ sowie: „עצם“. Im Syrischen: „עמץ“. Im bibl. Hebr. Jes. XXIX, 10 u. XXXIII, 5: „עצם“).

עומקא * „Tiefe“ (B. batra IV, 2; vgl. dort.).

[עסק „sich beschäftigen“, Hiphil: Jemd. beschäftigen“ (ebenso im Targum. In Ben-Sirach III, 22, als Substantiv: „עסק“ = „Beschäftigung“, „Geschäft“, „Angelegenheit“, vgl. im bibl. Hebr.: „עשׂק“)].

עציץ „Gefäss“, „Blumentopf“, irdener „Pflanzen-Kübel“ (auch bildlich: „שׁותה בעציצו“ = „er trinkt aus seinem [selbst gewählten] Kübel“, — er hat die selbstverschuldeten Folgen seines Tuns zu tragen; Ketubot III, 4—5).

עקם „krümmen“ (Erub. I, 5, in der weibl. Partizipialform: „עקוּמה“ = „krumm, gekrümmt“).

עקץ „stechen" (Abot II, 10: „עקיצה" = „Stich". Vgl. Pea VII, 3: „עקץ" im Sinne von: „die Frucht am Stengel abschneiden").

עוקץ „Stachel", insbes.: „Stiel einer Pflanze", auch „Spitze", „Brustwarze", „Schwanzspitze" (im Syrischen: „עקס, עיקסא", Smith 2967).

עיקר „Wurzel", „Hauptsache"; „כל עיקר" nach vorhergehender Negation zu deren Verstärkung gebraucht im Sinne von: „ganz und garnicht" (Dan. IV, 12 ff.; ebenso Ben-Sirach XXXVII, 17. Auch im Targum sowie im Syrischen).

עראי „zufällig", „gelegentlich", „vorübergehend" (vgl. oben: „ארע" = „geschehen, sich ereignen, sich treffen").

ערבוביא „Unordnung" (Kil. V, 1. — Ebenso im Targum u. im paläst. Aram.).

עריבה „Trog", insbes.: „Backtrog" (Ebenso im Syrischen: „ערבא", Smith 2981).

ערקוב „Kniegelenk" (ebenso im Syrischen, Smith 3001).

עושף „Schneide [geschliffene Schmalseite] der Zimmeraxt (Kel. XIII, 3).

פגם „verringern"; pass. Partizipialform: „פגום" = „makelbehaftet, fehlerhaft". Substantiv: „פגם" = „Verletzung, Fehler, Makel, Mangel".

פגוש „Wurfgeschoss" (Plural: „בית הפגושות", Kel. XVI, 8. — Im Targum zu Ez. XXVI, 9, nach der uns vorliegenden Lesart: „פגוזוהי"; im Syrischen: „בגשא").

[פדחת „Stirn" (Nid. III, 5)].

פואה „Färber-Röte" (im Syrischen: „פותא").

פחח „zerlumpt gekleidet sein" (Meg. IV, 6: „פוחח" = „ein in Lumpen Gehüllter", „Halbnackter").

* פחת „durchbrechen, durchbohren" (in dieser Bedeut. Beza IV, 3, u. a. — Ebenso im Syrischen; vgl. auch unten S. 276).

פטם „mästen"; „das Salböl oder das Räucherwerk [s. Ex. XXX, 33 u. 38] nachmachen" (d. h. mit den vorgeschriebenen Ingredienzien ‚anreichern'; — s. Mak. III, 2).

פטריות „Schwämme" (Pilzgewächse, Ukz. III, 2. — Im Syrischen: „פטוריתא").

פיל „Elefant" (Kil. VIII, 6).

פים (im Hiphil: „aufstechen, ausdrücken") (Edujot II, 5:

„המפיס מורסא" = „wer ein Eitergeschwür aufsticht"). „פיס" im Hiphil auch: „losen, abstimmen". — „פיס" = „Los" (nach der Ansicht Mancher griechischen Ursprungs: ψῆφος).

* **פלג** „die Hälfte" (Dan. VII, 25. Ebenso im Alt-Aramäischen, im Targum sowie im Syrischen).

פלה „durchsuchen, absuchen" (Schab. I, 3; vgl. auch פלא, פלה im biblischen Hebr.).

פלפל „Pfeffer". — „פלפלת" = „Pfefferkraut".

פלש „durchbrochen, offen sein" (nur in der Partizipialform des Pual: „מפולש" = „offen nach beiden Seiten". Im Syrischen: „פלש". Vgl. auch: „פלס" und „פלש" im bibl. Hebr.).

פנאי „freie Zeit", „Musse" (ebenso im Targum zu Ecc. II, 10. Vgl. auch unten S. 347: „פנה").

פס „Brett, Tafel, Fläche" (mit folgendem „יד" = „Handfläche", auch: „פיסת יד"; entsprechend: „פיסת רגל" = „Fussfläche, Fuss-Sohle". Dan. V, 5 u. 24. Ebenso im Targum sowie im Syrischen). Vgl. auch unten: „פץ".

פסד (nur Hiphil הפסיד =) „Schaden erleiden"; „הפסד" = „Schaden" (ebenso im paläst. Aram.; vgl. Ps. Jonatan zu Ex. XXII, 14: „פסידא").

פסל „untauglich machen" (part. praes.: „פוסל" = „untauglich, unbrauchbar machend"; part. perf.: „פסול" = „unbrauchbar, untauglich"; Substantiv: „פסול" = „Untauglichkeit", auch: „untauglich machender Fehler". — Ebenso im Targum, im paläst. Aram. sowie im Samaritan. — Vgl. „פסל" im bibl. Hebr.).

* **פספס** „trennen, auflösen" (Schab. XXIV, 2; Nas. VI, 3. Ebenso im Syrischen).

* **פסק** „spalten, aufhören": „entscheiden, bestimmen" (Hiphil: „trennen, unterbrechen") („פסוק" = „Vers, Schriftvers"; „פסק" = „Teil, Bruchteil", im Plural: Kil. VI, 6).

פץ „Reihe, Säule" (nur in der Mehrzahl „פצים", in anderer Lesart: „פסים". Im Syrischen: „פצתא, פסתא, פסא", Smith 3186[24]. Vgl. auch Erub. II, 1: „פסין" sowie Lidzbarski 352: „פס").

---

24 Der häufige Gebrauch der Mehrzahl „פצים" (s. Maass. I, 7, sowie Targ. Jerem. XXXVI, 13) war wahrscheinlich die Ursache dafür, dass das Wort auch als Singular behandelt wurde und man sagte: „בין פצים לחברו" = „zwischen einer Reihe [bezw. Säu-

פקע * „platzen, abspringen" (Seb. IX, 6. Vgl. auch Schab. III, 3).

פקק (als Verbum) „verstopfen, zustöpseln". Als Substantiv: „פקק" = „Stöpsel, Verschluss" (Schab. VII, 7; dort von der Versperrung der Fenster-Öffnungen gebraucht).

פקר (nur Hiphil: „הפקיר") „für herrenlos [= Freigut] erklären", „derelinquieren". „הפקר" (Variante: „הבקר") = „herrenlos".

פרג (nur im Plural „פרגין") „Mohn", nach Anderen: „eine Art Hirse" (im Syrischen: „פרגא").

פרד * „Granatapfel-Kern" (Maass. I, 6. Vgl. im Syrischen: „פרדתא" sowie Joël I, 17: „פרדות").

פרט * „abreissen, absondern" (vom Granatapfel; vgl. Maass. II, 6, u. III, 9, sowie das syrische „פרט"); auch: „hervorheben", „Geld wechseln". (Im paläst. Aram. findet sich das Wort im Sinne von: „Münzen in Kleingeld einwechseln". Ebenso ist dort das Wort: „פריטא" gebräuchlich [„פרוטה" in der Mischna-Sprache] als Bezeichnung für eine bestimmte kl. Kupfer-Münze).

פרך * „zerreiben" (nur im Niphal: „נפרכת" = „zerrieben") (fem.; Bech. VI, 1).

פרנס „versorgen", „ernähren" (= „פרנס". — Substantiva: „פרנס" = „Verpfleger, Versorger"; „פרנסה" = „Versorgung". Ebenso im Targum, im Syrischen sowie im paläst. Aramäisch. Auch im Samar. u. den aram. Inschriften).

פרס * 1) „eine halbe Mine" [Betrag einer Mine: 100 Denare, Gewicht: etwa 400 Gramm]. 2) „Teil eines Brotes von gewissem Quantum" [„פרוסת לחם", vgl. Ker. III, 3]. — Daniel V, 25 u. 28, bringt „פרס" gleichfalls im Sinne von: „Teilung". — In der Bedeutung von „zugemessene Mahlzeiten" [als Lohnzahlung] in Abot I, 3. (Vgl. auch Targum zu II Sam. VIII, 2 u. 6). (Ebenso in den Papyri und im Alt-Aramäischen: „פרס, פרש", vgl. Lidzbarski 3,4). — „בית הפרס" = „Ackerteil von bestimmtem Ausmass rings um ein umgepflügtes Grab" (nach Löw [bei Krauss, Griech. u. latein. Lehnwörter, S. 492] ist das Wort griechischen Ursprungs). — Vgl. auch „פרוס" = „bestimmte Teilfrist vor einem der Wallfahrtsfeste", Schek. III, 1, sowie in den

le] und der anderen" (Schab. VIII, 7; Neg. XII, 4; vgl. auch dort im [Raw Haj zugeschriebenen] „Perusch ha-Geonim).

„Ergänzungen" dort und zu Meg. IV, 3, meines Mischna-Kommentars.

פרע „bezahlen"; mit nachfolgendem „Mem" (מ) in Kal u. Niphal: „einfordern [von . . . .]". Davon: „פורענות" = „Vergeltung, Strafe".

פרקון * „Auslösung" [von Gefangenen]. (Ket. IV, 4).

פשט „ausstrecken" [die Hand; — im übertragenen Sinne auch vom Fuss gebraucht, in der Bedeutung von: „Bankrott machen", „in Konkurs gehen", „sich für zahlungsunfähig erklären"]; auch: „vereinfachen", „in einfacher [nicht verdoppelter] Form sprechen" (Suk. III, 11). Pass. Partizipialform: „פשוט" = „einfach" (vgl. auch im bibl. Hebr.: „פשט").

פשל (im Hiphil in der Vbdg.: „הפשיל לאחוריו" = [nach hinten] „herabhängen lassen". — Ebenso im Syrischen: „פשלא"; Smith 3323).

פשפש „Wanze" (Ter. VIII, 2; ebenso im Syrischen).

פשפש „Pforte", „kl. Öffnung im Toreingang" (ebenso im Syrischen).

[**פתיל *** „Docht" (Schab. II, 1 u. 5; vgl. auch Sanhedrin VII, 2. Im Syrischen: „פתילתא")].

פתך „vermischen" (Neg. I, 2, in der Partizipialform: „פתוך" = „vermischt").

צבע * „färben" (ebenso im Alt-Aramäischen, im Syrischen sowie im paläst. Aramäisch. Doch scheint das Wort althebräisches Sprachgut zu sein, vgl. Jud. V, 30: „צבע" = „farbiges Gewand"). — „צבע" = „Färber" (vgl. „הצובעין", — Schebiit VII, 1, — in gleicher Bedeutung; Singular: „צובע").

צבת * „Zange" (vgl. Tosephta Chag. I, 9).

צהלה * „Wiehern" (der Pferde; Sota VIII, 1. Ebenso im Syrischen).

צחנה * „Fischspeise" (Ter. X, 1; Nid. VI, 4. Ebenso im Syrischen: „צחניתא").

צחצוח * „Glanz", „Blinken" (des Schwertes; Sota VIII, 1: „צחצוח חרבות" = „Schwerterblinken").

(?) **ציב** „Faser", insbesondere: „Fleischfaser" (Chul. IX, 4: „ציב היוצא מן הבשׂר" = „eine Faser, die vom Fleisch herausragt". Man vergleiche das syrische: „ציבא דבסרא", sowie „ציב" im paläst. Aram. und im Samaritan.).

ציר * „Maler, Zeichner" (Kel. XXIX, 2; Neg. II, 1. Ebenso im Targum zu Ex. XXXV, 35, sowie im Syrischen und pal. Aram.: „צירא". — Vgl. auch unten S. 350).

צירן „Triefäugiger", „Jemand, dessen Augen infolge einer krankhaften Störung [Augenschwindel] ständig tränen" (Bech. VII, 3. Syrisch: „צורנא"; Smith 3385).

צלב „kreuzigen, ans Kreuz schlagen" (Pass. Partizipialform: „צלוב" = „gekreuzigt". Substantiv: „צלוב" = „Pfahl, Kreuzigungspfahl", s. Schab. VI, 10).

צלף (nur im Hiphil:) „מצליף" = „schlagen", „zum Schlage ausholen" (gebraucht zur Bezeichnung der Armbewegung des Hohenpriesters bei der Sprengung des Opferbluts am Versöhnungstage; s. Joma V, 3 u. 4).

צלקת „Narbe" (Neg. IX, 2).

[צמרמורת „Schauer". Manche erklären: „Harnverhaltung, Harnzwang" (Nid. IX, 8; s. dort in der Erläuterung meines Kommentars)].

צנורא „Schürhaken, Feuerzange" (vgl. Kel. IX, 6, u. XI, 9).

צנן * „kalt werden"; Subst.: „צונן" = „Kaltes" (? Ebenso im pal. Aram.).

צנעא * (mit vorangestelltem Buchst. ב) „בצנעא" = „an verborgener Stelle". (Ebenso im Targum. — Vgl. auch unten S. 351: „צנע").

צער „quälen" („מצטער" = „sich quälen", „Schmerzen auf sich nehmen", bedauern". — Subst.: „צער" = „Schmerz, Leid". Vgl. Abot V, 23 [dort: „צערא" = „Mühe"]. Ebenso im Targum, im pal. Aram. sowie im Samaritan. Siehe Lidzbarski S. 359. — Vgl. auch im bibl. Hebr.: „צער").

צפף (in pass. Partizipialform:) „צפוף" = „eng aneinandergedrückt", „zusammengedrängt" (Abot V, 5).

צרך * „bedürfen, nötig haben" (Joma III, 2: „הוצרכו" = „sie bedurften". Pea VIII, 9: „יצטרך" = „er wird bedürfen"). „צריך" = „er muss, er benötigt" (ebenso im Targum, im pal. Aram. sowie auch Ben-Sirach XXXI, 4, u. a. — Vgl. „צרך" im Syr. u. Samar.).

(Zu צרכיה usw. in Nid. IX, 1 u. 2 (im Sinne von: „ihre Notdurft [verrichten]") vergleiche man den Targum zu I Sam. XXIV, 4, u. a.).

צרם „reissen, abreissen".

קבע „befestigen“, „festsetzen“. — Subst.: „קבע“ = „Festgesetztes“ (je nach dem Zusammenhang: „feste Zeit“, „feste Pflicht“, „feste Wohnung“ etc.).

קדח „durchbohren, durchlöchern“; „מקדח“ = „Bohrer“ (vgl. „קדח“ im bibl. Hebr.).

קדר „schneiden, durchschneiden“ (Erub. V, 6: „מקדרין“ = „man durchschneidet“. In anderer Lesart: „מקדירין“. — Ukz. II, 4: „קדורה“ = „durchlöchert“; andere La.: „קדודה“. — Targ. Est. VIII, 10: „איתקדרו“. Im Syr.: „קד, קדר“; Smith 3483, 3498. — Samaritan.: „קדר“, ebenso im Arabischen).

קדרה „Topf“; „קדר“ = „Töpfer“.

קודם * „vor“ (Dan. VII, 7: „קדם“; ebenso im Alt-Aramäischen, im Targum sowie im Syrischen. Im paläst. Aram.: „קודם“. Im Mandäischen: „קודאם“).

[קולית „Wasser-Blase“, die von einer kochenden Speise aufsteigt (Tib. J. I, 1 u. 2; vgl. dort in den „Ergänzungen“ meines Mischna-Kommentars)].

קולנית * „lärmend ‚keifend“ [fem.] (? Ket. VII, 6. — Syrisch: „קלניא“).

קור „Palmkohl“, „Palmhirn“ (Ukz. III, 7; syrisch: „קורא“).

קורה * „Zufriedenheit, Befriedigung, Genugtuung“; — „Seligkeit“ (in der Vbdg.: „קורת רוח“, Abot IV, 17. Ebenso im Syrischen, Smith 3711).

קושט „Kostwurz“ (Ukz. III, 5; in anderer Lesart: „פושת“. Im Syrischen: „קוסטוס, קושתא“).

[קטט „streiten“. Subst.: „קטטה“ = „Streit, Hader, Unfrieden“ (Jeb. XV, 1 [24*]; von der Wurzel: „קטט“ im Aramäischen)].

קטם „abschneiden, abbrechen“.

קטע „abhauen, abhacken“.

קטף „Balsambaum“ (Schebiit VII, 6).

קטרב „Pflock am Joch“ (Kel. XIV, 4, u. XXI, 2).

קים * „bleibend, lebend, bestehend, beständig“; auch: „gültig“. (Verbum: „קיים“; — Substantiv: „קימא“ = „Bestand“, vgl. Ben-Sirach XLII, 23).

קיסם „Span, Holzsplitter“.

---

24 * In der Mischna des jerusal. Talmud steht dort: „אין שלום“ = „kein Friede“, jedoch im Text des Jer., daselbst Bl. 14 d: „קטטה“ = „Streit“.

[קלס „preisen, lobpreisen“ (Pes. X, 5; fehlt in einigen Texten. — Vgl. auch: Ben-Sirach XLVII, 15, sowie: „קלין“ im Samaritaner. — Nach Einigen griechischen Ursprungs)].

קלף „abschälen“. — Subst. „קליפה“ = „Schale“.

קלקל „verderben“, eine Sünde begehen“; „schädigen, Schaden zufügen“; auch: „sich verunreinigen, sich beschmutzen“ (s. Mak. III, 14). Substantiva: „קלקול“ = „Verdorbenes“; „Beschädigung“ (M. kat. I, 2). „קלקלה“ = „Niedergang“, „Verfall in Sünde“.

* קמט „Falte, Runzel“ (ebenso im Syrischen: „קמטא“).

קמיע „Amulett“ (ebenso im Syrischen).

קנט (im Hiphil) „הקניט“ = „kränken“ (Jad. IV, 7).

קנקן „Pflugschar“ (B. mez. VI, 4; im Syrischen: „קיקנא“).

קופה „Korb, Kiste, Gefäss“ (im Syrischen: „קופי; im paläst. Aram.: „קופתא“. — Das Wort ist nicht griechischer Herkunft).

קיפח „schlagen“ (Sota VIII, 6), auch: „beeinträchtigen“ (s. Kid. IV, 14).

* קצב „Fleischer, Metzger“ („בן הקצב“ = „der Sohn des Metzgers“ [als Teil der Namensbezeichnung] in Ket. II, 9, wie auch anderwärts. — Ebenso im Syrischen und Tadmorischen).

קרויה (? „trockener Kürbis“, „Flaschenkürbis“).

קרטם „abpflücken“ (Maass. III, 3 u. 9. Variante: „קרסם“. Im Syrischen: „קרטם“).

קורנית „Thymian“ (Schebiit VIII, 1, u. a. Im Syrischen: „קורניתא“).

[קרצף „kratzen“ (s. Beza II, 8)].

קורקבן „Magen des Vogels“ (Chul. III, 3 u. 6; im Syrischen: „קורקבנא“ = „Kropf des Vogels“).

קרש „gerinnen“.

קישט „schmücken“ (vgl. Sota I, 7).

קת „Stiel“ (Mak. II, 1; in anderer Lesart: „קנת“).

[ראי s. unter „רעי“].

* רבון „Herr“ (Taanit III, 8: „רבונו של עולם“ = „Herr der Welt“ als Gottes-Anrufung zu Beginn eines Gebetes).

* רביעה „Regenzeit, Regenfälle“; ebenso im Syrischen. (Im Samaritan.: „רבוע“ = „Staub“).

רביעית „ein Musikinstrument (insbes. zur Begleitung von Trauerliedern der Klageweiber, Kel. XVI, 7. In anderer Lesart: „רביעין"; ebenso im Targum, II Sam. VI, 5).

ריבית * „Zins, Wucher" (ebenso im Targum. Im Syrischen: „רביתא".

רבן * „Meister" (Ehrentitel, insbes. für den Nassi. Ebenso im Targum. Im Syrischen: „רבנא").

רבנות „Herrschaft, Herrentum" (Abot I, 10).

רבקה „Gespann" (Plural: „רבקות" in Erub. II, 1. Im Syr.: „רבקתא").

[רגיל „gewohnt, geübt"].

רהן (nur Hophal) „הודה" = „verpfändet werden" (Edujot VIII, 2. Ebenso im Alt-Aramäischen; s. Lidzbarski, 368).

[רובד * „getäfelte (gepflasterte) Reihe" (am Boden), „Terrasse"].

[רובים * (Pluralform) „die jungen Priester", „Priesterknaben" (Tamid I, 1; Vgl. auch Schek. VIII, 5, in der richtigen Lesart: „ריבות" = „Jungfrauen, Mädchen". — Im Aramäischen: „רביא")].

רומא * „Höhe" (B. batra IV, 2; s. dort).

רוקן * „ausleeren" (von dem Adjektiv: „ריקן" = „leer").

רחש „Kriechtier" (= Schlange; Ter. VIII, 4).

רוטב * etwas „Saftiges", insbesondere: „saftige, feuchte Datteln" (Ukzin II, 2: „גלעינה של רוטב" = „der Kern einer feuchten Dattel" [= Tebul Jom III, 6: „תמרים רטובות"]). — Auch: „Brühe" (Chul. IX, 1).

רטש („רטוש" =) „Ausgewanderter, Emigrierter" (Arach. VII, 4: „שדה רטושין". — Vgl. „רטש" im biblischen Hebräisch).

[רים „Augenbraue" (im Plural: „ריסי עיניים")].

רכן (im Hiphil) „הרכין" = „neigen" (das Haupt; Git. VII, 1); auch: „biegen, zur Seite neigen, schräg halten" (ein Gefäss, um Flüssigkeitsreste austropfen zu lassen; s. B. batra V, 8).

רמז „winken". Substantiv: „רמיזה" = „Wink, Andeutung".

ריסם * „zerschlagen".

ריסק „zerstückeln".

רקק „Sumpf, Schlamm" (Schab. XI, 4).

רעי „Kot, Exkremente" (Variante: „ראי").

רשה * (im Hiphil) „erlauben" (Ter. III, 4: „הרשה" = „er hat erlaubt"; Ben-Sirach III, 22). — „רשאי" = „befugt". (Ebenso in aram. Inschriften). — „רשות" = „Erlaubnis", „Gewalt", „Herrschaftsbereich", „Gebiet". — „רשות" = „Herrschaft", „Obrigkeit". (Ebenso im Samaritan.).

* רושם „Kennzeichen, Merkmal" (Das Verbum „רשם" kommt in der bibl. Sprache vor, Dan. X, 21: „רשום בכתב" = „schriftlich verzeichnet").

רתע (im Niphal „נרתע" und Hiphil הרתיע) „beben", nur mit anschliessendem: „לאחוריו" [= „rückwärts"] im Sinne von „zurückbeben, zurückweichen".

[שבש „verwirren" (Jeb. XVI, 7: „משובש" = „verwirrt, in Verwirrung gebracht, gestört")].

שבשבת „Zweig, Ranke" (insbes. die „Leimrute" der Vogelsteller, Schab. VIII, 4. Im paläst. Aram.: „שובשב". Vgl. im Targum sowie im Syrischen: „שבישתא"; im Targum auch: „שיבשא").

שבת „Dill" (zum Würzen von Speisen dienende Gartenpflanze. — Ebenso im Syrischen sowie im paläst. Aramäisch).

שגר „aussenden, in Lauf setzen", „schicken" (im Zusatz zur Mischna Pes. IV, 9: „שיגר" = „er schickte". — „שגורה" = „geläufig" (fem.; Ber. IV, 3, u. V, 5. In anderer Lesart: „שגרה"). Vgl. auch unten S. 359: „שגר" = „Flug".

שדל (im Hitpaël) „השתדל" = „sich bemühen, sich Mühe geben" (Abot II, 5, und IV, 18).

שהה „verweilen". — „שהות" = „geraume Zeit, genügend Zeit" (Beza III, 3; — fehlt dort in einigen Texten).

שובך „Taubenschlag".

(?) שום „schätzen, abschätzen"; als Substantiv: „Abschätzung, Taxierung". Ebenso im paläst. Aramäisch. Im Samaritan.: „שום, שאם".

* שומן „Fett" (Ker. IV, 1. Vgl. auch „שומן הפירות" = „das Beste von den Früchten", „שומן הדגן" = „das Beste vom Getreide", in Sota IX, 12 u. 13. — Ebenso im Syrischen: „שומנא דעבורא").

שוף „reiben, abreiben"; — „שפשף" = „glattreiben, polieren, putzen". — Substantiviert: „שיפה" = „das Glätten, Glattreiben" (Men. VI, 5).

שופי „Leichtigkeit" (von etwas, das sich ohne Schwierigkeit, ohne Schmerzen, „glatt" vollzieht; Nid. IV, 6. — Vgl. auch unten S. 361: „שפה").

שופין (Singularform!) „Feile" (Kel. XXX, 1. Ebenso im Targum sowie im Syrischen: „שופינא, שוף". Vgl. auch „שוף" im bibl. Hebr.).

שושבין „Hochzeitskamerad", „Unterführer" (Sanh. III, 5). „שושבינות" = „Hochzeitsgeschenke" (B. batra IX, 4).

[שחז (Hiphil) „השחיז" = „abschleifen, schärfen". Subst.: „משחזת" = „Gerät zum Schleifen", „Schleifapparat" (Kel. XIII, 17)].

* שחי „Achselhöhle" (in der Form „שחיו" = „seine Achselhöhle" in Sanh. VII, 7. — Auch „בית השחי". Im Targum: „בי שחיא, שחאתא". Im Syrischen: „שחתא").

שחמתית (fem.) „dunkel, dunkelfarbig" (B. batra V, 5).

שחרר s. oben unter „חרר".

שחת (?) „Grünfutter".

שטה (nur Nitpaël) „נשתטה" = „wahnsinnig, geisteskrank werden". — „שוטה" = „Geisteskranker, Schwachsinniger" („כלב שוטה" = „toller Hund").

שיטה (?) „Reihe".

שטר „Dokument, Schriftstück, Schein, Urkunde" (ebenso im Targum, im Syrischen u. in aramäischen Inschriften. Vgl. Gesenius, Stichw.: „שטר").

שיזפין „Zizyphus, Judendorn" (Kil. I, 4. In anderer Lesart: „שזיפין שופין". Im Syrischen: „זוזפא").

שיירא „Karawane" (Ebenso im Targum, im Syrischen sowie in aram. Inschriften).

שירה „Seide" ([„שיראים"], „שיריים" = „seidene Gewänder", Kil. IX, 2. Im Targum: „שיראה". Im Syrischen: „שירא שארא". Im Mandäischen: „שאראיא").

* שכונה „Wohnstätte, Bezirk, Stadtviertel".

[שכינה „die göttliche Thronung", göttliche Weihe" (als Gottesbezeichnung). Ebenso im Syrischen sowie im Targum: „שכינתא"].

[* שליח „Bote". — „שליח צבור" = „Vorbeter". — „שליחות" = „Sendung, Auftrag"].

שלח „Fell" (im Syrischen: „שלחא"; vgl. Lidzbarski 376 sowie Gesenius, Stichwort: „שלחא").

שלק „kochen, sieden". — „שלק" = „Gekochtes" (ebenso im Syrischen. Vgl. Targum II Reg. XIX, 26 [im Sinne von „שדוף" = „versengt"] und Jes. XXXVII, 27, sowie in den „Ergänzungen" zu Ned. VI, 1, in meinem Mischna-Kommentar).

שלשל „verketten", „herablassen" (an Ketten oder Stricken), „herabhängen". — Subst. „שלשלת" = „Kette" (im bibl.

Hebr.: „שרשרת“. Im Targum: „שלשלתא“, wie auch: „שושליתא“. Ebenso im Syrischen und im palastinensischen Aramäisch: „ששלתא“).

שמא „vielleicht“ (Zusammenziehung von: „ש—מא“; entspricht dem aramäischen: „דלמא“).

שמן „abschätzen“ (s. B. batra VII, 4; Bechorot II, 6—8; sowie oben: „שום, שומן“).

שימש „dienen, bedienen“, „zu etwas dienen“ (von leblosen Dingen), auch: „Beischlaf vollziehen“ (insbes. von der Frau gebraucht). — „שמש“ = „Diener“. — „תשמיש“ = „Benutzung, Gebrauch“ (in der Vbdg.: „תשמיש המטה“ = „Beiwohnung“).

שומשום „Sesam“ (Teb. Jom I, 5; Plural: „שומשמין“. Im Syrischen: „שושמא“).

שנן * „Felsenspitze“ (Ohal. VIII, 2, in Pluralform: „שננים“; nach anderer Lesart: „שננות“. Im Syrischen: „שנא“).

שנץ (?) „Schleife, Riemen, Schnürband“ (Plural: „שנצות, שנצין“. — Vgl. im bibl. Hebr.: „שנם“).

שעבד „unterwerfen, dienstbar machen, versklaven“; auch „belasten“ (von Grundstücken; „נכסים משועבדים“ = „belastete Güter“). — Subst.: „שעבוד“ = „Unterjochung, Knechtschaft“ (vgl. Pes. X, 5; fehlt dort in einigen Texten).

שעה „Zeit“, „eine Stunde“ (Dan. III, 6 u. 15; u. a. — Ebenso im Syrischen u. im paläst. Aram., sowie im Samaritan. — Im Targum II Reg. XX, 11: „אבן שעיא“, entsprechend: „אבן השעות“ = „Sonnenuhr“ [wörtlich: „Stein der Stunden“, d. h. Stein, in den die Stundenzeichen eingraviert sind], Mischna Edujot III, 8).

שעוה „Wachs“.

שעמום „Geistesverwirrung“ (Ket. V, 5).

שפוד „Spiess“, insbes.: „Bratspiess“ (nach Manchen griechischen Ursprungs).

שפול * „der untere Teil“ („שפולי מעים“ = „der untere Teil des Körpers“, Nid. IX, 8).

שפע * „reichlich fliessen“; im Hiphil: „השפיע“ = „in Menge verkaufen“ (Demaj II, 4: „משפיעין“).

שקיא * „Bewässerung“ (insbes.: „ein mangels hinreichender natürlicher Feuchtigkeit künstlich bewässertes Feld“; Ter. X, 11. — Ebenso im Targum u. im Syrischen).

שקיף * „Felsen-Riss“, „Fels-Spalte“ (Ohal. III, 7, und VIII, 2).

שרה „sich niederlassen, wohnen, weilen, ruhen" (in der passiven Partizipialform „שרוי" im Sinne von „lagernd, ruhend"; Erub. VI, 6; Abot III, 6. Ebenso im Targum. Im Syrischen: „שרא", im Samaritan.: „שרי". Vgl. auch im Nabatäischen: „משרותא", sowie im bibl. Hebräisch: „שרה").

שׂרף „schlürfen, einschlürfen" (im Sinne von: „aussaugen": Ab. sara II, 5). Im Syrischen: „סרף".

[שׂרף „Saft"; — „von Baumstämmen austräufelnde harzartige Flüssigkeit"].

שתות „ein Sechstel" (vom aramäischen „שית" = „sechs").

שתף (nur Hitpaël:) „השתתף" = „sich vereinigen, sich beteiligen", „Teilhaber werden". — „שותף" = „Teilhaber"; „שותפות" = „Anteil", „Teilhaberschaft", „Assoziierung". (Vgl. die Lesart in Ben-Sirach XLI, 18, und XLII, 3, — sowie auch Lidzbarski 383).

תבל [?] (nur im Plural:) „תבלין" = „Gewürze". (Hiervon das Verbum: „תיבל" = „würzen"; ebenso im pal. Aram. das Verbum: „תבל" in der Bedeutung von: „salzen". — Vgl. auch „תבל" in Arach. II, 6 [dort von den Knabenstimmen im Heiligtum gebraucht, die als „wohlklingende Begleitmelodie", — „תבל בנעימה", — zum Gesang der Leviten und zu deren Instrumental-Musik dienten]).

תבע „fordern", „auffordern". Subst.: „תביעה" = „Forderung", „Anspruch".

[תבשיל * „Speise, Gericht"].

תגר „Händler". (Ebenso im Targum, im Syrischen sowie im paläst. Aram. und in aramäischen Inschriften; findet sich auch in Ben-Sirach XLII, 5).

תדיר „ständig, beständig" (Dan. VI, 17 u. 21: „בתדירא". Ebenso im Targum).

[תוספת * „Hinzugefügtes, Zugabe, Beigabe", auch „Anbau" [so Schebuot II, 2]. — (Ebenso im Syrischen: „תוספתא" = „Zusatz", Smith 1610)].

תות „Maulbeerbaum", auch dessen Frucht, die „Maulbeere" (Maass. I, 2, in Pluralform: „תותים". Im Syrischen: „תותא").

תותב „sitzend", „eingesetzt" (Schab. VI, 5: „תותבת" = „künstlich eingesetzter Zahn", „Stiftzahn").

תחום „Grenze". (Ebenso im Targum, im Syrischen, im palästin. Aram. sowie in aramäischen Inschriften).

תכף [?] (mit nachfolgendem Buchstaben „Lamed" [.... ל]): „sogleich nach", „unmittelbar nach" (Men. IX, 8: „תכף לסמיכה" = „unmittelbar nach der Handauflegung". Im Targum sowie im Talmud: „תכף" und: „תכיפא". Im Syrischen: „תכב", Smith 4431. Vgl. auch unten S. 289: „תכף").

תכשיט [?] (im Plural:) „תכשיטין" = „Schmuck", „Schmucksachen".

* **תלוי** (Substantiv) „Henkel" (= „Griff zum Aufhängen". Im Syrischen: „תליתא").

תלש „reissen, abreissen, ausreissen"; — im Niphal: „losgerissen werden".

תמכא „ein Bitterkraut" (Pes. II, 6).

תנאי „Bedingung"; ebenso das Verbum: „התנה" = „Bedi*n*gungen vereinbaren". (So auch im Targum sowie im Syrischen; s. auch Lidzbarski, 387).

תקל (im Niphal) „נתקל" = „straucheln". — „תקלה" = „Hindernis", „Anlass bezw. Ursache zum Straucheln" [auch übertragend im moralischen Sinne gebraucht]. — (Ebenso Ben-Sirach XIII, 23 [„נתקל"]; XXXII, 20 [„תתקל"]; XXXI, 7 [„תקלה"]).

* **תורגמן** „Dolmetsch" (Mak. I, 9; in anderer Lesart: „מתורגמן". Meg. IV, 4, in vielen Texten: „תורגמן", in dem uns vorliegenden Text: „מתורגמן". — Im Targum: „תירגמא", auch: „תורגמנא" und: „מתורגמנא". — Im Syrischen: „תרגמנא" und „מתרגמנא". — Im palästin. Aramäisch: „תרגומן").

תרה (Hiphil) „התרה" = „verwarnen, ermahnen". Substantiv: „התראה" = „Verwarnung" (insbes. im strafrechtlichen Sinne: Verwarnung des Täters durch die Tatzeugen vor Begehung der strafbaren Handlung unter Hinweis auf deren Folgen, Sanh. X, 4).

תרווד „Löffel", „Schöpflöffel" (Ebenso im Syrischen: „תרודא", Smith 4497).

תרמיל „Ranzen", insbesondere: „Hirtentasche" (auch: „תורמל". Das Verbum „תירמל" wird von bestimmten Pflanzen gebraucht im Sinne von: „taschenartige Formen hervorbringen", Schebiit II, 8).

תרנגול „Hahn".

[תרעומת * „Murren", „Nachrede", „Verdruss" (über das inkorrekte Verhalten eines Anderen, ohne Handhabe für gerichtliche Massnahmen)].

תרפות „Verderben", „Schande", „Scham" (insbes. Bezeichnung für einen Götzen sowie für den ihm geweihten zügellosen heidnischen Kult; Ab. sara II, 3). Auch: „תורפה" (ebenso im Targum; im palästinensischen Aramäisch: „תרפותא").

תשבחה * (?) „Lobgesang, Lobpreisung" (Suk. V, 4 im Plural: „תשבחות". Ebenso im Targum. Im Syrischen sowie im paläst. Aram.: „תשבוחתא").

תשלום * (?) „Bezahlung", „Ersatz" (Ebenso im Targum. — Ben-Sirach XII, 2, u. a.: „תשלומת").

[תשמיש s. oben unter: „שמש"].

תשרי „Tischrë", der erste jüdische Kalendermonat (R. hasch. I, 1, 3 u. 4. Ebenso im Targum, im Syrischen sowie in aramäischen Inschriften).

2. *Neu auftretende Wörter, die nicht im Aramäischen vorkommen*

[אביונות „Innenteil der Frucht des Kappernstrauchs" (Maass. IV, 6. Nach Manchen stellt das Wort die Pluralform von „אביונה" dar, das in Ecc. XII, 5, im Sinne von: „Begehren, Liebessehnsucht" vorkommt)].

אבוקה (nur Plural:) „אבוקות" = „Fackeln", „Bündel von Kerzen oder Kienspänen".

אביק „Abflussrohr, Leitungsröhre" (Mikw. VI, 10: „האביק שבמרחץ" = „das Abflussrohr im Badehause" [zur Ableitung des Schmutzwassers]).

איפול * „Trauer" (Jeb. IV, 10).

אפק * „mit Staub bedecken". (Im Piël: „מאפקין" = „ man bedeckt mit Staub", Schebiit II, 2. Im Hitpaël „מתאפק" = „sich bestäuben" [mit dem Staub seiner Füsse], übertragend im Sinne von: „als Schüler [in Demut] zu Füssen Jemds. sitzen"; Abot I, 4).

אנד * „binden"; substantiviert: „אגוד" = „das Binden" (Pea VI, 10: „אגודי השום" = „Knoblauchstauden, bestimmt zum Binden von Knoblauch-Bündeln").

אגדה * (= „הגדה") „Erzählung"; als Kollektivbegriff: „der gesamte aggadische Teil [im Gegensatz zum halachischen] des überlieferten Schrifttums". (Im Plural: „אגדות" in Ned. IV, 3).

אגודל „Daumen" (auch: „גודל").

אוגן „Henkel, Griff, Rand" (eines Gefässes. — Nach anderer Lesart: „הוגן").

אגס „Birne", auch: „Birnbaum".

[אגורי „Name einer mittelgrossen Olive" von konzentriertem Ölgehalt (Kel. XVII, 8)[25]].

* אדני השדה „menschenähnliches erdgebundenes Lebewesen unabgeklärter Art" (Kil. VIII, 5; vgl. dort).

אונין (Plural) „Strähnen" (z. B. von Flachs).

אזוביון „ysopartige Heilpflanze" (Schab. XIV, 3).

אחה „zusammennähen" (einen Riss in der Kleidung; Sanh. VII, 5: „ולא מאחין" = „und sie nähen nicht wieder zusammen". Das Wort findet sich auch im Targ. Ecc. III, 7, ist aber dort wahrscheinlich dem Hebräischen entlehnt. Die Peschitta das. bedient sich der Wurzel: „חוט" (חטט) nach der Art unseres Targum an anderen Stellen, vgl. Gen. III, 7; Ez. XIII, 18; u. anderwärts).

* אחיזה „das Fassen, Ergreifen, Festhalten" (eines Gegenstandes).

* אחר „nach [nachdem]" (in den Verbindungen: „שלאחר, מאחר . . . . מאחר ש"). (Siehe auch weiterhin unter: „כך").

* אוטם „Unterbau, Sockel, Fundament" (Mid. IV, 6; Para III, 6).

[* אי „nicht" (häufig an Stelle von: „אין", beispielsweise: „אי אתה . . . . . ." = „Du . . . . [Verbform] . . . nicht"; „אי אפשי" = „ich will nicht, mag nicht"; „אי אפשר" = „es ist unmöglich").

אידן „Weidenbast" [= brennbare Wollfasern zwischen Rinde und Stamm von Weidenbäumen], „Weiden-Wolle" (Schab. II, 1; s. meinen Kommentar z. St.).

אילונית „unfruchtbare, gebärunfähige Frau". (Von „איל" = „Widder" wurde das Wort „אילונית" = „widderähnlich" gebildet [wohl im Hinblick auf gewisse in solchen Fällen zuweilen auftretende sekundäre männl. Geschlechts-Merkmale], ähnlich dem Ausdruck „דוכרניתא" im Aramäischen, von „זכר" = „Widder, männl. Tier"; vgl. Babli, Ket. 11 a).

---

25 Vgl. meine Ausführungen in den Anmerkungen zu Bereschit Rabba, S. 1153.

אלתית „eine Fischart“ (Machsch. VI, 3: „חתיכת אילתית“ = „ein Stück vom Fische Iltit“).

אים „in Furcht setzen“ („מאיימין“ im Sinne von: „ängstlich machen“, „einschüchtern“; Sanh. IV, 5).

אימה „Spule“ (zum Aufwickeln der Fäden beim Spinnen oder Weben; Kel. XI, 6, u. XXI, 1).

אירונית [fem.] „städtisch“ (Edujot III, 5: „לבסין אירוניות“ = [klein-]städtische irdene Kochtiegel“; nach Anderen: Kochtiegel, die in geschlossener kugelartiger Doppel-Form hergestellt und nach dem Brennen in zwei Hohlgefässe zerlegt wurden).

* אל „zu“. — „מאליו, מאליהן“ = „von selbst“.

אלל „Sehne“ insbes.: „Halssehne des Viehs“ (vgl. Chul. IX, 1, sowie in der Gemara, das. 121 a. — Targum Hiob XVII, 4).

* אלמן (im Nitpaël) „נתאלמן“ = „verwitwet werden“ („נתאלמנה“ = „sie wurde Witwe).

אל׳ף „Aleph“ (der erste Buchstabe des hebr. Alphabets; Schek. III, 2).

אמד „schätzen, abschätzen, taxieren“ (davon: „אומד“ = „Schätzung“, auch: „Mutmassung“).

אמן „einsammeln und zusammenbinden“ (Ukz. II, 5: „אגוזים שאמנן“ = „Nüsse, die man gesammelt und gebunden hat).

אמר (im Hiphil) „wachsen, steigen“ (Sota IX, 15: „היוקר יאמיר“ = „die Teuerung wird steigen, wird zunehmen“).

* אמר (in Bezug auf eine Bindung durch Worte) „אמירה“ = „das [blosse] Aussprechen, Versprechen“ (ohne formellen Übereignungsakt, Kid. I, 6). — „כלומר“ = „das will besagen“, „das heisst“, „das bedeutet“ (Sanh. VI, 4 u. 6).

אמורים „die zur Verbrennung auf dem Altar anbefohlenen Opferteile“ (s. in den „Ergänzungen“ zu Pes. VI, 5, meines Mischna-Kommentars).

אניץ „Bündel“ („אניצי פשתן“ = „Flachsbündel“, B. mez. II, 1, u. Ned. VII, 3).

* אסור „Verbot“; — „אסור מצוה“ = „ein Verbot, das auf einem Gebote beruht“ (Jeb. II, 3; vgl. die dort in der folgenden Mischna enthaltenen Beispiele. — S. auch unten S. 294: „אסר“).

אפון „Erbe“ (nur im Plural: „אפונים“).

* אפייה „das Backen“.

אפץ (nur Part. pass. fem.) „אפוצה" = „fest zusammengedrückt" (s. Ohal. IX, 3 u. 7).

אפשר „vielleicht", „möglicherweise". (Das Wort findet sich oft auch im Ps. Jonatan, ist jedoch dort wahrscheinlich aus dem Hebr. entlehnt).

ארינ * „Gewebtes" (s. Schab. XIII, 1; Kel. XXVII, 1, u. XXVIII, 6).

ארום „musikalisches Schlaginstrument", eine Art „Tamburin" (Sota IX, 14; Kel. XV, 6. — Nach Manchen stammt das Wort aus dem Griechischen).

ארח * (Piël) „מארח" = „als Gast aufnehmen, beherbergen, bewirten". — (Hitpaël) „מתארח" = „als Gast aufgenommen, beherbergt werden"; „verweilen".

ארוכה * „Längsseite", „Seitenbrett" („ארוכות המיטה" = „längsseitige Bretter des Bettgestells": „ארוכות של נחתומים" = „Backbretter der Bäcker").

ארוסה * „Angelobte" (durch den Akt der „ארוסין" = „Angelobung").

אשבורן „Bodensenkung", „wassergefüllte Erdvertiefung".

[אשורית * „Assyrisch"].

אִשׁוּת „Ehestand", „eheliches Leben" (Ned. VIII, 7).

אשישׁ „Linsenkuchen" (Ned. VI, 10: Plural „אשישים" = „mit Honig eingerührte Linsenspeisen").

אשלג „Pottasche".

באשׁ * (Hiphil) „הבאיש" = „zu reifen beginnen" (von Weintrauben gebraucht, s. Schebiit IV, 8; Maass. I, 2).

בגר „geschlechtreif werden" („בגרה" = „sie hat die Geschlechtsreife erreicht"; „בוגרת" = „geschlechtsreifes Mädchen". Auch das Substantiv: „בגר" = „Geschlechtsreife" bezw.: „Eintritt der Geschlechtsreife", Ned. X, 2. Das Wort kommt auch im Ps. Jonatan vor. — Num. XXX, 11 u. 12, — ist aber dort aus dem Hebräischen entlehnt).

בדד * „Olivenpresser" (s. Toh. IX, 8; X, 1—3; sowie unten S. 295: „בד").

בדה * „absondern" (Men. V, 1: „בודה" = „man sondert ab").

בדיד „Hacke, Spaten" (zum Graben von kl. Bewässerungsrinnen rings um die Bäume; Kel. XXIX, 7).

בודידה „kleine Olivenpresse" (Schebiit VIII, 6).

בחל (Piël) „ביחל" = „zu reifen beginnen". (In gleichem Sinne

„הבחיל“). — Substantiv: „בוחל“ = „die erste Reife“ (Nid. V, 7).

בחירה * „Wahl, Erwählung“ („בית הבחירה“ = „das Haus der Erwählung“, „als Bezeichnung für Jerusalem [und den Tempel]; Maass. sch. V, 12).

בטוי * „das Sprechen“, „Ansprechen“, „zum Ausdruck bringen“.

בטח „ein Vorsprung am Fenster nach aussen und nach innen“ (Ohal. XII, 3; s. dort).

בטנון * „ein gr. Musikinstrument“ (Bassgeige?; Kel. XV, 6).

בינוני * „mittelmässig“, „von mittlerer Art“ [= „Durchschnittsart“], „von mittlerem Maasse“ (Kel. XVII, 5—10).

בנתיים * „inzwischen“, „dazwischen“.

בייר * „Brunnenbauer“, „Brunnenmeister“ (Schebiit VIII, 5).

בירית „Strumpfband“ (Schab. VI, 4).

בישן * „Schamhafter, Schüchterner“ (Abot II, 5).

בישני „beschämend, in den Schatten stellend“ (von einem Baume gebraucht, der durch seinen reichen Ertrag die andern Bäume „beschämt“, Pea VII, 1). — Nach Anderen Herkunftsbezeichnung: „aus Beischan = Beth-Schaan“.

בי״ת „Beth“, der zweite Buchstabe des hebr. Alphabets (Schek. III, 2).

ביתי * „zum Hause gehörig“, „ans Haus gewöhnt“, „domestiziert“ (von Haustieren gebraucht, s. Beza V, 7: „הבייתיות“ = „die Haustiere“).

בכיר * „früh gereift“, „früh reifend“ (von Boden-Erträgnissen), auch: „Gegend, wo die Erträgnisse früh reifen“ (Schebiit VI, 4).

בוכריה „eine weder zum menschlichen noch zum tierischen Genuss geeignete Pflanzenart“ (Schebiit VII, 2. Nach Manchen ein griech. Wort).

בלבד * „nur“, „allein“.

בלבסים (Plural) „eine Feigenart“ (? Ukzin III, 2; vgl. dort in der Erläuterung meines Kommentars. — Maass. II, 8 [„בלופסין“], s. dort).

בלט „heraustreten, hervorquellen“ (von den menschl. Augen gebraucht in Sota III, 4. — Ebenso im Targum II. Chron. V, 9; doch ist das Wort dort wahrscheinlich aus dem Hebräischen entlehnt. Vgl. Babli, Joma 54 a. S. auch im Syrischen: „בלט, בלי“).

בלילה * „das Durchrühren, Durchkneten" (des Teiges der Opferspeisen mit Öl; Men. VI, 3).

בלם „beschmutzen" (Mikw. IX, 5: „הבלוסין" = „die beschmutzten" [Geräte]).

בליעה * „das Verschlingen, Verschlucken".

בנאי „Bauarbeiter, Baumeister".

בעבע „Blasenziehen, sprudeln, schäumen". — „בעבוע" = „das Blasen ziehen, das Schäumen" (Mikw. X, 4). — „בעבוע שבחבית" (Teb. Jom II, 8) = „Blase [Hohlraum an der Wand] des Fasses" [26].

בעיטה „Tritt", „das Schlagen, Stossen, Zerstossen" (mit den Füssen; Men. VI, 5. — S. auch unten S. 298: „בעט").

[בעל „Herr", „Eigentümer", „Ehemann" (auch in der Vbdg.: „שדה הבעל" = „Feld von natürlicher Fruchtbarkeit", das mit der Regenbefeuchtung auskommt und keiner künstlichen Bewässerung bedarf; B. batra III, 1)].

בעילה * „Beiwohnung, Beischlaf".

ביעור * „Beseitigung, Vertilgung"; „Fortschaffung".

בצלצול * „kleine Zwiebelart", die „Schalotte" (Kil. I, 3).

בצירה * „Weinlese" (Pea VII, 3).

ביקוע * „das Spalten" (von Holz). — „בקעת" = „etwas Abgespaltenes", „ein Holzscheit" (Beza IV, 5).

בורך * „Pflugholz, Pflugknie" (= „בורך המחרשה", s. Kel. XXI, 2, und Ohal. XVII, 1).

בריכה * „knieförmig abgebogener Zweig" (dessen Spitze in den Erdboden eingegraben wurde, um dort Wurzel zu schlagen und so einen Ableger des Mutterbaumes zu entwickeln; s. Orla I, 5). Im abgewandelten Sinne: „Brut" (d. h. die Gruppe der von demselben Muttervogel gleichzeitig ausgebrüteten Kücken; so: „בריכה ראשונה" = „erste Brut", B. batra V, 3).

ברקאי * „Die Morgenröte blitzt auf! — Der Tag bricht an!" (Morgenruf des Priester-Wächters, um seinen Gefährten den Beginn der Zeit für die nur bei Tage zu vollziehenden

---

26 Vergl.: „אבעבועות" = „Blasen", „Pusteln" in Ex. IX, 9, und das Verbum: „בעה" = „Blasen werfen", „hochquellen", „aufsteigen" in Jes. XXX, 13, und LXIV, 1 (s. Gesenius unter den entspr. Stichwörtern), sowie Ben-Sirach XIV, 4: ובטובתו יתבעבע זר = „und von seiner Güte schwillt der Fremde auf", „und an seinem Gute macht sich der Fremde breit" (vgl. „Orientalische Literaturzeitung", Bd. III, S. 130).

Opferhandlungen zu verkünden; s. Joma III, 1, = Tamid III, 2).

בירור * „das Wählen“, auch: „die Klärung“. („שטרי בירורין“ = „Urkunden über Schiedsverträge“, d. h. „über die Wahl eines Schiedsgerichts, dessen Urteil die Parteien sich unterwerfen“; vgl. B. mez. I, 8. — „ברורי המידות“ = „Klärung der Maassgefässe derart, dass sie die Ware ohne Schaum enthalten“; Beza III, 8).

גבלית * [nach beiden Seiten hin abgeschrägter] „balkonartiger Mauervorbau“; aus dem Mauerwerk herausgearbeiteter „Erker“ (s. Ohal. XIV, 1, nebst der im Kommentar des R. Simson, dort, wiedergegebenen Erkl. der Tosephta. — Vgl. auch Levy, Wörterbuch, S. 294, sowie den Mischna-Kommentar d. Verf. zur angeführten Stelle).

ניגית „Bottich“.

נדודית * „Mauer-Rest, Mauer-Ruine“ (im Plural: „נדודיות“; Erub. V, 1).

גדל * „flechten“ (part. praes.: „גודל“ = „Flechtender“, „Flechter“ [Kel. XVI, 7]; fem.: „גודלת“ oder „גדלת“ [s. Kid. II, 3] im Sinne von: „Haarflechterin“. Das Verbum kommt auch im Aramäischen vor, ist aber wahrscheinlich althebräisches Sprachgut, von der gleichen Wurzel wie das biblische „גדילים“ [Deut. XXII, 12] = „geflochtene Fäden“).

גידול * das „Wachsen“, „Wachstum“.

גדש * „aufhäufen“ [Garben]; auch: „überhäufen“. — „גודש“ = „gehäuftes Mass“, „Übermass“. (Auch im Targum, aber wahrscheinlich althebräisches Sprachgut, von der gleichen Wurzel wie das biblische „גדיש“ = „Garbenhaufen“; Ex. XXII, 5).

נהר „Loch, Höhlung“ (Plural: „הנהרים“, s. Ohal. VIII, 2; nach anderer Lesart: „הנחרים“, oder: „הנחורים“).

גויל „unbehauener Stein“ (B. batra I, 1).

נום „umrühren, rühren“ (Ukzin II, 6. In der Partizipialform des Hiphil: „מנים“, s. Machsch. V, 11).

נוסס „im Sterben, in der Agonie liegend“.

נוף * „verstopfen, zustöpseln“ (ein Fass). Hiphil: „הגיף“ = „verschliessen“ (vgl. o. S. 216: „מגופה“, sowie unten: „גפה“).

גזלן * „Räuber“.

* נזרה „Erker, Sims, Mauervorsprung“ (s. Ohal. VIII, 2 u. XIV, 1).

ניחור „ein Mensch mit roter Gesichtsfarbe“ (Bech. VII, 6).

נימון „Joch aus Bast“ (mit welchem Kälber an das spätere Tragen eines stabilen Joches gewöhnt wurden, s. Schab. V, 4).

נימונית „Faden, Kette“ (Suk. III, 8, im Plural: „נימוניות“).

נימ׳ל „Gimmel“ (dritter Buchstabe des hebr. Alphabets; Schek. III, 2).

ניר (im Nitpaël) „נתגיר“ = „zum Judentum übertreten“ (wahrscheinlich vom Substantiv: „גר“ [unten S. 302]; ebenso im Targum).

נלגילון „geflochtener Gürtel“ (s. Edujot III, 4; Neg. XI, 11. — Nach Manchen ein Fremdwort).

* נלוּדה (part. pass. fem.) „die enthäutete, abgehäutete“ [bezieht sich auf das im Hebr. weibliche Wort für „Vieh“: „בהמה“] (Chul. III, 2).

* נילוי „das Aufdecken, Freilegen, Offenlassen“.

נלעין „Fruchtkern“.

נומד „Umschlagtuch“ (der Araber als Schutz von Kopf u. insbes. Gesicht gegen Kälte; Kel. XXIX, 1).

נמזית „Frucht der Sykomore“ (Pes. IV, 8, im Plural: „נמזיות“).

* נמל „Kameltreiber“. — „נמלת“ = „Karawane von Kameltreibern“ (Sanh. X, 5).

נמם „abhauen, beschneiden“ [von Bäumen u. sonstigen Pflanzen].

* נמיעה „Schluck“.

נגוננת „eine Art Sonnenschirm“, „Sonnenschutz“, der Armen (Kel. XVI, 7).

נניננים (Plural) „kleine Fleischstücke“ [Rückstände eines nicht ausgereiften Embryo], „die sich nach einer Fehlgeburt in der Hautblase finden, in welcher der Foetus entwickelt worden war“ (s. Bech. VIII, 1; Ker. I, 5).

* ננן „Gärtner“.

נפה „leichte Umzäunung“, „Einfriedung“ (aus Binsengeflecht, Holz oder lose aufeinander geschichteten Steinen, s. Pea VI, 2. — Vgl. auch oben: „נוף“).

נפן (Demaj I, 1: „נופנין“) „Schleimkardie“ [Bezeichnung des Baumes wie auch seiner Frucht]. (Im Ps. Jonatan zu Num. VI, 4, ist das Wort aus dem Hebräischen entlehnt).

נפת „die Überreste [Rückstände] von ausgepressten Oliven“, „Oliven-Trester“.

נץ „Funke“ (s. oben S. 204). — „נץ יוני“ = [von den Vorübergehenden verspritzte] „feuchte Schlammklumpen“ um die Pfützen am Wege (s. Mikw. IX, 2, sowie die Erläuterung z. St. in meinem Mischna-Kommentar).

* נירגר „Beeren einzeln lesen“ (s. Maass. II, 6, u. III, 9; Men. VIII, 4); auch: „Beeren austrocknen lassen, dörren“ (Toh. IX, 6). Ferner: „ein Getränk [nicht schluckweise, sondern] auf einen Zug in die Kehle giessen“ (Para IX, 4).

גרוגרת „getrocknete Feige“.

* גרודות „[von Metallgefässen] Abgekratztes“ (Kel. XI, 3; Var.: „גרורות“).

* גרה „Kehle“.

* גרל „losen“ (Joma VI, 1: „הגריל“ [Hiphil]).

גרם „das Übergewicht“ (B. batra V, 11: „גירומיו“).

גרע (vom Weinstock) „die Trauben saftig werden lassen, saftige Trauben entwickeln“ (Schebiit IV, 10: „משיגרעו“; nach anderer Erklärung: „wenn sie [minderwertige] unausgereifte Trauben hervorbringen“).

* גרעון „Abzug“ (von der Kaufsumme bei der Bemessung des Auslösungsbetrages, z. B. für freizukaufende Knechte: unter Anrechnung der bisher geleisteten Arbeit, s. Kid. I, 2).

גרעין „Fruchtkern“ (auch in der weibl. Form: „גרעינה“).

(גרפינא „Ortsbezeichnung“, s. R. hasch. II, 4; „Agrippina“).

גרופית „Zweig, Reis“ (des Olivenbaumes).

* גרושין „Ehescheidung“ (Jeb. III, 8).

גשר „Brücke“. (Auch im Syrischen, Arabischen u. Assyrischen; sicher althebräisches Sprachgut).

גשש „den Erdboden berühren“ (von einem Schiff gebraucht, das auf Grund stösst; Chal. II, 2).

גשיש „Bettbalken“ (verbindender Holzbalken, der die Teile des Bettgestells zusammenhält; Sab. III, 1 u. 3).

דבדבן „weintriefende Traube[n]“ (Ab. sara II, 7 im Plural: „דבדבניות“).

דבל „lockern, auseinanderziehen, in Teile auflösen“; davon die pass. Partizipialform: „מדובלל“ = „auseinandergerissen, aufgelöst, ungeordnet“ (z. B. vom Laubdach der Festhütte gebraucht; Suk. II, 2, vgl. dort).

דִּבּוּר * „das Reden“, „Ausspruch“, „Wort“ (vgl. im Targum: „דיבורא“).

דהה „verblassen“, „seine kräftige Farbe verlieren“ (als Verbum; vgl. Nid. IX, 6. Hiphil: „מדהה“ = „abschwächen“, „in seiner Geltung, seinem Werte mindern“, „herabsetzen“, s. Sota III, 5). Als Adjektiv: „דיהה“ = „blasser, weniger farbkräftig“ (Neg. I, 2; Nid. II, 7).

דוכן „Plattform, Tribüne, Estrade“. (Das Wort kommt auch im Targum vor, s. Psalm. CXXXIV, 2; Ez. XLII, 12; sowie im Ps. Jonatan zu Num. VI, 23. Jedoch dort wahrscheinlich aus dem Hebr. entlehnt).

דופק * „Grabverschluss-Stein“, der den sog. „גולל“ (vgl. oben S. 203) stützt. (Im Ps. Jonatan zu Num. XIX, 16 u. 18, ist das Wort aus dem Hebr. entlehnt. — Vgl. die „Ergänzungen“ zu Ohal. II, 4, in meinem Kommentar).

דחיה * „das Hinunterstossen“ (Joma IV, 6).

דיצה Bezeichnung für einen „kleinen, nur für sportliche Zwecke [d. h. zur ‚Vergnügung‘, ‚Belustigung‘, — Grundbedeutung von ‚דיצה‘, —] geeigneten arabischen Schild“ („דיצת הערביין“, Hel. XXIV, 1).

דירה „Getreidewurm“ (Para IX, 2: „הדירה שבתבואה“).

דליל „Gewinde“ (B. kama II, 1; vgl. auch oben S. 205).

דלעת „Kürbis“ (Plural: „דלועין“).

דלק * „Brennstoff“, insbes. „Brennholz“ (Schek. VI, 3; Mid. I, 4: „שער הדלק“ = „das Tor, durch welches man das Brennholz [oder das Feuer] für den Altar ins Heiligtum brachte).

דלקה „Brand“.

דל״ת „Dalet“ (der vierte Buchstabe des hebr. Alphabets; Schebuot IV, 13).

דמאי „Getreide, bezüglich dessen zweifelhaft ist, ob der Zehnt davon entrichtet würde“ (s. in der Einltg. zum Traktat „D’maj“ in meinem Mischna-Kommentar).

דמע * „vermischen“, nämlich gewöhnliches Getreide [= „חולין“] mit solchem der Priester-Hebe [= „תרומה“], wodurch es für den Genuss durch einen Nichtpriester unerlaubt wird. („נדמע“ = „vermischt werden“; „מדמע“ = „vermischen“, „zur Vermischung [nebst den vorgenannten Folgen] führen“, „zu Teruma machen“ [s. Ter. V, 5]. — Vgl. das Substantiv „דמע“ als Bezeichnung für „Teruma“, — die Priester-Hebe, — [auf Grund entsprechender Auffassung des bibl. Ausdrucks in Ex. XXII, 28]; Toh. II, 3, und Ohal. XVI, 4).

* דקר „Spaten“ (Schebiit V, 6; Beza I, 2). — „דקור“ = „zweispitzige Hacke“ (Kel. XIV, 3).

דרדור „Holzfass“ (Kel. XV, 1: „דורור עגלה“ = „fahrbares, auf ein Rädergestell montiertes Holzfass“).

* דרוך „Kelterer“, „Trauben- [oder Oliven-] Treter“ (Ter. III, 4 [Plural]: „הדרוכות“).

* דרומי[ת] „südlich“.

* דרישה „Ausforschung (von Zeugen; Sanh. IV, 1). — „דרשן“ = „Schriftausdeuter, Midraschkenner“ (Sota IX, 15).

* דישון „Entfernung der Asche“ (vom Altar; s. Tamid III, 9, sowie auch Mëila III, 4).

* הבאה „das Bringen“, „Hinaufbringen“, „Herbeiführen“.

הבאי „[unglaubhafte, nicht ernst zu nehmende] Übertreibung“ (Ned. III, 1 u. 2).

* הבדלה „Unterscheidungsakt“, insbes. der „Abschiedssegen am Ausgang des Sabbaths und der Festtage“.

* הבטחה „Versicherung, Sicherheit“ (auch im Sinne von: „[Selbst-] Vertrauen“, s. Ber. V, 4).

* הבער „Brand“ (B. kama I, 1).

* הברה „unklarer Schall“, „Rückschall“ (R. hasch. III, 7).

* הגבהה „das Aufheben, Hochheben“ (als Aneignungsakt bei Kleinvieh, Kid. I, 4).

* הגפה „das Aneinanderschliessen“, „Aufeinanderschlagen“ (insbes. von Waffen zur Erzeugung betäubenden Lärms; Sota VIII, 1).

* הגשה „das Heranbringen“ (insbes. des Speise-Opfers an den Altar, vgl. Men. V, 5).

* הדחה „das Abspülen, Ausspülen“.

* הדלקה „das Anzünden, Entzünden“ [z. B. von Kerzen].

הדס „hüpfen, springen“ (insbes. von Hühnern; B. kama II, 1: „מהדס“). Nach Anderen: „[im Boden] wühlen, scharren“.

הואיל[27] (mit anschliessendem [dem nachfolgenden Wort vorangestellten] Buchstaben „Waw“) = „weil“. (Das Wort findet sich auch im Ps. Jonatan zu Deut. XIV, 7, — sowie im

---

27 Über die Wurzel des Wortes vgl. Bacher, Exegetische Terminologie, Teil I, unter dem entspr. Stichwort. Doch scheint mir seine Erklärung nicht einleuchtend.

jerusalemit. Targum zu Gen. XVIII, 7, — ist jedoch dort wahrscheinlich aus dem Hebr. entlehnt).

הודאה * (auch in der Form „הודייה") „Geständnis", „Eingeständnis", „Zugeständnis" (besd. im jur. Sinne); ferner „Danksagung, Dankesbezeugung"; auch: „Dankgebet" [„מודים", nebst dem dazugehörigen Segensspruch, innerhalb des „Achtzehn- Gebetes"].

הוצאה * das „Hinaustragen", „Hinausbringen" (aus einem Gebiet ins andere), ferner: „Ausgabe, Auslage" (von Geld, im Sinne von „Unkosten"; in der Pluralform „הוצאות" s. Ket. VIII, 5).

הוצן „Stengel" (Pea VI, 5: „הוצני פשתן" = „Flachsstengel"; nach anderer Lesart: „חוצני").

הוראה * „Entscheidung" (insbes. gerichtliche oder rabbinische).

הורדה * „das Herableiten, Herunterfliessenlassen" (von Wasser, Mid. IV, 7: „הורדת המים").

הזאה * „Sprengung" (des Blutes usw. im Tempeldienst; auch: „הזייה").

הזמה * „die Überführung falscher Zeugen durch einen Alibi-Beweis" [wonach sie sich zur Zeit des angeblich von ihnen beobachteten Vorgangs garnicht am Tatort befunden haben, sondern an einem anderen Platz]. (B. batra III, 4).

החלט * „endgültige Entscheidung", insbes. über Aussatz-Schäden [im Gegensatz zum blossen Zwischen-Entscheid über die Einschliessung u. weitere Beobachtung des Schadens]. (Meg. I, 7).

הטבה * „Wohltat" (Schebuot III, 5).

הטיה * „das Hinneigen [Hinwenden] der Entscheidung" (seitens des Gerichts zu Gunsten oder zu Ungunsten des Beschuldigten; — Sanh. I, 6).

היאך „Wie . . . . ? " (interrogativ, = „היך").

הין „Ja" (= „הן").

הכשר * „das Fähigmachen, Tauglichmachen, Geeignetmachen".

הלה „dieser"; Mehrzahl: „הללו" = „diese" (vgl. oben S. 194).

הילוך * „das Gehen", „der Gang".

הלקט (Hiphil) „stopfen" [?] (Geflügel; Schab. XXIV, 3: „מהלקטין").

המסס „einer der Mägen der Wiederkäuer" (Chul. III, 1—2).

הנאה „Nutzen, Genuss" (s. oben S. 206: „הנה").

הֶנֵף * „das Schwingen" (der „Omer"-Garbe, s. Lev. XXIII, 11).

הנץ „[Sonnen-]Aufgang“ (in der Verbdg.: „הנץ החמה“. Vgl. unten S. 336: „נצץ“).

* הסגר „Einschliessung“ (im Falle eines noch unabgeklärten Aussatz-Verdachtes zwecks Beobachtung der Weiterentwicklung; Meg. I, 7. Vgl. auch oben unter: „החלט“).

הסט „das Bewegen [Schütteln] eines Gegenstandes, ohne ihn zu berühren“ (eine Form der Übertragung von Unreinheit; vgl. die Einleitung zu „Sabim“ in meinem Mischna-Kommentar, S. 437).

* הספד „Totenklage“ (M. kat. III, 8).

* העלם „Verborgenheit, Unkenntnis“ (der Unerlaubtheit einer Handlung).

* הפלגה „Teilung, Trennung“; insbes.: die babylonische „Sprachverwirrung“ (s. B. mez. IV, 2: „דור הפלגה“ = „das Geschlecht der Sprachverwirrung“).

* הפרה „Aufhebung, Auflösung“ von Gelübden (s. Ned. X, 8: „הפרת נדרים“).

* הפרשה „Absonderung, Fernhaltung“ (B. kama V, 7).

* הפשט „Enthäutung, Abhäutung“.

* הקדש „dem Heiligtum Geweihtes“. (Im Targum II Reg. XXIII, 7, ist das Wort aus dem Hebräischen entlehnt).

הקזה „Aderlass“ (Ker. V, 1); vgl. oben S. 219: „נקז“.

* הקטר „Opfer-Verbrennung“.

* הקטרה „Opfer-Verbrennung“, auch „Räucherung“ (insbes. des „Räucherwerkes“ = „קטרת“; — s. Kel. I, 9).

* הקף „Umkreis, Umfang“ (vgl. Jos. VI, 11).

הקפדה „Heftigkeit“, „Wut“, „Zornaufwallung“ (Git. VII, 6).

הקפה „Einkauf auf Kredit“ (Schebiit X, 1).

* הקרבה „Darbringung“ (von Opfern, Seb. X, 6).

* הרג „Räuber, Raubmörder“ (Ned. III, 4).

* הרגל „Gewohnheit, Gewöhnung“ (Schab. I, 3).

* הרכבה „Zusammenfügung“, „Aufpfropfung“ (von Pflanzen).

* הרמה „Abhebung, Absonderung“ (der zu entrichtenden Abgaben; Beza I, 6).

* הרעה „böse Tat“, „schlechte Handlungsweise“ (Schebuot III, 5).

* הרקד „das Sieben, Durchsieben“ (des Mehles; Men. XI, 3).

* השבה „Rückgabe“ (von Fundsachen: „השבת אבדה“; s. B. kama V, 7).

* השג „das Erreichte, Errungene“ („השג יד“ = „das Hinreichen

des Vermögens" im Sinne von: „die materielle Leistungsfähigkeit"; Arach. IV, 1).

השלכה * „das Wegwerfen" (Kel. XXVII, 12).

השמטה * [?] „das Erlassen, Auslassen, Unterlassen" (Abot V, 9: „השמטת הארץ" = „Unterlassung [der Pflicht], den Boden [im siebenten Jahr] brachliegen zu lassen").

השקיה * „das Trinkenlassen" (des fluchbringenden Wassers durch die ehebruchsverdächtige Frau gemäss Num. V, 24. — Meg. II, 5).

השתחואה * „[tiefe] Verneigung", „sich Niederwerfen" (mit ausgestreckten Gliedmaassen).

(התר „Erlaubnis", s. unten S. 338: „נתר".

התראה „Verwarnung" (vgl. oben S. 235: „תרה").

ודאי „sicher, bestimmt".

וידוי * „Bekenntnis", „Sünden-Bekenntnis"; ferner: „das Dankbekenntnis", „die Danksagung bei der Zehnt-Abgabe" = „וידוי המעשׂר", gemäss Deut. XXVI, 12—15 (s. Maass. sch. V, 10).

ושט „Speiseröhre".

ותר * „für überflüssig halten", „nicht Wert legen, nicht achten auf etw." (Sanh. XI, 5: „... מוותר על" = „er achtet nicht auf, er missachtet" [die Worte eines Propheten]. Vgl. Targum Prov. X, 2. — Aramäisch?).

זבורית „minderwertiger, wenig ertragreicher Boden" (Git. V, 1 u. 2).

זפורית „der verlängerte und verengte Hals [oder ein daran angesetztes Ausfluss-Rohr] eines zur Aufnahme von Flüssigkeiten bestimmten Gefässes" (das im Tauchbad rituelle Reinheit erlangen sollte; s. Mikw. X, 1, u. die Erläuterung d. Vf. dazu im Kommentar, S. 367). Nach Anderen: „Tank mit Wasser als Ballast auf Schiffen zur Erhaltung des Gleichgewichts" (jedoch mit der Anwendung in der zit. Mischna schwer zu vereinbaren).

זובן „Hauthülle um das männliche Glied" (bei Tieren; Bech. VI, 5).

זהבי „Goldschmied", „Goldarbeiter" (Kel. XXIX, 4. u. 6: im Plural „זהבים").

זונדוס „ein Mensch mit ungleichartigen Augen" (Bech. VII, 3. Nach Manchen ein griechisches Wort).

זוט[ו] „Unterteil eines Fischernetzes" (s. Kel. XXIII, 5, u. XXVIII, 9).

זול „billig, wohlfeil sein" („הוזל" = „es ist billiger geworden", „es hat sich verbilligt").

זול „billiger Preis" (Maass. sch. IV, 1. — S. im bibl. Hebräisch: „זלל" = „geringwertig", Jer. XV, 19. — Im Ps. Jonatan zu Deut. XXVIII, 68, ist das Wort wahrscheinlich aus dem Hebräischen entlehnt).

זיבה * „der Zustand eines Samenflüssigen oder einer an Blutfluss Leidenden" (beides krankhafte Ausflüsse aus den Geschlechtsorganen).

זיי״ן „Sajin" (siebenter Buchstabe des hebr. Alphabets, Schab. XII, 5).

זיר „Schössling" (s. Maass. IV, 5; Schab. XXIV, 2: Plural: „זירין").

זימון „Aufforderung zum gemeinschaftlichen Tischgebet" (Ber. VII, 5. — Vgl. unten S. 308: „זימן").

זירד (Piël) „frische Zweige abschneiden" (s. Schebiit II, 3). — Substantiv: „זרד" [Plural: „זרדים"] = „frischer Zweig". — „לולבי זרדים" = „Weisdorn-Zweige" (vgl. Schebiit VII, 5, u. Ukzin III, 4).

זרד „Filzbelag, Filzfutter" von Schuhen [?]. („מנעל של זרד" = „Schuh mit innerer Filzfütterung"), (Kil. IX, 7; nach anderer Lesart: „זרב" = „Wollfilz"?).

זריקה * „Sprengung" (des Opferbluts an den Altar).

חיבוט * „das Schlagen, Klopfen" (Suk. IV, 6: „חיבוט חריות" = „das Schlagen mit Palm-Zweigen").

חבט „eine Art Riemen" (Mikw. X, 3: „חבט של סנדל" = Schuhriemen).

חבילה * „Bündel" (vgl. auch Kel. XVIII, 9).

חבלה * „Verwundung" (Sanh. I, 1: Plural „חבלות"). — Adjektiv [fem.]: „חבלנית" = „zerstörerisch, verderbenbringend" (Mak. I, 10).

חבק „Schutzdecke" (Kel. XIX, 3: „חבק לחמור" = „Schutzdecke für den Esel [bezw. dessen Traglast]").

חיבור * „Verbindung".

חגיגה * [zusätzliches] „Festopfer" (an Feiertagen, „חגים").

חידוד * „Spitze".

חידוק „Zusammenfügung", „Ring, Reifen" (Kel. III, 5; andere Lesart: „הידוק").

חידוש * „Neuigkeit, Neues" (Jad. IV, 3. Vgl. auch „חדות" im palästin. Aramäisch).

חולה * „Sand-Steppe" (Arach. III, 2: „חולת המחוז" = Sandsteppe im Bezirk „Machos").

(**חויץ** * [„teilen, eine Scheidewand errichten"] wie „חצץ" [?]. Vgl. unten S. 314: „חצה" u. „חצץ").

(**חורן** „Ortsbezeichnung", R. hasch. II, 4; „Hauran").

חזירה * „Sau" (Bech. IV, 4).

חזית „Front, Fassade"; auch: an dieser befindliche „Mauer-Brüstung"; — „Frontstein" (vgl. B. batra I, 2).

חיזוק * „Verstärkung, Festigung" (Kel. XVII, 3. Vgl. unten S. 310 f.: „חזק").

חזקה * [wörtl. „Festhaltung"] bedeutet u. a.: „Besitz-Ergreifung" [auch in Form eines bloss symbolisch angedeuteten Herrschafts-Aktes, z. B. Spatenstich am Grundstück] als „Eigentumserwerbsakt" an Immobilien (Kid. I, 5), sowie an kenaanitischen Sklaven (das. I, 3). Ferner: „Praesumption" in einer Reihe von Abwandlungen, wie: „Rechtsvermutung", „Eigentumsvermutung" (die der Beweispflicht enthebt, z. B. bei dreijähriger ungehinderter tatsächlicher Inhabung von Grundbesitz, s. B. batra III, 1). Im talmudischen Schrifttum auch häufig im Sinne gewisser empirisch gewonnener „Annahmen" von mannigfacher Art (insbes. solcher von prozessualer Bedeutung, die zumeist auf die Verteilung der Beweislast von Einfluss sind), sowie in zahlreichen verwandten Anwendungsformen als Ausdruck des allgemeinen Prinzips der „Festhaltung", d. h. der Vermutung des Fortbestehens eines einmal gegebenen Zustandes bis zum Nachweis des Eintritts einer Änderung (auch im Personenstandsrecht von besonderer praktischer Wichtigkeit).

חזרת „Lattich".

חטה „Zahn" (Bech. VI, 4: „חטיו החיצונות" = „seine vorderen [Schneide- oder] äusserlich sichtbaren Zähne"; s. dort).

חטבה * „das Hauen, Abschlagen" (Mak. II, 2: „חטבת העצים" = „das Holzschlagen, Abholzen").

חוטם „Nase"; auch bildlich: „Schuhkappe" [über den Zehen;

Kel. XXVI, 4]. — (Im Ps. Jonatan zu Lev. XXI, 18, ist das Wort wahrscheinlich aus dem Hebräischen entlehnt).

חטם „Nasenring“ (der Kamele; Schab. V, 1).

(חטיפה „Abschaben“ [?]; Kel. XIV, 1, vgl. dort).

חילק „zum Genuss erlaubte Fischart“ (bei welcher die Reinheitskennzeichen, Flossen und Schuppen, sich erst später einstellen; Ab. sara II, 6. — Nach Manchen ein Fremdwort).

חי׳ת „Chet“, achter Buchstabe des hebr. Alphabets (Schab. XII, 5).

* חלב [Verbum] „melken“ (s. Ab. sara II, 6).

חלגלוגות „Portulak“ (eine Gewürzpflanze, Schebiit IX, 1).

חלוקת נפש „Trennung“; „Loslösung des Fruchtfleischs von der Schale“; „Entleerung der Hülse“ bei Hülsenfrüchten (Nid. IX, 7. [Vgl. dorts. noch andere Erklärungen des Ausdrucks, die aber sämtlich nicht befriedigen]).

חוליה „Teil“, „Abschnitt“, „Schicht“ (auch: „Glied“ der Wirbelsäule = „Wirbel).

* חליק in der Vbdg. „חליקי אגוזים“ = „glattstämmige Nussbäume“ (Pea IV, 1).

(חליקופרי [?] „Beiname [von ungeklärter Bedeutung] eines Tanna“ (Machsch. I, 3).

חלילה „im Kreislauf“, „sich periodisch wiederholend“ (in Verbindung mit einer vorangehenden Verbform von „חזר“ [= „fortfahren“]; vgl. Suk. V, 6, u. Ket. X, 6).

* חלול „Entweihung“ („חלול השם“ = „Entweihung des göttlichen Namens“; s. Abot IV, 4).

חלמא „feuchter, fetter Lehm“, „[Töpfer-]Ton“ (zum Formen von Gefässen; Kel. XI, 4).

* חילוף „das Entgegengesetzte, Umgekehrte“. — Plural „חלופין“ auch: „Diejenigen, welche Andere ersetzen, ablösen“ (s. Ber. III, 1, u. Ned. VII, 6).

חלפות „Gemüsepflanze“ („Mangold“).

חליפין „Tausch“ (insbes. als Form der Eigentumsübertragung an Mobilien); auch im Sinne von: „Tauschgegenstand“ (s. Kid. I, 6).

* חליצה „das Schuh-Ausziehen“ (als Bezeichnung des formgebundenen Trennungs-Aktes eines Schwagers von der Witwe seines kinderlos verstorbenen Bruders, falls er ihr die Levirats-Ehe verweigert [s. Deut. XXV, 7—10, u. dazu

Jeb. XII, 1—6]). — Auch: „das Herausreissen der aussatzverdächtigen Teile [nebst dem dazugehörigen Bau-Material] aus dem Mauerwerk aussatzgefährdeter Häuser" (Neg. XIII, 2). — Deut. XXV, 7—10 [Vgl. unten S. 312: gemäss „חלץ"].

* חילוק „das Verteilen".

חלשׁ „niederlegen, hinterlegen" (Arach. IX, 4: „חולשׁ את מעותיו" = „er hinterlegt sein Geld").

חלשׁ „Los" (Schab. XXIII, 2, in der Pluralform: „חלשׁים").

חמיטה „dünner Kuchen", „Fladen".

* חמר „Eseltreiber". — „חמרת" = „Eselskarawane" (s. Sanh. X, 5).

חמר „ansammeln, aufhäufen" (Ukz. II, 5: „הבצלים שׁחמרן" = „die Zwiebeln, die man aufgehäuft hatte". Vgl. „חמרים" = „zu Haufen" in Ex. VIII, 10, sowie Jud. XV, 16).

חמר „schwer sein" (davon die pass. Partizialform: „חמור" = „schwer"; Hiphil: „החמיר" = „erschweren"). Substantiv: „חומר" = „Erschwerung", „Schwereres".

חמר „verbrennen, versengen" (Sanh. VII, 2, mit Akkusativ-Objekt: „את בני מעים" = „die Eingeweide" [verbrennen]; ebenso Chul. III, 3. Andere Lesart: „חמר". — Vgl. auch bildlich Threni I, 20: „מעי חמרמרו" = „meine Eingeweide verbrennen", d. h.: „mein Inneres verzehrt sich"; Ben-Sirach IV, 3, sowie Targum zu Hiob XXX, 27).

חניכה „Beiname" (Git. IX, 8: „חניכתו וחניכתה" = „seinen Beinamen und ihren Beinamen").

חנון „mit einem Nasenholz versehen" (Schab. V, 4: „אין הרחלים יוצאות חנונות" = „die Mutterschafe gehen nicht mit einem Holzspan in der Nase heraus; vgl. den Talmud z. St.).

* חנק „Erdrosselung" (als Hinrichtungsart).

חסית „Zwiebelgewächs" (Kollektivbezeichnung für Zwiebel-, Knoblauch- und verwandte Pflanzen-Arten).

* חיסום „Stahlkante" (Kel. XIII, 4). — „חוסם" = „Maulkorb für das Vieh" (Kel. XVI, 7). — „חסימה" = „das Verschliessen des Maules" (beim Vieh; — während dessen Drescharbeit nach Deut. XXV, 4, verboten. Vgl. B. kama V, 7).

חוסן „ungehechelter Flachs" (Schab. II, 1).

* חיפוי „Decke, Bedeckung, Überzug".

* חפן „die Hände voll nehmen".

חפת „Falten bilden", „einfalten", „umschlagen" (den Saum eines Gewandes; Schek. III, 2: „פרגוד חפות" = „umgeschlagener Mantelsaum") [28].

חצב „eine Dattelart" (Ab. sara I, 5).

חצוב „Meerzwiebel" (Kil. I, 8). [Vgl. Löw, Festschrift f. Isr. Lewy, S. 47 ff.].

חצלת „geflochtene Matte" (Edujot III, 4, in Pluralform: „החוצלות").

* חצץ „trennen" (Beza IV, 6: „לחצוץ שיניו" = „um seine Zähne zu reinigen" [mittels eines „trennend" zwischengeschobenen Zahnstochers]).

חצץ „abgeteilter Raum" (Ohal. XV, 4: „כלים שבחצץ" = „die im abgeteilten Sonderraum befindlichen Geräte". Vgl. unten S. 314: „חצץ").

* חקירה „Untersuchung".

* חורבן „Zerstörung".

חורג „Stiefsohn" (Sanh. III, 4).

חרוּתה [fem.] „von Lungen-Schrumpfung befallenes [Vieh]" (Chul. III, 2).

חרחבינה „eine wildwachsende Stachelpflanze" (Eringium; Pes. II, 6).

חרחור „scharfes Eisen" (am Ochsenstecken; vgl. Kel. XIII, 3, u. XXV, 2).

(חרך „Bann, Banngut", als Bezeichnung des durch einen Bann dem Genuss Entzogenen; s. Ned. I, 2).

* חרם „Gewalttäter, Räuber" (s. Ned. III, 4).

* חרסית „Tonerde, Töpferton".

חרוסת „mit Wein verrührtes, lehmartig aussehendes Fruchtgemisch".

(חרף, חרק „Bann", „Banngut"; Ned. I, 2).

* חרר aushöhlen" (Ohal. III, 7, u. XIII, 1).

חריר „kleines Loch", „Nadelöhr" (Kel. XIII, 5; s. dort).

חשר „verdächtigen" (in pass. Partizipialform „נחשר" [Niphal] oder „חשוד" [Pual] = „verdächtig". — Im Ps. Jonatan zu Deut. XXI, 3, u. XXIV, 9, ist das Wort dem Hebräischen entlehnt.

חשמונאי „Hasmonäer" (Mid. I, 6).

---

28 In Schab.[X, 3, findet sich in einigen Texten: „בחפת חלוקו" = „im umgeschlagenen Saume seines Kittels".

חתיכה * „das Zerschneiden"; auch: „Stück", „Klumpen". (Vgl. unten S. 315: „חתך").
חיתום * „Unterschrift" (am Schluss einer Urkunde; B. batra X, 8).
חתימה „Unterzeichnung, Unterfertigung" (Git. II, 4. — Vgl. unten S. 315: „חתם").

טביחה * „das Schlachten".
טבל „abgabenpflichtige Bodenerträgnisse" (von denen die Pflichtabgaben noch nicht ausgesondert sind).
טבילה * „rituelles Reinigungsbad".
טדי „Name des Nord-Tores am Tempelberg" (Mid. I, 3 u. 9; II, 3; vgl. dort).
טחול[29] „Milz".
טחינה * „das Mahlen" (Men. XI, 3).
טיחה * „das Tünchen" (Neg. XII, 6).
טי״ת „Tet", der neunte Buchstabe des hebr. Alphabets (Maass. sch. IV, 11).
טלית „Obergewand", „Gebetmantel" (Im Ps. Jonatan zu Ex. XXII, 26, ist das Wort dem Hebräischen entlehnt).
טנן „feucht werden" (im Piël: „טנן" = „feucht werden lassen", „befeuchten"; Machsch. III, 4 u. 5).
טינוף * „Schmutz" (Bech. III, 1).
טינופת „Unrat", „Abfall" (B. batra VI, 2).
טענה * „Rechtsanspruch, Rechtstitel", „Einwand", „Argument" (vgl. unten S. 317: „טען").
טפח in der Verbdg. „משקה טופח" = „Flüssigkeit, die zum Befeuchten der Hand ausreicht".
טופח „eine Hülsenfrucht" (s. Kil. I, 1).
טפי „eine Art Eimer" (s. Kel. II, 3, u. III, 2).
טפיח „kleine irdene Kanne" (Schab. XVII, 6; XXIV, 5).
טפלה * „Nebensache, Nebensächliches, Unwesentliches" (gegenüber etw. Hauptsächlichem, Wesentlichem); „Zufügung [von untergeordneter Bedeutung] zu etwas". (Vgl. oben S. 213: „טפילה", sowie unten S. 317: „טפל").
טרוט „gradegestreckt" (im Gegensatz zu: „halbkreisförmig gebogen"; s. Mid. II, 5, in der Pluralform: „טרוטות").

---

29 Auch im Aramäischen; doch ist das Wort höchstwahrscheinlich althebräisches Sprachgut.

טרטין [Plural] „eine Art von helmartigen Kopfbedeckungen" (Kel. XXIX, 1).

טרקסין nur in der Verbdg.: „אמה טרקסין" = „der Zwischenraum in der Breite einer Elle [אמה], der das Allerheiligste vom Heiligtum trennte" (s. Mid. IV, 7. — Nach Manchen ein griechisches Wort).

יבחושין [Plural] „eine Art von kleineren Wassertieren" (Nid. III, 2.)

* יפל „abschneiden von Auswüchsen" der Bäume (Schebiit II, 2: „מיפלין" = „man schneidet ab").

* יבום „Schwagerehe, Leviratsehe".

* ידיעה „Kenntnis", „Nachricht".

(ידפת „Name einer Stadt"; Arach IX, 6).

יו״ד „Jod", der zehnte Buchstabe des hebr. Alphabets (Schebuot IV, 13).

(יוונית „Griechisch").

יועזר „eine essbare Pflanze" (s. Schab. XIV, 3).

* יחוד; — ביחוד „Alleinsein, Zusammenkunft ohne Gegenwart Dritter"; — ביחוד = „unter 4 Augen", auch: „genau, mit Bestimmtheit" (vgl. Schek. VI, 2, u. Sah. VII, 10; sowie unten S. 319: „יחד").

* יחידי „einzig, alleinig, allein"; auch: „als einzelner" [Richter].

* יוחסין [Plural] „Abstammungslinien, Abstammungsgrade".

* יחף „Hufentzündung" (beim Vieh; Machsch. III, 8; s. dort).

* יסורין [Plural] „Leiden" (ebenso Ben-Sirach XL, 29) [30].

* יעידה „Bestimmung" (insbes. der jüd. Magd zur Ehefrau; Bech. I, 7).

* יציאה das „Hinausgehen", „Scheiden" (der Ehefrau von ihrem Manne); ferner: „Ausgang", „Ausgabe[n]". (Vgl. auch Schab. I, 1 [dort im Sinne von: „Verbringung aus priv. in öfftl. Gebiet, bezw. umgekehrt"], sowie oben unter „הוצאה").

יצול „Pflug-Schaft", „das Holz am Pfluge, an dessen Ende die [eiserne] Pflugschar angebracht ist" (Kel. XXI, 2).

* יציקה das „Giessen", „Aufgiessen" (Men. VI, 3; vgl. I Reg. VII, 24).

---

30 Im Targum zu Jes. LIII, 8; Jerem. XXXI, 18, ist das Wort vielleicht aus dem Hebräischen entlehnt. Vgl. Sachau, „Aramäische Papyri u. Ostraka", Tafel 44, Zeile 2.

יוקר * „Teuerung".

ירידה * das „Hinabsteigen", „Absinken"; „Abstieg" (auch im wirtschaftlichen Sinne).

ירק * [Verbum] „grüngelb sein bezw. werden"; „הוריק" = „sich grünlich verfärben". — Adjektiv: „ירוק, ירוקה" = „grüngelb" (vgl. auch Schab. II, 1: „ירוקה" = „Wasserlinse", oder: „Moos an Schiffswänden"; das. XIV, 3: „ירוקה" im Sinne von: „Gelbsucht, Icterus". So auch im Aramäischen; jedoch sind Verb und Adjektiv sicher althebräisches Sprachgut).

ירקות חמור „eine Art Gurken, geeignet als Eselsfutter" (Ohal. VIII. 1).

(ירושלמי * „jerusalemitisch").

ישוב * „Besiedelung", „Wohnsitz", „bewohntes Land"; übertragen: „Gesittung", „geordnetes menschliches Zusammenwohnen" (ebenso im Targum: „יתובא", Hiob XVIII, 19; Psal. LXXXIX, 13). „ישיבה" = „das Sitzen" (insbes. im Lehrhause zum Zwecke des Thora-Studiums), auch: „der Sitz", „der Wohnsitz".

יתוך (יתיך) „Gerät zum Halten des heissen Topfes bei dessen Ausleerung" (Kel. XII, 3: in der Pluralform: „היתיכים"; — nach Anderen: „Schmelzzange" zum Halten des glühenden Metalls bei dessen Bearbeitung im Schmelzfeuer).

כיבוד * „Ehrung".

כבכב „Korbdeckel" (Kel. II, 3).

כבל * „fesseln" (Schab. V, 2: „כבולות" [Part. pass. in weiblicher Pluralform] = „gefesselt").

כבול „Stirnband, Kopfbinde" (Schab. VI, 1 u. 5).

כיבוס * „das Waschen" (von Kleidung).

כבר * „sieben, durchsieben" (Getreide, Hülsenfrüchte).

כיבוש * „Eroberung, Unterwerfung" (Taan. II, 1: „דברי כבושין" = „Worte, die das Herz beugen", „herzbezwingende Ermahnungen", „Mahnreden, Zurechtweisungen").

כבש „schräge Aufstiegsfläche" [zum Altar]; eine Art „Stiege", [stufenlose] „Treppe".

כבש, כבשים * „Eingelegtes, Eingemachtes", „konservierte Früchte oder Gemüsekräuter" (in Essig, Salzwasser etc. — Vgl. Ter. II, 6, u. X, 12, sowie unten S. 322: „כבש").

פרום „mit Haken versehene Stange" (insbesd. zum Ausräumen von Brunnen-Schächten u. Ähnl.; vgl. Kel. XIII, 7: „הפרומן").

פיהון * „Priesterdienst" (Seb. XIV, 10). [„פהנת" = „Priestertochter" oder: „Priester-Ehefrau"; ebenso im Phönizischen].

פובלת „umgekettetes Schmuckstück [mit Riechstoff gefüllt] für Frauen" (Schab. VI, 3).

פוי „ein vierfüssiges, viehähnliches Säugetier umstrittener Gattung" (nach Manchen Kreuzung von Ziegenbock und Hirschkuh).

פומס „eine Art Garbenbündel" (Pea V, 8: in der Pluralform „פומסאות". — Nach Manchen aus dem Griechischen).

פיון [mit nachfolgendem Buchstaben „Schin" zu Beginn des anschliessenden Wortes] „weil", „sobald", nachdem". (Im Ps. Jonatan mit nachfolgendem „Dalet", wahrscheinlich aus dem Hebräischen entlehnt).

פיון „auf direktem Wege", „unmittelbar", „sofort" (Tamid III, 6).

פופש „grosser Korb" zum Erweichen von Oliven (andere Lesart: „פותש" = „Mörser"; Toh. IX, 5).

פורים „Eisengeräte zum Auspressen der Oliven" (Kel. XII, 8: „הפורים"; andere Lesart: „הפירין").

פותבת „gedörrte Dattel".

פותי „Samaritaner".

פחול * „meerblaue Farbe", „Augenschminke" (andere Lesart: „פוחל". — Das Wort kommt auch im Aramäischen vor, ist aber wahrscheinlich althebräisches Sprachgut). Adjektiv: „פוחלי" = „meerblau".

פחל „Euter" (Chul. VIII, 3).

פיצד ? „wie?", „auf welche Weise?", (interrogativ gebraucht; Zusammenziehung aus: „פאיזה צד" „inwiefern?").

[פירה „Herd, Kochherd"; Plural im bibl. Hebräisch: „פיריים"].

פך „so" (statt „ככה" im bibl. Hebräisch. — „אחר פך" = „nachher").

פכי „[Pflanzen-] Mark", „Inneres von Pflanzenstengeln" (vgl. Kel. XVII, 17, u. Ohal. XIII, 6).

פלב „ungleichmässig [provisorisch] nähen", „steppen", „heften" (M. kat. I, 8 [Part. praes. des Hiphil]: „מכלב" = „er steppt").

פלבית „eine Art kleiner Fisch“ (Ab. sara II, 6; vgl. dort in der Erläuterung meines Mischna-Kommentars).

פליה * „Vernichtung, Vertilgung“ (Abot V, 8).

פליכה * „eine Art Stuhl, Bahre“ (Para XII, 9; andere Lesart: „פליבה“, s. dort).

פלים „eine Fruchtart“ (vgl. Ter. XI, 4, u. Ukz. I, 6: „הכליסים“).

פלך „eine Seiden-Art“ (s. Schab. II, 1, u. Kil. IX, 2).

פלפול * „Schläfen-Haarwuchs“ (vgl. Schab. VIII, 4).

פלפלה * „Binsenkorb“.

פלל * „allgemeine Regel“, „Zusammenfassung“, „Gesamtheit“, „Allgemeinheit“ („זה הכלל“ = „so ist die Regel“; „בכלל“ = „im Allgemeinen“; „לא .... כלל“ = „überhaupt nicht“ [vgl. Taan. II, 6]. Im Ps. Jonatan zu Deut. XXVII, 26: „בכללא“, aus dem Hebr. entlehnt. Vgl. unten S. 323: „פלל“)

(פמר „anwärmen, dünsten“ (Maass. IV, 1, bietet in einigen Texten die Lesart: „המכמר“ = „wer dünstet“; in unseren Texten: „המכמן“ = „wer [im Boden] vergräbt).

פנה ,פנא * „Basis“ (insbes. im Sinne von: „liniierter Tafel als Schreib-Unterlage“; Kel. VII, 6; XII, 8, — vgl. auch dort in den „Ergänzungen“ meines Mischna-Kommentars).

פינוי * „Beiname“, „Umschreibung“.

פנימה „Obstwurm“, „Fruchtschädling“ (Machsch. VI, 1).

פנן „herumwickeln“ („מכנן“ = „er wickelt um ....“, s. Para VII, 7; Machsch. IV, 1).

פינוס * „Sammlung, Ansammlung“; — „פניסה“ = „Eintritt“, „Zusammentritt“; — „פנסיה“ = „Versammlung“, „Zusammenkunft“ (Abot IV, 11).

פיסוי * „Bedeckung“ (sowohl „die Handlung des Bedeckens“ bezeichnend, wie „den als Bedeckung dienenden Gegenstand“).

פספס „abreiben“ (Nid. IX, 7).

פסול * „hüftleidend“, „mit verwachsenem Hüftknochen“ (ein Körperfehler des Viehs, der einen hinkenden Gang bewirkt; Bech. VI, 7).

פסס „knabbern“ (Ned. VI, 10: „לכוס“ = „ zu zerknabbern, zernagen“).

פסת „Kissen, Polster“.

פיפה „Kappe“, „[runde] Kopfbedeckung“.

פיפה „Kuppe, Kuppel“, [gewölbte] „Bedeckung“ (von Dächern;

Ohal. VIII, 5: „כפת הברד“ = „Hagel-Kuppe“, „Bezeichnung für eine „Schicht von Hagelkörnern“ [die das Dach überzieht]. — Vgl. auch oben S. 214: „כיפה“).

כיפה „[kuppelartig] gewölbter Haufen“ (von Getreide-Garben; Schab. XXIV, 2: „כיפין“).

כופח „kleiner einflammiger Herd“ (vgl. Schab. III, 2).

כפיפה „Korb“; — „כפיפה מצרית“ = „aus Palmblättern geflochtener Korb“ (s. Schab. XX, 2; u. a.).

(auch: כפישה כפיפה „eine Art von grossem Korb“; — „כפישה מצרית“, Teb. Jom IV, 2).

כפנית „unausgereifte Dattel“ (Plural: „כפניות“, s. Orla I, 9).

כפר „eine Duftpflanze“, „Henna“ (Schebiit VII, 6).

כפרה * „Sühne“.

כופרי * „dörflich“; nach Anderen: „cyprisch“, „aus Cypern“ (Kil. I, 6: „כלב הכופרי“ = „kl. fuchsähnlicher Dorf- [bezw. Cypern-] Hund“. — Ter. II, 5: „בצלים הכופרים“ = „ländliche [oder: Cypern-] Zwiebeln“. — Vgl. auch meinen Mischna-Kommentar zu Nedarim IX, 8).

כופת „breites Stück Holz“; „Holz-Klotz, Holz-Block“.

כריה * „das Graben, Ausheben“ (einer Grube, B. kama V, 6).

כרח „Zwang, zwingende Notwendigkeit“ („על כרחו“ = „unter [gegen ihn ausgeübtem] Zwang“, „gezwungenermassen“, „wider seinen Willen“; entsprechend: „על כרחי, על כרחך“ = „wider meinen, Deinen [etc.] Willen“. — Im Targum I. Sam. II, 16, ist das Wort wahrscheinlich aus dem Hebräischen entlehnt).

(כרכמית „weiblicher Eigenname“, nach Anderen: „Herkunfts-Bezeichnung“; Edujot V, 6).

כרם „pressen, zusammenpressen“ (Kel. XXIII, 4: „כורם את הכלים“ = „[er] „presst die Kleider aufeinander“).

כרמלית „umfriedeter Raum, der weder privates noch öffentliches Gebiet darstellt“ (Erub. IX, 2).

כרת * „Ausrottungsstrafe“.

כשכש „schütteln“, „schwenken“, „wedeln“ (mit dem Schwanze; Chul. II, 6).

כושר * „Eignung, Zulässigkeit“ („שעת הכושר“ = „Stunde der [nur zeitweiligen] Erlaubtheit“, „Augenblick der Zulässigkeit“; auch: „geeignete Stunde“, „passender Zeitpunkt“, „richtiger Moment“).

פותב * „Schreibspitze" eines Griffels" (dessen unterer [breit geformter] Teil zum Tilgen der Schrift bestimmt ist, s. Kel. XIII, 2: „ניטל הפותב" = „ist die Schreibspitze weggenommen"). — „פתוּב" = „Geschriebenes", d. h. ein Satz aus den heiligen Schriften). — „פתוּבּה" (= „die „Ketuba" mit den verbrieften Rechten der Ehefrau). — „פתיבה" (= „das Schreiben, Niederschreiben" des Scheidebriefs, Git. II, 4). — Vgl. auch o. S. 217: „מכתב" sowie u. S. 325: „פתב".

פתן * „Flachsarbeiter" (Kel. XXVI, 5: „עור הפתן" = „der Lederschurz des Flachsarbeiters". — Das Wort entstammt vielleicht dem Aramäischen).

פתף * „Lastträger", „Träger aufgeschulterter Lasten" (Kel. XII, 2, u. XXVI, 5).

פותשׁ * „Mörser" (zum Zerstossen von Körnern etc., vgl. Toh. IX, 5; — bildlich: „שׂער פותשׁ" = „aneinander stossende Baumkronen", vgl. Pea II, 3).

ליבה * „anfachen" (eine Flamme durch Hineinblasen; B. kama VI, 4).

לובן * „das Weisse";

לבנונית „Weissliches" (Neg. IV, 4).

לננה „Saat-Streifen", „Beet" (durch Ackerfurchen abgegrenzt, s. Ter. IX, 5. — Vgl. auch Ben-Jehuda, Wörterbuch).

(לודי * Herkunftsbezeichnung: „aus Lod"; Kel. II, 2: „חביות לודיות" = „Fässer aus Lod").

לויי * „Beifügung" („שם לויי" = „Begleitname", dem Hauptnamen zugefügter „Beiname"). — „לויה" = „Geleite", „Begleitung" (Sota IX, 6).

לויה * „Levitin", „Tochter eines Angehörigen des Stammes Levi".

ליחה * „Feuchtigkeit"; auch: „feuchte Absonderung", „Eiter", „Schleim".

לחישׁה * „das Zischen" [der Schlange], übertragen: „Wutgezisch", „Zornesäusserung" (Abot II, 10).

לטישׁה * „das Schleifen, Abschleifen" (Kel. XIV, 1).

לינה * „Übernachtung".

לישׁה * „das Kneten" (des Teiges, s. Men. V, 2).

לכלוך „Schmutz", „Beschmutzung" (Mikw. IX, 4).

לכתחילה [= „לכ-תחילה"] „von vornherein" (andere Lesart: „כתחילה").

למד * „lernend, entnehmend“ (s. Abot II, 5; dort etwa im Sinne von: „ein vom Unterricht stark profitierender, ein viel aufnehmender [Schüler]“).

למוד [Plural: „לִמּוּדִים“] „Bretter, Holzlatten“ [insbes.: hölzerne „Fass-Dauben“]; auch: zur Befestigung dienende „Holzverschläge“ (vgl. Kel. V, 9. — Das Wort ist vielleicht aramäisches Sprachgut).

לעון „eine Gemüsepflanze“ (Kil. I, 3: „הלעונין“).

לפי „gemäss, entsprechend“. — „לפי ש ....“ = „weil“. — „לפיכך“ = „demgemäss, deshalb, deswegen“.

לפלוף „Augenschleim“ (Mikw. IX, 2 u. 4: „לפלוף שבעין“ = „feuchte oder körnige Absonderungen in den Augen-Winkeln“).

לקוחות * [Plural] „Käufer, Erwerber“.

לקיחה * „das Nehmen“ (insbes.: „das Bereitstellen“ von Opfertieren; Joma VI, 1).

לקיטה * „das Abpflücken, Einsammeln“ (von Boden-Erträgnissen).

מיאון * „Weigerung“, „Ehe-Verweigerung“ (d. h. die Weigerung eines minderjährig von ihrer Mutter oder ihren Brüdern verheirateten vaterlosen Mädchens, das Eheverhältnis fortzusetzen).

מארופה „eine Art Schaufel, Spaten“ (zur Bodenbearbeitung; Schebiit V, 4: „מארופות של עץ“ = „Holz-Schaufeln“).

מאושפן * „ein Mensch mit abnorm vergrössertem Hodensack“ (Bech. VII, 5).

מנוב „Getreide-Rechen“, „eine Art Worfschaufel“ (s. Kel. XIII, 7).

מגג „eine Art von Bast“ (Para III, 9: „חבל של מגג“ = „Bast-Strick“).

מגע * „Berührung“ (insbes. als Übertragungsform der Unreinheit).

מגפיים „eiserne Beinschienen der Krieger“ (zum Schutz der Unterschenkel; s. Schab. VI, 2).

מגרדת * „Reibbürste“, „Striegel-Eisen“.

מדברי * „in der Wüste lebend“, „wild lebend“ (Beza V, 7: „מדבריות“ = „Wüstentiere“, „wildlebende Tiere“).

מדוך * „Stössel“ (Beza I, 7).

מדלעת „Kürbisfeld“ (Schebiit II, 1 u. 2).

(מודיעים „Bezeichnung eines Ortes", einen Tagemarsch von Jerusalem entfernt).

מדף „eine Art Brett, Bord" (im übertragenen Sinne: „eine abgeschwächte Übertragungsart der Unreinheit"; vgl. Edujot VI, 2).

מהל * „beschneiden", „die rituelle Beschneidung vollziehen" (gleich bedeutend mit „מול"; Schab. XIX, 2 u. 5).

(מוהי eine Umschreibung für „Schwur", andere Lesart: „מותא"; Ned. I, 2).

מוך „Watte", „Flaum", „Fasern" (vgl. Kel. XXII, 9).

מוסף * „zusätzliches Opfer" („קרבן מוסף", an Sabbath-, Feier- und Neumonds-Tagen); dementsprechend auch: „zusätzliches Gebet" („תפלת מוסף" „Mussaf-Gebet").

מועד * „verwarnt" („שור המועד" = „Ochs des Verwarnten", d. h.: „Ochs, der zu stossen gewohnt ist und dessen Eigentümer deswegen verwarnt wurde").

מזחילה „Dachrinne" zum Ablauf des Regenwassers (s. Erub. X, 6).

מזיד * „in böser Absicht" [= vorsätzlich] handelnd.

מזנון * in der Vbdg. „תמחוי המזנון" = „geordnet aufgeschichteter Satz von Speise-Schüsseln" zum Transport von Mahlzeiten, „Menage" (s. Kelim XVI, 1).

(מזרחי * „östlich").

מחבא * „Stock zum Abschlagen der im Gezweige versteckten Oliven" (Pea VII, 2).

מחנר * „Kette [Leitseil] am Halse des Viehs" (Kel. XIV, 4).

מחה (im Hiphil) „an Jemd. auszahlen lassen", „Jemd. eine Zahlungs-Anweisung übergeben" (B. mez. IX, 12: „המחהו אצל חנוני" = „hat er ihm [dem Lohnempfänger] eine Zahlungs-Anweisung auf einen Krämer übergeben .....").

מיחוי * „das Abreiben", „die Reinigung" (Pes. VI, 1: „מחוי קרביו" = „die Reinigung seiner Eingeweide" [beim Passah-Opfer]).

(מחוז „Name eines Bezirkes" [Arach. III, 2; Machsch. III, 4]).

מחל „verzeihen", „verzichten". — Substantiv: „מחילה" = „Verzeihung", „Verzicht".

מוחל „Flüssigkeit [-Reste] aus gepressten Oliven" (auch: „מוהל").

מחלץ „Maurerkelle" (zum Auftragen u. Glattstreichen des Mörtels; M. kat. I, 10, im Plural: „מחלציים").

מחץ „grosser Schöpfkrug".

מחצב * „Steinbruch“ (Schebiit III, 5. Vgl. auch II Reg. XII, 13).

מחצלת „geflochtene Bast-, oder Binsen-Matte“.

מחרוזות * [Plural] „kettenartige Aufreihungen“ zum Verkauf ausliegender Waren (z. B. von Fischen, B. mez. II, 1).

מטהרת * „Wasser-Becken“ (Mikw. VI, 11: „מטהרת שבמרחץ“ = „Reinigungsbecken im Badehause“).

מטוטלת „Senkblei“ (zum Ausloten); auch: „Polster“ (von Kamelen; vgl. Schab. V, 3).

מטלית * „Tuchfetzen“, „Lappen“.

מילה * „rituelle Beschneidung“, „Circumcision“.

מינות * „Ketzerei“.

מיתה * „Tod“, „Todesstrafe“.

מכבד * „[datteltragender] Palmzweig“ (Ukz. I, 3: „המכבד של תמרה“).

מכבש * „Presse“, „Walze“.

(מכוור „Ortsbezeichnung“ [Tamid III, 8: „הר מכוור“; „Machärus“]).

מכונות „Herde“ (von Getier; Ohal. VIII, 1).

מכירה * „Verkauf“ (B. kama VII, 3).

מכתשת * „Mörser“ (B. batra IV, 3: „המכתשת הקבועה“ = „grosser, fest in den Boden eingelassener Mörser“).

מילווה * „Darlehen“.

מילוי * „Füllung“.

מליח * „Salziges, Gesalzenes, Eingesalzenes“ (auch adjektivisch: „salzig, gesalzen, eingesalzen“).

מלחת „von salzhaltigen Stoffen [Salpeter] verursachte Boden-Fäulnis“ (die zu Erdrissen führen kann; Ohal. III, 7, u. XIII, 1).

[מלטימיא „Gräberschicht“, „knochenhaltige Schicht im Boden“ (Ohal. XVII, 3: = „ממלוא טמיא“, gefüllt mit Knochen“; — „טמיא“: der aramäische Ausdruck für „Knochen, Gebeine“. — Nach Manchen handelt es sich hier um ein griechisches Wort: „לטמיא“)].

מלל „zusammenheften“ (Kil. IX, 9: „מולל“. — Vgl. auch „מלל“ im biblischen Hebräisch).

מלל „eingeschlagener [umgeschlagener] Saum“ (von Geweben; Kel. XXVIII, 7).

מלמולין „Unreinlichkeiten an den Händen“ (die sich bei deren Aneinanderreiben als körnige Krümchen loslösen; Mikw. IX, 2).

מלעין „Grannen" (Ukz. I, 3: „מלעין של שיפלין" = „Grannen [haarartige Fasern] an den Getreide-Ähren").

* מליקה „das Abkneipen des Kopfes" (mit dem Fingernagel; bei Vogel-Opfern).

* מלקוט „Sammelsack" (Kel. XVI, 7: „מלקוט של בקר" = „dem Vieh umgehängter Sack" [zum Auffangen der Exkremente]).

מלקות „Geisselstrafe".

מ״ם „Mem", der 13. Buchstabe des hebräischen Alphabets (Maass. sch. IV, 11).

(* ממזרת „weiblicher Bastard").

מומחה „ausgebildet", „erfahren"; auch: „Fachmann".

ממל „Mahlstein der Ölpresse".

* ממש „Wirkliches", „Greifbares".

* מנין „woher?", „wovon?", „woraus?" (= „מן־אין, מאין").

* מניקית „Saugrohr" (vgl. Kel. IX, 2, u. XIV, 2).

* מנעל „Schuh" (= „נעל").

* מנפה „Fächer" (zum Fächeln der Luft; Kel. XVI, 7).

* מסכך „verzweigter Ast" (Para III, 3).

מסטף „eingeritzt" (Demaj I, 1: „בנות שקמה המסוטפות" = „den Sykomoren-Früchten ähnliche Feigen, die eingeritzt wurden").

מסמא nur in der Verbdg. „אבן מסמא" = „Steinplatte", „grosser Deckstein" (s. Kel. I, 3).

(מסם s. oben „המסם").

מסק „Oliven abernten". — „מסיק" = „Zeit der Olivenlese"; auch: „die Olivenlese" selbst.

מסיקין [Plural] „gewalttätige Menschen" (insbes: „Räuber"); vgl. B. kama X, 5).

* מסירה „Übergabe" (als Form der Übereignung; Kid. I, 4).

* מסורת „Überlieferung" (auch bezüglich der Schreibweise in den Texten der heiligen Schriften); „Tradition".

* מעבר „Getreide-Rechen", „Heugabel" (Kel. XIII, 7; andere Lesarten: „מעדר", „מעפר").

* מעגילה „Walze".

* מעזיבה „Estrich".

* מועט, מיעוט „wenig", „gering"; „geringe Zahl", „Minderheit", „Minimum".

מעטן „Olivenbehälter", „Kufe".

* מעילה „Veruntreuung", insbes. an geweihtem, dem Heiligtum

zustehendem Gut.

מעיסה * „Brei-Bereitung aus Mehl und kochendem Wasser (vgl. Chal. I, 6).

(מערבי * „westlich").

מערוך * „Walzbrett", „Holzplatte zum Auswalzen des Teiges" (Kel. XV, 1).

מפה „Tuch".

מפולת * „Einsturz", „eingestürztes Gemäuer", „Trümmerhaufen" (gl. im biblischen Hebräisch: „מפלת", „מפלה").

מפסלת * „Meissel", „Stemmeisen" (Kel. XIII, 4).

מפץ * „Matte" (aus grobem Geflecht; vgl. Kel. XXIV, 10).

מפרע „rückwärts", „in umgekehrter Anordnung"; auch: „rückwirkend" („למפרע").

מציאה * „Fund", „Fundsache", „Fundgegenstand".

מיצה „Knoten" im Pflanzenstengel (Kel. IX, 8).

מיצוי * „das Auspressen" (Beza III, 8).

מצופית * „[verengtes] Mundstück" von Blashörnern (Kel. XI, 7).

מצר * „Grenze"; „Grenzlinie zwischen benachbarten Äckern verschiedener Feldeigentümer" (B. batra VII, 3: „מצריו" = „seine Grenzen").

מצרי * (s. oben: „כפישה מצרית", „כפיפה מצרית") „aus Palmblättern geflochten".

מקבן * „ein Mensch mit hammerförmigem Kopf" (Bech. VII, 1).

מקרה „Tonschüssel" (Schab. XXIV, 5).

מקוף * „Loch im Metallkopf des Ochsensteckens" (zum Hineinfügen seines Holzstiels; Kel. XIII, 3).

מקלה * „Brand, Glut" („אפר מקלה" = „glühende Asche", „Asche vom Herdfeuer". Im Targum Ecc. II, 10, ist das Wort augenscheinlich aus dem Hebräischen entlehnt).

מקלעה „Flechtwerk aus Stäben mit hakenförmig gebogenen Spitzen" (im Heiligtum, zum Aufhängen von getöteten Opfertieren; Joma VI, 7, vgl. dort).

מקפה * „breiartige Speise".

מוקצד * „für einen besonderen Zweck bestimmt"; — als Substantiv: „abgesonderter Platz" im rückwärtigen Hofraum hinter dem Hause (zum Aufstapeln von Holz und anderem Material. Vgl. Beza IV, 1 u. 7; sowie auch sonst).

מקק * „Fäulnis-Staub" von Büchern, die vom Bücherwurm [„מקק"] zernagt sind (Schab. IX, 6; vgl. dort in der Erläuterung meines Mischna-Kommentars).

מקרצת * „abgekniffenes Stück Teig“ (vgl. weiterhin unter „קרץ“).

מרא * [im Hiphil] „mästen“ (Schab. XXIV, 3: „אין ממרים“ = „man mästet nicht“, vgl. dort).

מראית * in der Verbdg. „מראית העין“ = „Augenschein“ (im Sinne einer Berücksichtigung des Eindrucks einer Handlung auf Aussenstehende, die ohne Kenntnis der inneren Zusammenhänge nur „nach dem äusseren Anschein“ urteilen; daher: „מפני מראית העין“ = „um nach aussenhin keinen falschen Eindruck zu erwecken“, „um sich auf Grund des Augenscheins keinem unbegründeten Verdacht auszusetzen“).

מרובה * „viel“, „mehr“, „zahlreicher“, „häufiger“.

מוּרבית * „Stein-Reihe“, „Stein-Schicht“ (im Steinbruch; Schebiit III, 5. Vgl. auch unten S. 332: „מרבית“).

מרבך „übereinander angeordnete Schichte“ (Ohal. III, 7. Andere Lesarten: „מרבג“, „מדבך“).

מורד „widerspenstig“, „hartnäckig“ („שחין המורד“ = „hartnäckige, schwer heilbare Hautkrankheit“, vgl. Neg. VI, 8; u. a.).

מרדע „Ochsenstecken“.

מרה * „[bitteres] Schlangengift“ (Ter. VIII, 5); — „Galle“ (Chul. III, 1).

(מרון s. unten S. 379: „נמירון“).

מרחץ * „Bad“.

מרפוף „Geigensteg“, nach Anderen: „Steckenpferd“ (Spielzeug; vgl. Kel. XV, 6).

מוּרסא „Eitergeschwür“ (Edujot II, 5).

מוּרסן „grobe Kleie“ (Geflügelfutter).

מרפסת „Veranda“.

מריצה * „Steinbrecher“, „[scharfer] Spaten“ (Schek. VIII, 2).

מרק „vollenden“, „zu Ende führen“ (z. B. die Schächtung, Joma III, 4); auch: „etw. vollständig tun“ (z. B. „vollkommen schliessen“ u. ähnl.).

מריקה * „das Abreiben, Reinigen“ (Seb. XI, 4 u. 7).

מרקה * „eine Art Klebstoff“ (Mikw. IX, 2).

[משׂאוי „Last“, „Traglast“, entsprechend dem Worte „משׂא“ im bibl. Hebräisch, vgl. II Chron. XIX, 7. — „משׂואות“ = „brennende Holzstösse“, „Feuerzeichen“, „Flammensignale“ (R. hasch. II, 2—4), wie „משׂאת“ im bibl. Hebräisch (vgl. Jerem. VI, 1)].

מְשִׁיחוּת * „Priestersalbung" „Hohepriester-Würde" (Hor. III, 1).

מְשִׁיכָה * „das Ansichziehen" (als Eigentumserwerbsform bei Mobilien; vgl. Schebiit X, 9, letzter Satz).

מְשַׁמֶּרֶת „siebartiges Gerät zum Durchseihen von Wein".

מִשְׁמֵשׁ * „betasten, berühren, anfassen".

(מִשְׁנָה) * „die Mischna"; s. oben S. 1).

מַשְׁפֵּךְ * „Trichter".

מַשְׁפֶּלֶת * „grosser Korb" (zum Transport von Mist und Unrat).

מֶשֶׂר „länglich geformtes Beet von rechteckiger Gestalt"(Kil. II,
6).

מִיתּוּחַ * „das Spannen, Ausspannen" von Geweben (Kel. XIII, 5
u. 8).

מִיתּוּן] = „מִיתּוּחַ" (s. vorstehend), Orla I, 4; vgl. dort in der Erläuterung meines Mischna-Kommentars. — Nach Manchen
ist das Wort griechisch].

מַתֶּכֶת, מַתְכוֹת* „Metall".

מָתַן „feucht, weich werden" (Toh. IX, 5: „שִׁימְתִינוּ").

מְתִיקָה * „süsse Zuspeise", „Kompott" (B. mez. VII, 1).

נָאֶה * „schön" (auch im Buche Ben-Sirach. Vgl. im bibl. Hebräisch: „נָאוֶה").

נָאקָה „weibliches Kamel", „Kamelstute".

נְבִיָה „Laub" (Ab. sara III, 8; Mëila III, 8. — Andere Lesarten: „נְמִיָה", „נֻוִיָה").

נָבֵל * [im Hitpaël] „הִתְנַבֵּל" = „durch einen nicht korrekt durch-
geführten Schächt-Akt zum rituell unerlaubten ‚Aas'
[„נְבֵלָה"] gemacht werden" (vom Schächt-Tier gebraucht).

נִבְרֶכֶת * „Grube", „kleines Wasserloch", „Wasch-Teich".

נָנָה (in der Partizipialform „מְנִיָה") „textlich korrigieren".

נִדּוּי * „Bann" (vgl. S. 334: „נִדָּה").

נוּז „gewoben", „gezwirnt" (Kil. IX, 8. — Im Ps. Jonatan
Deut. XXII, 11, ist das Wort dem Hebräischen entlehnt).

נוֹחַ * [adjektivisch] „leicht", „milde"; [in verbalem Gebrauch]
„Wohlgefallen haben".

נוֹטוֹת * [fem. plur.] „überhängende Früchte" (aus privatem in
öffentliches Gebiet; Ned. IV, 5).

נוּי * „Schmuck", „Schönheit", „Zierde".

נוּל „hässlich machen", „entstellen", „verunstalten". — Substantiv: „נִוּוּל" = „Verunstaltung", „Schändung".

נוּן [„verkümmern lassen, hinschwinden lassen"]. Sota III, 5:

„מתנוונה" = „sie siecht hin".

נום „sagen, sprechen, reden" (im bibl. Hebräisch: „נאם").

נזיח „umschreibende Bezeichnung für Nasirat" (ebenso: „נזיק"; s. Ned. I, 2).

נחיל „Schwarm" (von Bienen; auch im Ps. Jonatan, Deut. XXI, 8).

נחר „erstechen" („נחירה" = „Erstechung", s. Ker. V, 1. — Im Ps. Jonatan Num. XXII, 40: „נחר", wahrscheinlich dem Hebräischen entlehnt).

נטיה * „Spannung, Neigung" (eines Zeltes; Ohal. VII, 2).

נטילה * „das Nehmen, Zurhandnehmen" (s. Meg. II, 5).

נטיעה * „Pflanzung, Anpflanzung".

נטף * „tropfenförmig an der Rebe herabhängende Weinbeeren" (Pea VII, 4).

(נטופה [weiblich] „tropfend", „Öl austräufelnd", „stark ölhaltig"; s. Pea VII, 1 u. 2).

ניסה * „Flucht" (Sota VIII, 6).

ניע „Schleim" (Nid. VII, 1).

נייר „Papier".

נפש „jäten, ausjäten".

נמיה „Marder" (B. batra II, 5).

נמוך * „niedrig".

נמושות * „Nachzügler" (Pea VIII, 1. — Vgl. im bibl. Hebräisch: „משש", „מוש").

נמנם * (im Nitpaël: „נתנמנם" = „einschlummern", „in Schlummer fallen". Vgl. Targum Psal. LXXVI, 6).

נסיון * „Versuchung" (Abot V, 3 u. 4, in der Pluralform „נסיונות"; ebenso Sirach IV, 17).

ניסוך * „das Ausgiessen" (beim Trankopfer), „Libation".

נעילה * „das Verschliessen", auch: „Schluss-Gebet" am Versöhnungstag; — ferner in der Verbdg.: „נעילת הסנדל" = „das Schuh-Anziehen".

נענע * „schütteln" (im bibl. Hebräisch: „נוע").

נערות * „Jugend ‚Jugendzeit" (Kid. IV, 14).

ניפה * „durchsieben".

נפח * „gr. Umfang", „Volumen" (B. mez. VI, 5).

ניפול „junge, noch nicht flugfähige Taube" (B. batra II, 6).

נפילה * „das Fallen".

נפנף * „hin- und herbewegen", „schwenken", „wedeln", „schwingen" (im bibl. Hebräisch: „נופף", „נוף". — Ohal. VIII, 5:

„מנפנפת“ = „hin- und herwehend“ [fem.]).

נץ * „Knospe“ (im bibl. Hebräisch: „נצה“). — „נץ החלב“ [wörtlich: „Milch-Knospe“] = „weissblütige Zwiebelpflanze“.

נצל „Fäulnis-Ausfluss von einem Leichnam“ („כזית נצל“ = „erweichtes Fleisch eines Leichnams [oder von einem solchen herrührende Verwesungs-Flüssigkeit] im Quantum von einer Olive“, vgl. Nasir VII, 2).

ניצוק * „Strahl einer Flüssigkeit“ (vgl. Jad. IV, 7, sowie dort in den „Ergänzungen“ meines Mischna-Kommentars).

נקובה * in der Verbdg. „בית נקובה“ = „Afteröffnung“ (Pes. VII, 1).

נקד * „schwarze Punkte hervorbringen“ (beim Beginn der Reife bestimmter Früchte, s. Maass. I, 3); „punktieren“ (Pes. IX, 2).

(נקיות * „Reinheit“; Sota IX, 15).

ניקוף * „das Abschlagen“ von Oliven; im bibl. Hebräisch: „נוקף“. — (Vgl. auch unten S. 337: „נקף“).

ניקור * „das Aushöhlen, Anpicken“ (Ter. VIII, 6: „נקורי תאנים“ = „Aushöhlungen an [angepickten] Feigen“).

נקירה * „das Picken von Löchern“ (z. B. durch Hühner; Toh. III, 8. — Vgl. auch unten S. 337: „ניקר“).

נרוק in der Verbdg. „טיט הנרוק“ = „schleimartiger, weicher Lehm“ (Mikw. VII, 1).

נשואין * „Heimführung“, „Heirat“.

נשיכה * „das Beissen“, „Biss“ (Abot II, 10).

נשם „Enthaarungs-Pulver“ (Neg. X, 10).

נשר „abfallen, herabfallen“ (z. B. Blätter oder Früchte vom Baum. Aus dem Aramäischen „נתר“ entstand im Hebräischen: „נשר“). — „נשר“ = „das Herabfallende“, „das fallende [Laub]“ (vgl. Suk. I, 3).

ניתוח * „Zerlegung“ (insbes. von Opfertieren).

סאב * [Piël] „verunreinigen“ (יסתאב im Sinne von: „fehlerhaft werden“, „durch Zuziehung eines Körperfehlers seine rituelle Eignung verlieren“ [von erstgeborenem Vieh und von Opfertieren gebraucht]).

סובין „dünne Kleie“ (Singular: סוב?; — vgl. Challa II, 6).

סובך „Muskel-Geflecht“ (am Bein; Chul. X, 4, vgl. dort in den „Ergänzungen“ meines Mischna-Kommentars).

סואר „Schichtung übereinander angeordneter Balken“ (Ohal. III, 7).

סוג „Korb“ (vgl. Demaj V, 6; — Kel. XVI, 3: „סוגים“, das. XVI, 5: „סגניות“).

(סוריא „Syrien“).

סוּת „[nach bestimmten Mustern geformtes] Geflecht für das Kopfhaar der Frauen“ (Kel. XVI, 7, im Plural: „סוּתות“; vgl. dort in meinem Mischna-Kommentar).

סיאה „Saturei“ (ysopähnliche Gewürzpflanze); nach Manchen: „Thymian“ (vgl. Schebiit VIII, 1, sowie die „Ergänzungen“ meines Mischna-Kommentars das.).

סיב „Pflanzenfaser“, „Bast“.

סיג „Staub auf den Spitzen von Pflanzen“ („Blütenstaub“?; s. Ukz. I, 2).

* סיד „Tüncher“ (von „שִׂיד“ = „Kalk, Tünche“).

סייח „Eselsfüllen“.

* סיכה „das Salben, Einsalben“.

סינר „Leibschurz, Leibbinde“ (Schab. X, 4).

* סייפות „Spätfrüchte, Herbstfrüchte“ (Ter. IV, 6).

סירא „Rundung um den Augapfel“ (Bech. VI, 2).

סכי in der Verbdg. „סכי שמש“ = „im Sonnenlicht blinzelnd“, „sonnenlichtempfindlich“ (Bech. VII, 3).

* סיכוך „Bedeckung, Bedachung“ (der Laubhütte).

* סככה „Überdachung, Beschattung“ (durch eine Baumkrone).

* סכר „das Verstopfen, Absperren eines Flusses“ (oder sonstigen Wasserlaufs durch Stau- u. Schleusen-Anlagen; Kel. XXIII, 5).

* סלוּלה „kl. Korb, Körbchen“ (Ab. sara II, 7).

סליל „Spule“ (im Weberschiffchen, Neg. XI, 9).

* סלסל „[sich] Locken drehen“, „sein Haupthaar lockig wachsen lassen“ (Nasir I, 1).

* סלת „Feinmehl herstellen“ (durch Aussieben; Ter. XI, 5: „המסלת“ = „wer Feinmehl bereitet“).

סלת „Feinmehl-Ausleser, Feinmehl-Bereiter“ (Kel. XV, 3 u. 4).

* סומך „Ring zum Einhängen der Pflug- oder Wagen-Deichsel“ (Kel. XIV, 4).

סמיכה „Hand-Aufstützung“ (auf das Opfertier beim Opferungsakt).

סמוכות „Stützen“ (zum Abstützen von Gegenständen oder als

Gehstützen für Menschen; vgl. Schab. VI, 8 u. Kel. XVI, 7).

סממניות „Zeichen" (Schab. XII, 3; vgl. dort in der Erläuterung meines Mischna-Kommentars sowie unten S. 339: „סם").

סמרטוט „Fetzen, Lappen, Lumpen".

סן „Zapfen" (Kel. X, 6: „סנין", vgl. dort).

סנאי) Kil. VIII, 5, in der Verbdg. „חלדת הסניים" [Plural von „סנה" = „Dornbusch"?; danach wörtlich etwa: „Dorn-Nager"]. — „Eichhörnchen"?).

סניף „[verbindende] Stütze", „stützendes Bindeglied".

סנק „drängen, abdrängen, fortschieben".

סנריות [Plural] „eine Portulak-Art" (Gemüsepflanze; Schebiit IX, 5. Andere Lesarten: „סנדיות", „סגריות").

ספסף „ausreissen, abrupfen" (von Haaren; Nasir VI, 3). Nach Anderen: „sengen, absengen".

ספק „Zweifel" (Im Ps. Jonatan Lev. VIII, 15, ist das Wort wahrscheinlich dem Hebräischen entlehnt).

* סיפוק „Befriedigung des Bedarfs an etw.", „Beschaffung von etw. in ausreichendem Maasse"; auch: „Ergänzung", „Nachlieferung" (vgl. Kil. VI, 9, sowie unten S. 339: „סיפק").

ספיר „eine Hülsenfrucht", „Bohnen-Art" (Kil. I, 1).

* ספירה „Zählung" (vgl. Sab. I, 2).

ספת „in kl. Stücken zubereiten", auch: „[stückweise] eintunken".

* סקא „Sacknäher" (Plural: „סקאים", vgl. Schab. XVII, 2).

* סקילה „Steinigung" (Hinrichtungsart).

* סורג „aus Flechtwerk hergestellte Gitter-Trennwand" am Tempelberge (Mid. II, 3).

* סרג „Flechtarbeiter" (Kel. XXIV, 8: „של סרגין" = „der Flechtarbeiter").

סירוגין „mit Unterbrechungen" (Meg. II, 2).

סרוד „netzförmiges [gitterartiges] Backgerät" (Kel. XV, 2); auch: „סרידה".

סרח „verletzen, verwunden, ritzen" (Kel. XXX, 4: „סורחת את היד" = „sie ritzt die Hand").

סרט „Streifen" (Kil. IX, 9).

סרטבא) „Ortsbezeichnung"; R. hasch. II, 4).

* סרינה „Geflecht, Gitterwerk".

סרסור „Vermittler, Makler" (B. batra V, 8).

סרק * „rot färben“ (vgl. Kel. XV, 2; XXII, 9).
סתוניות * [Plural] „Herbst-, Winter-Früchte“.
סתם * „schlechthin“, „ohne spezielle Festlegung“.
סתימה * „Verschliessung“.
סתת „behauen“ (Steine; Schab. XII, 1: „המסתת“ = „wer einen Stein behaut“).
סתת „Steinhauer, Steinmetz“.

עב * „Behältnis aus dichtem Gewebe oder dickem Leder“ (Kel. XXVI, 6: „עב כסות“ = „Behältnis für Kleider“).
עבדן * „Bearbeiter von Fellen“, „Gerber“.
עבה * „dick, dicht“.
עיבור * „Erweiterung“; in den Verbindungen: „עיבור השנה“, „עיבור החודש“ = „Ausrufung als Schaltjahr bezw. als Schaltmonat“, „Interkalation“ (ebenso im Targum). — „פרשת העיבור“ = „Zeit des Übergangs“ (Ber. IV, 4; vgl. dort). — „עיבורה של עיר“ = „[ausserhalb des Weichbildes der Stadt gelegene] Vorstadt“. Entsprechend im Syrischen: „עברה דמדינתא“ (Vgl. auch unten S. 340 f.: „עבר“).
עובר * „Leibesfrucht, Fötus, Embryo“ (findet sich auch im Targum, dort aber wahrscheinlich dem Hebräischen entlehnt).
עוברה „Schwangere“; „gravide Frau“ (Joma VIII, 5).
עבירה * „Gesetzes-Übertretung“, „Sünde“ (im Targum aus dem Hebräischen entlehnt).
עברית * „Hebräisch“ (Git. IX, 8).
עגמה * „Leid, Kummer“ („עגמת נפש“ = „Seelenkummer“, „Herzeleid“; Meg. III, 3).
עדיין * „noch“, „noch immer“ (im bibl. Hebräisch: „עדן,עדנה“).
עידית „vorzüglicher, erstklassiger Boden“.
עוג * „eine Kreislinie ziehen“. — „עוגה“ = „Kreislinie“, „kreisrunde Grube“ (Taan. III, 8: „עג עוגה“ = „er zeichnete eine kreisrunde Linie [in den Boden]“).
עוות * „Verkrümmung“ (Abot V, 5: „עוות הדין“ = „Rechtsverdrehung“, „Rechtsbeugung“).
עולמית * „für immer“.
עוקה „Grube“, „Becken“ (im Erdboden zur Aufnahme des aus der Ölpresse abfliessenden Olivenöls).
עטן „[Oliven] einlegen“ (bis sie reif und mürbe werden; Men. VIII, 4. — Vgl. auch Hiob XXI, 24).

עיטור * „Ausschmückung, Bekränzung“ (der Erstlingsfrüchte; Bik. III, 10).

עטש * „niesen“.

עיסה * „Teig“.

עירה „aus dem Gewebe [während dessen Herstellung im Webstuhl] herabhängende Wollfäden“ (Kel. XXI, 1).

עכוז „Hinterteil“ (von Tieren; Bech. VI, 6. Andere Lesart: „הרגוז“, „אכוז“; vgl. dort).

עכל „verzehren“ („נתעכל“ = „verzehrt, verwest, verdaut“; — „מעוכל“ = „verzehrt“, auch: „vom Feuer verzehrt“, „verbrannt“).

(עכנאי) „Eigenname“; Kel. V, 10 [nach Anderen: „zusammengeringelte Schlange“]).

עבירין [Plural] „Press-Steine“, „Press-Bretter“ (der Ölpresse; B. batra IV, 5).

עכשיו „jetzt“.

עליה * [als Bezeichnung der Handlung] „das Aufsteigen“. — „עילוי“ = „Werterhöhung, Wertsteigerung“.

עולשין [Plural] „Endivien“ (im Targum wahrscheinlich dem Hebräischen entlehnt).

(עמקי) „Herkunftsbezeichnung“, Kel. XXVI, 1; vgl. meinen Kommentar dort).

עימור * „das Aufhäufen der Getreide-Garben“ (Pea IV, 6).

ענבה * „Beere“, auch „[Getreide-]Korn“ (in der Schreibweise „ענב“ Pea I, 2, u. VI, 7; vgl. dort. — S. auch unten S. 344: „ענב“).

עינוי * „Kasteiung“, auch: „Klagegesang“, „Trauerhymne“ (vgl. M. kat. III, 9. — Abot V, 8: „ענוי הדין“ = „Rechtsverzögerung“, „Rechtsvorenthaltung“).

עניה * „das Anstimmen, Verkünden“ (Sota VII, 3, in Bezug auf das Dankbekenntnis bei der Darbringung der Erstlingsfrüchte).

עניות * „Armut“.

ענקיקלות „Weinranken“ [nach Anderen: „nicht zur Ausreifung gelangte, verdorbene Weinbeeren“] (Orla I, 8).

(עפרים) „Herkunftsbezeichnung“; Men. VIII, 1).

עוצבה „Satteldecke“ (Kel. XXVI, 7).

עָצָה * „Stroh aus den sonst unverwendbaren Überresten von Hülsenfrüchten“ (vgl. Schab. VII, 4, u. Ohal. XVIII, 2).

עקדה * „Bindung, Fesselung“ (insb. v. Opfertieren; Tamid IV, 1).

עקל * „Olivenkorb" (in welchem die Oliven zuletzt noch ausgepresst werden; s. Maass. I, 7, u. Sab. IV, 7); auch: „ein Balken, der zum Beschweren des Schiffes bestimmt ist" (vgl. Machsch. V, 7. — [Nach Anderen: „Tank im unteren Teil des Schiffsrumpfs zur Aufnahme von Wasser]).

עיקל „krummbeinig" (Bech. VII, 6).

עיקור * „das [rituell unzulässige] Herausreissen der [bei korrekter Schächtung haarscharf zu durchschneidenden] Schächtstellen" (d. h. der Halsgefässe [Luft- u. Speise-Röhre] des zur Schlachtung bestimmten Tieres; Ker. V, 1).

עקרבנים „Scolopendrium" [?], eine dornenreiche Pflanze.

ערב * „Bürge" (vgl. B. batra X, 7 u. 8).

(ערב „Ortsbezeichnung", Stadt in Unter-Galiläa; Schab. XVI, 7, u. XXII, 3).

עירוב * „Vermischung", „Gebietsvermischung" (vgl. Traktat Erubin).

ערבי * „arabisch", „Araber".

ערבית * „Abend", „abends".

עריין „das Eisen an der Pflugschar" (zum Zerbrechen harter Erdklumpen; Kel. XXI, 2).

עריסה * „Wiege" (im bibl. Hebräisch: „ערש").

ערס * „zu einem Spalier verbinden" (von Weinstöcken; Kil. IV, 7). — „עריס" = „Wein-Spalier" (vgl. Kil. VI, 1).

ערער „in die Gurgel giessen" (Sota III, 3).

עריפה * „das Brechen des Genicks" (beim Kalbe nach Deut. XXI, 4).

ערק „eine Art Sieb" (Kel. XVI, 3).

עשיה * „Bereitung" (insbes. von Opfern; s. Pes. IX, 3).

עישור * „Zehntel"; auch: „Verzehntung", „Abhebung der Zehnt-Abgabe".

עשירות * „Reichtum".

פגל * „ein Opfer rituell unbrauchbar machen durch die bei Beginn des Opferdienstes bestehende Absicht, es an einem verspäteten Zeitpunkt zu vollziehen oder zu verzehren." — Vgl. unten S. 346: „פגול".

פגיעה * „das Zusammentreffen, Zusammenstossen" (B. kama VIII, 4).

פדיה * „Auslösung" (z. B. erstgeborener Tiere; s. Bech. I, 7).

פהק „gähnen" (Nid. IX, 8).

פונה) „palästinensischer Fluss"; Para VIII, 10).

פזיה) „umschreibende Bezeichnung für Nasirat"; — s. Ned. I, 2, u. Nasir I, 1).

* פיזור „das Zerstreutsein"; auch: „die Getrenntheit".

פחי in der Verbdg. „פחי נפש" = „Enttäuschung", „Verdruss" (R. hasch. II, 6).

פוחלץ „netzartig geflochtener Korb" (der Kamele; Kel. XXIV, 9, vgl. dort).

פחם „zerdrücken", „zusammendrücken", „plattdrücken" (Ab. sara IV, 5).

* פחת „vermindern", „verringern" („פוחת" = „sich vermindern, abnehmen"; — „פחות" = „weniger"; usw. — Vgl. oben S. 223: „פטוטרות").

[Plural] „Fruchtstengel", „Stiele" (Ab. sara I, 5).

* פטור „Freiheit, Befreiung" (von einer Verpflichtung oder Strafe etc.). — „פטירה" = „Verabschiedung" (Suk. IV, 5).

פיטמה „Ausbuchtung", „Kuppe" an der Spitze von Früchten (insbes. am Granatapfel oder Etrog). — „פיטומת" = „Brustwarze der Frau" (Nid. V, 8).

פטפוט „Fussgestell des Kochherdes". (Nach Ansicht Mancher kommt das Wort aus dem Griechischen).

פיו „beim Weben herabfallende Wollfäden" (Kil. IX, 9. — Andere Lesart: „פיף").

פין „Stift", „Schlüsselzahn", „Zacke" (Kel. XI, 4, u. XIII, 6).

פימון Kel. XXII, 2, in der Vbdg. „עריבת פימונות" = „Trog der Maurer" (Traggerät zum Transport von Steinen u. sonstigem Material).

פיקה „runder, kugelförmiger Knauf an einem Gegenstande".

* פינוי „Räumung, Ausräumung" (Neg. XII, 5).

פסינה „Blütenstiel", „Abzweigung" (Ukz. I, 5: „פסינה של אשכול" = „Abzweigung [kleinerer Beeren] von einer Weintraube". — Vgl. unten S. 347: „פסג").

פסיון [פשיונ] „Ausbreitung". (Im Ps. Jonatan, Lev. XIII, 5 ff., dem Hebräischen entlehnt).

* פיסול „das Abschneiden trockener Zweige von den Bäumen" (Schebiit II, 3).

פעוט „kleines Kind" (Git. V, 7).

* פער „enthüllen, entblössen" (abgeleitet von dem Götzen-Namen „Pëor"; Sanh. VII, 6: „הפוער עצמו לבעל פעור" = „wer sich entblösst vor dem Baal-Pëor". Vgl. dort in den „Er-

gänzungen" meines Mischna-Kommentars).

פקידה * „das Untersuchen, die Untersuchung" (der Frau zur Feststellung ihrer periodischen Unreinheit; Edujot I, 1).

פיקל „entfernen" (gebraucht von Saatzwiebeln oder von Schalen; s. Maass. I, 6; Ukz. II, 5).

פקע * „platzen", „herabspringen", „herabfallen". — Im Hiphil: „abspalten, abtrennen, zertrennen" (Kleidungsstücke zwecks Verwendung des Materials zur Herstellung von Dochten; Suk. V, 3); ferner im Sinne von: „sprengen, hochtreiben" (von Marktpreisen; Taan. II, 9. Vgl. auch oben S. 225: „פקע"). — „פקיע" = „Dochte" (Schek. V, 1); auch: „Bündel" (Schab. XXIV, 2). — „בית הפקיע" = „Griff der Schleuder" (Edujot III, 5). — „פקעת" = „Knäuel".

פקפק * „lockern", „erschüttern"; — im geistigen Sinne: „zweifeln, in Zweifel ziehen, Bedenken tragen" (vgl.: „פוק", Jes. XXVIII, 7; Jerem. X, 4).

פריה * in der Verbdg. „פריה ורביה" = „Fruchtbarkeit und Vermehrung" (als Bezeichnung für das Gebot der Fortpflanzung).

פרוטיות „Maultiere, von denen unbekannt ist, ob das Muttertier eine Stute oder eine Eselin war (Kil. VIII, 5).

פרז [im Hiphil] „erweitern" (B. mez. V, 5: „מפריז" = „er erweitert", d. h. er darf einen „erweiterten", mit Geldhingabe verbundenen Pachtvertrag abschliessen, ohne damit das Zinsverbot zu verletzen. — Andere Lesart: „מפרין").

פריחה * „das Aufblühen, Ausbrechen" (von Aussatz-Erkrankungen; Neg. VIII, 4 u. 5).

פרידה „einzelne Taube" (als Vogel-Opfer; Kin. III, 6).

פריפרין „glattgehobelte [lose] Stangen "(für eine Sänfte, B. mez. VI, 1; — in zusammengefügtem und befestigtem Zustande des Holzmaterials: „Sänften"). — Nach Manchen handelt es sich hier um ein griechisches Wort.

פרך im Plural „הפרכין" = „[gitterartig angeordnete] Eisenstäbe im Herd" (Kel. XII, 3; nach Manchen: „Brat-Rost").

פרכיל „[traubentragende] Weinrebe".

פרימה * „das Zerreissen der Kleidung" (des Aussätzigen; s. Meg. I, 7).

פורנה „Türschloss" (Kel. XI, 4).

פריעה * „das Wildwachsenlassen des Haupthaares" (seitens des

Aussätzigen; s. Meg. I, 7).

פרעה etwas „Herausragendes" („פרעות" = „Dornengestrüpp", das aus Hecken und Umzäunungen herauswächst; Ohal. VIII, 2).

פרפרת * „Zukost, Zuspeise".

פרצה * „Lücke, Spalt" (im bibl. Hebräisch: „פרץ").

פורקדן „eine Hülsenfrucht" (Erbsenart; Kil. I, 1).

פריקה * „das Abladen" (von Lasten).

פירור „Speisekrume", „Krümel" (Schab. XXI, 3: „פירורין").

פירוש * „Erklärung", „ausdrückliche Bezeichnung".

פריש „eine Baumfrucht" (Mispel; s. Kil. I, 4, u. sonst).

פרישות * „Absonderung", „Enthaltsamkeit".

פשר „lauwarm werden", „sich abkühlen" (Schab. III, 5: „להפשיר" = „um es lauwarm zu machen, abzukühlen"), „פושרין" = „lauwarmes Wasser".

פשרה „Vergleich", „Ausgleich" (im Wege gegenseitigen Nachgebens; Ket. V, 6. — Im Ps. Jonatan, Deut. I, 16, aus dem Hebräischen entlehnt).

פשתן „Flachs" (im bibl. Hebräisch: „פשתה"). „עושי פשתן" = „Flachsarbeiter" (Kel. XI, 6. Im Syrischen: „עבד פתנא". — Vgl. oben: „פתן").

פותח * in der Verbdg. „פותח טפח" = „eine Handbreit im Quadrat". Vgl. meinen Mischna-Kommentar, Einleitung zu „Ohalot", S. 124.

פתיחה * „das Öffnen".

פותחת „Türschloss".

פתיח „weite Furchen" (zwischen der aufgepflügten Acker-Erde; Kil. II, 6).

פתין „breite Steine" (Neg. XIII, 2; vgl. dort in den „Ergänzungen" meines Mischna-Kommentars).

פתיתה * „das Zerbröckeln" (von bestimmten Opfer-Speisen; Men. VI, 4).

צביטה * „das Anfassen" („בית הצביטה" = „Vertiefung in der Seitenwand eines Gefässes zum Anfassen desselben"), (vgl. in den „Ergänzungen" meines Mischna-Kommentars, zu Chag. III, 1).

צבע * im Hiphil „[zum Zwecke einer Abstimmung] den Finger erheben" (s. Joma II, 1, im Plural der Imperativ-Form: „הצביעו" = „Erhebt die Finger zur Abstimmung!").

צבירה * „Ansammlung, Aufhäufung" (Ohal. XVII, 3).
צדוקי „Sadduzäer".
ציהוב „das Goldgelbwerden des Gefieders" (von jungen Tauben; Chul. I, 5).
(צופים „die Höhen um Jerusalem" [Ortsbezeichnung], nach Anderen: „der Skopusberg"; Pes. III, 8).
צוק „Felsenspitze".
צורי * „Herkunftsbezeichnung" (= „aus Zor", der Phönizierstadt Tyrus; „tyrisch").
ציין „bezeichnen".
צינית „ein Fussleiden" (ähnlich Podagra oder Rheumatismus, Schab. VI, 6).
ציץ im Plural „ציצין" = „[herabhängende] Hautfasern" (Schab. XIX, 6).
ציצה „heraushängender Riemen" (am Rande eines Lederschurzes oder ähnl.; Kel. XVI, 4).
ציקן „Geiziger, Geizhals" (Pes. VII, 8).
ציר „Saft" (im Ps. Jonatan, Lev. XI, 11, aus dem Hebräischen entlehnt).
צליה * „das Braten" (Pes. VI, 1).
(צלמון „Ortsbezeichnung").
צלף „Kapperstrauch" (Maass. IV, 6).
צמחון * etwas „Frisches, Feuchtes" (Kraut, Gewächs vor Eintritt des Trockenheits-Stadiums; Maass. sch. II, 3: in der Pluralform „צמחונין").
צמל „voll ausgereifte Frucht"; im übertragenen Sinne: „Geschlechtsreife" (der Frau; Nid. V, 7).
צימם „ein Mensch mit grossen, schwammartigen Ohren" (Bech. VII, 4).
צימע „ein Mensch mit auffallend kleingewachsenen Ohren" (Bech. VII, 4).
צמר * „Wollhändler".
צומת * in der Verbdg. „צומת הגידין" = „die Sehnen-Verknotung am Wadenbein" (des Viehs; Chul. IV, 6).
צנה „Stachelpalme", „Steinpalme" (Suk. III, 1: „ציני הר הברזל" = die Stachelpalme des „Eisenberges").
צנון „Rettich".
ציפורת כרמים „eine geflügelte Heuschrecken-Art", besonders in Weinbergen auftretend (Schab. IX, 7).
צרדה in der Verbdg. „באצבע צרדה" = „mit dem Mittelfinger"

(durch dessen Abschnellen vom Daumen ein knallendes
Geräusch erzeugen; Joma I, 7).

צָרִיד „Trockenes", „trocken" (s. Maass. sch. II, 4. — Im Ps.
Jonatan dem Hebräischen entlehnt).

צְרִיף „geflochtene [Weiden-] Hütte" (oft kegel- oder pyrami-
denartig geformt, s. Suk. I, 11).

צַרְצוּר „eine Art Tonkrug mit siebartigem Netzgeflecht über der
Ausfluss-Öffnung" (s. Kel. II, 8).

קְבוּתִים „eine Art von Tongefässen" (Krügen oder Bottichen zur
Aufbewahrung von Fischbrühe; Kel. X, 5).

* קִבּוּל „das Aufnehmen, Auffangen" (insbes. von Opferblut). —
„קְבָּלָה" = „Annahme", auch: „Übernahme" (eines Tieres
zur Aufzucht; s. Bech. I, 1); ferner Bezeichnung für: „die
Bücher der Propheten u. Hagiographen" (Taan. II, 1). —
„קַבְּלָן" = „Unternehmer" (insbes.: „Bau-Unternehmer",
Schebiit III, 9). — „קַבְּלָנוּת" = „Pachtverhältnis" (B.
batra X, 4).

* קָדַח „Haut-Entzündung mit Blasenbildung" (als Folge einer
Einwirkung von aussen, wie Schlag, Stoss, Verbrennung
etc.; Neg. VI, 8 [andere Lesart: „קָרַח"] u. VIII, 5).

* קִידוּשׁ „Heiligung", „קְדוּשָׁה" = „Heiligkeit" (im Sinne aller Bedeutungen des Verbums „קִידֵּשׁ", s. weiter unten S 352),
auch bezüglich der entsühnenden „Reinigung durch die
Asche der Roten Kuh" (Para VI, 1). — „קִידוּשִׁין" = „Angelobung".

* קָהֶה „herb, sauer" (Abot IV, 20: „עֲנָבִים קֵהוֹת" = „herbe, unausgereifte Trauben").

קוּד „Holzschüssel" (Kel. XVI, 1: „קוּד הַבַּבְלִי" = „babylonische Holzschüssel").

* קוּל „Erleichterung", „erleichternde Entscheidung" (aramäisch:
„קוּלָא").

קוּם „Käsesaft", „abgesahnte Milch" (Ned. VI, 5; vgl. dort).

קוֹנָח, קוֹנָם (קוֹנַס, קוֹנָם) Umschreibungen für „ein Opfer-Gelübde"; Nebenbezeich-
nungen für „Opfer", „Schwur"; s. Ned. I, 2, nebst den
„Ergänzungen" das. in meinem Mischna-Kommentar).

קוֹס „Becher" (Kel. IV, 3: „קוֹסִים הַצִּידוֹנִיִּים" = „Becher aus
Sidon").

קוּ״ף „Koph", der 19. Buchstabe des hebräischen Alphabets
(Maass. sch. IV, 11).

קווץ * „entdornen", „von Dornen befreien" (Schebiit IV, 2 im Nitpaël fem.: „נתקווצה" = „von Dornen befreit").

קוצה „Saflor" (= Färberdistel, eine Dornenpflanze, aus welcher roter Farbstoff gewonnen wird; — Schebiit VII, 1).

קזוזות in der Verbdg. „קוזזות אדמה" = „Erdschollen, Erdklumpen" (Maass. sch. V, 1).

קוטב „kleine Kelter" (Schebiit VIII, 6. — Andere Lesart: „קוטבי").

קטן „eine Linsenart" (Maass. V, 8: „הקטנים"); auch: Bezeichnung für „Kinderjahre, Kindheitsstadium" (Ket. II, 10: „בקוטנן" = „in ihrer Kinderzeit", „als Kinder").

קטנות * „Kleinheit", „geringfügigster Teil", „der Letzte" (Sota IX, 15. — Andere Lesart: „תמצית").

קטנית „Hülsenfrucht" (Plural: „קטניות").

קיח „Schleife", „Riemen" (an Ledertaschen zum Zuschnüren; Kel. XVI, 4: „קיחותיו").

קיום * „Bestätigung", „Bestand", „Erhaltung", „Erfüllung".

(קיני „Name eines Ortes"; Ohal. XVIII, 9).

קיפה „Bodensatz" (am Boden des Kochtopfes sich festsetzende verhärtete Überreste flüssiger Speise; vgl. Ned. VI, 6).

קיע * „Sommerfrucht", insbes. „Feigen" (s. B. batra III, 1).

קיץ * „Feigen-Trockner", auch „Feigen-Pflücker" (Kel. XXIV, 15, u. XXVI, 3: „קייצין").

קיצוני „sommerlich", „für den Sommer bestimmt" (Schebiit V, 4: „בצלים הקיצונים" = „Sommerzwiebeln").

קיק * „Rizinus" (ölhaltige Pflanze; Schab. II, 1. — Im bibl. Hebräisch: „קיקיון" = „Rizinus-Staude").

קלות * in der Verbdg. „קלות ראש" = „Leichtfertigkeit" (Ned. II, 5; Abot III, 13).

קלח „Pflanzenstengel", „einzelnes, allein übrig gebliebenes Gewächs" (im Ps. Jonatan, Num. XIX, 18, dem Hebräischen entlehnt).

קלח (im Piël) „entströmen lassen", „ausströmen".

קלט * „aufnehmen", „aufsaugen", „zurückhalten", „als Zuflucht dienen" (im Ps. Jonatan, Num. XXXV, 12 ff., wahrscheinlich dem Hebräischen entlehnt).

קלל „steinerner Krug" (vgl. Para X, 3, sowie dort in den „Ergänzungen" meines Mischna-Kommentars. — Im Ps. Jonatan, Num. XIX, 9, wahrscheinlich dem Hebräischen entlehnt).

קָלַע „netzartig übereinander schichten" (Joma VI, 7).

קְלִיעָה „netzartig geflochtenes Gewebe" (Edujot III, 4; vgl. dort).

קְלָף „Pergament" (Schab. VIII, 3).

קֶלֶת „Mühlenkorb" (zum Einschütten des Getreides: „Mühltrichter". — Nach Anderen: „Mühlkasten" unterhalb der
Mühlsteine, zur Aufnahme des herabfallenden Mehles).

קִמְעָא „ein wenig".

* קְמִיצָה „die Entnahme einer Handvoll" mit den drei mittleren
Fingern (bei Mehl-Opfern).

קָנַב „ausreissen", „abrupfen", „entfernen". — „קְנִיבָה" = „das
Abgerupfte" (Edujot III, 3: „קְנִיבַת יָרָק" = „die abgerupf-
ten welken Blätter vom Kraut").

קְנֻבְקָאוֹת [Plural] „eine Art Zwieback" (Gebäck, das nach dem
Backen zerrieben und so gekocht wurde; Chal. I, 5).

קָנַח „abreiben", „reinigen".

קַנְקַן „Krug".

קְסָיָה „Leder-Handschuh" (s. Kel. XVI, 6); auch: „Tischdecke"
(Machsch. V, 8).

* קַעְקַע „Tätowierung" (Mak. III, 6).

* קַפְדָן „ein heftiger [leicht aufbrausender, zu Zornausbrüchen nei-
gender] Mensch", „Choleriker" (Abot II, 5).

* קִפּוּי „das Obenauf-Schwimmende" (z. B. Schaum bei Getränken
oder kochenden Speisen; Ter. IV, 11. — Vgl. unten
S. 353: „קְפָא").

קָפַּח „Schmächtiger", „ungewöhnlich lang und schmal gebauter
Mensch" (s. Bech. VII, 6).

קָפַל „zusammenfalten" (= כָּפַל: „doppelt legen").

* קְפִיצָה „das Springen" (Nasir IX, 4).

קָפַשׁ „fortreissen, wegschnappen" (Chal. II, 5).

* קַצְבָה „Begrenzung", „festes Maass".

* קְצִיעָה/ „das Einschneiden von Feigen" (um sie zu trocknen oder zu
pressen, oder um aus ihnen einen Feigen-Kranz herzustellen); auch: „eingeschnittene Feigen" (vgl. in den „Ergänzungen" zu Schebiit VIII, 6, meines Mischna-Kommentars).

קְצִיצָה gleichbedeutend mit „קְצִיעָה" [s. vorstehend] gebraucht
(vgl. Maass. III, 4); auch: „Abteilung in der Kapsel der
Kopf-Gebetriemen" (Kel. XVIII, 8).

* קְצוּצַת „Bruchstücke", „Abfälle" (bei der Herstellung von Geräten; Kel. XI, 3).

קצירה * „Getreide-Ernte".

קצרה * „die Schmalseite", „die Bretter am Kopf- und Fuss-Ende" (vom Bettgestell gebraucht; Kel. XVIII, 5).

קצרית * in der Verbdg. „רוח קצרית" = „Kurzatmigkeit", „Asthma", nach Anderen: „melancholischer Depressions-Zustand" (Bech. VII, 5).

קירוב * „Annäherung, Näherung, Nähe (Kid. IV, 12: „קרוב בָּשָׂר" = „körperliche Nähe", „Berührung").

קרד „striegeln".

(קורדימה „Morast", „Schlamm"; Schab. XXII, 6. — Vgl. unten S. 382: „פלומא").

קרום * „Haut", „Kruste".

(קרוחים „Ortsbezeichnung"; Men. VIII, 6. — Andere Lesarten: „קרחיים", „קרותים").

קורט „Körnchen", „kleine Quantität".

קרטוב „minimales Quantum" (insbes. von Flüssigkeiten).

קרימה * „Überkrustung" (Chal. III, 6).

(קרמיון „palästinensischer Fluss"; Para VIII, 10).

קרסם „abschneiden", „zerbeissen", „benagen", „anknabbern" (= „פרסם").

קוּרפיות „Geräte [oder Gefässe] mit schmaler Bodenfläche" (die unangelehnt nicht stehen können; Kel. IV, 3).

קרפף „umzäunter Platz" hinter dem Hause oder ausserhalb der Stadt (vgl. in den „Ergänzungen" zu Erub. II, 3, meines Mischna-Kommentars).

קרץ * „Teigstück" (Kel. VIII, 6. — S. oben: „מקרצת").

קרקס „eine Art Kohl" [?] (Maass. V, 8).

קרקרה „Boden" eines Gefässes (vgl. Kel. II, 2).

קרר * „abkühlen" (Kil. I, 8; Nasir IX, 2).

קרתני * „[Klein-]Städter" [Bewohner einer Provinz-Stadt (im Gegensatz zu Jerusalem]; Demaj VI, 4).

קישוי * „Geburtsnot", „Kindesnöte", „schwerer Zustand der Kreissenden bei der Geburt" (Nid. IV, 5). In gleicher Bedeutung: „קושי" (das. IV, 6).

קישות * „Gurke" (Plural: „קשואין", im bibl. Hebräisch: „קשואים").

קשטנית „Rollbohrer" (Kel. XXI, 3).

קישור * „das Zusammenknüpfen, Zusammenbinden" (Schab. XV, 1).

ראייה * „das Sehen" (insbes. von Kennzeichen des Menstruations-

Eintritts oder von krankhaftem Ausfluss aus den Genitalien); ferner: „das [pflichtgemässe] Sichsehenlassen" = „Erscheinen" im Heiligtum zu den Wallfahrts-Festen. Im letztgenannten Sinne auch: „ראיון" (Pea I, 1). — „ראיה" = „Sichtbarmachung", „Beweis".

רבוכה „Vertiefung, Hohlraum" (Mid. III, 3).

* ריבוי „Erweiterung", „erweiternde Deutung" (von Bibelversen; Schebuot III, 5).

* רבוע „quadratische [Tisch-] Fläche" (Ohal. XV, 2).

* רביע, רביעין „quadratische Platten" (aus Zedernholz; Tamid III, 5).

* רבעי in den Verbindungen „נטע רבעי" und „כרם רבעי" = „der Ertrag des vierten Jahres nach der Anpflanzung" (von Baum- bezw. Weinbergs-Früchten; vgl. Para I, 1).

רבעתים „ein Viertel Denar" (Ker. I, 7).

* רביעה „Unzucht mit Tieren" („Sodomie"; Ab. sara II, 1).

רבצל „Lederbeutel für Gewürz" (Kel. XX, 1).

(רגב „Bezeichnung eines Ortes in Transjordanien"; Men. VIII, 3).

רגילה „Portulak" (Gewürzpflanze; s. Schebiit VII, 1).

רגל [im Hiphil „הרגיל"] „gewöhnen", „vertraut machen", auch: „herbeiführen" (vgl. oben S. 230: „רגיל").

רוגליות „am Erdboden hinkriechende [nicht an Spalieren aufwärts gezogene] Weinstöcke" (vgl. Pea VII, 8).

* רגימה „Steinigung" (Sanh. VI, 4).

רהיטני „Kneipzange zum Ausrupfen von Haaren" (Mak. III, 5; vgl. Krauss, „Lehnwörter", S. 575).

רונקי „Zusammengepresster Klumpen von gekochtem Gemüse" (Kel. II, 5; vgl. dort).

רווק „unverheirateter Mann", „Junggeselle" (Kid. IV, 13 u. 14).

* רחבה „freiliegender Platz in der Stadt", „Marktplatz" (mit nachfolgendem Zusatz: „של עיר" [= „der Stadt"] einen „offenen Versammlungs-Platz" bezeichnend. — Im bibl. Hebräisch: „רחוב").

* רחיצה „das Waschen" (des Körper oder von Körperteilen).

* ריחוק „Entfernung", „entfernte Lage" (Maass. sch. III, 10).

רטוב „eine Art Netz zum Vogelfang", „Vogelfalle" (Kel. XXII, 5.)

רטיה „Wundverband", „Pflaster" (Erub. X, 13).

ריאה „Lunge“ (Chul. III, 1).

רימין [Plural] „eine Fruchtart“, „Zizyphus Spina Chr.“ (vgl. Demaj I, 1).

רים „ein Längenmass“ (ca. 133 mtr.).

רכפא „Farbpflanze“, „eine Art Reseda“ (Schebiit VII, 2; vgl. auch Maass. V, 8).

* רמאי „Betrüger“.

רמץ „glühende Asche“ (Neg. IX, 1). — „רמוץ“ = „in heisser Asche geröstet“. — „דלעת רמוצה“ = „eine bittere Kürbis-Art, die in heisser Asche süss gemacht wurde“; vgl. Kil. I, 2 u. 5).

רעבתן „Gefrässiger“, „Fresser“ (B. mez. VII, 5).

רעדות „Fenster-Gitter“ (aus lose verbundenen, „schwankenden“ Leisten; Para XI, 2. Vgl. dort sowie in den „Ergänzungen meines Mischna-Kommentars. S. auch unt. S. 357: „רעד“).

* רעל „verhüllen, verschleiern“ (Schab. VI, 6, in Partizipialform fem. plur.: „רעולות“ = „in Schleier gehüllt“).

רעף glühend gemachte Lehmziegel, um darauf zu braten oder zu backen“ (im Plural: „רעפים“).

* ריפוי „Heilbehandlung“, „Heilungskosten“.

רפפות gleichbedeutend mit „רעדות“ (s. oben).

רצועה „Band“, insbes.: „Leder-Riemen“ (Im Ps. Jonatan, Gen. XIV, 23, dem Hebräischen entlehnt).

* רצחן „Mörder, Meuchelmörder“ (Sota IX, 9).

* רציעה „Durchlöcherung, Durchbohrung“ (des Ohrläppchens bei dem Knecht, der seinen Herrn nach Ablauf der Zeit seiner Dienstverpflichtung nicht verlassen will; Kid. I, 2).

* רצען „Schuhmacher“ (Pes. IV, 6; eigtl.: „Riemenschneider“, s. oben: „רצועה“).

רצפית „Kräuter-Wurzel“ (Ukz. I, 2).

* רקיקה „das Ausspeien“ (Ber. IX, 5).

* רתיחה „Schaum“ (von kochenden Speisen); auch: „das Sieden“ (Tib. Jom I, 1 u. 2; vgl. unten S. 358: „רתח“).

* רתחתה „siedend, brodelnd, gekocht“ (Ned. VI, 2).

* שׁואבה „das Wasserschöpfen“, insbes. „die Wasserschöpf- Feier“ (in den Tagen des Hüttenfestes; Suk. V, 1: „בית השׁואבה“ = „der Ort des Wasserschöpf-Festes“. Andere Lesart: „השׁאובה“).

שאור * „Gärendes“, „Aufquellendes“ (Mass. I, 2: משיטילו שאור = „wenn sie [die Datteln] aufzuschwellen beginnen“ wie Sauerteig).

שיאור „im Säuern Begriffenes“, „zu säuern Beginnendes“ (Pes. III, 5).

שבח * [Substantiv] „Wertzuwachs“, „Wertsteigerung“, „Mehrwert“ (vgl. unten S. 358 das Verbum: „שבח“ = „im Werte steigen“). — Auch: „Lob, Lobpreisung“.

שובר * „Quittung“ (welche die Wirksamkeit des Schuldscheines „zerbricht“, d.h. aufhebt). — „שבירה“ = „d. Zerbrechen“.

שבות * „Arbeitsenthaltung am Sabbath“ (insbes. auf Grund der erweiternden rabbinischen Verbote). — „שביתה“ = „Bestimmung eines Ortes als Sabbath-Aufenthalt“ (mit den daran geknüpften Folgen bezüglich der einzuhaltenden Sabbath-Grenzen); auch: „das Ruhenlassen [z. B. des Viehs] am Sabbath“.

(שבותה umschreibende Bezeichnung für „שבועה“ = „Schwur“; Ned. I, 2).

שנם [Piël-Form] „durch eingepasstes Bambus-Holz miteinander verbinden“ (Kel. XXII, 10). — „שונם“ = „Bambus“, „Bambus-Zapfen“ (Kel. X, 6, im Plural: „שונמין“).

שידה „schrankartiger Kasten“, „Truhe“.

שדרה „Wirbelsäule“, „Rückgrat“.

(שום „Name“ [= „שם“; z. B. „משום“ = „im Namen von“]. — Vgl. unten S. 360: „שם“).

שומנית * „eine dem Knoblauch [שום] verwandte Zwiebelpflanze“ („Wüsten-Knoblauch“?; Kil. I, 3).

שונית „Schutzwall, Steindamm am Meeres-Ufer“ (um dessen Überflutung durch Meerwasser zu verhüten; vgl. Ohal. VII, 1, u. XVIII, 6).

שוע * „glattgekämmt“ (Gewebe-Art, s. Kil. IX, 8 u. 9).

שופין in der Verbdg. „אפונים השופין“ = „eine [gemeinhin als Bohnen-Art bezeichnete] Hülsenfrucht“ (s. Kil. III, 2).

שחז „hochknüpfen“ (Schab. V, 2: „שחוזות“ = „mit hochgebundenem Schwanz“ [von weiblichen Schafen]. Vgl. auch oben S. 232: „שחז“).

שחל „herausziehen, verschieben“ (von Körpergliedern; Bech. VI, 7: „שחול“ = „mit verstauchter, ausgerenkter Hüfte“). — „שחולת“ = „Abfall, Überrest“ (von Verarbeitungsmaterial; Kel. XI, 3).

שחלים „Gartenkresse" (Maass. IV, 5. Im Aramäischen: „תחלא").

שחף „dunkel", „aschgrau" (Chul. XI, 2: „שחופות").

שחור „kl. Bartschere"; nach Anderen: „Schermesser" (Kel. XIII, 1; vgl. dort).

שחרית * „Morgenstunde"; „Morgen-Gebet".

שטיח * „Teppich", „Sitzmatte".

שטיפה * „das Ausspülen, Abspülen".

שיח * „Grube" (im bibl. Hebräisch: „שוחה", „שיחה").

שיט * „Ruderer" (Kel. II, 3: „שייטין").

(שיטים[?] „Fenchel" (Schebiit IX, 1).

שיפא „Matte aus Fasern von Baumrinde", „Bastmatte" (Machsch.: V, 8: „השיפא של לבנים" = „Bastdecke zum Schutz der Mauerziegel").

שיפון „Roggen" (Hafer?).

שייר * „übrig lassen". — „שיור" = „Überrest" (Ker. II, 5; s. dort in meinem Mischna-Kommentar). — „שיריים" = „Übriggebliebenes".

שיר * „Halskette" (zum Führen des Viehs; Schab. V, 1. — Im bibl. Hebräisch: „שרה"; Plural: „שרות" s. Jes. III, 19).

שית * „Hohlraum unterhalb des Altars" (zur Ableitung des Wassers und des Opferweines. — Plural: „שיתין").

שיתין „unreife Feigen" (Demaj I, 1; vgl. die Erläuterung dazu in meinem Mischna-Kommentar).

שכב * „unterer Mühlstein" (B. batra II, 1). — „שכיבה" = „das Liegen".

שכחה * „das Vergessen", auch: „das Vergessene" (bei der Ernte, das den Armen zufällt).

שלח * im Plural „שלחים" = „Bewässerungs-Kanäle" (Bech. VI, 3. — „בית השלחין" = „ein mangels hinreichender natürlicher Feuchtigkeit auf künstliche Bewässerung angewiesenes Feld"). — „שלוחין" = „zerfliessende, weich gewordene Oliven" (Ab. sara II, 7).

שלח * „Breite", „Breitseite" (vgl. Mid. II, 3, und III, 6).

שולחני * „Geldwechsler".

שליל „Frucht im Mutterleibe", „Embryo" (findet sich auch im Targum).

שלל „Heftnaht", „provisorische Zusammenheftung mit groben Stichen" (vgl. Para XII, 9, und Ukz. II, 6: „שלל הכובסין" = „vorübergehende Aneinanderheftung [von Wäschestükken] durch die Wäscher"; — s. P. Smith 4162).

שלולית „Wasserkanal".

שלש * „verdreifachen", „dreimal tun", auch: „dritteilen" (im Hiphil: „השליש" = „[an dritter Stelle] hinterlegen"). — „שליש" = „der Treuhänder", „der unparteiische Dritte". — „שלשית" = „die Dreijährige" (Para I, 1).

שמיעה * „das Hören, Anhören" (s. Hor. II, 5).

שמירה * „Hütung", „Überwachung", „Aufbewahrung". — „שומירה" = „Wächterhütte".

שינוי* „Änderung", „Veränderung" (auch als Eigentumserwerbsakt: „Spezifikation").

שנתות „Kerben", „Maass-Einzeichnungen" an Gefässen (Men. IX, 2).

שסה [im Piël] „hetzen", „anhetzen" (z. B. einen Hund auf Jemd., Sanh. IX, 1).

שעם „eine Art Bast" (aus Baumfasern, s. oben „שנם"; Kel. XIV, 5).

שיעור * „Maass".

שפיר „die blasenförmige Haut, worin der Embryo entwickelt wird".

שפיכה, שפיכות * „das Ausgiessen, Vergiessen". — „שופכים" = „Schmutzwässer, Abwässer" (Schab. VIII, 1). — „שפכוני" = „[viel Öl] ausgiessend", „stark ölhaltig" (Pea VII, 1).

שפע „schräg geneigt". — „שיפוע" = „schräge Neigung", „abgeschrägter Bau", „Schräge" (s. Ohal. VII, 2).

שפופרת „Röhre, Rohr"; auch: „ausgehölte Eierschale".

שפיתה * „das Hinstellen [des Kochtopfs] auf den Herd".

שקדן * „fleissig", „eifrig", „lernbegierig" (Sota IX, 15. Vgl. auch „שקוד" in gleicher Bedeutung; Abot II, 14).

שקיפס „ein Mensch mit krumm gebogenem Hinterkopf" (Bech. VII, 1; nach Anderen: „mit abgeflachtem, nicht herausgewölbtem Hinterkopf").

(שקיקה „umschreibende Bezeichnung für Schwur"; Ned. I, 2).

שקע * „Vertiefung" (Kel. II, 8: „בית שקעו" = „seine [des Leuchters] Vertiefung").

שרה [im Hiphil] „verköstigen lassen", Unterhalt gewähren" (Ket. V, 8: „המשרה" = „wer verköstigen lässt").

שרוול „eine Art enger Leder-Überzug über dem Unterarm", „Schutzärmel" (bei Handwerkern, um während der Arbeit ein Herabrutschen der weiten Kleiderärmel über die Hand zu verhindern; Kel. XXVI, 3).

שרה* „einweichen", „aufweichen" (im Wasser oder anderer Flüssigkeit"). — „שרייה" = „das Einweichen".

שׂריטה * „Einschnitt" (in die Haut; Mak. III, 5).

שׁרפרף „Fuss-Schemel" (Kel. XXII, 3).

שׂררה * „Herrschaft".

שׁתיה „Grundlage", „Fundament" („אבן שׁתיה" = „der Grundstein" im Heiligtum; Joma V, 2).

[שׁתל * „Setzling", „Schössling" (im bibl. Hebräisch: „שׁתיל"); Maass. V, 1].

שׁתיקה „das Schweigen" (vgl. unten S. 362: „שׁתק").

שתת „ausfliessen" (z. B. Blut aus Wunden; Ohal. III, 5).

תוברות „Schleifen", „Zugschnüre" (Kel. XXV, 1. — Andere Lesart: „תופרות").

תגלחת * „das Haarscheren".

תהלים * „die Psalmen" (das Psalmbuch der Bibel; vgl. Suk. V, 4).

תיו „Taw" (letzter Buchstabe des hebräischen Alphabets; Maass. sch. IV, 11).

תור in der Verbdg. „ראש תור" = „spitzer Winkel" (in welchem die scharfgeschnittene Ecke eines Saatfeldes in ein andersartig besätes Nachbarfeld hineinragt, so dass die Trennung der verschiedenen Bepflanzungsarten klar hervortritt; vgl. Kil. II, 7).

תחב „hineinstecken", „hineinstossen".

תיחוח „gelockert", „aufgeworfen" („עפר התיחוח" = „lockere, frisch aufgeworfene, weiche Erde"; Ohal. XVIII, 8).

תחיה * in der Verbdg. „תחית המתים" = „Belebung, Wiederbelebung, Auferstehung [der Toten]".

תחל * [im Hiphil] „התחיל" = „anfangen, beginnen".

תיאה „eine Gewürzpflanze", „Ranunculus Thora" (vgl. Tib. Jom I, 5, u. Ukz. III, 5).

תינוק * „kleines Kind".

תכף [als Verbum] „durch eine Naht unmittelbar miteinander verbinden". — „תכיפה" = „[Verbindung durch] eine [einzige] Naht", „[einmaliges] Einstechen der Nadel" (Kil. IX, 10). — Vgl. auch oben S. 235: „תכף".

(תל־ארזא „Ortsbezeichnung"; Jeb. XVI, 7).

תלולית * „kl. Bodenerhebung", „Hügelchen", „Erdhäuflein" (Ohal. XVI, 2).

תלמוד * das „Lernen“, „Studium“ (der Torah insb. der Halacha).

תלע * (Im Hiphil „התליע“ = „Würmer hervorbringen“, „von Würmern befallen werden“; Men. VIII, 2. „מתליע“ = „Wurmstichiges entfernen“, „von Wurmstichigem befreien“; Mid. II, 5. — „מתולע“ = „wurmstichig“; B. batra VI, 2).

תלתן „eine als Viehfutter dienende dreiblättrige Feldpflanze“ („griechisches Heugewächs“ = „Trigonella foenum graecum“. Nach Anderen: „Wiesen-Klee“ = „Trifolium“).

תמד „Trester-Wein“. — „תימד“ = „Trester-Wein herstellen“ (durch Einwässern von Trauben-Rückständen; Maass. V, 6: „המתמד“. — Vgl. auch Krauss, „Lehnwörter“, S. 590).

תמות * „Zustand der Unverwarntheit“ (des Eigentümers eines stössigen Ochsen; B. kama IV, 4).

תמחוי „grosse [Speise-] Schüssel“, „Speise-Kessel“, insbes. für die Armen-Speisung; Pea VIII, 7. (Kel. XIV, 4, in Plural-Form: „תמחויות“ = „schalenartige Vertiefungen am Joch des Vieh-Geschirrs“).

תמצית „Herausgepresstes“, „der letzte Rest“ (einer ausfliessenden Flüssigkeit).

תערובות * „Vermischungen“ (verschiedener Arten).

תפח „aufgehen“, „aufschwellen“, „aufquellen“.

(תפוח „rundgeschichteter [apfelförmiger] Haufen“; — vgl. unten S. 363: „תפוח“).

תיפלות * „Nichtigkeit“, „Torheit“, „wertloses Zeug“ (Sota III, 4).

תפיסה * Ergreifung“, „Herrschaftserlangung“, auch: „Herrschaftsgewalt“, „Verfügungsrecht“.

תפר * „Naht“. — „תפירה“ = „das Verbinden durch Nähte“, „das Zusammennähen“.

תקנה ,תקון * „Verbesserung“, „Wiederherstellung“, „Einrichtung“, „Anordnung“ (vgl. unten S. 364: „תיקן“).

תקיעה * „Stoss“, insbesondere: „Schofar-Stoss“, „das Blasen eines stossartigen [Schofar-] Tones“.

תקרה * „Balkenwerk“, „Balkendecke“.

תרבוס „Ledertafel, Lederplatte“ (Kel. XXIV, 5, im Plural: „תרבוסין“; andere Lesart: „תרכוסין“. — Möglicherweise ein Fremdwort).

תרגום * „Übersetzung“; insbes.: „Bezeichnung der aramäischen Targumim“.

תרדין „eine Gemüsepflanze“, „Mangold“.

תרובתור „Blumenkohl“ (Kil. I, 3).

תרם * „abheben“ (der „Priesterhebe“ [תרומה], auch: „der Asche, vom Altar“ [תרומת הדשן], sowie: „der Tempelsteuer von der Tempel-Kammer“ [תרומת הלשכה]).

תרונתק „eine Art Zirkel“ (Kel. XVI, 8. Nach Anderen: „Doppel-Behälter“ mit mehreren Fächern, insbes. für die medizinischen Bestecke der Wundärzte u. ähnliches Instrumentarium. — Vielleicht Fremdwort).

תרע * im Hiphil „התריע“ = „Schmettertöne blasen“, „Alarm blasen“.

תרקב „drei Kab“, ein Hohlmass.

תשחורת * „herrschaftlicher Dienst“, „Dienst gegenüber den herrschenden Machthabern“ (Abot III, 12. — Nach Anderen: „Schwarzhaarigkeit“ als Bezeichnung für „Jugend“, „junge Generation“).

b) Biblische Wörter in abweichender Bedeutung

אב „Vatertier“ (beim Vieh, Kil. VIII, 4); auch im übertragenen Sinne von: „Hauptart“, „Grundform“, „Wurzel“, wie: „אב מלאכה“ = „Hauptart der [am Sabbath verbotenen] Arbeit“, „אב הטומאה“ = „Hauptart der Unreinheit“, „אבות נזיקין“ = „Grundtypen der Schadensstiftung“ (Gegensatz: „תולדה, ולד“ = „Unterart, Abart“). Ebenso im Syrischen: „אבא“. — „אב בית־דין“ = „Gerichtsvorsitzender“.

אבום „gr. Speise-Schüssel“ (insbes. für Gemeinschaftsspeisung, z. B. von Arbeitern, Ned. IV, 4).

אביב „keimender Samen, dessen Sprösslinge noch nicht ein Drittel ihrer vollen Grösse erreicht haben“ (Kil. V, 7).

אבן פתח „Laststein“ (der wegen seiner Schwere nur auf der Schulter getragen werden kann; Schebiit III, 9).

אנף „Flügel“ (= „גף“; vgl. Toh. I, 2, u. Neg. XIV, 1), nicht in der übertragenen bibl. Bedeutung von „Heeresflügel“. — Ebenso im Targum (Ez. I, 14, u. anderwärts). — Das Wort findet sich auch im Sinne von: „Holz an der Oberschwelle des Eingangs“ (Pes. VII, 12, u. Ned. VII, 5.

אגרת „Scheidebrief“ (Git. VI, 5). — „אגרת מזון“ = „Verpflegungs-Urkunde“, — gerichtliche Bescheinigung, wonach eine Witwe für ihren Unterhalt Güter ihres verstorbenen Ehemannes zu verkaufen befugt ist (auch: „vertraglich übernommene Unterhalts-Verpflichtung“ gegenüber einer Tochter der Ehefrau aus früherer Ehe). — „אגרת רשות“ = „obrigkeitlicher Erlass“. — „אגרת שום“ = „gerichtliche Schätzungs-Urkunde“ zwecks Überweisung von Gütern des Schuldners, deren Wert zuvor durch Abtaxierung festgestellt worden ist, an den Gläubiger zur Befriedigung im Vollstreckungswege (sämtlich M. kat. III, 3). — Vgl. auch unten (Stichwort: „בקר“): „אגרת בקורת“.

אדמה „roter Ton“ (zum Siegeln; Schab. VIII, 5).

אהל [im Hiphil] „האהיל“ = „etw. überzelten, überdachen, bedecken“.

אוצר „Düngerhaufen“ (Schebiit III, 3).

אור „Abend, Nacht [31]“ (vgl. Pes. I, 1 u. 3, in dieser Bedeutung; — ebenso hat im Aramäischen das entspr. Wort „אורתא“ den Sinn von „Licht“ wie auch von „Nacht“).

אות „Schriftzeichen“, „Buchstabe“ des Alphabets (Plural: „אותיות“). Ebenso im Targum sowie im Syrischen: „אתא אתו“ (vgl. P. Smith 419).

אות [Verbform] im Niphal „נאות“ = „von etwas Genuss haben“ (Ber. VIII, 6; Beza I, 10).

אזן „ohrenförmiger Henkel, Griff“ (eines Gefässes). Ebenso im Syrischen: „אדנא“, sowie im Talmud: „אונא“ (Git. 69 b) in dieser Bedeutung.

אחד [fem.: „אחת“]. — „אחד .... ואחד“ (bezw.: „... אחת

---

31 Ohne Zweifel bedeutet das Wort „אור“ in der Sprache der Weisen: „Nacht“. Jedoch hat im Aramäischen der Ausdruck „אור [ל]ארבעה עשר“ die Bedeutung: „die Nacht nach dem 14. Tage“ (vgl. R. Nissim z. St.). Will man sagen: „die Nacht nach dem dreizehnten“, so lautet der aramäische Ausdruck dafür: „אורתא דתליסר נגהי ארביסר“ (= „die Nacht vom 13., der Vorabend des 14.“), vgl. Bab. Ber. 4 a u. 59 b, Pes. 4 a, Men. 68 b). Deshalb erklärt Raw Huna in Bab. Pes. 2 a: „אור“ ist das Gleiche wie „נגהי“, d. h. das Licht des Mondes und der Sterne (s. Prov. IV, 18; Jes. LX, 19), — der Beginn der Nacht des folgenden Tages; — ebenso im Syrischen. Demgegenüber erklärt Raw Jehuda „אור“ als „לילי“ = „Nacht“, nach der Ausdrucksweise der Barajta aus dem Lehrhause Samuels (Pes. 3 a). Und die Saboräer, von denen die erste Abhandlung im Traktat Pesachim herrührt, erläuterten dann alle Stellen, aus welchen hervorgeht, dass in der Sprache der Weisen das Wort „אור“ nichts anderes bedeutet als „Nacht“ („אורתא“).

אחת") im Sinne von: „sowohl .... als auch". — „כל ואחד ואחד" = „jeder einzeln", „jeder für sich". — „כאחת" = „zusammen, gemeinsam" (auch: „כאחד" wie im bibl. Hebräisch). Ebenso im Aramäischen: „כחדא". — „אחד .... מ" = „eins von ..." als Bezeichnung für Bruchzahlen (z. B.: „eins von acht" statt: „ein Achtel"); so auch im Aramäischen [32]. — „באחד בחודש" = „am Ersten des Monats"; — „באחד בשבת" = „am ersten Wochentage" (Sonntag); — „אחת בשבוע" = „einmal in der Woche". Ebenso im Aramäischen (im bibl. Hebräisch: „באחד לחודש" = „am Monatsersten"). — „על אחת כמה וכמה" = „um wieviel mehr". Entsprechend im Syrischen: „חד כמה" sowie im palästinensischen Aramäisch. Vgl. auch Dan. III, 19: „חד שבעה" sowie im Targum Ex. XXII, 3: „על חד תרין".

אחז, אוחז in Verbdg. mit dem Akkusativ-Objekt „את העינים" = „durch Zauberei [Augentäuschung, Blendwerk] vorspiegeln" (Sanh. VII, 11). Ebenso im Aramäischen: „אחד עינא" (vgl. Smith 116). — „האור אוחז ב ..." = „das Feuer erfasst, ergreift" im Sinne von: „zu brennen anfangen" (Schab. I, 11 u. XVI, 7 [5]). Ferner: „מאנחיזין את האור" in der Bedeutung von: „Feuer anzünden" (Schab. I, 11). Vgl. im Syrischen: „אחזת נורא" (Smith 114).

אכל in der Bedeutung von: „Raum aufzehren", „Platz verbrauchen, ausfüllen" (vgl. Mid. III, 1, u. Ohal. XIV, 4. — „אכילה" im Sinne von: „der eingenommene Raum" s. Kil. II, 10. Vgl. auch: Ez. XLII, 5).

אלה in der Bedeutung von: „dicker Stock", „Kolben", „Keule" (Schab. VI, 4, u. Kel. XVI, 8). Ebenso im Targum Cant. VIII, 5 (: „אלא").

אלו in der Verbdg. „כאילו" = „wie wenn", „als ob". Ebenso im Ps. Jonatan (s. Lev. XVII, 4, u. sonst).

אלון „Eichel" (Kel. XVII, 15), die Frucht des „Eichen-Baumes" = „אלון" (ebenso bei den übrigen Bäumen; vgl. die „Ergänzungen" zu Schebiit V, 1, meines Mischna-Kommentars).

אם „Gebärmutter" im Leibe des weiblichen Tieres (vgl. oben S. 199: „אום"). — „אמהות של בצלים" = „Mutter-Zwie-

32 Vgl. auch Ecc. VII, 28: „אדם אחד מאלף מצאתי" = „nur einen Menschen unter tausend (מאלף) habe ich gefunden".

beln" (zum Genuss ungeeignete, lediglich zur Aussaat bestimmte gr. Zwiebeln; Pea III, 4).

אמה in der Vbdg. „אמת המים" = „künstlich geschaffener Wasserlauf", „Kanal". — „אמה" auch als euphemistische Bezeichnung für: „das männliche Glied", „Penis" (Mikw. VIII, 3; Nid. V, 2). Ferner: „Längsholz an der Säge" (Kel. XXI, 3).

אמונה im Sinne von „אחריות" = „Verantwortung", „Haftung" (B. batra X, 8; vgl. dort).

אמנה gebraucht in der [gewöhnlichen] Bedeutung von „אמונה" = „Glauben, Gottvertrauen" (Sota IX, 12).

אמת in der Form „באמת" im Sinne von: „אבל", „אמנם" = „aber", „dennoch". Ebenso werden die biblischen Wörter: „אכן", „אבל" und „אמנם" im Targum mit dem Ausdruck „בקושטא" wiedergegeben (der wörtl. Übersetzung von „באמת" = „in Wahrheit". — Vgl. R. hasch. IV, 8; Mëila I, 2; sowie Machsch. I, 4: „אבל").

אנן [im Part. praes. der „Kal"-Form] „אונן" = „ein um einen verstorbenen Familien-Angehörigen Trauernder" (insbes. im Sinne der bei den nächsten Verwandten für den Sterbetag selbst geltenden strengen Trauer-Vorschriften). Ebenso im Aramäischen[33]. — (Vgl. oben S. 201: „אנינות").

אנס ebenso wie in der Substantiv-Form „אונס" [biblisch in der Bedeutung von „Zwang, Nötigung" gebraucht, Est. I, 8; — aus dem Aramäischen] in der Mischna im speziellen Sinne von „Notzucht", „notzüchtigen". Ebenso im Aramäischen. (Vgl. oben S. 201: „אנס").

אסוף in der Form „אסופי" = „aufgelesen", „Findelkind" (von der Strasse „aufgelesenes" Kind, das weder Vater noch Mutter kennt; Kid. IV, 1—2).

אסר, אסור „verbieten", „Verbotenes"; Gegensatz von „מותר" = „[halachisch] Erlaubtes" (vgl. Num. XXX, 3 ff.). Ebenso im Aramäischen.

אף־על־פי „obgleich", „obwohl". — „אף־על־פי־כן" = trotzdem".

---

33 Die Targumim übersetzen die Hitpaël-Form (Reflexivum) im Bibeltext (in der Bedeutung von „sich beklagen", ein Klag-Geschrei erheben", Num. XI, 1, u. Threni III, 39) nicht mit dem Wortstamm „אנן", wahrscheinlich auf Grund der Annahme, die Wurzel des bibl. Wortes sei „און" und nicht „אנן"; vgl. Ibn Esra und R. David Kimchi (רד"ק) sowie Andere.

אצבע (auf Tiere übertragen:) „אצבע יתירה“ = „überzählige Zehe“ (an der Vogelklaue; Chul. III, 6). — „אצבע הכבד“ = „Leberlappen“ (Tamid IV, 3).

אצל [als Richtungsbezeichnung gebraucht] im Sinne von: „zu [Jemd.] hin“ (s. Kil. VI, 4; wie auch sonst vielfach).

ארבע als Bezeichnung für: „die ersten vier Tagesstunden“ (nach Sonnenaufgang; s. Pes. I, 5).

ארץ im Sinne von: „Fussboden“ des Hauses (s. Tamid I, 1; Ohal. XV, 5).

אשה im Plural „אשים“, im bibl. Hebräisch in der Bedeutung von: „Brand-Opfern“, in der Mischna im Sinne von: „Feuer auf dem Altar“ (vgl. in den „Ergänzungen“ zu Ned. I, 3, in meinem Mischna-Kommentar).

אשפה bedeutet in der Mischna „den Ort für die Ansammlung des Mülls und Düngers, wohin man die einzelnen Abfall-Haufen hinausbrachte“ (vgl. B. mez. V, 7; B. batra V, 3; Mëila III, 6)[34].

את als „Bezeichnung des Demonstrativpronomens“ durch Anhängung des entsprechenden Suffixes (in den Formen: „אותו, אותה, אותם“ etc. mit nachfolgendem Substantiv; vgl. oben S. 194).

[**באש** s. oben S. 239 unter dem gleichen Stichwort].

בד „Ölpresse“, wie „בית הבד“ gebraucht für: „das Haus, in dem die Oliven ausgepresst werden“ (Schebiit VIII, 6). — „בדים“ im Sinne von: „Auspressung der Oliven“ (Chag. III, 4). Ebenso im Syrischen.

בוא wird als Partizipium praesentis nach einer Verbalform gebraucht im Sinne von: „etwas fortgesetzt tun, wiederum tun, weiterhin tun“, wie beispielsweise: „לא יהא זורע ובא“ = „er soll nicht wieder aussäen“ (Kil. II, 5); — „היו מכעיסים ובאים“ = „sie haben fortgesetzt [ständig] erzürnt“ (Abot V, 2), oder in ähnlicher Art. — Ferner in den Verbindungen: „בא לידי“ in der Bedeutung: „gelangen zu“ (einem Zustande, einer Stufe etc.); — „מיכן [מכאן] ולהבא“ = „von hier ab“, „von nun an“; — „עתיד לבוא“ = „die

34 Vgl. auch B. batra III, 5. — „אשפות“ sowie der Plural: „אשפתות“ im bibl. Hebr. finden sich ebenfalls in der Mischna (Kel. XXVII, 11—12; Schebiit III, 1—3), und zwar in der Bedeutung von: „Abfallhaufen“, „Müllhaufen“.

dereinst eintretende Zukunft" (insbesondere auch im Wunsch-Sinne auf Verheissungen angewendet: „die Zukunft, die [bald über uns] kommen möge"); — „עולם הבא" = „die künftige Welt". — „מובאת" im Sinne von: „genau abgegrenzt" (Neg. VI, 6). — „ביאה" = „Beischlaf, Beiwohnung".

בור „Holz-Zisterne" als Behälter für Speisen und Süsswasser auf Seeschiffen (Kel. XV, 1, sowie auch sonst).

בחר [in der Partizipialform des Hophal] „מובחר" = „erlesen", „ausgezeichnet", „rühmenswert".

בטח Hiphil „הבטיח" = „versprechen, versichern, zusagen" („הבטיחוהו להוציאו מבית האסורים" = „sie haben ihm versprochen, ihn aus dem Gefängnis zu entlassen", Pes. VIII, 6; sowie anderwärts. Ebenso im Targum Ruth II, 13: „אבטחתני ל . . . .").

בטל findet sich im bibl. Hebräisch nur einmal, und zwar in der Bedeutung: „ohne Arbeit, unbeschäftigt sein" (Ecc. XII, 3: „ובטלו הטחנות" = „und es feiern die Müllerinnen"). In der Mischna tritt das Wort häufig auf, in „Kal" — wie auch in „Piël"-Form, beides in mannigfachen Bedeutungen, ebenso wie im Aramäischen (vgl. oben S. 202: „בטול").

בין — mit Suffix — verbindet sich in der Mischna mit anschliessendem „לבין" nebst Suffix: „בינו לבינו" (Ab. sara II, 2) im Sinne von: „für sich allein", „unter sich"; entsprechend: „בינו לבינה" (Jeb. XII, 5, u. XV, 1) = „zwischen Mann und Frau", sowie: „ביני לבינך" (Ned. XI, 12; dort als Andeutung für „intime Ehevorgänge" [zwischen den Ehegatten], „unter vier Augen". Vergl. in den „Ergänzungen" meines Kommentars z. St.). Ebenso im Tadmorischen (vgl. auch weiterhin unter „עצם"). — „. . . בין ובין" in der Bedeutung von: „Dieses . . . wie auch Jenes, beide zusammen" (vgl. in den „Ergänzungen" meines Mischna-Kommentars zu Schab. X, 4). — „בין ש . . . . ובין ש . . . ." = „sei es, dass . . . ., oder dass . . . ." (vgl auch unten S. 361 die Verbdg. „בין השמשות" = „Abend-Dämmerung" unter dem Stichwort: „שמש").

ביצה in der Vbdg. „ביצים של יוצר" = „eiförmige Ton-Klumpen des Töpfers" (s. B. Mez. V, 7; Para V, 6). Auch als Teil der männlichen Genitalien in der Bedeutung von: „Hoden" gebraucht (vgl. Jeb. VIII, 2). Ebenso im Syrischen: „ביעתא“.

בית auch im Sinne von: „Mutterleib“, „weibl. Scham“ gebraucht. Ebenso im Syrischen (vgl. Smith 479) und anscheinend auch im Targum Ecc. X, 18. — „בית“ in der Bedeutung von „Flechtknoten“ bei Flechtarbeiten (s. Kel. XVI, 1, u. XIX, 1) sowie „Webe-Schlinge“, „Webschleife“ bei Webarbeiten (s. Schab. XIII, 1, u. die Erläuterung d. Verf. in seinem Kommentar z. St.), zur Kennzeichnung bestimmter Stadien des Arbeits-Vorgangs. — „בית אחיזה“ im Sinne von „Griff“, „Henkel“; — „בית קבול“ in der Bedeutung von „Hohlraum“, „Behälter“. — Daneben finden sich noch zahlreiche weitere Verbindungen mit dem Worte „בית“ (s. in der Konkordanz), von welchen hier nur ein Teil erwähnt sei, der auch im Aramäischen vorkommt: „בית אילן“ = „Baumgarten“ (s. B. Mez. IX, 2) und ebenso im Syrischen: „בית תאנתא, תאנא“. — „בית הבושת“ = „Schamteil“ beim Vieh (Chul. IX, 2), und entsprechend im Targum: „בית בהתתא“. — „בית ועד“ = „Versammlungsort“, „Beratungsstätte“ (Abot I, 4); ebenso im Syrischen. — „בית החצים“ = „Behälter für Pfeile“, „Köcher“ (Kel. XVI, 8); im Syrischen entsprechend: „בית נארא“. — „בית כסא“ = „Abtritt“ (Tam. I, 2) und dementsprechend im Syrischen: „בית סליא“ (vgl. Smith 2612). — „בית המים“ = „Abort [zum Wasserlassen]“ (Meg. III, 2); ebenso im Syrischen [35]. — „בית שער“ = „Torhaus [für den Wächter]“; ebenso im Syrischen „בית תארא“. — Man vergleiche ferner: „בית־דין“ = „Gerichtshof“ („בית דינא“, „בי דינא“ im Syrischen); — „בית הכנסת“ = „Synagoge“ („בית כנישתא“ s. oben S. 214); — „בית המטבחים“ = „Schlachthaus“ („בי מטבחיא“; Edujot VIII, 4).

[בכר (im Piël) „ein Erstgeborenes zur Welt bringen“ (von einer Frau oder einem weibl. Vieh gebraucht, die vorher noch nie geboren haben, vgl. Bech. VIII, 3, sowie I, 3—4)].

בלוי, בלאות „zerfallene Gegenstände“ („בלויי נפה וכברה“ = „Reste von zerfallenen Stoffen, die zum Durchseihen von Flüssigkeiten benutzt wurden“; Kel. XXVII, 5).

בלע im Hiphil „מבליע“ = „einschlucken lassen“, „einbeziehen“

---

35 Vgl. „Zeitschrift der Deutschen-Morgenländischen Gesellschaft“, Bd. LX, S. 96.

in ein Flächenmaass (bei Bodenvermessungen, Erub. V, 4). „מובלע ביניהם“ = [die in der Mitte gelegene Bodenfläche des Dritten]“ ist zwischen ihnen [nämlich den beidseitigen Nachbar-Anliegern] aufgeschluckt“ (das. IV, 6).

בן im Sinne von „klein“, „von geringem Umfang“, wie z. B. „בן חריץ“ = „kleiner Graben“ (zur Umgrenzung eines Grundstücks, um das Eindringen von Tieren zu verhindern und damit Wildschaden zu verhüten; B. batra VII, 4); „בן הפטיש“ = „Hämmerchen“, „kleiner Hammer“ (Kel. XXIX, 7). Sonstige Verbindungen mit „בן“ s. in der Konkordanz. — Hingewiesen sei noch auf „בן עיר“ = „Stadtbewohner“, „Mitbürger“ (s. Git. III, 1; Meg. II, 3, u. III, 1), dessen Vorbild sich im Syrischen findet: „בר מדינתא“ und „בר אתרא“.

בנין vom menschlichen Körper gebraucht im Sinne von „Körperbau“ (Edujot I, 7).

בעט „sich zur Seite neigen“, „umzufallen drohen“ (Mid. III, 8). — Die passive Partizipialform „בעוטה“ (fem.) im Sinne von „דרוכה“ = „getreten“, „gekeltert“ (Ab. sara IV, 8: „גת בעוטה“ = „eine getretene Kelter“). Ebenso im Targum Threni I, 15 und sonst. (Vgl. auch „בעט“ im Syrischen sowie oben S. 241: „בעיטה“).

בעל „Träger, Inhaber“ (von Ämtern, Berufen, Stellungen, Eigenschaften etc.). Die Verbindungen mit „בעל“ s. in der Konkordanz. Man vergleiche insbesondere mit dem Ausdruck „בעל דין“ = „Prozesspartei“, „[Prozess-] Gegner“, „Kläger“ (Abot I, 5, u. IV, 22) das syrische: „בעל דינא“, sowie mit „בעל חוב“ = „Gläubiger“ das aramäische „מרא חובא“.

בצק in der Verbdg. „בצק החרש“ = „tauber Teig“ (an dem man keine Zeichen der Gärung erkennt, Pes. III, 2); ferner: „בצק שתחת הצפורן“ = „teigiger Schmutz unter dem Fingernagel“ (Mikw. IX, 2).

בצר in der pass. Partizipialform „מבוצר“ gebraucht von Aussatz-Schaden in der Bedeutung: „umgeben“ (s. Neg. IV, 3, u. I, 5).

[36] **בקר** Substantiv „בקורת“, in der Verbindung „אגרת בקורת“ =

36 In der Bedeutung: „besuchen“ (Schab. I, 4; Suk. II, 7; Ned. IV, 4) und ebenso im Ps. Jonatan, Ex. XVIII, 20, und Deut. XXXIV, 6, gemäss der Ausdeutung des Tal-

„öffentliche Bekanntmachung, Ausrufung" (Ket. XI, 5, im Sinne von: „gerichtliche Publikation über Verauktionierung von Grundbesitz"; vgl. dort).

ברא Hiphil „הבריא" im Sinne von: „gesunden, genesen"; „geheilt sein" (Schab. XIX, 5). — „בריא" = „gesund, unversehrt, frei von Krankheit sein" [bei Lebewesen], sowie [bei leblosen Gegenständen]: „stark, fest, haltbar sein" (vgl. Erub. I, 4; Kel. III, 5; u. a.). Ebenso im Ps. Jonatan, Ex. IV, 7, sowie im palästinensischen Aramäisch.

בראשית in der Verbdg. „מעשה בראשית" = „das Schöpfungswerk", „die Erschaffung der Welt". Ebenso Ben-Sirach XV, 14: „מבראשית"; auch im Targum sowie im Samaritanischen (vgl. P. Smith 9307—8).

ברך („knien") im Hiphil „הבריך" = „knieförmig abbiegen" (von Zweigen, deren Spitze heruntergebogen und in die Erde gegraben wurde, um dort Wurzel zu schlagen und einen Ableger zu entwickeln).

ברק im Hiphil „הבריק" = „geblendet, blind werden", „erblinden" (B. Mez. VI, 3). [Vgl. „ברק" im Syrischen, sowie im Chaldäischen Wörterbuch von J. Levy, Teil I, S. 421].

בת in der Verbindung „בת אחת" = „auf einmal", sowie „בת קול" = „[unirdische] Stimme"; „Echo" (Jeb. XVI, 6); ebenso im Targum sowie im Syrischen: „ברת קלא". — Ferner: „בנות שקמה", „בנות שוח", „בנות שבע" = „drei Arten von Feigen", bezw. von feigenähnlichen Baumfrüchten (vgl. Demaj I, 1).

בתולה in der Verbdg. „בתולת השקמה" = „jungfräuliche, noch niemals beschnittene Sykomore" (s. Schebiit IV, 5; B. batra IV, 8—9). — „בתולה" in der Bedeutung von: „jungfräulicher, noch nie bearbeiteter Boden" (s. Mid. III, 4, u. Ohal. XVI, 4). Ebenso im Syrischen: „ארעא בתולתא". Vergl. dazu auch Babli Nid. 8 b: „בתולת קרקע" [37]. — „בתולות" auch im Sinne von: „Stangen aus Zedernholz" (als Balkenstützen in der Ölpresse; B. batra IV, 5).

---

mud in Sota 14 a und B. mez. 30 b. Manche erklären so auch die Bibelstellen II. Reg. XVI, 15, und Psal. XXVII, 4.

37 Man vergleiche dazu: „בעל" und „שדה הבעל" (oben S. 241) sowie Bab. Moëd. kat. 2 a; ferner: „רביעה" (oben S. 229) und Bab. Taan. 6 b; auch: „ארץ בעולה" in Jes. LXII, 4; vgl. auch in meinen „Ergänzungen" zu Ket. I, 6, sowie „Zeitschr. f. die alttestam. Wissenschaft", Bd. XXXII, S. 303, und Bd. XXXIII, S. 81.

נב (gehört vielleicht nach oben z. Stichwort „נב“ S. 136). — „על גבי“, „על גב“ = „auf, über“ (vgl. Dan. VII, 6); auch: „bei“. Ebenso Targum Psal. CXIX, 109; Hiob XIII, 14; sowie im Syrischen „על גב“ (im Sinne von „אצל“ = „bei“). — „מגב לגב“ = „[beim Übergang] von einer Zweckbestimmung zur anderen“ (im Falle einer Sinnesänderung nach der Tauchreinigung von Gefässen; s. Beza II, 3, sowie in meinem Kommentar z. St. und den „Ergänzungen“, daselbst); im Syrischen: „מן גב לגב“ (P. Smith 639, vgl. dort).

נבה im Hiphil „מגביה“ = etwas „hochheben“, „heraufheben“ (vgl. Schab. I, 7; XXI, 2 u. 3; sowie anderwärts). — „גבוה“ = „hoch“, auch im übertragenen Sinne, z. B. „שער הגבוה“ = „hoher Marktpreis“ (B. mez. V, 7). Ferner in der Bedeutung von „Heiligtum“ (als obrigkeitlicher Institution mit privilegiertem vermögensrechtlichem Status; s. Kid. I, 6; Ar. VIII, 4).

נבול im Plural „גבולין“ = „Provinz-Orte“, „Profan-Stätten“, „Plätze ausserhalb des Heiligtums“ (Schab. I, 11) oder „ausserhalb Jerusalems“ (Schek. VII, 3).

נבר „Hahn“, auch euphemistische Bezeichnung für „das männliche Glied“, „Penis“ (Bech. VII, 5). Im Aramäischen hat „גבורתא“ ebenfalls diese Bedeutung (vgl. Babli, B. mez. 84 a), ebenso im Syrischen (P. Smith 646).

נדד „abhauen, abschneiden“. Ebenso im Aramäischen.

נדל[38] [„heranwachsen“]. Substantiv „גודל“ als Bezeichnung für: „reifes Alter“, „vorgerückte Jahre“ (Ket. II, 10).

נוי im Sinne von „Nichtjude“.

נוייה „das männliche Glied“, „Penis“ (Neg. VI, 7).

נוש „zusammengefügter Block“ im Sinne von: „Getrenntem, das miteinander zu einer Einheit verbunden wurde“.

[**נזז**[39] „abschneiden“ (von Kräutern über dem Boden [im Gegensatz zum Ausreissen mit der Wurzel], Ukz. I, 4). Ebenso im ägyptischen Aramäisch. Vgl. „גז“, Amos VII, 1; Psal. LXXII, 6, sowie im Targum, daselbst].

נזל [„berauben“] in passiver Partizipialform „הנגזל“ im Sinne von: „der [nach seiner Behauptung] Beraubte“, „der [als

---

38 In der Mischna „הגדיל“ statt „גדל“, im Sinne von: „heranwachsen“, erwachsen werden“ (s. Jeb. X, 9; XII, 4; u. a.).

39 Chul. XI, 2: „רחלות גזוזות“, in Edujot III, 3: „גזוזות“; beides im Sinne von: „geschorene [weibl.] Schafe“.

Kläger auftretende] Beraubte“ (Schebuot VII, 1—2. — Vgl. oben S. 242: „נזלן“).

נזר „Stück Holz“ (Plural: „ניזרין“).

ניד im Plural „נידים“ = „Fasern“ von Pfirsichen (Maass. I, 2). Ähnlich im Syrischen (vgl. Smith 706). Auch im Sinne von: „männliches Glied“ (Jeb. VIII, 2); ebenso im Ps. Jonatan Deut. XXIII, 2, wo aber diese Bedeutung wahrscheinlich dem Hebräischen entlehnt ist. (Vgl. auch oben S. 204: „נייד“).

ניהנום[40] „Verdammungsort der Frevler“ (vgl. Jes. XVIII, 16). Ebenso im Ps. Jonatan, Gen. III, 24, u. anderwärts. Im Syrischen: „ניהנא“.

נלגל (גלל) „kneten, walzen“ (vom Teig gebraucht), auch: [ein Ei] „rollen“ = „leicht ankochen, anbraten“ (vgl. Schab. III, 3; Ukz. II, 6). — „זיתים מגולגלים“ = „angewärmte, eingelegte Oliven“ (s. Edujot IV, 6, u. Ab. sara II, 7). — „מגלגלים על . . . .“ im Sinne von: [eine Last] „auf Jemd. wälzen“, etw. auf Jemd. „abwälzen“, Jemd. „auferlegen“, „zurechnen“.

גלגל in der Verbdg. „גלגל העין“ = „der Augapfel“ (Bech. VI, 8; Para II, 2). Ebenso Targum Zach. II, 12, sowie Psal. XVII, 8: „גילגול“ (vgl. auch Babli, B. batra 73 b).

גלד „trockene Verkrustung der Haut über verheilenden Wunden“, „Grind“, „Schorf“; auch „eingetrockneter Schmutz“ auf der Haut (vgl. Mikw. IX, 2 u. 4). Ähnlich im Targum sowie im Syrischen (Smith 725).

גליון in der Verbdg. „גליון שבספר“ = „[unbeschriebener] Teil (Rand) der Buchrolle“ (Jad. III, 4).

גולם „ein unfertiges [auch: unpoliertes] Gefäss“ (Edujot III, 9). Vgl. im Ps. Jonatan, Num. XXXI, 22 (sowie im Sifra daselbst). Übertragen gebraucht: „unerzogener, ungehobelter Mensch“ (Abot V, 7).

גמילות חסדים „Erweisung von Liebeswerken, Wohltaten“ (im bibl. Hebräisch: „גמולה“ = „Vergeltung guter Taten“). Ebenso in einer Handschrift des Buches Ben-Sirach XXXVII, 11, sowie im Targum.

גמר transitiv gebraucht im Sinne von: „etw. vollenden“. Ferner: „beschliessen“ (s. Kel. XVI, 1). — In passiver Parti-

40 Vgl. in den „Ergänzungen“ zu Edujot II, 10, meines Kommentars.

zipialform: „פירות גמורים“ = „vollendete, ausgereifte Früchte“ (B. kama VI, 2). Ebenso im Targum sowie im Syrischen (vgl. auch Esra VII, 12: „גמיר, גמר“, sowie oben S. 204: „גמר“).

נגב in der Verbdg. „נגב את העין“ = „dem Auge etw. vorenthalten“, „etw. vortäuschen“, „Jemd. irreführen“ (B. mez. IV, 12; vgl. auch Taan. IV, 5).

נעל im Hiph. „הגעיל“ = ein Gefäss „auskochen“, in ihm „kochen“ (s. Ab. sara V, 12, u. Seb. XI, 7).

גר (weibl.: „גיורית“) „ein zum Judentum Bekehrter“, „Proselyt“. Ebenso im Targum sowie im Syrischen, jedoch wahrscheinlich aus dem Hebräischen entlehnt (vgl. oben S. 243: „גייר“).

גרגר etwas „Rundgeformtes“, ein „Korn“, z. B. „גרגר מלח“ = „Salzkorn“; — „גרגר של [= גל של] צרורות“ in der Bedeutung: „ein Haufe runder Steinchen“ (Schebiit III, 7). Nach anderen Lesarten: „גרגיר“ (vgl. im Ps. Jonatan Deut. XXXII, 14).

גרגרת „Gurgel“, „Luftröhre“ (Chul. II, 4, u. III, 1; vgl. auch Ben-Sirach XXXVI, 23).

גורן (eigentlich: „Tenne“) im Sinne von „Arbeitsvollendung, welche die Fälligkeit der Zehnt-Abgaben bei Getreide und bei Baumfrüchten bewirkt“ (s. Maass. I, 5); übertragen angewendet auch auf „die Fälligkeit des Viehzehnten“ (s. Schek. III, 1, und in der Erläuterung meines Mischna-Kommentars z. St.), sowie ferner auf: „die Zeit der Dresch-Arbeit auf der Tenne“ (vgl. B. mez. V, 2 u. 9).

גרף „fegen, reinigen“. Ebenso im Targum sowie im Syrischen (vgl. auch oben S. 216: „מגרפה“ = „Schaufel“).

גרר wie „גרד“ = „kratzen, abkratzen“; zuweilen finden sich im Text Varianten: „גרר“ statt „גרד“ (vgl. Schab. VIII, 6). Das Wort bedeutet auch: „zerschneiden“ (trockenen Käse; Schab. XVII, 2).

גשם in der Verbdg. „ימות הגשמים“ = „die Tage der Regenfälle“, „die Regenzeit“, „der Winter“. — Vgl. entsprechend unter „חמה“ weiterhin.

גת in der Bedeutung: „der [einer Kelter ähnliche] Ort, wo man die Rote Kuh [nach ihrer Schlachtung] verbrannte“ (vgl. Seb. XIV, 1). — Im Plural „גתות“ = „das Traubentreten in der Kelter“ (Chag. III, 4).

דבק „zusammenkleben“, „durch Klebstoff oder Feuerkraft miteinander verbinden“ (s. R. hasch. III, 6, u. Kel. III, 4).

דבק (Substantiv) „Klebstoff“, „Leim“ (Schab. VIII, 4). Ebenso im Syrischen: „דבקא“.

דבר אחר im Sinne von: „eine andere Erklärung“ oder: „eine andere Begründung“.

דבש תמרים „Dattelhonig“ (vgl. Ter. XI, 2, u. Ned. VI, 9). Ebenso im Syrischen: „דבשא“.

דד in der Bedeutung von: „Wasserhahn eines Beckens“ (Joma III, 10).

דדה „Jemd. beim Gehen Hilfe leisten“ (= ihn führen, stützen; Schab. XVIII, 2).

דור in der Bedeutung von: „Reihe“ (bei Flecht- oder Webarbeiten; Kel. XVI, 3).

דחה „verdrängen“ (den Sabbath oder Feiertag). — „אין דוחין נפש מפני נפש“ = „man verstösst (= vernichtet) keine Menschenseele um einer [anderen] Menschenseele willen“ (Ohal. VII, 6).

דחק „stossen, drängen“. Ebenso im Targum. Die Anwendung in dieser Bedeutung entstammt wahrscheinlich dem Aramäischen.

די in den Verbindungen: „... כדי ש“ = „damit“ (vgl. Ber. V, 1: „כדי שיכוונו“ = „damit sie [ihr Herz] richten, [ihre Gedanken] konzentrieren konnten“); in ähnl. Sinne: „כדי .... ל“ = „um zu“ (Ber. I, 1: „כדי להרחיק“ = „um fernzuhalten“). Vgl. auch „די“ im Biblisch-Aramäischen. — „כדאי“ = „wert“ (im Sinne von: „wichtig genug“).

דין (als Verbum) „[in einer Rechtsangelegenheit] Verhandlungen führen, Erörterungen anstellen“ (Sanh. V, 5: „דנין אלו כנגד אלו“ = „Diese verhandeln gegenüber Jenen“ usw.: ferner daselbst VII, 5: „... דנין את העדים בכנוי“ „... נגמר הדין“ = „man verhandelt mit den Zeugen [d. h. man forscht sie aus über eine Gotteslästerung] unter Benutzung einer Umschreibung [des bei der Schmähung gebrauchten Gottesnamens] .... usw.; ist [aber] die Verhandlung abgeschlossen, ... usw.“). — Entsprechend bei Verhandlungen über einen halachischen Gegenstand (Pes. VI, 2: „ועליה אני דן“ = „[gerade] darum geht ja meine Erörterung!“; Mikw. VII, 1: „היה ר׳ ישמעאל דן כנגדי“ = „R. Ismaël verhandelte mir gegenüber“; u. anderwärts).

— Ferner im Sinne einer „Meinungsäusserung über das Verhalten eines Menschen“ (Abot I, 6: „הוי דן .... לכף זכות“ = „Beurteile ..... nach der günstigeren Seite!“; ebenso daselbst II, 4: „.... אל תדון את חברך“ = „Urteile nicht über Deinen Gefährten .... etc.“; sowie sonst).

דין (als Substantiv) im Sinne einer „Schlussfolgerung vom Leichteren aufs Schwerere“ (= „קל וחומר“) oder einer ähnlichen Folgerungsart, um eine Sache von der anderen durch eine logische Schluss-Weise abzuleiten (vgl. Pes. VI, 2; B. kama II, 5; u. a.). — In der Verbindung: „דין וחשבון“ = „Rechenschaft“ (Abot III, 1, u. IV, 22).

דל in der Bedeutung von „armselig“, „kärglich“; z. B. „פרם דל“ = „ein ärmlicher, spärlich bepflanzter Weinberg“ (Kil. V, 1. — Vgl. auch unten: „דלל“).

דלג „überspringen“ von einem Thora-Abschnitt zu einem erst später folgenden unter Auslassung des Zwischenstückes (Meg. IV, 4).

דלה im Hiphil „הדלה“ = „Wein [oder andere Kletterpflanzen] spalierförmig hochzüchten“, d. h. an Stangen aufwärts ranken lassen, um ihr Hinkriechen am Boden zu verhindern (s. Suk. I, 4, und sonst, sowie im Ps. Jonatan Num. XIV, 14).

דלית „derjenige Teil des Weinstocks, der sich an Stangen [des Spalier-Werks] hochrankt“. Ebenso im Syrischen: „דליתא“.

דלל im Hiphil (הידל) in der Form „מידל“ = „spärlicher machen“, „verringern“, „[zur Raum-Schaffung] ausjäten“ (eines Teiles von Zwiebelpflanzen, Trauben, Oliven oder sonstigen Erd- und Baumgewächsen, damit die verbleibenden sich besser entwickeln können; vgl. Pea III, 3, u. Schebiit IV, 4). Ebenso im Syrischen „ארל“ (Smith 901; vgl. dort auch unter: „דלילא“). — Davon abgeleitet: „דלדל“ = „schwächen, lockern, gelockert halten, herabhängen lassen“; „מדולדל“ = „lose herabhängend“, „teilweise abgelöst“ (z. B. von Körpergliedern, Ker. III, 8. — Vgl. auch [im übertragenen Sinne] Sota IX, 15: „נדלדלו“ = „sie sind geschwächt worden, verarmt, ins Wanken geraten“, sowie in dem aramäischen Ausspruch daselbst: „נדלדלה“).

דעה im Sinne von „Temperament“, „Gemütsart“ (Abot V, 11).

דעת in der Verbindung „דעתו יפה“ = „er ist nicht heikel“, „er ist willensstark genug“ (um Ekelgefühle zu überwinden; Ab. sara II, 5; Men. XI, 7). — „לדעת“, „מדעת“ = „mit

Einwilligung", „mit Einverständnis", „mit Zustimmung" Jemds. (vgl. Erub. VII, 11, sowie in den „Ergänzungen" meines Mischna-Kommentars zur Stelle).

דק „dünn", „fein" (über die Frage, ob auch: „kurz", s. die Kontroverse in Neg. X, 1). „בהמה דקה" = „Kleinvieh", d. h. Schafe, Ziegen etc.; „עוף הדק" = „Kleingeflügel", z. B. Tauben oder Vögel von noch geringerer Grösse (Chul. III, 1). — „מידה דקה" = „Kleinmaass", „Maass für Kleinmengen" (vgl. Demaj II, 5, u. Kel. XVII, 11). „הדקים שבכלים" = „die kleinen unter den [irdenen] Gefässen" (Kel. II, 2). — „הדקים" = „Dünndärme", „Eingeweide" (Chul. III, 1). — „דקה מן דקה" = „das Feinste vom Feinen" (des Räucherwerks; Joma IV, 4).

דרך in der Verbdg. „דרך ארץ" = „weltliche Beschäftigung". Vgl. im Talmud: „אורח ארעא" [41] im Sinne von: „guter Sitte", „Anstand", „Gesittung", „Lebensart", „allgemeiner Brauch". — „דרך בקשה" = „einen Weg der [Versöhnung suchenden] Bitte", „den Weg einer Bitte um Aussöhnung" [beschreiten] (Ned. XI, 12; vgl. dort in der Erläuterung meines Kommentars sowie in den „Ergänzungen" daselbst). — „דרכי שלום" = „Erhaltung des [öffentlichen] Friedens", „Aufrechterhaltung eines friedlichen Gemeinschaftslebens". — „לפי דרכנו למדנו" = „auf unserem Wege (d. h. nebenher, nebenbei, beiläufig) haben wir [daraus] gelernt" (s. Suk. II, 1; Edujot II, 3).

[**דרש** „erklären", „ausdeuten" (s. oben S. 246: „דרשן")].

דת „Religionsgesetz". — „דת משה ויהודית" = „das Gesetz von Moses und die jüdische Überlieferung" (Ket. VII, 6).

הבל im Hiphil „dampfen" (Schab. I, 6: „כדי שיבהילו" = „damit sie zu dampfen beginnen"). Denominative Bildung vom Substantiv „הבל", das im Aramäischen die Bedeutung von „Dunst, Dampf" hat.

הגה im Niphal „נהגה" = „[hörbar] gelesen, verlesen werden" (Schab. XII, 4 u. 5; vgl. Sanh. X, 1). Ebenso im Syrischen in der Etpaël-Form.

---

41 Vgl. auch in meinen „Ergänzungen" zu Abot II, 2, sowie „Zeitschrift der Deutschen-Morgenländischen Gesellschaft", Bd. XXXIX, S. 578.

הוה in der Verbindung „בהוה" = „von dem gewöhnlichen, am häufigsten vorkommenden Falle", „vom Regelfalle" [sprechen].

הלך אחר „gehen nach . . . .". Im Part. praes. in der Bedeutung von: „angesehen werden wie . . .", z. B.: „הולד הולך אחר הזכר" = „Das Kind wird [in seinem Personalstatus] wie der männliche Erzeuger betrachtet" (Kid. III, 12). — Auch: „sich richten nach . . ." wie: „הכל הולך אחר התחתון" = „Alles richtet sich nach dem unteren [Teil der Urkunde], d. h. deren oberer Teil ist [im Zweifels- oder Widerspruchsfalle] nebensächlich [= nicht massgeblich] gegenüber dem Inhalt des unteren Textes (B. batra X, 2). — Mit vorangehendem (nicht nachfolgendem!) Part. praes. eines anderen Verbums dient das Wort zur Bezeichnung einer fortschreitenden Handlung, wie z. B.: „מוסיף והולך" = „er fügt weiter hinzu" (Schebiit III, 3), bezw. [im entgegengesetzten Sinne]: „פוחת והולך" = „er zieht weiter ab" (Ket. V, 7).

הורה „Empfängnis"; „Schwangerschaft" (s. Jeb. XI, 2; Ket. IV, 3).

ולד (biblisch im Sinne von: „Leibesfrucht", „Nachkommenschaft", vgl. Gen. XI, 30, sowie im Ketib von II Sam. VI, 23). In der Mischna im Plural „ולדות" Ausdruck für „Neugeborenes" sowohl bei Menschen wie bei Tieren. Ebenso im Targum (s. auch Lidzbarski S. 288 u. S. 263).

זג „Abfall von Weintrauben" (bei der Weinbereitung), „Trester" (s. in den „Ergänzungen" zu Nasir VI, 2, meines Mischna-Kommentars, sowie oben S. 207: „זוג").

זהם in der Form „מזהמים" = „man belegt [Pflanzungen] mit übelriechenden Stoffen" (als Düngemittel oder zur Fernhaltung von Gewürm; Schebiit II, 4). „ומזוהם" = „und übelriechend" (Bech. VI, 12). Ebenso im Targum (Hiob XXXVIII, 14, sowie Psal. CVI, 20) und im Syrischen (vgl. auch oben S. 207: „זוהמא").

זוועה im Plural „זוועות" = „Erdbeben" (Ber. IX, 2). Ebenso im Targum (Hiob XXXVII, 9), im palästinensischen Aramäisch sowie im Syrischen: „זועא".

זחל in der Partizipialform [Plural]: „זוחלים" = „fliessende[s] Wasser" (ebenso im Targum). Hiphil „הזחיל" = „fliessen lassen" im Sinne von: „ein geordnetes Fliessen herbeiführen", „das Fliessen des Wassers regulieren" (Mikw. V, 5).

זיקין „Komet" (Ber. IX, 2). Ebenso im Ps. Jonatan. Ex. XX, 2—3, sowie im Syrischen: „זיקתא", „זיקא".

זכה in der Bedeutung: „etw. für sich oder Andere erwerben" (im materiellen wie im übertragenen Sinne). Ebenso im Targum. — Ferner: „sich [sittliches] Verdienst erwerben" und entsprechend im Piël: „[Anderen] Verdienst verschaffen" (= „מזכה", „זיכה"); auch in der Bedeutung: [einen vor Gericht gestellten Beschuldigten] „freisprechen", „für straffrei erklären" (Sanh. IV, 3). Ebenso im Targum, im palästinensischen Aramäisch sowie im Syrischen (vgl. auch oben S. 208: „זכות", „זכאי").

זכר im Niphal „נזכר" = „sich erinnern" (an etwas Vergessenes; Pes. III, 7).

זכר in Verbindung: „זכר לדבר" = „Merkzeichen, [blosse] Andeutung für etwas" (im Gegensatz zu einem vollwertigen Beweise, s. Schab. VIII, 7). — [Vgl. auch „זכרונות" = „Gedächtnis-Anrufungen", ein Segensspruch aus der Liturgie des Neujahrs-Tages, worin an das ständige „Gedenken" Gottes (den Menschen gegenüber) appelliert wird; R. hasch. IV, 5—6, u. Taan. II, 3].

זכר in der Bedeutung von „Widder", wie im Targum die Bezeichnungen: „דכרא", „דכר", die anstelle des biblisch-hebräischen Ausdrucks „איל" gebraucht werden. Ebenso im Syrischen. — „הזכר במכחול" = „der ‚männliche', griffelartige Teil eines kombinierten Schmink-Stiftes" (Kel. XIII, 2). — „זכור" = „der passive Partner bei Päderastie" (s. Sanh. VII, 4, u. Ker. I, 1).

זמם „ein ‚עד זומם' sein", d. h. ein durch Alibibeweis (wonach er sich zur Zeit der angeblich von ihm beobachteten Tat garnicht am Tatort befunden hat) einer falschen Aussage überführter Zeuge. Im Hiphil „מזים" את העד = „den Zeugen durch Alibibeweis (im vorgenannten Sinne) einer Falschbekundung überführen" (vgl. Mak., Kap. I). — „מזומם" = „ein auf Grund der Aussage von ‚עדים זוממים' (d. h. ‚falscher' Zeugen in der hier dargetanen Bedeutung) zu Unrecht Verurteilter“ (Sanh. VI, 2). — Im Ps. Jonatan, Deut. XIX, 18, aus dem Hebräischen entlehnt.

זמן in der Bibel: „festbestimmte Zeit“, „Frist“. — In der Mischna im Sinne von „עת“ = „Zeit“ (schlechthin), und ebenso im biblischen Aramäisch sowie im Targum [42]. — „כל זמן ש . . . .“ = „solange“. — „בזמן ש . . . .“ = „zur Zeit als“, „wenn“ (dies jedoch nur im temporalen Sinne, nicht aber im konditionalen wie „falls“), „während“ (ebenso im Syrischen: „בזבן ד . . . .“).

זימן (etwas „[zeitlich] bestimmen“, „vorbereiten“; ferner: Jemd. „zu einer Mahlzeit bitten“, „einladen“; Beza I, 4, u. V, 7). Auch im Hiphil „הזמין“ in der Bedeutung: „einladen“ (von Gästen). Im Nitpaël „נזדמן“ = „begegnen“, „sich bieten“, „sich treffen“ (s. Schebiit VII, 4; andere Lesart: „נתמנו“). Ebenso im Targum, im Syrischen sowie im Samaritanischen. Im übertragenen Sinne: „זימן“ = „zum gemeinsamen Tischgebet einladen [= auffordern]“ (s. Ber. VII, 1).

זנב (Piël) „schwanzartige Auswüchse von Pflanzen abschneiden“. — „המזנב בגפנים“ = „wer die Auswüchse von Weinstöcken abschneidet“ (Schebiit IV, 6).

זנב etwas [schwanzähnlich] Nachhängendes, Angehängtes“. — „זנב של אשכול“ = „Spitze der Weintraube“ (Ukzin I, 3); „יוצא זנב“ = „einzelner Weinstock als Abschluss einer Reihe von paarweise angepflanzten Weinstöcken“ (Kil. IV, 6).

זנק (Piël) Blut „verspritzen, hervorspritzen lassen“ (Chul. II, 6). Ähnlich im Syrischen.

זקן התחתון euphemistisch für: „männliche Schambehaarung“ (s. Sanh. VIII, 1).

זקף „erheben“, „aufstellen“. Ebenso im Aramäischen (vgl. oben S. 208: „זקיף“ = „aufgestellte“ Schildwache).

זרח im Hiphil „הזריח“ = „einen rötlichen Schein ausstrahlen“, „rot werden“ (als Zeichen beginnender Reife bei Früchten; Schebiit IV, 7: „הפגים משיזריחו“ = „unreife Feigen, wenn sie rot zu werden beginnen“).

זרע im Plural „זרעים“ = „Feldsaat“ im Gegensatz zu „ירקות“

42 Ebenso in aramäischen Inschriften, jedoch auch in der Lesart „זבן“ (vgl. Lidzbarski, S. 266—68) wie im Syrischen, Samaritanischen etc.

= „Grünkräuter“, „Gemüsekräuter“ (s. Kil. III, 2)[43]. Ebenso im Syrischen sowie im palästinensischen Aramäisch.

זרעון in der Mischna „Pflanzensamen“, wie „זרע“ in der Bibel. Ebenso im Syrischen (P. Smith 1160. — Vgl. auch im Ps. Jonatan, Lev. XI, 37).

זרק (neben der biblischen Bedeutung von „sprengen“) auch im Sinne von „werfen“ (z. B. einen Stein od. Ähnl.).

חבט „schlagen“ (eines Menschen mit einem Stock; s. Git. IX, 8, u. Mid. I, 2). Ebenso im Targum.

חבל biblisch im Sinne von „verderben“, „zerstören“ gebraucht (ebenso in der Mischna Kel. XIV, 2), hat in der Mischna-Sprache in Verbindung mit nachfolgendem „.....ב“ die Bedeutung von „[körperlich] verletzen“; „verwunden“ (auch ohne damit Striemen, Schwellung oder Rötung beizubringen; vgl. B. kama VIII, 1; Schebuot V, 5). Ebenso Dan. VI, 23, sowie im Targum.

חבר in der Verbdg. „חבר עיר“ = „Stadt-Genossenschaft“, „Stadt-Verwaltung“ (Ber. IV, 7).

חבר in der Bedeutung von „פרוש“ = „Pharisäer“ (d. h. Mitglied einer Gruppe, die streng bedacht ist auf exakte Innehaltung aller Gebote, insbes. der Reinheits-Vorschriften sowie der Bestimmungen über die Entrichtung der Pflicht-Abgaben von Boden-Erträgnissen. Gegensatz: „עם הארץ“ = „Ungebildeter“, der nicht über das dazu notwendige Maass an Wissen verfügt und daher auch zur genauen Beachtung der Vorschriften nicht imstande ist). — Im Sinne von „Genosse, Gefährte“ übertragen angewendet auf benachbarte Schriftverse, von denen der eine zur Deutung des anderen dient (Ab. sara II, 5). Ähnlich gebraucht: „חבר, חברה“ in Bezug auf verwandte Speisen oder sonstige miteinander vergleichbare Gegenstände (s. Ter. II, 6; Beza III, 7).

חבש „fesseln“, „gefangen nehmen“, „ins Gefängnis setzen“. Ebenso im palästinensischen Aramäisch sowie im Syrischen.

חגר „umgürten, umgeben, umfassen“ (von dem roten Streifen gebraucht, der den Altar rings umspannte; s. Mid. III, 1).

---

43 Vgl. auch in der Einleitung zu Traktat Kilajim meines Mischna-Kommentars.

חגורה (eigtl. „Gürtel") im Sinne von „Einfassung, Umfriedung" (Erub. II, 4).

חדר bildlich gebraucht für „einen Teil (den Innenraum) des Mutterleibes" („Uterus"; Nid. II, 5).

חידש in der Bedeutung: „etwas Neues lehren". Ebenso im Syrischen: „חדת" (P. Smith 1206—7) sowie im Targum (vgl. Cant. V, 10, und Ps. Jonatan, Lev. XXVII, 34).

חיב „schuldig, verpflichtet sein", wie im Aramäischen. — „מתחייב בנפשו" = „er versündigt sich an seiner Seele", „er verschuldet sich tötlich", „er bringt sein Leben in Gefahr". Ebenso im Targum, Num. XVII, 3. — „חייב", fem. „חייבת", = „er [sie] ist schuldig, verpflichtet". Ebenso im Aramäischen wie auch Ben-Sirach VIII, 6. — (Vgl. oben S. 209: „חובה").

חוט in den Verbindungen: „חוט של מתכות" = „Metallfaden" (Kel. XI, 8); — „חוט המשקולת" = „Seil des Senkbleis" (am Lot der Bauleute), „חוט המאזנים" = „Seil der Hänge-Waage" (s. Kel. XXIX, 3—6). — „חוט השערה" = „ein haardünner Faden" (Bezeichnung für „minimale Quantität" (Jeb. VIII, 2). „חוטי שער" = „Fäden von abgetrenntem Haar" (zum Befestigen des hochgebundenen Kopf-Haares bei Frauen; Schab. VI, 5). — „חוט השדרה" = „Rückgrat", „der Rückenmarks-Strang in der Wirbelsäule" (Chul. III, 1). — „חוט של סקרא" = „der rote Streifen" (rings um den Altar; Mid. III, 1).

חול „treffen, fallen auf . . . ." (von Daten, Festtagen etc.).

חוץ in der Verbdg.: „חוץ לארץ" oder: „חוצה לארץ" = „ausserhalb des Landes [Israel]", „im Auslande".

חותם „Zeichen, Marke" (zum Zwecke der Kennzeichnung; s. Schek. V, 1 u. 3—5). Ebenso im Syrischen: „חתמא". — Ferner: „Stiel der Frucht" (insbes.: „das die Frucht verschliessende stempelähnliche Stiel-Ende" der Weinbeere oder Dattel; s. Toh. X, 5, u. Ukz. II, 2). Im Syrischen: „חתמא", „חתומא".

חזק, החזיק „an etwas Besitz ergreifen zum Zwecke des Eigentumserwerbes"; — auch im Sinne „einer ungehinderten tatsächlichen Inhabung von Grundstücken während einer bestimmten Frist" als Beweis des Eigentumsrechtes (vgl. B. batra III, 1, sowie oben S. 251 unter: „חזקה"). — Ferner: „החזיק טובה" = Jemd. etw. „zugute halten", „als besondere Güte anrechnen" (Abot II, 8). — „הוחזק" = „gelten als . . . ., „betrachtet, behandelt werden als . . . .", „in der Vermutung eines . . . . stehen"; bei Institutionen: „festgehalten werden" [als ständige Einführung] (vgl. Chag. II, 6, u. Jeb. XII, 6, sowie die entsprechenden Bedeutungen von „חזקה" oben a. a. O.).

חיי ראשך „[beim] Leben Deines Hauptes!" „bei Deinem Leben!" (als Beteuerungsformel; Sanh. III, 2).

חיל „der Platz am Tempelberge vom ‚סורג' [der Gitter-Trennwand, s. oben S. 272] bis zum Tempelgebäude" (vor der Frauenhalle; s. Mid. II, 3).

חיצון „aussenstehend". — „דרך החיצונים" = „der Brauch der Aussenstehenden" (die sich nicht an das traditionelle Brauchtum halten; Meg. IV, 8). — „ספרים החיצונים" = „die aussenstehenden Bücher" [der Sektierer] oder: „alle ausserkanonischen Bücher" (Sanh. X, 1).

חכמה in der Bedeutung „Hebamme".

חל(= חול) im Sinne von „Werktag", eigtl.: „profaner Tag", d. h.: „weder Sabbath noch Feiertag". — „חולו של מועד" = „Werktag der Festzeit" (Meg. IV, 2), Bezeichnung für die Halbfeiertage des Passah- sowie des Hütten-Festes (an welchen nur bestimmte Gruppen von unaufschiebbaren Arbeiten verrichtet werden dürfen).

חלה in den Verbindungen „חלות דבש" = „Honigwaben" (Ukz. III, 11) sowie „חלות חריע" = „Saflor-Kuchen" (das., Mischna 5).

חלחל (von „חיל") „schütteln" (zwecks Durchmischung, Machsch. III, 6). — „מחולחל" = „hin- und herrutschend", „nicht fest anschliessend" (vom Fass-Spund, s. Kel. X, 3); auch: „elastisch gebaut" (von Bienenstöcken aus lockerem, durchbrochenem Geflecht; Ohal. IX, 3 u. 7). — „מתחלחל" = „sich hin- und herbewegen", „lose umhergeschüttelt werden" (von Steinchen in einer Wasser-Röhre; Mikw. IV, 3). Ebenso im Syrischen: „חלחל".

חלט (s. I Reg. XX, 33). In der Mischna „חלוט" im Sinne von „endgültig verfallen" (bezügl. der definitiven Wirksamkeit einer Grundstücksveräusserung nach fruchtlosem Ablauf der Auslösungsfrist; Arach. IX, 4). „החליט" im Sinne von „endgültig entscheiden". Ebenso im Targum (vgl.

auch oben S. 210: „חלט" in der Bedeutung von „abbrühen" sowie S. 247: „החלט" = „endgültige Entscheidg.").

חלל in der pass. Partizipialform „חלול" = „hohl", „aus Hohlräumen bestehend" (Edujot IV, 12. — Man vergleiche im Syrischen: „חלילא"). Als Substantiv „חלל" (auch in der Verbindung „בית חלל") = „leerer Raum", „Hohlraum, Höhlung" (z. B. die Herzkammern bezeichnend, s. Chul. III, 1). Ebenso im Targum und im Syrischen: „חללא".

חלץ in der Bedeutung: „den Chaliza-Akt [s. oben S. 252] vollziehen" (Jeb. XII, 4). „חלוצה" = „die durch den Chaliza-Akt von ihrem Schwager getrennte kinderlose Witwe".

חלק wird in der Form „החליק" gebraucht im Sinne von „abpflücken, kahlpflücken" (s. Pea III, 3; Schebiit IV, 4). — „הוחלק" = „er ist [über etw.] ausgeglitten, gestolpert, zu Fall gekommen" (B. kama III, 1).

חלק in der Verbindg.: „חלק בין [.....] ל....." = „einen Unterschied machen zwischen [Diesem] und [Jenem]" (Jeb. VI, 1). — „נחלק" = „geteilter Meinung sein" (Erub. I, 2; Ket. XIII, 1).

חם „Schwiegervater", im biblischen Hebräisch nur vom Vater des Ehemannes gebraucht, in der Mischna jedoch auch von dem der Ehefrau, wie „חותן" im bibl. Hebr. (s. Jeb. I, 1; u. XV, 7). Ebenso im Targum sowie im Syrischen. In dieser Bedeutung findet sich das Wort auch in einer Handschrift des Ben-Sirach XXXVII, 10. — Vgl. unten das entsprechende weibl. Wort: „חמות".

חם im Plural „חמין" = „heisses Wasser". Ebenso im Syrischen: „חמימתא".

חמה (ebenso in der Verbindung „ימות החמה") = „die heisse Jahreszeit", „der Sommer". — „מניין ימות החמה" [im Sinne von „שנת החמה"] = „die Zahl der Tage des Sonnenjahres" (Nasir I, 7). — „דירת החמה" = „Sommer-Wohnung" (Maass. III, 7).

חמור wird auch in der Bedeutung von „אתון" = „Eselin" gebraucht. Im übertragenen Sinne: „Basis [Tragholz] des Bettgestells" (Kel. XVIII, 3); „חמור של נפחים" = „Holzbock der Schmiede" (auf welchem sie Gefässe anfertigen; Kel. XIV, 3); „חמור של רחיים" = „Holzgestell [als Fundament] der Handmühle" (Sabim IV, 2).

חמות „Schwiegermutter", in der Mischna auch in der Bedeutung: „Mutter der Ehefrau" gebraucht (nicht wie im bibl. Hebräisch, nur von der Mutter des Mannes), gleichbedeutend mit „חותנת" (s. Jeb. I, 1, u. XV, 4). Vgl. oben den männlichen Parallel-Ausdruck „חם". — Ebenso im Targum sowie in der Peschitta zu Deut. XXVII, 23.

חמץ im Hiphil „החמיץ" = „sauer werden", insbesondere von Wein gebraucht. Ebenso im Syrischen: „חמץ" (jedoch nicht: „חמע"!) im Aphël sowie im Paël in Bezug auf Wein.

חמש als Bezeichnung für „die ersten 5 Tagesstunden nach Sonnenaufgang" (s. Pes. I, 4).

חמישי als Bezeichnung des 5. Wochentages, „Donnerstag" (s. Taan. I, 6).

חמת („Schlauch") in der Mischna in der Verbindung „חמת חלילים" = „Dudelsack", „flötenartiges Musikinstrument" (Kel. XX, 2).

[חנוכה das am 25. Kislew beginnende achttägige „Weihefest" zur Erinnerung an den Makkabäer-Sieg].

חנות (in der Bibel im Sinne von „Kerkergewölbe" gebraucht, Jerem. XXXVII, 16) in der Mischna wie im Aramäischen in der allgem. Bedeutung von: „Warengewölbe" (des Kaufmanns), „Laden". Vgl. oben S. 211: „חנוני" = „Krämer".

חנם in der Verbindung „מתנת חנם" = „unentgeltliches Geschenk" (Maass. sch. I, 1; vgl. dort).

חס ושלום „Gott behüte!", als Ausdruck der Abwehr einer streng abzulehnenden Auffassung (insbes. einer ungerechtfertigten Beschuldigung; vgl. Edujot V, 6, u. Jad. III, 5). (Ebenso im Targum, Ester VI, 1) [44].

חסם im Sinne von: „den Rand geflochtener Gefässe festknüpfen" (als Zeichen der Arbeitsvollendung; s. Kel. XVI, 2, u. XX, 2).

---

44 Vgl. Levy, Talmud. Wörterbuch, Teil II, S. 85 und S. 207. Meiner Ansicht nach kommt das Wort von „הס" (Amos VI, 10; Nech. VIII, 11), einem Ausdruck, dessen man sich bediente, um Jemand zurechtweisend zum Schweigen zu bringen, der Dinge aussprach, die nicht gehört werden sollten (vgl. die Barajta in Bab. Sanh. 64 a). Im Mandäischen tatsächlich: „האס" (Nöldeke, Grammatik der mand. Sprache, S. 89). Später nahm man dann an, dass das Wort von „חוס" = „schonen" herstamme, und verband es im Targum sowie im Syrischen mit einem nachfolgenden „Lamed": „. . . חס ל" (vgl. als Beispiel Targum zu Gen. XLIV, 7 und 17).

חצה „trennen“, „eine Scheidewand bilden“ (Mikw X, 3). Ebenso: „חצץ“.

חצר in den Verbindungen: „חצר הקבר“ = „Gräber-Vorraum“ (zu welchem hin die einzelnen Grabhöhlen oder Grabkammern sich öffnen; Ohal. XV, 8). — „חצר הכירה“ = „Platte rings um den Kochherd“ (Kel. VII, 3). — „חצר הכבד“ = „Leberlappen“ (Joma VIII, 6, u. Chul. II, 7). Ebenso im Targum (zu „היותרת על הכבד“ in Ex. XXIX, 13, sowie Lev. III, 4, 10 u. 15: „חצרא דעל כבדא“) und im Syrischen: „חצר כבדא“. Nach der Meinung Mancher ist der hier erwähnte „חצר“ mit dem in der Bibel gemeinten nicht identisch. Vgl. auch oben S. 295: „אצבע הכבד“ unter dem Stichwort „אצבע“.

חקה „[Andere] nachahmen“, „nach den Gesetzen Anderer handeln“ (Chul. II, 9).

חרב in der Bedeutung von „Pflugsterze“ (= „Pflugschaft“, „Pflugkolben“) als Bezeichnung des schwertähnlich geformten Griffes, den der Pflüger mit der Hand umfasst hält, um den Pflug zu lenken (Kel. XXI, 2). Ebenso im Syrischen: „חרבא דפדנא“.

חרחור im Sinne von „verbrannter Teil eines [zu scharf gebackenen] Brotlaibes“ (Teb. Jom I, 3—4).

חרחר „anwärmen“ (von Honigwaben, um den Honig zum Ausfliessen zu bringen; Ukz. III, 11).

חרש im Nitpaël „נתחרש“ = „das Gehör verlieren“, „taub werden“, „ertauben“.

חרש „Taubstummer“, „wer weder hören noch sprechen kann“ (Ter. I, 2). — „שור [שהוא] חרש“ = „ein gehörloser Ochse“ (B. kama V, 6). — „בצק החרש“ = „tauber Teig“ (Pes. III, 2. — Vgl. oben S. 298 unter: „בצק“).

חשב in der Partizipialform des Hitpaël „מתחשב“ = „Wer sich zu den Maassgebenden rechnet“, „ein angesehener Mann“, „Jemand, der so geachtet ist, dass seine Handlungen als vorbildlich gelten“ (Schebiit VIII, 11).

חשבון in der Bibel in der Bedeutung von „Gedanke“, „Denkprozess und dessen Ergebnisse“ (d. h. die dabei gewonnenen Schlussfolgerungen), „Meinung“, wie auch: „zahlenmässige Berechnung“. In der Mischna im Sinne von „Rechnung“, z. B. „עשׂה חשבון“ = „Rechnung legen“, „abrechnen“, „verrechnen“ (s. in den „Ergänzungen“ meines

Mischna-Kommentars zu Schab. XVI, 3). — „נותן דין וחשבון“ = „Rechenschaft ablegen“ (s. Abot III, 1. Vgl. auch o. S. 304 unter „דין“ als Substantiv). — „לפי חשבון“ = „der Berechnung entsprechend“, „nach Verhältnis“ (s. Ter. IV, 2). Ebenso im Buche Ben-Sirach XLII, 3, im Targum, im Tadmorischen sowie im Syrischen: „חושבנא“.

חשך im Hiphil „החשיך“ = „es dunkelt“, in der Partizipialform „מחשיך“ = „bei Eintritt der Dunkelheit verweilen“ (s. Schab. XXIII, 3—4).

חתך im Buche Daniel IX, 24: „נחתך“ im Sinne von: „verhängt sein“. In der Mischna jedoch in der ursprünglichen Grundbedeutung von „schneiden“, „zerschneiden“ gebraucht. Ebenso im Ps. Jonatan Lev. VII, 30, u. Num. XII, 12, wo es sicher aus dem Hebräischen entlehnt ist. — Vgl. oben S. 255: „חתיכה“.

חתם „unterschreiben, unterzeichnen“ (mit seinem Namen) insbes. vom Richter, Zeugen, Urkundsbeamten etc. gebraucht. — Auch im Sinne von „beenden, schliessen“ (z. B. einen Segenspruch mit einer Schlussformel abschliessen, s. Ber. I, 4; die Thora-Vorlesung abschliessen, s. Meg. IV, 2). — „חותם“ = „Unterzeichner“ (insbes. der unterzeichnende Zeuge beim Scheidebrief, s. Git. I, 3 u. 5). — „חתימה“ in der Bedeutung: „Ende“, „Schlussformel“ (z. B. bei Gebeten, s. Taan. II, 3). — Vgl. auch oben S. 255: „חיתום“.

טבור „Nabel“ (des Menschen, vgl. Schab. XVIII, 3; Sota IX, 4).

טבל in der Verbindung: „טבול יום“ = „Wer am gleichen Tage ein Tauchbad genommen hat“, d. h. „ein Unreiner, der an eben diesem Tage das rituelle Tauchbad vollzogen hat, aber noch den Sonnen-Untergang abwarten muss, um als rein zu gelten“.

טבע „prägen, formen“, insbesondere: „Münzen prägen“ (Sanh. IV, 5). Ebenso im Syrischen. — Vgl. oben S. 212: „טבעין“.

טבעת im übertragenen Sinne: „ringförmiger Knorpel an der Gurgel des Viehs“ (Chul. I, 3).

טהר in der Form „טהרו“ gebraucht im Sinne von „עצמו“ oder „גופו“ = „er selbst“ bezw.: „[auf ihn] unmittelbar“ (Joma V, 6: „על טהרו של מזבח“ = „unmittelbar auf den Altar“

[sprengen], d. h. „auf die Altarfläche selbst“ [ohne trennende Zwischenschicht], also: auf eine von Kohlen und Asche freie Stelle des Altars sprengen).

טוב [als Verbum] im Piël „טייב“ = „verbessern“, d. h. den Boden durch Umpflügen ertragreicher machen (Schebiit IV, 2: „שדה שנטייבה“ = „ein [durch gründliches Umpflügen] verbessertes Feld“).

טוב [als Substantiv] im Plural „טובים“ in der Bedeutung von: „angesehene, geachtete Persönlichkeiten“ (Schek. V, 6: „בני טובים“ = „Abkömmlinge aus guten Familien“). — „טובה, בטובה“ = „freiwillig“, „als Spende“, „als Dank“, „in Dankbarkeit“ (Bik. III, 12); „שלא בטובה“ = „gegen Jemds. Willen“, „gewaltsam“ (Sanh. VII, 2), auch im Sinne von: „ohne [dafür] dankbar sein zu müssen“, „ohne [dadurch] zu Dank verpflichtet zu sein“, bezw. nach Manchen umgekehrt: „ohne [dafür] Dank beanspruchen zu können“ (Schebiit IV, 1—2).

טוח im Hiphil „הטיח“ in der Bedeutung: „anschlagen“, „anstossen“ (Ohal. XVII, 2).

טוטפת „Stirnband“ (Schab. VI, 1. Vgl. auch im Babli das. 57 b). Im Targum II Sam. I, 10, wird das Wort „אצעדה“ = „Armband, Armreif“ mit „טוטפתא“ übersetzt.

טחן („mahlen“) wird in der Mischna auch auf Oliven angewendet (s. Schebiit VIII, 6; Men. VIII, 4).

טירה in der Verbindung „טירת התנור“ im Sinne von: „Anbau vor dem Ofen“ (zum Absetzen der in diesem gebackenen Brote oder der Töpfe; s. Kel. V, 3).

טלטל (Jes. XXII, 17, im Sinne von „hinschleudern“) in der Mischna: „vom Platz bewegen“, „forttragen“. Ebenso im Targum sowie im Samaritanischen. Vgl. oben S. 217: „מטלטלין“ in der Bedeutung: „bewegliche Güter“.

טמא „Unreinheit annehmend“, „zur Annahme von Unreinheit fähig machend“ (vgl. die „Ergänzungen“ zu Ter. III, 4, in meinem Mischna-Kommentar).

טעה (in der Bibel nur einmal, Ez. XIII, 10, im Hiphil: „הטעו את עמי“ = „sie haben mein Volk verführt, in die Irre geführt“). In der Mischna häufig, und zwar als Kal-Form im Sinne von „sich irren“, als Hiphil in der Bedeutung: „[Andere] täuschen“, wie im Aramäischen. — Vgl. auch:

„אבן הטועים" = „Stein der Umherirrenden" (als Bezeichnung für einen hochgelegenen Stein in Jerusalem, auf welchem die Fundsachen ausgerufen wurden und wohin deshalb deren suchend „umherschweifende" Verlierer sich zu wenden pflegten; s. Taan. III, 8) sowie o. S. 213: „טעות".

טעם „Grund", „Sinn" in der Verbindung „מה הטעם" oder „מאיזה טעם" = „aus welchem Grunde?". Ebenso Ben-Sirach XXV, 18; ferner im Targum Cant. V, 11 u. 13: „טעמין", sowie im Syrischen: „טעם".

טען (in der Bibel nur Gen. XLV, 17: „טענו את בעירכם" = „Beladet Euer Lastvieh!"; transitiv gebraucht). In der Mischna-Sprache auch im Sinne von: „beladen sein mit", „auf sich tragen" (eine Last; Ned. VII, 3); „טוענת" = „zum Tragen [von Lasten] fähig" (fem.; B. mez. V, 4). — „טעון" = „beladen", „tragend" (B. kama IX, 1: „רחל טעונה" = „ein [Wolle] tragendes (wollhaariges) Mutterschaf"; Schebuot VI, 6: „גפנים טעונות" = „[frucht] tragende Weinstöcke"). Ebenso im Aramäischen. — Häufig auch „טען" in der Bedeutung von: „fordern", „beanspruchen", „geltend machen", „vorbringen". Vgl. oben S. 213: „טען" = „Last", sowie S. 255: „טענה" = „Rechtsforderung", „Anspruch".

טפל in den Formen „הטפל ב....", „מטפל ב...." (s. B. Mez. IX, 5, u. Bech. IV, 1) im Sinne von: „sich mit etw. beschäftigen, befassen". — „נטפל ל...." = „sich Jemd. anschliessen" (Mak. I, 7). Vgl. oben S. 213: „טפילה" = „[anhaftende] Tünche", sowie S. 255: „טפלה" = „Hinzufügung", „Nebensache".

טרף „schlagen", „mischen", „zusammenrühren", „hin- und herbewegen", „schütteln". Ebenso im Targum und im Syrischen. — [45] „נטרפה הדעת" = „der Verstand [Jemds.] ist verwirrt" (vgl. Nid. II, 1, u. Kin. III, 6; sowie oben S. 213: „טירוף" = „Verwirrung"). Ebenso im Targum und im Syrischen in der Etpaël-Form.

טרף „Blatt" (von Oliven; Ukz. II, 1). Im Aramäischen: „טרפא".

---

45 Nach der Ansicht von Barth „Etym. Studien", S. 27, stammt dieser Ausdruck von einer anderen Wurzel, doch besteht keine Notwendigkeit zu dieser Annahme.

טרפה „letaler (zum Tode führender) Leibesfehler, der das Vieh zum Genuss unerlaubt macht".

יבמה „die durch die Pflicht zur Leviratsehe an ihren Schwager gebundene kinderlose Witwe", auch „שומרת יבם" genannt, solange sie auf die Entscheidung des Schwagers darüber wartet, ob er die Schwagerehe mit ihr vollziehen oder sich [durch den Chaliza-Akt] von ihr trennen will (s. auch weiter unter „שמר", S. 361).

יד in der Bedeutung von „Vorderfuss des Viehs" (s. Joma II, 3; u. sonst). Ebenso im Syrischen: „יד הפלים" bezw. „יד האוכלים", gleichbedeutend mit „בית יד", = „Griff, Stiel" zum Anfassen der Gefässe oder Speisen. — „מיד" = „sogleich", ebenso im Targum „מן יד" oder „מיד" — „על יד" in der Bedeutung: „für", „wegen", „zu Gunsten von" (s. Schebiit VII, 3; Schek. I, 3; u. anderwärts), ferner: „neben" (s. Edujot I, 1; Ohal. XIII, 5), auch: „mit", „zusammen mit" (s. Maass. sch. I, 6, u. III, 11). — „לידי" = „zu", z. B.: „. . . . בא לידי" = „kommen, gelangen zu . . ." [einer Handlung, einem Zustand, etc.], entsprechend: „מביא לידי" = „bringen zu . . . .". — „מוציא מידי" = „herausziehen aus". — „[ידי חובה] יצא" = „eine Pflicht erfüllen". — „מאחת יד" (Pea III, 3) oder: „באחת יד" (Schebiit III, 9) = „mit einer Hand", „mit einem Male".

ידה in den Verbindungen: „. . . . הודה ל", „. . . . הודה ב" = „zustimmen, beipflichten" [einer Ansicht bezw. einem Menschen]; „einverstanden sein" [mit etw.]; „übereinstimmen" [in Bezug auf etw.]; „zugeben", „zugestehen", „anerkennen" (bezüglich einer gerichtlich geltend gemachten Forderung, deren Berechtigung vom Beklagten ganz oder teilweise eingeräumt wird; Schebuot VI, 3).

ידע in der Form „. . . בידוע ש" = „es ist mit Bestimmtheit anzunehmen, dass . . . .", „sicherlich" (Chul. V, 3).

יונקות „knospende Blütenkelche, die noch nicht ausgereift sind" (d. h. deren Blüte sich noch nicht geöffnet hat; Para XI, 7).

יחד im Piël „ייחד" in der Bedeutung: „einzeln, konkret bestimmen"; „individualisieren"; — auch im bloss räumlichen Sinne: „einen festen Platz zuweisen" [z. B. von Weinfässern im Lagerkeller]. „מיוחד" = „festbestimmt", „ausdrücklich bezeichnet", „besonders hervorgehoben". Ebenso im Targum Gen. XXVI, 10, sowie im Ps. Jonatan Lev. XV, 26, — dort jedoch wahrscheinlich dem Hebräischen entlehnt. — „. . . . נתיחד עם" = „allein mit Jemd. sein", „sich allein mit Jemd. aufhalten". — Vgl. auch oben S. 256: „יחוד".

יחיד „Einzelner" (Gegensatz von: „רבים" = „Mehrheit", oder: „צבור" = „Gesamtheit, Öffentlichkeit"). — „היחידים" im Sinne von: „die Angesehenen, Geachteten"; „die Honoratioren" (Taan. I, 4).

יין in der Verbindung: „יין תפוחים" = „Apfelwein".

יכח in der Form: „מוכיחות זו את זו" = „einander entsprechend angeordnet und damit gegenseitig auf ihre Zusammengehörigkeit hindeutend" (Para II, 5; vgl. dort).

יכול im Sinn der Verbindung: „יכול אתה לומר" = „Du könntest sagen [meinen]" (als Einleitungsformel vor der Anführung einer als irrig abzulehnenden Auffassung; Makk. I, 6; Abot III, 8). — [„כביכול" = „wenn man so sagen könnte", „wenn man es so nennen darf", „sozusagen", „gleichsam" (insbes. bei Antropomorphismen gebraucht, Sanh. VI, 5), fehlt in den alten Texten].

ילד in der substantivierten Partizipialform „יולד" = „Erzeuger[in]" (auf beide Elternteile angewendet; Ket. VII, 6, u. Bech. I, 2).

ים (bildlich gebraucht) „ים [של] נפה" = [der beckenartig geformte] „Boden des Siebes" (s. Kel. XV, 3, u. XVI, 3); — entsprechend bei der Ölkelter: „Kelterboden, in welchem die Oliven gekeltert werden" (s. B. batra IV, 5).

יפה als Adjektiv im Sinne von „wert" (bei der Preis-Abschätzung). Als Verbum im Piël „יפה" in der Verbindung „ייפה כוח" = „Jemds. Kraft stärken", um seine Lage [insbes. seine Rechtsposition] zu verbessern (s. B. batra VII, 1: „ליפות כחו של מוכר" = „zum Vorteil des Verkäufers"). „יפה כוח" = „seine Kraft ist stark" (s. Orla I, 5. In Pea VI, 6, nach unserer Lesart: „יופי כחו" = „er hat ein stärkeres [besseres] Recht"). — „עין יפה" = „wohlwollendes Auge", „Freigebigkeit", „Grosszügigkeit" (Ter. IV, 3). — „נפש יפה" = „ein willensstarker, nicht heikler Mensch", der Ekelgefühle zu überwinden weiss (Chul. IV, 7. Vgl. auch oben: „דעתו יפה" unter dem Stichwort „דעת").

יצא bezüglich der aus der Ehe „herausgehenden“ Ehefrau: „יוצאת“ im Sinne von: „sie wird von ihrem Manne geschieden“, und entsprechend in Bezug auf den Ehemann: „מוציא“ = „er entlässt seine Frau (durch einen Scheidebrief) aus der ehelichen Bindung“. — „[יצא [ידי חובה“ = „er hat seine Pflicht erfüllt“ (s. oben unter dem Stichwort „יד“. Vgl. auch Ecc. VII, 18, sowie im Targum das.). — Ferner „יצא“ in der Bedeutung: „von der Regel [= „כלל“] ausgeschlossen sein“ (d. h. nicht von ihr umfasst werden, eine Ausnahme darstellen), und entsprechend: „von einer Rechtsnorm [= „דין“] ausgenommen sein“, nicht darunter fallen (s. B. mez. II, 5; Makk. II, 2). — „יצא ב . . . .“ = „aufgehen in etw.“ (Abot V, 11—12: „יצא שכרו בהפסדו“ = „sein Gewinn geht in seinem Schaden auf“ etc., d. h. es verbleibt ihm kein Vorteil). — „כיוצא בו“ im Sinne von: „ähnlich“, „entsprechend“ (ebenso Ben-Sirach X, 28, u. XXXVIII, 17, sowie im jerusal. Targum zu Gen. II, 18 u. 20: „כד נפיק ביה“. Vgl. auch meinen Aufsatz in der „Monatsschrift“, Bd. LXIX, S. 402). — Hiphil „יוציא“ im Sinne von: „abziehen“ [rechnerisch], „in Abzug bringen“ (von Verlusten; B. mez. III, 7 u. 8). Ebenso im Syrischen „נפק“ im Aphël (vgl. Smith 2423 wie auch 2421). — „יוצאת החוץ“ = „Strassenmädchen“, „euphemistisch gebraucht für: „Dirne, Buhlerin“ (Kel. XXIV, 16, u. XXVIII, 9). Dgl. im Targum: „נפקת ברא“.

יציע „flacher, an das Hauptgebäude angelehnter kleiner Anbau an einem Hause“ (B. batra IV, 1).

יקר in den Formen „הוקרו“, „יוקירו“ = „sie werden teurer werden, im Preise steigen“ (von Bodenerzeugnissen, z. B. Weizen oder Wein; B. mez. V, 8 u. 9; B. batra V, 8). — „יקיר“ im Sinne von „angesehen, geachtet“ (Joma VI, 4: „יקירי ירושלים“ = „die Vornehmen Jerusalems“). Ebenso „יקירא“ in Esra IV, 10, im Targum, im palästinensischen Aramäisch, im Syrischen sowie im Samaritanischen.

ירא חטא (adjektivisch) „die Sünde fürchtend“, „sündenscheu“; — auch als Substantiv: „יראת חטא“ = „Scheu vor Sünde“. Ebenso im Targum I Reg. II, 2: „דחיל חטאין“.

יראה im übertragenen Sinne gebraucht für: „Götze“ (Sanh. VII, 10). Im Targum: „דחלא, דחלתא“ (Jes. XLIV, 20; Hos. VIII, 6). So auch im Syrischen.

ירד in der Verbindung: „ירד מנכסים“ = „[wirtschaftlich] sinken“, „verarmen“ (B. kama VIII, 6). Im Ps. Jonatan, Ex. IV, 19: „נחת מנכסין“, aus dem Hebräischen entlehnt.

ירה in der Form „הורה“ im Sinne von: „entscheiden“, „eine Entscheidung für die Praxis treffen“ (im Gegensatz zu bloss theoretischen Lehren; vgl. Sanh. XI, 2, sowie Trakt. Horajot).

ירק in der Verbindung „ירקות השׂדה“ = „Feldpflanzen“ im Sinne von Grünpflanzen, die von selbst, also ohne menschliches Zutun, auf den Feldern zu wachsen pflegen (s. Schebiit VII, 3; Ned. VI, 9; Ukz. III, 2).

יש in der Verbindung „יש אומרים“ = „es gibt welche, die sagen“, „nach Ansicht Mancher“ (vgl. Nehem. V, 1—5).

ישב bei Gefässen „יושבים“ im Sinne von: „fest [auf ihrer Bodenfläche] stehen“ (s. Kel. II, 2; VI, 1; u. a.). — „ישוב“ in der Bedeutung: „vollkommen, unversehrt“ (im Gegensatz zu „חרב“ = „zerstört“, s. B. batra IV, 9). — „הושיב“ = „einsetzen“ z. B. einen Gelehrten als Oberhaupt des Lehrhauses (s. Seb. I, 3; Jad. III, 5) oder einen Gerichtshof (Git. V, 6; Edujot VIII, 3).

ישן in der Partizipialform des Pual „מיושן“ von altem Wein gebraucht in der Bedeutung: „vom dritten Jahre“ (B. batra VI, 3).

ישראל „ein Jude, der weder Priester (vom Stamme Aharons) noch Levite ist“.

יתד in den Verbindungen „יתד של מחרשה“ = „Pflock des Pfluges“ (Schab. XVII, 4), sowie „יתדות הדרכים“ = [von Vorübergehenden aufgeworfene] „getrocknete Schlammpfropfen“ um die Pfützen am Wege (s. Mikw. IX, 2, sowie die Erläuterung z. St. in meinem Mischna-Kommentar).

יתום [vom Tier gebraucht] „ein Vieh, dessen Muttertier verendet ist oder geschlachtet wurde“ (Bech. IX, 4; vgl. dort).

כבד in der Partizipialform des Pual „מכובד“ von Geräten gebraucht in der Bedeutung: „wertvoll“, „wichtig“ (Ab. sara III, 3). Im Piël „כיבד“ im Sinne von: „reinigen“, „ausfegen“.

כובד in den Verbindungen „כובד העליון“ und „כובד התחתון“ als Bezeichnung für den „oberen und unteren Querbalken des Webstuhls“ (s. Kel. XXI, 1). — „כובד ראש“ in der Bedeutung: „schwerwiegende Überlegung", „ernsthafte Gedanken-Konzentration" (Ber. V, 1).

פבש im Sinne von „herabdrücken", „niederpressen" (Sanh. IX, 1: „פבש על ... [אדם] ... לתוך המים" = „[Jemd.] ins Wasser herunterpressen" [in Tötungsabsicht]). — Bei Früchten, Gemüsepflanzen etc. gebraucht in der Bedeutung von: „einlegen" (in Essig oder auf ähnliche Art) zwecks Konservierung. Dementsprechend: „כבושים" (Plural) = „Eingemachtes, Eingelegtes" (s. Ned. VI, 3. Vgl. auch oben S. 257: „כבש"). Ebenso i. Syrischen. — In der Verbind.: „הכובש את נבואתו" = „wer seine prophetische Gabe unterdrückt", d. h. „wer seine prophetische Sendung verheimlicht, verbirgt" (Sanh. XI, 5). So auch im Targum, im ägyptischen Aramäisch sowie im Syrischen[46]. — „הכובש את יצרו" = „wer seinen Trieb bezwingt, beherrscht" (Abot IV, 1). So auch im Targum, und zwar wahrscheinlich aus dem Hebräischen entlehnt. — „מכבש" = „man durchlöchert, durchbohrt (d. h. man versieht mit Zacken) die Mühlsteine" (M. kat. I, 9).

כובע [bei Männern] „Kopfbedeckung, Mütze" (Kel. XXVII, 6). Bei Kornähren: „helmartig geformte Ähren-Bündel" (Pea V, 6).

כוס im Sinne von: „[becherförmige] Haarvertiefung", „Haargrübchen" (Para II, 5; vgl. dort).

כושי in der Bedeutung: „schwarz wie ein Mohr" (vgl. Suk. III, 6; Bech. VII, 6).

כחש im Hiphil „[דברי פלוני] הכחיש" in der Bedeutung: „[den Worten Jemds.] widersprechen" (vgl. Jeb. XV, 5).

כי im bibl. Hebräisch in der Verbindung: „לא כי", wobei „כי" im Sinne von „אלא" = „sondern" zu verstehen ist (wie z. B. Gen. XVIII, 15: „לא, כי צחקת" = „Nein sondern Du hast gelacht!"). In der Mischna jedoch in der Anwendung: „לא כי אלא," = „nicht so, sondern", wobei „כי" an Stelle von „כן" = „so" gebraucht wird (z. B. Ter. II, 5; vgl. auch Jeb. VIII, 3 u. 4).

כיס als Träger der männlichen Samenzellen in der Bedeutung von: „Hodensack" (Bech. VI, 6). So auch im Syrischen: „כיסא".

כפר in der Mischna ohne erklärendes Beiwort in gleicher Be-

46 S. „Orientalische Literatur-Zeitung", Bd. XV, S. 55.

deutung angewendet wie in der Bibelsprache der Ausdruck „ככר לחם“ = „ein Laib Brot“.

כל שהוא (im Plural „כל שהן“) in der Bedeutung: „von welchem Ausmaass auch immer“, „jede Sache, wie immer sie sei“, „ob klein, ob gross“ (s. Kel. XXIX, 1 u. 8). Auch im Sinne von: „so viel ein Jeder will“, „nach Belieben“ (s. Erub. II, 3). — „כל הימנו“ = „alles hängt von ihm ab“, „alles liegt in seiner Hand“ (vgl. Git. VIII, 8; B. kama X, 3, in der negativen Form: „לא כל הימנו“ = „es liegt nicht [alles] in seiner Macht“, „es hängt nicht alles von ihm ab“, „seine Aussage allein ist nicht massgebend“).

כלב המים „Seehund“ (so Kel. XVII, 13. Nach Anderen: „Fischotter“). — Ebenso im Syrischen: „כלבא דמיא“.

כלה עורב „Rabenscheuche“ (= goldene Spiesse als eine Art Schutzblech am Dache des Heiligtums, um eine Beschmutzung durch Vögel zu verhindern; Mid. IV, 6).

כלכל „das Kopfhaar ordnen und glatt anlegen“ (als umschreibende Ausdrucksform für Aufsichtnahme des Nasirats; Nas. I, 1, vgl. dort).

כלל in der Form „כולל עם . . . .“ = „zusammenfassen, zu einer Gruppe verbinden mit . . . .“ (in Bezug auf die Gruppierung der einzelnen Gebets-Abschnitte innerhalb der Liturgie des Neujahrstages; R. hasch. IV, 5). — Vgl. oben S. 259: „כלל“ = „Regel“.

כן, וכן im Sinne von: „so auch“, „ebenso“, „desgleichen“, auch in der Bedeutung von: „ähnlich, entsprechend“ (vgl. in den „Ergänzungen“ zu Pes. III, 2, meines Mischna-Kommentars). — „שכן, כל שכן“ in der Bedeutung: „umso mehr“, „umso eher“, „erst recht“ (Kil. VIII, 1; Kel. VII, 4). Ebenso im Targum: „כל דכן“. — Ferner in der Verbindung: „כנגד כן“ = „dementsprechend“ (Schebiit VI, 3).

כנה in der Partizipialform „המכנה“ = „wer abändert“, „wer [nicht buchstäblich, sondern] als blosse Umschreibung erklärt“ (Meg. IV, 9). Vgl. auch oben S. 259: „כינוי“.

כנס „heimführen“ im Sinne von „eine Frau heiraten“ (durch den auf die Angelobung = „ארוסין“ folgenden „Heimführungsakt“ der „נשואין“), oder auch: „die Schwagerehe [„יבום“] mit der Witwe des kinderlos verstorbenen Bruders vollziehen“ (vgl. Sota II, 5). Ferner in der Bedeutung:

„einsammeln, einbringen" (von abgeernteten Boden-Erträgnissen; vgl. Schebiit IV, 7—9); „hereinnehmen, entgegennehmen, an sich nehmen" (von Urkunden; s. Git. VIII, 2); „hereinziehen", „nach innen ziehen", „auf innerem Gebiet errichten" (von Umfriedungen, Bauten etc., s. B. batra I, 2). — „נכנס" = „eintreten", „hineingelangen"; „הכניס" = „hereinbringen", „einlassen", „einführen"; auch: „erbringen" (vom Ertrage der Bäume, des Bodens etc.; vgl. Schebiit IV, 9; Maass. I, 3). — Vgl. auch oben S. 214: „כנסת", sowie S. 259: „כניסה".

כנף (eigtl. „Flügel") in übertragener Anwendung: „Schulterstück" (beim Vieh; s. Pes. VII, 11); „Klöppel, Taste" (an einem Musikinstrument namens „Symphonia"; Kel. VI, 6. — S. oben S. 221: „סמפוניה"). — Plural „כנפים" = „metallene Riementräger" zu beiden Seiten des Jochs beim angeschirrten Zugtier (am Wagen oder an der Pflugschaar; Kel. XIV, 4 u. 5).

כסף im Hiphil „הכסיף" = „eine silbergraue Färbung annehmen"; beim Menschen: „erblassen" (Pes. III, 5).

כף (eigtl. „Handfläche, Handteller") übertragen gebraucht im Sinne von „Lederhandschuh", „Lederschutz der Hände" (bei Dornenpflückern; Kel. XXVI, 3). — „כף מאזנים" = „Wagschale", wie im Syrischen: „כפא דמסאתא" (Smith 1791) und im Ps. Jonatan (Ex. I, 15: „כף מודנא"). — „כף זכות" = „Seite des Verdienstes", „günstigere Seite" (beim Urteil über Menschen; Abot I, 6).

[**כפים** „Halbziegel" (B. batra I, 1); auch im Sinne von: „Maurerkelle", „Spachtel" (zum Auftragen der Tünche; Mid. III, 4, vgl. dort)].

כפל (eigt. „verdoppeln") im Sinne von „wiederholen", „nochmals rezitieren" (von Gebetsversen; Suk. III, 11).

כרם in der Verbindung „כרם ביבנה" = „Weinberg in Jabne" als bildliche Bezeichnung des grossen „Lehrhauses von Jabne", in welchem die Gelehrten in regelmässig angeordneten Reihen sassen, ähnlich der terrassenförmigen Anordnung von Weinstöcken in einer Weinbergspflanzung; s. Ket. IV, 6; Edujot II, 4).

כרם רבעי „der Weinbergsertrag des vierten Jahres [nach der Anpflanzung]" (s. oben S. 284: „רבעי").

כרס (in der Bibel „כרשׂ") in der Verbindung: „הכרס הפנימית" =

der innere Bauch" [um die obere Bauchhöhle] und entsprechend: „הפרם החיצונה" = „der äussere Bauch" [zum unteren Bauchfell hin] (beides vom Körper des Viehs gebraucht; Chul. III, 1, vgl. dort sowie die talmud. Kontroverse über die genaue Abgrenzung der beiden Begriffe, Babli das. Bl. 50 b).

פרע im Hiphil „הכריע" = „zum Sinken bringen", „herabsenken" (vom Übergewicht der schwerer beladenen Wagschale gebraucht, vgl. B. batra V, 11, sowie auch Abot II, 8; dort im Sinne von: „aufwiegen"). Ferner: „zur Erde stürzen lassen", „zu Fall bringen", „am Stehen hindern" (in Bezug auf eine scharfkantige Bruchstelle am Boden von schadhaften Tongefässen; s. Kel. IV, 1).

פרע in der Verbindung „פרעי המיטה" = „Fuss [Füsse] des Bettes" [d. h. der Bettpfosten].

פשל in der Partizipialform „פושל" = „ins Wanken geraten", „schwach", „unterstützungsbedürftig" (Ket. IX, 2).

פשר als positives Werturteil über einen Menschen im Sinne von „brav", „fromm", „redlich", „rechtschaffen (Ber. II, 7). — „הכשיר" = „vorbereiten", „verursachen" (in Bezug auf Schadensstiftung; B. kama I, 2), auch: „fähig, geeignet machen" [zur Annahme von Unreinheit].

פתב ל .... „auf Jemd. überschreiben", „Jemd. schriftlich bestätigen" (z. B. „הפותב לבנו" = „wer auf seinen Sohn überschreibt"; Bik. II, 11. — „הפותב לאשתו" = „wer seiner Frau schriftlich bestätigt"; Ket. IX, 1). — „מוכתב באסטרטיה של מלך" = „eingetragen in das Verzeichnis der Kriegsdienstpflichtigen des Königs", „in der Aushebungsliste des Königs registriert" (Kid. IV, 5; entsprechend dem Lateinischen: „conscribere").

פתב in der Verbindung „כתב יד" = „eigenhändige Unterschrift" Jemds. (vgl. Ket. II, 3, 4 u. 10). — „פתבי הקודש" = „die heiligen Schriften". — Vgl. auch oben S. 261 „פותב" usw.

פתותים „Lumpen, zerrissene Kleider" (Schab. VI, 8; andere Lesart: „פתיתים").

פתית „eine aufgeriebene, wundgescheuerte Stelle" (insbes. am Körper von Lasttieren; Schab. VIII, 1. Andere Lesart: „פתות").

פתף „Stelle am Mittelstiel der Weintraube, wo die Weinbeeren an einzelnen kleinen Abzweigungen besonders gehäuft in so grosser Dichte beieinander sitzen, dass sie sich wie geschulterte Lasten überlagern" (Pea VII, 4; vgl. dazu die Erläuterung des R. Obadja Bertinoro und des R. Samson aus Sens sowie die Ausführungen des Verf. in seinem Mischnakommentar z. St.).

לא תעשׂה! (= die biblische Untersagungsformel: „Tue nicht!") als Bezeichnung für: „ein Verbot". Auch in den Verbindungen: „מצוות לא תעשׂה" (vgl. Hor. II, 4) und „בלא תעשׂה" (z. B. Pes. V, 4: „עובר בלא תעשׂה" = „er übertritt ein Verbot").

[**לבוב** (Plural „לבובין") „Widder mit fellumhüllten Herzen" (als Schutz vor wilden Tieren; Schab. V, 2. — Nach Anderen: „Widder mit verhüllten Genitalien", um sie vom Umgang mit weibl. Schafen fernzuhalten; s. die Kontroverse darüber im Babli, das. 53 b). „עורות לבובין" = „Felle von Tieren, die gegenüber dem Sitz des Herzens aufgerissen wurden, um dasselbe als Götzenopfer darzubringen" (Ned. II, 1)].

לבוש im übertragenen Sinne: „die Schale, welche die Getreidekörner umhüllt" (Ukz. I, 2).

לבן im Piël „ליבן" in der Bedeutung: „weiss machen, weissen, reinigen", z. B. durch Auswaschen (s. Schab. VII, 2) oder durch Tünchen, Kalken (Mid. III, 4); ferner: „im Feuer weissglühend machen", „ausglühen" (vgl. Beza IV, 7; Ab. sara V, 12). Im Hiphil „הלבין" = „erbleichen lassen, zum Erblassen bringen" (nämlich: „פני חברו" = „das Antlitz seines Gefährten", als Ausdruck für: „Jemd. öffentlich beschämen"; s. Abot III, 11).

לבן (Adjektiv) in der Verbindung „שׂדה לבן" = „weisses, helles Feld" in der Bedeutung von „Ährenfeld, Getreidefeld" (im Gegensatz zum „Baumfeld", „Baumgarten" = „שׂדה אילן"; vgl. B. batra III, 1).

[**לחי** im Sinne von „Brett, Pfahl" (vgl. Erub. I, 2)].

לחיים „Eisenbleche zu beiden Seiten der Kinnbacken" zur Befestigung des Zaumzeugs beim angeschirrten Zugtier bezw. des Kinnbandes beim Helm des Menschen (s. Kel XI, 5 u. 8). Auch: „zwei zu beiden Seiten des Pfluges angebrachte Hölzer" zum Zurückhalten der aufgeworfenen Erde (das. XXI, 2).

לחש „mit geflüsterten Zauberformeln beschwören". — „**הלוחש** על המכה" = „wer eine Wunde [mit Zauberflüstern] bespricht" (Sanh. X, 1).

לטש „[den Teig] beklopfen, abklopfen" (um sein Aufquellen zu verhindern; Pes. III, 4).

[**לעז** in der Form „לועז" (richtige Lesart: „לעוז") = „Fremdsprachiger" (d. h.: wer das Hebräische nicht versteht); s. Meg. II, 1].

לעט im Hiphil „הלעיט" = „einschütten, hineinstopfen" (Futter in das Maul des Kamels; Schab. XXIV, 3).

לקט „abrupfen", „ausrupfen" (Haare mit einer kleinen Zange; Mak. III, 5).

לשון in den Verbindungen: „לשון של זהורית" = „zungenförmiges Band [Faden] von karmesinroter Farbe" (Schek. IV, 2); — „לשונות של ארגמן" = „zungenförmige Wollstreifen von purpurroter Farbe" (B. mez. II, 1). — „**לשונות**" auch als Bezeichnung für „[zungenähnlich geformte] längliche Holzlatten", welche die Teile des Bettgestells miteinander verbinden und manchmal als Unterlage für den Bettrahmen dienten (Kel. XVIII, 4 u. 5).

מאור „Lichtöffnung des Hauses", „Fenster", „Luke". In der Verbindung „מאור עיניו" = „sein Augenlicht, seine Sehkraft" (im übertragenen, abstrakten Sinne angewendet: Prov. XV, 30; — körperlich vom menschlichen Auge gebraucht: Neg. II, 3).

[**מאכלת** „eine Art Ungeziefer" (Nid. VIII, 2)].

מאמר „als Bezeichnung für den Ausspruch ‚ויאמר' = ‚und Er sprach' in der Thora" (beim Bericht über die Schöpfungsgeschichte; s. Abot V, 1). — Auch: „das [Heirats-] Versprechen", d. h.: „die Angelobung der Witwe eines kinderlos verstorbenen Bruders" (wodurch eine unabdingbare Verpflichtung zur Vollziehung der Leviratsehe begründet und die in der Thora vorgesehene Möglichkeit der Trennung von der Schwägerin durch den Chaliza-Akt ausgeschlossen wird).

מאן „[die Ehefortsetzung] verweigern" (seitens einer minderjährig von Mutter oder Brüdern verheirateten Waise; s. Jeb. XIII, 1, u. Edujot VI, 1).

מבוי (in der Bibel: „מבוא") „Gasse" im Sinne von „[schmaler]

Durchgang von der Strasse zu Höfen und Häusern“ (s. Erub. I, 1).

מגדל „turmähnlich geformter Kasten oder Schrank“.

מגורה im Sinne von „Einzelfach, Abteilung“ innerhalb eines Kastens (Kel. XIX, 7). — „מגורות של מים“ = „Wasserbehälter“ (im Badehaus; B. batra IV, 6). Auch „schachtelartige Fächer oder Kästchen im Innern der Nuss“ (in welchen [nach der Trennung von der äusseren Schale] das Fruchtfleisch ruht; Maass. I, 2).

מגל in den Verbindungen: „מגל יד“ = „Handsichel“, „מגל קציר“ = „sägeartig gezähnte Erntesichel“ (vgl. Kel. XIII, 1).

מגילה „Schriftrolle“; z. B. „מגילת אסתר“ = „Ester-Rolle“; — „מגילת סוטה“ = „Rolle mit den Schriftversen bezüglich der ehebruchsverdächtigen Frau“, s. Num. V, 23 (vgl. Sota II, 3 u. 4); — „מגילת יוחסין“ = “Rolle der Geschlechterfolge“ (Genealogie; Jeb. IV, 13); — „מגילת תענית“ = „Fasten-Rolle“ (Taan. II, 8.)

מגפה im Sinne von „Wunde“ (Machsch. VI, 8).

מדבר (?, s. Cant. IV, 3) „Sprachwerkzeug“ als Bezeichnung für „denjenigen Teil der Zunge, der nicht am Gaumen haftet“ (Bech. VI, 8).

[מדד (eigtl.: „messen“) in der Mischna im Sinne von „sich verhalten, sich beziehen zu Jemd.“ (Berachot IX, 5: „בכל מידה שהוא מודד לך“ = „in welcher Art auch immer Er sich zu Dir verhält“. — Sota I, 7: „במידה שאדם מודד בה“ = „in derselben Art, in welcher Jemd. sich [zu Anderen] verhält, ... usw.)].

מדה „Art“ (vgl. vorstehend: „מדד“), in der Bedeutung von „Regel“, „Gruppe“; — „Methode“, „System“; — „rechtlicher Maasstab“ (s. Bik. III, 10; Pes. I, 7). — Auch: „Eigenschaft“ (Abot V, 10—15. So auch im Targum Psal. LVI, 5 u. 11, u. a.; entlehnt aus dem Hebräischen).

מדוכה in der Verbindung: „מדוכה המדית“ („medischer Mörser“?) = „eine Art Sattel“ (Kel. XXIII, 2).

מדינה im Sinne von: „Provinz“ als Bezeichnung für: „ausserhalb des Heiligtums“ oder „ausserhalb Jerusalems“ (vgl. in den „Ergänzungen“ zu R. hasch. IV, 1, meines Mischna-Kommentars). — „מדינת הים“ = „überseeisches Land“, „fernes Land“ (s. in meinen „Ergänzungen“ zu Git. I, 1).

מדרש „Lehre (Studium) u. vertief. Durchforschg." (Abot I, 17).

מה gebraucht wie „מה מצינו", eine Art halachischer Gleichsetzung: „Wie wir es dort finden", so muss es auch hier sein (vgl. z. B. Schab. IX, 1). — „מה אם" = „wie, wenn ...?", ist dem Sinne nach verblasst zu blossem „אם" = „wenn" (als Auftakt zu Schlussfolgerungen, wie z. B. Pes. VI, 2; vgl. auch Nas. V, 3). Im Targum: „מא אם" „מאם", = „wie", „wenn" („vielleicht"). — Die Zusammenziehung „?מהו" (aus: „?מה הוא") = „wie ist es?". Ebenso im Targ. II zu Ester I, 3, u. II, 7, sowie im Samaritanischen. — „?מה בין" hat die Bedeutung: „Was ist der Unterschied zwischen ....?". — „So wie" = „(... כמו ש) ... כמה ש".

מועד in der Verbindung „חולו של מועד" = „Werktag der Festzeit", s. oben S. 311, Stichwort: „חל".

מוצא „Ausgang" in den Anwendungen: „מוצאי שבת" = „Sabbath-Ausgang" und „מוצאי יום טוב" = „Fest-Ausgang" (beides als Bezeichnung für den an den Sabbath bezw. Festtag anschliessenden Abend, der kalendarisch bereits zum kommenden Wochentag gehört). Entsprechend „מוצאי שביעית" = „die Zeit nach Ausgang des siebenten Jahres", d. h. des Brachjahres.

מותר im Sinne von „Überrest".

מזוזה „die Pergamentrolle mit den entsprechenden Bibel-Abschnitten (Deut. VI, 4—9, u. XI, 13—21) an den Tür-Pfosten des Hauses". Im Targum: „מזוזתא" (Psal. CXXI, 5; u. a.), dem Hebräischen entlehnt.

מחה im Niphal: „נמח" = „aufgelöst". — „מיחה" in der Bedeutung: „zerkrümeln, zerreiben" (vgl. Maass. sch. V, 1; Ohalot XVIII, 4). — „... מיחה ביד" (oder nur „מיחה" allein) = „hindern, verwehren" (s. Pes. IV, 8; Nas. IV, 6). — „מיחה זה על זה" = „einander gegenseitig verwehren" (B. mez. X, 6). Ebenso Dan. IV, 32: „מחא בידיה", sowie Targum Ecc. VIII, 4.

מחול in der Verbdg. „מחול הכרם" = „ringförmiger Freiplatz um den Weinberg" (Brachland zwischen dem Weinberg und seiner Umfriedung, s. Kil. IV, 1—2).

מחלוקת „Streit, Streitigkeit, Meinungsverschiedenheit".

מחצה „die Hälfte" in den Verbindungen: „מחצה למחצה" = „genau in der Mitte", „gleich weit entfernt" [nach beiden

Richtungen]; ebenso: „מחצה על מחצה“ = „halb und halb“, „zu gleichen Teilen“, „bei gleichmässiger Aufteilung“.

מיטה in der Verbindung: „מיטה של טרפל“ = „eine Art Dreschmaschine“ (Para XII, 9. — S. unten S. 376: „טרפל“).

מטפחת „Tuch“ in einer Reihe von Verbindungen: [מטפחת] „הידים“ = „Handtuch“ (zum Abtrocknen der Hände), „הספרים“ = „Tuch zum Umwickeln von Schrift- insbes. Thora-Rollen“, „הספרים“ = „Rasiertuch der Barbiere“ (zum Schutz der Kleidung ihrer Kunden), „הספג“ = „Badetuch“ (Kil. IX, 3); „של תכריך נבלי בני לוי“ = „Schutzhülle für die gebündelten Musikinstrumente der Leviten“ (Kel. XXIV, 14), etc.

מים („Wasser“) s. die mischnischen Verbindungen in der Konkordanz.

מין im Plural „מינים“ = „eine Sekte, die vom überlieferten Glaubenswege abweicht“. — „כמין“ in der Bedeutung: „eine Art von“, „ähnlich wie“.

מכס „Zoll“, „Abgabe an die Behörde“ (s. Kil. IX, 2). Ebenso im Aramäischen. Vgl. auch S. 216: „מוכס“.

מכר „Verkauf“ (vgl. Ket. III, 8; XI, 4 u. 5).

מלבן „rechteckiger Fensterrahmen“ (B. batra III, 6), „Stuhlrahmen“ (Edujot I, 11), „Bettrahmen“ (Kel. XVIII, 3—4), u. a. — „מלבנות התבואה“ bezw. „מלבנות הבצלים“ = „rechteckig geformte Getreide- bezw. Zwiebel-Beete“ (Pea III, 1 u. 4), sowie anderwärts.

מלך im Niphal: „נמלך“ = „sich [etw.] anders überlegen“, „[von etw.] Abstand nehmen“.

[**מלכיות** „Segensspruch nach den Schriftversen, die das Königtum (‚מלכות‘) Gottes preisen“ (in der Liturgie des Neujahrstages, R. hasch. IV, 5—6)].

מנה im Nitpaël „נתמנה“ im Sinne von: „sich bieten“ (Schebiit VII, 4; R. hasch. IV, 9).

מנחה das [dem Mincha-Opfer entsprechende] „Nachmittags-Gebet“ (= „תפילת מנחה“; — die „für dieses Gebet bestimmte Tageszeit“ = „זמן מנחה“).

מנת in der Verbindung „על מנת“ = „unter der Bedingung, dass“, „um zu“.

מסמר („Nagel“) in den Verbindungen: „מסמר הגרע“ = „chirurgisches Messer (Skalpell) des Wundarztes oder Feldschers“ (für Aderlässe etc.); — „מסמר של אבן השעות“ = „Stunden-

Anzeiger (Mittelstab) der Sonnen-Uhr"; — „מסמר הגרדי" = „Weber-Stift" (Kel. XII, 4). Ferner: „מסמר של שולחני" = „Eisenpflock des Geldwechslers" (zum sicheren Befestigen der Ladentür; das. Mischna 5); — „מסמר שאחר הכפר" = „stiftartig aus dem Brotlaib herausragendes Teigstück" (Tib. Jom I, 3).

[מסר im Sinne von: „zur Kenntnis bringen, bekanntgeben, anzeigen" (Schebiit X, 2; vgl. dort in den „Ergänzungen" meines Mischna-Kommentars). — S. auch oben S. 265: „מסורת"].

[מעדנין „Knoten als Gewebe-Abschluss am Rande von geflochtenen Matten" (Kel. XX, 7; vgl. dort)].

מעה „kleine Münze" (= 1/24 des Sela). Plural: „מעות", auch im Sinne von „Geld" schlechthin (vgl. Jes. XLVIII, 19). Ebenso im Targum: „מעא, מעין"; im Syrischen: „מעא".

מעה im Plural „מעיים", auch auf Früchte angewendet: „מעי אבטיח" = „das Innere [Kerne, Saft etc.] einer Melone" (Edujot III, 3).

מעון („Wohnung, Haus") in der Form „המעון הזה!" als Beteuerungsformel im Sinne von: „Bei der Heiligkeit des Tempelgebäudes!" (s. Ket. II, 9).

מעל von Jemand gebraucht, der „heiliges Gut veruntreut [oder zu Profanzwecken missbraucht] hat und als Sühne dafür ein Mëila-Opfer schuldet".

[מעמד „Beistand" als Bezeichnung für „die Repräsentationsgruppe aus dem Volke, welche der Darbringung der öffentlichen Opfer im Tempel beiwohnte" (s. Taan. IV, 2 u. 3). — Auch gebraucht im Sinne von „Stillstand" des Kondukts zur Verrichtung bestimmter Gebete bei Leichenbegängnissen; s. Meg. IV, 3].

מערכה „Schichtung, Anordnung" der Hölzer auf dem Altar.

מעשה „Ereignis". — „מעשה קדרה" = „Topfgericht", „gekochte Speise" (s. Ned. VI, 2, sowie in den „Ergänzungen" meines Mischna-Kommentars z. St.). — Vgl. auch o. S. 299: „מעשה בראשית" unter dem Stichwort „בראשית".

מעשׂר umfasst die „Priester-Hebe" („תרומה") sowie die „Zehntabgabe" („מעשׂר" im eigtl. Sinn; vgl. in meinem Mischna-Kommentar die Einleitung zu Trakt. Maass.).

מפתח in den Verbindungen: „מפתח חלוק" = „Achselband zum

Zuknüpfen des Frauenkittels“ (Schab. XV, 2), sowie: „מפתח של לב“ im Sinne von „Brustkorb“ (Ohal. I, 8). Das Wort „מפתח“ allein auch in der Bedeutung von „Stadttor“ (Mikw. VIII, 1).

מצא in der Form „מצינו ש. . . .“ = „wir finden [doch], dass . . . .“ (als Argument in einer Diskussion; s. Jeb. XV, 3). Ferner: „נמצא“ im Sinne von „es zeigt sich“, „es stellt sich heraus“, „es ergibt sich die Schlussfolgerung“.

מצה im Piël vom Maass (מידה) gebraucht in der Bedeutung: „das Maass auspressen“, d. h. „das Maass voll ausnutzen, voll ausschöpfen, in seinem ganzen Umfang beanspruchen“ (Erub. IV, 11).

מצה in der Verbdg. „עור המצה“ = „unbearbeitetes Tierfell“, „Rohfell“ (Kel. XVII, 15).

מקום in der Bedeutung: „Schriftstelle, Bibelstelle“ (s. Ter. VI, 6; Sota II, 3). — Als Gottesbezeichnung im Sinne von: „der Allgegenwärtige“ oder: „Der den Weltenraum erfüllt“. — „מכל מקום“ = „auf welchem Wege [in welcher Art] auch immer“ (s. Jeb. II, 5; u. a.). — „מה מקום“ im Sinne von: „Was ist der Grund?“ (Ber. IV, 2).

מקח „Kauf“, „Ankauf“, „[käuflicher] Erwerb“.

מקצוע [eigtl.: „Ecke“] auf geistiges Gebiet übertragen: „Abschnitt“. „מקצוע בתורה“ = „Lehrgebiet (Wissensgebiet) innerhalb der Thora“ (B. batra X, 8).

מקצוע Plural „מקצועות“ (vgl. Jes. XLIV, 13) = „Messer zum Abschneiden von Feigen“ (Ned. VIII, 4; vgl. dort in den „Ergänzungen“ meines Mischna-Kommentars).

מקרא als Bezeichnung für: „die Rezitierung des „Sch‘ma-Gebetes“ (Ber. II, 1), oder für: „die Bibel“ (vgl. Ned. IV, 3), auch für: „einen Thora-Vers“ (s. Schek. I, 4).

מרכית Plural „מרכיות“ = „Äste“ (Suk. IV, 5; Tamid II, 3). Ebenso im Syrischen: „מרכיתא“.

מרדות „in der Verbindung „מכת מרדות“ = „Züchtigung wegen Auflehnung“, d. h. „Geisselung [auf Grund rabbinischer Vorschrift] als Zucht- oder Zwangsmittel“ (Nas. IV, 3).

מרח Piël „מירח“ = „glätten“, „gradestreichen“, insbesondere gebraucht in Bezug auf die Oberfläche des aufgeschichteten Getreidehaufens (vgl. Pea I, 6; Schab. XXII, 3; u. a.).

מרכבה „der [himmlische] Thronwagen“, die Beschreibung der göttlichen Erscheinung im I. Kapitel von Ezechiël (s. Meg. IV, 10;; Chag. II, 1).

משא ומתן „Geschäftsverhandlung", „Geschäftsleben" (Taan. I, 7. — Vgl. auch unten: „נשא").

משבר „Sitz der Kreissenden", „Gebärstuhl" (vgl. Arach. I, 4, u. Kel. XXIII, 4).

[**משהו** Zusammenziehung aus „מה שהוא" = „was auch immer [es sei]" im Sinne von „wieviel [bezw.: „wie wenig"] auch immer", „das minimalste Quantum" (Ab. sara V, 8)].

משוח מלחמה „Kriegsgesalbter", ein „nur für den Kriegsbedarf als geistliches Oberhaupt eingesetzter Hoherpriester".

משך in der Verbindung: „משך את ידו ממנו" = „seine Hand davon abziehen", „von etw. lassen, zurücktreten" (s. Pes. VIII, 3; u. a.).

משפים „Frühaufsteher" (Bik. III, 2: „ולמשפים" = „und frühmorgens", wie: „ובהשפמה").

משמע „damit ist gemeint", „das bedeutet" (Bech. IX, 1). — „במשמע" = „in der Bedeutung enthalten, mit einbegriffen" (Kid. III, 4: „יש במשמע" = „darin liegt der Sinn", „das liesse sich so verstehen"). — „ממשמע שנאמר" = „aus dem Wortlaut, der heisst: „(Sanh. I, 6). — „כמשמעו" = „dem Wortlaut entsprechend" (vgl. Sota VIII, 5; IX, 5).

[**משנה** „Mischna", vgl. oben S. 1].

משרה „Weikwasser", „Wasser zum Aufweichen (Einwässern) von Flachs".

מתאימות „Doppelzähne", Bezeichnung für: „die Mahlzähne des Viehs". Vgl. unten: „תאם".

מתוק „die Süssigkeit (=Feuchtigkeit) der Kräuter", nach Manchen: „feuchter (d. h. vom Dünger befeuchteter) Boden" (vgl. Schebiit III, 1: „המתוק").

מתן gleichbedeutend mit „נתינה" = „Gewährung, Zuteilung", „das Geben".

מתנה als Bezeichnung für: „die Sprengung des Opferbluts" (vgl. Joma V, 7; u. a.).

נביא in der Bedeutung von: „„Propheten-Buch" (s. R. hasch. IV, 6; u. a.). — „נביאים ראשונים" = „die früheren Propheten" (Taan. IV, 2; Sota IX, 12).

נבלה („Tierkadaver") in der Bedeutung: „ein infolge rituell inkorrekter Schächtung zum Genuss unerlaubt gewordenes

Vieh" (s. Chul. II, 4). — Vgl. auch oben S. 268 unter: „נבל".

נגד in der Form „כנגד" (vgl. im biblischen Hebräisch: Gen. II, 18 u. 20): „gegenüber", „entsprechend".

נגע im Hiphil „הגיע" in den Formen: „הגיעך" bezw. „הגיעו" im Sinne von: „es gehört (gebührt, verbleibt) Dir [bezw.: ihm].

נדה „in den Bann tun, mit dem Bann belegen" (s. Edujot V, 6; u. a.).

נידה „die Frau in der Menstruationszeit" (vgl. Ez. XVIII, 6). Auch im Sinne von: „die für die Menstruationszeit geltenden halachischen Vorschriften" (Schab. II, 6).

נדר מן.... „sich selbst jede Nutzniessung an einer Sache untersagen" (vgl. in der Einleitung zum Traktat „Nedarim" in meinem Mischna-Kommentar).

נהג in der Verbindung „נוהג ב..." im Sinne von „[das] gilt für ..., bei ..."; „[es] findet Anwendung auf etw." (Bik. II, 3; u. a.). — „נוהג" in der Bedeutung: „gewohnt sein", z. B. „נוהג לעשות" = „[wer] etw. zu tun pflegt, zu tun gewohnt ist"; sowie in ähnlichen Anwendungsformen.

נוח im Hiphil „הניח לפניו" = „vor Jemd. niedersetzen, hinlegen" im Sinne von: „Jemd. überlassen, zur Verfügung stellen"; auch: „als Erbe hinterlassen" (vgl. in meinen „Ergänzungen" zu B. kama X, 1, im Mischna-Kommentar, sowie oben S. 268: „נוח").

[נוף „Gezweige", „Baumwipfel" (vgl. Psal. XLVIII, 3)].

נזיר „נזירות" = „Nasirat" (vgl. in der Einleitung zum Traktat Nasir, Anm. 8, in meinem Mischna-Kommentar, sowie oben S. 218: „נזירות").

נחש „eine Augenkrankheit" (Bech. VI, 2).

נטל „nehmen, wegnehmen". — „נטל לידיים" = „Wasser auf seine Hände nehmen", d. h. „seine Hände mit Wasser übergiessen" im Sinne der rituellen Händewaschung (vgl. in meiner „Einleitung" zum Traktat „Jadajim" im Mischna-Kommentar). — „נטול מן..." = „weggenommen von ...", „keinen Umgang pflegend mit ...." (Ned. XI, 12). — „הטל" im Sinne von: „werfen" bezw.: „giessen". — „מוטל" = „liegend" (s. Ber. III, 1). Ebenso im Targum (vgl. auch im Syrischen: „נטל").

נטף „נוטפים" in der Bedeutung: „tropfendes Wasser", „Regenwasser" (vgl. Edujot VII, 3, sowie oben S. 307: Stichwort „זחל", unter „זוחלים" als gegensätzlichem Parallelbegriff).

נפה im Sinne von „verringern", „abziehen" (vom Werte), wie das biblische „נרע" = „in Abzug bringen", „mindern um etw." (ebenso im Ps. Jonatan, Lev. XXVII, 18) [47]. — „מוּפה שחין" = „ein mit Geschwüren Geschlagener (Behafteter)". — „מוּפת עץ" = „ein durch Unfall defloriertes Mädchen". — „מים מוּפים" „zum Trinken ungeeignetes Wasser" (vgl. Para VIII, 9).

נס „Wunder". Mehrzahl: „נסים" = „Wundertaten". So auch im Targum und im Syrischen.

נסך im Piël, sofern ohne erläuterndes Beiwort gebraucht, im Sinne von: „Wein als Trankopfer dem Götzendienst weihen".

נסך in der Verbindung. „יין נסך" = „götzendienstlichen Zwekken geweihter Wein".

נסע im Hiphil „הסיע" mit nachfolgendem „מלבו" = „aus seinem Herzen entfernen", „aus seinen Gedanken streichen" (Erub. VIII, 5). — „הסיע את לבו" = „sein Herz [von etwas] abwenden", „[etwas] nicht [mehr] im Sinne haben" (Toh. VII, 8).

נער in den Formen: „מנער" = „ausschütteln, durchschütteln" (von Kleidern, die vom Staub befreit werden sollen; B. mez. II, 8); — „לנער את הקדרה" = [ein Topflappen,] „um den Kochtopf anzufassen und umzuschütteln", bezw.: „umzuschütten" (Speisen vom Topf in die Speiseschüssel hineinzuschütten; Kel. XXVIII, 2); — „ננערת" (fem.) in der Bedeutung: „sich von selbst abschütteln", „sich ablösen", „abfallen" (Kel. XXVIII, 3).

נערה „ein Mädchen, bei welchem die körperlichen Merkmale der Geschlechtsreife sich gezeigt haben und das mindestens zwölf Jahre alt ist [im Gegensatz zu einem vollreifen Mädchen — „בּוגרת" — von 12 Jahren und sechs Monaten] (vgl. oben S. 239: „בּוגרת", unter dem Stichwort „בּגר", sowie in der „Einleitung" zum Traktat „Nedarim" in meinem Mischna-Kommentar, S. 140).

נפל in den Verbindungen „נפלה דלקה" = „ein Brand hat [etw.]

47 Vgl. Raschi zu Num. XXII, 6, auf Grund von Tanchuma „Balak", Ziffer 4.

befallen", „ein Feuer ist ausgebrochen" (Schab. XVI, 2); — „נפל לאומנות" = „der staatlichen [Fron-] Arbeit anheimgefallen, dazu [zwangsweise] eingezogen worden" (B. batra IX, 4); — „יפלו לנדבה" im Sinne von: „als Spende oder Spenden-Opfer zufallen" (von Gütern, Gegenwerten etc. gebraucht). — „הפילה" = „[eine Frau] hat einen Missfall, eine Fehlgeburt, einen Abort gehabt", d. h. „sie hat ihre Leibesfrucht vorzeitig verloren".

נפץ in der Form „נופץ" = „er schüttet aus" (die Erstlingsfrüchte aus dem Korbe; Bik. I, 8. — Vgl. auch oben S. 219: „נפץ").

נפש in den Verbindungen: „נפש יפה" = „ein willensstarker, nicht heikler Mensch" (Chul. IV, 7). — „נפש רעה" = „ein schlechter, nicht anständig handelnder Mensch" (B. mez. IV, 6). — „נפש שפלה" bezw. „נפש רחבה" = „ein demütiger, bescheidener „bezw." ein hochfahrender, anmassender Sinn" (Abot V, 19). — „דם הנפש" = „Lebensblut", dessen Ausströmen [unmittelbar nach der Vollziehung des Schächtschnitts] den Tod des Tieres herbeiführt (Seb. III, 1 u. 2). — „נפש המסכת" = „die Fäden des Einschlags, welche [beim Web-Vorgang] in das Gewebe eingeschossen werden" (s. Kel. XXI, 1). — „נפש" auch im Sinne von „Toten-Gedenkstein", „Grabmal" (s. Schek. II, 5; Erub. V, 1). Ebenso im Alt-Aramäischen, im Tadmorischen, Nabatäischen und Syrischen.

נצל im Hiphil „הציל" = „vor etw. bewahren, schützen" (vor der Annahme einer Unreinheit. Auch: vor der Anwendung der Vorschriften über das [den Armen zufallende] vergessene Getreide; s. Pea VI, 8).

נצץ in der Verbindung „הָנֵץ החמה" = „die Sonne beginnt aufzuleuchten, geht auf" (vgl. auch oben S. 248: „הנץ").

נצר Mehrzahl „נצרים" = „Weidenruten" (s. Bik. III, 8).

נוקד „eine Schafart von geringem Werte" (Para I, 3).

נקודים „kleine Brotstücke" (Ter. V, 1).

נקי in den Zusammensetzungen „אומנות נקיה" = „ein sauberes [ehrbares] Handwerk" (Kid. IV, 14). — „לשון נקי" = „eine dezente [euphemistische] Ausdrucksweise" (Sanh. VIII, 1). — „נקיי הדעת" = „die lauter Empfindenden", „die konsequent Denkenden", „die klar Besonnenen", welche die Vorschriften genau nehmen, d. h. sie minutiös beachten (Git. IX, 8).

נקף in der Form „נוקפין" = „Diejenigen, welche dem Opfertier vor der Schächtung zwischen die Hörner schlugen" (um es auf solche Art leichter binden zu können; s. Maass. sch. V, 15). — S. ferner: „המנקף בראש הזית" „Wer [die] im Wipfel des Ölbaumes [wachsenden] Oliven abschlägt" (Git. V, 8; sowie oben S. 270: „ניקוף").

נקף im Hiphil „הקף" = „einander nähern". — „מוקף" = „dicht daneben", „nahebei" (s. Toh. IV, 3). Ebenso im Syrischen im Aphel. — „הקף" auch in der Bedeutung: „einen Deckel auf einem Gefäss befestigen" (Kel. X, 2). — Ferner: „החנוני מקיף" = „der Krämer gibt [Ware] auf Kredit" (Abot III, 16).

ניקר im Sinne von „Steine behauen" (Sota IX, 5). — „מנקר בנבלה" = „ein Aas benagen" (vom Hunde gebraucht, Toh. IV, 3). — Vgl. auch oben S. 270: „ניקור" und „נקירה".

נשא in den Verbindungen „נושא את כפיו" = „seine Hände erheben" (um das Volk zu segnen; vom Priester auf der Estrade gebraucht im Sinne von: „den Priestersegen sprechen"). — „נושא שכר" = „Lohnempfänger", „Hüter (bezw. Verwahrer) gegen Entgelt". — „השיא לדבר אחר" = „Jem. ablenken, auf ein anderes Thema bringen" (Ab. sara II, 5). — „משיא" = „man führt [reibt] übereinander" (zwei Messer, um sie aneinander zu schärfen; Beza III, 7). — „משיא משואות" = „man sendet Flammensignale hinaus" (R. hasch. II, 2. — S. auch oben S. 267; Stichwort: „משאוי"). — „נשא ונתן" = „verhandeln", auch: „Handel treiben" (vgl. oben unter: „משא ומתן").

נשך in der Bedeutung von: „aneinander kleben, haften" (s. Challa II, 4; IV, 4).

נשק im Hiphil „משיק" = „man bringt miteinander in Berührung" (Flüssigkeiten; insbesondere: gewöhnliches Wasser mit solchem eines Tauchbades; s. Beza II, 3; Mikw. VI, 8; Toh. VIII, 9; vgl. auch unsere Lesart in Bech. VII, 6).

נתין ein Angehöriger des Stammes der Gibeoniter, die von Josua zu Holzfällern und Wasserschöpfern gemacht wurden (s. Jos. Kap. IX).

נתר „aus der Erde gewonnenes Rohmaterial zur Herstellung von Gefässen" (Natrium?) in der Verbindung: „פלי נתר" (s. Kel. II, 1. Vgl. im Kommentar des Maimonides z. St. sowie in „M'lechet Sch'lomo"). —

נתר im Hiphil „התיר" in der Bedeutung: „entbinden" [von einer Verpflichtung, insbes. einem Gelübde], „auflösen", „erlauben", „für erlaubt erklären"; „מתיר" = „er erlaubt, erklärt für zulässig"; „מותר" = „es ist erlaubt, zulässig, statthaft". — Das Wort diente zur Wiedergabe des aramäischen Ausdrucks „שרא" im Hebräischen.

סבב in den Formen „מסב, הסב" (Plural: „מסובין") im Sinne von: „rings [um den Speisetisch] hingelagert (hingelehnt) tafelnd".

סבך in der Verbindung: „הוסבך בעלים" = „er [der Winzer] hat sich [beim Trauben-Abpflücken] in das Blätterwerk [des Weinstocks] verwickelt" (Pea VII, 3).

סגן „Stellvertreter" (des Hohenpriesters; s. Joma III, 9). — „סגן הכהנים" = „Priester-Aufseher".

סהר „ein mit provisorischer Umzäunung versehener Platz für Schafhürden auf dem Felde" (s. Schebiit III, 4).

סוח (= „שיח") „sprechen" (vgl. Schebuot VIII, 3 u. 6).

סחף im Nitpaël „נסתחף" = „von strömendem Regen fortgerissen werden" (vgl. Ket. I, 6: „נסתחפה שדך" = „Dein Feld ist von einem Unwetter verheert worden", im Sinne von: „Der Schaden fällt Dir selbst zur Last"). —

סכך in der Form „מסך" = „die Fäden des Gewebe-Aufzuges (‚Kette') auf den oberen Querbalken des Webstuhles aufspulen" (Schab. VII, 2).

סכל (im bibl. Hebräisch „שׂכל") in der Hitpaël-Form „הסתכל" = „anschauen, betrachten" im geistigen Sinne von: „bedenken", „zu verstehen suchen". Ebenso im Aramäischen (Dan. VII, 8). im Targum sowie im palästinensischen Aramäisch.

(**סיכן** „gefährden, in Gefahr bringen"; s. oben S. 221: „סכן").

סלד im Sinne von: „nachgezogen werden und zurückspringen"; „nach rückwärts spritzen" (Machsch. V, 9: „סולדת לאחוריה" = „sie schnellt [nach hinten] zurück").

סולם in der Verbindung „סולם שבצואר" = „leiterähnlich verbundene Hölzer am Halse" (eines Esels, um ihn am Aufreiben von Wunden [beim Wenden des Kopfes] zu verhindern; Schab. V, 4). — Vgl. auch B. batra III, 6: „סולם המצרי" = „ägyptische Leiter" (die klein und unbefestigt, daher leicht transportabel war).

סלע im Sinne von: „Erde rings um die Wurzel eines Baumes" (Orla I, 3). — Auch: „Name einer Münze" im Werte des in der Thora erwähnten Schekel. Ferner als Gewichtsbezeichnung gebraucht: „das Gewicht eines Sela". Ebenso im Targum sowie im Syrischen: „סלעא", und im Nabatäischen: „סלעין".

סלק (vgl. Psal. CXXXIX, 8, im Sinne von„ „hinaufsteigen"), in der Mischna in der Bedeutung: „entfernen, wegnehmen". Im Nitpaël „נסתלק" = „sich entfernen". — Ebenso im Targum und im Syrischen sowie im Samaritanischen.

סם „eine Art rötlich-gelber Erde" (Arsenik; s. Schab. XII, 4); auch: „eine Arznei" (Joma VIII, 6. Vgl. auch die Lesart in Ben-Sirach XXXVIII, 4: „סמים"). — In der Verbindung „סם המות" = „tötliches Gift" (Chul. III, 5). — Das Wort „סממנים" (= „Färbstoffe", „Waschmittel"; Schab. I, 5; Neg. II, 1; Nid. IX, 6) ist wahrscheinlich die Pluralform von „סם". — Ebenso im Syrischen: „סם", Mehrzahl: „סממנא"; auch die Vbdg. „סמא דמותא" (P. Smith 2651 ff.).

סימר „mit Nägeln versehen", „durch Nägel verbinden", „zusammennageln" (Kel. XIV, 2). „מסומר" = „genagelt", „mit Nägeln beschlagen" (vom Schuh gebraucht). — Ebenso im palästinensischen Aramäisch.

ספק (im biblischen Hebräisch: „שפק", I Reg. XX, 10; vgl. auch Ben-Sirach XV, 18). Im Piël „סיפק"[48] in der Bedeutung von: „liefern", „den Bedarf Jemds. befriedigen" (s. Schek. IV, 9; u. a. — Ähnlich Ben-Sirach XXXI, 30). Im Hiphil „הספיק" = „hinreichen" im Sinne von: „genügend Zeit haben" (siehe z. B.: „לא הספיק לפ' עד ...." = „es hat Jemd. nicht hingereicht [d. h.: es ist ihm kaum mehr gelungen, etw. zu tun], bis ...."; vgl. Maass. sch. IV, 6; Schek. VI, 2; u. a.). Ebenso im Targum. Vgl. auch Ben-Sirach XXXIX, 16, und XLII, 17. — „מספיקין בידו" = „man gewährt ihm die Möglichkeit", „man lässt ihm die Gelegen-

48 Vgl. auch Kil. VI, 9, sowie Para XII, 1.

heit“ (s. Joma VIII, 9). So auch im palästinensischen Aramäisch in der Aphël-Form.

ספר im Sinne von „Thora-Rolle“ (s. Jad. III, 5; u. a.). Plural „ספרים“ in der Bedeutung von: „Thora, Prophetenbüchern und Hagiographen“ (Meg. I, 8), zuweilen auch nur: „Prophetenbüchern und Hagiographen“ (Meg. III, 1; vgl. dort). — „בית הספר“ = „die Schule“ (Ket. II, 10).

סופר „Bibel-Lehrer“ (vgl. die „Ergänzungen“ zu Kid. IV, 13, in meinem Mischna-Kommentar). Plural „סופרים“ auch in der Bedeutung: „die früheren Weisen“, „die Weisen der vorangegangenen Geschlechter“ (s. Orla III, 9).

סרים in den Verbindungen: „סרים חמה“ = „ein Zeugungsunfähiger von Geburt an“ [seit er „das Sonnenlicht, d. h. das Licht der Welt, erblickt hat“] und entsprechend: „סרים אדם“ = „ein durch Menschenhand zeugungsunfähig Gewordener“, „Kastrat“, „Eunuch“ (s. Jeb. VIII, 4). — „הבצלים הסריסים“ = „samenlose, nicht fortpflanzungsfähige Zwiebeln“ (Schebiit II, 9. Vgl. auch oben S. 221: „סרס“).

סתר (im biblischen Hebräisch: „שׂתר“, I Sam. V, 9;?), in der Mischna im Sinne von: „einreissen“, „zerstören“, „aufheben“ (z. B. eine Verpflichtung); auch im physischen Sinne: „auflösen“ (das Haar; Sota I, 5). Im Niphal von einer Wunde: „aufbrechen“ („נסתרה“ = „ist sie [die Wunde] wieder aufgebrochen“; B. kama VIII, 1). — Ebenso im Aramäischen (Esra V, 12), im Targum, im Syrischen, im palästinensischen Aramäisch sowie im Samaritanischen.

סתר in der Verbdg. „בית הסתר“ = „verborgener Platz“, „Versteck“ (Sota I, 2); auch: „verborgene Stelle“ (z. B. am menschlichen Körper; s. Mikw. VIII, 5).

עבד im Piël „bearbeiten“ („המעבד את עורו“ = „wer sein [des Rehes] Fell bearbeitet“, d. h. „gerbt“; Schab. VII, 2).

עבודה זרה „Götzendienst“, auch im Sinne von „Götzenbild“ gebraucht.

עבות „Pflugstrick“, „die Schnur, welche den Pflug mit dem Joch des Zugtieres verbindet“ (Kel. XXI, 2).

עבר in den Verbindungen: „עבר עבירה“ oder: „עבר בלא תעשׂה“ = „ein religionsgesetzliches Verbot übertreten“; auch „עבר משום . . . .“ mit nachfolgender Bezeichnung der übertretenen Verbotsbestimmung (vgl. B. mez. V, 11). — „עבר על דת“ = „das Religionsgesetz übertreten, missachten“ (Ket. VII, 6). — „עובר לפני התיבה“ = „vor den Thora-Schrein hintreten“ im Sinne von: „als Vorbeter fungieren“. — „עברו עליו את הדין“ = „sie haben [in unzulässiger Weise] sein Recht gebeugt“ (Mid. II, 2). — „עיבר את השנה“ = „das Jahr ausdehnen“ im Sinne von: „zum Schaltjahr erklären“, „als Schaltjahr festsetzen“; entsprechend: „עיבר את החודש“ = „einen Monat als Schaltmonat [d. h. auf 30 Tage erweiterten Monat] bestimmen“. — „עיבר את הערים“ = „das Weichbild von Städten erweitern“ (Erub. V, 1; vgl. oben S. 273: „עיבור“). — „תעובר צורה“ = „die Form soll sich auflösen, soll verderben“ (s. Pes. VII, 9). — „שעבר“ [oder: „לשעבר“] = „in der Vergangenheit“, „früher“, „ehemals“, „dereinst“.

עד ש.... auch im Sinne von „קודם ש....“ = „ehe“, „bevor“ (vgl. in den „Ergänzungen“ zu Pes. X, 3, meines Mischna-Kommentars), ebenso in der Bedeutung: „statt dass“ gebraucht (s. Ned. IX, 1; Nid. VI, 14). Ferner im Sinne von: „עד כמה ש....“ = „so viel“, „so weit“ (Kel. I, 7).

עֵד (Plural „עדים“; vgl. Jes. LXIV, 5: „בגד עדים“) „ein Tuch, das der Frau zur Reinigung dient“ (insbesondere an intimen Körperstellen um die Zeit ihrer Menstruation; vgl. Nid. VIII, 4; I, 1).

עדות „Zeugnis“, „Inhalt der Zeugen-Bekundung“.

עוד in der Verbindung „מבעוד יום“ = „solange es noch Tag ist“ (im biblischen Hebräisch: „בעוד יום“).

עול (eigtl. „das Joch“ des Zugviehs) im übertragenen Sinne als Kollektivbezeichnung für: „Lasten“, „Dienste“, „Obliegenheiten“, „Pflichten“ u. Ähnl.; z. B. „עול דרך ארץ“ = „die Lasten der weltlichen Beschäftigung“, „עול מלכות שמים“ = „der Dienst gegenüber der göttlichen Herrschaft“, „עול תורה“ bezw. „עול מצוות“ = „der Pflichtenkreis der Thora“ bezw.: „der Gebote“ (vgl. Ber. II, 2; Abot III, 5).

עולם in der Form „לעולם“ im Sinne von: „immer“, „stets“. — „עד לעולם“ = „soviel ein Jeder will“, „nach Belieben“ (Arach. II, 5—6). — „מעולם“ [= „von jeher“] in negativer Form: „לא ..... מעולם“ = „niemals“.

עונה „bestimmte Zeit“, „bestimmter Zeitraum“ (s. Pea IV, 8,

u. a.; vgl. auch Nid. I, 5). Zuweilen auch: „Zeitraum von einem Tage“ oder: „von einer Nacht“ (Mikw. VIII, 3).

עזר in den Anwendungsformen: „עורר על השדה“ = „Ansprüche auf ein Feld erheben“ (Ket. XIII, 6). — „עוררים“ = „Menschen, welche etw. angreifen, in Zweifel ziehen, die Rechtsgültigkeit eines Vorgangs bestreiten“ (insbes. gegenüber Urkunden; s. Git. I, 3). — „מעוררים“ = „Erweckende“, Bezeichnung für „Leviten, die bei ihrer täglichen Liturgie im Heiligtum auch den Psalmvers: ‚Erwache; was schläfst Du, Ewiger?!‘ [Psal. XLVI, 24] zu rezitieren pflegten“ (vgl. Maass. sch. V, 15).

עור in den Verbindungen „עור החמר“ [etc.] = „der Lederschurz des Eseltreibers . . . . usw.“, „עור הלב של קטן“ = „lederner Schutzgürtel über dem Herzen des Kindes“ (Kel. XXVI, 5).

עז (= „stark“) in der Anwendung: „עזה כשלג“ = „von so starker Helligkeit [so leuchtend weiss] wie Schnee“ (Neg. I, 1).

עטרה (eigtl. „Krone“) in den Verbindungen: „עטרה של כירה“ = „Herd-Einfassung“, „Leiste rings um den Herd“ (Kel. V, 3); — „עטרה של טיט“ = „Lehmeinfassung“ (um eine Tränkrinne; Para V, 7); — „עטרות“ = „Mauerkronen“, „Steinkränze“ als Schmuck über den Eingangsöffnungen der Häuser (Ohal. XIV, 1). — „העטרה“ in der Bedeutung: „der hohe Hautrand um die Eichel am männlichen Glied“ (s. Schab. XIX, 6).

עין in übertragener Anwendung: „עין יפה“, „עין טובה“ = „wohlwollender Blick, Wohlwollen“, und entsprechend: „עין רעה“ = „Übelwollen“, „Missgunst“ (s. Abot II, 9; sowie Amos IX, 4 u. 8; Ben-Sirach XXXI, 13). — „עין הרע“ = „gieriger, neidischer Blick“ (Abot II, 11; s. auch dort V, 13). — „[עין] בינונית“ = „mittlere, gewöhnliche Art“ (Ter. IV, 3). — „עין של תנור“ bezw. „עין של כירה“ = „Öffnung des Ofens“ bezw.: „des Herdes“ (s. Kel. VIII, 7); — „עין של המחרשה“ = „Schutzdecke“ am Halse unter dem Joch des [pflügenden] Tieres; auch: „Ring am Pfluge“ („עין של מתכת“ = „Metallring“; das XXI, 2, vgl. dort). — „עין“ im Sinne von: „Farbe“ (Schab. I, 6). — „אוחז את העיניים“ = „den Augen etw. vorgaukeln, durch Blendwerk etw. vortäuschen“ (Sanh. VII, 11. — Vgl. oben S. 293,

Stichwort „אחז“). — „עין בעין“ in der Bedeutung: „genau“, „exakt bemessen“ (beim Abwiegen von Waren, wobei die Wagschalen im Falle korrekter Durchführung einander genau gegenüberliegen, wie ein Auge dem anderen‘; B. batra V, 11). — „כעין“ = „gleich“ (der Grösse nach); „מעין“ = „Teil von“, „ähnlich“, „von der Art“. — Ebenso im Targum.

עיר in der Zusammensetzung „עיר של זהב“ = „ein Frauenschmuck: goldener Stirnreif mit dem Abbild der Stadt Jerusalem“ (Schab. VI, 1).

עלה im Sinne von: „mitgerechnet werden“ (s. M. kat III, 5; u. a.); „aufgehen in etw.“ (s. Ter. IV, 7). — „קרבן עולה ויורד“ = „ein auf- und absteigendes Opfer“ (dessen Gegenstand sich je nach der wirtschaftlichen Lage des Opferpflichtigen bemisst).

[**עליל** in der Form „בעליל“ = „deutlich, klar“ (R. hasch. I, 5)].

עם in den Verbindungen „עם השמש“ = „solange noch die Sonne scheint“, „solange es Tag ist“ (Schab. I, 8); entsprechend: „עם חשכה“ = „bei einbrechender Dunkelheit“, „gegen Abend“ (das. II, 7; vgl. im Syrischen: „עם רמשא“).

עם הארץ „unwissender, ungebildeter Mensch“; auch: „Jemand, der sich nicht nach der Art der Pharisäer führt“.

עמד „[der Preis] stellt sich auf ....“, „ist gestiegen oder gesunken auf ....“ (vgl. Maass. sch. IV, 6; Schek. IV, 9). — „עמד בדיבורו“ = „zu seinem Worte stehen“ (B. mez. IV, 2). — „עמד על דבריו“ = „auf seinen Worten bestehen“: „auf seiner Meinung beharren“ (Edujot I, 4). — „עמד בשמועתו“ = „bei seiner Überlieferung stehen bleiben, an ihr festhalten“ (das. V, 7). — „עמד בנסיון“ = „eine Prüfung bestehen, ihr standhalten“; „einer Versuchung widerstehen“ (Abot V, 3). — „עמד בדין“ (vom Kläger gebraucht) = „vor Gericht hintreten“, „bei Gericht vorstellig werden“, „seine Sache vor Gericht bringen, d. h. gerichtlich einklagen“ (s. Ket. IV, 1). — „עומד ל ....“ = „im Begriff stehend zu ...“, „bereit zu ....“ (s. B. kama IX, 1: „העומדת לילד“ = „die im Begriff steht zu gebären; u. a.). — Im Hiphil „העמיד“ = „zum Stehen bringen“, „fest werden lassen“, „gerinnen lassen“ (z. B. Milch, um daraus Käse zu bereiten).

עמוד in der Verbindung „עמוד השחר“ = „Morgenröte“. —

„עמוד“ bei Pflanzen: „das Mittelstück der Blüte, an dessen Spitze sich die Samenkapsel befindet“ (Ukz. I, 2).

עמל in der Partizipalform des Hitpaël „מתעמל“ = „sich abmühen“, „sich anstrengen“ (unter Kraftaufwendung turnen, Schab. XXII, 6; s. dort).

ענב („Weinbeere“), Plural „ענבים“ im Sinne von: „Beeren der Myrthenpflanze“ (Suk. III, 2). — „ענב“ auch in der Bedeutung: „Beere im Auge“ als Bezeichnung für eine Augen-Erkrankung (Bech. VI, 2); ebenso im Syrischen: „ענבתא“ (s. Smith, S. 68 u. 2932). — Vgl. auch oben S. 274: „ענבה“.

ענה in der Verbindung „מענה את הדין“ = „den Rechtsvollzug verzögern“ (Sanh. XI, 4). — „העני“ = „arm werden“, „verarmen“ (s. Schek. III, 2).

ענן im Pual „מעונן“ = „bewölkt“, „wolkenbedeckt“ (Neg. II, 2).

עצב im Piël „מעצב“ = „die Glieder [des Säuglings] ausrichten und graderücken“ (Schab. XXII, 6).

עצם (mit dem jeweils entsprechenden Suffix) im Sinne von „selbst“, z. B. „עצמי“ = „ich selbst“, „עצמך“ = „Du selbst“, usw. — „בעצמי“ usw. (= „in eigener Person“), auch im Sinne von „ich allein“ (s. Ber. I, 3). — „לעצמי“ = „für mich selbst“; „מעצמו“ = „von selbst“, „aus eigenem Antriebe“. — „לבין עצמו“ = „für sich allein“ (Bik. I, 4. Im Plural: „לבין עצמן“, s. Chul. VI, 3). — Entsprechend im Aramäischen die Anwendung von „גרם“ (das ebenfalls, — wie das hebräische „עצם“, — eigtl. „Knochen“ ,also „feste, wesentliche Substanz“ bedeutet): „גרמי“ = „ich selbst“, „גרמיה“ = „er selbst“, etc.

עצרת als Bezeichnung für das „Wochenfest“ am 6. Siwan.

עקב (bibl.: „Ferse“), in der Bedeutung: „Absatz“ der Sandale (bezw. des Schuhes).

עקר im Piël „מעקר“ = „ausreissen“ (d. h. die Halsgefässe des Viehs, welche beim ordnungsmässigen Schächtvorgang haarscharf zu durchschneiden sind, statt dessen gewaltsam herauslösen; vgl. Chul. V, 3).

עקרב in den Verbindungen: „עקרב של פרומביא“ = „eisernes Mundstück am Zaumzeug des angeschirrten Viehs“ (Kel. XI, 5), sowie „עקרב בית הבד“ = „Eisenstück an der Olivenpresse“ (das. XII, 3).

עירב [Dinge miteinander] „vermischen"; insbes.: eine rituelle „Gebietsvermischung" („עירוב") vornehmen, um am Sabbath das Tragen von einem Bezirk in den anderen (durch עירובי חצרות) bezw. das Überschreiten der Stadtgrenzen (durch עירובי תחומים) zu ermöglichen.

ערב in der Verbindung „העריב שמשו" = „seine Sonne ist untergegangen", d. h. „die Sonne ist für ihn untergegangen" (von einem Unreinen gebraucht, der nach Vollziehung der Reinigungszeremonien noch den Sonnenuntergang abwarten musste, um rein zu werden; Neg. XIV, 3). Entsprechend: „מעורב שמש" = „Wer [im vorerwähnten Sinne] mit erfolgtem Sonnen-Untergang die rituelle Reinheit erlangt hat". — (Vgl. auch oben S. 206: „הערב שמש" = „Sonnen-Untergang"). — „ערב שבת" = „Rüsttag zum Sabbath"; „ערב יום הכיפורים" = „Rüsttag zum Versöhnungstag" (d. h. zum Sühnetag am 10. Tischrë) etc. — „ערב שביעית" = „die dem Brach- und Erlass-Jahr vorangehenden letzten Monate des sechsten Jahres im Sch'mitta-Zyklus (vgl. Schebiit I, 1). — Ebenso im Syrischen „ערובתא" sowie im Samaritanischen: „יום ערובתא".

ערה in der Partizipialform: „מערה" = „wer die Geschlechtsorgane zum Zwecke des Coitus miteinander vereinigt, ohne dass er es zu einer Vollendung des Aktes kommen lässt". — „מעורה" = „verbunden geblieben" (s. Teb. Jom III, 1).

ערוה im Sinne von „Unzucht" als abstraktem Begriff (s. Abot III, 13). Konkret: „ערוה" (Plural: „עריות") auch als Personenbezeichnung angewendet, nämlich auf „eine solche Verwandte, die infolge der Nähe des Verwandtschaftsgrades zur Ehe unerlaubt ist" (vgl. Jeb. I, 2—3).

ערך „rollen", „auswalzen" (vom Teig gebraucht, s. Pes. III, 4). Ebenso im Targum: „עריך" (Jes. XIV, 29). Im Syrischen „ערך". — „עורכי הדיינים" = „Rechtsberater", „Sachwalter" der Prozessparteien, welche diese darüber beraten, wie sie ihre Sache am besten vorzubringen haben, um den Prozess zu gewinnen (vgl. Abot I, 8, sowie die „Ergänzungen" dazu in meinem Mischna-Kommentar).

ערכי המלחמה „die Kriegsordnungen, Kriegseinteilungen" (Sota VIII, 2; vgl. dort).

עשה im Sinne von „verfertigen", „herrichten", „anbringen"

(vgl. in den „Ergänzungen“ zu Schab. VIII, 4, meines Mischna-Kommentars). — Im Piël „עישׂה“ in der Bedeutung von „zwingen“ (Git. IX, 8: „גט מעוּשׂה“ = „ein erzwungener Scheidebrief“; vgl. dort).

עשׁן im Piël „מעשׁן“ = „man räuchert aus“ (z. B. die Bäume zur Vertilgung von Schädlingen; Schebiit II, 2). — „מעוּשׁן“ = „rauchvergiftet“ (von Tieren, die durch eingedrungenen Rauch körperlich geschädigt worden sind; s. Chul. III, 5).

עת in der Verbindung „מעת לעת“ als Bezeichnung für den „Zeitraum von 24 Stunden“.

עתה in der Form „מעתה“ = „demgemäss“, „hiernach“ (s. Sota VI, 3). — „אמור מעתה“ = „hieraus folgt“, „von hier ist zu entnehmen“, „daraus ergibt sich“ (Arach. VIII, 7).

עתיד s. oben S. 196 (im Text) und S. 295 f. (unter Stichwort „בוא“): „עתיד לבוא“ [sowie in meinen „Ergänzungen“ zum Traktat „Nesikin“ im Mischna-Kommentar, 2. Aufl., S. 519].

פאה „das Getreide in der Ecke des Feldes, die unabgeerntet den Armen überlassen bleibt“. — „פאה נכרית“ = „Perücke“ (Schab. VI, 5).

[**פגה** das Wort „פג“ = „unreife Feige“ (Cant. II, 13) wurde in „פגה“ abgewandelt, und zwar im Sinne von: „unausgereifte Frucht“, „Frucht vor dem Beginn der Reife“ (s. Schebiit II, 5; Nid. V, 7), entsprechend dem aramäischen „פגא“. Vgl. auch unten: „צילה“].

פיגול „ein Opfer, bei dessen Darbringung der Priester die Absicht hatte, die Räucherung oder die Verzehrung des Opferfleisches ausserhalb der dafür bestimmten Zeit vorzunehmen“. — Vgl. oben S. 275: „פגל“.

פה in den Verbindungen „על פה“ = „auswendig“ (rezitieren; s. Joma VII, 1). — „על פי“ = „auf Grund von“ (s. in den „Ergänzungen“ zu Sota I, 1, meines Mischna-Kommentars). — „פי כוּר“, „פי נקב“ = „die Öffnung eines Schmelzofens, eines Loches“ (Schab. VIII, 4). — „פי הכרס“ = „um den Nabel“, „in der Nabelgegend“ (Nid. IX, 8).

פועל „Lohnarbeiter“.

[**פותה** „eine Art metallener Becher (in einer Boden-Vertiefung) zum Einsetzen des Tür-Zapfens“ (der Türangel; s. Kel. XI, 2)].

פחם „angesengter [verkohlter] Docht" (Schab. II, 5); auch: „Russ auf dem Wasserkessel" (Mikw. IX, 2).

פטר in der Form „מפטיר" = „man schliesst ab", „man beendet" (s. Pes. X, 8; Meg. IV, 1. Vgl. auch oben S. 276: „פטירה", unter dem Stichwort: „פטור").

פלא in der Verbindung „מופלא של בית דין" = „der bedeutendste, angesehenste [der beste Sachkenner] unter den Mitgliedern des Gerichtshofs" (Hor. I, 4; vgl. dort in den „Ergänzungen" meines Mischna-Kommentars).

פלג im Hiphil „הפליג" = „sich entfernen"; — „etw. für fernliegend, für unmöglich halten" (Abot IV, 3). — „הפלינה הספינה" = „das Schiff ist abgefahren, hat sich vom Ufer entfernt" (s. Erub. IV, 1).

פלט „von sich geben", „ausstossen", „ausscheiden"; auch: „verschont bleiben" von etw. — Ebenso im Targum und im Syrischen.

[**פלש** s. oben S. 224].

פנה „sich abwenden", „sich frei machen" (von geschäftlichen Pflichten; Abot II, 4). — „פנוי", „מופנה" = „frei", „unbesetzt"; „מופנה" auch im Sinne von „ledig, unverheiratet, ungebunden". — Ebenso im palästinensischen Aramäisch: „פנא". Im Targum: „פני" (Deut. XXIV, 5: = „נקי". — Vgl. auch oben S. 224: „פנאי").

פנים als euphemistische Bezeichnung für: „Unterkörper", „Schamgegend" (Nid. II, 3). — „מגלה פנים בתורה" = „der Thora [traditionswidrige] Auffassungen unterschieben, [eigenmächtige] Deutungen beilegen", „sich ihr gegenüber [zu traditionell haltlosen Auslegungen] erdreisten" (Abot III, 11).

פנים in der Verbdg. „בפנים" = „im Innern", „innen" (Schab. I, 1; Schek. VIII, 4).

פסג „teilen, trennen" (Para XI, 9). Ebenso im Targum Ps. Jonatan (Gen. XV, 10; Lev. I, 6 u. 12).

[**פסח** „das Passah-Fest" (vom 15.—21. Nissan), also nicht der 14. Nissan, der Tag der Darbringung des Passah-Opfers].

פסל in der Form „מפסל" = „man entfernt das Unbrauchbare" (von den Bäumen; Schebiit II, 3. — Vgl. auch oben S. 276: „פיסול").

פעם אחת „einstmals" [geschah es, dass .....]. — „.... פעמים

ופעמים" = „manchmal [so] ..... und manchmal [anders]".

פצל im Hiphil (?) „sich spalten", „sich teilen" (s. Men. XI, 6; Bech. VI, 5). So auch im Syrischen.

פצע „aufdrücken", „aufschlagen", „auflösen"; z. B. Oliven aufdrücken (s. Maass. IV, 1), Nüsse aufschlagen (s. Schab. XVII, 2), „Gewebe auflösen [durch Herausziehen von Fäden]" (Schab. VII, 2; vgl. dort).

פיקד על „befehlen, anordnen, Anweisung geben" in Bezug auf Jemd. (dass man ihn heranziehen soll; Edujot V, 7).

פקודה in der Verbindung „שֵׂעָר פקודה" = „zurückgelassenes, zurückgebliebenes Haar" (nach Abheilung einer Hautkrankheit; s. Neg. V, 3).

פקח in den Anwendungsformen: „מפקח את הגל" = „Wer einen Steinhaufen [von eingestürztem Mauerwerk] durchsucht" (zur Auffindung von Verschütteten; s. Pes. VIII, 6). — „פקח" auch im Sinne von: „sich um etw. kümmern", „für etw. Sorge tragen" (Schab. XXIII, 4). — „פיקח" = „nicht taubstumm" (s. Jeb. XIV, 1); „klug, gescheit" (s. Schab. XVI, 3). — Ebenso im palästinensischen Aramäisch.

פרוור „Umgebung", „Gegend", „Vorstadt" (Chal. IV, 11). Ebenso im Targum Ez. XXVII, 28.

פרח im Sinne von: „schweben, gleiten, schwimmen" (vom Fisch, der mit seinen Flossen auf der Wasser-Oberfläche hingleitet; Chul. III, 7). „מפריחים" auch von jungen Vögeln und Küken gebraucht in der Bedeutung: „flattern", „zu fliegen beginnen bezw. es versuchen", auch: „fliegen können".

פרח bildlich in dem Ausdruck „פרחי כהונה" = „Blüten [Nachwuchs] der Priesterschaft", „Priester-Sprösslinge", „Priester-Jünglinge".

פריץ in der Verbindung „פריצי זיתים וענבים" = „hart gewordene Oliven oder Weinbeeren", die nicht gepresst wurden (Ukz. III, 6).

פרס in der Verbindung „פרס על שמע" = „als Vorbeter das ‚Schma'-Gebet nebst den beiden vorhergehenden Benediktionen in Halbversen wechselweise mit der Gemeinde rezitieren", nach Anderen: „den ersten der dem ‚Schma'-Gebet vorangehenden Segenssprüche [mit den dazugehörigen liturgischen Texten] vor der Gemeinde vortragen" (von verspäteten Synagogenbesuchern, welche die öffentliche Aufforderung zur Lobpreisung — „!ברכו“ — nebst anschliessender Rezitierung des von Segenssprüchen umrahmten ‚Schma‘-Gebetes versäumt haben. Meg. IV, 3; vgl. dort sowie in meinem Mischna-Kommentar und den „Ergänzungen“ z. St.; ferner auch oben S. 225 f.: „פרס“).

פרסה „Fussfläche“, „Fuss-Sohle“ (s. Kil. III, 3).

פרץ in der Verbindung „נפרצו העלים“ = „sind die Blätter abgebrochen, abgerissen“ (Suk. III, 1—3; — nach Anderen: „gespalten“).

פרק Partizipialform des Niphal: „נפרק“ = „auseinander genommen“, „in Teile zerlegt“ (s. Kel. XI, 9). — „נפרקה ידו או רגלו“ = „ist seine Hand oder sein Fuss verrenkt, ausgerenkt“ (Schab. XXII, 6). — „מפרק“ = „ablösen“, z. B. die äussere Schale von Nüssen (Ukz. II, 5) oder: welke Blätter vom Baume (Schebiit II, 2).

פרק bei einem Körperglied: im Sinne von „Gelenk“ (s. Pes. VII, 12; Chul. X, 4); — in Bezug auf Zeit-Einteilungen: „Zeit-Abschnitt“ (vgl. Schek. III, 1); — von Bibel- oder sonstigen Schrift-Texten: „Text-Abschnitt“ (Ber. II, 1). — Ebenso im Ps. Jonatan (man vergleiche im Syrischen: „פרקא“ bezw. „פּוּרקא“).

פרר in der Partizipialform: „מפרר“ = „man zerkrümelt, zerbröckelt“ (Pes. II, 1).

פרש im Sinne von: „sich absondern, sich entfernen“. — „מפרש“ = „sich vom Meeresufer entfernen“, „in See stechen“ (s. Ned. III, 6). — „הפריש“ = „absondern“ (Priesterhebe, Zehntabgabe etc). Ebenso im Aramäischen. — „פרוש“, Plural: „פרושים“ = „Pharisäer“ (s. Chag. II, 7; Jad. IV, 6).

פרשה „Bibel-Abschnitt“. — „פרשת העיבּוּר“ (Ber. IV, 4; vgl. ob. S. 273 unter: „עיבּוּר“). — „פרשת דרכים“ = „Scheideweg“, „Wegkreuzung“ (Chul. IV, 7). Ebenso im Targum: „פרשת ארחא“ (s. Jud. V, 16).

פשח Niphal „נפשח“ = „gespalten werden“ (Schebiit IV, 6); „abgelöst“ (Ukz. III, 8). Ebenso im Targum II zu Ester III, 8: „מפשחין“, sowie im Syrischen.

פתח im übertragenen Sinne von: „Zugang zur Bereuung“ „Eröffnung einer Möglichkeit der Rückgängigmachung“ (in

Bezug auf ein Gelübde, s. Ned. II, 1). — „פתח נידה“ = „Anfang der Menstruations-Zählung“ (mit den dafür geltenden komplizierten Berechnungs-Vorschriften; s. Arach. II, 1, und Abot III, 18).

צאן ברזל „Eisernvieh[vertrags]-Güter“, d. h. „Verwahrungsgüter, für welche der Depositär bei Verlust oder Beschädigung in voller Höhe haftet“, die er also nach Ablauf der Vertragszeit in genau dem gleichen Umfange zurückzuerstatten hat, wie sie ihm bei Vertragsbeginn übergeben worden sind (vgl. Jeb. VII, 1—2).

צבור „Gemeinde“, „Gemeinschaft“.

[**צבע** „Farbe“ (vgl. Jud. V, 30, sowie oben S. 226: „צבע“)].

צבת Plural „צבתים“ = „Häufchen“ von verbundenen Gebetriemen (Erub. X, 1) oder von Getreide-Ähren (Men. X, 9).

צד in der Verbindung „מן הצד“ = „von der Seite“, „bei den seitwärts Sitzenden“, d. h. bei den jüngsten Mitgliedern des halbkreisförmig angeordneten Gerichtshofs (beginnt die Abstimmung in Strafsachen; Sanh. IV, 2). — „הצד השווה“ = „die [ihnen, d. h. den vorher Genannten] gemeinsame Eigenschaft, Eigenart“ (B. kama I, 1).

[**צודה** „Furcht“ vor einem räuberischen Überfall, R. hasch. I, 9; vgl. dort].

צדקה im Sinne von: „Spenden für die Armen“.

[**צום** mit best. Artikel „הצום“ = „der Fasttag“ (schlechthin) als Bezeichnung für den Versöhnungstag am 10. Tischri; s. Ned. VIII, 6].

צור „malen“ (mit Farbstoffen; Neg. II, 1). Ebenso im Targum (vgl. Jerem. XXII, 14; u. a.), im Syrischen sowie im palästinensischen Aramäisch (vgl. auch oben S. 227: „ציר“).

[**צידה** „Fang“ von Tieren (Beza III, 1). Im biblischen Hebräisch: „ציד“. Vgl. den Ketib in Gen. XXVII, 3; im Syrischen: „צידא“. S. auch unten „צילה“].

צידוני „sidonisch“, „aus Sidon“ (der Phönizierstadt; Kel. IV, 3).

[**צילה** „„Schatten“ (Suk. I, 1). Das biblische Wort „צל“ wurde zu „צילה“ abgewandelt unter dem Einfluss des Aramäischen: „צילא“. Vgl. oben: „פנה“ und „צידה“].

צלל „sich abklären“, „klar, durchsichtig werden“ (von Flüssigkeiten; s. Schab. XX, 2; Para VIII, 11). Ebenso im Targum sowie im Syrischen (vgl. auch Ben-Sirach XXXI, 20).

צמד „das Joch des Zugviehs" (das ein angeschirrtes Paar von Zugtieren miteinander verbindet; B. batra V, 1).

צמחים „Blasen", „Pusteln", „krankhafte Hautauswüchse" (B. kama VIII, 1).

צמר נפן „Baumwolle" (Kil. VII, 2). So auch im Syrischen: „עמר נופנא".

צנור „eine eiserne Fassung an der oberen und unteren Türschwelle" zum Einsetzen der Türangel (M. kat. I, 10; Kel. XI, 2). — „צנורא" (entsprechend dem aramäischen Sprachgebrauch) = „Strahl" (des Speichels; Toh. X, 6).

צנע im Hiphil „הצנע" = „verwahren", „verbergen". — „צנוּע" im Sinne von: „bedacht auf die strikte Wahrung der Gebote" (vgl. Demaj VI, 6, sowie im Jer. daselbst). — Ebenso im Targum: „אצנע" (s. auch oben S. 227: „צנעא").

[**צפוני** „nördlich", „an der Nordseite". Vgl. Joël II, 20].

צפור in der Verbindung „העושה צפור במים" = „wer die Form eines Vogels herstellt und sie auf dem Wasser schwimmen lässt" (Machsch. V, 2. — Nach Anderen ist „צפור" hier im übertragenen [bildlichen] Sinne zu verstehen und bedeutet: „auffliegender, aufspritzender Wasserschaum"; dementsprechend: „העושה צפור במים" = „wer Wasser zum Aufschäumen, Aufspritzen bringt". — Abweichende Lesart: „צנור").

[**צפחת** „eine Art Getränk aus (verdünntem) Honig"; Machsch. V, 9. Dem Worte „צפיחית" im biblischen Hebräisch entsprechend?].

צפירה „geflochtener Ring", „Flechtwindung" (die einzelnen Flechtreihen eines runden Korbes oder Siebes; Kel. XVI, 3).

צרף „im Schmelzofen härten, festigen" (s. Kel. IV, 4); „vereinigen, verbinden". — „הצטרף" = „zusammengefasst, zusammengerechnet werden". Ebenso im Syrischen: „צרף", insbesondere im Aphël, sowie im Ps. Jonatan, Gen. XV, 1; u. a.

קב im Sinne von „Stelzfuss" (jemandes, dem ein Bein amputiert worden ist; Schab. VI, 8. — Vgl. auch Kel. XI, 7).

קיבל „übernehmen“ (ein Feld zur Bearbeitung in Pacht nehmen; s. B. mez. IX, 1). — „קיבל מן. . . .“ = „überliefert bekommen von Jemd.“, in Bezug auf geistige Güter, insbesondere: „קיבל תורה מן. . . .“ = „Thora empfangen von [Jemd.]“ (vgl. auch Pea II, 6). — „התקבל“ im Sinne von „קיבל“ = „empfangen“.

[?] קבל in der Form „קובל“ = „klagen“, „sich beklagen“ über etw. (Jad. IV, 6—8). So auch im Targum und im Aramäischen.

קבר im Sinne von: „Mutterleib“, „Mutterschoss“ (Ohal. VII, 4).

קידה לבנה „eine Baumart“ (Dornklee; Kil. I, 8).

קידש als Bezeichnung für: „die Waschung der Hände und Füsse“ mit dem Wasser des Beckens im Tempel (s. Joma III, 6; Tamid II, 1); auch: „die Zubereitung des Wassers mit der Asche der Roten Kuh“ (Num. XIX, 17; s. Para VI, 1). — „קידש החודש“ = „den Monat einweihen“, „den Monatsbeginn festsetzen und öffentlich verkündigen“ (R. hasch. II, 7). — „קידש אשה“ = „sich eine Frau zur Ehe angeloben“.

קודש in den Verbindungen: „כתבי הקודש“ = „die heiligen Schriften“ die Bibel); „לשון הקודש“ = „die heilige Sprache“ (Hebräisch).

קיהה in der Bedeutung von: „Bedenken tragen“ (gegenüber einer Ansicht), eine Ansicht „in Zweifel ziehen“ (Neg. IV, 11).

קומה „eine Menschenlänge“ (die durchschnittliche Höhe eines erwachsenen Mannes als Maassbezeichnung; s. Sanh. VI, 4; Tib. Jom II, 6).

[קוסם „Bezeichnung eines Götzen“ (?); s. Sanh. IX, 6].

קורה „Riegel (Querbalken) an der Tür“ (s. M. kat. I, 10; Kel. XI, 2). — „קורת החצים“ = „metallene Zielscheibe für Pfeilschützen“ (Kel. XII, 1. — Nach Anderen: „Köcher“, „Pfeilbehälter“).

קוטן „Kinderzeit“, „Kindesalter“ (Ket. II, 10).

קיץ המזבח „Zukost, Nachspeise für den Altar“ (zusätzliche Opfergaben, die nach der Vollziehung der Pflicht- und Spenden-Opfer auf den Altar gebracht wurden, um diesen niemals leerstehen zu lassen. — Schek. IV, 4; vgl. dort).

קל „leicht“ in den Bedeutungen: a) „von geringem [physischen] Gewicht“; — Gegensatz: „כבד“ = „schwer“. b) „leicht zu kochen“ (vom Ei; Schab. VIII, 5); — Gegensatz: „קשה“ = „hart“. c) im übertragenen Sinne: „leicht ins Gewicht fallend“, „unbedeutend“, „geringfügig“ (insbesondere bei der Bewertung von Geboten); — Gegensatz: „חמור“ = „schwerwiegend“, „streng zu nehmen“.

קלל in der Form „הקל“ = „erleichtern“ (in Bezug auf ein Verbot).

קלע „ein als Segel ausgespanntes Tuch am Schiffsmast“ (Neg. XI, 11). Im Targum Jes. XXXIII, 23, wird das Wort „נס“ mit „קלע“ wiedergegeben (vgl. auch daselbst XVIII, 1, sowie in der Festschrift für A. Schwarz, S. 308).

קמח im Plural „קמחים“ = „mehlähnliche weissliche Punkte auf der Oberfläche des Weines“ (eine Art Schimmel-Bildung; Men. VIII, 7).

קמץ „nehmen, wegnehmen“ (Pes. VII, 2: „יקמוץ את מקומו“ = „er soll seine Stelle [nämlich die untauglich gewordene Stelle am Passah-Opfer] wegnehmen, entfernen“. — „מקמץ“ = „sammeln“ (Ket. VII, 10: „המקמץ“ = „wer [Unrat, Abfälle etc.] aufsammelt“; vgl. dort).

קן „ein Paar Tauben“ (vgl. die Einleitung zum Traktat „Kinnim“ in meinem Mischna-Kommentar).

[**קנה** „der Knochen zwischen der Handwurzel und dem Beginn des Oberarmes“, „Unterarm-Knochen“ (Ohal. I, 8. — Vgl. auch Hiob XXXI, 22)].

קסס „sauer zu werden beginnen“ (vom Weine gebraucht; B. batra VI, 2. Vgl. auch in meiner Erläuterung zu Maass. sch. IV, 2, im Mischna-Kommentar).

קפה, קפא „obenauf schwimmen“, „an der Oberfläche liegen bleiben“ (Ter. IV, 11; ebenso im Aramäischen). — „קיפה“ = „das obenauf Schwimmende [bezw. oben Liegende] abnehmen, entfernen“ (das. sowie Maass. I, 7; ebenso im Syrischen, vgl. Smith 3686). — „המקפה“ = „wer Brei [„מקפה“, s. oben S. 266] bereitet“ (Maass. IV, 1; — vgl. dort in den „Ergänzungen“ meines Mischna-Kommentars).

קפד in der Verbindung: „מקפיד על דבר“ = „auf etwas achten“, „darauf Wert, Gewicht legen“; in der Mischna im ablehnenden (negativen) Sinne von: „etw. nicht wollen, nicht wünschen“; „etw. als störend empfinden“ (s. Pes. III, 2).

קצב „[Fleisch] zerschneiden, zerhacken“ (Beza I, 5; vgl. auch oben S. 229: „קצב" = „Metzger", „Fleischhauer"). — „קצוב" = „festgesetzt", „genau bestimmt" (Arach. I, 3).

קצה „[die Teighebe — ‚חלה' —] vom Teige abschneiden (s. Chal. II, 3). Auch: „Oliven abschneiden" (von einem Oliven-Klumpen; Toh. IX, 7). Ferner: „Einschnitte in die Feigen machen" (s. Schebiit VIII, 6. — Vgl. auch oben S. 266: „מוקצה").

קצע „zerschneiden, abschneiden" (entsprechend dem aramäischen „קטע"; — Vgl. Kel. XX, 4; XXVII, 4).

קצץ „bestimmen, festsetzen" (vgl. Schebiit IV, 1); „vereinbaren" (B. mez. VII, 6). — Ebenso im Syrischen sowie im palästinensischen Aramäisch: „קץ".

קרבן „Gabe" (dem Ewigen geweiht); auch in der Verbindung: „קרבנות של מלכים" = „Geschenke, die man den Königen zu überreichen pflegte" (Ned. II, 5; vgl. die Einleitung zum Traktat „Nedarim" in meinem Mischna-Kommentar, S. 138).

קרח in der Niphal-Form „נקרחו" = „sie werden kahl", „sie verlieren ihren Haarflaum" (von bestimmten Früchten zur Bezeichnung ihres Reifestadiums gebraucht; Maass. I, 3).

קרח in der Verbindung „גט קרח" = „ein kahler Scheidebrief" (nämlich ein in besonderer Art mehrfach gefalteter und zugeknüpfter Scheidebrief — „גט מקושר" —, bei welchem die Zahl der Knüpfungen diejenigen der Zeugen-Unterschriften übersteigt, sodass sich darin „kahle" [d. h. unterschriftslose] Faltstreifen befinden; s. Git. VIII, 9—10).

קרחת הכרם „eine kahle, zerstörte Stelle im Weinberg" (die unbestellt bleibt; s. Kil. II, 9, u. IV, 1).

קרי im Sinne von „מקרה לילה" = „unwillkürlicher [im Schlaf erfolgter] Samenerguss", „Pollution" (s. Ber. III, 4).

קרם „verkrusten", „eine krustenartige Verhärtung bilden", z. B.: „die Oberfläche des Brotes verhärtet sich zu einer Kruste" (s. Schab. I, 10); „der [flüssige] Bodensatz ist zu einer Kruste auf der Fleisch-Oberfläche erstarrt" (s. Tib. Jom II, 5); „ein Eierfaden verkrustet sich" (das III, 3). „יין שקרם" = „Wein, dessen Oberfläche sich zu einer festen Schicht zusammengezogen hat" (ein Anzeichen des Sauerwerdens; vgl. Maass. sch. IV, 2).

קרן „Ecke, Winkel" (— jedoch nicht im Sinne von: „herausragender hornähnlicher Ausbuchtung"! — „קרנות המזבח" = „die Winkel des Altars", s. Mid. III, 1—3). Auch: „Grundkapital" (im Gegensatz zu den Zinsen), sowie: „Grundwert einer Sache" (im Gegensatz zu den bei der Schadenserstattung zu entrichtenden Nebenleistungen). — Ebenso im Ps. Jonatan Num. V, 7, sowie im Syrischen: „קרנא".

קרץ [die Schächtstellen am Halse des Opfertieres] „durchschneiden" (Joma III, 4); auch: [Brotteig] „abschneiden", „abkneipen" (Kel. XV, 2); ferner: [Haare] „durchschneiden", „abschneiden" (mit dem Fingernagel s. Nid. VI, 12; — mit der Schere s. Neg. IV, 4).

קשר im Niphal „נקשר" = „sich knotenartig verdicken", „knotenähnliche Verhärtungen bekommen" (Schebiit III, 1). — „גט מקושר" = „ein geknüpfter, gefalteter Scheidebrief" (s. oben Stichwort „קרח" unter: „גט קרח", einer Abart desselben; — vgl. B. batra X, 1).

קשר (als Substantiv) „Verknüpfung, Verbindung"; „קשרים" im Sinne von „Knüpfungen" (beim Scheidebrief; s. vorstehend sowie oben „גט קרח" unter: „קרח"; vgl. Git. VIII, 10). — „קשרי מלחמה" = „kriegerische Frontstellungen", „Kampfhandlungen" (Sota VIII, 5), ähnlich dem Syrischen: „קטרת חרבא" bezw. „קטרת מצותא" (P. Smith 3592).

ראה im Sinne von „einsehen", „als richtig anerkennen"; „רואה אני" = „ich erkenne [als zutreffend] an" (R. hasch. II, 8; Abot II, 9). — „ראה כאילו" = „so ansehen, als ob", „betrachten als" (s. Pea VI, 7; wie auch sonst vielfach). — „ראוי ל . . . ." = „es ist seine Art zu . . . .", „er pflegt gewöhnlich zu . . . ." (s. Schab. X, 4); auch im Sinne von: „fähig zu . . . .", „geeignet zu . . . .". — „כראוי" = „wie gewöhnlich", „wie es sich gehört, gebührt"; „wie es sein muss, sein soll, zu sein hat".

ראש in der Verbindung „בית הבנוי ראש" = „ein Haus, das unter Verwendung von Steinen erbaut ist, die von beiden Seiten aus dem Mauerwerk herausragen" (Neg. XIII, 2; s. dort. — Nach Anderen: „ein unter Verwendung von Ecksteinen [Kantsteinen] erbautes Haus", d. h. von Steinen, die nach beiden Richtungen den Beginn je einer Mauerschicht von zwei im Winkel aneinander stossenden Nachbarhäusern markieren). — „ראש“ auch im Sinne von: „oben“ (s. in den „Ergänzungen“ zur Ordnung „Seraïm“ meines Mischna-Kommentars, S. 350).

רב „Lehrer“, auch „Herr“ (des Sklaven). — Plural: „רבותיו“ = „seine Lehrer“ usw. (vgl. auch oben S. 230: „רבן“ als Ehrentitel von Gelehrten).

רוב „der grössere Teil“; „die Mehrheit, Majorität“ im Sinne von: „mehr als die Hälfte“.

רבע („vervierfachen“). „המרובע“ = „das Viereck“, insbes. „Quadrat“ (Ohal. XII, 6; vgl. dort XV, 2: „ריבוע“). — „רובע“ in der Bedeutung von: „רובע הקב“ = „ein Viertel Kab“ [Hohlmaass für Getreide etc.].

רביעית „ein Viertel Log“ [Flüssigkeitsmaass]. — (Vgl. auch oben S. 230).

רבץ in der Form „מרבץ“ im Sinne von: „mit Wasser besprengen“, „bewässern“. — „מרביץ בעפר לבן“ = „man bewässert ein Getreidefeld“ (Schebiit II, 10; — vgl. dort in meinem Mischna-Kommentar).

רגל in der Partizipialform „רגול“ = „an den Hinterbeinen gefesselt“ (von Kamelen gebraucht; Schab. V, 3). — „מרגיל“ = „beim Abhäuten von Vieh mit den Hinterbeinen beginnen“ (Chul. IX, 3).

רגל in der Redensart: „רגליים לדבר“ = „die Sache hat Hand und Fuss“, „die Sache ‚fusst‘ auf einer einleuchtenden Annahme, auf einem sicheren Anhaltspunkt“ (s. Nas. IX, 2 — 4). — „רגל“ auch als „Bezeichnung für jedes der drei Wallfahrtsfeste“ (in diesem Falle als Maskulinum gebraucht!). — Im Targum Ecc. III, 11: „ריגלאין“ wahrscheinlich dem Hebräischen entlehnt.

רגש im Hiphil „הרגיש“ = „empfinden, merken“ (Nid. V, 2). Ebenso im Aramäischen sowie im palästinensischen Aramäisch.

רדד (im Piël) „flach auslegen“, „auseinanderbreiten“ (von den Kohlen auf dem Altar gebraucht; Tamid. VI, 2). — „מרודד“ = „ausgebreitet“ (Ohal. VII, 2); auch: „flach, seicht, ohne Tiefe“ (vom Wasser eines Tauchbades; Mikw. VII, 7).

רדה „[das frisch gebackene Brot] aus dem Backofen herausholen, herausziehen“.

רדה „züchtigen“ (Mak. II, 2). Ebenso im Aramäischen und im palästinensischen Aramäisch. — [Auch im Sinne von: „vorwärtskommen, gedeihen"; „sich beherrschend durchsetzen" (?, ebenso im Syrischen. Vgl. in den „Ergänzungen" zu Para III, 3, meines Mischna-Kommentars)].

רווח in der Bedeutung von: „Zeitraum", „zeitliche Unterbrechung" (Chul. V, 3). — „רווחים" = „Zwischenräume" (Abot V, 5: „משתחוים רווחים = „wenn sie sich niederwarfen, war [genügend] Abstand zwischen ihnen").

רווחה wie „רווחא" im Aramäischen = „Weiträumigkeit", „weiter, freier Raum" (gleichbedeutend mit „רווח"; Abot I, 5: „פתוח לרווחה" = „geöffnet ins Weite", „weithin geöffnet").

רחב in der Verbindung „נפש רחבה" = „ein ins Weite schweifender, begehrlicher [von Begierden zerrissener], ungenügsamer Charakter" (Abot V, 19. — Vgl. Prov. XXVIII, 25: „רחב נפש").

רחש in der Partizipialform „רוחשים" im Sinne von: „sich bewegen; beweglich, locker sein" (die im Napf [Tiegel = "מרחשת", Lev. II, 7] zubereiteten Opferspeisen „sind lokker" [= „רוחשים"]; Men. V, 8).

ריר in der Bedeutung von „Feuchtigkeit" (an Pflanzenblättern; Ukz. II, 8).

רכב im Hiphil „הרכיב" = „aufpfropfen" (Pflanzen aufeinander oder einen Zweig auf einen Baum pfropfen).

רמך „Maultier, das von einer Pferdestute abstammt" (Kil. VIII, 5).

רעד in der Form „מרעיד" = „hin- und herbewegen", „schütteln" (z. B. Bäume; Machsch. I, 2—3).

(רעדה) im Plural „רעדות" = „Fenster-Gitter" aus lose miteinander verbundenen Leisten, s. oben S. 285).

רצה „wollen, wünschen"; im Piël: „besänftigen, versöhnen". — „הרצה" = „erzählen", „berichten", „vortragen" (s. Jeb. XVI, 7).

רצף in der Partizipialform „הרוצף" = „wer [Steine] ordnet, pflastert" (Ohal. XVIII, 5). — „רצוף" = „unmittelbar nebeneinander", „aneinander anschliessend" (zeitlich wie räumlich gebraucht), „eng verbunden", „dicht gewebt" (Neg. XI, 9).

רצץ „niederdrücken" (Chul. III, 3). — „רוצץ" = „aneinander

drängen", „gegeneinander drücken", „zusammenpressen" (Toh. VIII, 2 u. 8).

רקב „Fäulnisstaub", „Verwesungsstoff" von einem Leichnam.

רקד im Hiphil „מרקיד" = „wer durchsiebt in der Siebtrommel" (zwecks Herstellung von Feinmehl).

רתח in den Formen: „מרתיח, מרותח, רותח", sämtlich im Sinne von: „sieden und dabei Blasen oder Schaum aufsteigen lassen" („מרתיח" s. Kel. XXV, 8).

שאב „Flüssigkeit aufsaugen" (s. Ter. X, 3; Schab. II, 4).

שאל Niphal „נשאל" = „durch einen Gelehrten wegen eines Gelübdes befragt werden" (um festzustellen, ob es unter irrigen Voraussetzungen erfolgt und daher auflösbar ist; s. Schab. XXIV, 5, sowie dorts. in den „Ergänzungen" meines Mischna-Kommentars). — „שאל" auch in der Bedeutung: „um Speisen betteln" (an den Haustüren, d. h. „von Tür zu Tür"; B. batra IX, 1).

שבח Hiphil „השביח" = „etw. „im Werte steigern", „im Werte erhöhen", „verbessern"; auch intransitiv: „im Werte steigen, sich im Werte erhöhen", „wertvoller werden" (s. B. batra IX, 3; Arach. VI, 5: sowie oben S. 286: „שבח").

שביל in der Verbdg. „בשביל" im Sinne von: „wegen", „weil", „um zu".

שביעית „das Sch'mitta-Jahr" (d. h. das siebente Jahr des Sch'mitta-Cyklus, das „Brachjahr", „Erlassjahr"). Auch als Bezeichnung für: „die Heiligkeit des Sch'mitta-Jahres in Bezug auf den von ihren Auswirkungen erfassten Bodenertrag", „die Anwendung der Sch'mitta-Gesetze auf den Ertrag des siebenten Jahres" (Schebiit, Kap. VII).

שבלת שועל „Hafer" (?).

שבע als Bezeichnung für: „die siebente Tagesstunde nach Sonnenaufgang" (s. Pes. V, 1).

שבר in der Verbindung „שוברת כתובתה" = „sie [die Ehefrau] schreibt eine Quittung [„שובר", s. oben S. 286] über den Empfang der ihr auf Grund der Ketuba zustehenden Summe aus" (wörtlich „sie zerbricht ihre Ketuba"; Sota I, 5).

שבר „Bruchstück", „Teilstück von einem zerbrochenen Gegenstand".

שָׁבַת im Sinne von: „den Sabbath an einem eigens dafür bestimmten Orte verbringen".

שגג „unabsichtlich sündigen". — „בשוגג", „שוגג" = „irrtümlich", „versehentlich", „ohne böse Absicht".

שגר in der Bedeutung: „Flug", „Flugweite" (einer Taube; B. batra II, 5).

שוב „wieder", „ferner", „nochmals". Ebenso „תוב" im Targum und im Syrischen, sowie im palästinensischen Aramäisch („תובן", „תוב").

שוה im Plural „שוין" = „sie stimmen [darin] überein", „sie sind [darüber] gleicher Meinung" (s. Schab. I, 9). — „בשווה" = „zu gleichen Teilen" (s. Ket. X, 2).

שול in der Dualform „שוליים" = „die Unterfläche, der Boden" von Gefässen.

שופר im Plural „שופרות" als Bezeichnung für: „die in die Liturgie des Neujahrsfestes aufgenommenen Schriftverse, in welchen das Schofar erwähnt ist" (s. R. hasch. IV, 5 u. 6). Auch: „schofarähnlich geformte Kästen im Heiligtum, die dort als Sammelbüchsen dienten" (s. Schek. VI, 1 u. 5).

שוק im Sinne von „Markt", „[öffentlicher] Verkaufsplatz" (s. Pea III, 3; Ohal. XVIII, 1).

שור „ein Ochs, der Schaden anrichtet"; auch „שור המזיק" genannt, im Sinne von „Schaden [stiftend] mit seinen Hörnern" (s. B. kama I, 1 u. 4, sowie dort in den „Ergänzungen" meines Mischna-Kommentars). — „שור הבר" = „Auerochs" (Kil. VIII, 6). Ebenso im Targum „תור בר" (s. Psal. L, 10, sowie Ps. Jonatan, Deut. XIV, 5).

שורה „Reihe" z. B. von geordnet sitzenden oder stehenden Personen. Auch „Linie, Richtlinie" in der Redensart: „שורת הדין" = „gemäss der starren Linie des [unerbittlichen] Rechts", „nach der [eigentlichen] strengen Rechtsnorm" (Git. IV, 4). Ebenso im Ps. Jonatan (Ex. XVIII, 20).

שושנה in der Verbindung „שושנת המלך" = „weisse Lilie" (wörtlich: „Königslilie"; Kil. V, 8). Ebenso in der syrischen Übersetzung zu Ben-Sirach L, 8: „שושנת מלכא".

שחק im Plural „שחקים" = „abgetragene, zerfallende Kleider", „Kleiderlumpen" (Ket. V, 8). Ebenso im Targum, Jerem. XXXVIII, 11 u. 12.

שחור im Sinne von: „Kohle", „verkohltes Brennmaterial" (Para

III, 11). — „שחורי הראש" = „die Schwarzköpfigen, Dunkelhaarigen" (Ned. III, 8; vgl. dort).

שטף in der Verbindung „כלי שטף" = „Holz- oder Metall-Gefässe, die durch Wasser (d. h. ein Tauchbad) von ihrer rituellen Unreinheit befreit werden können" (Sab. V, 1, auf Grund von Lev. VI, 21; XV, 12).

[**שׂיח** „sprechen, reden"; s. oben S. 338: „סוח"].

[**שכר המדי** „medisches Bier" (Pes. III, 1)].

של „von, aus" (zur Bezeichnung des Herstellungsmaterials: „של זהב" = „aus Gold"; „של חרם" = „von Ton"; etc.).

[**שילוח** „Entsendung", „Fortschickung", „Vertreibung" (z. B. das Fortschicken des Sündenbocks [in die Wüste] am Versöhnungstage, Joma IV, 2; — die Vertreibung des Muttervogels vor dem Ausnehmen eines Vogelnestes, Chul. XII, 1). Im biblischen Hebräisch: „שילוחים". — S. auch oben S. 232: „שליח"].

שלשה als Bezeichnung für: „die dritte Tagesstunde nach Sonnenaufgang" (s. Neg. II, 2).

שָׁם als Richtungsbezeichnung: „לשם" = „dorthin" (biblisch: „שמה").

שֵׁם in den Verbindungen: „לשום", „לשם" = „für", „zum Zwecke von", „zu Gunsten von" (s. Schek. III, 4). — „כשם" im Sinne von „כמו" = „wie", „ebenso wie". — „[משום [פלוני" = „im Namen von [Jemd.]". — „משום" auch in der Bedeutung: „weil", „wegen", „gemäss". — „על שום" = „weil", „deswegen weil" (s. Pes. X, 5. — Vgl. auch oben S. 286: „שום").

שמט „herausziehen" (s. Kil. IX, 10); — im Niphal: „entgleiten", „herausgleiten" (Mak. II, 1). Ebenso im Aramäischen.

שמים als „Gottesbezeichnung"; ebenso Dan. IV, 23, im Targum sowie im Makkabäer-Buch I.

[**שמיר** „ein wurmähnliches Lebewesen" unabgeklärter Art (s. Sota IX, 12)].

שמונה als Bezeichnung für: „die achte Tagesstunde nach Sonnenaufgang" (s. Pes. V, 1). — „שמונה עשרה" = „Achtzehn-Gebet" der werktäglichen Liturgie (so bezeichnet wegen der darin enthaltenen [ursprünglich] 18 Segenssprüche).

שמע „die mit den Worten „שמע" [Deut. VI, 4—9] und „והיה אם שמוע" [das. XI, 13—21] beginnenden ersten beiden

Abschnitte des tagtäglichen Sch'ma-Gebetes" (s. Ber. I, 1).

שמר part. praes. in der Verbindung: „שומרת יבם" = „die kinderlose Witwe, welche die Entscheidung ihres Schwagers [= „יבם"] darüber abwartet, ob er die Leviratsehe mit ihr vollziehen oder die bestehende Bindung durch den Chaliza-Akt lösen will" (vgl. oben S. 318 unter: „יבמה"). — Im Piël „שימר" = „warten, lauern" auf Jemd. (B. kama VIII, 6).

שמש in der Verbindung „בין השמשות" = „Abenddämmerung". Ebenso im Targum: „בין שמשיא" (entsprechend dem biblischen „בין הערביים").

[49] שנה (Verbum) „lernen" (s. oben S. 1).

שני „der 2. Tag der Woche" (Montag; s. Taan. I, 6).

שיער „festsetzen" (Maasse, Preise etc.; Schek. IV, 9). Auch: „schätzen, abschätzen" (s. Chul. VII, 4; u. a.).

שער „Preis, Verkaufspreis" (s. B. mez. IV, 12).

[שפה „glattreiben", „abhobeln" (Ab. sara III, 10); „abhauen", „abschneiden" (B. batra V, 4). — „שיפוי" = „Hobelspäne" (Mëila III, 8; vgl. auch oben S. 231: „שוף"). — „שפה" = „sich beruhigen", „beruhigt sein" (beim Abklingen von Schmerzen, Geburtswehen etc.; Nid. IV, 4). — „שפוי" = „geistig gesund" (Git. II, 6); „נשתפה" = „geistig gesunden", „von geistigen Störungen geheilt werden" (das., sowie B. kama IV, 4). Vgl. auch oben S. 231: „שופי". — „שפעה" = „das Reiben" (Sota VIII, 1: „שפעת הקלגסים [שיפת]" = „das Reiben von Halbstiefeln der Soldaten") (vgl. dort in meinem Mischna-Kommentar).

שקל „die Schekel-Münze zahlen" (s. Schek. I, 3). — „שקול" = „gleich auf gleich", „im Gleichgewicht", „gleichmässig ausgewogen" (im Sinne von: „in der Schwebe", „unentschieden", Sota V, 5; — „nicht entscheidungsfähig", „von grader Mitgliederzahl" [in Bezug auf einen Gerichtshof, der bei Stimmengleichheit zu keiner Entscheidung gelan-

49 Zu dem Ausdruck: „כרסה בין שיניה" (wörtlich: „ihr Leib ist zwischen ihren Zähnen", als Bezeichnung für ein stark vorgeschrittenes Schwangerschaftsstadium; s. R. hasch. II, 8) vgl. Bab. Nid. 41 b: „בין השיניים" sowie Jer. Jeb., Kap. VI, Hal. 1: „בית השיניים", beides als bildl. Ausdruck für den Eingang zum Mutterleib.

gen kann], das. IX, 1). Entsprechend im Syrischen: „תקל“ (P. Smith 4479).

שקוף im Plural „שקופות“ = „Oberschwellen“ (über den Toren des Heiligtums; s. Mid. II, 3).

שרביט „Stengel der Dattel“, auch: „Schote [Samenkapsel] der Hülsenfrüchte“ (Ukz. I, 5).

שש als Bezeichnung für: „die sechste Tagesstunde nach Sonnenaufgang“ (s. Pes. I, 4).

שתי „Länge“, „Längsseite“ (s. Erub. I, 10; Mikw. VI, 9).

[**שתם** „eine Öffnung machen“, „ein Spundloch anbohren“ (bei Fässern; Ab. sara V, 3)].

שתק „schweigen“, „verstummen“. — „נשתתק“ = „stumm werden, von Stummheit befallen werden“, „die Sprache verlieren“ (Git. VII, 1). — „שתוקי“ = „ein Kind, über dessen Abkunft Schweigen herrscht“, „ein Kind verschwiegener Herkunft, unbekannten Vaters“ (Kid. IV, 1 ff.). Ebenso im Aramäischen.

תאם in der Form „מתאים“ im Sinne von „doppelt“, „zwiefach“, „paarweise angeordnet“ (s. Bech. VI, 4; Kel. II, 7, u. XXVII, 12).

תבה als Bezeichnung für: „die heilige Lade“ [= „Bundeslade“ im Heiligtum] sowie für den „Thoraschrein“ in der Synagoge.

תבוסה „Staub unter einem Leichnam, der das von diesem ausgeflossene Blut aufgesogen hat“ (Nas. IX, 3; vgl. auch Ohal. III, 5).

תהום in der Verbindung „טומאת התהום“ = „Leichenteile, deren Vorhandensein bisher Niemandem bekannt war“ (als ob sie im Abgrunde gelegen hätten; Pes. VII, 7). — „קבר התהום“ = „ein nicht erkennbares Grab, das sich im Abgrunde befinden könnte“ (s. Para III, 2).

תוך „das Innere“; in der Verbindung „לתוך“ = „in etw. hinein“.

תוצאות im Sinne von: „Arten“, „Abarten“, „Unterarten“ (Ker. III, 10).

תחילה in der Bedeutung: „als erster“, „der erste“ (s. B. mez. V, 7. — Jad. III, 1: „תחלות“ = „die Ersten“ in Bezug auf den Grad der Unreinheit). — „מתחילה“ = „zuerst“, „früher", „anfangs" (vgl. auch oben S. 261: „לכתחילה" = „von vornherein").

תחתית הצורפין „der Untersatz [das Untergestell] für den Tiegel der Gold- und Silberschmiede" (Kel. XVII, 17).

תכריך „Umhüllung, in die man etw. einwickelt", „Wickel", „Hülle" (s. Kel. XXIV, 12 u. 14). Auch: „zusammengewickelte [gebündelte, ineinander gerollte] Gegenstände" (z. B. Urkunden, B. mez. I, 8; s. dort). — „תכריכין" = „Totenhüllen", „Grabgewänder", „Sterbekleider".

תלה mit anschliessendem „. . . ב" (zu Beginn des folgendes Wortes) = „Jemd. etw. anhängen, zuschieben, zurechnen"; auch: „etw. von Jemd. abhängig machen" (s. Jeb. IV, 6; Hor. I, 1). — „. . . . תלוי ב" = „verbunden mit . . .", „abhängig von . . . ." (s. Kid. I, 9; u. a.). Ebenso im Syrischen: „תלא", sowie im Targum und im palästinensischen Aramäisch: „תליא", „תלי" (s. Targ. Prov. XIII, 12, u. Ecc. IX, 2). — „[את העונש] תולה" = „[eine Strafe] in der Schwebe lassen", „vor ihrer Vollziehung schützen", „ihre Vollziehung aufschieben, aussetzen, suspendieren" (s. Joma VIII, 8; Ned. III, 11; Sota III, 4). — „תולה [בספק]" = „im Zweifel schweben", „im Zweifel lassen" (s. Pes. I, 4).

תם in der Bedeutung: „ein Vieh, das nicht als stössig gilt" (s. B. kama II, 4).

תמוז „Tammus", der 10. Monat des jüdischen Kalenders (Taan. IV, 5—6).

תמרה (= „תמרא" sowie „תמר"), Plural: „תמרים", als Bezeichnung für: „die Dattelpalme" wie auch für deren Frucht: „die Dattel". — „תמרות" in der Bedeutung: „junge Baumzweige", „Pflanzenstengel" (s. Schebiit II, 10; Maass. IV, 6; Para XI, 7).

(תנוך) „mittlerer Knorpel der Ohrmuschel"; Neg. XIV, 9. Vgl. in den „Ergänzungen" zu Bech. VI, 1, meines Mischna-Kommentars).

תפוח „ein [apfelförmig aufgewölbter] grosser Haufen von Weintrauben" (s. Ab. sara IV, 8, nebst meinen „Ergänzungen" z. St.), oder ein solcher „von Asche" (Tamid II, 2).

תפילה in der Bedeutung von: „Kapsel der Gebetriemen", welche die auf diese bezüglichen Schriftstellen enthält (s. Meg. IV, 8; Men. IV, 1). Plural: „תפילין" = „Gebetriemen".

תקופות als Bezeichnung für: „die Berechnung des Beginnes der vier Sonnen-Umlaufsphasen des Jahres", entsprechend den „Sonnwenden" der Monate Nissan, Tammus, Tischrë u. Tebet (Abot III, 18. Vgl. dorts., wo das Wort anscheinend im allgemeinen Sinne von „Astronomie" gemeint ist).

תיקן „[etw. Schadhaftes] ausbessern, in Ordnung bringen, reparieren"; von Festtagen: „regeln, kalendarisch festlegen" (R. hasch. I, 4. Ebenso Ben-Sirach XLVII, 14). — „תיקן תיקון" = „Vorkehrungen treffen", „vorbereitende Einrichtungen schaffen" (für die Feier des Wasserschöpf-Festes; Suk. V, 2). — Im Hiphil: „התקין" = „vorbereiten", „ordnen", „geregelt gestalten", auch: „eine Regelung einführen", „eine Verordnung erlassen", „eine Bestimmung treffen". Ebenso im palästinens. Aramäisch im Aphël.

תקע „Jemd. schlagen, stossen" (B. kama VIII, 6; s. dort). [Vgl. auch die Ausführungen zu „מתקיע" in der Einleitung zum Traktat „Rosch ha-Schana" meines Mischna-Kommentars, S. 306].

תקף עליו im Sinne von: „etw. fällt Jemd. schwer" (d. h. schwer zu erfassen, schwer festzuhalten, schwer im Gedächtnis zu bewahren; Abot III, 8).

תרבות „Aufzucht", „Erziehung", „Gewöhnung an Disziplin" (B. kama I, 4: „בני תרבות" = „gezähmte, gezüchtete, domestizierte Tiere"). — Auch: „Weg, Art, Gewohnheit" (in der Verbindung „תרבות רעה" = „schlechte Sitte, üble Gewohnheit"; Nid. X, 8). Ebenso im Ps. Jonatan, Gen. XXI, 12, sowie im Syrischen: „תרביתא".

תרומה in der Verbindung: „תרומת הלשכה" = „die Hebe [aus den Schekel-Beiträgen] der Schatzkammer" (zur Anschaffung von Opfertieren; s. Schek. III, 2).

תשובה „Umkehr", „Abkehr", im Sinne von: „Reue über eine begangene Sünde oder ein ethisch verfehltes Verhalten".

תשע als Bezeichnung für: „die neunte Tagesstunde nach Sonnenaufgang" (Neg. II, 2).

c) Lehn- oder Fremdwörter (griechischen sowie lateinischen Ursprungs)[50]

אבטינס Εὔϑοινος; Eigenname (Schek. V, 1, u. s.: „בית אבטינס“).

אבטליון Πτολλίον; Eigenname (Abot I, 10).

אבטולמוס Εὔτολμος, Πτολεμαῖος; Eigenname (Erub. III, 4: „אבטולמוס העיד“).

אגריפס Αγριππας, Agrippa; Eigenname (Bikk. III, 4; Sota VII, 8: „אגריפס המלך“ = „König Agrippa“).

אויר ἀήρ; „Luft“, „leerer Raum“ (ebenso im Ps. Jonatan. Im Syrischen: „איר“, „אאר“. Im Mandäischen: „איאר“).

אוטיוס εὐϑέως; „bald, sogleich“ (Nid. II, 2).

אזמל σμίλη; „scharfes kleines Messer“ (insbes. für chirurgische Zwecke, „Skalpell“. — Ebenso im Targum; im Syrischen: „זמיליא“).

אטליס, אטלין κατάλυσις; „Marktplatz“ (insbes. als Bezeichnung für den „Viehmarkt“ oder den „Fleischmarkt“).

איטלקי Italicus; — „italisch“, „aus Italien“ (ebenso im Tadmorischen).

אכסדרה ἐξέδρα; in der Mischna im Sinne von: „offene Halle, Vorhalle, Vorbau“ (ebenso im Targum, im Syrischen sowie im Tadmorischen).

אכסנאי ξένος; „Fremder“, „Herbergsgast“ (Chul. VIII, 2, im Plural „אכסנאין“; — Demaj III, 1: „האכסניא“ [nach Manchen:] = „Söldner“, „durchziehende, verpflegungheischende Truppen“). — (Ebenso im Targum, im Syrischen sowie im Tadmorischen).

אכסרה ἐνσχερῷ, ὁλοσχέρως usw.; „im Schätzungswege“, „auf Grund blosser Schätzung“ (d. h.: ohne das genaue Maass festzustellen; — Demaj II, 5; Maass. sch. IV, 2).

אליוסטן ἡλιαστόν; „durch Sonnenbestrahlung der Trauben süss gewordener Wein“ („Ausbruch“; Men. VIII, 6).

אוליארין ὀλεάριος; „Diener im Badehaus“ (insbes. zur Bewachung der abgelegten Kleidung; Toh. VII, 7. — Andere Lesart: „אוריארין“).

אלכסנדרית [fem.] „alexandrinisch“, „aus Alexandria“, (Kel. XV, 1, u. a.: „ספינה אלכסנדרית“ = „alexandrinisches Schiff“).

---

50 Vgl. insbesondere Krauss, „Griech. u. Latein. Lehnwörter“ usw., nebst den Anmerkungen von J. Löw.

אלונטית λέντιον, linteum; — „Badetuch“ (Schab. XXII, 5: „אלנטית“, Plural: „אלנטיות“).

אלפא ἄλφα; „Alpha“ (der erste Buchstabe des griechischen Alphabets. S. Schek. III, 2: als Nummernbezeichnung für die erste der 3 Spendenbüchsen im Heiligtum; — Men. VIII, 1 u. 3, als Qualitätsbezeichnung: „das Beste, Erstklassige“ vom Mehl, vom Öl etc.).

אלפס, לפס λοπάς; „Schüssel“, „Pfanne“ (so auch im Ps. Jonatan, Num. XI, 8; — das. XXXI, 23: „לביסיא“).

[**אולר** „Federmesser“ (Kel. XII, 8), wahrscheinlich ein Fremdwort].

אמאוס Ἐμμαούς; „Emmaus“ (Stadt in Judäa, Arach. II, 4; Ker. III, 7).

אמבטי ἐμβατή; „Bade-Bottich“, „Badewanne“.

אמפליא ἐμπίλιον; „Filzschuh“ (Kel. XXVII, 6. — Jeb. XII, 1: „אנפילין“, andere LA.: „אמפיליא“ oder: „אנפליא“).

אנגלין s. weiter unter: „אנלגין“.

אנגריא ἀγγαρεία; „Frondienst“ (als eine Form der staatlichen Besteuerung; B. mez. VI, 3. Ebenso im Syrischen).

אנדיפי νετώπιον; „Schminke“ (Schab. VIII, 4).

אנדרוגינוס ἀνδρόγυνος; „Zwitter“ (mit doppelten Geschlechtsmerkmalen).

אנטיגנוס Ἀντιγονος; Eigenname (s. Abot I, 3).

[**אנטיכי** „wärmespeichernde Kochmaschine“, eine Art „Samowar“ (Schab. III, 4; vgl. dort in den „Ergänzungen“ meines Mischna-Kommentars). Wahrscheinlich ein Fremdwort: „aus Antiochia“].

אנטיפטרס Ἀντιπατρίς; Ortsbezeichnung (Stadt in Nordjudäa; Git. VII, 7).

אנלגין ἀναλογεῖον; „Lesepult“ (Kel. XVI, 7: „אנגלין“; andere Lesart: „אנלגין“).

אנומלין οἰνόμηλον; „mit Honig und Gewürzen gemischter Wein“ (Schab. XX, 2. — Ter. XI, 1: „יינומלין“).

[**אנפלי** „Geldbeutel“ (Schebuot VII, 6), wahrscheinlich ein Fremdwort].

אנפליא s. oben unter „אמפליא“.

אנפקנון ὀμφάκινον; „bitteres Öl aus unausgereiften Oliven“ (Men. VIII, 3; ebenso im Targum. Im Syrischen: „אמפקין“).

אנפוריא ἐμπορία; „Handelsware“ im Sinne von: „bisher noch nie in

Gebrauch genommener [fabrikneuer] Verkaufsgegenstand" (B. mez. II, 1).

אנקטמין ὄνος κατ᾽ ὦμον (?); „Gesichtsmaske, Larve", nach Anderen: „Holz-Esel" für Spiele der Gaukler; — auch „hölzerne Fuss- [oder Bein-] Prothese", „Stelzfuss" [„Stelzbein"] für Krüppel u. Invalide (Schab. VI, 8), sowie ferner: „ein Musikinstrument", dessen Form einer Fuss-Prothese ähnelt (Kel. XV, 6: „נקטמון").

אונקלי (Plural „אונקליות")[51], ὄγκινος oder ἀγκάλη; „hakenförmig gebogener Nagel", „Hakenstange", „Haken" an der Waage zum Aufhängen der abzuwiegenden Säcke; nach Anderen: „Waagschale", „Wiegesack". (Ebenso im Targum. Man vergleiche auch im Syrischen: „אוקינא").

אנקלי Wortwurzel ungeklärt; — „Ärmel des Obergewandes" (Meg. IV, 8. — Im Syrischen: „אנקלא", vgl. Smith, 282, 360).

אנתקי ἐνθήκη; „Inhalt einer Warensendung", „Schiffsladung" (B. batra V, 1).

אסדה σχεδία; „Floss", „aus Baumstämmen oder Balken zusammengefügtes flaches Wasserfahrzeug" (s. Ber. IV, 6, sowie Jeruschalmi daselbst. Ebenso in anderer Lesart Neg. XII, 1, wo Manche: „אכסדיא" lesen; nach unserem Text: „אסקריא". Im Syrischen: „אכסידא"; Smith 186, vgl. auch dort 306).

אסטגיות στέγη; „Decken", „Dachwölbungen" (eines irdenen Backofens; Kel. VIII, 9).

אסטונית s. unter „אצטבא".

אסטיס ἰσάτις; „Indigo" (blauen Farbstoff produzierende indische Pflanze; — vgl. Smith 160).

אסטנים ἀσθενής; „von zarter Gesundheit", „schwächlich", „anfällig" (ebenso im Targum, Hiob VI, 7).

אסטסית στάσις; „Komplott" (böswillige gemeinsame Verabredung von Zeugen zu übereinstimmenden falschen Aussagen; Makk. I, 5).

אסטרטיא στρατιά; „Kriegsheer" (Kid. IV, 5). Ebenso im Syrischen.

אסימון ἄσημον; „runde münzenförmige Metallplatte ohne Münz-

---

51 In Kel. XII, 2, nach einer anderen Lesart: „אונקיות" statt „אונקליות", entsprechend dem griechischen οὐγκία.

prägung“ (auch: „abgewetzte Münze“. — Im Syrischen: „סאמא“; Smith 2494).

אסכלא ἐσχάρα(?); „Bratrost“ (ebenso im Ps. Jonatan, Num. XXXI, 23: „אסכלתא“).

אסל ἄσιλλα; „Joch“, „Tragstange“, „Schulterstange“ (zum Tragen von Doppeleimern; Kel. XVII, 16. — Ebenso im Targum).

אסלא σέλλα, sella; — „Nachtstuhl“, „Klosettsitz“ (Kel. XXII, 10. — Im Syrischen: „סילים“; Smith 2612).

אספלנית σπληνίον; „Wundpflaster“ (so auch im Targum. — Im Syrischen: „אספלניא“).

אספמיא Ἰσπανία; Bezeichnung für „Spanien“ (B. batra III, 2; ebenso im Targum, Obad. Vers 20. Im Syrischen: „אספניא“).

(**אספניא** s. weiter unter „אפסניא“).

אספנין s. unter „קולים“.

אספסינוס Vespasianus; — Eigenname (der römische Kaiser Vespasian; Sota IX, 14).

אספקלריא σπεκλάριον; „Glas-Spiegel“ (Kel. XXX, 2; — andere Lesart: „ספקלריא“. Ebenso im Targum).

אספר ἄσπρον; „kleine Silbermünze“ (im Werte von 1/5 eines Denars; Maass. sch. II, 9: „אספרי כסף“).

אספרגוס ἀσπάραγος; „Spargel“ (Ned. VI, 1).

אספתי σπάθη, spata; — „die Spatel der Weber“ (ein schmales schwertförmiges Holzinstrument; Ohal. XIII, 4. Im Syrischen: „אספתא“).

אסקוטלא σκουτέλλα, scutella; — „breite, niedrige Schüssel“, „tablettähnliche flache Glasschale“ (Kel. XXX, 1).

אסקריא s. oben unter „אסדה“.

אסקריטין ἐσχαρίτης; „Herdgebackenes“ (Bezeichnung für eine Art Honig-Gebäck; Chal. I, 4. — So auch im Targ. Onk., Ex. XVI, 31).

אסר ἀσσάριον; „kleine Kupfermünze“, römisch: „Ass“, im Werte von 1/24 Silberdenar (Kel. I, 1. Ebenso im palästinensischen Aramäisch, im Syrischen sowie im Tadmorischen).

אפותיקי ὑποθήκη; in der Mischna im Sinne von „Pfand“, dingliche Sicherheit für eine Schuld“ (Git. IV, 4).

אפטרופוס ἐπίτροπος; „Vormund“ [in Ket. IX, 6: „אפטרופא“ im Sinne von „Geschäftsführerin“, „Vermögensverwalterin“].

— (Ebenso im Targum Jonatan, im Syrischen und im Tadmorischen).

אפיפודין ὑποπόδιον; „Fuss-Schemel" [nach Anderen: „zerlegbarer Stuhl"]. (Kel. XVI, 1. — Ebenso im Targum Jonatan Ex. XXIV, 10).

אפיפורין „grosse Schreibtafel" (nach Manchen: auch als Sitzfläche benutzbar; — Kel. XXIV, 7),

sowie אפיפירום „Flechtwerk" (für Spalierobst oder korbartige Behälter; Kil. VI, 3; VII, 3; Kel. XVII, 3),

beide von der Wortwurzel: πάπῦρος.

אפיקומן ἐπίκωμον; „Nachspeise", „Schluss-Speise", „letzter Gang" (bei Abschluss eines Mahles; Pes. X, 8).

אפיקורוס Ἐπίκουρος; „Epikuräer", im Sinne von „Freidenker", „Abtrünniger", „Haeretiker" gebraucht (vgl. Ps. Jonatan, Deut. I, 12; sowie P. Smith, S. 344).

אפמיא Ἀπαμεία; Name einer „Ortschaft in Syrien" (Chal. IV, 11; — „Apamea").

אפונדא, פונדא φοῦνδα, funda; — „breiter Gürtel zum Tragen der Geldtasche", „Geldgurt".

אפסניא ὀψώνιον; „Zehrung", „Löhnung", „Sold" (für die Leibgarde des Königs; Sanh. II, 4 [in den uns vorliegenden Texten: „אספניא"]. — Ebenso im Syrischen: „אפסניתא").

אפקטויזין ἀπέκπτυσις; „Vomitiv", „Brechmittel" (zur Reinigung des Magens von schädlichen Stoffen; Schab. XXII, 6).

אפקרסין, פקרסים ἐπικάρσιον; „Kleid" (an der Schulter zuzuknüpfendes Untergewand; Kel. XXIX, 1; Mikw. X, 4. — Im Syrischen: „אפקרסא").

אפרודיטי Ἀφροδίτη = die griechische Göttin „Aphrodite" (Ab. sara III, 4).

אפרכס πρόχοος; „trichterförmiges Rohr", insbes. „Mühltrichter" (zum Einschütten des Getreides; Kel. XIV, 8; — auch das. XXX, 4, in der Lesart: „ארפכס").

אפרסקין, פרסקים Περσικόν; „Pfirsiche" (Kil. I, 4; Maass. I, 2).

אצטבא στοά; „Säulenhalle", auch: „Ruhebank" in einer solchen; ferner: „Säulenvorplatz" (vor Häusern, Läden etc.). — Ebenso in variierenden Schreibarten: „אצטוניות" (Ohal. XVIII, 9; in anderer Lesart: „אסטוונות"), ferner:

„אסטונית“ (Toh. VI, 10; andere LA.: „אסטוונות“). — [So auch im palästinensischen Aramäisch und im Syrischen: „אסטוא“].

אצטדיא στάδιον; „Stadion“, „Rennbahn“, „Arena für Stier- oder Ringkämpfe etc.“ (Ab. sara I, 7). Auch: „אצטדין“ (B. kama IV, 4). — [Ebenso im palästinensischen Aramäisch sowie im Syrischen].

אצטוניות s. oben unter „אצטבא“.

אצטלית στολη; „Überwurf“, „Obergewand“, insbes. als Amtstracht: „Talar“ (ebenso im Targum: „איצטלא“ oder „אסטלא“, im palästinensischen Aramäisch: „אסטולא“, im Syrischen: „אסטלא“, im Mandäischen: „עצטלא“).

אצטרובל, אצטרובלין στρόβιλος; „Kienapfel“, „Zirbelnuss“ (Frucht der Nadelbäume, s. Ab. sara I, 5). In der Mischna auch im übertragenen Sinne: „runder Mühlstein“ (B. batra IV, 3) oder: runder Holzklotz (als Unterbau der Handmühle; Sab. IV, 2). — [Im Syrischen: „אסטרובוליא“, im Tadmorischen: „אסטרוביליא“].

אצטרמיטה στρόφωμα; „mehrteilige zurückklappbare Flügeltür“ (Mid. IV, 1. In anderer Lesart: „אסטרופומטה“).

אקון ὄγκιον (?); „Fischerkorb“, „Fischkasten“ (Kel. XII, 2; XXIII, 5).

אירום ἶρις; „Schwertlilie“ (Kil. V, 8; Ohal. VIII, 1. — Ebenso im Syrischen: „אירסא“).

[ארום s. oben S. 239].

אורז ὄρυζα; „Reis“ (ebenso im Ps. Jonatan, Num. XV, 19: „אוריזא“, sowie im Syrischen).

אריארין s. oben unter „אליארין“.

ביברין βιβάριον, vivarium; — „Menagerie“, „Tierpark“, „Tierbehälter“, insbes. für Fischzucht: „Fischbehälter“, „Aquarium“ (Beza III, 1. — Ebenso im Targum, Hiob. XVIII, 9: „ביבריא“).

בימה βῆμα, bema; — „Bühne“, „Estrade“, auch: „Richterstuhl“, „Richtstätte“ (Ab. sara I, 7. — Ebenso im Syrischen).

בימוס βωμός; „Altar“, „Sockel“, „Tabernakel“ (für Götzenbilder, Ab. sara I, 7; IV, 6: im Plural „בימוסיאות“; vgl. auch weiterhin unter „דימוס“. — Ebenso im Targum: „במסא“ und im Syrischen: „בומסא“).

בית אניקי Βιθυνιακή; Ortsbezeichnung, „Name eines Dorfes" (wo Kälber für Götzenopfer gezüchtet wurden; Ab. sara II, 4). Vgl. dort in den „Ergänzungen" meines Mischna-Kommentars.

ביתא βῆτα; „Betha", der zweite Buchstabe des griechischen Alphabets (als Nummernbezeichnung für die zweite der drei Spendenbüchsen im Heiligtum; s. Schek. III, 2).

ביתוס Βοηθός; Eigenname (Sohn des Sunin; Ab. sara V, 2).

ביתוסי „Anhänger des Bajtos" (Boëthos, Begründers einer haeretischen Sekte; Men. X, 3: „הביתוסים" = „die Bajtosianer").

[**בוכריה** s. oben S. 240].

בלמוס βούλιμος; „Heisshunger" (plötzliches, unter bestimmten Nebenerscheinungen auftretendes krankhaftes Hunger-Gefühl; Joma VIII, 6. — Ebenso im Syrischen: „בולימוס").

בלן βαλανεύς; „Bademeister" (vgl. im Syrischen: „באלניא" und die Lesart in B. batra IV, 6: „בילניות", sowie Mikw. IX, 6: „בנאים").

בסילקי βασιλική; „Basilika", „Säulenhalle mit gewölbtem Dach" (Toh. VI, 8. — Im Syrischen: „בסליקא", im Tadmorischen: „בסלקא").

בסיס βάσις; „Unterlage", „Fussgestell", „Sockel", „Fundament" (ebenso im Targum und im Syrischen. Im Nabatäischen: „בססא").

ברגנין πύργος, burgus; — „Burg, Turm"; in der Mischna: „[turmartige] Getreidespeicher oder Scheunen zur Aufbewahrung von Früchten" (s. Maass. III, 7; Ohal. XVIII, 10. — Im Syrischen: „בורגא" oder „ברגונא").

ברדלס πάρδαλις; „Panther", „Leopard".

ברדס eine Art „Decke aus dicker Wolle" (Kil. IX, 7) [52].

ברכיר βρακιάριον; „[lederner] Armschutz", „Schutz-Ärmel"; nach Anderen: „Kniebedeckung" oder „Knie-Unterlage" für kniend Arbeitende (s. Kel. XXVI, 3).

ברס „dünne Wolldecke" (Kil. IX, 7) [52].

ברסי βυρσεύς; „Gerber" (Ket. VII, 10).

ברסקי βυρσική; „Gerberei" (B. batra II, 9).

52 Vgl. Krauss, „קדמוניות התלמוד" (Übersetzung der „Archäologie des Talmud"), Bd. II, Teil 2, S. 211 ff.

גביני „Gabinius"; — (Bezeichnung des öffentlichen Ausrufers [= Herolds] unter den Aufsichtsbeamten des Heiligtums; Schek. V, 1).

גזוזטרא ἐξώστρα; „Gesims", „erkerartiger Vorbau" (Schab. XI, 2; nach anderer Lesart: „פסוסטרא". — Im Syrischen: „פסוסטראן").

[גלגילון vgl. oben S. 243].

גלוסטרא, קלוסטרא claustrum; — „Abschluss-Knopf", „Knauf" (kugelähnliche Verdickung am oberen Ende des als Türriegel dienenden Querbalkens zum festeren Verschluss der Tür; Erub. X, 10; Kel. XI, 4).

גלוסקא κόλλιξ; „dickes Feinbrot", „Semmel" (ebenso im Syrischen).

גלוסקמא γλωσσόκμον; „Futteral", „Kasten", „Schrein", „Behälter" (s. Mëila VI, 10). Auch: „גלוסקום" (Ohal. IX, 15. Unsere Lesart in Git. III, 3, und B. mez. I, 8: „דלוסקמא"; ebenso im Targ. Jonatan, Gen. L, 26. Im Syrischen: „גלוסקמא גלוצטמא").

גם, גמא Γ, γάμμα; „Gamma", der 3. Buchstabe des griechischen Alphabets (als Nummernbezeichnung für die dritte der 3 Spendenbüchsen im Heiligtum; s. Schek. III, 2: גמל״א [גמא]).

גמטריא wahrscheinlich von γραμματεία; in der Mischna: „die Lehre von den Zahlenwerten der hebräischen Buchstaben und den darauf basierenden Deutungen" (Abot III, 18: „גמטריאות").

גנוסיא γενέσια; „Geburt". — „יום גנוסיא" = „Geburtstag" (Ab. sara I, 3). — (Ebenso im Targum, im palästinensischen Aramäisch sowie im Syrischen:

גסטרא γαστρα; „Tonscherbe", „zerbrochenes Gefäss (das noch als Behälter geeignet ist; Kel. II, 6).

גפס „vergipsen", „mit Gips verbinden", „mit Gips überziehen" (Kel. X, 5: „שגיפס"; vgl. dort u. Mikw. IV, 3). Verbalform von:

גפסים γύψος; „Gips" (Kel. X, 2; Para V, 9).

גרדום gradum; — „Richtplatz", „Hinrichtungsstätte", „Schafott" (Ab. sara I, 7).

גרוטום γρύτη; „Bruchstück", „Abfall" von zerbrochenen Gegenständen (Kel. XI, 3).

גרמני Germanus; — „hellhäutiger Mensch", „Germane", (Neg.

II, 1; im Syrischen: „נרמננא“, Smith 785). Im Targum: „נרממיא“, „נרמניא“.

דונמא δεῖγμα, digma; — „Muster“, „Probe“, „Beispiel“, „Vorbild“ (Schab. X, 1; Edujot V, 6. — Im Syrischen: „דונמא“ im Sinne von „δόγμα“).

דוסא, דוסתאי Eigennamen (vgl. Krauss, „Lehnwörter“).

דופרא δίφορος; „ein Baum, der zwei Mal im Jahre Frucht trägt“ (Demaj I, 1; Schebiit IX, 4). (Andere Lesart: „דיופרא“).

דידכאות διάδοχος; eine Art von stafettenartig verteilten „Wachtposten“ (Joma VI, 6; vgl. dort in der Erläuterung meines Kommentars. Nach unserem Text: „דרכיות“).

דיוטא δίαιτα; „Stockwerk“ (Schab. XI, 2).

דיומד wahrscheinlich zusammengesetzt aus der griechischen Vorsilbe „δύω“ und dem hebräischen „עמוד“; „Doppelsäule“, „Doppelbalken“ (Erub. II, 1).

דיוסטר διωστήρ (?); „doppelseitig benutzbare Stange“ (am Webstuhl; Kel. XX, 3). — [Das Wort kommt auch im Targum vor: Psal. LXXIV, 6; CXLIX, 6. Die Kommentatoren halten es für zusammengesetzt aus „δύω“ u. „סטר“].

דימוס δημόσιον; „öffentliches Bad“ (Ab. sara I, 7: „דימוסיאות“, s. dort in der Erläuterung meines Kommentars; nach unserem Text: „בימוסיאות“. — Ebenso im Targum; im Syrischen: „דימוסיון“).

דינר denarius; die römische Münze: „Denar“ (ebenso im Targum, im palästinensischen Aramäisch, im Syrischen sowie im Tadmorischen).

דיתקי διαθήκη; „Testament“, „letztwillige Verfügung“ (ebenso im palästinensischen Aramäisch und im Syrischen).

דלוסקמא s. oben unter „גלוסקמא“.

דלמטיקון Δαλματικόν; eine Art „Wollstrumpf“ zur Bekleidung der Schenkel (Kil. IX, 7).

דלפקי delphica; — „kleiner Serviertisch“ zum Abstellen der für die Haupttafel bestimmten Speisen und Gefässe (Ab. sara V, 5; nach unserer Lesart: „דלבקי“).

דפוס τύπος; „Form“ (s. auch unter „טופס“).

דפתרא διφθέρα; „Pergament“ (vgl. Smith 890).

דרקון δράκων; „Drache“ (Ab. sara III, 3. — Ebenso im Syrischen).

דרקטי τρυγητή; Bezeichnung für eine „unfruchtbare, gebärunfähige Frau" (Nid. IX, 11. Andere Lesart: „טרוקטי").

הגמון ἡγεμών; „Statthalter" (Edujot IV, 7. — Ebenso im Targum; im Syrischen „אגמונא", „הגמונא"; im Tadmorischen: „היגמונא").

הגמוניא ἡγεμονία; „Verwaltungsbezirk" (Git. I, 1. — Im Syrischen: „הגמונתא").

הדיוט ἰδιώτης; in der Mischna „Unkundiger, Unwissender, Laie" (im Gegensatz zum Fachmann oder fachlich Ausgebildeten, z. B. Richter, Arzt, geschulter Handwerker); auch: „Einfacher, Gemeiner, Gewöhnlicher" (im Ggstz. zum Spezialisten, zum Grosskaufmann etc., oder zu Personen von hohem Rang: zum König, Hohenpriester, Propheten u. ähnl.), ferner im Sinne von: „Profangegenstände, Privat-Besitztum" (im Ggstz. zu Gütern des Heiligtums). — Ebenso im Targum sowie im Syrischen.

הדריני „hadrianisch", „nach der Art des Kaisers Hadrian" (Ab. sara II, 3; vgl. dort in der Erläuterung sowie in den „Ergänzungen" meines Mischna-Kommentars).

[**הוגרם** Eigenname (Sohn des Levi; Schek. V, 1, u. Joma III, 11. — Vgl. Krauss, „Lehnwörter")].

הילמי ἅλμη; „Salzlauge, Salztunke" zum Konservieren von Früchten (Schab. XIV, 2).

הילני Ἑλένη; Eigenname (Königin „Helena").

הינומא ὑμέναια; „Schleier, Brautschleier" (Ket. II, 1).

המירום Ὅμηρος; „Homer" (Jad. IV, 6).

הנדוין aus Ἰνδίη; „indisch", „aus Indien" (Joma III, 7).

הפתק ἀποθήκη; „Speicher", „Vorratsraum" (Ab. sara II, 7; andere Lesart: „אפותק". — Ebenso im Targum: „**אפותיק**", im Syrischen: „**אפתיקא**", „**אפותיקא**").

הרדסיות (fem. plur.) von: Ἡρώδης; „herodesisch", „nach der Art des Königs Herodes gezüchtet" (von domestizierten Tauben gebraucht; Schab. XXIV, 3. Vgl. dort in der Erläuterung meines Kommentars).

הרדפני ῥοδοδάφνη; „Oleander" (Zierstrauch; Chul. III, 5. — Im Syrischen „הרדופ̄").

הרכינס Ἀρχῖνος; Eigenname (Vater des Tanna R. Dossa; Ket. XIII, 1; u. s.).

הרקנוס Ὑρκανος; Eigenname (eines Tanna; Jeb. XII, 6).

וילון βῆλον, velum; „Vorhang“ (ebenso im Ps. Jonatan. Im Syrischen: „ואלא“, „וילא“).

וסת ἔθος, ἦθος (?); „Gewohnheit“, „[ständige] Art“, insbes. „die Regel der Frauen“, „Periode“, „Menstruation“. (Im Ps. Jonatan, Lev. XV, 31, dem Hebräischen entlehnt; vgl. Bab. Schebuot 18 b). S. auch in der „Festschrift für A. Schwarz“, S. 348.

זוג ζυγόν, ζεῦγος; „Paar“. — „בן זוג“ = „Gegenstück“ (Schab. XII, 3). Im Targum: „זוגא“ bezw. „בר זוגא“ (Psal. LXVIII, 7). So auch im palästinensischen Aramäisch; im Syrischen: „זוגא“). — Davon abgeleitet das Verbum:

זיוג „paaren“, „zu Paaren verbinden“ (Sanh. V, 5: „מזדוגין זוגות“ = „sich paarweise zusammenschliessen“. — Ebenso im Targum, im palästinensischen Aramäisch sowie im Syrischen).

[**זוגדום** s. oben S. 250].

זומאלסטרא ζωμάρυστρον; „Schaumlöffel“ (Kel. XIII, 2; XXV, 3).

זומן ζωμός; „Brühe“ (Pes. III, 1. — Im Syrischen: „זומא“).

זון ζώνη; „Gürtel“ (Kel. XXVI, 3. — Im palästinensischen Aramäisch sowie im Syrischen: „זונא“).

זונין Ζήνων (?); Eigenname (Vater des Bajtos; — s. Ab. sara V, 2). (Vgl. oben unter „ביתוס“).

זיתום ζύθος, zythum; — „eine Art Bier“ (Pes. III, 1; andere Lesart: „זיתום“. — Im Syrischen: „זיתום“).

[**חילק** s. oben S. 252].

חילקה halica; — „[in zwei Teile] zerstossene Weizenkörner“, „Weizen in grober Vermahlung“, „Weizengrütze“ (Machsch. VI, 2; in anderer Lesart: „חליקה“).

חכינאי Eigenname (Vater des R. Chananja; — s. Krauss, „Lehnwörter“).

חרדלית χαράδρα; „Gebirgsbach“, „Bergstrom“ (Edujot V, 2; Mikw. V, 6). Vgl. auch in der „Festschrift für A. Schwarz“, S. 354).

טבלה tabula; — „Tafel“, „Brett“, insbes. „Speisebrett“, „Tischplatte“, auch im spez. Sinne von: „Tonplatte mit schüsselartigen Vertiefungen als Speisetafel“ (Kel. II, 7. — Im Syrischen: „טבליתא“).

טבריה Τιβεριάς [53]; Ortsbezeichnung („Tiberias", Stadt in Unter-Galiläa).

טיטוס Eigenname (der römische Kaiser „Titus"; Sota IX, 14. Vgl. dort in der Erläuterung meines Mischna-Kommentars).

[טיטרום wahrscheinlich ein Fremdwort; „ein Gefäss, dessen Boden mit kleinen Löchern versehen ist" (Kel. II, 6)].

טיסני πτισάνη, tisana; — „[in vier Teile] zerstossene Weizenkörner", „feingemahlener Weizengriess" (Machsch. VI, 2).

טפיטן τάπης-ητος; „Teppich", „Decke". Nach Anderen „Satteldecke" (Kel. XII, 2. — Im Syrischen: „טפיטא", „טפטא").

טופס, טפוס τύπος, typus; — „Form", „Formel", „formularmässiger Teil des Textes" (z. B. im Scheidebrief; Git. III, 2. — Im Ps. Jonatan: „טופסא", ebenso im palästinensischen Aramäisch, im Syrischen u. im Mandäischen. S. auch oben unter „דפוס").

טרבל τρίβολος; „eine dreiteilige Dreschmaschine, Dreschwalze" (Para XII, 9. — Im Syrischen: „טריבוליון").

טרגים τράγος, tragus; — „[in drei Teile] zerstossene Weizenkörner", „Weizen in mittlerer Vermahlung", „Weizengraupe" (Machsch. VI, 2. — Ebenso im Syrischen).

טרטימר τριτημόριον; Gewichtsbezeichnung (etwa 25 Schekel, entsprechend einer halben Mine; Sanh. VIII, 2).

טריגון τριγωνον; „dreiwinklig, dreieckig" (Neg. XII, 1. — Im Targum: „טריגונין", im Syrischen: „טריגונא").

טריסית tressis; — „eine römische Münze" im Werte von 3 As (Schebuot VI, 3. — Im Syrischen: „טרסא", „טארסא").

טרית θρίσσα; „ein kleiner essbarer Seefisch" (s. Ned. VI, 4; Ab. sara II, 6. Ebenso im Targum Jonatan, Deut. XXXIII, 19).

טרמיטא τρομητη; in der Verbindung „ביצת טרמיטא" = „ein nur kurze Zeit erwärmtes, leicht angekochtes Ei" (Ned. VI, 1).

טרסקל τρισκελής; „dreibeiniger Sessel oder Schemel" (Kel. XXII, 10. — Im Syrischen: „טריסקלין").

טרפון Τερπών, Τρύφων; Eigenname: „R. Tarphon" [= Tryphon].

טרפעיק τροπαϊκά; „römische Silbermünze" im Werte eines halben Denars (Ket. V, 7).

53 S. Bereschit Rabba XXIII, 1.

טרקטי s. oben unter „דרקטי“.

טרקלין τρικλίνιον, triclinium; — „Saal“, „Innen-Halle“ (ebenso im Targum, im palästinensischen Aramäisch sowie im Syrischen). Vgl. „הצופה לחכמת ישראל“, Jahrg. X, S. 247.

טרקסין s. oben S. 256].

יינומלין s. oben unter „אנומלין“.

[פומס s. oben S. 258].

כי „X“ [= Chi], der drittletzte Buchstabe des griechischen Alphabets (s. Men. VI, 3; Kel. XX, 7).

כילון cilon; — „Spitzköpfiger“, ein Mensch mit ungewöhnlich schmal geformtem, spitz zulaufendem Schädel (Bech. VII, 1).

כליא κοιλία; „Unterbau“, „Lehmfundament“, nach Anderen: „Ausbuchtung“, „Vorwölbung“ (des irdenen Ofens; B. batra II, 1. Vgl. dort in den „Ergänzungen“ meines Mischna-Kommentars).

כליאר κοχλιάριον; eine Art „Kopfbund“ der Frauen (Schab. VI, 3; andere Lesart: „כבליאר“).

כלונס columnus; — „Stange“ (ebenso im Targum).

כן κανών; „im Sinne von „Lineal“ (Kel. XII, 8; vgl. dort in den „Ergänzungen“ meines Mischna-Kommentars. — Im Syrischen: „כנונתא“).

כסוסטרא, כצוצרא s. oben unter „נזוזטרא“.

כרוב κράμβη; „Kohl“ (im Syrischen: „כרבא“).

כרוז s. oben unter „כרז“ (S. 214).

כרכר, כרכר κερκίς-ίδος; „Rollstab, Walze“ der Weber (zum Aufschlagen des straffgespannten Gewebes. Im Syrischen: „כרכידא“).

כרקום, כרכום χαράκωμα; „[ringförmiger] Belagerungswall“ (Git. III, 4), auch: „Belagerungsheer“ (rings um eine Stadt; Ket. II, 9. — Im Targum: „כרקום“; im Syrischen: „קלקומא“).

לבדקים „Herkunftsbezeichnung einer Eselsart“ (libysche Esel, vgl. Schab. V, 1; sowie dort in den „Ergänzungen“ meines Mischna-Kommentars).

לבזבז s. weiter unter „לזביז“.

לבלר libellarius; — „Schreiber“, „Urkundsbeamter“ (ebenso im Targum. Vgl. auch Smith 1937).

לבס λέβης; „kupferner Kochkessel" (Kel. XIV, 1: „הלבס").
לבקן λευκόν; „weisshäutiger Mensch", „Albino" (Bech. VII, 6).
לגיון legionis; — „Legion", „Truppenkörper" (ebenso im Targum, im Syrischen sowie im Tadmorischen).
לגין λάγηνος, lagena; — „Krug" (ebenso im Targum und im Syrischen).
לדיקי [aus] Laodicea; — Herkunftsbezeichnung: „laodicäisch" (Kel. XXVI, 1).
לוכסן λοξόν; „in der Diagonale", „schräg", „quer" (im Syrischen „לוכסון").
לונכיות (Plural) λόγχη; „Speere", „Lanzen" (Sota I, 8).
לזביז, לבזבז λαβίς; „[erhöhter] Rand", „Rahmen" (rings um ein Gerät oder Gefäss; s. Kel. II, 3; u. a.).
לטמיא vgl. oben S. 264]. unter „מלטימיא"].
ליטרא λίτρα; „Pfund" (ebenso im Syrischen).
לסטים (= „לסטים")[54] λῃστής; „Strassenräuber", „Wegelagerer" (ebenso im Targum, im palästinensischen Aramäisch sowie im Syrischen).
לפס s. oben unter „אלפס".
לפסן λαψάνη; „grauer Senf" (Kil. I, 5. — Im Syrischen: „לםפסאנא").

מגיס μαγίς; „Schüssel", insbesondere: „Suppenschüssel, Suppen-Terrine" (ebenso im Targum. Im Syrischen: „מגסא").
מוכני μηχανή; „Maschine", „mechanische Vorrichtung", „Räderwerk" (Joma III, 10. Im Targum II zu Est. I, 2: „מוכנוי"; im Syrischen: „מאכנא", etc.).
מיל mille; — „Meile" (ebenso im Targum und im Syrischen).
מילה, מילת μελία, μηλέα (?); „Esche", „Eschenholz" (Mid. III, 7. — Im Syrischen: „מיליא". Vgl. auch Jastrow, „Dictionary of the Targumim etc.").
מינתא μίνθα, mentha; — „Minze" (Ukz. I, 2; in unserem Text: „מיתנא". — Ebenso im Syrischen).
מלוגמא μάλαγμα; „Wundpflaster" (im Syrischen: „מלגמא").
מוליאר μιλιάριον; „Gefäss zum Erwärmen von Wasser", „Kochkessel mit Kohlenfeuerung" (Schab. III, 4; vgl. dort in den

54 In der Mischna sonst überall als Pluralform: „הלסטסים" = „הלסטים". In B. mez. VII, 9, im Singular: „הליסטס" (in verschiedenen Schreibweisen), jedoch in anderer Lesart das.: „הליסטין".

„Ergänzungen" meines Mischna-Kommentars. — Im Syrischen: „מלירא").

מלפפון μηλοπέπων; „Zuckermelone" (im Syrischen: „מלפפונא", „מלופנא". Vgl. auch Targ. Jonatan, Num. XI, 5).

מלתרא μέλαθρον; „mit Bilderschmuck verzierter Balken" (Mid. III, 7).

מנפול μονοπώλης; „Monopol-Inhaber", „privilegierter Händler" (mit Allein-Konzession); „Aufkäufer bestimmter Waren" (Demaj V, 4).

מרגלית μαργαριτης, margarita; — „Perle" (ebenso im Targum. Im palästinensischen Aramäisch: „מרגלי"; im Syrischen sowie im Talmud: „מרגניתא").

מורים muries, muria; — „Fischbrühe" (im Syrischen: „מוריא").

מרצוף marsupium; — „Sack", „Warensack" (insbes. von Schiffsladungen. — Im palästinensischen Aramäisch: „מרצף"; im Syrischen: „מרסופא").

מרקולים Mercurius; — der römische Götze „Merkur".

[מיתון s. oben S. 268].

נוטריקון wahrscheinlich von: νοταρικόν, notarius; — „Abkürzung", „Abbreviatur", „Merkzeichen" (Schab. XII, 5).

[נומירון „gezählte Schar", „Heerestruppe"; vgl. in der Erläuterung zu R. hasch. I, 2, meines Mischna-Kommentars].

נימא νῆμα; „Faden, Schnur" (Erub. X, 13; u. s. — Ebenso im Targum und im Syrischen).

נימוס νόμος; „Gesetz" (Git. VI, 5. Ebenso im Targum sowie im palästinensischen Aramäisch: „נימוס"; im Syrischen und Tadmorischen: „נמוסא").

ניקון νίκον; „eiserne Speer- oder Lanzenspitze" (Kel. XI, 8).

ניקנור Νικάνωρ; Eigenname („Nikanor", s. Joma III, 10; Mid. I, 4).

נירונית (fem.), von Νέρων; — „von Nero geprägt", „mit dem Bildnis des Kaisers Nero versehen" (als Bezeichnung für eine Münzenart; Kel. XVII, 12).

נמל von λιμήν; — „Hafen" (Erub. IV, 1; andere Lesart: „למין". — Im Syrischen: „למאן"; im Tadmorischen: „למנא").

ננס, ננסת νανος, nanus; — „Zwerg, Zwergin" (Bech. VII, 6; Para II, 2), auch von leblosen Gegenständen im Sinne von: „kurz", „klein" (Tamid III, 5; Mid. III, 5).

נפוס napus; — „eine dem Rettig verwandte Erdfrucht" (s. Kil. I, 3 u. 5; Ukz. I, 2).

נקטמון s. oben unter „אנקטמין".

נקליבם νικόλαος, nicolaus; — „Pflanzenname" (Bezeichnung eines seltenen, für götzendienstliche Zwecke gebrauchten Gewächses; Ab. sara I, 5).

נקליטין ἀνάκλιτον-τα; „Bettstangen" (Suk. I, 3. — Ebenso im Targum Est. I, 6).

סבלונות τὰ σύμβολα; „Verlobungsgeschenke", „Heiratsgeschenke" (Kid. II, 6; B. batra IX, 5. — Im Syrischen: „סבלונא").

סבריקין „Beinkleider", nach Anderen: „wollene Schutzärmel" (Kel. XXIX, 2) [55].

סגום σάγος, sagus; — „dicke Wolldecke" (zum Einhüllen; Ohal. XI, 3).

סודר σουδάριον; „Tuch", „Schweisstuch", auch: „Seihetuch" (Schab. XX, 2. — Ebenso im Targum, im palästinensischen Aramäisch sowie im Syrischen).

סולים, סולים soleam, soleas; — „Ledersohle", „Sandale" (Kel. XXVI, 4).

סומכוס Σύμμαχος; Eigenname (eines Tanna; s. Erub. III, 1, u. a.).

סוריא Συρία; Bezeichnung für „Syrien".

סטרנליא Saturnalia; — die „Saturnalien", ein heidnisches Fest der Römer (Ab. sara I, 3; in unserem Text: „סטרנורא").

סיטון σιτώνης; „Grosshändler", „Grosskaufmann" (insbes. im Getreide- und Lebensmittel-Handel, B. batra V, 10).

סילון σωλήν; „Rinne", „Rohrleitung", „schmaler Wassergraben", „Kanal" (ebenso im Syrischen: „סילונא").

סימן wahrscheinlich aus dem Griechischen: σημεῖον; „Zeichen", „Anzeichen", „Vorzeichen"; auch: „Kennzeichen", „Merkmal" (so auch im Targum, und zwar dort [Hiob XIII, 27], ebenso wie im Syrischen, in der Form: „סימיון"). Auch das Verbum „סימן" = „kennzeichnen" findet sich (nach unserer Lesart) in B. batra X, 7: „מסומנים" = „durch Angabe von Merkmalen gekennzeichnet" (in anderer LA.: „סימנין". — Vgl. auch Jes. XXVIII, 25).

סיקריקון sicarius; — „Gewalttäter", „Räuber" (in Machsch. I, 6, lautet unsere Lesart: „סיקרין"; — im Syrischen: „סיקרים".

---

55 S. Krauss, „קדמוניות התלמוד", Bd. II, Teil 2, S. 196.

Vgl. auch in den „Ergänzungen" zu Git. V, 6, meines Mischna-Kommentars).

סלקונטית sal conditum; — eine „salzhaltige Speise der Römer" (Ab. sara II, 6).

סמפון συμφωνία; „zusätzliche Urkunde", „Nachtragsdokument", auch im Sinne von „Quittung" (B. mez. I, 8).

סמפון σίφων; „Lungenflügel" (Chul. III, 1: „בית הסמפונות" = „Lungengewebe", „Lungengeäder").

סמפוניה s. oben S. 221.

[סנבוטין (wahrscheinlich aus dem Griechischen) „ein Kopfschmuck der Frauen" (mit herabhängenden Bändern zum Festknüpfen; Schab. VI, 1 u. 5)].

סנדל σάνδαλον; „Sandale" (auch: „Hufbeschlag der Tiere"; „Untergestell"; „Missgeburt in Gestalt eines sandalenähnlichen Fisches". — Ebenso im Targum sowie im Syrischen).

סנדלר σανδαλάριος; „Sandalenmacher" (ebenso im Syrischen).

סנהדרין συνέδριον; „Oberster Gerichtshof".

סנטר σαλτάριος, saltarius; — „Grenzwächter", „Feldhüter" (B. batra IV, 7).

ספג (vom Substantiv: „ספוג" = σπόγγος, „Schwamm", abgeleitet). Als Verbum im Sinne von: „einsaugen, aufsaugen"; „abtrocknen, abwischen"; auch: „gegeisselt werden, Geisselhiebe empfangen". Ebenso: „ספגנית" [fem.] = „schwammartig, locker" (Ukz. II, 8) und „סופגנין" = „lockeres Backwerk" (Chal. I, 4. — Im Targum: „אספוגין", „ספוגין"; im palästinensischen Aramäisch sowie im Syrischen: „אספוגא", „ספוגא" etc.).

ספסל συμψέλλιον, subsellium; — „Sessel", „Bank" (ebenso im jerusalemitischen Targum, Gen. XV, 17, sowie im Syrischen).

סקורטיא scortea, — „Schurz", insbesondere: „Lederschurz der Gerber" (Kel. XIV, 4).

[עונין vielleicht von ὄγκινος [56]; „Anker" (B. batra V, 1; andere Lesart: „הוגין"). — Vgl. oben unter: „אונקלי"].

עמילן ἄμυλον; „breiartiger Kuchen aus Stärkemehl" (Pes. III, 1. — Ebenso im Syrischen: „אמלון", „אמילון").

56 Vgl. S. Fränkel, „Die aramäischen Fremdwörter im Arabischen", S. 229.

ענבול ἔμβολον; „Klöppel" der Glocke (Nas. VI, 1).

ערכי, ערכאות ἀρχή, ἀρχεῖον; „staatlicher Gerichtshof", "Regierungsbehörde", „Obrigkeit" (Git. I, 5).

[**פגום** πῆγμα; „Gerüst" (Erub. V, 1; vgl. dort in der Erläuterung meines Mischna-Kommentars. — Ebenso im palästinensischen Aramäisch: „פגמיא")].

פגיון pugio-nis; — „Dolch" (Kel. XIII, 1).

פוליטיקין πολιτικοί; „Bürgerliche", „städtische Bürger" (als Angehörige einer sozial gehobenen Schicht gegenüber der einfacher gestellten Landbevölkerung; Ter. II, 5. — Im Syrischen: „פוליטיקיא").

פוליפוס πολύπους; „Polyp", „Gewächs in der Nase" (Ket. VII, 10: „בעל פוליפוס" = „ein an Polypen Leidender". — Ebenso im Syrischen).

פולמוס πόλεμος; „Krieg", „Kampf" (ebenso im Targum und im Syrischen).

פטליה πάτελλα; „Weidenkorb" (Kel. XVI, 5. — Im Syrischen: „פטיללא", „פטליא").

[**פטפוט** s. oben S. 276].

פיגם πήγανον; „Raute" (wohlriechende Gewürz- u. Arzneipflanze; Kil. I, 8. — Im Syrischen: „פיגנא").

פיטם, פיטסין πίθος; „schadhafter Krug" (B. batra VI, 2: „פיטסיאות" = „undichte, mit Schwefel ausgeräucherte Weinkrüge"; s. Babli, das. 97 b).

פיילי φιάλη; „Schale" (Sota II, 2. — Ebenso im Targum und im Syrischen).

[**פילומה** πήλωμα; „Moor", „Morast", „sumpfiges Gelände" (Schab. XXII, 6; vgl. dort in der Erläuterung meines Mischna-Kommentars)].

פיס πεῖσις etc.; „beruhigen", „besänftigen", „zufriedenstellen" (Sanh. II, 3: „לפייס" = „um [das Volk] zu beruhigen". — Ebenso im Targum. Im palästinensischen Aramäisch sowie im Syrischen: „אפיס"; im Samaritanischen: „פעס", „פיס". — Vgl. auch oben S. 224].: „פיס").

פיתון πύθων; eine Art „Zauberer", „Bauchredner" (Sanh. VII, 7).

פלגס πάλλαξ; „halbwegs mannbar", „halbreif" (von Tieren in ihrem Zwischenstadium vor Eintritt der vollen Geschlechtsreife; Para I, 3. — Ebenso im Targum, Psal. XXXVII, 20: „פלניסין").

[פלהדרין „Ratgeber" (Joma I, 1; vgl. dort in den „Ergänzungen" meines Mischna-Kommentars)].

פלוסין aus Pelusium; — als Herkunftsbezeichnung für eine Stoff-Art gebraucht (Joma III, 7).

פלטר πωλητήρ; „Brothändler", „Verkäufer von Backwaren im Kleinhandel" (Demaj V, 4).

פלטרין πραιτώριον; „Palast" (Sanh. II, 3. — Im Targum: „פלטירא"; im palästinensischen Aramäisch: „פליטורין", etc. Im Syrischen: „פרטורין").

פליום πάλλιον, pallium; — „Bedeckung, Bekleidung" des Körpers, „Umhüllung", „Mantel" (Nid. VIII, 1; andere Lesart: „פליון"). — Im Syrischen: „פילונא", „פליונא".

פליון πιλίον, pileum; — „Kopfbedeckung", „Hut" (Kel. XXIX, 1).

פליטון φολιᾶτον, foliatum; — „Würzöl aus Nardenblättern" (Kel. XXX, 4).

פלסלוס φασιολος; „eine der Lupine verwandte Pflanzenart" (Kil. I, 3).

פלצור πρεσσόριον, pressorium; — „lassoähnliche Schlinge" (Kel. XXIII, 5. — Im Syrischen: „פלצורא, פלסורא"),

פמוליניא φεμινάλια; „eine Art Beinkleid" (Kel. XXVII, 6).

פונדא s. oben unter „אפונדא".

פנדיון dupondius; — „eine Münze im Werte von 2 Issar" (B. mez. IV, 5).

פנדק πανδόκιον; „Herberge". — „פונדקית" = „Gastwirtin" (Jeb. XVI, 7; u. a. — Ebenso im Targum und im palästinensischen Aramäisch).

פנון πίνος (?); „Wollabfall", eine Art „Wollfilz" (Kil. IX, 7: „מנעלות הפינון" = „Wollschuhe, Filzschuhe").

פנים Πανέας; „Name einer Höhle" (Para VIII, 11).

פנס φανός; „Laterne" (Kel. II, 4. — Ebenso im palästinensischen Aramäisch und im Syrischen).

פנקס πίναξ; „Schrift-Tafel", „Notizbuch", „Geschäftsbuch" (insbes. „Kontobuch" der Kaufleute und Bankiers; Schebuot VII, 1, u. a. — Ebenso im Targum. Im Syrischen: „פנקיתא").

פסיקיא fascia; — „Gurt", „Leibgurt", „Leibbinde" (Schab. XV,

2; — ebenso im Targum. Im palästinensischen Aramäisch sowie im Syrischen: „פסקיתא").

פסכתר ψυκτήρ; eine Art „Kühlgefäss" (gr. Kessel zum Abdecken der glühenden Kohlen auf dem Altar; vgl. die Beschreibung in Tamid V, 5. — Ebenso im Targum, Ex. XXVII, 3 und XXXVIII, 3).

פספס ψῆφος; „[zusammengesetzte] Steinchen", „Mosaik" (s. Mid. II, 6: „mosaikgeschmückte Pfosten"; Neg. XI, 7: mosaikartig angeordnete Streifen". — Ebenso im Syrischen).

פפיס Παπίας; Eigenname (eines Tanna; s. Schek. IV, 7, u. a.).

פקס von φῦκος; „schminken", „rötlich färben" (Schab. X, 6: „הפוקסת" = „die sich schminkende [Frau]". — Ebenso im Ps. Jonatan, Gen. VI, 2).

פקס von πεκος; „die Flaumhaare verlieren" (als Reifesymptom bei Früchten; Maass. I, 5: „מפקס" = „sie [die Frucht] verliert ihren Wollflaum").

פקרסים s. oben unter „אפקרסין".

פרגוד paragauda; — „verbrämter Mantel" (Schek. III, 2), auch: „Vorhang" (Kel. XXIX, 1. — Ebenso im Targum und im Syrischen. Im Mandäischen: „פר גודא").

פרגול περίγρα; „Zirkel, Zirkelstift" (Kel. XXIX, 5).

פרדסקין πυργίσκος (?); „in die Wand eingelassene Hohlsäule", „Schranknische", „Wandschrank" (Ohal. VI, 7).

פרוזבול προσβολή; „gerichtlich bestätigte urkundliche Erklärung des Gläubigers über die jederzeitige Befugnis zur Einziehung seiner Forderungen" (um deren Verfall im Erlassjahr zu verhindern; s. Schebiit X, 3—6. Vgl. in „Ergänzungen" zu Schebiit X, 4, meines Mischna-Kommentars).

פרוזדור πρόθυρον; „Vorraum", „Vorhalle" (im Syrischen: „פרוסתרא", etc.).

[**פריפרין** s. oben S. 277].

פרכס von περκάζω; „schminken", „färben", „künstlich verschönern" (B. mez. IV, 12).

פרכס von φρίξις (?); „zucken", „zappeln" (s. Chul. II, 6; IX, 1; u. s. — Ebenso im Ps. Jonatan, Gen. XXII, 10).

פרכרגמא παραχάραγμα; „ungeeignet", „unbrauchbar" (eigtl.: „für ungültig erklärte Münze", Para I, 3; vgl. dort).

פרמביא φορβειά; „Halfter", „Zaumzeug" (Schab. V, 1). Ebenso im Targum.

פרון φάρος; „Durchgangshalle", „Haus-Passage" (Toh. VI, 9. — Vgl. im Syrischen: „פארום", „פורון").

פרנדיסין Brundisium; — Name einer süditalienischen Hafenstadt (Erub. IV, 1. — Das heutige „Brindisi").

פרנה φοῦρνος; „irdener Ofen" (Kel. VIII, 9. — Ebenso im Syrischen: „פורנום", „פורנא").

[**פרם** (בית הפרם) s. oben S. 225].

פרסקים s. oben unter „אפרסקין".

פרף von πόρπη; „anheften", „befestigen", „mit einer Spange anstecken" (s. Schab. VI, 6 u. 7; Joma V, 1. — Man vergleiche im Targum, sowie im Syrischen: „פרפא").

פרצוף πρόσωπον; „Gesicht" (Jeb. XVI, 3. — Ebenso im Targum, im Syrischen und im Mandäischen).

פרקליט παράκλητος; „Anwalt", „Fürsprecher", „Verteidiger" (Abot IV, 11. — Ebenso im Targum und im Syrischen).

פרקלימין περικαλυμμα, περικνήμιον; „Stirnbinde" (Kel. XXVI, 3; andere Lesart: „פרקנימין"). — „פרקלינין" = „eine Art Lederhandschuh" (Schutzüberzug für Vogelfänger, Dornenpflücker etc.; Kel. XXIV, 15. Vgl. dort sowie in den „Ergänzungen" meines Mischna-Kommentars z. St.).

פתק πιττάκιον; „Zettel" (Schab. X, 4: „פתקין"; andere Lesart: „פיטקין". — Ebenso im Targum: „פיטקא", „פתקא". Im Syrischen: „פטקא", „פתקא").

קוביא κυβεία; „Würfel" (R. hasch. I, 8; u. a.).

קולים κολίας; „eine essbare Fisch-Art" (Machsch. VI, 3), in der Mischna gekennzeichnet durch den Zusatz: „האספנין" [von: Ισπανια] = „der Bewohner Spaniens".

קולית κῶλον, κωλῆ; „markhaltiger Knochen [insbes.: Hüftknochen] mit kugelförmiger Verdickung am oberen Ende" (Chul. IX, 5. — Im Syrischen: „קולותא", „קולא").

קולן κόλλα; „Leim", „Kleister" (Pes. III, 1. — Im Syrischen: „קולאן", „קולא").

קולס καυλός; in der Verbindung: „קולסי כרוב" = „Kohlköpfe" (Ukz. I, 4).

קולר κολλάριον; „Halseisen", „Fessel" (Git. VI, 5. — Ebenso im Targum, Ez. XIX, 9, sowie im Syrischen: „קולרא").

קומוס κόμμι, commis; — „Gummi", „Baumharz" (Schab. XII, 4. Im Syrischen: „קמוס", „קומא").

קומקום cucumis; — „Kochgeschirr, Kochkessel“ (in anderer Lesart: „קוממוס“. — Ebenso im Targum).

קופיץ κοπίς, „Hackmesser, Hackebeil“ (ebenso im Targum, Psal. LXXIV, 6).

[קורדימה (Schab. XXII, 6) s. oben unter „פילומה“].

קטבליא, קטבלאות καταβολή; „Ledermatte“ (Schek. III, 4), „Lederpolster“ (Kel. XVI, 4; XXVI, 5).

קטיגור κατήγωρ; „Ankläger“ (Abot IV, 11. — Im Targum Hiob XXXIII, 23: „קטיגוריא“. Vgl. auch Smith 3593 ff).

קטלא κατέλλα, catella; — „Halskette“ (als Schmuckgegenstand, Schab. VI, 1. — Ebenso im Targum Jonatan).

קטלית κοτύλη; „Hüftgelenk“, „Hüftpfanne“ (Ohal. I, 8).

קטפרס καταφερές; „schiefe Ebene“, „schräg geneigte abschüssige Fläche“ (Ohal. III, 3).

קיבר cibarius; — „grobes, mit Kleie untermischtes Mehl“ (Machsch. II, 8: „פת־קיבר“ = „dunkles, kleiehaltiges Brot“).

קיטא κοίτη; „Sommergewand, Sommermantel“ (Neg. XI, 7).

קיטון καιτών; „Schlafraum, Schlafkammer“ (Mid. I, 6. — Ebenso im Targum, im palästinensischen Aramäisch sowie im Syrischen: „קיטונא“).

קילון κήλων; „Brunnenschwengel“ oder [als „pars pro toto“]: „Ziehbrunnen“ (M. kat. I, 1; Machsch. IV, 9. — Vgl. auch Smith 3602).

קינוף κωνωπεῖον; „Himmelbett“, mit Vorhängen umspanntes Bett“ (Suk. I, 3. — Im Targum, II Sam. XVI, 22: „קינופין“).

קינרס κινάρα; „Artischocke“ (Kil. V, 8. — Im Syrischen: „קינרס“, „קנארוס“).

קיסרין Καισάρεια; „Städtename“ (Caesarea, Ohal. XVIII, 9; vgl. dort).

[קיפונוס „Bezeichnung eines Tores auf dem Tempelberg“; Mid. I, 3].

קיתון κώθων; „Krug“ (Joma IV, 5).

קלבון κόλλυβος; „Aufschlag, Agio“ (beim Wechseln von Geld u. ähnl. Transaktionen; Schek. I, 6—7).

קלבקרין κερβικάριον; „Wollpolster“ (Kel. XXIX, 2. — Im Syrischen: „קלביקרא“).

קלגס καλίγα, caliga (eigtl.: „Soldatenstiefel“); — „Söldner,

Soldat" (Sota VIII, 1: „קלנסים" im Sinne von: „[verwildertes] Kriegsvolk", „Soldateska").

קלוסטרא s. oben unter „גלוסטרא".

קלור κολλύριον; „Augensalbe" (Schab. VIII, 1).

קלינרפון „Doppelwerkzeug zum Kohlenschaufeln und zur Brot-Entnahme aus dem Ofen (in seiner Form ähnlich einem kombinierten Schreib- und Lösch[Radier]-Gerät für Wachstafeln etc.; Kel. XIII, 2). — Wahrscheinlich ein Fremdwort.

קלמוס κάλαμος, calamus; — „Schreibrohr" (ebenso im Targum und im Syrischen: „קאלאמוס").

קלמרין καλαμάριον; „Federbüchse", „Tintenfass" (im Syrischen: „קרמלא", „קלמרא").

קלנדא Kalendae; — ein „Festtag der Römer" (Ab. sara I, 3. — Im Syrischen: „קלנדס", „קלנדון").

[קלס s. oben S. 229].

קלם von κῶνος; „mit einem [kegelförmigen] Helm versehen", „panzern", „wappnen" (Beza II, 7: „מקולס" = „behelmt, gewappnet"; bildlich gebraucht vom Passah-Lamm, dessen Kopf von den dazugehörigen Knie- und Eingeweidestücken umgeben war. Vgl. dort sowie Pes. VII, 1; gemäss Ex. XII, 9. — Im Targum: „קולס" im Sinne des hebräischen „קובע" = „Helm" der Krieger; s. Ez. XXIII, 24. Vgl. auch Targ. zu I Sam. XVII, 5).

קלסטר anscheinend von κάρταλλος; — „Futterkorb", „Futtersack" des Viehs (zum Umhängen vor dessen Maul; Kel. XX, 1).

קלפי κάλπη, κάλπις; „Urne" (Joma III, 9; IV, 1. — Ebenso im Ps. Jonatan, Lev. XVI, 8; vgl. auch im Syrischen: „קלפין").

קלקי von Κιλικία; „aus der Provinz Cilicien" in Klein-Asien (als Herkunftsbezeichnung für eine bestimmte Haarflecht-Art; Mikw. IX, 2).

קלתה κάλαθος; „ein Korb von grösserem Umfang (Bik. III, 8. — Ebenso im Syrischen: „קלתא").

קמוניא κιμωλία; „kimonische Tonerde" (Schab. IX, 5; Nid. IX, 6; and. Lesart: „קמוליא". — Ebenso im Syrischen: „קימוליא").

קמטרא κάμπτρα; „Kiste", insbesondere: „Kleiderkasten" (Kel. XI, 7; ebenso im Targum. Im Syrischen: „קמטריא").

קמפון κάμπος, Campus; — „Feld für Kampfspiele", „Ringplatz", „Arena" (Kel. XXIII, 2. — Das. XXIV, 1: „קנפון". — Ebenso im Syrischen: „קמפון").

קמר „überwölben“, „überdecken“ (Erub. VIII, 9);
und: קמרון „Kistendeckel“ (s. Kel. XVI, 7; XVIII, 2); beide Wörter von: καμάριον.

קנבוס καννaβος; „Hanf“ (im Syrischen: „קנפא“).[57]

קנדס κοντός; „Stab, Stange“ (Erub. III, 3; andere Lesart: „קונטס“).

קנון κανοῦν; „geflochtener Korb“ (Kel. XVI, 3. — Im Mandäischen: „קאנינא“ = „Schale“, „Schüssel“).

קנוניא κοινωνία; „Gemeinschaft“, insbesondere: „gemeinschaftliche Anzettelung eines Anschlages“, „von Mehreren abgekarteter Trick zur Schädigung Anderer“, „Komplott in böswilliger Absicht“ (im Syrischen: „קינוניא“).

קנטר κονταριον; „eine Art Zirkel“ als Messinstrument der Bauleute (Kel. XIV, 3. — Im Syrischen: „קונטרא“).

קנס κηνσος, census; — „Geldstrafe“ (ebenso im Ps. Jonatan. — Im palästinensischen Aramäisch, im Syrischen sowie im Nabatäischen: „קינסון“).

קנקילין von κιγκλίς; „Gitterwerk“, „gitterartiges Gefäss“, nach Manchen: „eine Art Rost“ (Kel. XXII, 10. — Ebenso im Ps. Jonatan, Ex. XXXVII, 4: „קנקל“, sowie im Syrischen: „קנקלא“).

קנקנתום χάλπανθος; ein „Farbstoff für Schreibzwecke“ (nach Manchen: „Kupfer-Vitriol“; Schab. XII, 4; u. s. — Andere Lesart: „קלקנתום“; im Syrischen: „קלקנתום“).

קנתל κανθήλια; „Tragsack“ des Viehs („Doppelsack“ zum Umhängen, nach Anderen: „Tragsattel“ zum Anhängen von Lasten; Para XII, 9).

קסדא κασσίς, cassisidis; — „eiserner Helm“ als Kopfschutz der Krieger (Schab. VI, 2. — Ebenso im Syrischen).

קסדור quaestor; — „römischer Beamter“ (Bech. V, 3. Andere Lesart: „קוסטור“. — Im Syrischen „קואסטור“ [Smith 3511], „קוסטרא“).

קסוס κισσός; „am Mauerwerk sich hochrankende Kletterpflanze mit Haftwurzeln“, „Efeu“ (Kil. V, 8. — Im Syrischen: „קיססי“).

קסטה κίστη (?); eine Art „Reise-Proviantkasten“ mit Einzelfächern für Speisen; Kel. XV, 1: „קסטות המלכים“ = „Pro-

57 Vgl. auch Nöldeke, Mandäische Grammatik, S. 49.

viantkisten der Könige". Im Syrischen: „קסטא". — (Vgl. in der „Festschrift für A. Schwarz", S. 307).

קפוטקיא Καππαδοκία; „Kappadozien" (altrömische Provinz in Kleinasien; Ket. XIII, 11).

קפלוט κεφαλωτός; eine Zwiebelpflanze: „Lauch", vielleicht: „Schalotte" (s. Ukz. I, 2. — Ebenso im Ps. Jonatan, Num. XI, 5; sowie im Syrischen: „קפלוטא").

קפנדריא compendiaria; — „verkürzter Weg", „Abkürzungsweg" (Ber. IX, 5. — Im Syrischen: „קופנדרא").

קפסא κάψα, capsa; — „kl. Kiste", „Kasten", „Lade" (Kel. XVI, 7. — Ebenso im Ps. Jonatan, Deut. XXXI, 26).

קפרס κάππαρις; „Kapper", „Kapperblüte" (Maass. IV, 6. — Im Syrischen: „קפר").

קצרה castra; — „Burg", „Kastell" (vielleicht auch: „Name einer Stadt"; Arach. IX, 6).

[קרבס „eine Pflanzenart", s. Kil. II, 5, sowie dort in der Erläuterung meines Kommentars].

קרדיקוס καρδιακός; „schwerer, mit Bewusstseinstrübung verbundener Krankheitszustand" (anscheinend als Folge einer Herzerkrankung; Git. VII, 1).

קרון κάῤῥον, carrum; — „Karren", „Wagen" (Kil. VIII, 3, u. a. — Vgl. unten: „קרר").

קרטם [von creta] = „Kreide"; — "abreiben", „glattreiben", mit Kreide polieren; (Kel. XXX, 1).

קרטסים κράτησις; „ein heidnisches Fest" (Ab. sara I, 3).

קרנס κέαρνος; „schwerer Hammer", „Schmiedehammer" (Schab. XII, 1. — Ebenso im Targum sowie im Syrischen: „קורנסא").

קרוס καῖρος; „Weberkamm" am Webstuhl (Schab. XIII, 2; Kel. XXI, 1).

קרסתמלין (קרוסטמלין) crustuminum; — „kleine Obstfrucht", ähnlich dem Gallapfel (Kil. I, 4; Ukz. I, 6).

קרר [von „קרון", s. oben] „Kärrner", „Fuhrmann" (B. mez. VI, 1; vgl. dort in der Erläuterung meines Mischna-Kommentars. — Im Syrischen: „קררא").

קתדרא καθέδρα; „Lehnstuhl, Ruhesessel" (Ket. V, 6. — Ebenso im Syrischen).

רוקני ῥυκάνη; eine Art „Hobel", „Hobeleisen" (Kel. XIII, 4. — Im Syrischen: „רקנא").

[שפוד s. oben S. 233].

תודוס Θέοδωρος, Θεοδόσιος; Eigenname (eines Arztes; Bech. IV, 4).

תיק θήκη; „Hülle“, „Futteral“ (Schab. XVI, 1), bei Hieb- und Stichwaffen: „Scheide“ (Kel. XVI, 8. — Ebenso im Targum. Im Syrischen: „תאקא“, „תיקא“).

תפית τάπης-ητος; „Satteldecke des Esels“ (nach Anderen: „Gestell zur Befestigung von Traglasten auf dem Eselsrücken“; Kel. XXIII, 3. — Im Syrischen: „טפיסא“).

[תרבוסין s. oben S. 290].

תרים θυρεός; „Schild, Panzer“ (Schab. VI, 4; Kel. XXIV, 1), „Schutzgitter“ vor Kaufläden (Beza I, 5), „Schutzwehr“ (auch im übertragenen, moralischen Sinne; Abot IV, 11). — Ebenso im Targum.

תרמוס θερμος; „Lupine“ (eine Futterpflanze; Kil. I, 3. — Im Syrischen: „תורמסא“ etc.).

[תרונתק s. oben S. 291].

IX

DIE IN DER MISCHNA ERWÄHNTEN TANNAIM

Im vorliegenden Kapitel soll nicht ausführlich die Geschichte der Mischna-Lehrer behandelt werden; denn Werke solcher Art gibt es viele, beginnend mit dem „Sefer ha-Juchassin“ (= „Genealogie“) des R. Abraham Zacuto bis zu dem Buche „Toldot Tannaim we-Amoraim“ (über Geschichte und Lebensgang der Tannaiten und Amoräer) von Hyman [1]. Vielmehr sei hier auf Grund der Quellen nur eine skizzenhafte Übersicht über die Epoche der Tannaim und die markantesten Punkte ihrer Lebensgeschichte gegeben. Dabei sollen auch diejenigen Tannaim Erwähnung finden, die in der Mischna nur ein einziges Mal genannt sind [2], wiewohl es zuweilen unmöglich ist, Zeit und Ort ihres Wirkens festzulegen. —

a) Von Simon dem Gerechten bis zu den Schulen Schammajs und Hillels

Über das Zeitalter Simons des Gerechten und seines Schülers Antigonos aus Socho s. oben S. 34. Nach ihnen beginnt die Epoche der „Gelehrten-Paare“ (‚זוגות‘, Abot I, 4—12), von denen der zuerst Genannte als „Nassi“ fungierte, d. h. als das Oberhaupt Israels und sein geistiger Führer, während der zweite als Gerichtspräsident (‚אב בית-דין‘) amtierte, also als Vorsitzender des Grossen Gerichtshofes von 71 Mitgliedern, wie wir in der Mischna Chag. II, 2, lernen.

Das erste dieser Paare waren Josë b. Joëser aus Zereda und Josë b. Jochanan aus Jerusalem. Sie waren die ersten, die eine Kontroverse über die Halacha bezüglich der סמיכה (s. Lev. I, 4) führten, [d. h. über die „Handauflegung“ als kultischen Akt beim Opferdienst], nämlich ob man auch an Feiertagen vor der Schlachtung beide Hände mit Kraftanwendung auf den Kopf des Opfertieres aufstützen solle, obschon es am Feiertage rabbinisch verboten ist, sich auf ein lebendes Tier zu stützen (Chag., a.a.O.) —. Josë b.

---

1 In „Darchë ha-Mischnaß von Z. Frankel, Kap. II, sowie in „M'wo ha-Mischna“ (= Einltg. z. Mischna) von J. Brüll, Teil I, wird der grösste Teil der Tannaim nebst ihren wichtigsten Aussprüchen angeführt, unter Beifügung von Untersuchungen über ihre Lebensgeschichte und ihre Lehrmethoden.

2 Und zwar solche, die entweder mit dem Titel „Rabbi“ bezeichnet werden, oder welche halachische oder aggadische Lehren ausgesprochen bezw. bezeugt haben.

Joëser war „ein Frommer unter der Priesterschaft" (‚חסיד שבכהונה', Mischna 7 das.). Drei halachische Zeugnisse werden in Edujot VIII, 4 von ihm überliefert. Er und Josë b. Jochanan verhängten Unreinheit über die Länder der Fremdvölker sowie über Glasgefässe (Bab. Schab. 14 b; Jer. das. Kap. I, Hal. 4). — Als sie starben [3], sagte man von ihnen, dass mit ihrem Tode die Männer von umfassender Geistesbildung (wegen der reichen Fruchtbarkeit ihrer vielfältigen Studien: ‚אשכולות' = „Trauben" genannt) zu existieren aufgehört hätten (Sota IX, 9). —

Das zweite Paar waren R. Josua b. Perachja und Nittai [Mattai] aus Arbel (in Unter-Galiläa). Von Josua b. Perachja wird eine Halacha in der Tosephta Machsch., Kap. III, gebracht. Im Babli Sota 47 a und Sanh. 107 b (von der Zensur gestrichen, s. „Dikduke Soferim" das.) wird von ihm berichtet, dass er vor dem König Alexander-Jannai nach Alexandrien geflohen sei und dass ihn Simon b. Schatach von dort nach Jerusalem zurückholte. Im Jeruschalmi Chag., Kap. II, Hal. 2, wird etwas Ähnliches von Jehuda b. Tabbai erzählt, nämlich dass er nach Alexandrien entfloh und die Bewohner Jerusalems ihn von dort zurückberiefen [4]. Nach dem „Sifrë Suta" zu Num. XIX, 3 (S. 302) sah Hillel den Josua b. Perachja, wie er (in seiner Eigenschaft als Priester) eine Rote Kuh verbrannte. — Zu ihrer Zeit fungierte als Hoherpriester Jochanan Hyrkan, dessen Anordnungen (‚תקנות') in der Mischna am Ende des Traktates „Maasser scheni" sowie im Sota IX, 10, wiedergegeben sind. —

Das dritte Paar waren Jehuda b. Tabbai und Simon b. Schatach. Nach der Mischna in Chag. II, 2, war Jehuda b. Tabbai Nassi und Simon b. Schatach Vorsitzender des Obersten Gerichtshofes; doch geht die Auffassung der Weisen in der Barajta (Tos. Chag. II, 8; Bab. das. 16 b, sowie Jer. das.) dahin, dass umgekehrt Simon b. Schatach als Nassi fungierte und Jehuda b Tabbai als Gerichtspräsident. Jehuda b. Tabbai floh nach Alexandrien und die Bewohner Jerusalems, die ihn als Nassi einsetzen wollten, beriefen ihn von dort zurück (s. oben). — Er liess einmal einen falschen Zeugen (der sich in Wahrheit zur Zeit der Begehung der Straftat an einem anderen Orte befunden hatte) als „עד זומם" hinrichten, damit die Sadduzäer sich die Meinung aus dem Kopfe schlagen sollten: falsche Zeugen solcher Art seien nur dann zu töten, wenn (auf Grund ihrer Aussage) die Hinrichtung des Beschuldigten tatsächlich stattgefunden habe. Simon b. Schatach warf ihm daraufhin vor, unschuldiges Blut vergossen zu haben, weil derartige Zeugen erst hingerichtet werden dürfen, nachdem sie b e i d e der Abwesenheit vom Tatorte während der in Frage kommenden Zeit überführt worden sind. Sogleich nahm darauf Jehuda b. Tabbai auf sich, künftighin nur noch in Gegenwart von Simon b. Schatach eine halachische Entscheidung zu treffen. (Bab. Chag. das., sowie an den Parallelstellen). Simon b. Schatach war ein Bruder der Königin Schalam-

3 Über den Zeitpunkt des Todes von Jose b. Joëser s. oben S. 35.

4 Der Bericht im Babli trägt aggadischen Charakter. Vgl. auch Halevy, „Dorot ha-Rischonim", Bd. III, S. 468 ff.

za (= ‚Sch'lom-Zion', — „Salome"), der Ehefrau des Königs Alexander-Jannai, und durch deren vermittelndes Eingreifen gelang es ihm, König Jannai zu besänftigen (s. Bab. Ber. 48 a und Bereschit Rabba, Kap. XCI, 3, S. 1115, sowie an den Parallelstellen). Im Babli Kid. 66 a wird erzählt, dass in den Tagen Jannais (Jochanans) alle Weisen Israels getötet worden seien und die Welt (geistig) verwüstet war, bis Simon b. Schatach aufstand und das Ansehen der Thora im alten Glanze wieder herstellte. Und in der Fastenrolle, Kap. X, wird berichtet, dass es ihm gelungen sei, die Sadduzäer aus dem Synhedrion zu verdrängen und an ihrer Stelle Pharisäer einzusetzen. Von Simon b. Schatach sind drei halachische Verordnungen bekannt geworden: dass sämtliche Güter des Ehemanns für die Einziehung des seiner Ehefrau auf Grund ihrer ‚Ketuba' zustehenden Betrages haften (s. Bab. Ket. 82 b, sowie in der Einleitung zu Ketubot in meinem Mischna-Kommentar), dass Kinder die Schule zu besuchen verpflichtet sind, und dass auch Metallgegenstände fähig sind, Unreinheit anzunehmen (Jer. Ket., Ende v. Kap. VIII) [5]. —

Das vierte Paar waren Schemaja und Abtaljon, die „gross waren als Weise und gross als Schrift-Ausdeuter" (‚דרשנים', s. Bab. Pes. 70 b; vgl. oben S. 61, Anm. 7 zu Kap. III). — Sie stammten von Proselyten ab und konnten von sich sagen, dass sie zwar „Söhne von Fremdvölkern" (בני עממין) seien, aber „handelten nach den Handlungen des Hohenpriesters Aharon" (Bab. Joma 71 b. Vgl. auch Git. 57 b.). Beide sind gemeinsam in den Zeugnissen erwähnt, die in ihrem Namen bezeugt wurden (Edujot I, 3 und V, 6; Bab. Beza 25 a u. Jeb. 67 a). Hillel bekannte, dass er nur deshalb des Nassi-Amtes würdig befunden worden sei, weil er „die beiden Grossen des Geschlechts" als Schüler bedient (d. h. von ihnen gelernt) habe, nämlich Schemaja und Abtaljon (Bab. Pes. 66a). —

Das fünfte Paar sind Hillel und Schammaj. Hillel der Alte zog von Babylon nach dem Lande Israel, um sich dort Gewissheit über manche der von ihm erklärten halachischen Bibelstellen zu verschaffen (Jer. Pes., Anfang v. Kap. VI). Und als die „Söhne" (= Familie) Betera (oder Batyra), — die nach Schemaja und Abtaljon die Nassi-Würde innehatten, — nicht wussten, ob das Passah-Opfer die Sabbath-Vorschriften verdränge, und darauf Hillel ihnen bewies, dass dies in der Tat so sei und man deshalb das Passah-Lamm auch dann am Tage vor dem Fest darzubringen habe, wenn dieser Tag auf einen Sabbath fällt, — da setzten sie ihn als Nassi über sich ein (Jer. das., sowie Bab. Pes. 66 a). Dieser Vorgang fand etwa 100 Jahre vor der Tempel-Zerstörung statt (Bab. Schab. 15 a). Nach dem Sifrë (Deut., „w'sot ha-Bracha", Erkl. 357) lebte Hillel — wie Moses — 120 Jahre, und er amtierte 40 Jahre als Nassi, woraus sich ergibt, dass er im Jahre 180 vor der Tempelzerstörung geboren wurde. Die Nassi-Würde blieb nach ihm in seiner Familie erblich und wurde weitervererbt bis zur Zeit der Aufhebung der Institution des Nassi-

5 Choni ha-M'agel, der sein Zeitgenosse war, wird in der Mischna Taan. III, 8, erwähnt.

Amtes. — Man sagte von Hillel, dass er von mütterlicher Seite her der Familie König Davids entstammte und väterlicherseits dem Stamme Benjamin angehörte (Jer. Taan., Kap. IV, Hal. 2; vgl. auch Bab. Ket. 62 b, sowie in meinen Erläuterungen zu Bereschit Rabba, S. 1259). Vor den Ältesten aus dem Hause Betera (זקני בתירא) trug Hillel sieben Deutungsregeln vor: den Schluss vom Leichteren aufs Schwerere (קל וחומר), den Analogie-Schluss auf Grund der Verwendung gleichlautender Ausdrücke (גזירה שוה) usw. (Anfg. v. Sifra; Tos. Sanhedrin, Ende v. Kap. VII, vgl. oben S. 82). Zwei halachische Anordnungen von ihm werden in der Mischna erwähnt: die Institution des ‚פרוזבול' (eine urkundliche Erklärung des Gläubigers gegenüber dem Gerichtshof über die Einziehung seiner Forderungen im Sch'mitta-Jahr [dem Erlassjahre], um ihren Verfall zu verhindern; Schebiit X, 3 ff., vgl. auch Git. IV, 3), — sowie eine Anordnung zugunsten des Verkäufers eines Hauses in einer ummauerten Stadt, dem das Recht zusteht, es innerhalb von 12 Monaten auszulösen; für den Fall nun, dass der Käufer sich am letzten Tage des Fristablaufes verborgen hält, um dem Verkäufer die Auslösung unmöglich zu machen, damit das Haus endgültig ihm (dem Käufer) zufalle (und selbst im Jobeljahre nicht zurückgehe), ordnete Hillel an, dass der Verkäufer die Auslösungssumme bei der Kasse des Heiligtums hinterlegen könne (und dass damit die Auslösungsfrist gewahrt bleibe; Arach. IX, 4). — Mit Schammaj selbst stand Hillel in Kontroverse hinsichtlich dreier Halachot (Edujot I, 1—3), und zwei (erschwerende) Halachot von ihm bezüglich des Zinsverbotes werden in B. mez. V, 9 überliefert [6]. Die weiteren von ihm persönlich herrührenden halachischen Bestimmungen sind wahrscheinlich einbezogen in diejenigen Halachot, die im Namen der „Schule Hillels" (בית הלל) gebracht werden. R. Simon b. Lakisch stellte Hillel mit Esra gleich, indem er sagte: „Als die Thora in Vergessenheit geraten war in Israel, da zog er von Babylon hinauf — wie Esra —, um ihr eine neue Grundlage zu schaffen" (Bab. Suk. 20 a). „Und er war würdig, dass die göttliche Gegenwart auf ihm ruhte; doch sein Geschlecht war dessen nicht würdig" (Bab. Sota 48 b). — Schammaj wird, — abgesehen von seiner Kontroverse mit Hillel, — erwähnt als Gegner einer vom Lehrhause Schammajs vertretenen Meinung in Edujoth I, 7—8 sowie 10—11. Ferner wird eine von ihm stammende Halacha in Orla II, 5 gebracht [7].

b) Von den Schulen Schammajs und Hillels bis zur Tempelzerstörung

Das Lehrhaus Schammajs und das Lehrhaus Hillels: Beide Schulen wurden noch in den Tagen Hillels und Schamajs selbst gegründet; sie sanken dann allmählich an Umfang und Bedeutung, bis sie zur Zeit der späteren Tannaim

6 Vgl. ferner Tosephta Maass. Risch., Kap. III, 2—4; Sifra „Schemini", Abschn. IX, 5, und „Tasria" Neg., Kap. IV, 15; sowie Bab. Pes. 115 a.

7 S. auch Suk. II, 8; Bab. Schab. 19 a, Kid. 43 a u. Joma 77 b.

gänzlich zu bestehen aufhörten. Einige der aus Schammajs Lehrhaus hervorgegangenen Schüler werden in der Mischna namentlich erwähnt:

Dostaj aus dem Dorfe Jatma (Orla II, 5) und Joëser aus Habira (das., Mischna 12). Und in der Tosephta (Suk. II, 3) wird angeführt: R. Jochanan b. ha-Choroniot (in der Mischna das., II, 7, erwähnt als „b. ha-Choroni"). Nach dem Talm. Jer. (Schebiit, Ende v. Kap. I, u. sonst) zählte R. Eliëser b. Hyrkanos zu den Schülern von Schammajs Lehrhaus. Im Talm. Babli, Beza 20 a, wird Baba b. Buta erwähnt (auch in Ker. VI, 3 genannt), und im Bab. Jeb. 16 a sagt R. Dosa b. Harkynas (Archinos), dass er einen Bruder namens Jonatan habe, der zu den Schülern [der Schule] Schammajs gehöre. — Das Lehrhaus Schammajs neigt in seinen Halachot zu Erschwerungen, das Haus Hillels zu Erleichterungen. Diejenigen Halachot, in welchen umgekehrt die Schule Schammajs erleichternd entscheidet und die Schule Hillels erschwerend, werden in Edujot, Kap. IV u. V, im Einzelnen aufgeführt. — Von der Zeit der Schulen Schammajs und Hillels ab „mehrten sich die Streitfragen in Israel" (s. Bab. Sanh. 88 b, sowie oben S. 92); doch obschon sie auch in Fragen des Eherechts vielfach abweichend entschieden, hielten sie sich gleichwohl nicht davor zurück, Ehen untereinander zu schliessen, „weil sie einander gegenseitig Liebe und Freundschaft erwiesen" (Bab. Jeb. 14 b). —

Rabban Gamliël ha-Saken („der Alte"):

Nach dem Talmud Bab. (Schab. 15 a) war er ein Enkel (Sohn des Sohnes) Hillels, und er ist der erste, der mit dem Titel „Rabban" („unser Lehrer") bezeichnet wird. Er erliess Anordnungen ‚מפני תקון העולם' = „zur Erhaltung der Weltordnung", d. h. zur Förderung eines geordneten menschlichen Zusammenlebens (Git. IV, 2—3, sowie ferner R. hasch. II, 5). Die Halachot, die von ihm überliefert werden, sind erleichternder Art (Orla II, 12; Jeb. XVI, 7. Tos. Ab. sara IV, 9; vgl. auch Bab. Ket. 10 b u. Bech. 38 a). Jener „R. Gamliël", der an die Bewohner von Galiläa sowie an die Exilbewohner Sendschreiben schickte bezüglich der Festsetzung des Schaltmonats und der Absonderung der Zehnt-Abgabe (Tos. Sanh. II, 6 u. Bab. das. 11 b), ist wahrscheinlich mit R. Gamliël dem Alten identisch. Der Apostel Paulus rühmte sich in öffentlicher Versammlung vor den Juden dessen, dass er ein Schüler R. Gamliëls sei (Apostel-Geschichte XXII, 3). Dortselbst (V, 34 ff.) wird ferner ein R. Gamliël erwähnt, der beim Volke beliebt war und sich gegen eine Bestrafung der christlichen Apostel wandte; auch dies war vermutlich R. Gamliël der Alte. „Als R. Gamliël der Alte starb, da schwand die Ehrfurcht vor der Thora, und mit ihm starben Reinheit und Enthaltsamkeit" (Sota IX, 15). —

Rabban Jochanan b. Sakkai:

Er empfing die Überlieferung von Hillel und Schammaj (Abot. II, 8) und wird als Schüler Hillels betrachtet (Bab. 28 a), welcher von ihm sagte, dass er „ein Vater der Weisheit sei und ein Vater der künftigen Geschlechter" (Jer.

Ned., Ende v. Kap. V). Sein Ansehen war bereits zur Zeit des Tempels gross; er setzte die Schuldprobe [an der ehebruchsverdächtigen Frau] durch das fluchbringende Wasser (Num. V, 11—31) ausser Kraft (wegen der Häufung der Ehebruchsfälle; Sota IX, 9), bekämpfte die Sadduzäer und wies ihnen ihre irrige Haltung nach (Jad. IV, 6; Bab. B. batra 115 b u. Men. 65 a). Im Krieg gegen die Römer riet er zu einer friedlichen Verständigung, doch folgte man seinem Rate nicht, weshalb er sich bemühte, bis zu Vespasian vorzudringen, um zu retten, was noch zu retten übrig war. Er fand Gunst in den Augen des Heerführers, von dem er sich erbat, ihm die Stadt Jabnë [als Niederlassungsort] zu gewähren, — damit er „dort hingehen, seine Schüler in der Thora unterweisen und den Gottesdienst einrichten könne", — sowie die Freigabe der Familie des Nassi Rabban Gamliël. Seine Bitte fand Erfüllung (Abot d'R. Natan, Kap. IV; Bab. Git. 56 a), aber es ist nicht bekannt, ob R. Jochanan sich nach der Tempelzerstörung tatsächlich in Jabnë niedergelassen hat, und ob er dort Leiter des Lehrhauses wurde. Dagegen wird die Ortschaft Beror Chajil als sein ständiger Wohnsitz erwähnt (Tos. Maass. Risch. II, 1; Bab. Sanh. 32 b), wenngleich er sich auch in Jabnë aufgehalten hat (Schek. I, 4). Jedenfalls war er nach der Tempelzerstörung das anerkannte geistige Oberhaupt Israels und erliess eine Reihe von Anordnungen, — darunter einige „zum Andenken an das Heiligtum", — die auch für die nachfolgenden Geschlechter übernommen wurden (s. Bab., R. hasch. 31 b). Doch über die Zerstörung des Heiligtums selbst wusste er Trost zu finden, wie er zu seinem Schüler R. Josua sagte, den Trauer überkam, als er das verwüstete Heiligtum sah: „Nimm es nicht gar zu schwer! Uns bleibt eine Entsühnung, die jener [des Opferdienstes] gleichkommt, nämlich die Erweisung von Liebeswerken", wie es heisst (Hos. VI, 6): „denn Liebestat begehre ich und nicht Schlachtopfer" usw. (Abot d' R. Natan, Kap. IV). Überhaupt schätzte er die Erweisung von Liebeswerken („גמילות חסדים") ungemein hoch ein und lehrte: „So wie das Sündopfer Sühne bringt für Israel, so bringt Wohltätigkeit Sühne für die Völker der Umwelt" (Bab., B. batra 10 b). Nach der Überlieferung lebte auch er, — ebenso wie Moses und Hillel, — 120 Jahre (Sifrë Deut., Erkl. 357; Bab. R. hasch. 31 b). Vor seinem Tode segnete er seine Schüler mit dem Wunsche, dass „ihre Gottesfurcht so stark sein möge wie die [Furcht] vor [Wesen aus] Fleisch u. Blut" (d. h. vor Menschen), und er trug ihnen auf, einen Thron-Sessel bereit zu halten für Chiskija, welcher [dereinst] als König von Juda erscheinen werde" (Bab. Ber. 28 b). „Als R. Jochanan b. Sakkai starb, da schwand der Glanz der Weisheit" (Sota IX, 15). —

R. Eliëser b. Jakob I:

Ben-Asai erzählt: Ich habe eine Geschlechter-Rolle („מגילת יוחסין", Genealogie) in Jerusalem gefunden und darin stand: .... משנת ר׳אליעזר בן יעקב קב ונקי, d. h. die Mischna des R. Eliëser b. Jakob umfasst „nur ein Kab" (also ein geringes Maass), aber „sie ist rein" (= fehlerfrei, zuverlässig). Über ihn wird gesagt, dass die anonymen Mischnajot im Traktat Middot von ihm herrühren (s. oben S. 126 f.), und er wird auch in Sachen des Heiligtums im Traktat Middot[8] erwähnt. Von zwei Kammern im Heiligtum sagt er (das. II, 5; V, 4), dass er vergessen habe, welchen Zwecken sie dienten. Da es noch einen zweiten Tanna des gleichen Namens „R. Eliëser b. Jakob" gab, einen Schüler R. Akibas, lässt sich in manchen Fällen schwer klarstellen, welche Halachot dem ersten und welche dem zweiten der beiden Tannaim zuzuschreiben sind. —

Zu jener Zeit lebten die folgenden Mischnalehrer: Akabja b. Mahalalel (Edujot V, 6—7; Neg. I, 4). Von ihm wird ein Ausspruch ethischen Inhalts in Abot III, 1 gebracht: „Fasse drei Dinge ins Auge, und Du wirst nicht zu einer Sünde gelangen! " usw. — R. Chananja S'gan ha-Kohanim (der Priesteraufseher): Er erlebte noch die Tempelzerstörung (Bab. Taan. 13 a sowie Jer. Beza, Kap. II, Hal. 2). Von ihm werden vier Zeugnisse überliefert (Edujot II, 1—3) sowie auch Halachot (Schek. IV, 4; Neg. I, 4. vgl. auch Seb. IX, 3, Men. X, 1; Para III, 1). In Abot III, 2 sagt er: „Bete für das Wohl der Regierung, denn wäre nicht die Furcht vor ihr, so würde einer den andern lebendig verschlingen!" — Admon und Chanan b. Abischalom: „Zwei Richter, die Strafanordnungen verhängten, waren in Jerusalem: Admon und Chanan b. Abischalom; Chanan bestimmte zwei Dinge und Admon sieben"; usw. (Ket. XIII, 1—9). Nachum, der Meder: Nach einer Überlieferung des R. Natan (Barajta, Ket. 105 a) gehörte auch er zu denjenigen, die in Jerusalem Strafanordnungen verhängten. Er erlebte die Tempelzerstörung (Nasir V, 4). Zwei seiner Halachot werden in der Mischna gebracht (Schab. II, 1 u. B. batra V, 2. vgl. auch Bab., Ab. sara 7 b). — R. Chanina b. Dosa: Er lernte Thora bei R. Jochanan b. Sakkai, der ihn hochschätzte, und als einst R. Jochanan b. Sakkais Sohn schwer erkrankt war, sagte dieser zu R. Chanina b. Dosa: „Bete Du, mein Sohn, um Erbarmen für ihn, damit er am Leben bleibe!" (Bab. Ber. 34 b). Er spendete einen kostbaren Stein für das Heiligtum, wobei ihm Wunder geschahen (Schir ha-Schirim Rabba sowie Midr. Kohelet, Anfg. v. Kap. I), und er galt als ein Mann, der sich durch Frömmigkeit auszeichnete und an Wundertaten gewöhnt war[9], so dass man den Ausdruck der Schrift „Männer der Wahrheit" (Ex. XVIII, 21) auf ihn deutete: „wie R. Chanina b. Dosa und seine Gefährten" (Mechilts, Jitro, Kap. II). Er wird in der Mischna zwar erwähnt (Ber. V, 5 u. Abot III, 9—10), aber es ist kein halachischer Ausspruch von ihm erhalten geblieben. Zur Zeit des R. Gamliël war er noch am Leben (Bab., Ber. 34 b), und als er starb, sagte man von ihm: „Als R. Chanina b. Dosa starb, da gingen die Männer dahin, die sich durch gute Taten auszeichneten" (Sota IX, 15). — R. Zadok: Die Agada (in Git. 56 b) erzählt, dass R. Jochanan b. Sakkai von Vespasian erbat, ihm Ärzte zu schicken, um R. Zadok zu heilen, der eine lange Zeit fastend ver-

8 I, 2 u. 9; II, 6; vgl. auch Arach. II, 6.

9 Vgl. Babli, Ber. 31 a u. Taan. 24 b.

bracht und für Jerusalem gebetet hatte, dass es nicht zerstört werde. Aber er war dann noch zu R. Gamliëls Zeit in Jabnë (Bab. Beza 22 b u. Nid. 22 b), und nach der Tosephta (Sanh. VIII, 1, u. Jer. das. Ende v. Kap. I) sass er im Grossen Gerichtshof zur Rechten R. Gamliëls [10]. Zeugnisse von ihm werden in Edujot VII, 1 (gemeinsam mit R. Josua tradiert), sowie das. 2—4 gebracht, und auch seine Halachot werden (dort III, 8, u. sonst) überliefert. — R. Dosa b. Harkynas (Archinos): Er war zur Zeit des R. Josua schon ein hochbetagter Greis und kam nicht mehr ins Lehrhaus; R. Josua nannte ihn „Rabbi" (= „mein Lehrer"; Bab. Jeb. 16 a). In Ket. XIII, 1, stimmte er der Meinung der Hohenpriester-Söhne zu, gegen die Ansicht des R. Jochanan b. Sakkai, welcher der Meinung Chanans beipflichtete. In Neg. I, 4, steht er in Kontroverse mit Akabja b. Mahalalel und R. Chananja, dem Priester-Aufseher. Manchmal wird er nur unter dem Namen „R. Dosa" erwähnt, ohne den Zusatz „b. Harkynas" (s. Edujot III, 1—6, u. a.). — R. Chanina (Chananja) b. Antigonos: Er kannte noch die Leviten, die vor dem Altar die Flöte spielten (Tosephta Arach., Ende v. Kap. I) [11], und wird einige Male in der Mischna erwähnt (s. Schebiit VI, 3; Erub. IV, 8; u. a.). — R. Secharja b. Hakkazaw: Er lebte um die Zeit der Zerstörung des Tempels (Ket. II, 9). R. Josua überliefert eine Schriftdeutung in seinem Namen (Sota V, 1; vgl. auch Edujot VIII, 2). — Rabban Simon b. Gamliël ha-Saken („der Alte"): Er amtierte als Nassi (Ker. I, 7. vgl. auch Erub. VI, 2, sowie Bab. Suk. 53 a). Josephus Flavius („Vita", Kap. 38) erwähnt ihn als seinen Gegner, gibt aber zu, dass er ‚voller Einsicht und Weisheit' war, usw. — R. Simon aus Mizpa (Pea II, 6): Über seine Beziehung zum Traktat Tamid s. oben S. 126. — R. Mejascha und Nachum, der Schreiber: Sie werden in Pëa (a.a.O.) erwähnt. — Abba Josë Chalkophri aus Tiw'on: R. Josua tradiert eine Halacha in seinem Namen (Machsch. I, 3). — Abba Josë b. Chanan: Er wird in Mid. II, 6, erwähnt, und eine anonyme Mischna in Schek. VI, 3, geht nach seiner Ansicht. — Erwähnt werden ferner: Ben-Buchri, der in Jabnë etwas bezeugte und welchem R. Jochanan b. Sakkai darauf entgegnete: „Es ist nicht so", usw. (Schek. I, 4); sowie R. Eliëser b. Daglai (Tam. III, 8) [12]. —

10 Manche wollen dort emendieren: „אבא אחיו מימינו" = „Abba, sein (R. Gamliels) Bruder, zu seiner Rechten"!

11 Vgl. Halevy, „Dorot ha-Rischonim", Bd. V, S. 185 ff.

12 In Sota IX, 15, steht im Text unserer Mischna: „Als R. Ismaël b. Pabi starb, da schwand der Glanz des Priestertums"; aber in den Handschriften fehlt das Wort „Rabbi". Vgl. Para III, 5.

c) Von der Tempelzerstörung bis zum Fall Bettars

Einige der Tannaim, die hier aufgezählt werden, lebten bereits zur Zeit des Tempels, aber ihre überwiegende Wirksamkeit entfalteten sie erst nach dessen Zerstörung.

Die erste Gruppe

Rabban Gamliël, der Sohn des R. Simon b. Gamliël ha-Saken, auch einfach „R. Gamliël" oder „R. Gamliël aus Jabnë" genannt, weil er als Nassi sowie als Vorsitzender des Gerichtshofs in Jabnë amtierte: Er war in der Zeit der Unterdrückung bemüht, auf die Einigung der jüdischen Gesamtheit hinzuwirken und der Vermehrung von Streitigkeiten in Israel entgegenzutreten. Dabei verschonte er nicht einmal den Gatten seiner eigenen Schwester, R. Eliëser b. Hyrkanos, der sich der Mehrheitsmeinung nicht beugen wollte, und den R. Gamliël daraufhin mit dem Bann belegte (Bab., B. mez. 59 b). Schülern, „deren Äusseres nicht ihrem Inneren entsprach", (d. h. den Unaufrichtigen, die „im Herzen" anders dachten, als sie „mit dem Munde" redeten) gestattete er nicht, ins Lehrhaus einzutreten (Bab., Ber. 28 a). Auch gegenüber R. Josua, der in der Frage der Neumondsfestsetzung des Monats Tischrë anderer Meinung war als er, handelte er mit der vollen Strenge des Gesetzes und befahl ihm, an dem Tage, auf welchen nach seiner Berechnung der „Jom-Kippur" fiel, mit Stock und Geldtasche zu ihm zu kommen (und damit den für ihn massgebenden Versöhnungstag als Werktag zu behandeln; R. hasch. II, 8—9). Als R. Gamliël dann im nächsten Jahre wiederum die Ehre R. Josuas verletzte, da erhob sich „das Volk" im Lehrhause gegen ihn und man beschloss, ihn von seinem Amte als Oberhaupt des Lehrhauses abzusetzen; an seiner Stelle wurde R. Eleasar b. Asarja gewählt. R. Gamliël versöhnte später den R. Josua, und man setzte ihn daraufhin wieder als Schuloberhaupt ein; aber auch R. Eleasar enthob man nicht gänzlich seines Amtes, sondern man machte ihn zum Vorsitzenden des Obersten Gerichtshofes, bezw. (nach der Version des Babli) bestimmte man, dass R. Eleasar b. Asarja an jedem dritten oder vierten Sabbath Lehrvorträge halten sollte (s. Bab. Ber. 27 b ff. u. Jer. das. Kap. IV, Hal. 1; sowie meinen Aufsatz in der Ztschr. „Zion", Jahrg. VIII, S. 166, u. die „Ergänzungen" zu Jad. III, 5 meines Mischna-Kommentars). — R. Gamliël veranlasste auch eine Neuordnung des Achtzehn-Gebetes, nachdem man infolge der Tempelzerstörung genötigt war, die Prägung dieses Gebetes zu ändern und für die Rückführung des Opferdienstes in das Heiligtum u. Ähnl. zu beten. Ebenso trug er Samuël dem Kleinen auf, den Segensspruch gegen die Abtrünnigen zu formulieren, und liess diesen dann den Segenssprüchen des Achtzehngebetes hinzufügen (Bab. Ber. 28 b). Er traf auch die Anordnung, dass Jedermann dieses Gebet täglich zu verrichten verpflichtet sei (Ber. IV, 3).

In seiner Eigenschaft als Nassi reiste R. Gamliël zum Statthalter in Syrien (Edujot VII, 3), sowie auch nach Rom (Bab., Ende v. Trakt. Makkot u. sonst) und nach anderen Orten. Vor seinem Tode ordnete er an, dass man ihn in einfachen Leinen-Gewändern beerdigen solle, und nach seinem Vorbild übernahm dann das ganze Volk den Brauch, bei der Bestattung Verstorbener in dieser Weise zu verfahren (Bab., Ket. 8 b). —

R. Eliëser b. Hyrkanos, auch einfach als „R. Eliëser" bezeichnet: Er war ein Schüler des R. Jochanan b. Sakkai (Abot II, 8). Über seine Kontroverse mit den Weisen s. unter dem vorhergehenden Stichwort „R. Gamliël". In der Agada wird viel über seine Grösse berichtet, dass er gegen den Willen seines Vaters bei R. Jochanan b. Sakkai zu lernen begann, usw. (Abot d' R. Natan, Kap. VI; Bab. Sanh. 68 a). Auch sagte R. Jochanan b. Sakkai von ihm: „Wenn alle Weisen Israels in der einen Waagschale lägen und R. Eliëser b. Hyrkanos in der anderen, so würde er sie alle aufwiegen" (Abot II, 8). Sein ständiger Wohnsitz war in Lod (Bab. Sanh. 32 b), doch starb er wahrscheinlich in Cäsarea und wurde nach Lod überführt. Als er starb, hob man den über ihn verhängten Bann auf und hielt Trauerreden auf ihn als „Wagen Israels und seine Reiter" (in Anlehnung an II. Reg. 2, 12; s. Sanh. 68 a; u. Jer. Schab. II, 6). Vgl. auch oben S. 395. In dem Zusatz in der Mischna Sota IX, 15, lautet unsere Lesart: „R. Eliëser der Grosse sagt", aber in einigen Handschriften heisst dort der Text: „R. Josua". —

R. Josua b. Chananja gehörte gleichfalls zu dem Schülerkreis des R. Jochanan b. Sakkai. Er lebte noch zur Zeit des Tempels und berichtete über das Wasserschöpf-Fest, das er einst mitgefeiert hatte (Bab., Suk. 53 a). Als Levite hatte er beim Tempeldienst zu den Sängern aus diesem Stamme gehört (Bab., Arach. 11 b). Sein Wohnsitz war in Pekiim, nahe bei Lod (Sanh. 32 b), und dort ernährte er sich mühevoll von seinem Handwerk als „Kohlenbrenner" („פחמי"), s. Ber. 28 a). Da er Vorsitzender seines örtlichen Gerichtshofes war, wird er einmal im Talmud (B. kama 74 b) als „Gerichtsvorsitzender" (אב בית-דין) betitelt, aber er war niemals Präsident des Grossen Gerichtshofes in Jabnë (wie ich in meinem Aufsatz in der Ztschr. „Zion", Jahrg. VIII, S. 91, klargestellt habe). Über seinen Konflikt mit R. Gamliël vgl. vorstehend unter dem Stichwort: „R. Gamliël". R. Josua war mit weltlichen Problemen und allgemeinem Wissen vertraut; er führte auch Diskussionen mit den Abtrünnigen („מינים", Bab. Chag. 5 b) sowie mit den Römern über die Auferstehung der Toten (Sanh. 90 b), und als er einst R. Gamliël nach Rom begleitete und dieser auf die naturwissenschaftliche Frage eines dortigen Philosophen nicht zu antworten wusste, da half ihm R. Josua aus seiner Verlegenheit (Bereschit Rabba XX, 4). Auch in Alexandrien, wohin er, wahrscheinlich zur Fürsprache für sein Volk vor dem Kaiser Hadrian, gereist war, wurden ihm Fragen „aus den Gebieten der Weisheit und des weltlichen Lebens" („בחכמה ובדרך ארץ") vorgelegt (Bab. Nid. 69 b). Die Weite seines geistigen Horizontes und sein klarer Verstand bekunden sich auch in Aussprüchen wie den folgenden: „Ein

Überfrommer, ein schlauer Frevler ..... und die Scheinheiligen unter den Pharisäern (d. h. die Heuchler, die sich als Pharisäer gebärden), sie zerstören die Weltordnung“ (Sota III, 4). „Es gibt Gerechte unter den Heiden, die Anteil haben an der künftigen Welt“ (Tos. Sanh. XIII, 2). „Wenn jemand zwei Halachot am Morgen, sowie zwei am Abend lernt und tagsüber seiner Berufsarbeit nachgeht, so wird es ihm angerechnet, als habe er die ganze Thora erfüllt“ (Mechilta, „Wajassa“, Kap. II). — In seiner Lebensklugheit verstand es R. Josua, das Volk zu beruhigen, das sich gegen die Römer erheben wollte, als der Kaiser sein Versprechen zurücknahm, den Wiederaufbau des Heiligtums zu gestatten. Er erzählte ihnen das Gleichnis vom Kranichvogel, der seinen Schnabel in den Rachen des Löwen gesteckt hatte, um einen Knochen von dort herauszuholen, und danach seinen Lohn für diese Tat forderte, worauf der Löwe erwiderte, es sei genug, dass er seinen Kopf in einen Löwenrachen gesteckt habe und dabei heil davongekommen sei (Bereschit Rabba LXIV, 10). Der Barkochba-Aufstand brach dann erst nach dem Tode R. Josuas aus. — Man sagte von diesem: „Als R .Josua starb, da gingen die Männer des weisen Ratschlusses und der klugen Überlegung dahin“ (Tos. Sota XV, 3; Bab. das. 49 b). —

R. Eleasar b. Asarja: Er war ein Nachkomme — im zehnten Geschlecht — von Esra, ein Priester und aus begütertem Hause (Bab. Ber. 27 b; Jerusch. Jeb. I, 6). Kurze Zeit fungierte er als Oberhaupt des Lehrhauses in Jabnë; s. oben Stichwort: ‚R. Gamliël‘. —

R. Josë, der Priester, R. Simon b. Natanël und R. Eleasar b. Arach: Sie werden in Abot II, 8, zu den Schülern des R. Jochanan b. Sakkai gezählt. R. Josë, der Priester, wird vor R. Secharja b. Hakkazaw in einem Zeugnis erwähnt, das im Namen beider überliefert wird (Edujot VIII, 2). Wir finden ihn auch zusammen mit R. Gamliël genannt (Babli, R. hasch. 17 b), sowie mit R. Josua (Chag. 14 b). —

R. Eleasar bar (ben) Zadok: Er berichtet viel über die Bewohner Jerusalems (vgl. Frankel, „Darche ha-Mischna“, S. 98) und hat Jerusalem anscheinend noch vor dessen Zerstörung gekannt. Zeitlebens war er ein Krämer in Jerusalem, usw. (Tosephta Jom-Tob III, 8; vgl. auch unten S. 409).

R. Papjas (Schek. IV, 7; Edujot VII, 5—6). —

R. Nechunja b. Hakkana: Ein von ihm verfasstes Gebet wird in Ber. IV, 2 gebracht und ein Lehrspruch von ihm in Abot III, 5. R. Ismaël bediente ihn als Schüler und lernte von ihm, die Thora nach dem System des „כלל ופרט“ (= „Allgemeinregel und Sonderbestimmung“) auszudeuten (Bab. Schebuot 26 a). —

R. Eleasar Hammodai (Abot III, 11): Er erlebte noch die Zeit Barkochbas und wurde von diesem getötet (Jer. Taan., Kap. IV, Hal. 5). —

R. Jochanan b. Gudgeda (Git. V, 5. In Edujot, Ende v. Kap.

VII, lautet unsere Lesart: R. „Nechunja“ b. Gudgeda): Er sprach mit R. Josua zur Zeit des Tempels (Bab. Arach. 11 b). —

Samuel der Kleine (Abot IV, 10; vgl. auch oben, Stichwort: „R. Gamliël“): Er lebte noch zur Zeit des Tempels und gehörte zu den Schülern Hillels (Jer., Ab. sara, Kap. III, Hal. 1; vgl. auch Bab., Sanh.,11 a, sowie Halevy, „Dorot ha-Rischonim“, Bd. V, S. 199). —

Josë b. Choni und Simon, der Bruder des Asarja: Sie führen eine Kontroverse in Seb. I, 2. Der Letztgenannte verhandelte mit R. Eliëser und R. Josua (Sifrë Sutta, „Chukat“, XIX, 16, S. 313). —

R. Nechunja b. Elinatan aus Kfar ha-Babli: Er überliefert ein Zeugnis zusammen mit R. Josua (Edujot VI, 2). —

R. Jakim aus Haddar bezeugte gleichfalls etwas zusammen mit R. Josua (Edujot VII, 5). —

R. Josua b. Betera: Ein Zeugnis von ihm wird in Edujot VIII, 1 gebracht (Babli, Men. 103 b, lautet die Lesart: „R. Josua und R. Josua b. Betera“. Vgl. auch dort sein Zeugnis aus der Zeit des Tempels). Ebenso findet sich die Lesart „R. Josua b. Betera“ in einigen Handschriften in Edujot das., Mischna 3 (in unserem Text: R. „Jehuda“ b. Betera). Ein weiteres Zeugnis von ihm ist in Jeb. VIII, 4, niedergelegt. Nach der Ansicht von Raw Nachman bar Jizchak in Bab., Taan. 3 a, wird er auch einfach „Ben-Betera“ (ohne Beifügung seines Eigennamens) genannt. Ähnlich bringt Maimonides in der Einführung zu seinem Mischna-Kommentar als allgemeine Regel, dass überall, wo in unserer Mischna „Ben-Betera“ (ohne Zusatz) erwähnt ist, damit R. Josua b. Betera gemeint sei. —

R. Josua b. Hyrkanos (Sota V, 5): R. Josua nennt ihn (das.) den Schüler eines Schülers des R. Jochanan b. Sakkai. — Vielleicht ist hier auch der Ort, R. Simon b. Betera (Edujot VIII, 1) zu erwähnen, sowie Menachem b. Signai (Edujot VII, 8; in der Tosephta das. III, 1 wird gesagt: „und als man ihn zum Oberhaupt des Lehrhauses einsetzte, da staunten alle über ihn“, usw.), ferner: R. Levitas aus Jabnë (Abot IV, 4), und vielleicht auch Abba Schaul b. Butnit (Schab. XXIV, 5; Beza III, 8), der sein Leben lang ein Krämer in Jerusalem war (s. Tosephta Jom-Tob III, 8, sowie Jer. das., Ende von Kap. III).

Die zweite Gruppe

R. Ismaël b. Elischa: Sein Wohnsitz lag im Süden Judäas in der Nähe von Edom (Ket. V, 8). Einst besuchte ihn R. Josua in Kfar Aziz (südlich von Hebron, Kil. VI, 4). Er war auch in Jabnë (Edujot II, 4; Jad. IV, 3) und ging danach nach Uscha (Bab., B. batra 28 b). — R. Ismaël lehrte 13 hermeneutische Regeln, mittels derer die Thora ausgedeutet wird, — an Stelle der 7 Deutungsregeln von Hillel, — und er verwendete nicht jedes „Häkchen“ in der Thora zu Deutungszwecken, sondern er ging davon aus, dass „die Thora in der Sprache der Menschen spricht“ (also z. B. oft Wiederholungen in gleichartigen oder wechselnden Ausdrucksformen gebraucht, ohne dass diese stets besondere Deutungs-Hinweise darstellen müssen; Sifrë Num., „Sch'lach", Erkl. 112; Jer. Pes., Kap. IX, Hal. 1. — Vgl. auch oben, Stichwort: „R. Nechunja b. Hakkana"). R. Ismaël und R. Akiba werden „die Väter der Welt" genannt (Jer., R. hasch., Kap. I, Ende v. Hal. 1).

R. Akiba b. Josef: Sein Wohnsitz lag in Bnë-Brak (Bab., Sanh. 32 b). Er lebte 120 Jahre (wie Moses, Hillel und R. Jochanan b. Sakkai), begann erst zu lernen, als er bereits 40 Jahre alt war, lernte dann 40 Jahre und betreute darauf Israel 40 Jahre lang als geistiger Führer (Sifrë Deut., „W'sot ha-Bracha", Erkl. 357). Er war Schüler des Nachum aus Gimzo, der die Thora nach dem System des „ריבוי ומיעוט" (der erweiternden und einschränkenden Deutungsregel) erklärte (Bab. Schebuot 26 a), sowie des R. Eliëser und R. Josua (s. Abot d' R. Natan. Kap. VI; Bab. Schab. 39 b und Jer. Pes., Kap. VI, Hal. 3). Auch R. Gamliël redet er mit „Rabbenu" an (= „unser Lehrer"; Bab., Ber. 37 a, u. Pes. 48 b: „Ich erörterte vor R. Gamliël: ‚Möge uns unser Lehrer belehren', usw.". Vgl. auch Arach. 16 b). Die Lehrweise des R. Akiba geht dahin, „aus jedem einzelnen Häkchen in der Thora ganze Berge von Halachot zu deuten" (Bab. Men. 29 b). Auf diese Weise stützte er die Halacha auf den Schriftvers, der ihm als eine Art Pflock diente, um die überlieferte Halacha daran festzuknüpfen (s. Sota V, 2, sowie oben S. u. das. Anm. 10 zu Kap. III); im Gegensatz zu der Meinung R. Ismaëls, wonach die Thora die Sprache der Menschen spricht. — Über die Mischna-Ordnung des R. Akiba s. oben S. 125 u. 148, sowie das., Anm. 4 zu Kap. VI.

R. Akiba vertraute darauf, dass Bar-Kochba Israel aus der Hand der Römer erlösen würde (s. Bab. Sanh. 97 b u. Jer. Taan., Kap. IV Hal. 5). Zur Zeit des von diesen verhängten Lehrverbotes wurde er dabei betroffen, als er öffentlich Thora lehrte; er wurde deswegen in den Kerker geworfen und später in grausamer Weise hingerichtet (vgl. Bab., Ber. 61 b, u. Jer. das., Kap. IX, Hal. 5). — „Als R. Akiba starb, da schwand die Ehrfurcht vor der Thora" (Sota IX, 15). —

R. Tarphon: Er war ein Priester und hatte noch den Tempel gesehen (s. Tos. Sota VII, 16; Sifrë Num. „B'haalotcha". Erkl. 75). Sein ständiger Wohnsitz war anscheinend Lod (s. B. mez. IV, 4; Taan. III, 9), doch hielt er sich auch im Lehrhause zu Jabnë auf (s. Bab. Bes. 72 b; Seb. 57 a; u. s.). Einstmals sass R. Tarphon mit anderen Gelehrten beisammen auf dem Haus-Söller des Netasa zu Lod, wobei sie erörterten, ob das Thora-Studium höher zu bewerten sei als die Tat (d. h. die praktische Erfüllung der Gebote) oder umgekehrt, und R. Tarphon sagte: „Die Tat ist grösser!" (Bab. Kid. 40 b). Er führte hauptsächlich mit R. Akiba Kontroversen, und im Talmud (Ket. 84 b) wird die Frage aufgeworfen, ob er ein Lehrer R. Akibas gewesen sei oder ein (ihm gleichgestellter) Kollege. — Im Talm. Jer. (Joma, Kap. I, Hal. 1) wird R. Tarphon „der Vater von ganz Israel" genannt.

R. Josë, der Galiläer: Er führt Kontroversen mit R. Tarphon und besonders auch mit R. Akiba. Von ihm wird erzählt (Sifrë Num. „Korach“, Erkl. 118; vgl. auch oben S. 66): „. . . . Diese Frage wurde den Weisen im Weinberg (d. h. im Lehrhause) zu Jabnë vorgelegt usw.; R. Tarphon erklärte: . . . usw.; — [auch] R. Josë, der Galiläer, befand sich dort, als er zum ersten Male dorthin gekommen war, um die Weisen als Schüler zu bedienen“, usw. —

R. Jochanan b. Nuri: Er wohnte in Beth-Schearim (Tos. Ter. VII, 14, u. Suk. II, 2), und hielt sich auch in Genigar auf (Jer., Kil. Kap. IV, Hal. 2; Kap. VI, Hal. 4). Kontroversen führte er insbesondere mit R. Akiba, stand aber auch zu R. Josua in einem kollegialen Verhältnis und sagte einmal zu ihm: „Josua, man hört nicht auf Dich!“ (nämlich auf den Vorschlag, Bestimmungen des R. Gamliël [nach dessen Tode] aufzuheben; Bab. Erub. 41 a). Mit R. Josua stand er auch in Kontroverse (Ohal. XIV, 3). — Vgl. auch weiterhin, Stichwort: „R. Eleasar Chisma“.

R. Jehuda b. Betera (Batyra): Zu ihm sagte einmal R. Eliëser: „Was für ein grosser Gelehrter bist Du, dass Du die Ansicht der Weisen aufrechtzuerhalten wusstest!“ (Neg. IX, 3; XI, 7). Er stand in Kontroverse mit R. Josua (Pes. III, 3), mit R. Tarphon (Pea III, 6) und mit R. Akiba (Kel. II, 4). Anscheinend handelt es sich hier um den gleichen R. Jehuda b. Betera, der in Neziwin (Babylon) wohnte; es gab nämlich mehrere Tannaim dieses Namens, so dass es schwer ist, zwischen ihnen zu unterscheiden. Vgl. auch oben, Stichwort: „R. Josua b. Betera“. —

R. Jochanan b. Beroka: Er war ein Schüler R. Josuas (s. Bab. Chag. 3 a) und stand in Kontroverse mit R. Mëir, R. Jehuda und R. Simon (Erub. VIII, 2). —

R. Eleasar Chisma: Auch er war ein Schüler R. Josuas (s. Bab. Chag. 3 a) und führt eine Kontroverse mit R. Eleasar b. Asarja (Neg. VII, 2). Sein Lehrer R. Josua rühmte ihn (nach der Lesart des Sifrë, „Dewarim“, Erkl. 16: ‚ihn sowie R. Jochanan b. Nuri‘) vor R. Gamliël als einen grossen Gelehrten, der ohne Broterwerb sei. Daraufhin gab ihm R. Gamliël ein Amt; er aber weigerte sich aus Bescheidenheit, es anzunehmen. Da liess R. Gamliël ihm kundtun: „Nicht eine Herrschaftsgewalt übertrage ich Euch, sondern eine Dienstpflicht“ (an der Gesamtheit; — Bab. Hor. 10 a). Vgl. auch Wajikra Rabba, Kap. XXIII, 4.

R. Jehuda b. Baba: Er steht in Kontroverse mit R. Akiba (Erub. II, 4) und überlieferte einige Zeugnisse (Edujot VI, 1; VIII, 2). Er autorisierte als „Rabbi“: R. Mëir, R. Jehuda, R. Simon, R. Josë und R. Eleasar b. Schamua, sowie nach einer Überlieferung des Raw Awija auch R. Nechemja, und übertrat damit das von den Römern verhängte Verbot der Vornahme von Rabbinats-Ordinationen. Als die Römer davon Kenntnis erhielten, veranlasste er seine Schüler, zu fliehen. Er selbst aber wurde ergriffen und hingerichtet (Bab. Sanh. 14 a). Er wird auch „Chassid“ („ein Frommer“) genannt (s. Bab., B. kama 103 b, u. Sanh. 11 a).

R. Jehuda ha-Kohen: Er überliefert ein Zeugnis zusammen mit R. Jehuda b. Baba (Edujot VIII, 2).

R. Elaj: Er war der Vater des R. Jehuda und ein Schüler des R. Eliëser (Erub. II, 6; Bab. Men. 18 a). — R. Chalaphta: der Vater des R. Josë (Taan. II, 5). —

R. Chananja b. Teradion: Er wird zusammen mit R. Chalaphta erwähnt (Taan. II, 5), und ein Lehrspruch von ihm wird in Abot III, 2 überliefert. Er war der Schwiegervater des R. Mëir (vgl. Bab. Ab. sara 17 b / 18 a) und hatte seinen Wohnsitz in Sichni (Sichnin in Unter-Galiläa; Bab. Sanh. 32 b). —

R. Simon b. ha-Sgan: In seinem Namen überliefert R. Simon b. Gamliël Halachot bezüglich des Heiligtums sowie des Priesterdienstes (Schek. VIII, 5; Ket. II, 8; Men. XI, 9), und es ist daher wahrscheinlich, dass er zur Zeit des Tempels lebte (vgl. Frankel, „Darke ha-Mischna“, S. 100). —

R. Simon b. Nannos: Er führt Kontroversen mit R. Akiba (Bik. III, 9; u. sonst). In Bezug auf ihn sagt R. Ismaël: „Wer sich mit den Rechtsbestimmungen über Vermögensangelegenheiten (dem Zivilrecht) vertraut machen will, der bediene Simon b.Nannos als Schüler!“ (B. batra X, 8). An einigen Stellen wird er auch einfach „Ben-Nannos“ (ohne Beifügung seines Eigennamens) genannt.

R. Jeschëwaw: Er war ein Kollege des R. Akiba und überliefert eine Halacha im Namen des R. Josua (Chul. II, 4).

R. Eleasar b. Parta: Er war ein Kollege des R. Chananja b. Teradjon (Bab., Ab. sara 17 b) und wird in Git. III, 4, erwähnt.

R. Josua b. Matja: Er wird erwähnt in Edujot II, 5.

R. Eleasar b. Jehuda aus Bartota: Er führt eine Kontroverse mit R. Akiba über zwei von diesem im Namen R. Josuas überlieferte Halachot (Tib. Jom III, 4—5). Ohne Beifügung des Vaternamens wird er erwähnt in Abot III, 7 und ist anscheinend auch identisch mit „R. Eleasar b. Jehuda“ (ohne Herkunftsbezeichnung) in Ohal. III, 5, u. Sab. I, 1 (vgl. dort in der Tos. I, 5).

R. Chuzpit: Er wird erwähnt in Schewiit X, 6, und ist wahrscheinlich derselbe wie: „R. Chuzpit, der Dolmetsch“ (d. h. der öffentliche Erläuterer [in populärer Sprache] der Lehrvorträge des R. Gamliël; vgl. Bab. Ber. 27 b u. Kid. 39 b). Er sass zusammen mit R. Jeschëwaw, R. Chalaphta und R. Jochanan b. Nuri bei R. Eleasar b. Asarja (Tos. Kel., B. batra XII, 2).

Simon b. Azzai, auch einfach „Ben-Azzai“ genannt: Er war ein zum Kollegen aufgerückter Schüler des R. Akiba (Bab., B. batra 158 b) und trug vor diesem Halachot im Namen R. Josuas vor (Joma II, 3; Taan. IV, 4). Er führte mit R. Akiba auch Kontroversen (Schek. III, 1; IV, 6; u. a.) — „Als Ben-Azzai starb, da gingen die Lernbefliessenen dahin“ (Sota IX, 15).

Simon b. Soma, oder einfach „Ben-Soma“: Er war ein Kollege von Ben-Azzai und diskutierte mit R. Josua (Nasir VIII, 1); auch erwähnt ihn R. Eleasar b. Asarja (Ber. I, 5) als Urheber einer Schriftausdeutung. „Als Ben-Soma starb, da gingen die Schrift-Ausdeuter dahin“ (Sota IX, 15).

Simon ha-Temani (aus Teman?): Er war gleichfalls ein Kollege von Ben-Azzai (Tos. Ber. IV, 18) und stand in Kontroverse mit R. Josua und R. Akiba (Jeb. IV, 13).

Chananja b. Chachinaj: Er war ein Kollege von Ben-Azzai sowie von Ben-Soma (s. Bab. Sanh. 17 b u. Tos. Ber. IV, 18: „Einst sassen vier Gelehrte in der Eingangshalle des [Hauses von] R. Josua: Eleasar b. Matja, Chananja b. Chachinaj, Simon b. Azzai und Simon ha-Temani, und sie waren mit dem [Lehrstoff] beschäftigt, worin R. Akiba sie unterwiesen hatte"). Drei Mal wird er in der Mischna erwähnt (Kil. IV, 8; Mak. III, 9, u. Abot III, 4).

R. Eleasar b. Matja: Auch er war ein Kollege von Ben-Azzai (Tos. Ber. IV, 18) und wird in der Mischna Jeb. X, 3, angeführt: „Folgendermassen deutete R. Eleasar b. Matja" (den Schriftvers) usw. —

R. Jose b. Durmaskit: Er kam zu R. Eliëser „an jenem Tage" [an welchem man R. Eleasar b. Asarja zum Oberhaupt des Lehrhauses eingesetzt hatte] (s. Jad. IV, 3; vgl. auch Bab. Chag. 3 a).

R. Matja b. Charasch: Er befragte R. Eleasar b. Asarja (Bab. Joma 86a) sowie R. Simon (Mëila 17 a). Vielleicht gehörte er schon zur folgenden Generation. Sein Wohnsitz war in Rom (Bab. Sanh. 32 b). Er wird in der Mischna Joma VIII, 6, und Ab. IV, 15, erwähnt. —

Endlich sind noch aufzuführen: Nechemja aus Beth-D'li, der in Nehardea dem R. Akiba eine Überlieferung von R. Gamliël dem Alten übermittelte (Jeb. XVI, 7); Elischa b. Abuja (nach seinem Abfall „Achër" = „ein Anderer" genannt), der in Abot IV, 20, erwähnt ist; Abtulmos, von dem R. Jose ein Zeugnis anführt, welches er im Namen von fünf Gelehrten überlieferte (Erub. III, 4); Abba Gurjon aus Zaidan, der im Namen von Abba Gurja einen Lehrspruch tradiert (Kid. IV, 14); sowie R. Hyrkanos (Jeb. XII, 6). —

d) Vom Fall Bettars bis zu R. Jehuda ha-Nassi

Wegen der vom Kaiser Hadrian verhängten harten Dekrete sowie wegen der um sich greifenden Religions-Verfolgungen hatten die Weisen Israels sich zur Flucht entschlossen und hielten sich verborgen (s. oben, Stichwort: „R. Jehuda b. Baba"). Aber allmählich kehrte das Leben wieder in seine alten Bahnen zurück, und die Weisen versammelten sich in Uscha (Unter-Galiläa). Darüber wird berichtet (Schir ha-Schirim Rabba, Kap. II, 5): ‚Gegen Ende der Verfolgungszeit traten unsere Lehrer in Uscha zusammen, und zwar die folgenden: R. Jehuda und R. Nechemja, sowie R. Mëir, R. Josë, R. Simon b. Jochai, R. Eliëser der Sohn R. Josës des Galiläers und R. Eliëser b. Jakob. Sie schickten Boten an die Gelehrten Galiläas und liessen ihnen kundtun: „Jeder, der gelernt hat, möge herkommen und lehren, und Jeder, der nicht gelernt hat, möge herkommen und lernen!" So sammelten sie sich und lernten und sorgten für alles Notwendige'. — Sie alle waren Schüler R. Akibas und die Führer jener Generation. Im Babli, Jeb. 62 b, wird darüber gesagt: „12 000

Schülerpaare hatte R. Akiba von Giwat bis Antip[at]ris, und alle starben sie im gleichen Zeitabschnitt, weil sie einander nicht mit Ehrerbietung behandelt hatten. So ward die Welt wüst, bis R. Akiba zu unseren Lehrern nach dem Süden Judäas kam und sie unterwies: R. Mëir, R. Jehuda, R. Josë, R. Simon und R. Eleasar b. Schamua. Und sie waren es, die die Thora wieder aufrichteten zu jener Stunde". Diese Weisen werden sehr häufig in der Mischna erwähnt.

R. Mëir: Er lernte zunächst bei R. Ismaël und kam erst später zu R. Akiba (Bab. Erub. 13 a), der dann zu seinem eigentlichen Lehrer wurde (s. Jer. Ber., Kap. II, Hal. 1; sowie oben S. 148, Anm. 4 zu Kap. VI). Keiner in seiner Generation kam ihm gleich; vielmehr war sein Scharfsinn so gross, dass seine Gefährten nicht vermochten, das Endergebnis seiner Meinung [in seiner ganzen Tiefe] zu erfassen (Bab. Erub. 13 b). — Auf der Mischna des R. Mëir basiert unsere Mischna (s. oben S. 145 ff.).

R. Jehuda b. Elaj (Ilaj): Er wurde mit dem Titel ausgezeichnet: „der oberste Wortführer überall" („ראש המדברים בכל מקום"), und auch bei den Versammlungen in Uscha sowie in Jabnë war er der Wortführer (Bab. Schab. 33 b). Obwohl er sagte, dass die Worte der Thora den Kernpunkt im menschlichen Leben zu bilden hätten (Abot d' R. Natan, Kap. XXVIII), lehrte er zugleich auch, dass jeder, der seinen Sohn nicht ein Handwerk lernen lasse, so anzusehen sei, als ob er ihn zur Räuberei erziehe (Bab. Kid. 29 a). Nach seiner Ansicht ist die Bedeutung des Wortes „Mischna" mit „Midrasch" gleichzusetzen (das. 49 a), und der anonyme „Sifra" (= der halachische Midrasch [des Talmud] zum Buche „Leviticus") stammt von R. Jehuda gemäss der Ansicht des R. Akiba (Bab. Sanh. 86 a). Bezüglich der Kontroversen zwischen R. Jehuda und R. Mëir wird gesagt, dass die Halacha sich nach R. Jehuda richtet (Bab. Erub. 46 b).

R. Josë b. Chalaphta: Er wohnte in Zepphoris (Bab. Sanh. 32 b), und von Beruf war er ein Gerber („שלחא" = Fell-Bearbeiter; Bab. Schab. 49 b). Man gab ihm die Bezeichnung „Kadosch" = „Heiliger" (Jer. Ber., Kap. III, Hal. 4. — Über seine edle Gesittung s. Bab. Schab. 118 b). Die Halacha richtet sich nach ihm, denn: „er hat [für alles] seine [einleuchtende] Begründung" („נימוקו עמו", s. Git. 67 a), und R. Jochanan sagt, dass der anonyme „Seder Olam" (ein altes genealogisch aufgebautes Geschichtswerk) von R. Josë stamme (Bab. Jeb. 82 b). Über die Mischna „Kelim" des R. Josë s. oben S. 102 f.

R. Simon b. Jochai: Er war in seiner Jugend ein Schüler R. Josuas (s. Bab. Ber. 28 a), aber sein eigentlicher Lehrer war dann R. Akiba und von diesem wurde er auch als ‚Rabbi' autorisiert (s. Jer. Sanh., Kap. I, Hal. 2). Bekannt sind die Ereignisse, die über ihn und seinen verborgenen Aufenthalt in einer Höhle erzählt werden (vgl. Babli Schab. 33 b). Der anonyme „Sifrë" [des Talmud] stammt von R. Simon gemäss der Ansicht des R. Akiba (Bab. Sanh. 86 a).

R. Nechemja: Die anonyme „Tosephta" stammt von R. Nechemja gemäss der Ansicht des R. Akiba (Sanh., das.). In unserer Mischna wird nur wenig von seinen Halachot gebracht.

„R. Eleasar" (ohne Zusatz) bezeichnet R. Eleasar b. Schamua; R. Jehuda ha Nassi sagt manchmal: „Als wir bei R. Eleasar b. Schamua Thora lernten" (Bab. Erub. 52 a; Joma 79 b), und er erzählt, dass er zu ihm hinzog, „um seine Maasse (= das volle Maass des von ihm erlernbaren Wissens) auszuschöpfen" (s. Babli Men. 18 a). Ein anderes Mal berichtet R. Jehuda ha-Nassi: „Als ich hinging, um bei R. Eleasar b. Schamua Thora zu lernen, da scharten sich seine Schüler um mich und liessen mich nur eine einzige Sache in unserer Mischna lernen", usw. (vgl. Bab. Jeb. 84 a; Jer. das., Ende v. Kap. VIII). R. Eleasar führt in der Mischna Kontroversen mit R. Mëir, R. Jehuda, R. Josë und R. Simon. Vgl. auch unten, Stichwort: „R. Jochanan ha-Sandelar".

R. Eliëser b. Jakob (II): Er war ein Schüler des R. Akiba und führt mit anderen Schülern desselben Kontroversen. Vgl. oben S. 396 f.: „R. Eliëser b. Jakob I".

R. Jochanan ha-Sandelar (= „der Sandalenmacher", Schuster): Er stammte aus Alexandria und kam nach Bik'at Rimon (Unter-Galiläa), um dort zusammen mit R. Mëir, R. Jehuda, R. Josë, R. Simon, R. Nechemja und R. Eliëser b. Jakob ein Schaltjahr festzusetzen (Jer. Chag., Anfg. v. Kap. III). Er begab sich zum Gefängnis R. Akibas [während dessen Kerkerhaft], und durch List gelang es ihm, von diesem eine Halacha zu erfragen (Jer. Jeb., Kap. XII Hal. 5). Zusammen mit R. Eleasar b. Schamua ging er zu R. Jehuda b. Betera nach Neziwin, um von diesem Thora zu lernen (Sifrë Deut., „R'ëh", Abschn. 80).

R. Jonatan: Er wird in Abot IV, 9 erwähnt und gehörte zu dem Schülerkreise R. Ismaëls (Bab. Men. 57 b) [13].

R. Eliëser, der Sohn R. Josës des Galiläers: Er war hauptsächlich mit der Agada vertraut und wird nur ein Mal in der Mischna erwähnt (Sota V, 3). Ihm zugeschrieben wird die Barajta über die 32 Deutungsregeln, nach welchen die agadische Ausdeutung erfolgt [14].

R. Simon Schesuri: Er richtete eine Anfrage an R. Tarphon (Bab. Men. 31 a) und wird in der Mischna Ker. IV, 4, zusammen mit R. Simon erwähnt. In Kontroversen steht er mit R. Josë in Kel. XVIII, 1, und erweitert die Worte des R. Mëir in Toh. III, 2.

Abba Schaul: Vgl. Israel Lewy, „Über einige Fragmente aus der Mischna des Abba Saul", sowie im Anhang am Ende des vorliegenden Buches, Nr. 5.

R. Simon b. Gamliël (aus Jabnë): Er war Nassi und der Vater des R. Jehuda ha-Nassi. In Bezug auf die von ihm geführten Kontroversen sagt R. Jochanan: „Überall, wo R. Simon b. Gamliël in unserer Mischna etwas lehrt, richtet sich die Halacha nach ihm, mit Ausnahme von drei Fällen" (Babli Git. 75 a), und Rab behauptet, „die Halacha richtet sich deshalb nach ihm,

---

13 Vgl. Hoffmann, „Zur Einleitung in die halachischen Midraschim", S. 38.

14 S. vorerst: Zucker in „Proceedings", Bd. XXIII (New York 1954), im hebr. Teil.

weil er festbestimmte Halachot ‚auf Grund der Fortsetzung durch seinen Gerichtshof' überliefert hat" (Jer. B. batra, Kap. X, Hal. 5).

R. Chananja (Chanina) b. Gamliël: Er steht in Kontroverse mit R. Mëir (Kid. III, 4) und sagt einmal: „Die Worte des R. Mëir erscheinen einleuchtend" (Tos. Nid. IV, 5). Da wir finden, dass R. Josë sagt: „dies sind die Worte des R. Chananja b. Gamliël" (Tos. Neg. II, 11), und weiter, dass R. Simon b. Gamliël sagt (Tos. Nid. VII, 5): „Mir erscheinen die Worte des R. Chananja b. Gamliël einleuchtender als die meinigen und die ihrigen, denn er sagt: . . . usw.; und nach seinen Worten lehren wir", — liesse sich vielleicht annehmen, dass R. Chananja b. Gamliël nicht der Bruder des R. Simon b. Gamliël war. Aber im Babli, Nid. 58 b, lautet die entsprechende Lesart: „R. Chananja b. Antigonos", ebenso wie in der Mischna dort (VIII, 2). Vgl. auch oben S. 117 f. in Anm. 24 zu Kap. IV.

R. Josua b. Korcha: Er überliefert eine Halacha im Namen des R. Eleasar b. Asarja (Tos. Kel., B. batra II, 6), sass zusammen im Lehrhause mit R. Simon b. Gamliël (Bab., B. mez. 84 b; vgl. dort), und wird vier Mal in der Mischna erwähnt (Ber. II, 2; R. hasch. IV, 4; Ned. III, 11, und Sanh. VII, 5).

R. Ismaël, der Sohn des R. Jochanan b. Beroka: Er überliefert eine Halacha, die er aus dem Munde der Weisen im Weinberg (= im Lehrhause) zu Jabnë gehört hatte (Bab. Jeb. 42 b), und wird drei Mal in der Mischna erwähnt (B. kama X, 2; Sanh. XI, 1, und Abot IV, 5).

R. Eleasar bar Zadok (II., vgl. oben S. 401): Er überlieferte einen Ausspruch R. Mëirs (Kil. VII, 2).

R. Chananja (Chanina) b. Akabja: Er berichtet: „Sie (die Schüler) haben [im Lehrhause] vor R. Gamliël gesagt", usw. (Ket. VIII, 1) und steht in Kontroverse mit R. Josë (Arach. I, 3).

R. Chananja b. Akaschja: Er wird in der Mischna am Ende des Trakt. Makkot erwähnt und gehörte vielleicht ebenfalls zu dieser Generation.

R. Nehoraj: Er wird erwähnt in Nasir IX, 5; Kid. IV, 14, u. Abot IV, 14 (vgl. auch Bab. Schab. 147 b und Erub. 13 b).

Abba Eleasar b. Dolaj: Er steht in Kontroverse mit R. Mëir und R. Jehuda sowie anderen in Mikw., Ende v. Kap. II.

R. Chanina (Chananja) aus Ono: Er brachte eine Halacha herauf (oder schickte eine Halacha) aus dem Gefängnis (Git. VI, 7; vgl. dort) und bezeugte eine solche vor R. Gamliël (Tos. Sanh. II, 13).

R. Josë bar Jehuda aus Kfar ha-Babli: Er wird in Abot IV, 20, erwähnt [15].

R. Josë Katnuta; Sota IX, 15: „Als R. Josë Katnuta starb, da gingen die Frommen dahin" usw.

R. Jochanan b. Josua: Jad., Ende v. Kap. III, vgl. dort.

R. Jochanan b. Matja: B. mez. VII, 1; vgl. dort.

---

15 Vgl. Bab. Pes. 113 b (Ende) und Jer., B. kama, Kap. III, Hal. 7; sowie Ztschr. „Sinai" Bd. XXXIII, S. 355 ff. u. Bd. XXXIV, S. 231 ff.

R. Eleasar b. Pila: Toh., Ende v. Kap. VII: „Weshalb denn erklärt R. Akiba sie für unrein (und die Weisen erklären sie für rein)?“ usw.

R. Josë b. ha-Chotef Ephrati: Er überliefert eine Halacha im Namen R. Ismaëls in Kil., Ende von Kap. III.

Jehuda b. Tema; Abot V, 20: Er gehörte wahrscheinlich spätestens dieser Generation an, weil R. Jochanan b. Dahabaj in seinem Namen tradiert (Barajta in Bab. Sanh. 4 b). Vg. auch Babli Chag. 14 a, sowie oben S. 100.

R. Janaj; Abot IV, 15: Wahrscheinlich war R. Dostaj b. R. Janaj (s. unten) sein Sohn.

e) R. Jehuda ha-Nassi und sein Geschlecht

R. Jehuda ha-Nassi, der Sohn des R. Simon b. Gamliël, auch „Rabbi“ [„(mein) Lehrer“] schlechthin genannt: Er wird auch als ‚רבנו הקדוש‘ („unser heiliger Lehrer“) bezeichnet (B. Schab. 118b; 156 a; u. a.). Zuerst war er in Beth-Schearim und nachher in Zepphoris (B. Ket. 103 b). Er kannte noch R. Mëir (Bab. Erub. 13 b) sowie R. Jehuda (Meg. 20 a) und wird als dessen Schüler angesehen (Schebuot 13 a). Auch bei R. Simon (Schab. 147 b) und bei R. Eleasar b. Schamua (s. dieses Stichwort oben S. 408) lernte er. Wir finden ferner, dass er R. Josë und R. Simon unterwegs befragte (B. Nid. 68 b). Auch R. Jakob b. Korschaj war sein Lehrer (Jer. Schab. X, Hal. 5. Vgl. auch Bab. Joma 61 a, Git. 14 b, sowie Chul. 45 b). Kontroversen führt er insbesondere mit seinem Vater R. Simon b. Gamliël sowie mit R. Natan. — Über die durch ihn erfolgte Redigierung der Mischna wurde oben in Kap. VI gehandelt.

R. Natan: Er war noch in den Tagen des R. Simon b. Gamliël Vorsitzender des Obersten Gerichtshofes (B. Hor. 13 b), und es wird von ihm gesagt, dass er „ein Richter war und in die Tiefe der Rechtsfindung hinabzusteigen wusste“ (Bab., B. kama 53 a). In der Mischna wird er zweimal erwähnt (am Ende v. Berachot sowie Schek., Ende v. Kap. II), und im Babli, Ket. 93 a, wird über die Mischna das. gesagt: „Dies ist eine Mischna des R. Natan“. Auch gibt es in unserer Mischna einige, jedoch nur wenige, anonyme Stellen, die sich nach ihm richten. In der Mechilta („Amalek“ Kap. II) wird gesagt: „Als R. Natan starb, da ging mit ihm auch seine Weisheit dahin“ [16]. Rabbi und R. Natan werden „Ende der Mischna [-Periode]“ genannt (Bab., B. mez. 86 a), d. h.: die Grossen des Geschlechtes am Ende der Zeit der „Tannaim“, der Mischna-Weisen [17]. R. Natan wird die Barajta zugeschrieben, die „Abot d' R. Natan“ genannt wird.

---

16 Vgl. meine Ausführungen in „Bereschit Rabbati“, S. 273. S. ferner über die anonym wiedergegebenen Ansichten R. Natans: Babli Taan. 15 b sowie Jer. Pes., Kap. IX, Hal. 9, und den Ausspruch des R. Juda das., Kap. VIII, Hal. 2: „All die Lehren bezügl. der zweifelhaften Fälle [beim Passah-Opfer] gehen nach der Ansicht R. Natans“. —

17 Vgl. Halevy, „Dorot ha-Rischonim“, Bd. V, S. 818 ff. Man kann aber unmöglich

Symmachos: Er war ein scharfsinniger Schüler des R. Mëir (B. Erub. 13 b; s. auch Kid. 52 b), und er überlieferte Halachot in dessen Namen (B. mez. VI, 5, u. Chul. V, 3). Eine Halacha in seinem eigenen Namen wird erwähnt in Erub. III, 1. R. Natan richtete an ihn eine Anfrage in Bezug auf die Bedeutung der Worte des R. Josua (B. Ket. 52 a).

R. Josë bar Jehuda (bar Elaj): Er steht in Kontroverse mit Rabbi.

R. Eleasar bar Simon (b. Jochaj): Er sass im Lehrhause zusammen mit Rabbi vor R. Simon b. Gamliël und R. Josua b. Korcha (Bab., B. mez. 84 b). Zusammen mit seinem Vater hielt er sich aus Furcht vor den Römern in einer Höhle verborgen (B. Schab. 33 b). Er wird drei Mal in der Mischna erwähnt (Beza IV, 5; Tem. IV, 4; sowie Neg. XII, 3). Vgl. die Erzählung über ihn im Babli, B. mez. 83 b.

R. Simon b. Eleasar: Er war ein Schüler R. Mëirs (s. B. Men. 32 a u. Chul. 6 a) und überlieferte viele Halachot in dessen Namen, wird aber in der Mischna nur sieben Mal erwähnt, davon vier in Bezug auf Halacha (B. mez. II, 1; Ab. sara IV, 11; Machsch. IV, 1, sowie VI, 7).

R. Ismaël bar Josë (ben Chalaphta): Ein Ausspruch von ihm wird in Abot IV, 7 erwähnt, doch viele seiner Halachot werden in den Barajtot gebracht.

R. Menachem: Er ist anscheinend mit R. Menachem bar Josë identisch (s. Schab. 118 b), der als Autor anonym gehaltner Mischnajot und Barajtot mit dem Titel „מתומתאה" ausgezeichnet wurde (s. Babli, Meg. 26 a; Ket. 101 b). In der Mischna wird er erwähnt in Joma IV, 4.

R. Simon b. Jehuda: Er überliefert im Namen des R. Simon (Mak. III, 6; Schebuot I, 5; Neg. X, 8) sowie des R. Josë (Maass.sch III, 6). In der Barajta wird seinem Namen die Bezeichnung „aus Kfar Akkos" (Akko) beigefügt (s. Sota 37 b; Sanh. 110 b; u. s).

R. Dostaj bar Janaj: Er überliefert im Namen des R. Mëir (Erub. V, 4 und Abot III, 8). Vgl. auch oben S. 410, Stichwort: „R. Janai".

R. Josë b. Meschulam: Er wird erwähnt in Ter. IV, 7; Bech. III, 3, und VI, 1. Vgl. auch unter dem folgenden Stichwort:

R. Simon b. Menasja: Er wird erwähnt in Chag. I, 7 (vgl. auch Abot VI, 8), und führt in der Barajta eine Kontroverse mit R. Jehuda ha-Nassi (Beza 26 a). Er sowie R. Josë b. Meschulam werden „eine heilige Gemeinschaft" („עדה קדושה") genannt (Jer., Maass.sch., Ende v. Kap. II, sowie Midr. Koh., Kap. IX, 9).

R. Jakob: Seine Aussprüche werden in Abot IV, 16—17, gebracht, ebenso nach einer Lesart in Abot III, 7 (vgl. dort in meinem Kommentar). S. auch oben, Stichwort: „R. Jehuda ha-Nassi", sowie in den „Ergänzungen" zu Neg. XIV, 10, meines Mischna-Kommentars).

---

annehmen, dass alle Aussprüche des R. Mëir und des R. Jehuda etc., die ständig in der Mischna erwähnt sind, lediglich zur Klarstellung der Worte von vorher erwähnten Tradenten dienen sollen.

R. Eliëser (Eleasar) ha-Kappar: Er wird erwähnt in Abot IV, 21.

Jadua ha-Babli („der Babylonier"): Er überliefert im Namen des R. Mëir (B. mez. VII, 9).

R. Chalaphta aus Kfar Chananja: Er wird gebracht in Abot III, 6, und überliefert ebenfalls im Namen des R. Mëir (Bab., B. mez. 94 a; vgl. auch Tos. Kel. IV, 17).

In Zusätzen, die in die Mischna eingefügt sind, werden ferner erwähnt: R. Pinchas b. Jaïr (Sota IX, 15); — Ben Bag-Bag und Ben He-He (Abot, Ende v. Kap. V); — R. Gamliël, der Sohn des R. Jehuda ha-Nassi (Abot II, 2); — R. Simon bar Rabbi (Mak. III, 15); — R. Jehuda Nessia („Rabbi", Ab. sara II, 6); — R. Simon b. Chalaphta (Ende v. Trakt. Ukz.); — R. Simon b. Akaschja (Ende v. Trakt. Kin.); — R. Josua b. Levi (Abot VI, 2, sowie Ende v. Ukz.); — R. Josë b. Kisma (Abot VI, 9). —

Nachstehend folgt ein Verzeichnis der Tannaim, geordnet nach der hebräischen Schreibweise in alphabetischer Reihenfolge.

א.

Abba Eleasar b. Dolaj
Abba Gurja
Abba Gurjon aus Zaidan
Abba Josë b. Chanan
Abba Josë Chalikophri aus Tiw'on
Abba Schaul
Abba Schaul b. Butnit
Abtulmos
Abtaljon
Admon
R. Eliëser b. Daglai
R. Eliëser b. Hykarnos
R. Eliëser b. Jakob I
R. Eliëser b. Jakob II
R. Eliëser, der Sohn R. Josës des Galiläers
R. Eliëser ha-Kappar
Elischa b. Abuja
R. Elaj
R. Eleasar b. Jehuda aus Bartota
R. Eleasar b. Matja
R. Eleasar b. Asarja
R. Eleasar b. Arach
R. Eleasar b. Pila
R. Eleasar b. Parta
R. Eleasar bar (ben) Zadok I
R. Eleasar bar Zadok II
R. Eleasar b. Schamua
R. Eleasar bar Simon
R. Eleasar Hammodai
R. Eleasar Chisma
Antigonos aus Socho

ב.

Baba b. Buta
Beth Hillel
Beth Schammaj
Ben Bag-Bag
Ben Buchri
Ben Betera, s. R. Josua b. Betera
Ben He-He
Ben Soma, s. Simon b. Soma
[Ben Sakkai, s. oben S. 101 f.]
Ben Nannos, s. Simon b. Nannos
Ben Azzai, s. Simon b. Azzai

ג.

Rabban Gamliël, der Sohn des R. Jehuda ha-Nassi
Rabban Gamliël aus Jabnë
Rabban Gamliël der Alte

ד.

R. Dosa b. Harkynas

Dostaj aus dem Dorfe Jatma
R. Dostaj, Sohn desR. Janaj

ה.

R. Hyrkanos
Hillel

ז.

R. Secharja b. Hakkazaw

ח.

R. Chuzpit
R. Chalaphta
R. Chalaphta aus Kfar Chananja
R. Chanina aus Ono
R. Chanina (Chananja) b. Antigonos
R. Chanina b. Dosa
Chanan b. Abischalom
R. Chananja b. Gamliël
Chananja b. Chachinai
R. Chananja b. Akabja
R. Chananja b. Akaschja
R. Chananja b. Teradjon
R. Chananja S'gan ha-Kohanim
(der Priester-Aufseher)

ט.

R. Tarphon

י.

Jadua ha-Babli
R. Jehuda b. Elaj
R. Jehuda b. Baba
R. Jehuda b. Betera
Jehuda b. Tabbai
Jehuda b. Tema
R. Jehuda ha-Kohen
R. Jehuda ha-Nassi
R. Jehuda Nessia
R. Josua b. Betera
R. Josua b. Hyrkanos
R. Josua b. Chananja
(R. Josua b. Levi)
R. Josua b. Matja
R. Josua b. Perachja
R. Josua b. Korcha
R. Jochanan b. Beroka
R. Jochanan b. Gudgeda
R. Jochanan b. ha-Chorani
Rabban Jochanan b. Sakkai
R. Jochanan b. Josua
R. Jochanan b. Matja
R. Jochanan b. Nuri
R. Jochanan ha-Sandelar
R. Jonatan
R. Josë b. Durmaskit
R. Josë b. ha-Chotef Ephrati
Josë b. Choni
R. Josë b. Chalaphta
R. Josë bar Jehuda
R. Josë bar Jehuda aus Kfar ha-Babli
Josë b. Jochanan
Josë b. Joëser
R. Josë b. Meschulam
R. Josë b. Kisma
R. Josë, der Galiläer
R. Josë ha-Kohen
R. Josë Katinta
Joëser aus Habira
R. Janaj
R. Jakob
R. Jakim aus Haddar
R. Jeschëwaw
R. Ismaël b. Elischa
R. Ismaël bar Josë
(R. Ismaël b. Pabi)
R. Ismaël, der Sohn des
R. Jochanan b. Beroka

ל.

R. Levitas aus Jabnë

מ.

R. Mëir
R. Mejascha
R. Menachem (bar Josë)
Menachem b. Signaj
R. Matja b. Charasch

נ.

R. Nehoraj
Nachum ha-Lawlar (der Schreiber)
Nachum der Meder
R. Nechunja b. Elinatan aus Kfar ha-Babli
(R. Nechunja b. Gudgeda)
R. Nechunja b. Hakkana
R. Nechemja
Nechemja aus Beth-D'li
Nittai aus Arbel
R. Natan

ס.

Symmachos

ע.

Akabja b. Mahalalel
R. Akiba b. Josef

פ.

R. Pinchas b. Jaïr
R. Papjas

צ.

R. Zadok

ר.

‚Rabbi', s. R. Jehuda ha-Nassi u. R. Jehuda Nessia

ש.

Schammaj
Samuel ha-Katan (der Kleine)
Simon, der Bruder des Asarja
R. Simon aus Mizpa
R. Simon b. Eleasar
R. Simon b. Betera
Rabban Simon b. Gamliël aus Jabnë
Rabban Simon b. Gamliël der Alte
R. Simon b. ha-S'gan
Simon b. Soma
R. Simon b. Chalaphta
R. Simon b. Jehuda
R. Simon b. Jochaj
R. Simon b. Menasja
R. Simon b. Nannos
R. Simon b. Natanël
Simon b. Azzai
R. Simon b. Akaschja
R. Simon bar Rabbi
Simon b. Schatach
Simon der Gerechte
Simon ha-Temani
R. Simon Schesuri
Schemaja

X

DIE ERKLÄRER DER MISCHNA

Der erste Kommentar aus alter Zeit, den wir besitzen, ist der „Perusch-ha-Geonim“ zur Ordnung Toharot[1]. R. Petachja schreibt im „Ssiwuw“ (Ausg. Grünhut, S. 12), dass der Gaon Raw Saadja eine Erklärung zu den „sechs Ordnungen“ verfasst habe, d. h. zu den 6 Ordnungen der Mischna. Ebenso verfasste Raw Haj eine Erklärung zur Mischna, die einige Male im „Sefer ha-Schoraschim“ des R. Jona ibn Dschanach (und zwar S. 53, 172, 222) gebracht wird. Indessen sind diese Kommentare nicht auf uns gekommen[2], und zu Unrecht wird die Autorschaft unseres gaonäischen Kommentars Raw Haj zugeschrieben, wie dies auch der erste Herausgeber auf das Titelblatt seines Buches drucken liess[3], während der Kommentar in Wahrheit ein aus einer Reihe von Erklärungen (nebst denjenigen der Geonim) zusammengestelltes Sammelwerk darstellt, dessen sich der Verfasser des „Aruch“ sowie Maimonides und Andere bedienten. Der Verfasser des „Perusch ha-Geonim“ führt mehrmals seinen Kommentar zum Seder Seraïm

---

1 Zu dem oben im Text weiterhin Gesagten vgl. Frankel, „Darchë ha-Mischna“, S. 317 ff., sowie Epstein, „Der gaonäische Kommentar“ etc., Berlin 1915, und „Taschlum Perusch ha-Geonim“ in der Zeitschrift „Tarbiz“, Jahrg. XVI, S. 71 ff.

2 Über Raw Saadjas Erklärungen der „schwer verständlichen Wörter“ („המלות הקשות“) in der Mischna vgl. neuerdings: „L'schonenu“, Bd. XXII, Heft 2—3, S. 147 ff. — In der Festschrift für Harkavy, S. 68 ff., ist ein Teilstück aus den Worterklärungen zur Mischna (Kilajim und Schebiit) in griechischer Sprache abgedruckt, das nach Ansicht des Herausgebers im 6. oder 7. Jahrhundert verfasst worden ist. Nochmals abgedruckt wurde es in „Proceedings“, Bd. VI (New York 1935), S. 353 ff. — S. auch das Bruchstück aus den Worterklärungen des Raw Scherira zu den Ordnungen Toharot und Seraïm in „T'schubot ha-Geonim“, Ausgabe „Mekizë Nirdamim“ (Jerusalem 5702), S. 172 ff.

3 Sammlung „Maassë J'dë Geonim Kadmonim“, Teil I, Kommentar des Rabbenu Haj Gaon zur Ordnung Toharot usw., den ich Jehuda .... Rosenberg, herausgegeben habe, Berlin 5616 (= 1856). Zum zweiten Mal (ausser Traktat Nidda) abgedruckt in der Talmud-Ausgabe der Druckerei Romm am Rande von Seder Toharot, sowie in der Mischna-Ausgabe — Druckerei Romm — am Ende von Seder Toharot. Ferner herausgegeben nach Handschriften unter dem Namen „Perusch ha-Geonim al Seder Toharot“ und mit textkritischen sowie erklärenden Bemerkungen versehen von J. N. Epstein, Ausgabe „Mekizë Nirdamim“, Berlin 5681—84 (= 1921—24). Vgl. auch „Tarbiz“, das. S. 90 ff.

an, der verloren gegangen ist [4]. Er erklärt die Wörter und stützt sich bei seinen Erklärungen auf das Aramäische, Arabische („טיית"), Griechische sowie Persische. Ausser der Tosephta und den beiden Talmuden bringt er auch die Targumim („und wir übersetzen", „Raw Josef übersetzt" [S. 36, u. a.], „der Targum", „der palästinensische Targum"), — sowie auch die Septuaginta unter der Bezeichnung: „so erklärten die 70 Gelehrten" (Kel. XXIII, 2—63). Einmal steht seine Erklärung im Gegensatz zu der des Talmud (Machsch. V, 9,) und sogar in Bezug auf den Bibeltext sagt er, dass er nicht von seinem einfachen Wortsinn abweichend zu erklären sei, und er legt ihn manchmal anders aus als der Talmud (Kel. XXII, 8; Nid. VIII, 2. — S. 114, sowie in Anmerkung 13). Er zitiert den Kommentar des Raw Nachschon Gaon zu B. kama (Kel. XXVIII, 3) und macht auch an andern Stellen von ihm Gebrauch; ebenso bringt er die Responsen auf halachische Anfragen („שאלות"), d. h. die „Fragen und Antworten" der Geonim (Kel. XXII, 10; XXIX, 2; XXX, 1; u. a.). Einige Male erwähnt er auch verschiedene Erklärungen zu einem einzelnen Wort („Manche sagen", „Manche erklären", „es gibt [Erklärer], die sagen", usw.), und einmal bemerkt er zu einer unter „יש אומרים" (= „Manche sagen") angeführten Erklärung: „aber dies ist ein Irrtum" (Mikw. IX, 6; — vgl. auch dort in den „Ergänzungen" meines Kommentars.

R. Natan, — „das Oberhaupt des Lehrhauses" (= „אב הישיבה", in Erez-Israel; lebte im 9. Jahrh. des 5. Jahrtausends, d. h. im 11. Jahrh. der üblichen Zeitrechnung), — verfasste in arabischer Sprache einen Kommentar zu den 6 Ordnungen der Mischna, welcher Erklärungen der Wörter sowie kurze Erläuterungen zur Sache umfasst. Ein Kompilator, anscheinend aus Jemen, schrieb diesen Kommentar ab und fügte ihm Manches aus anderen Erklärungen hinzu. Zu Beginn seiner Vorrede schreibt er: „Eine Erklärung zu den 6 Mischna-Ordnungen, erklärt von R. Natan, dem Oberhaupt des Lehrhauses, Sohn Abrahams des Frommen s. A.; — beigefügt ist ausserdem, was wir unter den Erklärungen der Weisen, unserer Lehrer s. A., gefunden haben". Und am Ende der Vorrede heisst es: „Ich habe die Erklärungen R. Natans, des Oberhauptes des Lehrhauses, zu den Ausdrücken der Mischna gefunden, und es erschien mir sachdienlich, ihnen ausserdem noch von den Erklärungen der Weisen Israels beizufügen, was ich aus den von ihnen verfassten Büchern sammeln werde", usw.

Der Kommentar wurde in hebräischer Übersetzung abgedruckt von Rabbi J. Kappach am Ende jedes Bandes der sechs Mischna-Ordnungen, die in der Ausgabe „El ha-Mekorot" in Jerusalem 5715—18 erschienen sind. —

Der Kommentar des Maimonides zur gesamten Mischna [5] wurde in arabischer Sprache geschrieben und genannt „Katab Alssarag" („ספר המאור"

---

4 Kel. XXVIII, 8, S. 73; Ohalot XVI, 5, S. 91; u. a. — Epstein (in „Tarbiz", das. S. 77 ff.) vermutet, dass der Verfasser des Kommentars R. Simon Kajara ist, der Autor der „Halachot Gedolot".

5 Der Kommentar Raschis bezieht sich auf den Talmud Babli und enthält auch eine

= „das lichtspendende Buch“). Maimonides verfasste ihn, als er noch jung an Jahren war, wie er am Ende der Erklärung zu Ukzin schreibt: „Ich habe den Kommentar zu diesem Buche zu schreiben begonnen, als ich 23 Jahre alt war, und ihn in Ägypten im Alter von 30 Jahren vollendet, das ist das Jahr [Eintausendvierhundert]neunundsiebzig für die Beurkundungen“ (= 4928 seit Erschaffung der Welt; 1168 nach der üblichen Zeitrechnung). Noch zu Lebzeiten des Maimonides begann R. Jehuda Alcharisi die „Einführung“ des Verfassers sowie den Kommentar ins Hebräische zu übertragen, und seine Übersetzung bis zum Ende von Traktat Schebiit ist in unserem Besitz. Ebenso übersetzte R. Samuel ibn Tibbon den „Perek Chelek“, nämlich das XI. Kapitel [nach der talmudischen Anordnung] des Traktates Sanhedrin, sowie den Traktat Abot nebst den „Schemona Perakim“, den „Acht Kapiteln“ des Maimonides [über grundsätzliche Weltanschauungsfragen, als Vorrede zum Traktat Abot]. Auf Grund einer Bitte der Gemeinde zu Rom in einem Schreiben an R. Salomo b. Aderet (im Jahre 5057 [= 1297]) und auf dessen Anordnung hin stellten sich einige Männer in Spanien zur Verfügung, um sich der Arbeit einer Übersetzung des übrigen Kommentars zu unterziehen. Die meisten Übersetzer schickten ihrer Übersetzung eine Vorrede voraus und unterzeichneten mit ihrem Namen. Bekannt sind uns vier dieser Übersetzer, nämlich diejenigen der Ordnungen „Seraïm“ (von Traktat Terumot ab) sowie „Moëd“, ferner der Ordnung „Naschim“, der Ordnung „Nesikin“ (mit Ausnahme von Traktat Abot) sowie der Ordnung „Kodaschim“. Dagegen ist unbekannt, wann die Übersetzung der Ordnung „Toharot“ vorgenommen wurde und wer sie durchgeführt hat. Nicht alle der erwähnten Übersetzungen stehen in ihrem Wert gleich, und ebensowenig gleichen die Bücher des Originals, auf Grund derer man übersetzte, einander in Bezug auf die genaue Wiedergabe des Textes. — N. J. Derenbourg edierte den arabischen Kommentar zur Ordnung Toharot und versah ihn mit einer neuen hebräischen Übersetzung (Berlin 5647—52 [= 1887—92]). Ebenso wurden einige Traktate des arabischen Kommentars selbst herausgegeben (die meisten mit deutscher Übersetzung) [6]. In seiner hebräischen Übersetzung wurde der Mischna-Kommentar des Maimonides der ersten Mischna-Ausgabe beigefügt (Neapel 5252 [= 1492]), während der Kommentar zum Trakt. Berachot bereits in der ersten Ausgabe des Babli, Traktat Berachot, abgedruckt worden war (Soncino-Druck, 5244 [= 1484]). Der gesamte Kommentar wurde hinter jedem entsprechenden Talmud-Traktate beigedruckt in der Ausgabe Bomberg 5280 [= 1520] ff., und so auch später in allen Talmud-Drucken.

Erläuterung zur Mischna, soweit es zu dieser einen Talmud gibt. Zum Kommentar des R. Jizchak Ibn Gayyat vgl. im „Ozar ha-Geonim“ zu Kidduschin, S. 79, Anm. b.

„Sinai“, Bd. XXVII und XXXI, „Der Mischna-Kommentar zu den Traktaten Schekalim

6 Vgl. die Bibliographie in „Kirjat Sefer“, Jahrg. IX, S. 101 ff. Hinzuzufügen ist: u. Joma“.

In der Einführung zu seinem Werk gibt Maimonides einen Überblick über den Entwicklungsgang der mündlichen Lehre von den Tagen Moses' an bis zu seiner eigenen Zeit, und fügt an dessen Ende 10 Kapitel über die in der Mischna erwähnten Tannaim bei. Wegen ihrer Bedeutsamkeit sei hier der wesentliche Inhalt dieser Einführung skizziert:

Gott habe Moses die Gebote nebst ihren Erklärungen gegeben, wobei jedes Gebot zuerst in seiner Allgemeinheit ausgesprochen und hernach in seinen Einzelheiten erläutert worden sei. Das Gebot wurde schriftlich und seine Erläuterung mündlich gegeben. Moses lehrte dann das Volk Israel die Gebote, wie dies in der Barajta (Bab. Erub. 54 b) geschildert wird. Nach seinem Tode vertiefte sich Josua mit allen seinen Zeitgenossen in die Lehren, die sie empfangen hatten, und in Bezug auf alles von ihnen Empfangene gab es keinerlei Meinungsverschiedenheiten. Über die Dinge aber, bezüglich derer sie keine Überlieferung besassen, urteilten sie auf Grund logischer Überlegung gemäss den 13 Deutungsregeln, nach welchen die Thora ausgedeutet wird und die bereits am Sinai überliefert worden waren. In Bezug nun auf diejenigen Halachot, die sie mittels logischer Überlegung gefolgert hatten, stimmten Manche zu, während Manche abweichender Meinung waren, und man richtete sich in diesem Falle nach der Mehrheit, entsprechend dem Thora-Gesetz (Ex. XXIII, 2): „Nach der Mehrheit ist zu entscheiden!" (vgl. auch oben S. 77). Dagegen wurde die prophetische Gabe Josuas sowie des Priesters Pinchas nicht [als] so [verpflichtend] angesehen, dass auf Grund ihrer eine verbindliche Entscheidung über die Auslegung der Thora und über die nach den Deutungsregeln vorzunehmende Ableitung hätte getroffen werden können; denn die Thora „ist nicht [mehr] im Himmel" (s. Deut. XXX, 12), und es ist uns nicht aufgetragen, sie von den Propheten zu lernen, sondern von den Weisen, den Meistern der logischen Überlegungen und der verstandesmässigen Folgerungen, wie es ja auch nicht heisst: „Du sollst zu dem Propheten gehen, der in jenen Tagen sein wird", sondern: „Du sollst zu den Priestern aus dem Stamme Levi und zu dem Richter gehen" (Deut. XVII, 9).

Zu den falschen Propheten wird auch derjenige gerechnet, der zwar im Namen Gottes zu prophezeien behauptet, aber zu den Geboten der Thora etwas hinzufügen oder von ihnen etwas hinwegnehmen will. Dabei macht es keinen Unterschied, ob er zu einem ausdrücklichen Schriftsvers etwas zufügt bezw. davon wegnimmt, oder zu (bezw. von) dessen überlieferter Auslegung, und dies sogar dann, wenn der einfache Wortsinn der Schrift ihn zu unterstützen scheint, so z. B. wenn jemand behauptet, Gott habe ihm kundgetan, der Vers: „Und Du sollst abhauen ihre Hand!" (Deut. XXV, 12) sei im wörtlichen Sinne zu verstehen und bedeute somit buchstäblich „das Abhauen der Hand", nicht aber „eine Strafzahlung in Geld, die dem Urheber der Beschämung auferlegt wird", gemäss der überlieferten Erklärung. — Ein Prophet, der den Worten der Thora etwas hinzufügt oder von ihnen etwas fortnimmt, wird beurteilt wie ein falscher Prophet, und man darf ein Zeichen oder eine Wundertat, die er hervorbringt, nicht beachten. Denn Moses, — von dem gesagt wird: „und auch an Dich werden sie glauben für immer" (Ex. XIX, 9), — hat uns im Namen Gottes verkündet, dass keine andere Thora mehr von Ihm ausgehen wird, indem er sagte: „sie (die Mizwa = das Gebot) ist nicht [mehr] im Himmel ...... usw., sondern ... in Deinem Munde und in Deinem Herzen, sie auszuüben" (Deut. XXX, 12—14); das bedeutet: „in Deinem Munde", — nämlich ‚das Gebot, das dem Munde geläufig ist'. — „und in Deinem Herzen", — nämlich ‚die Überlegungen, die durch gedankliche Vertiefung aus dem Herzensinnern (= dem Verstande) gewonnen wurden'. — Und er (Moses) hat uns davor gewarnt, zuzufügen oder fortzulassen, wie es heisst (das. XIII, 1): „Du sollst ihm (dem Gebote der Thora) nichts hinzufügen und nichts davon mindern", weshalb unsere Weisen gesagt haben (Bab. Meg. 2 b), dass von nun an kein Prophet befugt ist, etwas Neues zu lehren. Wohl aber hat ein Prophet das Recht, ein Gebot (durch eine zeitgebundene Anordnung) vorübergehend ausser Kraft zu setzen, und man ist in solchem Falle verpflichtet, auf ihn zu hören, indem man seinem Befehle Folge leistet. Wer sich jedoch über seine Worte hinwegsetzt, der macht sich vor dem himmlischen Gericht des Todes schuldig, wie es von jemand heisst, der den Befehl eines Propheten übertritt (Deut. XVIII, 19): „Ich werde von ihm [Rechenschaft] fordern". Dazu haben unsere Weisen bemerkt (Bab. Sanh. 90 a): „In allem, mit Ausnahme von Götzendienst, musst Du, wenn ein Prophet zu Dir sagt: ‚Übertritt die Worte der Thora!', auf ihn hören". Dies gilt jedoch nur unter der Voraussetzung, dass der Prophet jene Anordnung nicht für die Dauer festsetzt, vielmehr nur für einen begrenzten Zeitraum, und dass er damit nicht beabsichtigt, ein Gebot gänzlich aufzuheben, sondern lediglich, es der Notwendigkeit der Stunde anzupassen, so wie auch der Gerichtshof eine zeitbedingte vorübergehende Anordnung erlassen darf, in der Art, wie dies Elias auf dem Karmel tat, als er ein Ganzopfer ausserhalb des Heiligtums darbrachte. Wenn man ihn damals gefragt hätte, ob es erlaubt sei, Solches auch in Zukunft zu tun, so hätte er geantwortet, dies sei verboten, doch dem Gebot der Stunde gemäss sei es jetzt (d. h. im gegenwärtigen Augenblick) gestattet. Und ebenso verhält es sich auch mit anderen Propheten. In dieser Hinsicht besteht ein Unterschied zwischen einem Propheten und anderen Menschen in Bezug auf die Erfüllung der Gebote, während er in Dingen, die von gedanklicher Vertiefung und logischer Überlegung abhängen, den sonstigen Weisen gleichgestellt ist, sodass man sich im Falle einer Meinungsverschiedenheit zwischen Propheten und Weisen nach der Mehrheit zu richten hat. Wenn in solchem Falle der Prophet sagt, Gott habe ihm bezüglich dieses Gebotes offenbart, dass es so und so zu beurteilen sei und dass die Ansicht eines der an der Kontroverse Beteiligten der Wahrheit entspreche, so ist er ein falscher Prophet und als solcher mit dem Tode zu bestrafen. —

Nach Josuas Tode lehrten die Ältesten [des Volkes] die Propheten [dasjenige], was sie von Josua als Überlieferung empfangen hatten, und die Propheten gaben es einer an den anderen weiter. Und so geschah es dann in jeglichem der folgenden Geschlechter, dass sie sich in die Thora vertieften, die Worte ihrer Vorgänger zu ihrem Ausgangspunkt machten sowie neue Gedanken zu schaffen suchten; doch in Bezug auf die überlieferten Grundsätze gab es keinen Streit, bis die Zeit der Männer der Grossen Synode herankam, nämlich die Epoche von Chaggai, Secharja und Mal'achi, von Daniel sowie von Chananja, Mischaël und Asarja, von Esra und Nechemja, von Mordechai sowie von Serubabel. Und ihnen schlossen sich Menschen an aus den Kreisen der „Schmiede und Schlosser" (d. h. nach II. Reg. XXIV, 14: „fachkundige Werkmeister" als Bezeichnung für die Genietruppen; hier im Sinne von: „erprobte Fachgelehrte", s. Bab. Sanh. 38 a), — sowie Männer von ähnlicher Art, um die Zahl auf 120 Älteste zu ergänzen. Auch sie versenkten sich in die Thora wie ihre Vorgänger, und sie verhängten vorbeugende Verbote und trafen sachdienliche Anordnungen. Simon der Gerechte, — ein Hoherpriester, — war der letzte von den Männern der Grossen Synode und der erste von den Weisen. Seit den Männern der Grossen Synode ging die Überlieferung von einer der Persönlichkeiten auf die andere über (wie diese im Traktat Abot aufgeführt sind), bis auf R. Jehuda ha-Nassi, — den Bedeutendsten seiner Zeit und einer innerhalb seiner Generation einzigartigen [geistigen Führer-]Gestalt, — der alle wertvollen Eigenschaften [einer solchen] aufwies, so dass er der Bezeichnung „unser heiliger Lehrer" gewürdigt wurde und man von ihm sagte: „Von unserem Lehrer Moses bis zu Rabbi sah man nicht Thorawissen mit weltlicher Grösse [in solchem Maasse] vereint" (Bab. Git. 59 a). Er war reichbegütert und verfügte über eine so klar durchgearbeitete Sprache, dass die Gelehrten seiner Epoche ‚die Erklärungen schwer verständlicher Worte noch von seinen Knechten und seinen Dienern lernen konnten' (R. hasch. 26 b). Rabbi sammelte die Halachot und die Aussprüche der Weisen nebst den überkommenen Kontroversen von den Tagen Moses' an bis auf seine Zeit, und er stellte daraus die Mischna zusammen, welche die Erklärung aller Gebote in der Thora umfasst. Ihre Bestimmungen lassen sich in fünf Teile zerlegen:

a) Von Moses überlieferte Erklärungen, für die es einen Hinweis in der Schrift gibt oder welche gemäss den 13 Deutungsregeln aus der Schrift abgeleitet werden können; bezüglich ihrer besteht keinerlei Meinungsverschiedenheit. Über sie und ihresgleichen wird gesagt (s. Sifra „B'har", I, 1; vgl. oben Kap. II Anm. 75): „Die ganze Thora mit all ihren Gesamtbestimmungen und ihren Einzelheiten bis in ihre zartesten Feinheiten ist vom Sinai herab verkündet worden".

b) Die von Moses am Sinai empfangenen Halachot, nämlich solche, die durch Moses überliefert sind, welche nicht gemäss den 13 Deutungsregeln aus dem Schriftvers abgeleitet werden können und für welche auch kein Hinweis in der Schrift zu finden ist. Auch sie sind unumstritten (s. oben S. 37, Anm. 71 zu Kap. II). Maimonides bringt ein Verzeichnis derjenigen Halachot, von denen gesagt wird, dass sie „von Moses am Sinai empfangene Halacha" darstellen.

c) Halachot, die aus der Schrift gemäss den Deutungsregeln abgeleitet werden. Über sie bestehen Kontroversen. Bezüglich dieser Halachot existiert keine Überlieferung, und sie sind in ihrer vernunftgemässen Ableitung umstritten, wobei Jeder eine andere Begründung für seine gedankliche Auffassung gibt. Die Entscheidung über sie erfolgte durch Mehrheitsbeschluss.

d) Vorbeugend verhängte Verbote, welche die Propheten und Weisen in jeder Generation bestimmten, um „einen Zaun um die Thora zu errichten". Sie können Gegenstand von Meinungsverschiedenheiten sein, wenn der Eine einen Grund zur Verbotsverhängung fand, während der Andere ihm nicht beipflichtete. Eine Verbotsbestimmung solcher Art, falls sie allgemeine Zustimmung gefunden und das Verbot sich in ganz Israel verbreitet hat, darf nicht aufgehoben werden.

e) Anordnungen und Bräuche, die die Propheten oder Einzelpersönlichkeiten einführten, wie der von Hillel angeordnete Prosbul (zur Vermeidung des Verfalls von Geldforderungen im Erlassjahre) oder Anordnungen von R. Gamliël dem Alten, R. Jochanan b. Sakkai u. a. Ebenso wurden zahlreiche weitere Anordnungen den Weisen zugeschrieben: „In Uscha traf man die Anordnung", „Die Weisen haben angeordnet", und Ähnliches. —

Auch die Kontroversen zwischen den Weisen werden in der Mischna erwähnt; es wird also nicht lediglich die durch ihre Entscheidung festgesetzte Halacha angeführt, und zwar aus dem Grunde, der in der Mischna in Edujot (I, 6) gelehrt wird: Wenn nämlich jemand kommen und sagen würde, dass er das Gegenteil von der als Halacha festgesetzten Entscheidung als Überlieferung empfangen habe, so soll man ihm erwidern können: „Deine Überlieferung folgt der Meinung eines Einzelnen, aber die Mehrheit ist abweichender Ansicht", oder: „Dieser oder jener Tanna ist anderer Ansicht, und die Halacha folgt seiner Meinung". Ebenso werden auch die Worte des Einzelnen erwähnt, die von der Mehrheitsansicht abweichen, weil es vorkommen kann, dass eine Halacha nach der Meinung eines Einzelnen zu entscheiden ist (Edujot I, 5), und die Mischna uns lehren will, dass man, wenn die logische Überlegung der Ansicht des Einzelnen zuneigt, auf ihn zu hören hat, selbst wenn eine Mehrheit seine Meinung bekämpft. Auch die Ansichten solcher Weisen, die ihre Meinung späterhin zurückgezogen haben, werden gelehrt, — wie z. B.: „. . . . die Schule Hillels zog ihre Ansicht zurück und lehrte wie die Schule Schammajs" (Edujot I, 12—14), — um die Wahrheitsliebe der Weisen kundzutun; denn wenn diese einsahen, dass die Worte ihrer Gegner einleuchtender waren als ihre eigenen, so stimmten sie jenen zu und traten von ihrer bisherigen Ansicht zurück. Und von ihnen mögen alle Menschen lernen, die Wahrheit zu bekennen, denn dies ist der Sinn der Schriftworte (Deut. XVI, 20): „Dem Rechten, nur dem Rechten sollst Du nachstreben!". —

Der Redaktor der Mischna hat diese in 6 Ordnungen eingeteilt und die Anfangsbuchstaben ihrer hebräischen Bezeichnungen ergeben den Merksatz: זמ״ן נק״ט („SMaN NaKaT" = Seraïm, Moëd, Naschim; Nesikin, Kodaschim, Toharot). Maimonides gibt Gründe für die Reihenfolge der Mischna-Ordnungen, sowie der Traktate innerhalb derselben, an und berechnet die Gesamtzahl aller Traktate auf 61 und diejenige aller ihrer Kapitel auf 523. —

Die Mischna wurde in gedrängter Form niedergeschrieben, — aus dem Bestreben: „auf kleinem Raum einen grossen Inhalt zu umfassen", — und einem scharfsinnigen Gelehrten, wie dem Redaktor der Mischna, war alles darin klar und verständlich. Aber die nach ihm kamen, verstanden sie nicht mehr in dem erforderlichen Maasse. Deshalb sah einer von Rabbis Schülern, nämlich R. Chija, es für notwendig an, die Tosephta zusammenzustellen, um die Mischna zu erläutern und uns darin zu unterweisen, wie man aus ihr neue Bestimmungen folgern könne. — Das Gleiche taten R. Hoschaja u. Andere, indem sie Barajtot zusammenstellten, welche in ihrem Werte allerdings nicht an die Mischna heranreichen, die nach wie vor die Hauptquelle geblieben ist. Und in jedem Geschlecht forschten die Gelehrten in der Mischna, jedweder nach dem Maasse seiner Weisheit und seiner Herzenstiefe, und sie führten Kontroversen über ihre Auslegung bis zur Zeit von Rabina und Raw Aschi, den letzten der Talmudweisen.

Raw Aschi stellte den Talmud zusammen und sammelte darin alle Erklärungen sowie die einzelnen Feinheiten der Halachot von allen den Gelehrten, die nach Rabbi aufgetreten waren, ebenso wie Rabbi seinerseits dies mit den Lehren seiner Vorgänger getan hatte. Im Talmud sind zusammengefasst: a) Die verschiedenen Erklärungen zur Mischna und die Begründung für jede einzelne, sowie die Abklärung der zutreffenden Auffassung. — b) Feststellungen der Halacha auf Grund der Entscheidung zwischen den divergierenden Meinungen in der Mischna oder solche über deren Auslegung. — c) Neue Bestimmungen, welche die Gelehrten eines jeden Geschlechtes aus der Mischna folgerten, — mittels Klarlegung ihrer Beweisführungen in Anlehnung an die Worte der Tannaim in der Mischna, — sowie präventiv verhängte Verbotsmassnahmen und konstruktive Anordnungen (im Interesse der Gesamtheit) von Rabbi bis zu Raw Aschi. — d) Verschiedene Ausdeutungen (‚דרשות'). Hier geht Maimonides ausführlich auf den Wert solcher Ausdeutungen im Talmud ein, die nach dem einfachen Wortsinn fremdartig anmuten und weitab von der verstandesmässigen Auffassung zu liegen scheinen, während sie in Wahrheit einen bedeutungsvollen Inhalt haben, welchen aber die Weisen nicht Jedermann kundtun wollten, weshalb sie ihn in die Form von blossen Andeutungen und verborgenen Hinweisen kleideten. Wer sich jedoch in sie vertiefe, der könne darin „wundervolle Geheimnisse von seltener Anmut" finden. Und darauf werde gesagt (Bab. Git. 57 a): „Wer seinen Spott treibt mit den Worten der Weisen, der wird in siedendem Unrat gerichtet werden!" usw.; ‚und es gibt keinen schlimmeren Unrat als die eigene Dummheit, die ihn zu solcher Verspottung verführte'. — In einer ausführlichen Erläuterung erklärt dort Maimonides eingehend den Ausspruch (Ber. 8 a): „Gott hat nichts weiter in seiner Welt als die vier Ellen der Halacha allein", der so sonderbar erscheinen mag, während er in Wahrheit einen Hinweis auf das Endziel des gesamten Schöpfungswerkes enthalte. —

Ebenso wie Raw Aschi den Talmud Babli in 35 Traktaten zusammenfasste, so schufen die Gelehrten von Erez Israel einen „Talmud Jeruschalmi", und R. Jochanan fasste ihn zu fünf (!!) vollständigen Ordnungen zusammen nebst dem Traktat Nidda. Die Gaonen verfassten viele [Teil-]Kommentare zum Talmud, aber nicht ein einziger unter ihnen fand Zeit genug, um einen Kommentar zum gesammelten Talmud zu vollenden. Neben der Abfassung von Kommentaren wurden auch Entscheidungen über die Halacha zusammengestellt, und besonders Bedeutendes auf diesem Gebiete leistete „der grosse Raw, Rabbenu Jizchak" [Alfasi]. Maimonides lässt uns wissen, dass er selbst einen Kommentar zu drei Ordnungen des Talmud geschrieben habe, nämlich zu Moëd, Naschim und Nesikin, sowie zum Traktat Chullin, worin er einen Teil der Erklärungen seines Vaters zusammenstellte nebst denjenigen des R. Josef ha-Levi (Ibn Migasch) u. Anderer, denen er dann seine eigenen Erklärungen anfügte. Danach habe er den Kommentar zur Mischna verfasst, in welchem er die aus den umfangreichen Erörterungen des Talmud herausgelösten reinen Mischna-Erklärungen zusammengetragen, davon die wirklich zutreffenden, — ohne Erwähnung der abgelehnten, — ausgewählt und alsdann die halachische Entscheidung zwischen den an der Kontroverse beteiligten Tannaim festgestellt habe. Dieses Werk, meint Maimonides, könne als eine Art Einleitung für Anfänger dienen und würde auch beim Talmudstudium von Nutzen sein, denn dadurch liesse sich die Mischna sowie die Erklärung des Talmud leichter dem Gedächtnis einprägen. —

Am Ende dieser Einführung fügt Maimonides 10 Kapitel bezüglich der in der Mischna erwähnten Tannaim bei: a) Diejenigen Tannaim, von denen Halachot gebracht werden, und deren Zahl 91 beträgt. b) Tannaim, die im Zusammenhang mit einem zu ihrer Zeit geschehenen Ereignis erwähnt werden, oder wegen einer sittlichen Lehre oder einer Schriftdeutung die sie äusserten; — ihre Zahl beträgt 37 (ohne Berücksichtigung von Elischa b. Abuja und Menachem, dem Amtsvorgänger Schammajs [vgl. Chag. II, 2], die nicht mitgerechnet werden). — c) Was uns über die Genealogie der Mischna-Weisen bekannt ist, z. B. über den Stammbaum Rabbis bis herauf zu Hillel, der seinerseits der Nachkommenschaft König Davids angehörte, sowie über die Abkunft Schemajas und Abtaljons (Bab. Joma 71 b), R. Mëirs und R. Akibas (Git. 56 a), welche sämtlich der Proselyten-Gemeinde entstammten, usw. — d) Über die Geschlechter-Reihen der Tannaim: 7 Generationen vor der Tempelzerstörung (von Simon dem Gerechten bis zu R. Gamliël dem Alten) und 4 nach der Zerstörung (von R. Jochanan b. Sakkai bis zu Rabbi). e) Wer wessen Schüler war. — f) Einzelheiten über die Namen der ohne nähere Bezeichnung angeführten Tannaim, wie z. B.: „R. Eliëser" (ohne Beifügung des Vatersnamens) ist R. Eliëser b. Hyrkanos, „R. Josua" ist R. Josua b. Chananja, usw. Ebenso wird hier erläutert, dass mit dem Ausdruck „die Weisen" (schlechthin) manchmal nur ein einzelner Gelehrter gemeint sei, — weil nämlich viele Schüler, die von jenem Weisen empfingen, mit ihm übereinstimmten, und diese mit ihm zusammen eine Mehrzahl darstellen, — während an anderen Stellen die Bezeichnung „die Weisen" auf eine Mehrheit von Gelehrten hindeute, deren Lehre in Widerspruch zu der eines Einzelnen stand. „Die anonyme Mischna aber enthalte dasjenige, worin die Meinung der Mehrheit übereinstimmte", usw. (vgl. oben S. 113 f.). — g) Die Mischna-Weisen, 128 an der Zahl, werden in 3 Stufen eingeteilt: Manche werden mit ihrem blossen Namen ohne Titel angeführt, wie Hillel und Schammaj usw. (hier werden 21 [22] Männer solcher Art aufgezählt), und diese stellen die oberste Stufe dar, weil sich kein Titel fand, der ihrer Grösse entsprochen hätte. Nach ihnen folgen im Range diejenigen, denen der Titel „Rabban" zugesprochen wurde, wie Rabban Gamliël, Rabban Jochanan b. Sakkai. Und am Schlusse werden diejenigen genannt, die nur mit dem Titel „Rabbi" bezeichnet wurden, oder auch „Abba" (wie Abba Schaul). Zuweilen aber ist der Titel bei den Namen von Tannaim fortgelassen worden und der Redaktor hat auf dessen Beifügung keinen Wert gelegt, ohne dass sie (wie jene oben aufgeführten 21) der obersten Rangstufe angehörten. — h) Bezeichnungen, die dem Vornamen beigefügt wurden, um den Beruf, die örtliche Herkunft oder die Familie der Tannaim zu bezeichnen, wie Nachum „der Schreiber", Josë b. Joëser „aus Zereda", Josë b. Jochanan „aus Jerusalem", [jener Tanna] „der Priester" usw. — i) Welche der Tannaim zumeist miteinander Kontroversen führen: ‚R. Mëir mit R. Jehuda'; oder: ‚R. Josë, R. Simon und R. Akiba mit R. Eliëser und R. Josua'; usw. — k) Gelehrte, von denen viele Halachot überliefert sind, wie R. Mëir, R. Jehuda usw., und solche, von denen nur wenige überlieferte Halachot gebracht werden, wie R. Eliëser b. Jakob, dessen Mischna „nur ein Kab" (ein kleines Hohlmaass) umfasst, aber „rein" ist (d. h. zuverlässig, sodass die Halacha sich nach ihm richtet), sowie Manche, von denen in der Mischna nicht mehr als eine einzige Halacha überliefert ist. Hier zählt Maimonides 37 Männer mit Namen auf, von denen ein Jeder nur als Autor einer einzigen Halacha genannt wird [Mëiri in seiner Einleitung zu Abot, Blatt 9 b, widerspricht dem und stellt seine Worte richtig; vgl. dort]. —

Ausser dieser umfassenden Einführung zu Beginn der Ordnung Seraïm hat Maimonides noch einige weitere Einführungsworte den einzelnen Ordnungen und Traktaten vorausgeschickt, und wichtig ist davon insbesondere seine Einführung zur Ordnung Toharot, in welcher er aus dem gesamten Talmud sowie aus Barajtot, Tosephtot usw. die allgemeinen Regeln zusammengetragen hat, damit dies „ein Schlüssel sei zu allem, was ich von dieser Ordnung zu erklären beabsichtige, sowie zu den meisten schwer verständlichen Halachot im Talmud". Ebenso hat er dem Traktat Abot „Acht Kapitel" vorausgestellt zum Thema der menschlichen Seele und ihrer Kräfte, der guten und schlechten Eigenschaften usw., und er hat diese gesammelt „aus den Worten der Weisen in den Midraschim und im Talmud sowie aus ihren sonstigen Büchern, auch aus den Worten der alten und der neuen Philosophen", wie überhaupt „aus den Schriften vieler Menschen", — und „so höre nun die Wahrheit aus dem Munde eines Jeden, der sie ausgesprochen!", usw. Ferner hat er dem letzten Kapitel („Chelek") des Traktates Sanhedrin eine ausführliche Vorrede über die Grundlagen des religiösen Glaubens vorausgeschickt, worin er 13 Grundthesen aufstellt (die bekannten „Glaubensbekenntnisse", alle beginnend mit den Worten: „אני מאמין" = „ich glaube"). Ebenso hat er für jeden Traktat feste Regeln niedergelegt, von denen ausgehend er an die Erläuterung der halachischen Einzelheiten herantritt, um alsdann aus den Einzelbestimmungen wiederum allgemeine Regeln oder „Hauptgrundsätze" anderer Art zu gewinnen. Man vergleiche als Beispiel Chul., Ende v. Kap. VII: „und wende Deine Aufmerksamkeit dem wichtigen Grundsatz zu, der in dieser Mischna enthalten ist", usw.; Ker., Kap. III, zu Bl. 13 b: „und es gibt in all dem, worüber wir bis jetzt gehandelt haben, einen beachtenswerten Punkt" usw., „der den Schlüssel zu anderen Themen darstellt", usw.; — sowie Ähnliches in dieser Art.

Maimonides sagt zwar, dass er für seinen Kommentar eine Auswahl unter den erlesensten Erklärungen „des Talmud" getroffen habe, aber einige Male gibt er auch eine Erklärung auf Grund einer neuartigen Auffassung, die nicht derjenigen des Talmud entspricht[7], nur dass er bezüglich der Halacha so entscheidet, wie dies aus der einschlägigen talmudischen Abhandlung hervorgeht. Er bedient sich vielfach der Erklärungen der Geonim (s. Schab., Kap. XIII, zu Bl. 105 b; Suk., Kap. IV, zu Bl. 45 a; Ket., Kap. I, zu Bl. 12 b; u. a.) sowie ihres Kommentars zu Toharot[8], und ihrer Methode folgt er auch darin, dass er die Mischna zuweilen nicht gemäss der Erklärung des Talmud erläutert (s. oben S. 416 und die Erklärung Raw Saadjas in „Ozar ha-Geonim" zu Ket., S. 310), sowie darin, dass er die Sprache der Mischna untersucht und ihre Wurzeln aufzeigt, usw. An seinen Schüler R. Josef schreibt er („Peër ha-Dor", Nr. 142; „Ig'rot ha-Rambam", Ausg. Baneth, S. 58), dass er in seinem Kommentar einige Irrtümer richtiggestellt habe, weil er sich überwiegend „nach den Geonim s. A. richte", — wie nach Rabbenu Nissim in ‚Megillat S'tarim' und nach Raw Chefez s. A. in ‚Sefer ha-Mizwot', — „sowie nach Anderen, die zu erwähnen ich Bedenken trage". Er verbesserte später

7 Vgl. in Jeb., Kap. VIII, 3, zu Bl. 76 b; in Ket., Anfg. v. Kap. II; in Mak., Kap. III, 4, zu Bl. 17 a; sowie sonst vielfach. Vgl. auch in Toss. Jom-Tow zu Nasir V, 5, u. zu Schebiit IV, 10.

8 Vgl. in dem zit. Buche Epsteins (oben Anm. 1 zum vorliegd. Kap.), S. 125.

seinen Kommentar, und in seinem Werk „Mischne Tora" folgt er diesen Verbesserungen. So bezeugt er in einem seiner Responsen („Peër ha-Dor", Nr. 140, Ausg. Freimann, S. 226: „Was wir in dem Werke (= „Mischne Tora") geschrieben haben, ist zutreffend, so dass kein Zweifel darüber bestehen kann, und ebenso haben wir auch im Mischna-Kommentar geschrieben. Was aber das in Eure Hand gelangte Exemplar des Mischna-Kommentars betrifft, in welchem Ihr das Gegenteil von den Worten gefunden habt, die ich in meinem zu Euch gelangten Werk geschrieben hatte, so handelt es sich dabei um die erste Darstellung, die aus unserer Hand hervorging, noch ehe wir gründlich nachgesehen und die Einzelheiten genau überprüft hatten. Wir sind in diesen Erklärungen dem nachgefolgt, was der Verfasser des „Sefer ha-Dinim", Raw Chefez s. A., darüber geschrieben hat, und der Irrtum ging von diesem Buche aus, nach dessen Worten wir uns gerichtet haben, weil wir uns in die Sache nicht gründlich genug vertieft hatten, usw. Und Ihr möget wissen, dass es in der zu Euch gelangten ersten Ausgabe des Mischna-Kommentars auch sonst noch viele Stellen ähnlicher Art gibt in Bezug auf Dinge, in welchen wir uns .... [usw.] nach der Ansicht eines Gaon unter den Geonim gerichtet haben; doch nachher ist uns die Sache klar geworden, und wir haben die Ablehnungsgründe gesehen, welche gegen die Auffassungen und Gedankengänge jener Geonim hinsichtlich dieser Dinge sprechen, und so haben wir sie abgelehnt"[9]. —

Der Kommentar des R. Jizchak b. Malki-Zedek aus Simpon (= „Siponto" in Süditalien): Der Verfasser lebte in der 2. Hälfte des 9. Jahrhunderts im 5. Jahrtausend (d. h. in der 1. Hälfte des 12. Jahrh. nach der gew. Zeitrechng.). Bekannt ist von ihm ein Kommentar zur Ordnung „Seraïm" der Mischna (beigedruckt der Talmudausgabe Romm, Wilna) sowie ein solcher zur Ordnung „Toharot", der in den Werken der „Rischonim" (der älteren Erklärer) zitiert wird, wie z. B. bei „RaSCH" (R. Simson aus Sens) zu Kel. I, 1 u. sonst; in den „Tossaphot" zu B. mez. 30 a, Stichwort: „אף", u. s.; im „Sefer ha-Machria", Nr. 62 u. 86; sowie bei „RABIaH" an einer Reihe von Stellen (vgl. Aptowitzer, Einleitung zum „Sefer Rabiah", S. 283 wie auch S. 377). Ein umfangreicher Exkurs aus seinem Kommentar zum Traktat „Ohalot" wurde im „Sefer ha-Jaschar" des Rabbenu Tam (R. Jakob b. Mëir), Nr. 549—552, abgedruckt. — RABeD (R. Abraham b. David) erwähnt die von jenem herrührenden Erklärungen in seinen Glossen zu Maimonides' Werk einige Male unter dem Namen „des griechischen Rabbi" (‚הרב היוני'); s. Rabed zu den Halachot über die „Armen-Spenden", Kap. I Hal. 12, sowie über „Verunreinigung an Toten", I, 11; XIV, 7; XVII, 3—4; XXII, 9; XXV, 3; u. a.). Der Kommentar R. Jizchaks gründet sich auf die Erklärungen in den beiden Talmuden; derjenige zur Ordnung Seraïm, den

9 Vgl. in den Responsen R. Abrahams, Sohnes des Maimonides, S. 106; S. Liebermann, „Hilchot ha-Jeruschalmi" des Maimonides, Einleitung S. 6 ff.; s. ferner „Tarbiz", Jahrg. XXIII, S. 72 ff.

wir besitzen, insbesondere auf den Talmud Jeruschalmi. Doch bringt er auch Erklärungen von Autoren, die ihm vorausgingen: von Raw Nissim (Kil. I, 3), von R. Daniel aus Rom [10] (Kil. II, 5) oder einfach als „Rabbi Daniel" zitiert (Schebiit III, 1; IX, 6 [dazu wird dort von ihm bemerkt: „doch wir teilen diese Auffassung nicht"; usw.]), sowie von „Rasch" (ר״ש: Pea IX, 10; V, 8; Demaj IV, 7; Schebiit X, 5 [: „und wir haben [bei] ‚Rasch' s. A. gesehen, dass er am Rande unserer Mischna erklärt: ... usw.; doch hat er sich [darin] sehr geirrt".]) [11]. In Pea I, 5 heisst es: „und der Raw hat uns darüber belehrt, dass „און" in der Fremdsprache „קורנולי" heisst, und im Griechischen usw.; diese Worte des Gaon sind zutreffend", usw. In Demaj I, 1, Stichwort: „ובנות שקמה" erklärt er den Ausdruck gemäss der Gemara in Ber. 40 b, fügt jedoch hinzu: „Aber Manche sagen:" usw., entgegen dieser Erklärung. Ebenso bringt er mehrmals verschiedenartige Erklärungen, sowie auch die Erklärungen des „Aruch" (Pea V, 5; Kil. I, 5; u. a.). Die schwer verständlichen Wörter übersetzt er ins Italienische oder Griechische. Er bringt aber auch die arabische Sprache (Kil. I, 4; III, 1) oder „die Sprache Ismaels" (das. I, 1 u. 5). Vielleicht hat er diese Ausdrücke von anderen Erklärern übernommen; denn er sagt einmal (Schebiit VII, 2): „in der Sprache Ismaels: ‚כננר', doch weiss ich nicht, was dies bedeutet (Der fremdsprachige Ausdruck „כננר" findet sich im Aruch unter dem Stichwort: „בכריא" [S. 91]). — Ausser dem Jeruschalmi bringt R. Jizchak b. Malki-Zedek auch die Tosephta und den Sifra, indem er sie in der Form anführt: „תנו רבנן [תניא] בספרא [בתורת כוהנים] (= „unsere Rabbanim haben gelehrt" oder: „es wurde gelehrt" im „Sifra" [oder: „in Torat Kohanim"], Pea IV, 1, 2, 10; u. a.) und entsprechend: „תנו רבנן בספרי זוטא" (unsere Rabbanim haben in Sifrë Suta gelehrt", Chal. I, 9). —

Der Kommentar des R. Simson b. R. Abraham aus Sens (Frankreich): Der Verfasser lebte im 10. Jahrh. des 5. Jahrtausends (d. h. in der 2. Hälfte des 12. und am Anfang des 13. Jahrhd. nach der gew. Zeitrechng) [12], und er verfasste einen Kommentar zur Ordnung „Seraïm" (mit Ausnahme von Trakt. Berachot) sowie zur Ordnung „Toharot" (ausser Trakt. Nidda), der fast allen Talmud-Ausgaben beigedruckt wurde (Ordnung Seraïm wurde zum ersten Male abgedruckt in der Talmud-Ausgabe der Bomberg'schen Druckerei, Venedig 5282 [= 1522], und Ordnung Toharot dortselbst, — nur Mischnajot nebst Kommentar [ohne Talmud], — im Jahre 5283 [= 1523], und wurde später im Druck Justinian, Venedig 5306

10 Er war ein Bruder des R. Natan aus Rom, Verfassers des „Aruch", und die Worte werden im Aruch gebracht. Sie sind also vielleicht von dort entnommen.

11 Wer dieser „RaSCH" war, ist nicht bekannt. Vgl. in der Einleitung des R. Zwi Perez Chajot vor seinem Kommentar zu „Massechet Maschkin" des R. Salomo b. ha-Jatom, S. 12, Anm. 1.

12 Vgl. darüber Aptowitzer, Einleitung zu „Rabiah" (= R. Eliëser b. Joël ha-Levi) S. 418 ff., sowie neuerdings E. Urbach, „Baalë ha-Tossaphot" usw., S. 226 ff.

[= 1546] den Ausgaben des Talmud beigefügt). Nach dem Zeugnis des Übersetzers von Maimonides' Mischna-Kommentar, Ordnung Naschim, verfasste R. Simson auch einen Kommentar zu den Traktaten Schekalim und Edujot, sowie zu Middot und Kinnim [13]. In Wahrheit ist der Kommentar des R. Simson nichts anderes als eine Erklärung in Verbindung mit ‚Zusätzen' („Tossaphot"). Der Verfasser benutzt die ihm vorangegangenen Erklärer, wie den Kommentar des R. Jizchak b. Malki-Zedek, und in der Worterklärung geht er nach dem Aruch; aber er bringt alle Abhandlungen aus dem Babli und Jeruschalmi, die sich auf die Mischna beziehen, und ebenso die Tosephta, Sifra, Sifrë und Sifrë Suta. Er erklärt sie und fügt ihnen Einwände nebst den Repliken bei, ferner Gedanken des „Rabbenu Tam" und Anderer, sowie sicher auch Manches von den Lehren des R. Jizchak („RI" ha-Saken), der sein Lehrer war. Alle diese Meinungen erörtert er ausführlich. Wichtig sind die von ihm angeführten Texte der Tosephta, des Jeruschalmi und der Midraschim, von besonderer Bedeutung aber seine eigenen Erläuterungen. Denn er war einer der Grossen unter den Tossaphisten und ein mit kritischem Sinn begabter Meister tiefer Gedankenführung. —

R. Mëir aus Rothenburg [ob der Tauber] (geb. in der 2. Hälfte des 10. Jahrh. im 5. Jahrtausend [zu Beginn des 13. Jahrhunderts nach der gew. Ztr.], gest. in der Gefangenschaft im Jahre 53 des 6. Jahrtausends [= 1293]): Er kommentierte die Mischna-Ordnung Toharot und fügte den Erklärungen des „Rasch" aus Sens zusätzliche Bemerkungen („Tossaphot") bei. Der Verfasser der „Toss'phot Jom-Tow" (s. weiter unten) zitiert ihn an vielen Stellen. In der Talmud-Ausgabe Romm (Wilnaer-Druck) wurde seine Erklärung zu Ohalot und Negaïm bis zu Beginn des 15. Kapitels abgedruckt, und zwar auf Grund einer Oxforder Handschrift. Doch der in jener Handschrift enthaltene Kommentar ist in Wahrheit nur eine Auswahl

13 Anscheinend meint er damit die „Toss'phot Sens", die von den Schülern R. Simsons verfasst worden sind. Erläuternde Zusätze solcher Art zu Edujot wurden unter dem Namen des „Rasch" im Sefer „Edut Nëemana", Dessau 5572 (= 1212), abgedruckt und von dort in die Talmudausgabe Romm (Wilna) übernommen. In Kap. IV, Mischna 3, wird dort gesagt: „Und unser Lehrer erklärt in seinem Kommentar zur Mischna", und so heisst es auch im Kommentar des „Rasch" zu Pea VI, 1. In Kap. I, Mischna 8 (der Toss'phot Sens) heisst es: „Ferner hat mein Lehrer, — er möge [lange] am Leben bleiben!, — gesagt: usw.", doch ist diese Erklärung nicht im Kommentar des „Rasch" zu Maass. sch. II, 4, zu finden. Überhaupt gibt es zahlreiche Abweichungen im Kommentar des „Rasch" zu den Mischnajot in Edujot, Seraïm und Toharot gegenüber den entsprechenden „Toss'phot Sens". Diese Tossaphot zu Edujot sind anscheinend Randbemerkungen zum Kommentar des „RABeD" (R. Abraham b. David), der darin unter dem Namen „R. Abraham" angeführt wird (s. III, 1 ff.), oder unter der Bezeichnung „קונטרס" (= [Erläuterungs-]Heft". S. dort VI, 3; VII, 4. — Vgl. neuerdings: Urbach a.a.O., S. 511). Ebenso sind in der Ausgabe Romm auch Randbemerkungen zu Traktat Sota unter dem Namen „Toss'phot Sens" abgedruckt (vgl. auch „Tarbiz", Jahrg. XII, S. 203). Siehe ferner im „Anhang" am Ende dieses Buches, Nr. IX.

aus seinen Erklärungen und Novellen, insbesondere die Zusätze enthaltend, welche er seinem Werk beifügte, als er auf dem Turm zu Ensisheim (Elsass) gefangen gehalten wurde, wie es am Anfang (Ohal. II, 2) heisst: ‚Unter dem Beistand des Schöpfers der Scharen [von Lebewesen] in den unteren und den oberen Welten will ich in feste Prägung bringen und vom Dunkeln ans Licht emporheben die Novellen zu Negaïm und Ohalot unseres Lehrers und Meisters R. Mëir, — das Andenken des Gerechten sei gesegnet und gepriesen, — die er verfasst hat in seinem Elende im Schulhaus [„בבית הספר"; — vielleicht: „בבית הסוהר" = „in Kerkerhaft"?] im Turme zu Ensisheim'. In Wahrheit hatte er seine Novellen schon früher verfasst und im Gefängnis nur deren Durchsicht vorgenommen, wobei er Mancherlei hinzufügte [14], wie es mehrmals heisst: „Ich habe im Haupttext geschrieben", vgl. Ohal. V, 6: „Im Haupttext habe ich geschrieben:" usw; „deshalb scheint mir" usw., und der Verf. der Toss'phot Jom-Tow (das. Stichwort: „חצי טפח") bringt seine frühere Erklärung und bemerkt dazu: Doch nach einiger Zeit, als er im Turme zu Ensisheim gefangen gehalten war, ging er davon ab und schrieb: „Es scheint mir usw." Desgleichen in Ohal. VII, 1; vgl. dort sowie in Toss'phot Jom Tow. Ferner das VI, 5: „Wie ich im Haupttext geschrieben habe" usw., bezw.: „. . . aber nicht so, wie ich im Haupttext geschrieben habe" usw., „Und wie ich es hier erkläre . . .". — In Neg. IV, 10 werden 2 Erklärungen des R. Mëir in Toss'phot Jom-Tow gebracht, und in unserem Text befindet sich die erste Erklärung sowie Teilstücke von der zweiten, die in Wahrheit die frühere ist, wie dort angedeutet („wie ich im Haupttext geschrieben habe"); vgl. daselbst. Und Ähnliches mehr. — In Ohalot, Ende v. Kap. IV, findet sich eine Zusatzbemerkung, die mit den Worten beginnt: ‚Oben [d. h. zu Beginn des Kapitels IV, das nach folgenden Einleitungsworten benannt wird:] „Ein freistehender Turm" [= ein turmförmiger Holzkasten] usw.' Und am Ende des Zusatzes heisst es: „Alle diese Worte habe ich ersonnen und dem Kapitel „Ein freistehender Turm" beigefügt im Turme zu Ensisheim, — als ich dort gefangen war, — ausser demjenigen, was ich schon früher darüber geschrieben hatte, als ich noch in meinem Hause weilte, usw.'. Und in Kap. XV, 1: „Bis hierher [reicht] dasjenige, was ich hinzugefügt habe im Trakt. Ohal., als ich gefangen war im Turme zu Ensisheim". — Nach alledem besitzen wir von dem Kommentar des R. Mëir („MaHaRaM") ledig-

14 Nachträglich fand ich im „Or ha-Chajim" des R. Chajim Michal, S. 519, die Bemerkung, dass sich in seinem Besitze „Tossaphot" des R. Mëir zu Trakt. Ohalot u. Trakt. Negaïm befänden, welche dieser im Turm zu Ensisheim seinem Kommentar beigefügt habe. Es handelt sich dabei um die Handschrift, die später nach Oxford verkauft wurde und aus welcher der Kommentar in der Talmudausgabe Romm abgedruckt worden ist. In Wahrheit aber befinden sich in dem Manuskript nicht nur die Tossaphot allein, sondern auch Teile von seinen früheren Erklärungen, wie aus dessen Vergleichung mit dem zitierten Stoff zu ersehen ist, der in „Toss'phot Jom-Tow" aus seinen Erklärungen gebracht wird.

lich Bruchstücke und Zusätze, jedoch nicht das vollständige Werk [15]. Der Kommentar lag auch seinem Schüler, R. Ascher b. Jechiël (s. anschliessend) nicht vor, der ihn nur ein einziges Mal erwähnt, und zwar in Neg. I, 5. —

R. Ascher b. Jechiël, — in Deutschland zu Anfang des 1. Jahrh. im 6. Jahrtausend geb. und in dessen zweiter Hälfte nach Spanien übersiedelt (im 13. und 14. Jahrh. nach der gewöhnl. Zeitrechng.), — verfasste einen Kommentar zur Ordnung Seraïm (mit Ausnahme von Trakt. Berachot) und zur Ordnung Toharot (ausser Trakt. Nidda) sowie zu den Traktaten „Tamid" (Talmud), „Kinnim" und „Middot". Sein Kommentar zu Seraïm wurde zum ersten Mal im Talmud, Amsterdamer Druck 5475 [= 1715], abgedruckt (Trakt. Schab. und Ordnung Seraïm), und der Drucker schrieb in seiner Vorrede, dass er aus dem Kommentar des „Rosch" (= R. Ascher) diejenigen Sätze, welche mit den Erklärungen des „Rasch" (= R. Simson) übereinstimmen, fortgelassen und nur die neuen Erklärungen abgedruckt habe, d. h. dasjenige, was über den Kommentar des „Rasch" hinausgehe. Diese Zusätze hat er innerhalb der Erklärung des Rasch mit kleinen Lettern eingefügt (s. „Dikduke Soferim", Exkurs über den Druck des Talmud, in Bd. VIII, S. 91). Als er jedoch später den ganzen Talmud in Frankfurt am Main 5480—82 [= 1720—22] abdruckte, da liess er den Kommentar des Rosch zu Toharot unverkürzt und druckte ihn in seiner ursprünglichen Form ohne Änderungen. Der Kommentar zu Seraïm wurde in vollständiger Gestalt zu Altona 5495 [תצ״ה = „תמימה"; 1735] gedruckt, nebst Anmerkungen von R. Elischa b. R. Abraham (s. unten S. 438 „קב ונקי"), der dem Werk den Namen „פי שנים" gab (= „Zwiefaches", „Doppelteil"; s. Deut. XXI, 17). Der Kommentar zu den Traktaten Tamid, Kinnim und Middot wurde zum ersten Male (nebst der Erklärg. zu Tamid, die dem „Rabed", R. Abraham b. David, zugeschrieben wird) in Prag 5475 [= 1715] gedruckt, und das gesamte Kommentar-Werk wurde dann in der Talmud-Ausgabe Romm (Wilna), zum Abdruck gebracht.

Die Methode des Rosch in seinem Kommentar zur Mischna entspricht der in seinen sonstigen Werken von ihm angewendeten Erläuterungsweise: eine gedrängte Inhaltsangabe der Erklärungen seiner Vorgänger zu geben und daran hier und dort seine Bemerkungen zu knüpfen. In den Ordnungen Seraïm und Toharot legte er seiner Erklärung diejenige des „Rasch" zu

15 Anscheinend ist die am Ende von „Negaïm" abgedruckte Erklärung aus den in Toss'phot Jom-Tow gebrachten Zitaten übernommen, wie man auch sonst bis zum Schlusse der Ordnung „Toharot" Erklärungen von dort übernahm und dabei zuweilen auch die Worte des Verf. der Toss'phot Jom-Tow mit in den Text einrückte. Vgl. XI, 1: „Es schreibt ‚MaHaRaM' (= ‚Morenu Haraw R. Mëir') im Namen des R. Jizchak aus Siponto":, — genau so, wie es in Toss'phot Jom-Tow das. heisst. Ebenso dorts. XII, 1: „Und MaHaRaM schreibt:" etc.; in Kap. XIII, 5, das., findet sich ein (in die Erkl. des MaHaRaM eingeschobener) Zusatz aus den Worten von Toss'phot Jom-Tow: ‚denn so erklärt Raschi [zum Schriftvers]: „Denn aller Reichtum" usw. [Gen. XXX, 16]'. Ebenso finden sich auch die vom Verf. der Toss'phot Jom-Tow stammenden Textverbesserungen zuweilen im Haupttext des Kommentars; vgl. VIII, 7, daselbst.

Grunde, verkürzte sie, änderte sie stilistisch um und fügte ihr dann seine Anmerkungen bei, oder er lehnte die Erklärung des Rasch ab und wählte dafür eine andere, zuweilen diejenige des Maimonides. Innerhalb seines Kommentars zu Toharot fanden kritische Glossen einer Reihe von Gelehrten Aufnahme (R. Menachem; — ר״ן [= „RaN"]; — R. Jizchak) sowie zusätzliche Bemerkungen aus der Erklärung des Maimonides unter der Bezeichnung ר״ם [= RaM, Abkürzung für Rabbi Mosche]. —

R. Elijahu aus London, — etwa zu Anfang des 6. Jahrtausends [um 1240], — verfasste einen Kommentar zur Ordnung Seraïm, der dem Verf. der Toss. Jom-Tow vorlag, welcher ihn in Pea VI, 4, mit folgenden Worten beschreibt: „In meine Hand ist ein Mischnajot-Exemplar der Ordnung Seraïm gelangt, auf Pergament geschrieben unter Beifügung einer kurzen Erklärung, und nach deren Inhalt zu schliessen, scheint sie aus dem Kommentar des Rasch verkürzt entnommen zu sein. Hinter jedem Traktat sind einige neue Erklärungen niedergelegt, um ihn auf andere Art zu erläutern, und stets nach jeder neuen Erklärung unterzeichnet der Autor mit seinem Namen ‚Elijahu'". — Der Verfasser der Toss. Jom-tow gibt an einigen Stellen kurze Erklärungen daraus wieder. Diese Bruchstücke nebst dem Kommentar zum Mischna-Traktat Berachot sowie halachischen Entscheidungen aus der Ordnung Seraïm hat M. J. Sachs nach einer Handschrift in Buchform herausgegeben unter dem Namen: „Erklärungen des R. Elijahu aus London und seine Entscheidungen" (Jerusalem 5716 [= 1956])[16].

Wer sich in den Inhalt vertieft, dem wird klar, dass die „Entscheidungen" aus der Ordnung Seraïm identisch sind mit den von Toss. Jom-Tow erwähnten „neuen Erklärungen", die ein Kopist ohne Beifügung des Kommentars abgeschrieben und aus welchen er ein selbständiges Buch hergestellt hat. Aber in Traktat Berachot, in welchem die Halachot über die tagtägliche Lebensführung des Menschen enthalten sind, erweiterte der Verfasser seine Ausführungen im Text seiner Erklärung, und anstelle einer knappen Klarlegung verfasste er dort eine ausführlich gehaltene Erläuterung mit zusätzlichen Bemerkungen und halachischen Entscheidungen. Trotzdem fügte er am Ende des Traktates noch einige Zusätze bei, wie er auf S. 50 sagt: „Den Jeruschal-

16 Die Entscheidungen aus der Ordnung „Seraïm" hatte er unter dem Namen „Entscheidungen des R. Elijahu zur Ordnung Seraïm" bereits früher herausgegeben (Jerusalem 5701 [= 1941]). Die Entscheidung auf S. 8 in Bezug auf Gesäuertes gehört nicht zum Trakt. Pessachim (wie dort verzeichnet), sondern der Verf. hat sie dem Traktat Terumot beigefügt, weil er dort (S. 9) einen Beweis aus Ter. X, 2 bringt, worin von Fruchtsäften die Rede ist, — nämlich ob sie eine Säuerung herbeiführen können, — wie vom gleichen Gegenstand auch weiterhin (S. 12) gesprochen wird und der Verf. bringt, was er oben darüber erklärt hat. In der Einleitung S. 16 wird aus dem Buche „Beër Majim Chajim" (Saloniki 5306 = [1546] die Angabe dieses Verfassers zitiert: „gemäss dem, was ich von diesem Gelehrten (= R. Elijahu) über den Traktat Berachot sowie über die ganze Ordnung Seraïm und ein wenig von der Ordnung Toharot gesehen habe".

mi zu unserem Kapitel wollen wir s. G. w. am Schlusse des Traktates erklären". Auch diese „Tossaphot" fügte der Kopist seiner Abschrift an deren Ende bei, und schreibt dazu (S. 30): „Ferner hat R. Elijahu im Traktat Berachot über die Ordnung der Segenssprüche in folgendem Wortlaut geschrieben:" usw.[17]. Und am Schlusse (S. 42): „Damit endet, was R. Elijahu in Bezug auf die Ordnung der Segenssprüche geschrieben hat". Tatsächlich befindet sich unter jenen Entscheidungen (S. 35) auch die Erklärung zum Jeruschalmi, Ber., Kap. I[18]. —

Es gibt von der Hand der älteren Erklärer (= „Rischonim") zu vereinzelten Traktaten noch weitere Kommentare, die in der Talmud-Ausgabe von Romm (Wilna) abgedruckt sind: Der Kommentar des R. Abraham b. David (= ‚RABeD', Verfasser der kritischen Glossen zum Werk des Maimonides) zu den Traktaten Edujot und Kinnim. — Der Kommentar des R. Serachja ha-Levi (= „Baal ha-Maor") zum Traktat Kinnim, worin er an einigen Stellen Erklärungen im Kommentar des RABeD angreift. — Der Kommentar des R. Schemaja, eines Schülers von Raschi, zum Traktat Middot[19]. — Ein Kommentar zu Traktat Kinnim von einem Erklärer, der anscheinend zu den „Tossaphisten" („בעלי תוספות") gehörte und der auch Erklärungen des RABeD zitiert (Ende v. Kap. I, sowie Kap. III, 4 u. 5; vgl. auch dort in „Schitta Mekubbezet" des R. Bezalel Aschkenasi). — Ebenso enthält der „Mëiri" (im 1. Jahrhundert des 6. Jahrtausends; in Süd-Frankreich) im Rahmen seines Werkes „Beth ha-Bechira" die Traktate Challa, Schekalim (Tamid) und Middot (abgedruckt zusammen mit Traktat Tamid im Jahre 5494 [= 1934]), sowie Traktat Edujot (abgedruckt mit den Traktaten Rosch ha-Schana und Horajot 5496 [= 1936]). —

---

17 Also nicht, wie es dort in Anm. 1 heisst, dass „anscheinend ein Kommentar zur Gemara, Trakt. Berachot" gemeint sei; — die dort noch in Zweifelsform geäusserte Vermutung verwandelt sich dem Verfasser bereits zur Gewissheit in der Einleitung S. 15, wo dem R. Elijahu positiv (und ohne Bedenken) ein Kommentar zum Gemara-Traktat Berachot zugeschrieben wird.

18 Neue Erklärungen zur Mischna habe ich in dem abgedruckten Kommentar nicht finden können, vielmehr enthält er nur eine kurzgefasste Zusammenstellung aus dem Inhalt der sonstigen Kommentare, in welchem Sinne ihn auch der Verf. der Toss. Jom-Tow einschätzte. Was die „neue Erklärung zu den Worten der Mischna" betrifft, die der Herausgeber in der Erläuterung zu Ber. III, 4, gefunden zu haben glaubt (S. 59, Anm. 44), so weiss ich nicht, worin sie bestehen soll. Klar erscheint mir vielmehr, dass dort der Text unvollständig ist und es heissen muss: „Und in Bezug auf den Traktat ‚Derech Erez' sagt R. Jehuda": שמותר [לבעל קרי] לשנותה והוא הדין לברכת המזון קאמר ר' יהודה = „dass er (d. h. ein durch Pollution unrein Gewordener) ihn lernen darf; ebenso sagt R. Jehuda in Bezug auf das Tischgebet, dass er vorher und nachher (d. h. vor und nach der Mahlzeit) den Segensspruch verrichtet". Vgl. auch Babli, das. 22 a.

19 Auch (auf Grund einer Handschrift) abgedruckt in „Mëiri" zu Trakt. Taanit, usw. — Vgl. auch Frankel, „Darchë ha-Mischna", S. 332 ff.

R. Obadja aus Bertinoro (Italien) aus der Familie „Jaré" (= „Gottesfürchtiger", vgl. I. Reg. XVIII, 3) verfasste einen Kommentar zu den 6 Ordnungen der Mischna. Er lebte im 3. Jahrh. des 6. Jahrtausends (im 15. Jahrh. nach der gew. Ztr.), übersiedelte nach Erez Israel im Jahre 5246 (= 1486) und starb dort etwa im Jahre 5270 (= 1510) in Jerusalem, wo er auch bestattet ist. Sein Kommentar wurde zum ersten Male in Venedig in den Jahren 5308—09 (= 1548—49) gedruckt und seitdem in fast allen Mischna-Ausgaben zum Abdruck gebracht. R. Obadja, — genannt: הרע"ב [= הרב עובדיה ברטינורו], oder kurz: הר"ב [= הרב ברטינורו], — kommentierte die Mischna auf Grundlage der Erklärung von Raschi zum Talmud und übernahm zumeist auch dessen Wortlaut, während er in den Ordnungen Seraïm und Toharot, zu welchen kein Talmud Babli vorhanden ist, gemäss dem Kommentar des R. Simson aus Sens erklärte; auch der Zusatzbemerkungen des „Rosch" bediente er sich. Nach Maimonides fügte er die halachischen Entscheidungen in Streitfragen der Tannaim bei, und zuweilen erklärt er nach diesem auch die Mischna, mitunter sogar an Stellen, wo dessen Auffassung derjenigen des Talmud widerspricht [20]. — In Ber. II, 3, Stichwort: „יחזור", erläutert er gemäss der Erklärung Raschis (das. 16 a) und fügt die Erklärung des Maimonides bei („Maimonides [aber] sagt", usw.). In Ker. III, 3 sagt R. Obadja: „So haben meine Lehrer (= Raschi) erklärt, während Maimonides sagt", usw. (vgl. auch in Toss. Jom-Tow zu Erub. V, 2). In Tib. Jom II, 3: „So habe ich in der Erklärung meiner Lehrer (= R. Simson aus Sens) gefunden, aber Maimonides erklärt: „usw. — Jedoch kommt es auch vor, dass er schlechthin (ohne besonderen Quellenhinweis) wie Maimonides erklärt, und danach die Erklärung seiner Lehrer bringt, wie z. B. in Men. VIII, 7: „... doch meine Lehrer erklären usw., und so wird es auch in der Gemara erklärt", wobei die vorausgeschickte Erklärung diejenige des Maimonides ist und die Erklärung „seiner Lehrer" diejenige Raschis (vgl. auch Toss. Jom-Tow, daselbst). — Kel. II, 4 u. III, 7: „..., während meine Lehrer erklären usw."; auch hier entspricht die ersterwähnte Erklärung derjenigen des Maimonides, während der Ausdruck „meine Lehrer" den R. Simson bezeichnet. Es finden sich aber auch Stellen, wo er die Erklärung des Maimonides unter der Bezeichnung bringt: „und ich habe gehört": Schebiit IV, 10 (vgl. dort auch die Bemerkung in Toss. Jom-Tow, dass die Erklärung des Maimonides anscheinend der Gemara widerspricht); Ohal XIII, 5, wo der Verfasser der Toss. Jom-Tow, Stichwort: „וככי", sagt: „Ich weiss nicht, warum er dies auf Grund einer bloss mündlich von ihm gehörten Erklärung schreibt, während er es auf Grund einer schriftlichen Unterlage hätte bezeugen können, denn so

---

20 Vgl. zu Jeb. VIII, 3, u. zu Ket. II, 1, — wie oben in Anm. 7 angeführt, — sowie in Toss'phot Jom-Tow zu Ned. I, 1, Stichwort: „כנדרי רשעים". Man vergleiche auch „Kessef Mischnë" zu den Halachot über den „Zweitzehnten", Kap. VIII, Hal. 14: „und R. Obadja bringt nur diese Erklärung [des Maimonides], obwohl es an anderen Stellen seine Gepflogenheit ist, sich den Erklärungen des R. Simson anzuschliessen".

heisst es im Kommentar des Maimonides". Aber dies ist eben die Art des R. Obadja; — vgl. Kel. XXVI, 6: „So haben meine Lehrer erklärt (s. R. Simson), aber ich habe gehört usw.", und dazu Toss. Jom-Tow das.: „und dies ist die Erklärung des Maimonides" [21]. Auch in Kel. IX, Ende von Mischna 1, sagt R. Obadja: „So scheint mir die Erklärung dieser Mischna zu sein, meine Lehrer aber haben sie nicht so erklärt, doch habe ich ihre Erläuterung nicht [klar genug] verstanden, um sie in geordneter Wiedergabe richtig darstellen zu können, und deswegen habe ich sie nicht gebracht". Die Erklärung, die ihm zutreffend erschien, ist die des Maimonides. — Aber es geschieht auch, dass er die Erklärung des Maimonides bringt und dagegen polemisiert, indem er sagt: „Doch mir scheint, usw. " (Bik. III, 5), und seine Worte entsprechen hier der Ansicht des „Rabed" in dessen kritischen Glossen zu Maimonides' Werk (s. in Toss. Jom-Tow das.). Ähnliches findet sich in Sota IV, 4, wo seine Ansicht diejenige der Tossaphot ist [22] (s. in „Rischon l'Zion"; und ebenso die Kontroverse im Mëiri). Und in Tamid, Ende v. Kap. III, sagt er: „So habe ich die Erklärung dieser Mischna in den Erläuterungen des R. Baruch bar Jizchak gefunden [23], und sie ist die einleuchtendste von allen Erklärungen, während die Worte des Maimonides sehr verwunderlich sind, und auch seine Auffassung: .... usw., erscheint in meinen Augen überaus seltsam, und ich habe weder gehört noch gesehen, dass einer von meinen Lehrern es so versteht". Dazu bemerkt der Verf. der Toss. Jom-Tow: „Und all dieses findest Du ausführlich in den Responsen des Raschba (= R. Salomo b. Aderet), Nr. 309 und Nr. 79"; vgl. dort. — Bemerkenswert sind ferner die Worte Bertinoros über die sprachliche Herkunft des Ausdrucks „Beth ha-P'ras" (d. h. ein Feld, in welchem sich ein Grab befunden hat, das umgepflügt worden ist) in Ohal, Anfg. v. Kap. XVII: ‚בית הפרס' ist ein Ort, auf welchem die Unreinheit ausgebreitet (‚פרושׂה') und ausgedehnt ist; doch unsere Lehrer erklären das Wort פרס als Bezeichnung für etwas Zerstückeltes (‚פרוס') und Zerbrochenes, usw., während ich von Anderen gehört habe [der Ort werde so bezeichnet], weil die Fuss-Sohlen (‚פרסות') der Menschen sich wegen seiner Unreinheit davor zurückhalten, dort zu gehen". Die erste Erklärung ist die des Maimonides das.; mit „seinen Lehrern" meint er Raschi in Nidda 57 a, Stichwort „שנידש", und das „von Anderen Gehörte" bezieht sich auf die Erklärung in Toss'phot das., Stichwort: „בית".

Überhaupt ist Bertinoro gewohnt, sich des Ausdrucks „מצא" = „finden" auch dann zu bedienen, wenn er Erklärungen anführt, die in den Werken der

21 S. auch im Kommentar des Bertinoro zu Abot III, 3: „So habe ich gehört", — und die Erklärung steht in dem (Raschi zugeschriebenen) Kommentar daselbst, den Bertinoro am Schlusse der Mischna mit den Worten bringt: „So erklärt Raschi".

22 Die Ansicht der „Tossaphot" in Ber. 17 b, Stichwort: „רב", bringt er dort am Ende von Kap. II unter der Quellen-Andeutung: „und wir haben bei einem Teil unserer Lehrer gesehen, dass sie sagen:" .... usw.

23 Ebenso auch in dem (RABeD zugeschriebenen) Kommentar im Trakt. Tamid das. (abgedruckt in der Talmud-Ausgabe Romm).

Kommentatoren zu der von ihm erörterten Mischna stehen. So sagt er beispielsweise in Ket. III, 7: „So habe ich es in den Erklärungen meiner Lehrer gefunden, doch im Kapitel ‚ha-Chowel' [B. kama VIII] fand ich", usw.; — die erste Erklärung steht bei Raschi, Ket. das. 40 a, Stichwort „הכל", die zweite ebenfalls bei Raschi, B. kama 83 b (vgl. Toss. Jom-Tow). — Kil. IX, 8: „Ich habe bei einem von unseren Lehrern gesehen, dass er erklärt, usw. ..... und ich fand noch viele [andere] Erklärungen dazu bei unseren Lehrern usw.; doch gibt es gegen alle einen [stichhaltigen] Einwand, mit Ausnahme von dieser, der gegenüber es keinen Einwand gibt". Der „eine von unseren Lehrern" ist R. Simson, jedoch gibt es auch gegen dessen Erklärung einen Einwand, s. im „Rosch". — Und in Kel. XIV, 3: „So haben meine Lehrer es mir erklärt, doch an anderer Stelle habe ich gefunden", usw.; mit „seinen Lehrern" meint er wiederum R. Simson [24], und die „von ihm gefundene andere Stelle" ist der Kommentar des Maimonides zu dieser Mischna.

Besonders merkwürdig ist, dass Bertinoro in Kil. IX, 2 eine Erklärung unter der Herkunftsbezeichnung „ein Teil meiner Lehrer" bringt [25] und hinzufügt: „doch mir scheint, usw.", obwohl diese zweite Erkärung von R. Simson herrührt. Aber manchmal sagt er auch etwas, das ich bei den Erklärern, die ihm vorausgingen, überhaupt nicht gefunden habe [26]: Zu Beginn von Traktat Abot: „Ich bin der Meinung: usw"; sowie seine Erklärung zu Kel. XVII, 15, Stichwort: „העושה כלי קבול". Das. XIX, 4: „So scheint mir die Erklärung dieser Mischna zu sein, während die Lesart meiner Lehrer, die lesen": usw., „sowie deren Erklärung mir nicht annehmbar erscheint, ebensowenig wie die Worte des Maimonides", usw. „Darauf habe ich in seinem Werk (= Mischnë Tora) eingehend nachgeforscht, und mir scheint, dass er dort davon (d. h. von seiner im Mischna-Kommentar geäusserten Ansicht) abgegangen ist und die Mischna so erklärt, wie ich sie hier erklärt habe". — Auch eine Stelle, wo er eine Erklärung gibt und dazu bemerkt, dass sie zu derjenigen der Gemara in Widerspruch stehe, habe ich gefunden, nämlich Tem. I, 4: „So scheint mir die Erklärung der Mischna zu sein, und ebenso habe ich sie im Trakt. Ter. (V, 6) erläutert; aber in der Gemara hat man sie folgendermassen erklärt: usw.". Bertinoro will damit sagen, dass er in Übereinstimmung mit R. Jochanan in Tem. 12 a erklärt, während die Gemara diese Erklärung ablehnt und dafür eine andere bringt, vgl. dort. Bemerkt sei noch, dass Bertinoro in Chul. VIII, 3 diese Mischna ebenso wie der

24 S. auch in Kel. XXIX, 3: „So erklärt mein Lehrer", womit ebenfalls „Rasch" (das.) gemeint ist.

25 Diese Erklärung fand ich im Raschi-Kommentar, der dem „Rif" beigedruckt ist, in B. kama, Kap. X, Ziffer 204, sowie im „Mëiri" das., S. 320; aber „Rosch", das. Ziffer 11, lehnt sie ab.

26 In Ukz. I, 6, Stichwort: „טפח", folgt seine Erkl. der Tosephta Kil. I, 6; vgl. dort in den „Ergänzungen" meines Kommentars.

„Baal ha-Maor (R. Serachja ha-Levi) erklärt, vgl. in meinen „Ergänzungen" das., sowie auch Erub. IV, 9. —

Zusätzliche Bemerkungen (תוספות) zum Kommentar des R. Obadja aus Bertinoro verfasste R. Jom-Tow Lipman Heller (geb. in Wallerstein, Bayern/Deutschland, im Jahre 5339 [= 1579], gest. in Krakau im Jahre 5414 [= 1654]), und er gab ihnen den Namen „Toss'phot Jom-Tow". Das Werk wurde erstmalig in Prag 5377 [= 1617] gedruckt, und in zweiter Auflage, mit vielen Änderungen und Zusätzen versehen, erschien es in Krakau 5403—04 [= 1643—44]. In seiner Vorrede sagt der Verfasser, dass er die Mischna mit der Erklärung des R. Obadja gelernt habe, die weit verbreitet sei, „weil dessen Gedankenführung derjenigen des Raschi-Kommentars gleicht"; doch habe er darin „eine Anzahl von Teilabschnitten der Mischna gefunden, die nicht zugänglich und daher unerklärt geblieben sind, und ebenso eine Reihe von Mischnajot, die zu einander in Widerspruch [zu] stehen [scheinen], und von denen er (Bertinoro) nicht erklärt hat, wie sie in Einklang zu bringen sind, usw. Und im Kommentar selber finden sich klar feststellbare und offen hervortretende Widersprüche, und zwar in der Mehrzahl der Fälle daher rührend, dass er (der Verf.) manchmal der Erklärung des einen, und manchmal derjenigen eines anderen [von den vorangegangenen Erklärern] gefolgt ist; und mitunter ist es auch vorgekommen, dass er zwei Erklärungen miteinander verbunden hat und deren Verschmelzung nicht vollständig gelungen ist. Zuweilen sind auch seine (des Verf.) eigene Worte erläuterungsbedürftig". Deshalb habe er, R. Jom-Tow Lipman Heller, sein Werk verfasst, „um in der Mischna genau zu prüfen, ob darin etwas Erklärungsbedürftiges enthalten sei, das im Kommentar des R. Obadja keine Erläuterung gefunden hat, oder ob ein Widerspruch mit einer anderen Mischna bestehe, über welchen R. Obadja nichts bemerkt hat, und ebenso in dessen Kommentar selbst, ob darin etwas stehe, das eine Erläuterung und Begründung erfordere, sowie auch, ob etwas in sich selbst Widerspruchsvolles darin vorkomme, und erst recht etwas, das mit der Mischna in Widerspruch stehe", und er habe nachgeforscht „in der Gemara und in deren Erklärung sowie in den Tossaphot und den Schriften der Dezisoren und deren Erläuterungen", um darin „eine andere Erklärung oder eine [sonstige] Lösung für den Widerspruch zu finden"; doch habe er sich seinerseits jeweils „mit einer einzigen Erklärung begnügt und wollte nicht zu ausführlich werden, indem er verschiedene Erklärungen bringe". — Bereits oben (S. 184) haben wir erwähnt, dass der Verfasser der Toss'phot Jom-Tow einen verbesserten Text der Mischna festgesetzt hat, und gemäss der von ihm bestimmten korrekten Lesart wurde dieser dann in allen Druckwerken abgedruckt, die nach ihm erschienen. Sein Werk verbreitete sich schnell und wurde in den meisten Mischna-Ausgaben zum Abdruck gebracht. —

Zur gleichen Zeit wie der Verfasser der Toss'phot Jom-Tow verfasste in Hebron R. Salomo ha-Adani (= „aus Aden"; ein Jemenite, Schüler des R. Bezalel Aschkenasi) sein Werk „M'lechet Sch'lomo". Sein Bestreben war, — wie dasjenige des Verfassers der Toss'phot Jom-Tow, — darauf gerichtet, den Mischna-Text sowie den Kommentar des R. Obadja richtigzustellen, dessen Erklärung zusätzliche Erläuterungen beizufügen, usw. — Er stellte Erklärungen aus den vielen Werken der Kommentatoren zusammen, die sich in seinem Besitz befanden, und von besonderer Bedeutung sind dabei die Erläuterungen und die textkritischen Glossen, die er im Namen des R. Josef (Jehosef) Aschkenasi bringt[27]. Dem Verfasser lagen handschriftliche Mischna-Texte vor, und er fügte auch die Stellen-Hinweise zum Babli und Jeruschalmi bei, zu Maimonides und zu den „ארבעה תורים" des R. Jakob b. Ascher (Sohnes des Rosch), sowie zu den Schriften der älteren Erklärer, die die Mischna zitieren. Sein Werk, das den Mischnajot in der Ausgabe von Romm (Wilna) beigedruckt wurde, ist für alle, die die Mischna lernen und in ihr forschen wollen, von grossem Nutzen. —

Der Kommentar, „Tif'ëret Israel" des R. Israel Lipschütz (5542—5621 [= 1782—1861]) setzt sich zur Aufgabe, die Mischna in knapper Form zu erläutern sowie neue Erklärungen zu den schwierigen Stellen zu geben, und zwar insbesondere zu den Ordnungen Seraïm, Kodaschim und Toharot. Zuerst gab der Verfasser den Kommentar zu Seraïm und Toharot heraus (5590 = 1830), nachher den zur Ordnung Naschim (5603 = 1843), zu Moëd (5604 = 1844), zu Nesikin (5605 = 1845) und zu Kodaschim (5610 = 1850). Er war von der Absicht geleitet, aus seiner Mischna praktische Halacha zu lehren, und fügte deshalb den Halachot, die bis auf unsere Zeit geübt werden, die halachische Entscheidung bei, und zwar so, wie sie im „Schulchan Aruch" und bei dessen Erklärern festgesetzt wird. Den Ordnungen Moëd, Kodaschim und Toharot schickte er Einführungen voraus, in welchen er diejenigen Halachot geordnet zusammenstellte, deren Grundlage in jenen Ordnungen zu finden ist. In den folgenden Auflagen (vom Jahre 5621 ab) wurden seiner Erklärung eine Reihe von zusätzlichen Bemerkungen und scharfsinnigen Auseinandersetzungen beigefügt, und den Ordnungen Seraïm und Moëd ist nach jedem Kapitel eine Aufstellung unter dem Titel „Hilch'ta Gewir'ta" beigegeben, in welcher der Verfasser die Regeln der wichtigen Halachot abschliessend zusammenfasst, soweit sie aus der Mischna hervorgehen. Zur Ordnung Toharot verfasste er ferner eine ausführliche Erläuterung — (worin er zwischen dem schlichten Wortlaut [פשט] unterscheidet, den er „Jachin" nennt, und der dialektischen Auseinandersetzung [פלפול], der er den Namen „Boas" gibt; in Anlehnung an die Bezeichnung der beiden Grundpfeiler der salomonischen Tempelhalle, s. I. Reg. VII, 21), — nebst der „Hilch'ta Gewir'ta" nach jedem Kapitel, sämtlich in der Ausgabe Romm abgedruckt. —

27 S. in der Vorrede des Verfassers sowie in „Sinai", 4. Jahrg., Bd. VII, S. 315 ff., und in „Mawo l'Nussach ha-Mischna" (Epstein), S. 1284 u. S. 1290. —

Endlich verdienen noch die Erklärungen des Gaon R. Elijahu aus Wilna (5480—5558) [= 1720—1798] Erwähnung, und zwar: „Sch'not Elijahu" zur Ordnung Seraïm, sowie: „Elijahu Rabba" zur Ordnung Toharot, ferner seine Erläuterungen zu den Traktaten Schabbat, Abot, Tamid, Middot und Kinnim, die von seinen Schülern überliefert und redigiert worden sind. Es finden sich darunter Erläuterungen und Hinweise von bewundernswerter Tiefe, so dass man dem Verfasser — im Sinne des Psalmwortes LXV, 2, — nur schweigende Verehrung zollen kann.

Aus den Erklärungen der „Rischonim" (der früheren Kommentatoren) sowie aus dem Kommentar des R. Obadja Bertinoro wurden verkürzte Erläuterungen zusammengestellt, wie: „Kaph Nachat" [vgl. Ecc. IV, 6] des R. Jizchak b. Gabbaj (Venedig 5369 = 1609, und später); „Kab w'Naki" des R. Elischa b. R. Abraham (Amsterdam 5457 = 1697, u. später), sowie „M'lo Kaph Nachat" des R. Schnëur Faibisch b. R. Jakob (Offenbach 5497 = 1737, u. später). —

Erwähnenswert ist auch die Zusammenstellung „Kurze Regeln der Mischna und des Talmud", — im Talmud am Ende von Traktat Berachot der „Einleitung in den Talmud" des R. Samuel ha-Nagid beigedruckt, — aus der Hand des R. Jehuda Arje Loeb, der einige Traktate des Talmud zu Amsterdam in den Jahren 5474—77 [= 1714—17] herausgab. In seiner Vorrede (von der ein Auszug in dem Aufsatz „Über den Abdruck des Talmud" von R. N. Rabinowicz am Ende des Werkes „Dikduke Soferim", Teil VIII, zu Meg. und Schek., S. 89, Anmerkung 127, wiedergegeben ist) schreibt der Verfasser (dort S. 92): „Ich habe beschlossen, am Ende des Traktates Berachot .... das Werk „Einleitung in den Talmud" des R. Samuel ha-Nagid zu bringen, und rings um dasselbe mag dasjenige seinen Platz finden, was ich aus den Schriften über die allgemeinen Regeln des Talmud aufgelesen habe, damit darin in gedrängter Form nahezu der überwiegende Teil alles dessen enthalten sei, was von dieser Lehre zu wissen nottut." —

Anhang I

Traktat Edujot

— Zu S. 122 ff. (auch S. 156)

In meinen „Untersuchungen über die Redaktion der Mischna", S. 108 ff., habe ich die Auffassung von Grätz „Geschichte der Juden", Teil IV, Note 4, zurückgewiesen, der meint, dass die Redigierung des Traktates Edujot zu dem Zwecke erfolgt sei, um in den Kontroversen zwischen den Schulen Schammajs und Hillels die halachische Entscheidung festzusetzen, nach deren Weisung man sich praktisch zu verhalten habe. Ebenso habe ich die Ansicht von Halevy in „Dorot ha-Rischonim" Bd. V, S. 213 ff., abgelehnt. Aber Grätz sagt daselbst auch im Text seines Werkes (Aufl. 4, S. 36), dass der Traktat Edujot die erste Sammlung von Halachot (der Mischna) war. Ich habe dort (S. 110, Anm. 1) seine Worte angeführt und dazu bemerkt, dass diese Behauptung das einzig Zutreffende unter all seinen Ausführungen zu dieser Frage sei, weil das Gleiche auch die Beweise ergäben, die ich gebracht habe. Es ist nicht meine Art, den Worten Anderer blindlings Gefolgschaft zu leisten; vielmehr habe ich selbständig nach meiner Forschungsmethode im Traktat Edujot Untersuchungen in weitem Umfange angestellt, und nachdem ich zu meiner Schlussfolgerung gelangt war, habe ich die einschlägige Literatur darüber verglichen und dabei auch die Ansicht von Grätz zu diesem Thema kennengelernt. Nunmehr aber ist das Buch von Epstein „מבואות לספרות התנאים" (= „Einführungen in das Schrifttum der Tannaim") erschienen, und dort finde ich, S. 422, in der Liste der „Literatur" zu Edujot, dass der Verf. schreibt: „Dünner, Monatsschrift 1871, 33, und danach Albeck" usw., — was daselbst, S. 428, näher erläutert wird: „Rabb. J. Z. Dünner kommt zu der Entscheidung, dass Edujot ursprünglich die gesamte Mischna der damaligen Zeit umfasste und die erste geordnete Mischna darstellt (so teilweise auch Grätz), und nach ihm hielt Albeck an dieser Auffassung fest", usw. Demnach hätte ich behauptet, dass Edujot ursprünglich die ganze Mischna jener Zeit umfasst habe, — entgegen meiner in ausdrücklichen Worten geäusserten gegenteiligen Ansicht!! Und was sagt Dünner in Wahrheit? Seine Worte hatte ich damals noch nicht gesehen, doch auch jetzt, nachdem ich sie gesehen, ist es nicht anders, als ob ich sie nie gesehen hätte; denn ich sehe sie nicht als überzeugend an und der Gedankengang sowie die Forschungsrichtung des Verfassers erscheinen mir weder einleuchtend noch in sich selbst klar durchdacht.

Er sagt, dass die Redigierung von Traktat Edujot zu dem Zwecke erfolgt sei, um die „Einheit der Halacha" in ihrem früheren Zustande wiederherzustellen und eine weitere Ausbreitung der Kontroversen zwischen den Schulen Schammajs und Hillels zu verhindern; der Ausdruck der Tosephta: „Lasset uns bei Hillel und Schammaj beginnen!“ bedeute, dass der Vorsitzende der Versammlung zu Jabnë verkündet habe: „Das erste Ziel (= ‚Lasset uns beginnen . . . .‘) der Zusammenkunft sei, die Streitfragen zwischen den Schulen Schammajs und Hillels (‚. . . . . . bei Hillel und bei Schammaj‘) zu erörtern und einzugrenzen“. In Jabnë habe man alle Halachot geordnet, diejenigen, die zu jener Zeit umstritten, sowie solche, die unumstritten waren; doch sei der uns vorliegende Traktat Edujot nur ein Auszug, — und zwar ein solcher in verkleinertem Maasstabe, — des ersten in Jabnë redigierten Traktates (S. 37—38). Dünner bestreitet die Ansicht von Grätz, wonach man die verstreuten Halachot zwecks Herstellung einer sinnvollen Ordnung planmässig zusammengestellt habe; nach seiner Meinung war das Ziel die Vermeidung von Streitfragen und die Auffindung der verlorengegangenen echten Halacha (in der Tat sagt Grätz auch dies!), aber es habe durchaus nicht in ihrer Absicht gelegen, die Halachot zu ordnen, sondern die Ordnung sei unwillkürlich dadurch entstanden, dass sie die Überlieferungen im Namen derjenigen wiedergaben, die sie bezeugten, so dass die Namen der Tradenten von selbst die Verbindung zwischen den Halachot herstellen (S. 59 ff.). Zu einer wirklichen Ordnung der Halachot habe jedoch deren Sammlung in Edujot nicht ausgereicht, weshalb dann die Tannaim, — ein Jeder nach seinem System, — begonnen hätten, die Halachot in einen geordneten Zusammenhang zu bringen; einen Anhaltspunkt dafür hätten sie im Traktat Edujot gefunden, der in unbeabsichtigter Weise zu seiner Ordnung gelangt sei (S. 64). Sie hätten ihm entnommen, was ihnen notwendig erschienen sei, und dadurch habe sich der Traktat aufgelöst; bei der letzten Mischna-Redigierung durch Rabbi sei er dann vollends eliminiert worden und ganz in Vergessenheit geraten. Um aber wenigstens eine Erinnerung an ihn dem Gedächtnis zu erhalten, sei daraus ein kleiner Teil ausgewählt worden (daher der Name „בחירתא“ = „Auswahl, Auslese“), nämlich unser jetziger Traktat Edujot (S. 66). — Wie hieraus ersichtlich, akzepiert Dünner gerade dasjenige nicht, worin ich mit Grätz übereinstimme, während genau das, was ich ablehne, von ihm gutgeheissen wird; nach meiner Theorie befinden sich im Traktat Edujot viele erweiternde Zusätze, während nach Dünners Hypothese von dem ursprünglichen Traktat nur wenig übrig geblieben ist. Die Worte Epsteins, wonach ich mich an die „Theorie“ Dünners gehalten habe, sind also aus der Luft gegriffen. —

Was die weiteren Ausführungen Epsteins angeht [die „Theorie“ Dünners steht überhaupt ausserhalb jeder Erörterung!], so lehnt er auch meine Ansicht ab, wonach aus dem in der Tosephta gebrauchten Ausdruck „נתחיל“ (= ‚Lasset uns beginnen‘) „hervorgehe, dass in Jabnë der Anfang zu einer Ordnung der Mischna gemacht wurde“, während man nach seiner Meinung in Jabnë diejenigen Kontroversen ordnen wollte, die „seit der Zeit Schammajs und Hillels bis auf jene Tage (die Epoche von Jabnë) in der Schwebe geblieben waren, um sie abzuklären und zur Entscheidung zu bringen" usw. Das Wort „נתחיל" in der Tosephta bedeute auch keineswegs, dass sie die Ersten (= die „Beginnenden") bei der Ordnung der Mischna gewesen seien, und auch nicht die „Beginnenden" in Bezug auf die Ordnung der halachischen Entscheidungen in Kontroversen; vielmehr habe „נתחיל ב . . ." die Bedeutung: ‚mit der einen Sache den Anfang machen und eine andere an den Schluss stellen' (wie etwa: „מתחיל בתורה ומשלים בנביא" = „man beginnt mit der Thora und schliesst mit einem Prophetenwort" usw.; R. hasch. IV, 6), was aber durchaus nicht besage, dass noch niemals zuvor ein Anderer damit begonnen habe. Auch seien sie — selbst bei der Ordnung von Kontroversen, — garnicht die Ersten gewesen; denn uns liege die Mischna in Chagiga vor (Kap. I) [Kap. II], Mischna 2, — eine alte Mischna, die bereits Kontroversen von Josë b. Joëser bis auf Schammaj und Hillel ordne, usw. — [In Wahrheit enthält sie keine „Ordnung von Kontroversen", sondern sie führt eine einzige Kontroverse an, die sich viele Generationen hindurch fortsetzte bis zu Schammaj und Hillel sowie deren Schulen. Was für eine Begriffsverwirrung! — Ebenso bringt Ep. auch die Quellen durcheinander und vermischt den Ausdruck der Tosephta: „so dass nicht ein Wort mehr von den Worten der Thora dem anderen gleichen würde", mit dem Ausspruch des R. Simon, der sich gegen die Befürchtung wendet, die man in Jabnë hegte, indem er sagt: „Verhüte Gott, dass je die Thora vergessen werde in Israel!" usw., sondern: „dass sie nicht mehr eine klare Halacha und eine klare Mischna an einer [einheitlichen] Stelle finden werden" (vgl. oben Kap. IV, Anm. 28); denn zu seiner Zeit lagen bereits geordnete Mischnajot vor, aber infolge der verschiedenartigen Ordnungen und der zwischen ihnen bestehenden Differenzen würde man nicht mehr eine klare Halacha an einer Stelle finden können. Vgl. oben S. 156 f.].

Tatsächlich habe ich Beweise von völlig anderer Art gebracht, und dabei — nur zusätzlich — auch erwähnt (in meinen „Untersuchungen", S. 109): „Schon der Ausdruck „נתחיל" beweise, dass man in Jabnë mit der Ordnung der Halacha begonnen habe, damit man die einander ähnlichen Halachot an demselben Orte beisammen finden könne". Aber Epstein greift diese beiläufige Bemerkung heraus (noch dazu übrigens in entstellter Form), und nach jenen belanglosen und nicht das Wesentliche treffenden Worten fügt er hinzu: „Und wenn noch eine Notwendigkeit bestehen sollte, zu beweisen, dass bereits vor Edujot eine geordnete Mischna existiert habe, so gehe dies aus Edujot selbst hervor (VII, 2): ‚R. Zadok bezeugte von dem Saft unreiner Heuschrecken, dass er rein sei, denn eine erste Mischna [hatte gelehrt], dass unreine Heuschrecken, die eingemacht worden sind', usw., während in Terumot, Kap. X, Mischna 9, diese ‚erste Mischna' (משנה ראשונה) an den Anfang gestellt und als Ansicht des ‚ersten Tanna'

(‚תנא קמא‘) in die Mischna-Ordnung eingefügt ist: ‚Unreine Heuschrecken .... usw.‘ und danach folgt: ‚R. Zadok bezeugt usw.‘, woraus sich ergebe, dass man der aus früherer Zeit stammenden ersten Mischna Zusätze beigefügt habe; aber: ‚die Mischna wurde nicht von ihrem Platze verdrängt‘. Ähnlich Edujot Kap. VIII, Mischna 7—8: ‚während sie gesagt haben‘, und in der Tosephta das.: „während sie in früherer Zeit (‚בראשונה‘) gesagt haben‘, usw“. — Somit meint Epstein — nach blossen Redensarten, die den Kern der Sache nicht berühren, — dass für einen Beweis zwar eigentlich keine Notwendigkeit mehr bestehe, dass sich ein solcher aber bezüglich der ‚ersten Mischna‘ erbringen lasse! Nun ist bereits jedem Anfänger bekannt, dass unter der ‚ersten Mischna‘ die ‚erste Halacha‘ zu verstehen ist, wie dies schon Frankel feststellte (dessen Worte darüber oben S. 112, Anm. 15 zu Kap. IV, gebracht worden sind), wobei er auch auf die angeführte Mischna in Edujot hingewiesen hat (vgl. auch oben S. 2 f.). Nur dass Epstein in seinem Buche S. 23 sein apodiktisches Votum darüber mit folgender Feststellung abgibt: „Der Ausdruck ‚in früherer Zeit (‚בראשונה‘) haben sie gesagt‘, ist die Zitierung einer früheren Halacha, die festgesetzt, genau abgegrenzt und in eine bestimmte stilistische Form gebracht worden ist, ebenso wie: ‚eine erste Mischna‘ (‚משנה ראשונה‘); jedoch unterscheiden sich die beiden Ausdrücke darin, dass ‚in früherer Zeit haben sie gesagt‘ eine einzeln überlieferte Halacha bezeichnet, während mit einer ‚ersten Mischna‘ ein Zitat ‚aus einer Sammlung von Halachot‘ gemeint ist“ [1]. Und hier bringt er einen Beweis aus seinen eigenen Worten (s. auch oben S. 98, Anmerkung 3 zu Kap. IV)! Dabei fügt er noch hinzu, dass auch der Ausdruck ‚בראשונה‘ auf eine Mischna hinweise, die „geordnet“ sei (In einer Sammlung? — Ähnlich dem Traktat Edujot?)! — Ich will hier nicht ausführlicher werden, sondern nur bemerken, dass sich statt der Bezeichnung „erste Mischna“ in der Tosephta Schebuot III, 8, der Ausdruck findet: „dies sind die Worte der früheren [Gelehrten], doch R. Akiba sagt usw.“ — Aber selbst Epstein macht in seiner etwas nebelhaften Ausdrucksweise das Zugeständnis: „Höchstens bezeichnete Jabnë den Beginn in der systematischen Ordnung der Kontroversen und in ihrer Entscheidung“. Danach will ich mit ihm nicht mehr in eine Erörterung von Einzelheiten in der Richtung eintreten, was unter einer „systematischen Ordnung“ zu verstehen sei, worüber sie „entschieden haben“, und wie es sich mit solchen Halachot in Edujot verhält, die

1 In der Anmerkung dort fügt er hinzu: „also nicht wie Jene, die behaupten, dass auch diese ‚erste Mischna‘ eine einzelne Halacha darstelle“. Aber auch dies ist nichts Neues. Hoffmann in seinem Buche: „Die erste Mischna und die Kontroversen der Tannaim“, Anfang v. Kap. IV, gibt zwar zu, dass der Ausdruck: „erste Mischna“ nur eine einzelne alte Halacha bezeichne, und dass er der Formulierung: „in früherer Zeit hat man gesagt“ gleichstehe. Aber er meint: „Trotzdem sei anzunehmen, dass alle Halachot, die mit dem Namen ‚erste Mischna‘ bezeichnet werden, oder die mit den Worten: ‚in früherer Zeit‘ beginnen, zu der alten Gruppe der Mischnajot gehören“, usw.

nicht Gegenstand von Kontroversen sind. Denn das Wesentliche über diese Dinge ist bereits oben im Haupttext dieses Buches sowie in meinen „Untersuchungen über die Redaktion der Mischna" gesagt worden. —

Anhang II

„Sagte Rabbi X", „die Worte des Rabbi X." usw. in der Mischna

— Zu S. 127 f., Anm. 32 u. 35 zu Kap. IV. —

In unserer Mischna werden die Worte der Tannaim in folgenden Ausdrucksformen angeführt: „דברי ר׳ פלוני" = „die Worte des Rabbi X.", und manchmal „כדברי ר׳ פלוני" (כדברי = „wie die Worte", „so sind die Worte", „nach den Worten"), wie z. B. „So die Worte der Schule Schammajs" (R. hasch. I, 1; Edujot IV, 7; V, 1—3; Kel. XXVIII, 4; Ohal. XIII, 1 u. 4; XV, 8; Toh. IX, 1; Mikw. IV, 1); „So die Worte der Schule Hillels" (Edujot I, 14; Ohal. XVIII, 1. Nid. X, 6; vgl. auch Pea VI, 5: „Diese (die vorher erwähnten Halachot) nach den Worten der Schule Hillels"; und in Nid. V, 9 findet sich: „Dieses sind die Worte der Schule Hillels, die Schüler Schammajs [aber] sagen" usw., Vgl. auch Tosephta, Ohal. XVII, 9); „Wie die Worte des R. Jehuda b. Betera (Schebuot III, 6), [„nach den Worten des R. Eliëser b. Jakob" (Men. V, 6); „nach den Worten der Weisen" (Ohal. IX, 12 u. 14)], „so die Worte des R. Nehoraj" (Nasir IX, 5). Ferner: „ר׳פלוני אומר" = „Rabbi X. sagt", „אמר ר׳ פלוני" = „sagte Rabbi X.". Die Ansicht des zuerst erwähnten Tanna wird in der Form angeführt: „[wie] die Worte des Rabbi X." oder: „Rabbi X. sagt", während die danach zitierten Tannaim lediglich in der Form gebracht werden: „Rabbi X. sagt" (vgl. auch: „Sefer Keritut, L'schon Limudim", Abt. II, Nr. 27—29, sowie Nr. 89).

Des Ausdrucks: ‚אמר ר׳ פלוני' = „Sagte Rabbi X." bedient sich die Mischna im allgemeinen in folgenden Anwendungsarten:

a) Wenn der Ausspruch sich auf einen ihm vorausgehenden Ausspruch bezieht: um dagegen einen Einwand zu erheben (Pea, V, 2; VIII, 1; Schab. XIV, 2; R. hasch. III, 2, sowie noch an vielen weiteren Stellen); — um dafür einen Beweis zu bringen (Pea II, 4; VI, 6; Erub. X, 6; Pes. VI, 5; IX, 2; Beza II, 6; u. a.)[2]; — um eine Begründung dafür anzugeben (Schek. II, 4; Schebuot IV, 3; V, 2; Tem. III, 5; vgl. auch weiter unten); — um Zustimmung zum Ausdruck zu bringen (Ket. XIII, 1—5; ebenso in Schek. IV, 7, wo die richtige Lesart lautet: „Sagte R. Akiba: Ich sehe für richtig an", usw.); — um ihn einzuschränken (R. hasch. IV, 1; Ket. V, 8; Sanh. VII, 5; Bech. III, 4), sowie im gleichen Sinne unter dem Ausdruck במה דברים

2 Zwei von verschiedenen Tannaim herrührende Aussprüche, — beide mit dem Worte „אמר" = „Sagte" beginnend, — deren einer einen Einwand, der andere einen Beweis enthält: Suk. II, 1; Jeb. XVI, 4.

?אמורים = „wovon ist das gesagt?" in der Bedeutung: „das gilt nur, wenn" (Maass. V, 5; Schab. XVII, 8; Erub. VII, 9 u. 11; Ket. VII, 9; B. batra III, 1; u. a.), — ‚?אמתי‘ = „wann" [gilt dies]? (Pea III, 5; V, 5; Schab. XVIII, 2; Ket. II, 8; Men. IV, 4; u. a.); — um den vorangehenden Worten etwas hinzuzufügen (R. hasch. IV, 4; Ker. IV, 2—3 [R. Jehuda]; Mid. I, 7; III, 1; Kel. XXII, 7; Ohal. I, 3); — um daraus eine Schlussfolgerung zu ziehen (Pes. I, 7 [R. Mëir]; B. mez. X, 6 [R. Simon]; Edujot II, 2 [R. Akiba]); und Ähnliches solcher Art. Ebenso, falls der an zweiter Stelle erwähnte Tanna eine Bemerkung hinzufügt, um die Worte des vorher Angeführten abzulehnen, wie z. B. Demaj III, 5: „Sagte R. Josë: Wir sind nicht verantwortlich für die Betrüger", usw.; Kil. VI, 1: „Sagte R. Jochanan b. Nuri: Irriger Meinung sind alle, die so sagen", usw.; Pes. III, 3: Sagte R. Josua: „Nicht dies ist das Gesäuerte, für welches die Verwarnung gilt", uw.; vgl. auch Ter. VIII, 11; Ned. XI, 1: „Sagte R. Josë: Solches sind keine Gelübde zum Zwecke physischer Kasteiung" usw. (vgl. weiterhin in Anm. 3); s. auch B. kama VIII, 6: „Sagte R. Akiba: Selbst die Armen in Israel sieht man so an, als seien sie vornehme Freisassen, die in ihrem Besitzstande herabgesunken sind; denn [auch] sie sind Söhne Abrahams, Jizchaks und Jakobs". —

b) An Stellen, wo eine Art Frage aufgeworfen wird im Sinne von: „Wenn der Fall so und so liegt, wie ist es dann?" — Beispielsweise Pea VIII, 5: „Und alle übrigen Früchte? Sagte Abba Schaul: Dass er sie verkaufen kann", usw. — Ket. VIII, 3 u. 7: „Und die [noch] mit dem Boden verbundenen [Erzeugnisse]? Sagte R. Mëir: Man schätzt sie ab", usw. — Nasir IV, 7: „Wenn der Vater Jemandes ein Nasiräer-Gelübde getan und Gelder abgesondert hat, usw.? Sagte R. Josë: Diese fallen der Büchse für Spendenopfer im Heiligtum zu", usw. — Daselbst VIII, 1: „Ist einer von ihnen gestorben [wie ist es dann]? Sagte R. Josua: Er soll einen Menschen von der Strasse (= einen Aussenstehenden) bitten", usw. — Git. IV, 8: „Hat sie sich mit einem Anderen verheiratet .... und sie verlangt ihre Ketuba [wie ist es dann]? Sagte R. Jehuda: Man sagt ihr" usw. — Kel. XXIII, 4: „Der Brautstuhl usw. [wie ist es damit]? Sagte R. Josë: Sie (d. h. solche Gegenstände) werden nicht als ‚Sitz‘ [im Sinne der Reinheitsvorschriften] beurteilt" [3].

c) Falls der Tradent des Ausspruches in erster Person (also in Ichform) spricht, wie beispielsweise: Ber. I, 3: „Sagte R. Tarphon: Ich kam [einmal] des Weges daher und neigte mich [zur Seite], um das Sch'ma-Gebet zu rezitieren", usw.; — daselbst I, 5: „Sprach R. Eleasar b. Asarja: Sehet, ich bin

3 Vgl. Mid. II, 5, und V, 4, die weiter unter Buchstabe c) gebracht werden: „Über die Süd-West-Kammer des Frauen-Vorhofes (bezw. die ‚Holzkammer‘) sagte R. Eliëser b. Jakob: Ich habe vergessen, welchem Zwecke sie diente". — Ebenso erklärt zur Mischna in Ned. (XI, 1) R. Hila im Jeruschalmi das., sie sei so zu verstehen: „[ein Gelübde:] ‚dass ich mich schmücken werde, bezw. dass ich mich nicht schmücken werde‘, — wie ist es damit? Sagte R. Josë: Solche sind keine Gelübde zum Zwecke physischer Kasteiung" (vgl. „RiDBaZ" und „Giljon Ephrajim" das., sowie oben Ende v. Buchst. a).

wie ein Siebzigjähriger“, usw.; — Maass. sch. II, 7: „Sagte R. Akiba: Ich habe für R. Gamliël und R. Josua deren Silbergeld in Gold-Denare eingewechselt“, usw.; — Suk. III, 9: „Sprach R. Akiba: Ich habe R. Gamliël zugesehen“, usw.; — Jeb. XVI, 7: „Sprach R. Akiba: Als ich nach Nehardea herabzog, um das Jahr zum Schaltjahr zu erklären, da traf ich“ usw.; — Ket. II, 9: „Sprach R. Secharja b. Hakkazaw: Bei diesem Tempelgebäude (d. h. bei der Heiligkeit des Tempels schwöre ich), dass ihre (meiner Ehefrau) Hand nicht gewichen ist aus der meinigen“, usw.; — Nasir VII, 4: „Sprach R. Akiba: Ich habe vor R. Eliëser [einen ‚Kal wa-Chomer‘] erörtert“, usw.; — Sota V, 2 u. 5: „Sprach R. Josua: Wer hebt den Staub von Deinen Augen, R. Jochanan b. Sakkai?! “ usw.; — B. batra IX, 10, und Hor. I, 2: „Sprach R. Akiba: In Bezug darauf stimme ich zu“, usw.; — Edujot II, 2: „Sprach R. Chananja der Priester-Aufseher: Mein Leben lang habe ich noch nie gesehen“, usw.; — daselbst VII, 6: „Sprach R. Papias: Ich bezeuge, dass wir [einmal] eine Kuh besassen“, usw.; — Ab. sara III, 5: „Sprach R. Akiba: Ich will erklären und erörtern vor Dir“, usw.; — Ohal XVI, 1: „Sprach R. Tarphon: „Meiner Söhne will ich beraubt werden, wenn das [nicht] eine ihres wahren Sinnes beraubte (verfehlt wiedergegebene) Halacha ist“, usw.; — Mid. II, 5 und V, 4: „Sprach R. Eliëser b. Jakob: Ich habe vergessen“, usw. (s. auch Anm. 3 zu diesem Anhang); — Mikw VII, 1: „Sprach R. Akiba: R. Ismael hat mir gegenüber erörtert“, usw.; — vgl. auch Nid. VI, 14: „Sprach R. Josua: Ehe Ihr Vorkehrungen trefft“ usw. — Hierher gehören auch die Stellen, wo der Tanna saagt: „Ich habe als Überlieferung empfangen“ (Pea II, 6; Edujot VIII, 7; Jad. III, 5 u. IV, 2); — „Ich habe vernommen“ (s. oben S. 95, Anm. 1 zu Kap. IV); — „Ich habe gefragt“ (Ker. III, 7 u. 10; — Neg. VIII, 4). — Dem ähnlich heisst es: ‚אמר ר׳ פלוני‘ = „Sagte Rabbi X.“.

d) Vor einem erzählenden Bericht, wie z. B.: „Sprach Rabbi X.: Es geschah einmal“, usw., wobei die erzählte Begebenheit zuweilen einen Beweis für die Worte des zuerst erwähnten Tanna darstellt oder aber auch im Widerspruch zu diesen steht. Die Worte der im Bericht erwähnten Personen werden mit dem Ausdruck ‚אמר‘ (= „er sagte“, „er sprach“) eingeleitet und in der ersten Person wiedergegeben (also in direkter Rede). „Sprach Rabbi X.: Es geschah einmal“, usw. (Kil. IV, 9; VII, 5; Ter. IV, 13; Schab. XVI, 7; Erub. VI, 2; Ket. I, 10; Nasir I, 7; Git. IV, 7; und zahlreiche andere Stellen). Ebenso Schek. I, 4: „Sprach R. Jehuda: Ben-Buchri hat in Jabnë bezeugt“, usw.; — Schab. I, 9: „Sprach R. Simon b. Gamliël: Im Hause meines Vaters pflegte man sich so zu verhalten:“ usw.; — Ab. sara II, 5: „Sprach R. Jehuda: R. Ismael frage den R. Josua, als sie des Weges gingen“, usw.; — Ker. III, 9: „Sprach R. Simon: Nicht dies hat R. Akiba sie (nämlich R. Gamliël und R. Josua) gefragt,“; — Tam. III, 8: „Sprach R. Eliëser b. Daglaj: Ziegen wurden im Hause meines Vaters gehalten auf dem Berge Michwar", usw.; — ebenso, wenn der Tanna eine historische Entwicklung überliefert, wie beispielsweise Maass. sch. V, 8: „Sprach R. Jehuda: In früherer Zeit schickte man usw., bis R. Akiba kam und lehrte", usw.; — Schek. I, 2: „Sprach R. Jehuda: In früherer Zeit pflegten sie auszureissen (die Pflanzensprösslinge aus unerlaubten Gattungsmischungen)" usw.; — Mikw. IV, 1: „Sprach R. Mëir: Sie stimmten ab, und die Schule Schammajs war in der Mehrheit gegenüber derSchule Hillels, usw.; sprach R. Josë: Die Streitfrage besteht noch immer fort". — Vgl. auch Erub. I, 2: „Sprach R. Akiba: „Sowohl hierüber wie auch darüber führten sie eine Kontroverse".

Ebenso finden sich folgende Ausdrücke: „Ferner sagte Rabbi X" (Schab. XIX, 1; und auch sonst häufig); — „Eine allgemeine Regel sagte Rabbi X" (Schebiit VI, 2, u. a.); —. „Sagte Rabbi X: Dies ist die allgemeine Regel" (Seb. II, 5; Para VII, 9; vgl. auch Kel. XVI, 7: „Dies ist die allgemeine Regel sagte R. Josë"); — „Sagte R. Akiba: Was finden wir ......?" usw. (Ber. VII, 3); — „Sagte R. [Jehuda]: Wir finden .." usw. (Schab. XII, 3); — „Sagte R. Akiba: Woher wissen wir ...?" [4] (Schab. IX, 1); — ferner an aggadischen Stellen (Joma VIII, 9): „Sprach R. Akiba: Heil Euch, Ihr Kinder Israels!"; — (Sanh. VI, 5): „Sprach R. Mëir: Zu einer Zeit, da der Mensch leidet", usw. — Ferner: „Und in Bezug auf alle sagt R. Jochanan b. Sakkai ..." (Kel. XVII, 16); — „Und in Bezug auf alle sagt R. Josua ..." (Teb. Jom IV, 6); — „Und in Bezug auf alle sagt R. Mëir .." (Ket. VII, 10).

Oben haben wir festgestellt, dass mitunter ein Ausspruch, der mit der Einleitungsformel beginnt: „Sagte Rabbi X.:", dazu bestimmt ist, einen Beweis für den vorangegangenen Ausspruch zu bieten oder eine Begründung für dessen Inhalt anzugeben. Es kommt jedoch auch vor, dass der Urheber des Ausspruches selbst einen Beweis anführt oder eine Begründung für seinen Ausspruch beifügt, und dass auch dieser Beweis eingeleitet wird mit den Worten „Sagte Rabbi X.", also unter Wiederholung des vollen Namens. Dafür seien einige Beispiele angeführt: Maass. II, 5, Erub. IV, 4 und VIII, 7; — Ned. VI, 6: „R. Jehuda sagt usw.; sagte R. Jehuda: Es geschah einmal" usw.; — Pes. VI, 1—2: „R. Eliëser sagt: Sie verdrängen [den Sabbath]; sagte R. Eliëser: Es ist doch ein Schluss [vom Leichteren aufs Schwerere]", usw.; — Suk. III, 8: „R. Mëir sagt usw.; sagte R. Mëir: Es geschah einmal" usw.; — Jeb. VIII, 3: „R. Simon erklärt für erlaubt usw.; sagte R. Simon: Es ist ein Schluss [vom Leichteren aufs Schwerere]", usw.; — Seb. I, 1: „R. Eliëser sagt, usw.; sagte R. Eliëser usw.; — Men. XII, 5: „R. Tarphon sagt usw.; sagte R. Tarphon: ‚Was finden wir ...?', usw.[5]; — Chul. II, 7: „und

4 Ebenso in der Tosephta Pea IV, 20; Ter. V, 8; Schab. XVI, 9 u. 16; Chag. III, 18; Sanh. I, 8.

5 Im Sifra Wajikra, „Nedawa", Parascha VIII, 7, lautet der Text: „[das sind] die Worte des R. Tarphon; sagte R. Tarphon": usw. — Ähnlich in Sifra „Zaw", Kap. VIII, 4, sowie das. „Mezora", Ende von Parascha IV. Ebenso in der Tosephta Para X, 2: „[das sind] die Worte des R. Eliëser; sagte R. Eliëser:" usw.

R. Eliëser erklärt es für unerlaubt. Sagte R. Eliëser:“ usw.; — Chul. VII, 6: „R. Jehuda sagt usw.; sagte R. Jehuda: Es ist doch .....“, usw.; — Tem. I, 3: „R. Jose sagt usw.; sagte R. Josë: Es ist doch....“, usw.; — Ker. III, 1: „R. Mëir verpflichtet (zur Darbringung eines Sündopfers); sagte R. Mëir: Wenn .....“ usw.; Mëila I, 2: „R. Akiba sagt usw.; sagte R. Akiba:“ usw.; — Ohal. II, 7: „Und R. Jochanan b. Nuri erklärt ihn für rein; sagte R. Jochanan b. Nuri: Sie haben nicht gesagt“, usw.; — Neg. X, 1: „R. Jochanan b. Nuri sagt usw.; sagte R. Jochanan b. Nuri: In welchem Wortlaut sagt man ....“, usw.; — daselbst X, 2 u. 9: „R. Simon sagt usw.; sagte R. Simon: Es ist doch ein Schluss [vom Leichteren aufs Schwerere]“ usw. — Vgl. ferner Maass.sch. IV, 11: „R. Josë sagt usw.; sagte R. Josë ..“ (sowie in den „Ergänzungen“ das. in meinem Kommentar); — Mak. III, 15: „[So] die Worte des R. Chananja b. Gamliël; sagte R. Chananja b. Gamliël[5]: ... .“, usw.; — Schebuot III, 6: „..... wie die Worte des R. Jehuda b. Betëra; sagte R. Jehuda b. Betëra:“, usw.

Mithin können wir Folgendes annehmen: Es kommt vor, dass der Tanna, der einen Beweis erbringt (oder eine Begründung angibt) für den Ausspruch, der vorher gelehrt worden ist, damit in Wahrheit nichts anderes als einen Beweis bezw. eine Begründung für seine eigenen Worte gibt, d. h. dass er selbst der Urheber des Ausspruchs ist, der zuvor im ersten Teil der Mischna gelehrt wurde, obwohl an jener Stelle sein Name nicht ausdrücklich erwähnt wird mit dem Hinweise: „Dies sind die Worte des Rabbi X.“ oder „Rabbi X. sagt“. Ebenso ist auch die Annahme gestattet, dass der erste Ausspruch festgesetzt wurde auf Grund der Lehrmeinung des anschliessend genannten Tanna, der ihn beweist oder begründet. Insbesondere in den Fällen, in welchen die Formulierung angewendet wird: „Sagte Rabbi X.: Es geschah einmal usw.“ dürfen wir annehmen, dass auf Grund ebendieses Geschehnisses die ihm in der Anordnung der Mischna voraufgehende Halacha erst gelehrt und festgelegt worden ist, s. oben S. 135 f. In der Tat erklären die Talmude solche Aussprüche zuweilen in diesem Sinne. In Demaj III, 6, lehrt die Mischna: „Wer seiner Schwiegermutter [Bodenerzeugnisse] übergibt, hat die Zehnthebe zu entrichten von dem, was er ihr gibt, und von dem, was er von ihr entgegennimmt; denn sie steht im Verdacht, das Verdorbene auszuwechseln. Sagte R. Jehuda: sie ist bemüht um die Verbesserung (= um die Hebung des Ansehens) ihrer Tochter, und sie schämt sich vor ihrem Schwiegersohn. Doch gibt R. Jehuda zu, usw.“ R. Jehuda gibt hier eine Begründung für den zuerst vorgetragenen Ausspruch (s. Babli Git. 61 b), und aus der Formulierung, die danach gebracht wird: „R. Jehuda gibt zu“, geht hervor, dass auch der erste Satz der Mischna („Wer seiner Schwiegermutter übergibt“ usw.) von R. Jehuda selbst herrührt; vgl. dort in der Erläuterung meines Mischna-Kommentars. — Ebenso sagt R. Jochanan im Talm. Jer. daselbst: „Auch das Frühere [basiert] auf der Ansicht des R. Jehuda“ usw. Dieser Wortlaut kann als ein Hinweis darauf gemeint sein, dass der erste

Teil der Mischna entsprechend der Ansicht des R. Jehuda gelehrt worden ist [6]. — Zu Chul. VIII, 1: „Sagte R. Josë: Dies gehört zu den Erleichterungen der Schule Schammajs und den Erschwerungen der Schule Hillels“ fragt der Talmud (das. 104 b): „[Der Ausspruch des] R. Josë ist doch die Ansicht des ersten Tanna?“, und am Schlusse der Auseinandersetzung wird geantwortet: „Vielmehr will er uns gerade dies wissen lassen: ‚Wer ist der erste Tanna? R. Josë‘; denn wer einen Ausspruch weitergibt im Namen dessen, der ihn gesagt hat, bringt die Welt der Erlösung näher‘ [s. Abot VI, 6]“ (Raschi: Der Tanna hatte vergessen, seinen [R. Josës] Namen am Anfang zu erwähnen, deshalb führte er nachträglich seinen Namen an). Auch hier ist der Ausdruck „Sagte R. Josë“ auf einfache Art so zu erklären, als wenn es hiesse: שאמר ר׳ יוסי = „denn R. Josë hat gesagt“, d. h. dass R. Josë die erwähnte Mischna in Edujot V, 2, unter den sechs Erleichterungen der Schule Schammajs aufführt, die er dort den Aussprüchen der vorhergehenden Tannaim zugefügt hat (das. IV, 1 u. V, 1). — Ebenso erklärt R. Jakob im Babli Schab. 103 a den Ausspruch des R. Josë in der Mischna dort (XII, 3) in der Weise, dass er damit seine eigenen Worte erläutern will, und so wird es auch im Jeruschalmi das. aus einem anderen Grunde erklärt. Aber R. Jirmeja und Abaje im Babli erklären es nicht so [7]. Zu bemerken ist dabei, dass auf den Einwand: „R. Josë ist doch der erste Tanna?“ im Babli auch in Ker. 23 a sowie in Nid. 19 b (die in der Gemara Schab. das. am Rande vermerkt sind) die Antwort erteilt wird: „Gerade dies will er uns wissen lassen: Wer ist der erste Tanna? R. Josë“; dort aber steht in der Mischna (Ker. V, 5 u. Nid. II, 6) nicht: „Sagte R. Josë“, sondern: „R. Josë sagt“. In entsprechender Weise erklärt der Babli in Chul. 94 a den Ausdruck: „Sagte R. Eliëser b. Jakob“ in der B a r a j t a, und in Git. 63 a den Ausdruck „Rabbi sagt“ in der Barajta: „Wer ist der

6 Maimonides in seinem Mischna-Kommentar z. St. bringt einen Beweis dafür, dass R. Jehuda eine Begründung für den ersten Teil der Mischna geben will, aus der Formulierung: da es nicht heisst: „R. Jehuda sagt“, sondern: „sagte R. Jehuda“. Ähnlich RaSCHBaM (= R. Samuel b. Mëir) zu B. batra 122 a, Stichwort: „ה״נ אמר“. In Wahrheit jedoch besteht kein Unterschied zwischen den Formeln „sagte Rabbi X.“ und „Rabbi X. sagt“; beide können (je nach Sinn und Zusammenhang) als Anführung einer Kontroverse oder einer zustimmenden bezw. erläuternden Äusserung aufgefasst werden (s. weiterhin). Ebenso erklärt die Gemara die Formulierung „Rabbi X. sagt“ derart: „Das Ganze stammt von Rabbi X.“ usw., wie z. B. in Erub. 88 b; M. kat. 2 b („er gibt nur die Begründung an [usw.], denn R. Akiba sagt“); Jeb. 14 b und 67 b; Ket. 67 a; Ned. 11 a und 59 b; B. Mez 7 b und 78 b; B. batra 93 b (vgl. auch Raschbam dort). Doch meint Rabba (Ket. 42 b), dass dies eine gezwungene Erklärung sei: Ich könnte Dir antworten [usw.]: Das Ganze geht nach R. Simon; aber eine so gezwungene Antwort will ich Dir nicht geben; denn in diesem Falle könntest Du mir entgegenhalten: Dann sollte es im ersten Teil der Mischna heissen: „R. Simon sagt“ oder im zweiten Teil: „Das sind die Worte des R. Simon“. Siehe auch Tossaphot Jeb. 83 a, Stichwort: „בריה“.

7 Vgl. auch in den „Ergänzungen“ zu Nasir IV, 7 (oben im Text unter Buchstabe b angeführt), sowie zu Ohal. IV, 6.

erste Tanna? Rabbi". In B. mez. 29 b antwortet jedoch der Talmud nicht in dieser Art.

In Epsteins Buch: „Einführungen in das Schrifttum der Tannaim", S. 127, fand ich, dass der Verf. sich auf Grund der Ausführungen der Gemara in Bezug auf Trakt. Kinnim (oben S. 128) sowie zu den Worten des R. Eliëser b. Jakob in der Barajta Chul. das. und zu den Worten R. Josës in der Mischna Chul. VIII, 1, in folgendem Sinne äussert: „Denn dies sei die Methode Rabbis [8], eine Bemerkung aus den Worten jenes Tanna, mit dessen Mischna er sich gerade befasste, in seinem Namen (‚sagte Rabbi X.') zu bringen, um damit kundzutun, dass die Mischna diejenige des genannten Rabbi X. sei. Und allgemein weise der Ausdruck: ‚Sagte Rabbi X' an einer Stelle, wo k e i n e D i s k u s s i o n zwischen zwei Tannaim geführt werde [9], darauf hin, dass der Tanna X. die Worte f o r t s e t z e, die vorher gesagt worden seien, sodass auch diese Worte von jenem Tanna herrührten", usw. Auf dieser Grundlage unterscheidet Epstein in seinem Buche zwischen den Quellen innerhalb der Mischna: die Mischna des R. Akiba, des R. Jehuda, des R. Josë usw. — Nach unserer oben getroffenen Klarstellung besteht keine Notwendigkeit mehr, die Unhaltbarkeit dieser Ausführungen aufzuzeigen, und die vom Verfasser unterschiedenen Quellen sind nichts weiter als „Türme, die in der Luft schweben", (Sanh. 106 b) und „Berge, die an einem haardünnen Faden hängen" (Chag. I, 8). —

Anhang III

Das elfte Kapitel in Nedarim — R. Josë

— Zu S. 128. —

Raw Huna (im Babli Ned. 82 a) sagt: „Das ganze elfte Kapitel des Trakt. Nedarim ist von R. Josë". Denn er (Raw Huna) nimmt die überflüssige Wiederholung im Ausdruck genau: Nachdem es nämlich im ersten Teil der Halacha (Kap. XI, Mischna 1) heisst: „sagte R. Josë", weshalb muss dann im zweiten Teil (Mischna 2 das.) nochmals gesagt werden: „dies sind die Worte des R. Josë? (gemeint ist das Ende der Halacha: „[hat die Ehefrau gesagt:]

8 Soll etwa auch die Barajta, in welcher sich „die Bemerkung des R. Eliëser b. Jakob" befindet, der Redigierung Rabbis entstammen?

9 Auf S. 123 weist er auf Schab. XII, 3, und Suk. II, 1, hin (s. oben Anm. 2; [das soll heissen: an diesen Stellen gäbe es eine Diskussion zwischen Tannaim und deshalb würden sie beide mit: „Sagte Rabbi X" angeführt]). Aber in Schab. (das.) enthält die Mischna gar keine Diskussion, sondern zuerst wird ein Ausspruch des R. Josë gelehrt und danach ein solcher des Rabbi (Jehuda), und zwar beide unter der einleitenden Formel: „Sagte Rabbi X". Man kann also nicht annehmen, dass der ‚erste Tanna' hier R. Josë und R. Jehuda seien.

‚Die Früchte dieses Händlers seien mir verboten', so kann er (der Ehemann) das Gelübde nicht auflösen; wenn er aber für seine Lebensbedürfnisse auf ihn (jenen Händler) allein angewiesen ist [weil er nur bei ihm Kredit geniesst], so kann er es auflösen; [dies] sind die Worte des R. Josë"); — daraus ergibt sich [nach Raw Huna], dass von hier ab das ganze Kapitel von R. Josë ist. Ohne die Feststellung des Raw Huna könnte man jedoch annehmen, dass die Halacha: „Die Früchte dieses Händlers seien mir verboten", nicht mehr zu den Worten des R. Josë gehört, sondern dass dies ein neuer (selbständiger) Ausspruch ist: „Hat sie gesagt: ‚die Früchte dieses Händlers usw.', so kann er es nicht auflösen; R. Josë aber meint: wenn er für seinen Lebensbedarf auf ihn angewiesen ist, so kann er es auflösen". Und so ist die Auffassung der Gemara dort in der Tat weiterhin; denn sie fragt gegenüber der Ansicht des Amoräers Samuel, von der Mischna: „Die Früchte dieses Händlers usw." ausgehend, und sie antwortet darauf: „Die Mischna ist von R. Josë; denn Raw Huna hat gesagt: das ganze Kapitel ist von R. Josë". Bereits die früheren Erklärer (s. R. Salomo b. Aderet, R. Nissim u. R. Ascher b. Jechiël) haben dagegen eingewendet: Weshalb bringt die Gemara als Begründung den Ausspruch des Raw Huna? Steht denn nicht ausdrücklich in unserer Mischna: ‚Dies sind die Worte des R. Josë'? Doch nach unseren obigen Ausführungen ist der Einwand nicht gerechtfertigt, denn aus der Mischna selbst ergibt sich kein Beweis dafür, dass auch die Halacha: „Die Früchte dieses Händlers usw." zu den Worten des R. Josë gehört. Das Gleiche geht auch aus den Worten des „Sifrë Suta" zu Num. XXX, 9, hervor: „[hat sie gesagt:] ‚ich nehme als Verbot auf mich, [nichts von den Erzeugnissen] aus dem Laden des X. zu geniessen', so kann er es für sie nicht auflösen; R. Jehuda (richtig: ‚R. Josë'?) sagt: „Wenn [er] den Lebensbedarf nur aus jenem Laden decken kann, so kann er es auflösen". Somit gehört der erste Teil nicht zu den Worten des R. Josë. Dasselbe ergibt sich aus der Tosephta Ned. VII, 3; vgl. ferner in den „Ergänzungen" zu Ned., das., in meinem Mischna-Kommentar. Auch der Jeruschalmi leitet aus der zitierten Mischna einen Einwand gegen den Amoräer Samuel her und antwortet, die ganze Mischna stamme von R. Josë, wie am Schlusse gelehrt wird: [dies sind] ‚die Worte des R. Josë'. Dagegen bringt der Jeruschalmi nicht den Ausspruch des Raw Huna und nimmt nicht an, dass das gesamte Kapitel von R. Josë herrührt; vielmehr ist derjenige, der im Jeruschalmi den Einwand (gegen Samuel) erhebt, der Auffassung, dass die Halacha: „Die Früchte dieses Händlers, usw." nicht zu den Worten des R. Josë gehört. — Etwas ähnliches finden wir in der Mischna Nid., Ende v. Kap. VIII: „Ein runder [Blutfleck lässt] rein, ein langgezogener [macht] unrein, [so] die Worte des R. Eleasar bar Zadok", worauf die Gemara das. 59 a, fragt, ob die Weisen der Ansicht des R. Eleasar bar Zadok widersprechen. Danach könnte man die Mischna auch folgendermassen erklären: ‚Ein runder Fleck lässt rein', — nach der übereinstimmenden Meinung Aller; — R. Eleasar bar Zadok [allein] aber sagt: ‚ein länglicher macht unrein'; s.

auch dort in „M'lechet Sch'lomo". Vgl. ferner den Wortlaut in Arach. VIII, 4. — Was darüber in dem Buch von Epstein, „Einführungen in das Schrifttum der Tannaim" S. 140, gesagt wird, entbehrt jeder Basis und ist ohne einleuchtende Begründung (vgl. ferner oben Anm. 3). —

Anhang IV

Die Mischnajot nach der Art der Midrasch

— Zu S. 133. —

In Frankels „Darchë ha-Mischna", S. 5—6, werden die Mischnajot in Negaim, in Sota VIII, 1—2, sowie in Maasser scheni angeführt; nach der Ansicht des Verfassers sind diese Mischnajot „sehr alt, sie rühren noch von den ‚Soferim' her und zeigen uns den Weg, auf welchem die Soferim in ihrer Lehrweise wandelten", indem sie die Schrifterklärungen im Anschluss an die Schrift lehrten. Auf Grund dieser Theorie ist der Verf. zu der Annahme genötigt (in Anm. 4), dass in diese Mischnajot in späterer Zeit Zusätze eingefügt worden sind, wie z. B. in Neg. Kap. XII, Mischna 5: „und sogar Holzbündel usw." die Kontroverse zwischen R. Jehuda und R. Simon sowie die Worte des R. Mëir. Auch der Ausdruck „מכאן אמרו" (= „von hier haben sie entnommen", „auf Grund dessen haben sie festgestellt") usw. ist seiner Meinung nach ein Zusatz innerhalb der alten Mischna. In Wahrheit besteht keine Notwendigkeit zu dieser Vermutung, und nichts beweist, dass diese Mischnajot noch aus der Epoche der Soferim herrühren; vielmehr stammen sie, wie ich erläutert habe, von einem Tanna, der die Halachot nach der Art der halachischen Midraschim lehrte. In Jeb., Kap. XII, werden R. Hyrkanos und R. Jehuda erwähnt, in Sota VIII, 5: R. Akiba, R. Josë der Galiläer sowie R. Josë; und die Schriftdeutungen R. Simons, R. Josës des Galiläers und R. Akibas in Sanh. X, 6, sind in der gleichen Art gehalten wie diejenigen in der anonymen Mischna. Vgl. auch Hoffmann, „Die erste Mischna usw.", Kap. I. — Halevy jedoch in „Dorot ha-Rischonim", Bd. III, S. 146 ff., greift die Theorie Frankels an und stellt alles von Grund auf in Abrede, indem er behauptet, dass die Schriftverse in der Mischna nicht gebracht werden, um diese zu erklären, „sondern dass an Stellen, wo die Schriftworte in der Tora keine abstrakte Satzung enthalten, sondern eine geordnete Reihe von praktischen Handlungen schildern, diese in der Mischna im Wortlaut der Schriftverse selbst wiedergegeben werden". Er behandelt ausführlich die Mischna in Negaim und fügt hinzu, dass Frankel „die Leser irregeführt habe", indem er über die Mischna 5 hinweggegangen sei, in welcher die Worte R. Jehudas, R. Simons und R. Mëirs aufgeführt werden. Dies ist indessen nicht zutreffend, denn Frankel weist in der Anmerkung darauf hin und nimmt an, dass es sich dabei um einen späteren Zusatz handelt, wie ich dies oben wiedergegeben habe. In den Nachträgen („הוספות“) zu „Dorot ha-Rischonim“, das. S. 722, hat Halevy dies bemerkt, bemüht sich aber trotzdem, seine Behauptung aufrecht zu erhalten, wonach Frankel die Leser ‚irregeführt‘ habe. Alle seine Worte darüber sind nichts anderes als haltlose Vorwürfe, und Jeder, der jene Mischnajot mit den ihnen ähnlichen vergleicht, die auch ihrerseits „eine geordnete Reihe von praktischen Handlungen“ schildern, erkennt sofort den Unterschied zwischen beiden Arten. Vgl. in Sota I, 2: „כיצד מקנא לה?“ (= „in welcher Weise äussert der eifersüchtige Ehemann seine Missbilligung [gegenüber dem Verhalten seiner Ehefrau]?“ die ganze Ordnung, nach der die ehebruchsverdächtige Frau ins Heiligtum geführt wird; ferner das. im Kap. IX die Durchführung des Aktes, bei dem zur Sühne für eine unaufgeklärt gebliebene Mordtat einem Kalbe das Genick gebrochen wurde; in Men. X, 2 ff. die für das Gebot der Darbringung des „Omer“ geltende Regelung, usw. An den oben im Haupttext angeführten Stellen ist der Wortlaut der Schriftverse mit demjenigen der Mischna nebst deren Erklärung der Schrift vermischt, — was an anderen Stellen nicht der Fall ist, — und es verlohnt sich nicht, ausführlicher darauf einzugehen. Was aber das VIII. Kapitel von Sota angeht, so meint der Verf. des „Dorot ha-Rischonim“, dass sämtliche in der Mischna angegebenen Halachot von dem zum Kriege gesalbten Oberpriester sowie den Ordnungshütern des Heeres vor dem versammelten Kriegsvolk verlesen wurden, und dass sie so in der Mischna niedergelegt worden seien. Dem ist aber nicht so, sondern es wurden lediglich die Abschnitte aus der Thora verlesen, und in der Mischna sind die Ausdeutungen nebst den Halachot innerhalb der Wiedergabe der Schriftverse enthalten; vgl. in der Einleitung zum Traktat Sota in meinem Mischna-Kommentar. Wie ich gefunden habe, wird die Mischna ebenso auch erklärt im Buche „Beër-Schewa“, Sota, Anfg. v. Kap. VIII, Stichwort „ולא“. — In Bezug auf Maass. sch., Kap. V, war dem Verf. zwar bekannt, dass man in der Bekenntnisformel bei der Darbringung der Zehnthebe nur die Thoraverse allein sprach, aber er ist zu einem anderen Irrtum gelangt, indem er schreibt, dass die Priester denjenigen, die das Bekenntnis abzulegen hatten, dessen Wortlaut vorlasen, weil sich unter jenen auch Solche befanden, die nicht lesen konnten, wie dies in Bik. III, 7, gesagt wird; — und die vorlesenden Priester „übersetzten ihnen all dieses nach dem ganzen geordneten Text“, wie er in der Mischna enthalten ist. — Hier hat der Verf. die Verlesung des Abschnitts über die Erstlingsfrüchte, die nur in der heiligen (hebräischen) Sprache zu erfolgen hat, mit dem Bekenntnis über die Zehnthebe verwechselt, das in jeder Sprache abgelegt werden kann (s. Sota VII, 1—2), sodass die Priester es nicht nötig hatten, die Textworte vorzusprechen, und so brauchten sie ihnen diese selbstverständlicherweise weder zu übersetzen noch im Wortlaut der Mischna „in klargestellter und dem Verstande nahegebrachter Form“ (vgl. Neh. VIII, 8) zu erläutern. —

Anhang V

Die Mischna des Abba Schaul

— Zu S. 147, Anm. 3. —

Nun sind mir auch die Ausführungen von Israel Lewy in seinem Buche: „Über einige Fragmente aus der Mischna des Abba Saul", S. 30, Anm. 72, zu Gesicht gekommen. — In seinem Werk das., S. 25 ff., bemüht sich der Verfasser nachzuweisen, dass Rabbi die Mischna des Abba Schaul, die ihm bereits vorlag, benutzt und daraus einige abweichende Lesarten zu den Mischna-Sammlungen Anderer entnommen hat [10]. Er bringt als Beispiel die Mischna Kid. IV, 2: ‚Abba Schaul nannte einen „שתוקי" (d. h. ein Kind „verschwiegener" Herkunft, dessen Vater unbekannt war): „בדוקי" (= „Untersuchungsbedürftiger")', — und der Verf. erklärt diese Mischna so, dass Rabbi hier zwei Texte vorgelegen hätten, — deren einer den Ausdruck „Sch'tuki" enthielt und der andere, nämlich die Mischna des Abba Schaul, den Ausdruck „B'duki", — worauf Rabbi dann die erste Lesart in die von ihm redigierte Mischna übernommen und bezüglich der zweiten bemerkt habe: „Abba Schaul nannte usw.". — Lewy bringt ferner Bemerkungen ähnlicher Art aus den Barajtot sowie die Kontroverse des Abba Schaul in Git. V, 4 („Umgekehrt muss es heissen"), Ket. VII, 6 und Sanh. X, 1. —

Wenn es sich dabei jedoch um eine blosse Folgerung handelt, so lässt sich ein Einwand dagegen erheben: Denn wir begegnen dieser Ausdrucksweise auch in der Tos. Sanh. V, 2: R. Mëir nannte sie ‚Sammler von Erträgnissen des Brachjahres', R. Jehuda nannte sie ‚Händler mit Erträgnissen des Brachjahres', — und in den Druckausgaben sowie in der Wiener Handschrift wird hinzugefügt: „Sagte R. Simon: Ich kann die Worte beider aufrecht erhalten; und zwar wie? Solange noch nicht die Gewalttäter (unter den römischen Machthabern) überhand genommen hatten, usw.". In unserer Mischna das. III, 3, lautet der Text: „Händler mit Erträgnissen des Brachjahres; sagte R. Simon: Ursprünglich nannte man sie ‚Sammler' des Brachjahres, als aber dann die Gewalttäter überhand nahmen, änderte man die Bezeichnung und nannte sie ‚Händler' usw.". — Hier aber kann sicher nicht von verschiedenen Lesarten die Rede sein. Vgl. ferner oben im Haupttext den Anfang von Kap. VII (S. 172 ff.). —

---

10 In Krochmals „Führer der Irrenden der Zeit", Abt. XIII (S. 224) habe ich folgende Bemerkung des Verfassers gefunden: „In den beiden Fällen, in denen Abba Schaul in unserer Mischna zitiert wird (Mid. II, 5, u. V, 4), ist es sehr wahrscheinlich, dass er bereits die Mischna des R. Eliëser b. Jakob gelernt hatte und an den beiden Stellen hinzufügte, dass R. Eliëser b. Jakob gesagt habe: „Ich habe es vergessen", und so wurde es dann von Rabbi und seiner Gefolgschaft weiterhin gelehrt". Vgl. auch im Buche J. Lewys S. 28. — Es verlohnt sich vielleicht, darauf hinzuweisen, dass in der Tosephta

Anhang VI

Die Widersprüche in der Mischna

— Zu S. 148—149. —

Es versteht sich von selbst, dass die Amoräer bemüht waren, die Zahl der Kontroversen nicht zu vermehren und, soweit irgend möglich, die Widersprüche auszugleichen, die sich in der Mischna selbst finden, sowie diejenigen zwischen ihr und den Barajtot, und solchen zwischen diesen und den Worten anderer Amoräer. Sie zögerten auch nicht, sogar den Text der Mischna und der Barajta zu korrigieren, um sie in Übereinstimmung zu bringen. Auch an Stellen, wo ein Amoräer sagt: „Ein Bruch" (‚תברא', d. h. ein Widerspruch zwischen erster und zweiter Hälfte), „wer Dieses gelehrt hat, hat Jenes nicht gelehrt", tritt zuweilen ein anderer Amoräer auf und beantwortet den Widerspruch zwischen beiden Teilen (vgl. Schab. 92 b; Jeb. 13 a; das. 108 b; B. kama 47 b und 48 b; u. a.). Es wird auch gesagt (Kid. 63 b; Men. 65 a): „Daraus ergibt sich, dass wir lieber zu einer Notantwort greifen und die [Teile der] Mischna in zwei verschiedenen Begründungen erklären, (d. h. in zwei verschiedenen Auffassungen des tatsächlichen Vorgangs, sodass es sich in Wahrheit um zwei verschieden gelagerte Fälle handelt), aber dafür nach der Meinung eines einzigen Tanna aufrecht erhalten, statt nach zwei verschiedenen Tannaim und in der gleichen Auffassung (des Tatbestandes). Bereits die Ausdrucksweise: „daraus ergibt sich" beweist, dass es viele Amoräer gab, die eben nicht „zu einer Notantwort (also einer gezwungenen Erklärung) greifen" und die Mischna auf zwei verschiedene Fälle beziehen wollten, sondern es vorzogen, sie als Meinungsäusserung zweier verschiedener Tannaim aufzufassen. Und dies ist in der Tat die grundsätzliche Haltung R. Jochanans (Sanh. 62 b; vgl. auch B. kama 40 b), sowie diejenige Rabbas, der sagt: „Eine gezwungene Antwort will ich Dir nicht geben" (s. B. kama 43 a, sowie bei Raschi dort: „nach zwei verschiedenen Auffassungen"); und wahrscheinlich auch der Grundsatz des Amoräers Samuel, der zu Raw Jehuda gesagt hat (B. kama 15 b; 36 b): „Lasse die Mischna [wie sie ist], (d. h. bemühe Dich nicht, sie in gewaltsamer Weise nach einem einzigen Tanna zu erklären), und schliesse Dich meiner Auffassung an: Der erste Teil ist von Rabbi X, und der zweite von Rabbi Y.". Und in der Gemara Schab. 86 a heisst es: „Wer [die Mischna] nicht als eine Kontroverse zwischen Tannaim aufrecht erhalten will, der muss in ihrem ersten Teil lernen: ‚rein'" (Raschi: denn [vor die Alternative gestellt], entweder in gezwungener Weise die Mischna nach zwei verschiedenen Auffassungen zu erklären, oder sie als textlich verdorben anzusehen und [entsprechend] zu deuten, um sie nicht

---

Men. IX, 5, an einer Stelle, wo R. Eliëser b. Jakob etwas zu den Worten des Abba Schaul hinzufügt, R. Eliëser b. Jakob II. gemeint ist, der Schüler des R. Akiba. —

auf zwei miteinander streitende Tannaim zurückzuführen, [zieht er es vor,] sie als textlich fehlerhaft zu betrachten und zu sagen: Sie ist korrekturbedürftig und man muss dort lesen: ‚rein'). „Wer sie aber als Streitfrage zwischen zwei Tannaim erklären will," — (Raschi: da es ihm lieber ist, sie als Kontroverse von Tannaim zu deuten, als zu sagen: sie ist textlich unrichtig, oder als ihre Teile in verschiedenem Sinne aufzufassen, usw.; dies ist eine Streitfrage im III. Kap. des Trakt. B. mez., usw. Vgl. auch Raschi in B. mez., Bl. 33, Ende v. Seite a), — „der kann annehmen, dass der erste Teil von den Rabbanan und der zweite Teil von R. Eleasar b. Asarja stammt" (vgl. auch dort in der Erklärung des R. Chananel). — Ebenso gibt der Talmud sich Mühe, die Mischna nach der Meinung aller zu erklären, indem gesagt wird: „Wollen wir annehmen, die Mischna entspreche nicht der Meinung des Rabbi X.?" usw. (vgl. als Beispielsfälle: Erub. 18 a; Ket. 59 b [wollen wir sagen, die Mischna entspreche nicht der Meinung der Schule Schammajs"!]; B. mez. 2 b); oder: „Der zweite Teil (der Barajta) steht sicher in Widerspruch zur Mischna, müssen wir aber auch sagen: der erste Teil steht in Widerspruch zur Mischna? Nein!" usw. (Ber. 2 b). Ebenso zeigt sich auch die Bemühung, die Worte der Amoräer so zu deuten, dass sie der Ansicht Aller entsprechen (s. o. im Haupttext S. 178 f.), indem es vielfach heisst: „Der Amora X. kann Dir antworten: Was ich gesagt habe, gilt auch vom Standpunkt des [Tanna] Rabbi Y" usw.; oder: „Nach der Meinung des Amoräers X. besteht hier sicher eine Kontroverse zwischen Tannaim; müssen wir aber auch nach der Meinung des anderen Amoräers (seines Diskussionsgegners) sagen, dass hier eine Kontroverse zwischen Tannaim vorliegt? Er kann Dir antworten: usw." (s. Ber. 40 b; Erub. 4 a, 17 a u. 75 b [103 b]; Pes. 76 b; Suk. 13 b, — vgl. auch das. Raschi 18 b, Stichwort: „אליבא"; B. kama 29 b, 30 b u. 75 a; sowie sonst). Auch an Stellen, wo geantwortet wird: „Rab [ein Amoräer] gilt als Tanna und kann [die Ansicht eines solchen] bestreiten", wird eine derartige Antwort nur dann gegeben, wenn sich keine andere findet, (vgl. im „Sefer Kritut, L'schon Limudim, Abt. III, Nr. 141, sowie in „Jad Maleachi", Nr. 554). — Dies alles ist jedem Anfänger bekannt, denn es gehört zur Grundlage des ganzen Talmud, und nur Menschen, die als besonders ‚fromm' gelten wollen, oder Eiferer (= „קנאים", womit hier auch „מתקנאים", d. h. „Eifersüchtige", „Neider", gemeint sind!) gebärden sich so naiv, die „Frage des Einfältigen" zu stellen: ‚Weshalb bedarf es nach meiner Auffassung überhaupt noch einer Klarstellung von Widersprüchen? Auf alle einander widersprechenden Äusserungen ist zu antworten: Es handelt sich um verschiedene Quellen; hier liegt eben eine Kontroverse vor und es besteht keinerlei Notwendigkeit, nach anderen Erklärungen zu suchen!' —

Zur Sache selbst habe ich bereits in meinen „Untersuchungen über die Redaktion der Mischna" S. 58 ff. (vgl. auch im Vorwort das.) ausgeführt, dass zuweilen in den Erklärungen solcher Art garnichts Gezwungenes liegt und somit keine Veranlassung gegeben ist, die Mischna auf zwei miteinander in Streit liegende Tannaim zurückzuführen (vgl. auch Pineles, „Darka schel Thora", Nr. 63). Ebenso betont die Gemara (Pes. 12 b), dass Raw Aschi uns zu verstehen geben wollte: ‚Die Antwort, die erteilt worden ist, stelle eine [vollgültige] Beantwortung dar, und [danach] sei nicht anzunehmen, dass hier eine Streitfrage zwischen zwei Tannaim vorliege'. Manchmal aber tritt die Gezwungenheit einer solchen Erklärung ganz offenkundig zu Tage, und dann muss man die Mischna allerdings ihrem einfachen Wortsinn gemäss „nach zwei Tannaim" erklären, d. h. dahin, dass sie aus verschiedenen Quellen herrührt (vgl. Raschi, Sanh. 42 a, Stichwort „מלחמתה"). Die Amoräer selbst sagen von solchen gewaltsamen Beantwortungsversuchen (Jeb. 91 b u. B. batra 135 a): „Auf eine Antwort [solcher Art] sollen wir uns stützen?" (Raschi in Jeb. das.: ‚Wenn dieser [Amoräer] hier eine gezwungene Antwort gibt [um einen Einwand abzuwehren] usw., so entnehmen wir daraus von selbst, dass wir nicht so sagen können', usw). Vgl. auch Ket. 98 b. — R. Jizchak Alfasi in Jeb., Ende v. Kap. V, erklärt: „Und auf alle diese Erklärungen, die in jener Streitfrage zwischen Rabbi und den Rabbanan vorgebracht worden sind, stützen wir uns nicht [usw.]; denn sie sind lediglich Versuche zur Aufrechterhaltung". Und er erläutert seine Worte in einem Responsum, das in den „T'schuwot ha-Geonim", Ausgabe Harkavy, Nr. 156 (S. 298), abgedruckt ist: „Die Herauslösung der Worte aus ihrem allgemein üblichen, offenkundigen Sinn und ihre Verwandlung in einen ungewöhnlichen ist nur ein Entgegnungsversuch zum Zwecke der Abwehr [eines Einwandes]" usw.; „und das ist die Art dieser Entgegnungsversuche, dass mit einem Argument Antwort erteilt wird, für welches es keinen Beweis gibt, der es stützt", usw. — Vgl. auch die Responsen des Maimonides (Ausg. Freimann Nr. 260): „Und diese Antwort stellt nur einen Entgegnungsversuch dar, aber sie entspricht nicht der Halacha". — Wir halten uns an Raschi in seinem Bibel-Kommentar, der so oft sagt: „Dies ist der einfache Wortsinn, aber unsere Lehrer haben erklärt" usw. (s. Deut. XXII, 1 und 26); — oder: „Es gibt zu diesem Schriftvers Deutungen der Weisen Israels, aber der Wortlaut der Schrift wird damit nicht gemäss seiner eigentlichen inneren Bedeutung klargestellt usw.; während ich beabsichtige, ihn nach seiner [wahren] inneren Bedeutung dem einfachen Wortsinne entsprechend zu erklären", usw. (Ex. XXIII, 2); — „Unsere Lehrer haben ihn (den Schriftvers) im Traktat Berachot ausgedeutet, während ich nur die Schriftverse nach ihrem inneren Sinn und ihrer Ordnung zu erklären beabsichtige" (Ex. XXXIII, 13); — „Dies ist der einfache Wortsinn, um den Schriftvers nach seiner schlichten Bedeutung klarzustellen usw., aber unsere Lehrer haben hieraus gedeutet" usw. (Lev. XXV, 15). Vgl. auch in den „Ergänzungen" zu Ber. VII, 1, meines Mischna-Kommentars. —

Anhang VII

Der Redaktor der Mischna beabsichtigte nicht, die praktisch geltende Halacha zu bestimmen

— Zu S. 156, Anm. 11. —

Frankel in seinem Werk „Darchë ha-Mischna", Kap. 3, S. 214, ist der Meinung, dass Rabbi in seiner Mischna die Halacha für die Praxis festsetzen wollte, und dass er die Ansicht der Tannaim, „die ihm gerechtfertigt erschien, in seiner Mischna als Meinungsäusserung des ersten Tanna oder der Weisen oder schlechthin als anonyme Mischna ohne Hinweis auf eine Kontroverse dargestellt habe, usw. Doch habe Rabbi darüber nicht nach eigenem Gutdünken entschieden und verlangt: ‚Nehmet meine Ansicht an!' (vgl. Abot IV, 8), sondern er habe dies auf Grund des Ratschlusses der Weisen getan, die vor ihm sassen", usw. — Ebenso sagt Weiss in „Dor Dor w'Dorschaw", Teil II, Kap. 19, S. 184: „Und es besteht kein Zweifel darüber, dass der grösste Teil der Entscheidungen, die er [= Rabbi] in den anonym gehaltenen Teilen seiner Mischna aufgestellt hat, im Einvernehmen mit den Weisen gefällt worden ist", nämlich den Weisen seines Geschlechtes sowie auch seiner Schüler, und an den Stellen, wo die anonyme Mischna nicht der Meinung Rabbis entspricht, haben die Weisen nicht mit ihm übereingestimmt (so auch im „Sefer Keritut, L'schon Limudim", Abt. II, Nr. 58). — Die Vertreter dieser Theorie haben sich nicht gefragt: Wenn dem so wäre, weshalb lehnen dann die Amoräer die Mischna zuweilen mit der Begründung ab, dass sie nur die Meinung eines Einzelnen darstelle, während doch Rabbi und sein Gerichtshof eine Mehrheit repräsentieren und sie alle ebenso wie er entschieden haben? — Trotz seiner vorstehend wiedergegebenen Auffassung meint Weiss an späterer Stelle (das., Kap. 22, S. 209; vgl. auch dort S. 183), dass Rabbi nicht beabsichtigt habe, „ein Gesetzbuch in die Hand der Söhne seines Volkes zu geben, nach welchem sie die praktische Halacha lehren sollten, usw. Sein Wille sei vielmehr dahin gegangen, dass [sein Werk] die allgemeine Mischna für die Schüler bilden sollte, und aus ihr sollten sie die gesamte mündliche Lehre erlernen; doch bezweckte er damit nicht, dass sie auf Grund seiner Mischna Entscheidungen treffen sollten, usw. Und die erste aller Regeln der Mischna lautet, dass R. Jehuda ha-Nassi kein Gesetzbuch zusammengestellt habe, um auf dessen Grundlage halachische Entscheidungen zu fällen, sondern eine Sammlung von Halachot, die die gesamte mündliche Lehre umfassen sollte". — Dieser Darstellung gemäss wäre allerdings all seine Mühe, bestimmte Halachot unter Zustimmung seines Gerichtshofes als anonym hinzustellen, völlig vergeblich gewesen, weil er ja nicht die Absicht verfolgte, dass man auf Grund seiner Mischna Entscheidungen treffen sollte, und weil in jeder Generation Andere die Ansicht eines Einzelnen als einleuchtend ansehen und sich darauf stützen konnten. Warum aber hätte er dann überhaupt diese schwierige Aufgabe auf sich genommen, die Worte seiner Vorgänger abzuändern und ihnen ohne jeden praktischen Zweck zu widersprechen? Und weshalb bringt er dann nicht ausdrücklich seine eigene Meinung und die seines Gerichtshofes?

In meinen „Untersuchungen über die Redaktion der Mischna", S. 81 in der Anmerkung, habe ich bemerkt, dass ich dem Aufsatz von Bassfreund in der Monatsschrift f. d. Gesch. u. Wiss. des Judentums, Bd. LI, S. 429 ff. widerspreche. Der Verf. bemüht sich dort nachzuweisen, dass der Redaktor der Mischna Halacha zu entscheiden gedachte und am Ende jedes Abschnittes die Ansicht aufgeführt habe, die von ihm als praktische Halacha akzeptiert worden sei. Auf Grund dieser Regel habe der Redaktor zuerst eine Halacha in anonymer Form gelehrt und danach die ihr widersprechende Auffassung, um damit anzudeuten, dass die [praktisch massgebliche] Halacha sich nicht nach der anonym vorgetragenen Meinung (der Mehrheit) richte, sondern nach der Ansicht des Einzelnen, die am Schlusse niedergelegt sei. Ebenso sei an Stellen, wo Kontroversen zwischen Tannaim gelehrt werden, die am Schlusse vorgetragene Auffassung die praktisch geltende Halacha. Die Amoräer im Talmud hätten diese Lehre allerdings nicht anerkannt und die Halacha nicht in diesem Sinne entschieden, aber der Redaktor habe dies bezweckt. Deshalb seien beispielsweise an den meisten Stellen die Worte der Schule Schammajs denjenigen der Schule Hillels vorausgestellt worden, weil die Halacha sich nach der Schule Hillels richte, und Ähnliches. — In meinem Buche bin ich nicht in eine Diskussion über die Beweise des Verf. eingetreten, weil ich der Meinung war, dass dafür keine Notwendigkeit bestehe und Jeder, der sich in seine Beweisführung vertieft, von selbst erkennen müsse, dass sie keine entscheidende Beweiskraft besitzt. Jetzt aber habe ich gesehen, dass ein „Schriftsteller" und um Ausgleich bemühter „Vermittler" sich seiner Art entsprechend auch hier die Worte Bassfreunds zu eigen gemacht hat und diese in einem Aufsatz, der in dem wissenschaftlichen Sammelband zum Andenken an M. Schorr erschienen ist (S. 259 ff.), als seine eigene „Entdeckung" wiedergibt (Ende v. S. 261: „Und mir erscheint es richtig [ונראה], vorzuschlagen usw." Am Schlusse des Aufsatzes, in Anmerkung 11, schreibt er ‚verständigerweise': „Ähnlicher Art sind viele Beispiele, die bereits Bassfreund hierzu in seiner Forschungsarbeit ‚Zur Redaktion der Mischna' vorgebracht hat [die Monatsschrift als Erscheinungsort erwähnt er nicht!]; aber er geht über das Ziel hinaus, indem er viele Argumente bringt, die nur Scheinbeweise darstellen", etc.; s. weiterhin). — Deshalb möchte ich hier einige Beispiele von den Beweisen Bassfreunds, S. 597 ff., bringen: Der erste Beweis ist Bik. III, 6 entnommen: „Während er den Korb noch auf der Schulter trägt, rezitiert er von: ‚הגדתי' (Deut. XXVI, 3) ab usw., — bis er den ganzen Abschnitt beendet hat (עד שנומר כל הפרשה); R. Jehuda sagt bis: ‚ארמי אובד אבי' (das. V. 5). Ist er bis zu ‚ארמי אובד אבי' gelangt, so nimmt er den Korb von seiner Schulter usw.". Die Fortsetzung der anonymen Mischna von hier ab und weiterhin entspreche der Ansicht des R. Jehuda, sodass hieraus zu schliessen sei, dass die Halacha sich nach ihm richte. In Wahrheit aber ist die Fortsetzung bis zu den [zum zweiten Mal gebrauchten] Worten „כל הפרשה“ nicht ein weiterer Teil der anonymen Mischna, sondern der Schluss der Worte R. Jehudas selbst; vgl. dort. Ähnliches findet sich auch an anderen Stellen wie in Ket. XI, 2—3. — Der zweite Beweis stützt sich auf Joma V, 4: „Er (der Hohepriester) ging hinaus und tat es (das Opferblut) auf das zweite Gestell, das im ‚Hechal' war; R. Jehuda sagt: es war dort nur ein einziges Gestell allein". Auch hier meint Bassfreund, dass die Fortsetzung der Mischna der Ansicht des R. Jehuda folge. Dies trifft indessen nicht zu, s. dort in der Erläuterung sowie in den „Ergänzungen" meines Kommentars. In Wahrheit hätte Bassfreund die Unrichtigkeit seiner Hypothese aus der Mischna 1 daselbst erkennen können, wo gelehrt wird: „.... bis er zwischen die beiden Vorhänge gelangte usw.; R. Josë sagt: Es war dort nur ein einziger Vorhang allein", usw. Aber die danach folgende anonyme Mischna entspricht nicht der Lehrmeinung des R. Josë, sondern der oben angeführten anonymen Mischna, wonach sich dort zwei Vorhänge befanden. Vg. auch Schab. XVI, 4, sowie bei R. Samuel Edels, das. zu 120 a. Ebenso in Kil. I, 7—8, wo der anonyme Teil nicht nach R. Jehuda geht; ferner ist in B. batra V, 4, der anonyme Teil nicht wie R. Mëir, und in Ber. I, 2, entspricht die anonyme Stelle das. III, 5, nicht der Ansicht R. Josuas [11], ebensowenig wie zu Nasir II, 8, die anonyme Mischna in Toh. IV, 12, der Ansicht des R. Simon folgt. Auch richtet sich bezüglich der Kontroverse zwischen der anonymen Mischna und Rabbi in B. kama V, 3, die anonyme Mischna das. VI, 3, ihrem einfachen Wortsinn gemäss nicht nach der Meinung Rabbis; vgl. Babli, a.a.O. 59 b.

Gegen die Ansicht Bassfreunds lässt sich ein Beweis aus dem Ereignis erbringen, dass im Babli Ket. 100 a und Jer. das., Kap. XI Hal. 6, berichtet wird, wonach in einer Kontroverse zwischen der anonymen Mischna und R. Simon b. Gamliël (das. Kap. XI, Mischna 5) R a b b i in der Praxis nach den Worten der Weisen verfahren wollte und R. Eleasar b. Parta zu ihm (nach der Darstellung des Jeruschalmi) gesagt habe: ‚Du hast uns im Namen Deines Grossvaters nicht so gelehrt!', woraufhin er von seinem Vorhaben Abstand nahm und gemäss den Worten des R. Simon b. Gamliël verfuhr. Ähnlich sagt Rabbi (Tosephta Schab. VIII [IX], 20): ‚Die Worte R. Akibas erscheinen mir einleuchtend bei feinkörnigem Sand', obwohl Rabbi Akiba in der Mischna das. VIII, 5, an erster Stelle aufgeführt wird und erst nach ihm die Worte der Weisen gelehrt werden, die Rabbi nicht einleuchten wollten. Ebenso sagt Rabbi in der Tosephta Kid. IV, 7: ‚Die Worte R. Mëirs sind einleuchtend in Bezug auf den Zweitzehnten', während in der Mischna dort (II, 8) die

11 Nach dem einfachen Wortsinn der Mischna Ber I, 2 stellen die Worte: „und er beendet es (das Sch'ma-Gebet) bis zum Sonnenaufgang" nicht den Schluss des Ausspruchs R. Eliësers dar, sondern sie sind anonyme Mischna. Vgl. aber im Babli das. 25 b; dort wird auch die Mischna III, 5, gemäss der Meinung des R. Josua erklärt.

Worte R. Jehudas nach denjenigen R. Mëirs gebracht werden (vgl. auch im Babli, das. 54 b). Man vergleiche ferner in Ohal. XV, 8: „Es sind nur vier Faustbreit davon [von dem am Grufteingang aufgerichteten Balken] unrein, sofern er künftig abgehauen werden soll; R. Jehuda sagt: Er gilt [bis zum Abhauen] als in seiner ganzen Länge verbunden". Und in der Tosephta das. XV, 8, bemerkt Rabbi: ‚Die Worte R. Jehudas leuchten ein, falls man ihn künftig nicht abhauen will, und die Worte der Weisen, falls man ihn künftig abhauen will'; vgl. auch dort in den „Ergänzungen" meines Kommentars. — Ebenso sagen R. Jochanan und R. Jizchak (Jer. Ber., Kap. V, Hal. 2; s. auch Babli, das. 33 b) im Namen Rabbis, dass die Halacha in der Mischna dort V, 2, sich nur im Fall eines Feiertages, der mit dem Sabbath-Ausgang beginnt, nach R. Eliëser richte (ein Fall, über den in der Mischna überhaupt nicht ausdrücklich gesprochen wird). Und im Babli Nid. 9 b wird berichtet: „Es geschah einmal, dass Rabbi wie R. Eliëser verfuhr" (Mischna das. I, 5); nachdem er sich ‚erinnert hatte' (? vgl. dort), sagte er: ‚R. Eliëser verdient es, sich im Notfall auf ihn zu stützen'. Im Jeruschalmi das., Kap. I Hal. 4, heisst es darüber: ‚Einmal entschied Rabbi wie R. Leser, und er bedauerte es', usw. — Vgl. ferner in Jeruschalmi Schab., Kap. XIX, Hal. 1: ‚Es geschah einmal, dass Rabbi wie R. Eliëser entschied', usw.; sowie im Babli Chul. 86 b: ‚Rabbi entschied so wie R. Mëir, und Rabbi entschied so wie die Weisen' (in Bezug auf die Kontroverse in der Mischna das. VI, 3). —

Nun seien die Argumente Bassfreunds (S. 696 ff.) angeführt, mit welchen er nachzuweisen sucht, dass der Redaktor der Mischna im Falle einer Kontroverse zwischen Tannaim gemäss der Ansicht des zuletzt Genannten entscheiden will, — soweit die Beweisführungen nach der Ansicht des oben erwähnten „Schriftstellers" keine blossen „Scheinbeweise" darstellen, weshalb er sie ohne Erwähnung ihres Urhebers in seinem Aufsatz zusammengestellt hat. In Ber. I, 1, führen die Tannaim eine Kontroverse über das Ende der Zeit für die Rezitierung des Sch'ma-Gebetes am Abend: R. Eliëser sagt: ‚bis zum Ende der ersten Nachtwache', die Weisen sagen: ‚bis Mitternacht', und R. Gamliël sagt: ‚bis die Morgenröte aufsteigt'. Die Fortsetzung des Mischna-Textes: ‚Und nicht dies allein', ... (usw.) stammt vom Redaktor der Mischna, der die Worte des R. Gamliël akzeptiert hat. Dasselbe stellt auch die Mischna in Meg. II, 6, in anonymer Ausdrucksform fest, indem sie sagt, dass ein Gebot, welches während der Nacht zu erfüllen ist, die ganze Nacht über vollzogen werden könne. Aber gerade aus der Fortsetzung der Mischna in Berachot ergibt sich ganz eindeutig, dass auch die Weisen zugeben, das Gebot könne noch während der ganzen Nacht vollzogen werden, nur sind sie der Meinung, dass man es von vornherein bereits bis Mitternacht erfüllen solle, ‚um den Menschen von einer Übertretung fernzuhalten' (vgl. auch dort in der Gemara 3 b und 9 a, sowie in den Novellen des R. Salomo b. Aderet). Überdies besteht die Kontroverse zwischen R. Eliëser, den Weisen, und R. Gamliël, lediglich in Bezug auf die Rezitierung des Sch'ma-Gebetes, bei dem es heisst „ובשכבך“ (je nach der Auffassung der Diskussionspartner: „Und wenn Du Dich niederlegst“, oder: ‚Und wenn Du auf Deinem Lager ruhst“); alle aber stimmen darin überein, dass allgemein ein Gebot, welches für die Nacht schlechthin bestimmt ist, während der ganzen Nacht erfüllt werden kann. — In Orla III, 7, findet sich eine Kontroverse zwischen R. Mëir, den Weisen sowie R. Akiba, und in der Mischna 8 das. wird in anonymer Form wie R. Akiba gelehrt. Aber in diesem Falle handelt es sich um nichts anderes als um den Vorgang, der als „מחלוקת ואחר כך סתם“ bezeichnet wird, also eine Kontroverse, auf welche eine anonym gehaltene Lehre im Sinne einer der umstrittenen Ansichten folgt, wie wir dies an einer Reihe von Stellen finden, und in solchen Fällen entspricht die anonyme Lehre manchmal dem zuerst und manchmal dem zuletzt erwähnten Tanna, wie bereits oben festgestellt, und wie dies auch nach dem Argument zutreffend erscheint, das Bassfreund aus Pes. I, 4—5, herleitet. Dort sind die Worte des R. Mëir, des R. Jehuda und des R. Gamliël in der angeführten Reihenfolge wiedergegeben, und im Kap. II, 1, geht die anonyme Mischna nach R. Gamliël. In der Tat nimmt im Babli, das. 21 a, Rabba bar Ulla an, dass die Mischna im Sinne des R. Gamliël aufzufassen sei, aber Raba sowie Raw Nachman, das. 13 a, sind anderer Meinung (vgl. auch in Tossaphot das., Stichwort „R. Gamliël“), und ebenso sagt R. Ami im Jer. das., Kap. II, Hal. 1, dass die anonyme Mischna der Ansicht R. Mëirs folge. Es verlohnt sich hierbei darauf hinzuweisen, dass Rabbi selbst wie R. Jehuda entscheidet (Babli, das. 13 a; s. auch Jer. das., Kap. I Hal. 4). In ähnlicher Weise finden wir eine Kontroverse zwischen R. Akiba, Simon ha-Temani sowie R. Josua (Jeb. IV, 13), und die Mischna fügt selbst hinzu, dass die Halacha sich nach Simon ha-Temani richte; die anonyme Mischna aber, die dort weiterhin in X, 4, folgt, geht nach R. Akiba, wie dies ausdrücklich in der Barajta im Babli, das. 92 a, festgestellt wird. Gleichartig liegt der Fall in Jeb. VIII, 4—5, gemäss dem Babli das. 80 b (vgl. auch in meinem Mischna-Kommentar). Ebenso ist in Aboda sara Kap. I, 8—9, eine Kontroverse zwischen R. Mëir und R. Josë enthalten, und die anonyme Mischna entspricht der Meinung des R. Mëir (s. Babli das. 21 b; vgl. auch Babli Jeb. 118 a, sowie Ab. sara 39 b und 41 b). Auch wird in Nid. IV, 4, eine Kontroverse zwischen R. Eliëser und R. Josua gebracht, und die anonyme Mischna in Sab. II, 3, folgt R. Eliëser. — Einmal wurde Rabbi in Bezug auf eine Kontroverse in der Mischna gefragt: ‚Nach wessen Meinung geht die Halacha?‘, und er antwortete: ‚Die Halacha geht nach den Worten Aller, und zwar jeweils im erschwerenden Sinne‘ (Babli, Nid. 47 b). Zu einer Kontroverse zwischen R. Eliëser, R. Josua und R. Akiba in Kel. XXVIII, 2, bemerkt Rabbi (Babli, Schab. 39 b), dass die Halacha sich nicht nach R. Akiba richte (vgl. auch dort im Jer., Kap. II, Ende v. Hal. 3). —

Bassfreund (S. 692) bringt auch die Mischna in Erub. VIII, 2, die eine Kontroverse zwischen R. Mëir, R. Jehuda, R. Jochanan b. Beroka und R. Simon enthält, doch sei in Kel. XVII, 11, die Reihenfolge anders, nämlich R.

Mëir, R. Jehuda, R. Simon und R. Jochanan b. Beroka; vgl. auch dort in „Elijahu Rabba“ des Gaon R. Elijahu Wilna); in Pea VIII, 7, werde anonym wie R. Jochanan b. Beroka gelehrt, jedoch in Para I, 1, in Bezug auf ein vom Aussatz befallenes Haus gehe die anonyme Mischna nach R. Simon (dies trifft nicht zu; vgl. in meinen „Ergänzungen“ zu Erub. daselbst im Mischna-Kommentar, bei deren Abfassung ich die Bemerkung Bassfreunds noch nicht kannte). Bassfreund bemüht sich nun, die Schwierigkeit im Sinne seiner Theorie zu lösen, aber der „Schriftsteller“ sagt einfach: „Erub., Kap. VIII, Mischna 2, bringt eine Kontroverse, und in Para, Kap. I Mischna 1, geht die anonyme Mischna nach der Ansicht R. Simons, des zuletzt genannten Tanna. In Kel., Kap. XVII, Mischna 11, werden die Worte des R. Jochanan b. Beroka an letzter Stelle gebracht, und seinen Worten entspricht die anonyme Mischna in Pea, Kap. VIII, Mischna 7“; — als ob es hier zwei verschiedene Kontroversen gäbe und nicht nur eine einzige, bezüglich derer die anonyme Mischna einmal R. Simon und einmal R. Jochanan b. Beroka folgt! In ähnlichem Sinne sagt Raba in Bab. Jeb. 64 b: ‚Es sind anonyme Lehren usw.; [der Fall, der] die Heirat und [derjenige, der] die Geisselhiebe [betrifft, geht] nach Rabbi, die Menstruationszeiten und die Verwarnung des stössigen Ochsen nach R. Simon b. Gamliël‘. — Bassfreund erwähnt ferner (S. 698 ff.) Ket. III, 3, betreffend die Kontroverse zwischen R. Josë dem Galiläer und R. Akiba, woselbst in Mischna 1 anonym wie R. Akiba gelehrt wird, sowie B. mez. IV, 5, mit der Kontroverse zwischen R. Mëir, R. Jehuda und R. Simon, wobei die anonyme Mischna (3 das.) wie R. Simon lehrt (dies indessen nur nach der Ansicht von Raba, Babli 52 a; aber der einfache Wortsinn der Mischna entspricht der Meinung von Abaje, der sich gegen Rabas Auffassung wendet). Wie sich von selbst versteht, kommt diesen Stellen keinerlei Beweiskraft für das hier behandelte Problem zu; denn dort handelt es sich durchweg um Fälle von „סתם ואחר כך מחלוקת“, d. h. die anonyme Lehre geht der Kontroverse voraus, sodass die Halacha nach der dafür allgemein geltenden Regel (s. B. Jeb. 42 b) nicht der anonymen Lehre entspricht, welche vielmehr durch die nachfolgende Kontroverse als aufgehoben und garnicht mehr vorhanden gilt. Das hindert indessen jenen „Schriftsteller“ nicht daran, auch diese Stellen zu seinen Gunsten heranzuziehen, und zwar als beweiskräftig Argumente, die nicht blosse „Scheinbeweise“ darstellen! — Zur Sache selbst sei noch darauf hingewiesen, dass in Bezug auf die Kontroverse in Pes. III, 3, zwischen R. Eliëser, R. Jehuda b. Betëra und R. Josua in der Barajta im Babli, das. 48 a, R a b b i wie der an erster Stelle genannte R. Eliëser entscheidet (wie wir Solches oben mehrfach festgestellt haben) und R. Jizchak wie R. Jehuda b. Betëra, beide also nicht wie R. Josua, der als Letzter aufgeführt wird. Auch in der Kontroverse zwischen R. Jehuda und R. Simon in Beza III, 4, folgt R. Jehuda ha-Nassi (in der Barajta, Babli das. 26 a) nicht der Meinung des zuletzt erwähnten R. Simon. —

Es bleibt mir noch übrig, mich mit den Ausführungen von Epstein zu dem hier behandelten Gegenstande auseinanderzusetzen. Er erörtert ihn in seinem (hebr.) Buch: „Einführungen zum Schrifttum der Tannaim", S. 225, und beginnt mit seiner üblichen Formel: „Weiss und nach ihm Albeck behaupten", dass die Mischna kein mit Gesetzeskraft ausgestatteter Kanon ist, sondern nichts weiter als eine (unverbindliche) blosse Sammlung. „Ihre Beweise sind die folgenden (ich bringe die Beweise Albecks):" usw. — Der Leser wird sich fragen: Warum bringt er die Beweise Albecks und nicht diejenigen von Weiss, der angeblich als erster diese Theorie aufgestellt hat? [In Wahrheit bringt er auch garnicht meine ‚Beweise', vielmehr umgekehrt dasjenige, was ich als (scheinbar in Widerspruch zu meinen Worten stehenden) potentiellen Einwand gegen meine Konzeption angeführt und alsdann in meiner Replik entkräftet habe! Er kennt nämlich überhaupt keine Beweise, sondern nur „Entscheidungen" und kategorische „Behauptungen"]. Aber die Antwort ist einfach: Es gibt bei Weiss nichts, worüber man Erörterungen anstellen könnte. Ich habe oben seine Worte wiedergegeben, die einander widersprechen, — nach Art jener Schreiber, welche ihre Behauptungen nicht methodisch mit Beweisen zu unterbauen wissen, sondern die da sitzen und (ohne jede Beweisgrundlage) predigen, wie es ihnen gerade in den Sinn kommt. — Mir ist ein Leitspruch geläufig: „Auf die meisten Fragen lässt sich nur mit ‚Ja' oder ‚Nein' antworten!". So auch auf unsere Frage, ob Rabbi mit seiner Mischna die Halacha für die praktische Anwendung entscheiden wollte oder nicht. Wenn also zwei darüber urteilen, von denen der eine sagt: ‚Rabbi wollte eine fest entschiedene Halacha zusammenstellen' und der andere: ‚Er wollte es nicht', so hat zwar einer der beiden sicherlich Recht, aber das gibt ihm durchaus keinen Anspruch darauf, die zutreffende Lösung gefunden zu haben, da er noch keinerlei Beweis für seine Behauptung erbracht hat. Schon Rabbi Akiba hat gesagt (s. oben S. 142): „Nicht jeder ‚Sprunghafte' (d. h.: wer vorschnell eine Meinung äussert) ist zu loben, — es sei denn, dass er die Begründung dafür anzugeben versteht". Die Beweisführung, — nicht die These, — bildet bei jeder Forschungsarbeit das wurzel- und wesenhafte Kernstück. Einer ‚Lehrmeinung' oder ‚Anschauung' aber, welche auf keiner festen Stütze basiert, der ist Schweigen vorzuziehen! Scheelblickende (= Engherzige, missgünstig Urteilende) suchen nach ‚Ansichten' (= ‚דעות'); Gradblickende jedoch (d. h. Weitherzige, Wohlmeinende) suchen nach ‚Einsicht' (‚דעת'). — Bei meinen Forschungen pflege ich zuerst die Quellen zu untersuchen, um daraus meine Schlussfolgerungen zu ziehen, und erst nachher die Meinung Anderer über diesen Gegenstand zu betrachten. So bin ich auch in meinen „Untersuchungen über die Redaktion der Mischna" vorgegangen. Ich habe die Grundlagen der Mischna untersucht, um daraus, — und nur daraus allein, — deren Aufbau und Charakter festzustellen. Und gerade weil mir im Laufe meiner Untersuchungen klar wurde, dass Rabbi die Mischna seiner Vorgänger nicht abgeändert hat (entgegen der Ansicht von Weiss!), habe ich meine Folgerungen daraus gezogen, darunter auch die, dass

Rabbi in seiner Mischna nicht die Halacha für die Praxis entscheiden wollte [12]. Als ich meine Forschungsarbeit vollendet hatte, stellte sich mir die Frage, ob denn meine Folgerungen nicht den Ansichten der Amoräer widersprechen. Nach eingehendem Nachdenken bin ich zu dem Ergebnis gelangt (dort S. 84), dass zwar die Amoräer über den Charakter der Mischna sowie über ihre Tendenz keine feststehende (einheitliche) Meinung besitzen, die die Zustimmung aller gefunden hätte, und sich vielmehr zeigt, dass sie sogar über wesentliche Einzelheiten verschiedener Auffassung sind, — wie etwa der Eine sagt, nach der Meinung R. Jochanans folge die Halacha der anonymen Mischna, während ein Anderer annimmt, er habe nicht so gedacht (Bab. Git. 81 b u. Parallelstellen) [13], — dass aber gleichwohl im Allgemeinen kein Widerspruch zwischen meinen Schlussfolgerungen und ihren Ansichten besteht (vgl. auch oben S. 148 u. 155 f.). Der einzige Gegenbeweis, den man vielleicht auf den ersten Blick gegenüber meiner Folgerung, dass Rabbi nicht eine fest entschiedene Halacha zusammenzustellen beabsichtigte, aus den Worten der Amoräer entnehmen könnte, besteht in dem Ausspruch R. Jochanans (Bab. Chul. 85 a): „Rabbi sah die Worte des R. Mëir in Bezug auf das Verbot, Muttertier und Jungtier am gleichen Tage zu schächten, als einleuchtend an und lehrte sie als einen Ausspruch ‚der Weisen', und er sah die Worte des R. Simon in Bezug auf das Gebot, nach vollzogener Schächtung das Blut zu bedecken, als einleuchtend an und lehrte sie [gleichfalls] im Namen der Weisen". Ähnliches sagt auch R. Josë im Jer. Sota, Kap. III, Hal. 6 (Bl. 19 b). Ebenso wird mehrfach im Talmud gesagt: „רבי סתם" = „Rabbi hat in anonymer Form gelehrt", oder: „כאן שנה רבי" = „Hier hat Rabbi gelehrt" usw. In meinem Buche das. (S. 85 ff.) habe ich erläutert, was meiner Auffassung nach die Meinung der Amoräer dabei gewesen ist. Weil diese Erläuterung bereits die Antwort auf die Einwände Epsteins gegen mich enthält, gebe ich nachstehend wieder, was ich in meinem hebräischen Buche „Untersuchungen

12 In meinen „Untersuchungen über Barajta und Tosephta", S. 174, Anm. 1, habe ich bemerkt, dass ich Übereinstimmendes mit meinen Worten in den Responsen des R. Josef Kolon (MaHaRIK), Nr. 181, gefunden habe, wo er schreibt: „Denn es ist selbstverständlich, dass trotz der Tatsache, dass Rabbi die Mischnajot und R. Chija die Barajta der Tosephta redigierte, sie dennoch nichts Anderes gelehrt haben als das, was sie von ihren Lehrern als Überlieferung empfangen hatten, und an einigen Stellen im Talmud finden wir, dass die anonyme Mischna nicht nach der Meinung Rabbis geht".

13 Folgendes sagt R. Moses b. Nachman dazu in seinem Werk „מלחמות ה'" zu Alfasi, B. kama, Kap. IX, 96 b: „Denn wir finden keinen, der sogar eine anonyme Mischna unumstrittenen Inhalts nicht ohne Weiteres akzeptiert hat, ausser R. Jochanan. Rab aber denkt nicht so wie er", usw. Dies entgegen der Annahme des R. Serachja ha-Levi („Baal ha-Maor") der sagt: „Denn Rab gehörte zur Zahl der Abstimmenden [im Lehrhause] Rabbis (Git. 59 a), und es wird angenommen, dass Rab auch an der Abstimmung über die anonyme Formulierung der Mischna teilgenommen hat".

über Barajta und Tosephta", S. 175—76, darüber geschrieben habe (ohne die dortigen Anmerkungen). Folgendes ist der Wortlaut:

„Wenn im Babli vielfach gesagt wird: „רבי סתם" (= „Rabbi hat in anonymer Form gelehrt", vgl. oben Anfang v. Kap. VI) oder Ähnliches, so bedeutet dies, dass Rabbi in seiner Mischna die anonyme Lehre festgesetzt hat, wie sie in dieser Form im Lehrhause gelehrt wurde, nicht aber, dass er auf Grund der Meinung eines Einzelnen eine anonyme Mischna geschaffen hat. So wird in Bezug auf die Mischna Git. V, 6 („Hat er [zuerst] vom Ehemann [Grundbesitz der Ehefrau] gekauft und nachher nochmals von der Frau, so ist der Verkauf ungültig") in Ket. 95 a gesagt, dass ‚Rabbi sie nach der Ansicht R. Jehudas [in der Barajta] anonym gelehrt habe', obwohl am Ende der Mischna das. ausdrücklich steht: „dies ist die erste Mischna", wonach es sich also um eine alte Mischna handelt, die nicht erst Rabbi anonym gelehrt hat! Manchmal wird der Wortlaut genau genommen, indem gesagt wird: סתים לן תנא = „der Tanna hat uns anonym gelehrt", s. Beza 2 a, Jeb. 101 b, Ket. 43 b [„der Tanna hat uns anonym gelehrt nach der Ansicht Rabbis"!], Kid. 54 b, Sanh. 27 b, Bech. 11 a, sowie Tem. 34 a. Ebenso wird der Ausdruck gebraucht: „כאן שנה רבי" = „hier hat Rabbi gelehrt" (Jeb. 41 a, 44 a, u. a.) in Bezug auf anonym gehaltene alte Mischnajot, die lange vor Rabbi gelehrt worden sind, — womit nur gemeint ist, dass Rabbi jene Mischnajot in seiner Mischna gelehrt hat [14]; denn da man den ersten Tanna, der so gelehrt hatte, nicht zu benennen wusste, bezeichnete man ihn mit dem Namen des letzten Tanna [15]. In diesem Sinne ist der eben zitierte Ausspruch R. Jochanans usw. zu erklären: ‚Rabbi sah als einleuchtend an die Worte R. Mëirs usw.', d. h. dass die Tannaim, die die Halachot lehrten, es ihrerseits so angesehen haben [16] und Rabbi dies dann ihren Worten gemäss

---

14 In Anm. 2 das. habe ich angegeben, dass ich nachträglich bei Frankel, „Darchë ha-Mischna", Kap. III, S. 213, gefunden habe, der Ausdruck „כאן שנה רבי" = „hier hat Rabbi gelehrt" bedeute, dass er „diesen Halachot ‚hand'-festen Sitz und ‚nam'-haften Ort („יד ושם", s. Jes. LVI, 5) gegeben habe", d. h. ihren dauerhaften Platz innerhalb der Mischna; vgl. dort. — S. ferner in Jer. Pes., Kap. VII, Hal. 7, wo R. Simon b. Lakisch sagt, „Rabbi habe gelehrt", dass der Stirnreif [des Hohenpriesters] „in Gnaden versöhne" („הציץ מרצה") usw., während es in der Mischna dort VII, 7, heisst: „מפני שאמרו" = „weil sie gesagt haben" (der Stirnreif versöhne).

15 Vgl. auch Raschi Pes. 27 a (Stichwort: „ויליף"), der sagt: „Und ebenso gut hätte er [diese Lehre] auch auf den ersten Tanna zurückführen können, dessen Meinung R. Eliëser widerspricht; da wir aber nicht wissen, wer dies war, ist es ihm leichter, R. Eliëser zu erwähnen, womit er sagen will: ‚er und der Tanna, welcher mit ihm in Kontroverse steht'. Ebenso sagt Raschi in Sota 30 a, Stichwort: „וחכמים"; und so schreibt auch R. Nissim in Ned. 35, Ende von Seite b, sowie R. Jesaja di Trani (ריו"ד) in seinen Tossaphot am Ende von Ned. (Bl. 58 b nach den Buchseiten). Eine solche Antwort wird auch in Bab. Schab. 107 a und 130 b sowie in Bech 15 a gegeben.

16 Das heisst, ihnen erschienen die Worte R. Mëirs in Bezug auf das Verbot, Muttertier u. Jungtier am gleichen Tage zu schächten, einleuchtend und

als anonyme Lehre in seine Mischna übernommen hat". — So weit meine Ausführungen dort. Ich habe auch die Worte des Raw Scherira aus seinem Sendschreiben (S. 55) gebracht, der den Ausspruch R. Jochanans in dem Sinne erklärt: Rabbi habe gewusst, dass R. Mëirs Worte bezüglich des Verbotes der Schächtung von Mutter- und Jungtier am gleichen Tage nicht von diesem selbst herrührten, sondern von seinen Lehrern (selbstverständlich müssen wir das Gleiche auch bezüglich der Worte R. Simons zum Gebot der Bedeckung des Blutes nach dem Schächtakt sagen). Hieraus ergibt sich: Nach der Ansicht Raw Scheriras hatte Rabbi von den ihm vorangegangenen Tannaim als Überlieferung empfangen, dass es sich hier um eine Mehrheits-Meinung handelt, sodass sich demgemäss die Halacha danach zu richten hat, und in diesem Sinne hat er es dann in seiner Mischna überliefert, nicht aber hat er von sich aus eine Einzelmeinung zu einer Mehrheits-Entscheidung gestempelt. Ebenso habe ich auch in meinen „Untersuchungen über die Redaktion der Mischna" (S. 87) den Ausspruch Raw Josefs erklärt (R. hasch. 7 b und die am Rande verzeichneten Parallelstellen): „Sie (die Mischna) stammt von Rabbi, und er hat sie auf Grund einer Kontroverse zwischen

---

sie lehrten sie als Worte „der Weisen", sowie entsprechend die Worte R. Simons in Bezug aus das Bedecken des Blutes nach vollzogenem Schächtakt, und so hat es dann Rabbi in seiner Mischna festgesetzt. Mithin ergibt sich, dass auch er ihre Worte annahm, und danach sei die Halacha gemäss den Worten der Weisen (als der Mehrheit gegenüber einem Einzelnen) zu entscheiden. Weil nun aber die Möglichkeit zu der Annahme bestünde, dass hier ein Widerspruch der Meinungen in unserer Mischna vorliege, und wer das Eine lehrt, nicht das Andere gelehrt habe (dass also zwei Quellen anzunehmen seien: die Mischna über die Schächtung von Mutter- und Jungtier stamme aus der Schule des R. Mëir und diejenige über die Blutbedeckung aus dem Lehrhause des R. Simon, dessen Schüler seine Mischna anonym gelehrt hätten), gemäss der prinzipiellen Auffassung des R. Jochanan (vgl. im Anhang VI), — deswegen sagt R. Jochanan, dass die Sache hier nicht so liegt, sondern dass diejenigen selber, die dies lehrten, die Richtigkeit der Worte R. Mëirs bezüglich der Schächtung von Mutter- u. Jungtier sowie der Worte R. Simons bezüglich der Blutbedeckung eingesehen haben. Darum bringt die Gemara in Chul. 86 a den Ausspruch R. Jochanans, ohne von der Mischna selbst her zu fragen: Es handelt sich doch um einen Einzelnen und eine Mehrheit, so dass die Halacha nach der Mehrheit gehen muss? — Diese (eigentlich selbstverständlichen) Worte habe ich hinzugefügt, weil ich darauf aufmerksam gemacht worden bin, dass ein Freund des Pilpul, der seine Methode auch auf dem Gebiet der Mischna-Forschung erproben wollte, meine Ausführungen missverstanden hat (in „Talpiot", Bd. VII [New York 5718] S. 82), sie in entstellter Form erklärt und Einwendungen dagegen erhebt, d. h. gegen ihren entstellten Inhalt. Wie treffend sagt R. Eliëser aus Metz in einem Responsum, das von Rabiah, Teil I, S. 438, gebracht wird: „Es gibt kein grades Wort, das nicht Jemand zerreden und in eine andere Form umbiegen könnte, auch wenn diese keineswegs einleuchtend erscheint. Doch ein grades Herz [weiss zu unterscheiden] zwischen zweckhaft ‚Verflochtenem' (eigentlich: „Olivenkorb", „עקל") und sinnlos ‚Verdrehtem' („עקלקלות"; — s. Sanh. 26 a)". [Vgl. auch in den aggadischen Novellen des R. Samuel Edels zu B. mez. 85 a, Stichwort: „דלשתכח"].

Tannaim formuliert; im Falle ...... ist er der Meinung des X." usw. — Raw Josef muss damit nicht gemeint haben, dass Rabbi selbst in dem einen Falle dieser und im anderen jener Ansicht zustimmte, sondern vielmehr, dass die Tannaim, welche die Halacha lehrten (also die Schulen), in dem einen Falle dieser, im anderen aber jener Meinung beipflichteten. — Ich habe hinzugefügt: Raw Kahana freilich, der in Schebuot 4 a äussert: „Du sollst nicht sagen, dass Rabbi sie bloss auf Grund der Meinung der Tannaim so wiedergegeben habe, dass er selbst aber nicht dieser Auffassung war; sondern Rabbi erklärt hier nach seiner [persönlichen] Meinung!", — dieser Amoräer Raw Kahana will allerdings die dortige Mischna auf Rabbi selbst zurückführen (vgl. auch Schebuot 5 a). —

Nunmehr wollen wir die Einwände Epsteins betrachten. Er bringt in meinem Namen: ‚Und die Worte des R. Jochanan, Rabbi habe die Ansicht R. Mëirs als einleuchtend angesehen usw., sowie die Worte des R. Josë im Jer. Sota, Kap. III, usw. beziehen sich nicht auf R. Jehuda ha-Nassi, sondern „Rabbi" steht hier an Stelle von: „Wer die Mischna geordnet hat" (Jer. Pes., Kap. IV, usw)'. — Dagegen wendet Epstein ein: „Aber abgesehen von der Antwort des R. Mani [Mana] gegenüber R. Chanina im Jer. das. [Sota Kap. III]: ‚Rabbi sah die Ansicht des R. Eleasar, Sohnes des R. Simon, als einleuchtend an, und R. Chija Roba die Ansicht seines Vaters R. Simon', — die beweist, dass mit ‚Rabbi' hier tatsächlich Rabbi gemeint ist, — so beweist dies auch die Bemerkung des Raw Kahana (Schebuot 5 a): ‚Du sollst nicht sagen, dass Rabbi sie bloss .... so wiedergegeben hat usw., sondern Rabbi erklärt hier nach seiner persönlichen Meinung'; diese Bemerkung ist ein überzeugender Beweis dafür, dass mit ‚Rabbi' nur Rabbi Jehuda ha-Nassi gemeint sein kann und kein anderer, und dass er auch „seine persönliche Meinung" in die Mischna eingefügt hat. Zu alledem kommt noch, dass alle diese Stellen, welche Rabbi „einleuchtend erschienen" („נראין [לרבי] דברי פלוני"), die in unserer Mischna-Ordnung vorkommen [? — s. in meinen „Untersuchungen über Barajta u. Tossephta" S. 174], von diesem Typus sind (vgl. oben) [?], und es überhaupt völlig unmöglich ist zu behaupten, dass an einer dieser Stellen mit „Rabbi" gemeint sein soll: ‚wer die Mischna gelehrt hat', während R. Jochanan selbst („מתניתא דרבי" = ‚Rabbis Mischna', u. Ähnl.) sowie alle Talmud-Aussprüche mit ‚Rabbi' stets ‚R. Jehuda ha-Nassi' meinen". — Soweit die Ausführungen Epsteins. Aber Jeder, der meine Worte liest, kann sich davon überzeugen, dass ich niemals behauptet habe, „Rabbi" sei nicht mit R. Jehuda ha-Nassi identisch. Vielmehr besteht kein Zweifel darüber, dass damit R. Jehuda ha-Nassi gemeint ist, und „Rabbi" ist wirklich Rabbi und kein Anderer, nur hat man die Mischna und ihre anonymen Lehren unter seinem Namen rubriziert, weil man die von ihm benutzten Quellen nicht zu bezeichnen wusste. In meinen ‚Untersuchungen über die Redaktion der Mischna' habe ich dazu bemerkt: „Ebensowenig wie aus dem Namen eines Tanna, der bei einem Ausspruch genannt wird, auf seine Urheberschaft geschlossen werden kann, — weil die Möglichkeit besteht, dass er nur eine Halacha, die er gehört hatte, weiterüberliefert hat, — ebensowenig kann aus den Namen, die die Amoräer erwähnen, entnommen werden, wer der Erste war, der so gesagt oder gehandelt hat“ [17].

In Bezug auf den Jeruschalmi in Sota das. kann ein Jeder, der sich in die Sache vertieft, sich selbst von der Richtigkeit meiner Behauptungen überzeugen. Ich will den Gegenstand in Kürze klarlegen: In der Mischna dort III, 6 heisst der Wortlaut: „Und alle [ehebruchsverdächtigen Frauen], welche mit Priestern verheiratet sind, — deren Speiseopfer [‚der Eifersucht‘; Num. V, 25] werden verbrannt“. Diese Formulierung bedeutet, dass die Speiseopfer sämtlich auf der Aschenstätte („בית הדשן“) zu verbrennen sind, — nach der für sonstige zu verbrennende Speiseopfer, die dort gelehrt werden, geltenden Vorschrift. Doch sagt R. Josë (ein Amoräer der letzten Gene-

17 Dort habe ich einige Beispiele dafür gebracht, aber hier ist nicht der Ort, ausführlich zu werden. Doch will ich auf Seb. IV, 4, hinweisen (zitiert oben S. 148, Anm. 4 zu Kap. VI), sowie auf Frankel („Darchë ha-Mischna“, Kap. IV, Regel 13), und einige Aussprüche aus den Talmuden hinzufügen, die von Rabbi selbst sprechen: Im Babli, Erub. 38 a, wird eine Barajta gebracht (= Tosephta das. Kap. V, 2), in der es heisst: „die Worte Rabbis“, wozu die Gemara (Seite b) bemerkt, dass Rab eine Überlieferung besass, wonach Rabbi dort nur die Worte seiner Vorgänger gelehrt habe, jedoch selbst nicht dieser Auffassung war. — Im Jer. Schab., Kap. X, Hal. 5, wird gesagt: Bei Weber-Stäben erklärt ihn Rabbi für befreit (von der Opferpflicht) und R. Eleasar b. R. Simon erklärt ihn für verpflichtet. Sprach Rabbi zu ihm (zu R. Eleasar b. R. Simon): ‚So habe ich von Deinem Vater gehört‘ usw. — Vgl. ferner Babli Sanh. 18 a: Wir haben doch aber [in der Barajta] gelernt: ‚Rabbi sagt‘ [usw.]? Dies ist kein Einwand; das Eine geht nach R. Jehuda, das Andere nach den Rabbanan. — Vgl. auch oben Anm. 15. — Nunmehr sehe ich, was Halevy in „Dorot ha-Rischonim“, Bd. V S. 884, in Bezug auf den oben zit. Ausspruch des R. Jochanan sagt: ‚Und selbst wenn wir uns mit einer gewundenen Erklärung begnügen und annehmen wollten, der Ausdruck „Rabbi hatte dessen Worte für einleuchtend angesehen“, sei nur eine wegen ihrer Geläufigkeit ungenaue Bezeichnung und gemeint damit sei: „Rabbi mitsamt seinem Ratskollegium“, also nicht Rabbi allein‘, [usw.]; sowie daselbst weiterhin: ‚Und auch falls die Worte R. Jochanans: „Rabbi hat als einleuchtend angesehen“ nicht auf Rabbi persönlich hinzielen, sondern auf die Weisen seines Ratskollegiums, welche beschlossen hatten, so zu entscheiden‘, usw. — Jedoch sind all diese Ausführungen Halevys über das ‚Ratskollegium‘ und dessen ‚Beschlüsse‘ ohne Grundlage, denn die Amoräer entscheiden aus dem Grunde nicht im Sinne unserer Mischna, weil sie in einer Barajta fanden, dass sie nur die Ansicht eines Einzelnen wiedergibt (u. Ähnl.), nicht aber deshalb, weil ‚das Ratskollegium‘ ihnen Solches überliefert hatte. Vgl. als Beispiel Bab. Schab. 140 a, wo R. Jannai zu R. Jochanan sagt: ‚Was ist der Unterschied zwischen mir und Dir? Die Mischna entspricht nur der Meinung eines Einzelnen‘, usw. Und in Suk. 19 b fragt Abaje den Raw Joseph: ‚Du lässt die Mischna beiseite und handelst nach der Barajta?‘ Und Jener antwortet ihm: ‚Die Mischna stellt nur die Ansicht eines Einzelnen dar (R. Natan), denn wir haben in der Barajta gelernt‘, usw. — Indessen nimmt Halevy ebenfalls an, dass „Rabbi“ hier nicht im ausschliesslichen Sinne („לאו דוקא“) gemeint sein müsse.

ration) im Jeruschalmi das., dass dies nicht so zu verstehen sei, sondern die Mischna der Meinung des R. Eleasar b. R. Simon folge, wonach die vom Priester dem Speiseopfer zu entnehmende „Handvoll“ (= „קומץ“; s. Num. V, 26) auf dem Altar dargebracht und nur der verbleibende Überrest auf der Aschenstätte verbrannt werde (vgl. dort in den „Ergänzungen“ meines Mischna-Kommentars). R. Ba (Abba) bar Kohen fragt nun den R. Josë, ob die Mischna nicht vielleicht in der Weise aufzufassen sei, dass die „Handvoll“ selbständig dargebracht und die „Überreste“ ebenfalls für sich selbst „dargebracht“, also auf dem Altar verbrannt würden, nach der Ansicht R. Simons in Men. VI, 1 (dessen Meinung dort von den Weisen bekämpft wird!). Und R. Jose antwortet, dass der Ausdruck „נשרף“ = „er wird verbrannt“ die Verbrennung auf der Aschenstätte bedeute, nicht aber eine Verbrennung auf dem Altar. Darüber befragt R. Chanina den R. Mana: „R. Chija hat doch gelehrt“ („תני ר׳ חייא“) nach dem Wortlaut des R. Simon? — Und der Befragte erwidert: Rabbi hat die Ansicht des R. Eleasar b. R. Simon für einleuchtend angesehen usw., d. h.: aus dem Wortlaut der Barajta des R. Chija lässt sich kein Beweis für den Wortlaut unserer Mischna herleiten. — Aus der Verhandlung geht klar hervor, dass Rabbi nicht beabsichtigte, eine anonym formulierte Entscheidung im Sinne des R. Eleasar b. R. Simon zu treffen, denn wäre dem so, dann hätte er es ausdrücklich klarstellen und dessen Lehre im Wortlaut bringen müssen, um keinen Raum für irrige Auffassungen zu lassen. Was nun R. Chija betrifft, so findet sich in der Tosephta das. Kap. II, 6, dessen Barajta, und dort werden die Worte des R. Eleasar b. R. Simon nach der anonym gehaltenen Lehre R. Simons angeführt, während in der Tosephta Men. VIII, 3—4, R. Simon namentlich erwähnt wird und in Kontroverse mit seinem Sohne R. Eleasar steht! Sicherlich wollten die Amoräer nur sagen, dass die anonyme Lehre in der Mischna Rabbis sich nach R. Eleasar b. R. Simon richtet und die anonyme Lehre in der Barajta R. Chijas nach R. Simon, — in der Art, wie es im Jer. Schab., Kap. I Hal. 2, heisst: ‚Unsere Mischna geht nach R. Jehuda, dasjenige aber, was R. Chija in der Barajta gelehrt hat, nach den Rabbanan‘; vgl. auch Jer. Demaj, Kap. VI, Ende v. Hal. 1. Ähnliches findet sich im Babli, Men. 12 b: ‚Diese [Barajta des R. Chija] geht nach R. Eliëser‘ (vgl. in meinen „Untersuchungen über Barajta und Tosephta“, S. 37). — Der „überzeugende Beweis“ Epsteins aus den Worten des Raw Kahana findet sich bereits in meinem Buche, und daselbst anschliessend auch seine Entkräftung. Es ist seltsam, ein Argument solcher Art von Seiten eines Gelehrten zu hören, der sonst die Erklärungen der Talmude sowie der Rischonim so häufig ablehnt, und dies manchmal aus fadenscheinigen Gründen oder infolge eines Missverständnisses ihrer Worte. —

Epstein fügt hinzu: Aber auch die Mischna s e l b s t beweise, dass sie eine Entscheidung über die Halacha enthalte (und nicht nur Rabbi, sondern Alle, die Mischnajot lehrten, seien so verfahren). a) Was soll [die Gegenüberstellung]: ‚der erste Tanna‘ (anonym gelehrt, entsprechend: ‚die Worte der Weisen‘ in den Berajtot) — und ‚Rabbi X.‘, oder ‚Rabbi X.‘ — ‚doch die Weisen sagen‘ in unserer Mischna anstelle eines Einzelnen gegenüber einem Einzelnen in den Barajtot (‚anonyme Lehre‘ in der Mischna und ‚Kontroverse‘ in der Barajta), — was sollen diese Gegenüberstellungen denn anderes bedeuten als: ‚anonyme Lehre‘ und damit ‚Entscheidung über die Halacha‘? usw. — b) . . . . . . — c) Oft sagen verschiedene Amoräer im Babli: ‚Wer sind die Weisen? Das ist Rabbi X.‘ (Erub. 83 a und die dort verzeichneten Parallelstellen) sowie Ähnliches auch im Jeruschalmi. — d) Was soll der Sinn der verschiedenen Ausdrucksformen in der Mischna sein [18]: ‚R. Jehuda sagt‘ — ‚und die Weisen sagen‘ — ‚R. Josë sagt‘ (Kelim, Kap. VIII, Mischna 8); ‚Anonym‘ — ‚und die Weisen sagen‘ (Kelim, Kap. XX, Mischna 7), d. h.: . . . . dass Rabbi in Kap. VIII anstelle von ‚R. Mëir‘ gelehrt hat: ‚und die Weisen sagen‘, sowie in Kap. XX anstelle von: ‚Mëir [?] hat gesagt‘ . . . . . . ‚und ich sage‘ [die Gegenüberstellung]: ‚anonym‘ . . . . . ‚und die Weisen sagen‘; — R. Mëir und R. Simon erklären für unrein und die Weisen sagen‘ ([Kelim] Kap. III, Mischna 5), d. h. ein Einzelner unter der Bezeichnung: ‚die Weisen‘?, usw. — Ich aber sage zu dieser Art der Beweisführung (in Anlehnung an einen talmudischen Ausspruch, s. Git. 39 a): ‚Dieser der Gelehrten macht den Eindruck eines Menschen, der nie eine talmudische Verhandlung gelernt hat!‘ Wem sollte nicht bekannt sein, dass bei einer Kontroverse zwischen einem Einzelnen und einer Mehrheit die Halacha sich nach der Mehrheit richtet (s. Tosephta Ber., Kap. IV, 15, sowie Babli das. 9 a und die dort am Rande bezeichneten Parallelstellen), und dass bei einer Überlieferung ‚der Weisen‘ in der Mischna oder bei einer anonym gehaltenen Mischna, welche einer Mehrheitsmeinung entspricht, die Halacha danach geht?! Die Frage ist vielmehr überall die: Liegt hier wirklich eine Mehrheitsmeinung vor, oder handelt es sich bloss um die Ansicht eines Einzelnen, die von seinen Schülern anonym oder in der Form eines Ausspruchs der Weisen gelehrt wurde (vgl. B. Men. 18 a), oder hat man hier eine Einzelansicht in eine Mehrheitsmeinung umgewandelt, um dementsprechend zu entscheiden? [19] Und wenn dem so ist, wer hat dann diese Änderung vor-

---

18 Vgl. Frankel, „Darchë ha-Mischna“, Kap. IV, Regel 6. Zu einer Spezialuntersuchung ist hier nicht der Ort; doch sei auf die Erzählung Rabbis in der Barajta Nid. 68 b hingewiesen, im Vergleich zur Mischna das.; vgl. dort. —

19 S. Jer. Nid., Kap. II, Hal. 3: ‚R. Leser im Namen Rabs [sagt]: Die Worte der Weisen in der Mischna folgen der Auffassung R. Mëirs; R. Jochanan sagt: es sind wirklich Worte der Weisen‘; — sowie in den ‚Ergänzungen‘ dort. Ähnlich auch Jer. Demaj, III, 4. Vgl. ferner Nasir, Kap. VIII, Hal. 1: ‚Raw Jehuda im Namen Rabs: So ist die Mischna: R. Mëir erklärt für unrein, R. Jehuda und die Weisen erklären für rein; sagte R. Jochanan: [usw.], und R. Jehuda erklärt für rein‘; sowie Ähnliches mehr. Vgl. auch an den Stellen, die im Babli, Erub. 83 a, am Rande verzeichnet sind: ‚Wer sind die Weisen? Rabbi X.‘, sowie oben Anm. 16.

genommen? Die Tannaim, die Rabbi vorausgingen, sodass Rabbi danach ihren Wortlaut in seine Mischna übernommen hätte, oder sollte Rabbi selbst die Einzelmeinung in eine Mehrheitsansicht abgeändert haben, um dieser Entscheidung zu folgen? Wir finden doch auch Einzelmeinungen in der Mischna, die in anonymer Fassung oder unter dem Name der Weisen in der Tosephta und der Barajta gelehrt werden, und ebenso finden wir eine Einzelansicht in der Tosephta, die als Meinung ‚der Weisen' oder ‚anonym' in der Barajta des Talmud wiedergegeben wird, sowie auch umgekehrt eine Einzelmeinung in der talmudischen Barajta, die als anonyme Lehre in der Tosephta vorkommt (vgl. meine „Untersuchungen über Barajta u. Tosephta", S. 178 ff.). Dabei kann doch kein Zweifel darüber bestehen, dass die Amoräer, welche die Barajtot lehrten, nicht die Absicht hatten, über die Halacha zu entscheiden, und keineswegs vorsätzlich die Formulierung der Barajtot abgeändert haben, sondern so hatten sie diese eben als Überlieferung empfangen [20]. — Über die Methode Rabbis aber verhandeln wir nun!

Epstein freilich bemüht sich in seinem Buche das. (insbesondere S. 212 ff.) nachzuweisen, dass Rabbi die Mischnajot, die ihm vorlagen, abgeändert habe. Wer sich jedoch in seine Ausführungen vertieft, wird erkennen, dass sich unter seinem Material auch nicht eine einzige Mischna findet, die zu der Annahme zwingt, Rabbi habe eine Änderung daran vorgenommen. Der grösste Teil der Abänderungen, die er Rabbi zuschreibt, kann nur ein Lächeln erregen, und sie sind lediglich das Phantasieprodukt eines Menschen, der über den Dingen schwebt, aber nicht in sie eindringt. Nach ihm hätte Rabbi mit seinen Änderungen eine gradezu chaotische Verwirrung und Unordnung in seine ‚Ordnung' der Mischna hineingetragen (vgl. in den „Ergänzungen" meines Mischna-Kommentars zu jenen Stellen, sowie in den „Untersuchungen über Barajta u. Tosephta", S. 167, in der Anmerkung). Hier sei nur ein Beispiel angeführt, um zu zeigen, welches Maass von Logik im wissenschaftlichen Denken sowie von Redlichkeit der Gesinnung Rabbi dort zugetraut wird.

B. kama V, (2—)3: „...... und wenn er (der Eigentümer eines Ochsen diesen) mit Erlaubnis (des Hofeigentümers in den Hof) eingestellt hat (und er ist vom Vieh des Hofbesitzers beschädigt worden), so ist der Besitzer des Hofes ersatzpflichtig; .... Rabbi sagt: in allen Fällen ist der Hofbesitzer nur dann ersatzpflichtig, wenn er die Bewachung übernommen hat". In der Tosephta, das. V, 8, heisst es: ‚Stelle Deinen Ochsen ein, und ich werde ihn bewachen', und er (der Ochse) hat Schaden angerichtet, so ist er (der

20 S. in meinem Buche das., sowie auch in der Anmerkung dort, S. 177. Über Varianten in den Barajtot sogar in Bezug auf spätere Tannaim vgl. als Beispiel: B. Nid. 60 b, wo Raw Nachman eine Barajta bringt, nach der die Weisen für unrein erklären, und die Gemara sagt: ‚Es ist eine Kontroverse zwischen Tannaim, denn wir haben gelernt: R. Jakob (der Lehrer Rabbis) erklärt für unrein, doch R. Nechemja erklärt für rein; und die Weisen haben so entschieden wie R. Nechemja.

Eigentümer des Ochsen) frei; ist er (der Ochse) beschädigt worden, so ist er ersatzpflichtig (nämlich der Hofbesitzer, nach der Lesart der Druckausgaben). ‚Stelle Deinen Ochsen ein und bewache ihn', und er (der Ochse) ist beschädigt worden, so ist er frei (nämlich der Hofbesitzer, nach dem Text der Druckausgaben); hat er (der Ochse) Schaden angerichtet, so sagt R. Mëir: er (der Eigentümer des Ochsen) bezahlt den vollen Schaden, und die Weisen sagen, usw. (im Babli, das. 48 b, anonym: ‚hat er Schaden angerichtet, so ist er ersatzpflichtig'). — Epstein (S. 197) bemerkt dazu: „Demgemäss entspricht die Ansicht R. Mëirs sowie diejenige der Weisen der Meinung Rabbis. Sonach ist es möglich, dass unsere Mischna eine Lehre R. Josës oder R. Simons ist, während R. Mëir und die Weisen diese bekämpfen, und Rabbi dann in anonymer Fassung nach der Meinung R. Josës gelehrt hat (nach welchem gegenüber R. Mëir die Halacha sich richtet)[21], wobei er die Lehre R. Mëirs und der Weisen in seinem eigenen Namen in der Form einer Einzelansicht aufführt". — So weit seine Worte. Danach wäre also unsere Mischna ‚eine Mischna des R. Josë oder des R. Simon' (warum eigentlich nicht eine solche des R. Jehuda?), und im Verlauf seiner Worte wird sie für ihn mit Bestimmtheit zu einer Mischna des R. Josë[22], nach welchem die Halacha sich richtet. Wenn aber Rabbi dies gewollt hätte, so hätte er doch seinem sonstigen System entsprechend eine Kontroverse zwischen R. Josë und R. Mëir bringen können, und wir hätten gewusst, dass die Halacha in solchem Falle nach R. Josë geht, während jetzt eine anonym gehaltene Mischna vorliegt, auf die eine Kontroverse folgt (sodass die Halacha nach der allgemeinen Regel nicht der anonymen Lehre entsprechen sollte)? Und nicht nur dies allein, sondern Rabbi hätte hier auch eine Mischna des R. Mëir und der Weisen nicht (zum mindesten unter dem Namen des R. Mëir) als Einzelansicht gebracht, sondern in seinem eigenen Namen! Somit hätte er nicht nur unterlassen, einen Gedanken im Namen seines Urhebers weiterzugeben, sondern er hätte ihn im Namen Jemandes gebracht, der nicht sein Urheber war[23], sich also, indem er das geistige Eigen-

21 Vgl. Babli Erub. 46 b, wonach diese Regeln nicht nach der Ansicht Aller gelten. Aber auch die Weisen widersprechen doch hier der Meinung des R. Josë, und dann ist die Frage, ob sich die Halacha auch gegenüber einer Mehrheitsmeinung nach R. Josë richtet; vgl. Tossaphot das., Stichwort: „כרבי", sowie „Jad Maleachi", Regel 230. Im Jeruschalmi, Maass., Ende v. Kap. I, wird ausdrücklich erklärt, dass die Halacha gegenüber einer Gegenansicht der Weisen nicht R. Josë folge; vgl. dort und Ter., Kap. III, Hal. 1, sowie im Babli Git. 67 a. — Im Jer. Schab., Kap. XVIII, Hal. 3, wird berichtet, dass Rabbi Bedenken getragen habe, in einem praktischen Falle wie R. Josë vorzugehen. Danach ist es verständlich, dass Rabbi in Git. das. ausdrücklich feststellen muss, dass die Halacha wie R. Josë zu entscheiden ist, obwohl dieser in der Mischna sogar erst an letzter Stelle aufgeführt wird!

22 Solche Zauberkünste vollbringt er auch an anderen Stellen bei seinem Bemühen, die Mischna-Quellen aufzudecken; aber hier ist nicht der Ort, darüber zu urteilen.

23 Und: „Jeder, der einen Ausspruch weitergibt im Namen Jemandes, der ihn nicht

tum eines Anderen als eigenes Erzeugnis ausgab, einer Handlung schuldig gemacht, die wir heute als „Plagiat“ bezeichnen würden! Und zu welchem Zwecke? Wenn er die Lehre im Namen R. Mëirs wiedergegeben hätte, von dem sie zweifellos herrührt, so wäre es keine Einzelmeinung, wenn er sie aber im eigenen Namen bringt, so ist es eine solche! [24] Wer ist so klug oder wer ist so töricht, um dies zu verstehen?! Überhaupt ist die Barajta schwer verständlich, denn sie spricht von Jemand, der sagt: Stelle Deinen Ochsen [bei mir] ein ‚und bewache ihn‘!, sodass er ausdrücklich mit ihm (dem Eigentümer des Ochsen) vereinbart hat, dass dieser ihn selbst bewachen soll, jedoch nicht von Jemand, der nur schlechthin sagt: ‚Stelle Deinen Ochsen ein‘! (vgl. Babli das.); aber darauf ausführlicher einzugehen, ist hier nicht der Ort [25]. Nach der Methode von Epstein liesse sich jedoch ein ‚überzeugender Beweis‘ gegen ihn aus den Aussprüchen der Amoräer Samuel (im Babli das.) sowie R. Sëira (im Jer. dort, Hal. 4) erbringen, die beide wie Rabbi entscheiden, ohne auf den angeblich von diesem ausgeklügelten Trick und seine vermeintliche Bemühung zu achten, die Entscheidung nicht im Sinne seiner Worte herbeizuführen!

Noch ein anderes Beispiel sei hier gebracht, um aus den Worten von Epstein selbst zu beweisen, inwieweit eine Notwendigkeit zu der Annahme besteht, dass Rabbi die Mischna abgeändert habe. Auf S. 213 sagt er: „Es kommt vor, dass er [Rabbi] die Mischna t e x t l i c h k o r r i g i e r t hat, um sie, soweit möglich, seiner Ansicht anzupassen“; Suk. Kap. II, Mischna 7: ‚W e r s i c h mit seinem Kopf und dem grössten Teil seines Körpers in der Sukka b e f u n d e n h a t und mit seinem Tisch innerhalb des Hauses, — so e r k l ä r t die Schule Schammajs [sie] f ü r u n g e e i g n e t („פוסלין“), die Schule Hillels aber e r k l ä r t [sie] f ü r g e e i g n e t („מכשירין“)‘ usw. Im Babli Suk. 3 a wird dazu gesagt: ...... Wendet Raw Nachman bar Jizchak ein: woher wissen wir, dass die Schulen Schammajs und Hillels in Bezug auf eine kleine Sukka streiten?, vielleicht streiten sie [nur] bei einer grossen Sukka usw.; und das geht auch aus dem Wortlaut hervor, da wir lernen: „W e r s i c h b e f u n d e n h a t“ usw., und wenn es so wäre [dass die Schulen in Bezug auf eine kleine Sukka streiten], so sollte es doch heissen: „Wenn sie umfasst“ [seinen Kopf usw.], bezw.: „wenn sie nicht

gesagt hat, bringt Fluch über die Welt“ (Midr. Mischlë, Kap. VI, 16. Vgl. Ausg. Buber S. 56). S. auch am Ende v. Trakt. Kalla sowie im Babli, Ber. 27 b, bei R. Jona und bei R. Ascher b. Jechiël, dort Nr. 5; ferner auch in den „Ergänzungen“ zu Neg. II, 4, meines Mischna-Kommentars.

24 Vgl. auch in M. kat. I, 5 die Kontroverse zwischen R. Mëir und den Weisen, die nach der Barajta in der Gemara, das. 7 a, eine solche zwischen R. Mëir und R. Josë ist; sowie Ähnliches mehr.

25 Die Worte Rabbis haben hier wie an den sonstigen Stellen in der Mischna, wo Rabbi erwähnt wird, die Bedeutung, dass „es sich entweder um alte Halachot handelt, die Rabbi überliefert hat, oder um Zusätze in der Mischna (s. meine „Untersuchungen über Barajta u. Tosephta“, S. 174. Vgl. auch oben S. 157, Anm. 12 zu Kap. VI).

umfasst"! — Und in Bezug auf eine kleine Sukka streiten sie nicht? Wir haben doch gelernt (in der Barajta): „Umfasst sie seinen Kopf und den grössten Teil seines Körpers sowie seinen Tisch, so ist sie geeignet; R a b b i aber sagt: nur, wenn sie vier Ellen im Quadrat umfasst". Und in einer anderen Barajta haben wir gelernt: „Rabbi sagt usw., und die Weisen sagen: auch wenn sie nur seinen Kopf und den grössten Teil seines Körpers [allein] umfasst, ist sie geeignet"; dagegen wird der Tisch [dort] nicht erwähnt. So widersprächen sie [die Barajtot] doch einander? Ist nicht vielmehr daraus zu entnehmen, dass Dieses (‚die erste Barajta') nach der Schule Schammajs geht und Jenes (die andere) nach der Schule Hillels [sodass die Schulen auch in Bezug auf eine kleine Sukka streiten]? Sprach Mar Sutra: ‚Auch aus dem Wortlaut der Mischna kannst Du es entnehmen [dass sie bei einer kleinen Sukka streiten], denn er heisst dort: „die Schule Schammajs erklärt [sie] für ungeeignet. Die Schule Hillels erklärt [sie] für geeignet". Wenn es aber so wäre [‚dass sie in Bezug auf eine grosse Sukka streiten', und zwar darüber, ein wie grosser Teil des Menschen sich zur Erfüllung des Gebotes in der Sukka befinden müsse], so sollte es doch heissen: ‚Die Schule Schammajs sagt: e r h a t s e i n e P f l i c h t n i c h t e r f ü l l t („לא יצא"), und die Schule Hillels sagt: e r h a t s e i n e P f l i c h t e r f ü l l t („יצא")'. Wenn nun der Ausdruck schwer verständlich bleibt: „wer sich befindet" usw. [so müssen wir sagen: Sie streiten sowohl bei einer kleinen wie auch bei einer grossen Sukka; d. h.] ‚es fehlt hier etwas und es muss so heissen:' (worauf dann eine Kombination beider Streitfragen folgt). — Dazu Epstein: „Zweifellos enthält die Mischna hier eine absichtliche K o r r e k t u r: die Ausdrücke: ‚פוסלין' [sie erklären für ungeeignet] u. ‚מכשירין' [sie erklären für geeignet] anstelle von: ‚יצא' [er hat seine Pflicht erfüllt] und ‚לא יצא' [er hat seine Pflicht nicht erfüllt] (obgleich nach dem Babli Chul. 18 a „פוסלין ומכשירין" = „sie erklären für ungeeignet bezw. geeignet" mit „אוסרין ומתירין" = „sie erklären für verboten bezw. erlaubt" gleichbedeutend ist); denn im Schlussteil der Mischna heisst es: Sprachen die Schüler Schammajs zu ihnen: Auch sie (die Ältesten der Schule Schammajs usw.) haben gesagt: ‚W e n n D u D i c h s o v e r h a l t e n h a s t, h a s t D u das Sukka-Gebot Dein Leben lang nicht [richtig] e r f ü l l t !', — was dem Ausdruck ‚לא יצא' entspricht. Und derjenige, der die Korrektur vorgenommen hat, ist R a b b i s e l b s t, — der der Meinung ist, dass eine Sukka, die nicht vier Ellen im Quadrat umfasst, unbrauchbar sei, — und er wollte damit andeuten, dass die Kontroverse sich auch auf eine kleine Sukka bezieht, in Bezug auf welche er eine strengere (erschwerende) Ansicht vertritt". — So weit sein Wortlaut.

Jeder, der sich in die Sache vertieft, wird nun fragen: Wenn dem so wäre, hätte Rabbi doch umgekehrt gerade von einer Korrektur Abstand nehmen müssen, und die Mischna wäre dann in dem Sinne zu verstehen, dass in Bezug auf eine kleine Sukka auch die Schule Hillels sie für ungeeignet erklärt, wie Raw Nachman bar Jizchak annimmt, und sie nur dann brauchbar ist, wenn sie mindestens 4 Quadratstellen umfasst, während jetzt, — nach der (angeblichen) Korrektur, — Rabbi mit keinem der beiden Lehrhäuser übereinstimmt, weder mit der Schule Schammajs noch mit der Hillels! Doch dieser Gegenstand wird bei Epstein mehrmals behandelt, wie sich dies vielfach in seinen beiden Büchern findet, und zwar in der „Einleitung in den Text der Mischna" (‚מבוא לנוסח המשנה'), S. 630—631, woselbst er sagt: „Nur zeigt sich im Wortlaut der uns vorliegenden Mischna in der Tat ein Mangel an Folgerichtigkeit: ‚מי שהיה' (= wer sich befunden hat) — ‚פוסלין' (= sie erklären für ungeeignet) — ‚מכשירין' (= sie erklären für geeignet). Es erscheint also einleuchtend, dass die späteren Tannaim (die „Weisen", die Rabbi in der Barajta widersprechen) den Wortlaut der alten Mischna abgeändert haben: ‚Wer sich befunden hat usw., die Schule Schammajs sagt: er hat seine Pflicht nicht erfüllt („לא יצא"), und die Schule Hillels sagt: er hat seine Pflicht erfüllt („יצא")'; und sie haben die Ausdrücke in „פוסלין-מכשירין" verwandelt, um damit die Kontroverse über eine kleine Sukka anzudeuten, in welcher sie wie die Schule Hillels entschieden'; usw. Danach hat also nicht Rabbi den Text korrigiert, sondern: ‚die späteren Tannaim' haben die Textkorrektur vorgenommen. — Aber diese ganze Rabulistik ist überflüssig, denn es besteht überhaupt keine zwingende Notwendigkeit zu der Annahme, dass die Mischna textlich korrigiert worden ist (vgl. das. in meiner Erläuterung sowie in den „Ergänzungen" meines Mischna-Kommentars), und Rabbi meint in der Tat, dass sie ihre Kontroversen nur über eine grosse Sukka führen, eine kleine Sukka dagegen nur dann geeignet ist, wenn sie vier Quadratstellen umfasst. Vergl. Ähnliches in Jeb. 28 a und dazu Raschi, Stichwort ‚ואי אב"ה'. —

Schliessen möchte ich mit einem Beispiel für die (angeblichen) ‚Auslassungen' Rabbis, S. 223, das ebenfalls nochmals behandelt wird das. S. 296 sowie in der „Einleitung in den Text der Mischna", S. 672. Epstein sagt hierüber: ‚Und es kommt auch vor, dass er (Rabbi) aus der Mischna, die ihm vorlag, mit Absicht etwas ausgelassen oder übergangen hat: Schab., Kap. XIX, Mischna 6: „Dieses sind die [Haut-] Fasern, welche die Beschneidung ungeeignet machen: Fleisch, das bedeckt" usw. — Fasern, die ungeeignet machen, — wer hat deren Namen [hier überhaupt] erwähnt?! Aber in der Barajta haben wir gelernt (Tos. XV, 4; Babli 123 b u. Jer. am Ende des Kap.): ‚Solange er noch mit der Beschneidung beschäftigt ist, kann er auch [am Sabbath] an die Fasern zurückgehen, welche die Beschneidung nicht ungeeignet machen; hat er aber damit aufgehört, so darf er nicht mehr zurückgehen, ausser an die Fasern, welche die Beschneidung ungeeignet machen. Im Babli das. wird dazu gesagt: Welcher Tanna erklärt: Hat er mit der Beschneidung aufgehört, so darf er nicht zurückgehen? usw. Sagt Raw Aschi: Dies geht nach R. Josë usw.; aber die Nehardäer haben gesagt: Nach den Rabbanan, welche die Meinung des R. Josë bekäpfen, geht sie (die Mischna)', usw. Und im Jeruschalmi das. heisst es: ,Sprach R. Jochanan: Nach den Worten des R. Josë darf er, selbst wenn er bereits aufgehört hatte, sogar zu den Fasern zurückgehen, welche die Beschneidung nicht ungeeignet machen', usw. — Dies war also auch die Meinung Rabbis, und deswegen hat er diese ganze Mischna ausgelassen und von ihr nichts weiter übrig behalten, als: „Dies sind die Fasern, die ungeeignet machen", usw.' — So weit Epstein. Das würde also heissen: Rabbi habe die ganze Mischna ausgelassen, und deshalb ergebe sich die Schwierigkeit: „Fasern", — ,wer hat deren Namen überhaupt erwähnt'?! Und warum sollte Rabbi diese Auslassung vorgenommen haben? Weil er der gleichen Meinung gewesen sei wie R. Josë! Wenn es aber so gewesen wäre, dann hätte er ja gerade umgekehrt diese Lehre bringen müssen und sie anonym gemäss der Meinung des R. Josë, — entgegen der Ansicht der Weisen, — festsetzen sollen. Jetzt aber, nachdem er sie [angeblich] ausgelassen hat, wissen wir ja überhaupt nicht, wie die Halacha ist! Und in der Tat entnimmt der Babli aus dem genauen Wortlaut unserer Mischna (Mischna 2), dass sie nicht so wie R. Josë lehrt, und dass er am Sabbath, nachdem er einmal mit der Beschneidungshandlung aufgehört hat, nur noch an solche Fasern zurückgehen darf, welche die Beschneidung ungeeignet machen. Es ergibt sich somit, dass Rabbi gerade durch eine Fortlassung dieses ganzen Problems den Amoräern für eine irrige Auffassung seiner Worte Raum gegeben hätte! Aber die ganze Schwierigkeit: ,Wer erwähnt hier überhaupt die Fasern?', ist in Wahrheit gar kein Einwand. Weil nämlich das Wort „אלו" hier nicht als Interrogativ-Pronomen im Sinne von „welche?" gebraucht wird, sondern als Demonstrativ-Pronomen (= „diese"), mittels dessen auf die nachfolgenden Worte hingewiesen wird. Das ist der übliche Gebrauch des Wortes in der Mischna und der Barajta, wie beispielsweise in Ket. V, 5: „Folgendes (= ,אלו') sind die Arbeiten[26], welche die Ehefrau für ihren Mann zu verrichten hat" etc. (und noch in zahlreichen Fällen solcher Art), so dass gar kein Raum bleibt für die Fragestellung: „Arbeiten" — ,wer hat solche hier überhaupt erwähnt?'. —

Ich möchte annehmen, dass diese Beispiele hinreichen, um uns über die Art der „Abänderungen" zu belehren, die Rabbi angeblich in die Mischna hineingetragen hat. Aber nicht nur dies; sogar Epstein selbst sieht sich gelegentlich, wenn er keinen anderen Ausweg findet, dazu genötigt, sein eigenes Prinzip zu verleugnen, und in der „Einleitung in den Text der Mischna", S. 15, sagt er: ,Rabbi selbst ist der Meinung uw.; trotzdem hat er jedoch an dem Wortlaut der alten Mischna nichts geändert und ihr nicht seine Auffassung aufgezwungen; und er hat sich hier so wie auch an anderen Stellen

26 Auch im Trakt. Schabbat fehlt hier in den Handschriften Cambridge (Lowe) und Kaufmann das Wort „הן" (= ,sie' [sind es]); vgl. dort in „M'lechet Schlomo". Im Druck von Neapel (zit. in „Dikdukë Soferim") lautet die Lesart: „הציצין", ebenso wie in Schek. V, 1: „אלו הן הממונין" = „Diese (folgende) sind die Aufseher usw."; sowie sonst. —

verhalten' (In Anmerkg. 2 das. weist Ep. „vorerst" auf die Worte Bassfreunds, S. 321, hin. Aber Bassfreund sagt dort das Gegenteil [entsprechend der Meinung Frankels in Darchë ha-Mischna, S. 216], dass nämlich diejenigen Mischnajot, die der Ansicht Rabbis zuwiderliefen, nachher textlich korrigiert und verändert worden sind gemäss der Meinung der Gegner Rabbis, während ich diesen Vorgang in meinem Buche meiner grundsätzlichen Theorie entsprechend so erklärt habe!). Und in den „Einführungen zum Schrifttum der Tannaim" S. 201 [27], bemerkt Epstein: ,Dies war also eine bestimmte Eigenart Rabbis, dass er die Worte anderer Tannaim (und zwar

27 In Anm. 19 das. sagt Ep. (in Bezug auf die Mischnajot, welche anonym gegen die Ansicht Rabbis festgesetzt sind): ,Darauf hat als erster R. Simson aus Chinon in seinem Buche „Keritut", L'schon Limudim, Ende von Nr. 58, hingewiesen; Frankel „Darchë ha-Mischna", S. 216; ausführlich Bassfreund S. 321, und danach Albeck, S. 81'. Falls er damit in seiner unklar gehaltenen Ausdrucksweise meinen sollte, dass ich mich bei der Durchleuchtung des Sachverhalts der Auffassung Bassfreunds anschliesse, so ist dies nicht zutreffend; denn ich sage das Gegenteil davon (und Epstein schliesst sich mir an, und zwar nicht nur ,vorläufig', sondern uneingeschränkt). Sollte aber von ihm damit gemeint sein, dass ich Bassfreund in Bezug auf die zitierten Qellen folge, — so genügt es wohl, darauf hinzuweisen, dass ich diese nachgeprüft und dabei festgestellt habe, dass von den zwölf Quellen, die Epstein dort in breitgewalzter Form bezeichnet (jede einzelne in einer vollen Zeile), ich meinerseits acht bringe (und noch 23 weitere), während von den vier verbleibenden Frankel eine anführt (Gittin) und Bassfreund drei (Sota, Sanhedrin u. Makkot; sowie ferner 8 weitere [Kel. XVIII, 9 findet sich bereits bei Frankel], von welchen sich in meinem Buch nur 3 befinden!). Bemerken möchte ich dabei, dass auch der grösste Teil der anonym nach Rabbi festgesetzten Stellen, die Epstein dort bringt, aus meinem Buche S. 83 entnommen sind, nämlich neun (1—6, 11—12 u. 15 [dort muss es heissen: Toh, Kap. IX]) von fünfzehn, die er insgesamt anführt. Was den Rest betrifft, so verhält die Sache sich so: Nr. 7 (,Beza, Kap. II Mischna 3, usw.; Babli das. 18 b') ist bei mir auf S. 82 unter den Mischnajot verzeichnet, die sich nicht nach Rabbi richten, und ich weise dabei auf den Jeruschalmi das. hin, wo ausdrücklich gesagt wird, die Mischna gehe nicht nach Rabbi, sowie auf Babli 18 b, wo es heisst: „Wenn Du willst, kannst Du sagen: nach Rabbi; und wenn Du willst, kannst Du sagen: nach den Rabbanan" usw.! Nr. 10 (,Mischnat Beza, Kap. I, Mischna 4') wird sowohl im Babli, das. 10 b, wie auch im Jeruschalmi dahin erläutert, dass die Mischna sogar nach der Ansicht der Rabbanan zutreffend sei. Zu Nr. 8 (,Orla,, Kap. III, Mischna 5') wird von Epstein selbst bemerkt, dass Samuel in Pes. 27 a die Worte Rabbis in diejenigen der Rabbanan umwandelt. Der Talmud, das. 26 b, bringt lediglich eine Barajta, aber nicht unsere Mischna, so dass wir nicht wissen, wie seine Lesart in der Mischna war. Nr. 14 (,Bech., Kap. IX, Ende v. Mischna 8: „Dies ist die allgemeine Regel", usw.') hat Epstein in Klammern eingeschlossen (Anm. 21). Auf diese Stelle wurde bereits von Weiss in „Dor Dor w'Dorschaw", Teil II, S. 182, Anm. 2, hingewiesen; wer aber im Babli, das 60 b, sowie am Ende des Sifra nachschlägt, der findet, dass in Bezug auf die in der Mischna enthaltene Regel Alle übereinstimmen. — Was das Problem selbst betrifft (die anonym gehaltenen Mischnajot gemäss Rabbi), vgl. ferner Bab. Erub. 32 b u. 34 b, Joma 81 b, Seb. 97 a (in der Mischna, das. XI, 7, sind die Lesarten verschieden) u. 103 b, sowie Chul. 15 b. —

hier: solcher aus der Vorzeit) lehrte, obwohl diese sich mit seiner eigenen Meinung nicht deckten', usw. — Es ergibt sich danach, dass Rabbi auch in der Mischna die Worte seiner Gegner anonym gebracht hat und nichts daran änderte, sogar nicht einmal seine eigene Ansicht beizufügen pflegte! Und das war es, was hier klargestellt werden sollte. —

Anhang VIII

Der „Talmud" Rabbis

— Zu S. 161—162, Anm. 17. —

Der Talmud Rabbis umfasste nicht nur die Mischnajot allein, die Rabbi erst nach der Ordnung der Mischna bekannt geworden waren, sondern auch dessen Ansichten und Erklärungen, die sich auf die Halachot in der Mischna sowie auf diejenigen Halachot beziehen, welche dort nicht gelehrt worden sind. Man kann feststellen: Die Methoden der ersten Amoräer in Bezug auf das Mischna-Studium und die Erklärungsarten, die von den Weisen darüber aufgezählt worden sind, offenbaren sich bereits im „Talmud" Rabbis. So finden wir viele Barajtot in der Tosephta und in den beiden Talmuden, in denen neue Halachot Rabbis gelehrt werden, die in der Mischna nicht erwähnt sind, darunter Kontroversen zwischen ihm und anderen Tannaim und sogar zwischen ihm und seinem Vater, R. Simon b. Gamliël. In gleicher Weise, wie von R. Chija gesagt wird, dass er als Tanna gilt und [die Ansicht eines solchen] bestreiten könne (B. mez. 5 a) und ebenso von Rab (Erub. 50 b, sowie die dort verzeichneten Parallelstellen), so heisst es auch von Rabbi: „Er ist ein Tanna und kann bestreiten" (Taan. 14 b). Der Amoräer Samuel sagt (im Babli Git. 67 a, dass Rabbi die Halacha wie R. Josë in der Mischna (daselbst, Ende von Kap. VI) entschieden habe, wie es sonst die Art der Amoräer ist, die Entscheidung über die Halacha festzustellen; und R. Jochanan sagt im Namen von R. Jannaj, dass Rabbi eine allgemeine Regel aufgestellt habe: „הלכה כדברי המכריע" = „die Halacha richtet sich nach demjenigen, der ausgleichend entscheidet (d. h.: wenn ein dritter Tanna angeführt wird, der zwischen zwei Gegenansichten eine vermittelnde Meinung äussert, — meist in der Art, dass in bestimmten Fällen nach der einen, in anderen nach der ihr widersprechenden Ansicht zu urteilen sei, — so richtet sich die Halacha nach ihm; Schab. 39 b), in derselben Weise, wie die Amoräer solche Regeln festgesetzt haben (Erub. 46 b; oben Anm. 21 zum Anhang VII). Bereits oben (S. 161) habe ich auf einige der von Rabbi getroffenen Entscheidungen hingewiesen (‚die Worte des Rabbi X. erscheinen einleuchtend in Bezug auf [den einen Gegenstand], und die Worte des Rabbi Y. in Bezug auf [den anderen Gegenstand]', usw.) in Kontroversen, die nicht in der Mischna gebracht werden; und ebenso finden sich seine Entscheidungen auch in Kontroversen aus der Mischna, z. B. Tos., Schab. VIII (IX), 20; Kid. IV, 7; u. Ohal. XV, 8, die o. S. 161 f. angeführt sind. Ähnliches kommt vor in der Tos. M. kat. I, 3 (zur Mischna das. I, 4; nach der Lesart: „und von einem Getreidefeld (darf man Schädlinge bekämpfen] in der üblichen Art an Werktagen des Festes [= Halbfeiertagen] sowie im Brachjahre; R. Jehuda sagt: [usw.], und von einem Getreidefeld nur in einer von der üblichen abweichenden Art", vgl. in der Gemara das. Bl. 7, Anfang von Seite a, sowie bei den „Rischonim"); — das. I, 8 (zur Mischna das. I, 5; vgl. auch in der Gemara das. 7 a); — Babli B. batra 79 a(zur Mischna Mëila III, 6); Jer. Sanh., Kap. I, Hal. 2 (Bl. 19 a). Auch in Bezug auf seine Kontroverse mit den Weisen, — (die in unserer Mischna Ab. sara IV, 5 gelehrt wird: „Hat er [nämlich der Götzendiener das Götzenbild] verkauft oder verpfändet, so sagt Rabbi, er hat es damit zunichte gemacht, während die Weisen sagen, damit hat er es noch nicht zunichte gemacht"), — bemerkt Rabbi (Barajta im Babli das. 53 a; s. auch dort im Jer.): „Meine Worte erscheinen einleuchtend, wenn er es zum Zwecke der Zerstörung verkauft hat, und die Worte meiner Kollegen, wenn er es zu götzendienstlichen Zwecken verkauft hat". Es kommt auch vor, dass er sich nicht gerade des Ausdrucks bedient: „Die Worte des Rabbi X. erscheinen einleuchtend", dass aber gleichwohl sein Ausspruch inhaltlich nichts anderes darstellt als eine Entscheidung zwischen gegensätzlichen Meinungen, wie z. B. in Bezug auf die Kontroverse zwischen R. Josë und R. Jehuda in Maas. sch. IV, 7: „Wenn jemand den Zweitzehnten auslöst und [den Vorgang] nicht bei seinem ausdrücklichen Namen nennt (also nicht erklärt, dass es sich um die Auslösung des Zweitzehnten handelt], so sagt R. Josë, es sei ausreichend; R. Jehuda [aber] sagt, er muss es ausdrücklich erklären". Dazu bemerkt Rabbi (in der Tos. das. IV, 14): ‚Wenn er es später mit richtigem Namen zu bezeichnen beabsichtigt, so tritt die Heiligung [des Gegenwertes] erst ein, wenn er es beim Namen genannt hat (wie R. Jehuda); wenn er es aber später nicht mit richtigem Namen zu benennen beabsichtigt, so ist das Abgesonderte [schon jetzt] geheiligt' (wie R. Josë). Ebenso in der Tos. Kid. II, 8: „Hat er ihr das ihr gebührende Angelobungsgeld gegeben, aber nicht dabei gesagt: ‚Du sollst mir angelobt sein!', so sagt R. Josë, sie ist angelobt; R. Jehuda [aber] sagt, sie ist nicht angelobt (ebenso in der Mischna Maas. sch. IV, 7); Rabbi sagt: Wenn sie noch mit jenem Vorgang [der Angelobung] beschäftigt sind [während er ihr das Geld gibt], so ist sie angelobt, wenn aber nicht mehr, so ist sie nicht angelobt" [28].

In der Art, wie die Amoräer die Mischna zu erklären pflegen, so erklärt sie gleichermassen auch Rabbi, wie beispielsweise in der Tosephta Git. III, 1 (Babli das. 30 b): ‚Welches sind die Erben (die in der Mischna dort III, 7,

28 Vgl. auch Bab. Kid. 6 a, sowie in meinem Buche „Untersuchungen über Barajta und Tosephta", S. 152. Zur Sache selber s. auch in meinen „Untersuchungen über die Redaktion der Mischna" S. 82.

gemeint sind)? Rabbi sagt: Alle, welche erben' (vgl. in den „Ergänzungen" zu Ket. XI, 1, meines Kommentars). — Im Babli Schab. 50 a wird im Namen Rabbis überliefert: ‚Sie haben es nur dann gelernt (dass man die Wolle, in der man warme Speisen für den Sabbath aufbewahrt hat, am Sabbath nicht fortbewegen darf; s. in der Mischna das. 49 a [IV, 2]), wenn man sie nicht zur Warmstellung bestimmt hatte, usw.'. Und dasselbe sagt dort auch der Amoräer Raba. — Erub. 81 a: ‚Weshalb genügt ein blosses Stück von einem Brote nicht (um damit eine symbolische Gebietsvermischung [„ערוב"] zu vollziehen; s. in der Mischna, das. VII, 10)? Sagt R. Josë b. Schaul im Namen Rabbis: wegen [der Befürchtung von] Streitausbruch' (unter den Beteiligten über den Wert der beigesteuerten Speise). — Suk. 16 a (zu Ket. XVIII, 9): ‚Was sind diese? Sagt R. Chanan im Namen Rabbis: usw.'. — R. hasch. 24 a: ‚Woher werden diese Dinge entnommen? Sagt R. Chija bar Ganda im Namen des R. Josë b. Schaul, der es in Rabbis Namen überlieferte: Der Schriftvers sagt usw.' — B. kama 113 a: „Wenn etwas vorhanden war, das dafür haftet, ist er verpflichtet zu bezahlen" (Mischna das. X, 1). ‚Lehrte Rabbi seinen Sohn R. Simon: Nicht nur etwas, das wirklich haftet, sondern sogar eine Kuh, wenn er mit ihr pflügt, usw.' (vgl. dort in den „Ergänzungen" meines Mischna-Kommentars). — Jeruschalmi Pëa, Kap. VI, Hal. 6: ‚Sagt Rabbi: Es steht (Deut. XXIV, 19): „Wenn Du aberntest Deine Ernte" usw.' — Jer. Kil., Kap. II, Hal. 4: ‚Rabbi sagt: Der Raum zwischen den verschiedenen Arten beginnt mit einem Viertel Kab'. usw. (gemäss der Erklärung des Rabbi El. Fulda dort). — Daselbst, Ende von Kap. II: ‚Rabbi sagt: In allen diesen Fällen, in denen wir gelernt haben: „Gurken und ägyptische Bohne", ist auch ägyptischer Kürbis mit einbegriffen' (vgl. dort die von R. Gamliël b. Rabbi an Rabbi gerichtete Frage). — Ter., Kap. II Hal. 3: ‚Sagt R. Bun bar Kahana im Namen Rabbis: „Und Ihr werdet keine Sünde auf Euch laden" (Num. XVIII, 32)' usw. — Pes., Kap. VII Hal. 7: ‚R. Jochanan im Namen Rabbis: Und wenn er stirbt' usw. — Sanh., Kap. IV Hal. 7. — Vgl. auch in „Pessikta Rabbati" Kap. XIV (Ausgabe Friedmann, Bl. 62 b).

Im Babli, Men. 80 b, bemüht sich Rabbi, die Barajta, welche R. Chija lehrte, in befriedigender Weise klarzustellen, und ebenso sagen Manche in Pes. 37 a, dass es Rabbi war, der Rab den Ausdruck der Barajta: „פת עבה" (= „dickes Brot") erklärte. Daselbst 42 a befragt Rabbi den Bar-Kappara nach dem Sinn der Ableitung aus dem Schriftvers in einer Barajta; — und Ähnliches mehr. Nach der Barajta, die im Jer. Pes., Kap. VIII Hal. 8, gebracht wird, entnimmt Rabbi aus der Mischna das. ihre Begründung: ‚Du sollst wissen (= „ein Beweis dafür"), dass die strenge Trauervorschrift (für den Todestag; — „אנינות") für die [anschliessende] Nacht von der Thora aus nicht mehr gilt: denn sie haben (in der Mischna, das. VIII, 8) gesagt, der Trauernde („אונן") darf ein Tauchbad nehmen und abends das Passah-Opfer essen'; — in der Art, wie sich die Amoräer auszudrücken pflegen: „זאת

אומרת" = „das will besagen" usw., wenn sie neue Halachot aus der Mischna ableiten wollen. Rabbi widerspricht auch zuweilen der Meinung von Tannaim in Bezug auf die Erklärung der Mischna und bezüglich ihrer Begründung, so wie die Amoräer über deren Erklärung Kontroversen führen, wie beispielsweise Babli Joma 41 b (zur Mischna Para III, 11), Chag. 13 a: ‚Bis zu welcher Stelle (in Ez. Kap. I) reicht der Bericht über den göttlichen Thronwagen (מעשה מרכבה, s. Mischna das. II, 1)? Rabbi sagt: bis zum letzten „וארא" (Ez. I, 27)'; ferner Jeb. 85 b, Git. 27 b. — Vgl. auch in den „Ergänzungen" zu Kel. XVIII, 9, in meinem Mischna-Kommentar.

Es kam auch vor, dass die Schüler Rabbis verschiedener Meinung über eine Erklärung waren, die sie von ihm gehört hatten, wie dies im Babli, Beza 24 b, berichtet wird. Zum Wortlaut der Mischna (das. III, 2): „Es geschah einmal, dass ein Heide (an einem Feiertage) dem R. Gamliël Fische brachte, worauf dieser sagte: Sie sind erlaubt, usw." erklärte Rabbi, wofür sie erlaubt sind, und Rab sagte (später) auf Grund der Worte Rabbis, es sei erlaubt, sie entgegenzunehmen (d. h. sie zu tragen, nicht aber, sie am Feiertage zu essen), während Levi sagte, sie seien auch zum Essen erlaubt. Dazu bemerkte Rab: „Man sollte niemals dem Lehrhause fernbleiben, und sei es auch für eine noch so kurze Zeitspanne; denn Levi und ich waren zugegen vor Rabbi, als er diese Lehre aussprach [die Erklärung Rabbis wird eine „Lehre" genannt, „שמעתא"], — am Abend sagte er, sie sind zum Genuss erlaubt, am Morgen sagte er, es ist nur erlaubt, sie entgegenzunehmen. Ich, der ich [auch am Morgen] im Lehrhaus war, bin davon zurückgetreten (von der früher empfangenen Lehre, d. h. ich habe sie rektifiziert); Levi, der [morgens] nicht im Lehrhaus war, ist nicht davon zurückgetreten". — Etwas Ähnliches ereignete sich mit Levi in einem anderen Falle, und Rabbi selbst erläutert dort die Ursache für dessen Zweifel. Seb. 30 b: „Levi hat Rabbi gefragt: Hat der Opfernde die Absicht gehabt, ein Quantum [der Opferspeise] von Olivengrösse am morgigen Tage ausserhalb des vorgeschriebenen Ortes zu verzehren, wie ist es dann [in Bezug auf das ‚Pigul'-Verbot]?, usw. Sprach R. Simon, der Sohn Rabbis, vor diesem: Ist denn das nicht der Fall unserer Mischna (das. II, 5): [Hat der Opfernde die Absicht gehabt] ‚ein Quantum von Olivengrösse ausserhalb, ein Quantum von Olivengrösse am morgigen Tage zu verzehren' usw.? Sagte er zu ihm (Rabbi zu seinem Sohne R. Simon): ‚Er (Levi) hat etwas Verständiges gefragt, und Du sagst, es sei der Fall unserer Mischna? Für Dich, den ich Beides gelehrt habe, besteht keine Frage. Für ihn (Levi) aber, den ich nur Eines gelehrt hatte und der [dann] die Rabbanan [im Lehrhause] Beides lernen hörte, und er dachte . . .", usw. — Gemäss dem oben wiedergegebenen Bericht aus Traktat Beza lässt sich der Vorgang dahin verständlich machen, dass Rabbi bei der ersten Durchnahme des Stoffes (im Lehrhause) die Mischna so, wie sie lautete (und von seinem Sohne R. Simon zitiert wird) gelehrt hat (nämlich: „ein Quantum von Olivengrösse ausserhalb, ein Quantum von Olivengrösse am morgigen Tage" usw.), ohne eine

Erläuterung hinzuzufügen, während er bei der zweiten Behandlung des Gegenstandes[29] eine Erklärung beifügte, wonach das Gleiche auch für denjenigen gelte, der ein olivgrosses Stück ausserhalb „und“ ein olivgrosses Stück am morgigen Tage zu verzehren beabsichtigte (in derselben Art, wie er seinen Sohn R. Simon auch an der oben angeführten Stelle in B. kama 113 a eine erweiternde Erklärung gelehrt hat). Die Rabbanan im Lehrhause lernten die beiden Vorschriften dann so, wie Rabbi sie erläutert und wie es von diesem auch sein Sohn R. Simon gehört hatte, denn auch R. Simon zitiert den Wortlaut der Mischna so, dass sie nur „einen“ [einzigen] Fall enthält (also nicht „zwei“ Fälle: „ein olivgrosses Stück ausserhalb, ein olivgrosses Stück morgen“ — „ein olivgrosses Stück ausserhalb ‚und‘ ein olivgrosses Stück morgen“), nur dass er dazu die Erklärung gehört hatte, dass beide Fälle einander gleichstehen, während Levi lediglich den bei der ersten Behandlung des Stoffes gelehrten Fall ohne die (spätere) Erklärung kannte und deshalb an Rabbi seine darauf bezügliche Frage richtete.

Entsprechend lässt sich auch die Kontroverse zwischen R. Gamliël bar Rabbi und den Weisen in B. batra 139 b verstehen, wo R. Gamliël bar Rabbi die Mischna (das. IX, 1): „im Falle, dass die [hinterlassenen] Güter zahlreich sind“, dahin erklärt, dass „zahlreich“ („מרובים“) bedeute, sie (die hinterbliebenen Kinder) könnten zwölf Monate lang davon verpflegt werden, während die Weisen sagen: dass sie davon bis zum Eintritt der Mannbarkeit verpflegt werden könnten. R. Gamliël hatte von seinem Vater Rabbi seine Erklärung gehört, und die „Weisen“, d. h. die „Rabbanan“ (im Lehrhause Rabbis), hatten ihre Erklärung ebenfalls von diesem vernommen[30]. Auch Rab das. erklärt die Mischna wie R. Gamliël der Sohn Rabbis, und Samuel bemerkt dazu, dass die „Weisen“ nicht so wie dieser erklären, und ebenso heisst es im Jeruschalmi daselbst. Im Babli wird überliefert, dass auch

29 Ebenso heisst es im Jeruschalmi Schab., Kap. I, Hal. 1: „Rab befragte Rabbi: [usw.]; bei der zweiten Durchnahme des Stoffes sagte er zu ihm: Er ist opferpflichtig“, woraus hervorgeht, dass er bei der ersten Durchnahme nicht so gesagt hatte (vgl. Babli das. 3 a). Ebenso wird im Jer. Pes., Kap. V, Hal. 3, sowie in Jeb., Kap. I, Hal. 2, gesagt: ‚Bei der zweiten Durchnahme trat R. Josë von seiner Ansicht zurück‘. Im Babli, B. batra 157 b: Sagte Rabina: Beim ersten Vorlernen Raw Aschis sagte dieser zu uns: „Der Erste hat es erworben“; beim zweiten Vorlernen Raw Aschis sagte er zu uns: „Sie sollen teilen“. Vgl. auch in Jeb. 32 b, wo R. Chija und Bar Kappara darüber streiten, was sie von Rabbi gehört haben, wobei R. Chija schwört, dass er „zwei“ gehört habe, und Bar-Kappara beteuert, er habe „eins“ gehört, vgl. dort 33 a; doch nach meiner Erläuterung dürften die Worte Beider der Wahrheit entsprechen. Ähnliches findet sich im Jer. Schab., Kap. VI, Hal. 2: „Die Schüler des R. Chija Roba [usw.]; die Ersten (die ersten Schüler, die bei R. Chija in seiner Jugend gelernt hatten) sagten (in seinem Namen): ‚Man darf abschaben‘, während die zweiten (späteren) Schüler sagten: ‚Man darf nicht abschaben‘ [usw.]“. Vgl. auch Babli Erub., Bl. 14, Ende von Seite b.

30 Vgl. die Frage: „כמה מרובה (מרובים)“ = „Wieviel wird als ‚zahlreich‘ bezeichnet?“ in der Mischna Chul. XI, 2, sowie im Babli Erub. 80 b.

R. Jochanan der gleichen Ansicht sei wie die Weisen, während im Jeruschalmi aus den Worten R. Jochanans gefolgert wird, er teile die Auffassung R. Gamliëls[31]. —

31 Es scheint, dass so auch die Kontroverse zwischen R. Gamliël bar Rabbi und den Weisen in Nid. 63 b zu erklären ist, in Bezug auf welche Abaje zu Raw Josef sagt, dass er von ihm einen Ausspruch Samuels über die Mischna das. (IX, 10; Blatt 63, Ende v. Seite b) gehört habe: „. . . . Dies sind die Worte R. Gamliels des Sohnes von Rabbi, der sie im Namen von R. Simon b. Gamliël gesagt hat; die Weisen [aber] sagen: Wenn sie die Menstruation gesehen hat, dann ist es (zur Festsetzung einer regelmässigen Periode) nicht nötig, dass sich dies zwei oder drei Male wiederholt". — Die Schwierigkeit, die in diesem Ausspruch enthalten ist, liegt auf der Hand, da doch eine bekannte Kontroverse zwischen R. Simon b. Gamliël und Rabbi darüber besteht, ob erst eine dreimalige Wiederholung oder bereits eine zweimalige die Annahme eines festen Zustandes („חזקה") begründet, und Raw Josef selbst hat einem Anfragenden gegenüber dahin entschieden (Jeb. 64 b/65 a): ‚In Bezug auf Menstruationszeichen [ist die Halacha] nach R. Simon b. Gamliël wie unsere anonyme Mischna', — und was soll dann bedeuten: ‚Dies sind die Worte des R. Gamliël bar Rabbi, der sie im Namen von R. Simon b. Gamliël gesagt hat; die Weisen aber sagen:' [usw.]? Wer sind diese „Weisen"? Doch wohl Rabbi, welcher der Ansicht des R. Simon b. Gamliël widerspricht (vgl. dort in Tossaphot, Stichwort: „ ", sowie bei R. Samuel Straschun). Die Gemara fragt auch: „So sollte er [besser] sagen: Dies sind die Worte des R. Simon b. Gamliël!?" Und sie antwortet: „Samuel will uns damit [zugleich] hören lassen, dass R. Gamliël, der Sohn Rabbis, dem R. Simon b. Gamliël beistimmt". Doch ist auch diese Antwort verwunderlich. — Es scheint mir also, dass der Schluss von Abajes Ausspruch: „War sie gewohnt zu sehen" usw. (Mischna 10) von Nid. 39 a hierher übertragen wurde; hier aber will Abaje damit sagen, dass der Ausspruch Samuels in Bezug auf diejenige Mischna gesagt worden ist, um die sich dort die Abhandlung des Talmud bewegt, nämlich Blatt 63 a (= Mischna 8): „Und in jedem Falle, in welchem sie etwas drei Mal hintereinander festgestellt hat, ist dies eine regelmässige Menstruationsperiode". Dieser Ausspruch wird in Mischna 10 wiederholt: „dass eine Frau ihre regelmässige Periode erst dann bestimmen kann, wenn sie dieselbe drei Male festgestellt hat". Dazu sagt Samuel, dies seien die Worte R. Gamliëls, des Sohnes Rabbis, der sie im Namen des R. Simon b. Gamliël gesagt habe. Das soll heissen, er war der Meinung: Ebenso wie nach R. Simon b. Gamliëls Ausspruch in Bezug auf Tage eine dreimalige Wiederholung zur Annahme eines festen Zustandes führt (was gemäss dessen Ansicht auch das. in der Mischna 10 anonym bestimmt wurde), — in entsprechender Weise sei auch in Bezug auf körperliche Symptome der Menstruation nach der Mischna 8 (‚wenn sie gähnt oder niest', usw.) eine feste Menstruationszeit erst dann anzunehmen, wenn sie diese Symptome drei Male hintereinander festgestellt hat; und so müsse es auch der dortigen Mischna (8) hinzugefügt werden. — Die Weisen aber (und zwar die Rabbanan aus dem Lehrhause Rabbis) sagen: Wenn sie ein körperliches Symptom der Menstruation gesehen hat, braucht sie nicht auf zwei- oder dreimalige Wiederholung zu warten; das heisst: nicht auf zweimalige, wie Rabbi meint, und nicht auf dreimalige nach der Ansicht des R. Simon b. Gamliël; denn in Bezug auf die körperlichen Symptome des Periodeneintritts geben Alle zu, dass es sich schon beim erstmaligen Auftreten um die Menstruation handelt. Deshalb braucht in Mischna 8 nicht hinzugefügt zu werden: „Und in jedem Falle, in welchem sie etwas drei Mal hintereinander festgestellt hat, ist dies eine feste Menstruations-Periode". Dazu erklärt Raw Josef: Nicht, dass eine dreimalige Wie-

So wie zuweilen Meinungsverschiedenheiten darüber herrschen, in Bezug worauf die Worte eines Amoräers gelehrt worden sind (vgl. als Beispiel Schab. 107 b, Beza 28 a: ‚Manche beziehen es darauf‘ usw.; Erub. 14 b, 26 b, 90 b, sowie noch an vielen anderen Stellen), — ebenso diskutieren die Amoräer manchmal bezüglich dessen, worüber Rabbi seine Worte gesagt hat, wie z. B. Jer. Schab., Kap. I Hal. 2, zur Mischna dort: „Was ist unter dem Beginn der Mahlzeit zu verstehen? R. Acha [und] R. Ba sagen im Namen Rabbis: Sobald er die rituelle Händewaschung vorgenommen hat; R. Acha sagt: Es ist in Bezug auf den ‚Kiddusch‘ (= Weihespruch zur Begrüssung des Sabbath) gesagt worden, R. Ba sagt: Es ist in Bezug auf die ‚Beracha‘ (= Segensspruch über die Mahlzeit) gesagt worden“. — Man kann diese Kontroversen so erklären, dass Rabbi selbst seine Worte lediglich in Bezug auf den einen Gegenstand gesagt hatte, und dass man sie dann auf einem anderen (verwandten) Gegenstand übertrug. Auch Rab (im Babli dort 9 b) erklärt die Mischna in dem Sinne: „sobald er die Händewaschung vorgenommen hat“, und wahrscheinlich hat er diese Erklärung von Rabbi gehört (wie in Beza das.), während R. Chanina, der Schüler Rabbis dort sagt: „Sobald er den Gürtel gelöst hat“. Hingegen wird im Jer. das. im Namen von R. Chanina überliefert, dass er diese Festsetzung in Bezug auf den Beginn des Badens getroffen habe. — Einen anderen Ausspruch Rabbis zur Erklärung der Mischna und der Barajta, der anscheinend ebenfalls von einem Gebiet auf das andere übertragen worden ist, finden wir im Babli, R. hasch. 30 a: Sprach R. Chija bar Gamda: ‚R. Josë b. Schaul hat im Namen von Rabbi gesagt, man bläst nur Schofartöne, solange der Gerichtshof Sitzungen abhält‘ (vgl. dort, bei Raschi und Tossaphot, Stichwort: „אין תוקעין“). Ähnlich heisst es in M. kat. 22 a hinsichtlich der Trauervorschriften: Zu dem Ausspruch des R. Simon: „Sogar wenn er (der Trauernde) am 7. Tage von einem nahegelegenen Orte her gekommen ist, zählt er die Trauertage mit ihnen (nämlich mit den Trauernden an jenem Orte)“ — sagt R. Chija bar Gamda im Namen des R. Josë b. Schaul: ‚Rabbi habe gesagt: Nur dann, wenn er gekommen ist und Kondolenzbesucher dort vorgefunden hat‘ [32]. Und in Bezug auf den Ausspruch des Bar-Kappara über Rabbi (in Ber. 13 b), wonach dieser das Sch'ma-Gebet nicht in seiner vollständigen Form zu rezitieren pflegte, geht dort klar hervor, dass er (Bar Kappara) dies nicht von Rabbi unmittelbar gehört, sondern aus der Tatsache entnommen hat, dass Rabbi seinen Schülern [statt dessen] eine ‚Lehre‘ („שמעתא“) vorzutragen pflegte, die den Auszug aus Ägypten berührt

derholung nötig wäre in Bezug auf das „Sehen“ an bestimmten Tagen, denn die Weisen entscheiden nicht wie R. Simon b. Gamliël bezüglich der Tage, wie es die anonyme Mischna tut. Und das ist es, was auch Raw Huna bar Chija im Namen von Samuel dort sagt: „Denn sie haben gesagt: In Bezug auf die Tage zwei Male (wie Rabbi, dass durch zwei Male eine חזקה begründet wird; Tossaphot das., Stichwort: „לימים“), in Bezug auf die [körperlichen] Menstruations-Anzeichen ein Mal“.

32 S. meinen Aufsatz in „Tarbiz“, Jahrg. III, S. 8 und S. 12.

(um damit der Pflicht zur tagtäglichen Erwähnung dieses im dritten Abschnitte des Sch'ma-Gebetes, — den er nicht rezitierte, — angeführten Ereignisses Genüge zu tun; vgl. dort). —

Auch die Schüler Rabbis befragten ihn durch Einwände und Anfragen in Bezug auf die Halachot, die er vor ihnen lehrte, wie wir dies im Babli, Ber. 49 a, finden: ‚Levi hat vor Rabbi einen Einwand erhoben'; — Schab. 107 b zur Mischna das. XIV, 1: ‚Levi hat an Rabbi die Anfrage gerichtet: Woher wissen wir, dass nur eine solche Wunde, die nicht in den früheren Zustand zurückkehrt, „חבורה" genannt wird?'; — Jeb. 9 a: ‚Sagte Levi zu Rabbi: Warum spricht die Mischna (dort I, 1) von 15 Frauen, sie könnte doch 16 lehren?. — Schab. 45 a und b (vgl. auch Jer., Ende v. Traktat Beza): ‚R. Simon, der Sohn Rabbis, hat Rabbi gefragt: Wie ist es mit unreifen Datteln nach [dem Tanna] R. Simon?' (auf Grund seiner Meinung in der Mischna, dort III, 6); — B. batra 83 b: ‚Hillel [der Amoräer] hat Rabbi befragt: Wenn ein Zederbaum dazwischen hervorspriesst, wie ist es dann?' — (Vgl. ferner die oben in Anm. 29 aufgeführten Stellen). — Zur Mischna in Schab. V, 1: ‚Das (männliche) Kamel darf (am Sabbath) mit seinem Zaum herausgehen und die Kamelstute mit ihrem Nasenring', haben die Schüler Rabbis vor diesem gefragt („מחליפין לפני רבי", sie haben es vor ihm in vertauschter Form gefragt): ‚Dieses bei jenem (d. h. das Kamel mit dem Nasenring und die Kamelstute mit dem Zaum, s. Bab. Schab. 51 b), wie ist es damit?' — Und mehr desgleichen[33]. —

Auf Grund dessen können wir abschliessend feststellen: Rabbi, der die Mischna redigiert hat, hat auch bereits die Grundlage für ihren Talmud geschaffen. —

Anhang IX

Der R. Simson zugeschriebene Kommentar zum Sifra

— Zu S. 428, Anm. 13 zu Kap. X. —

Ebenso wird dem R. Simson (RaSCH) ein Kommentar zum Sifra zugeschrieben, der in Warschau im Jahre 5626 (= 1866) gedruckt worden ist, s. dort in der Anmerkung zu Beginn des Buches (Bl. 1 a). In Wahrheit aber hat dieser nicht R. Simson zum Verfasser (vgl. in „Tossephet Rischonim" Teil III, S. 168). Man vergleiche den Kommentar zum Sifra Bl. 77 a („wegen der

33 Vgl. ferner Pes. 107 a, Moëd kat. 7 b (Sifra „Mezora", Parascha II, 11), Ket. 25 b, Git. 39 b und Nid. 26 b, sowie die Aussprüche Rabbis Git., Blatt 39, Ende v. Seite b, das. Bl. 74 a, und Jer. Git., Ende v. Kap. VII: ‚R. Chija Roba fragte vor Rabbi': [usw.]; — sowie im Babli dort 77 a: ‚Wir haben [in der Barajta] gelernt: Rabbi sagt: [usw.]; R. Chija ging hinaus und lehrte es (in der Öffentlichkeit) im Namen Rabbis', usw. — Im Jer B. mez. Kap. V, Hal. 6, befragt R. Chija Rabbi, und dessen Entscheidung gemäss bestimmt R. Chija dann in der Barajta.

dazwischen liegenden Felsen") mit Rasch zu Pëa II, 2. Die Erläuterung dieses dem Rasch zugeschriebenen Kommentars bringt Maimonides in seinem Mischna-Kommentar das. im Namen der „früheren Gelehrten" (קדמונים): ‚So erklären die früheren Gelehrten diese Halacha, ich aber will sie in einem anderen Sinne erklären' usw., — und dies ist auch die Erklärung des R. Simson zur Mischna. Weiterhin vergleiche man dortselbst (‚und bei Johannisbrotbäumen' usw., ‚und der Zaun scheidet nicht zwischen ihnen', usw.) mit Rasch zu Pëa II, 4 (‚obgleich es eine Mauer gibt, die zwischen ihnen scheidet ; vgl. auch in den „Ergänzungen" zu meinem Mischna-Kommentar, dort); — daselbst (‚aber was hinter seiner Hand ist, was er also noch nicht wegnehmen konnte' usw., ‚denn es ist noch zum Abernten bestimmt' usw., ‚so haben wir zum Traktat Pëa erklärt'; woraus hervorgeht, dass von Ähren gesprochen wird, die noch mit dem Boden verbunden sind, also nicht von Abgefallenem) gegenüber Rasch zu Pëa IV, 10 (wo von Abgefallenem die Rede ist, während es bei dem noch mit dem Boden Verbundenen kein Verbot der Nachlese [= „לקט"] gibt. Vgl. auch bei R. Samuel Straschun das. — Hierin irrt Urbach, „Baalë ha-Tossaphot", S. 262, Anm. 24, welcher annimmt, dass der R. Simson zugeschriebene Sifra-Kommentar an dieser Stelle mit dem Mischna-Kommentar des Rasch übereinstimme). — Zu dem R. Simson zugeschriebenen Sifra-Kommentar, Bl. 77 b („נטף" — ‚das sind Weinbeeren an Stengeln, die an ihrem Ende nicht sehr stark gespalten sind') vergleiche man Rasch zu Pëa VII, 4 („נטף": ‚das sind Weinbeeren, die mit dem Traubenstamm selbst verbunden sind', usw.). — Zu dem R. Simson zugeschriebenen Sifra-Kommentar, Bl. 79 a („פיף של צמר" — ‚das sind Fasern, die sich von der Wolle losgelöst haben,' usw.): Diese Erklärung wird in den Responsen des R. Chajim b. R. Jizchak Or sarua, Nr. 54, im Namen des R. Moses b. R. Chisdaj gebracht, — worauf ich in meinen „Ergänzungen" zu Kil. IX, 9, hingewiesen habe, — während der Kommentar des Rasch z. St. nicht so erklärt. — In dem R. Simson zugeschriebenen Sifra-Kommentar, Bl. 77, Anfang von Kolumne b, heisst es: „Das aber, was wir am Ende von Trakt. Kil. gelernt haben usw., haben wir dort erläutert" usw.; — ebenso erklärt Rasch auch in seinem Responsum, welches im ‚Or sarua', Teil I, Bl. 39 c, gebracht wird. Aber in seinem Kommentar zur Mischna (das. IX, 10) gibt er eine andere Erklärung, wie ich in meinen „Ergänzungen" das. bereits festgestellt habe (was Urbach, dort S. 261, entgangen ist). — Die Stelle das. Bl. 101, Ende v. Kolumne d. (‚dies bezieht sich nicht auf Pflanzungen, die überwacht wurden, sondern auf solche, die frei waren' usw.) vergleiche man mit Rasch zu Schebiit VIII, 6 (‚von dem Überwachten; aber von dem Freien ist es erlaubt' usw.) — Dortselbst Bl. 52 d (Hal. 5) zu vergleichen mit Rasch, Neg. II, 1; u. a. — Es scheint allerdings, dass der Verfasser des Sifra-Kommentars bei seiner Erklärung der Mischna auch den Kommentar des R. Simson benutzt hat; deshalb finden wir einige Male, dass der Inhalt beider Erklärungen sich deckt. Man vergleiche den Sifra-Kommentar Bl. 91 c, wo der Kommentar sagt, dass die ursprüngliche Lesart lautet: „Der Erstzehnt, von welchem die Priesterhebe entrichtet ist, sowie der Zweitzehnt und das dem Heiligtum Geweihte, die ausgelöst worden sind"; das Gleiche sagt auch Rasch zu Ter. VI, 5 (vgl. in meinen „Ergänzungen" dort. Der Satz im Sifra-Kommentar: ‚dies ist die richtige Lesart' usw.; ‚es gibt aber Mischnajot, in welchen steht: usw.' bezieht sich auf die Mischna in Terumot, die vorher angeführt worden ist. Wahrscheinlich hat der Kommentator zuvor auch die Lesart im Sifra abgeklärt, doch fehlt dies in dem uns vorliegenden Text, wie dieser Kommentar überhaupt an vielen Stellen lückenhaft ist. Urbach, das. S. 262, bringt diese einzige Stelle als Beweis dafür, dass sich „das Gegenteil von dem Kommentar zum Sifra im Mischna-Kommentar des R. Simson finde"!). Man vergleiche ferner den Sifra-Kommentar, Bl. 79 c, mit Rasch zu Orla I, 5. — Bl. 101 d mit Rasch zu Schebiit IX, 1 u. 7 (aber der Verfasser des Sifra-Kommentars benutzte die Tossaphot zu Pes. 51 b, und zwar so, wie deren Worte in Toss'phot ha-Raschba [= ha-Rasch] formuliert sind, gedruckt in Jerusalem 5716 [=1956]; dort befindet sich auch der Hinweis auf Mischna 7. In der Anmerkung zu Beginn des Sifra will der Herausgeber aus dieser Stelle einen Beweis dafür herleiten, dass der Verfasser des Kommentars mit Rasch identisch sei!); Bl. 102 c vergl. man mit Rasch zu Schebiit IV, 7 u. 8; sowie mehr desgleichen. —

NAMENSREGISTER

der in der Mischna genannten Tannaim
(nebst den Seitenzahlen, unter welchen sie in dem geschichtlichen Überblick
im Kapitel IX erwähnt sind):

SACHREGISTER

über die wichtigsten Grundbegriffe, die im vorliegenden Buch erläutert sind (insbesondere in den Klammer-Bemerkungen des Übersetzers sowie in dessen Definitionen im Rahmen der Wortverzeichnisse).

Lehrstoff (überlieferter) = Gemara 168
Logische Durchdringung = „S'wara" 168

Maamadoth = Repräsentationsgruppen (Vertreter des Volkes bei kultischen Handlungen) 44, 331
Mar'ith Haajin = Augenschein 267
Massëcheth = Traktat 104, 130, 185
Massoreth = Überlieferung 4
Matnita = Barajta (s. dort) 3
Matnitin = Mischna 188
Mëila = Veruntreuung (von geweihtem Gut) 151, 265
Megillath Taanith = Fastenrolle 163
Melika = Abkneipen des Kopfes von Opfer-Vögeln 265
Meschicha = Eigentumserwerb durch Heranziehen des Übereignungsobjekts 75
Messias = der Erlöser 38
„Michlala Itmar" = „nicht ausdrücklich gesagt, sondern nur indirekt zu entnehmen" 138
„Mipnë Tikkun Haolam" = „zur Erhaltung der Weltordnung 395
Mischmaroth = Dienstgruppen der Priester und Leviten 44, 172
Mischna (Wörtererklärung) 1
Mischna (Begriffsdefinition) 2
Moëd = „Festtag" (Name einer Mischna-Ordnung) 185
Mugmar = Räucherwerk 216
Mukzë = für einen besonderen Zweck bestimmt 266
Mündliche Lehre 56

Naara = reifes Mädchen 335
Naschim = Frauen (Mischna-Ordnung) 185
Netinim = Gibeoniter (kenaanitischer Volksstamm, zum Dienst als Tempel-Sklaven bestimmt 337, 47
Nefesch (eigtl. „Seele") in einer Reihe von Wortverbindungen 336
Nesikin = „Schädigungen" (Mischna-Ordnung) 185
Neta R'waj (Pflanzungsertrag des 4. Anbau-Jahres 133
Neumond 9
Nig'e B'gadim = Aussatz an Kleidern 138
Notarikon = Abbreviatur (Deutungsart) 84
Nichssë Milug = Nutznießungsgüter 217

Ol = Joch (auch übertragend: Last, Pflicht und ähnl. 341
Ollaloth (bestimmte Formen von Weinbeeren, den Armen zustehend) 150
Omanuth = Handwerk 200
Omer = Garbe (Erstlingsgarbe der Getreide-Ernte) 6
Onaa = Übervorteilung (auch moralische Beeinträchtigung) 199 f.

Paare = Sugoth (insb. bestimmte „Gelehrtenpaare") 391
Pachtverhältnisse = Arissuth (Teilpacht) 201
Passah-Opfer 12 f
Peret (vereinzelt abgefallene Weinbeeren, den Armen zustehend) 150
P'rakim = Abschnitte (der Mischna-Traktate) 105, 130
Piggul = Unbrauchbarmachung von Opfern durch unzulässige Übertretungsabsicht 275, 346
Prass = „halbe Mine", Teilung und Ähnl. 225
Paross al Sch'ma (Rezitierung des Sch'ma-Gebets in Halbversen) 348
Prosbol (urkundliche Erklärung des Gläubigers über seine jederzeitige Einziehungsbefugnis) 384, 394

Räucherwerk = Mugmar 216
Redaktionelle Ordnung der Mischna 105 f
R'ijah = „das Sehen" (als Kennzeichen des Menstruations-Eintritts) 283
Reinigung vor Sabbath-Beginn 31
Repräsentations-Gruppen 44

Sabbath 8
Simëm = Alibibeweis (zur Widerlegung von Zeugenaussagen) führen 307
Scheidebrief 292
Schekel-Abgabe 7
Schewiith = Siebentes Jahr (Brachjahr, Erlaßjahr) 358
Schimusch Talmide-Chachamim (Schülerdienst bei Gelehrten) 168
Schinuj = Veränderung einer geraubten Sache (als Aneignungsakt) 76
„Schlichuth Lidwar Awera" = Stellvertretungs-Prinzip bei verbotenen Handlungen 53
Schriftausdeutungen = Draschoth 58 f.

Studia Judaica

Forschungen zur Wissenschaft des Judentums
Herausgegeben von E. L. EHRLICH, Basel
Groß-Oktav. Ganzleinen

Band I
PAUL WINTER
On the Trial of Jesus
IX, 216 Seiten. 1961. DM 22,—

Band II
MICHAEL AVI-YONAH
Geschichte der Juden im Zeitalter des Talmud
In den Tagen von Rom und Byzanz
XVI, 290 Seiten. 1962. DM 38,—

Band III
GERSHOM SCHOLEM
Ursprung und Anfänge der Kabbala
XI, 434 Seiten. 1962. DM 48,—

Band IV
ABRAHAM SCHALIT
König Herodes
Der Mann und sein Werk
Die deutsche Ausgabe ist eine vom Verfasser überarbeitete
und bedeutend erweiterte Fassung des 1960 erschienenen hebräischen Originals.
Die Übersetzung der hebräischen Originalfassung wurde von JEHOSHUA AMIR besorgt.
XVI, 888 Seiten. Mit 1 Frontispiz, 8 Bildtafeln und 4 Karten
und 1 Stammtafel. 1969. DM 148,—

Band V
ARNOLD M. GOLDBERG
Untersuchung über die Vorstellung von der Schekhinah in der frühen rabbinischen Literatur
Talmud und Midrasch
XII, 564 Seiten. 1969. DM 72,—

Walter de Gruyter · Berlin · New York

Beihefte

zur Zeitschrift für die alttestamentliche Wissenschaft

Herausgegeben von Georg Fohrer

Zuletzt erschienen:

Yariḫ und Nikkal und der Preis der Kuṯarāt-Göttinnen. Ein kultisch-magischer Text aus Ras Schamra. Von W. Herrmann. X, 48 Seiten. Mit 1 Tafel. 1968. DM 18,— (Heft 106)

The Samaritan Chronicle No. II (or: Sepher Ha-Yamim) From Josua to Nebuchadnezzar. By J. Macdonald. VIII, 227, 93 Seiten. 1969. Ganzleinen DM 70,— (Heft 107)

The Problem of Etiological Narrative in the Old Testament. By B. O. Long. VIII, 94 Seiten. 1968. Ganzleinen DM 24,— (Heft 108)

Ursprünge und Strukturen alttestamentlicher Eschatologie. Von H.-P. Müller. XII, 232 Seiten. 1969. Ganzleinen DM 46,— (Heft 109)

Mose. Überlieferung und Geschichte. Von H. Schmid. VIII, 113 Seiten. 1968. Ganzleinen DM 32,— (Heft 110)

The Prophetic Word of Hosea. A Morphological Study. By M. J. Buss. XIV, 142 Seiten. 1969. Ganzleinen DM 46,— (Heft 111)

Text und Textform im hebräischen Sirach. Untersuchungen zur Textgeschichte und Textkritik der hebräischen Sirachfragmente aus der Kairoer Geniza. Von H. P. Rüger. VIII, 117 Seiten. 1970. Ganzleinen DM 46,— (Heft 112)

Die Wurzel schalem im Alten Testament. Von W. Eisenbeis. XVI, 367 Seiten. 1969. Ganzleinen DM 80,— (Heft 113)

Das Todesrecht im Alten Testament. Studien zur Rechtsform der Mot-Jumat-Sätze. Von H. Schulz. X, 208 Seiten. 1969. Ganzleinen DM 42,— (Heft 114)

Studien zur alttestamentlichen Theologie und Geschichte (1949—1966). Von G. Fohrer. X, 371 Seiten. 1969. Ganzleinen DM 74,— (Heft 115)

Prophet und Tradition. Versuch einer Problemstellung. Von M.-L. Henry. X, 77 Seiten. 1969. Ganzleinen DM 22,— (Heft 116)

Die Psalmen: Stilistische Verfahren und Aufbau. Mit besonderer Berücksichtigung von Ps 1—41. Von N. H. Ridderbos. (Aus dem Holländ. von K. E. Mittring.) Etwa 312 Seiten. 1971. Etwa DM 49,— (Heft 117)

Strukturen und Figuren im Kult von Jerusalem. Studien zur altorientalischen, vor- und frühisraelitischen Religion. Von F. Stolz. XI, 235 Seiten. 1970. Ganzleinen DM 58,— (Heft 118)

Geschichtliche Rückblicke und Motive in der Prophetie des Amos, Hosea und Jesaja. Von J. Vollmer. X, 217 Seiten. 1971. Ganzleinen DM 62,— (Heft 119)

Die Priesterschrift von Numeri 1_1 bis 10_{10} literarkritisch und traditionsgeschichtlich untersucht. Von D. Kellermann. VIII, 168 Seiten. 1970. Ganzleinen DM 48,— (Heft 120)

Ezechiel und Deuterojesaja. Berührungen in der Heilserwartung der beiden großen Exilspropheten. Von D. Baltzer. XX, 193 Seiten. 1971. Ganzleinen DM 58,— (Heft 121)

Untersuchungen zur sogenannten Baruchschrift. Von G. Wanke. XII, 156 Seiten. 1971. Ganzleinen DM 42,— (Heft 122)

Liefermöglichkeiten und Preise der früheren Hefte auf Anfrage

---

Walter de Gruyter · Berlin · New York

Hebräisches und aramäisches Wörterbuch zum Alten Testament

Herausgegeben von Georg Fohrer
in Gemeinschaft mit Hans Werner Hoffmann, Friedrich Huber, Jochen Vollmer und Gunther Wanke

Groß-Oktav. XII, 332 Seiten. 1971. Ganzleinen DM 28,— ISBN 3 11 0018047

Darbietung und übersichtliche Anordnung des gesamten Wortbestandes des Alten Testaments mit deutscher Übersetzung, auch der Namen, unter bewußtem Verzicht auf einen umfangreichen philologischen Apparat und die Angabe paralleler Wurzeln in anderen semitischen Sprachen werden die Grundbedeutungen, wichtigsten Ableitungen und Sonderbedeutungen — teilweise mit Stellenangaben — aufgeführt. Damit wird besonders dem Theologiestudenten ein unentbehrliches Arbeitsmittel an die Hand gegeben.

Philosophische Theologie im Schatten des Nihilismus

Mit Beiträgen von W. Weischedel, G. Noller, H.-G. Geyer, W. Müller-Lauter, W. Pannenberg, R. W. Jenson

Herausgegeben von Jörg Salaquarda

Oktav. VIII, 205 Seiten. 1971. Kartoniert DM 19,80 ISBN 3 11 0064294

Die Diskussionsbeiträge zeigen deutlich die einer philosophischen Rede von Gott „im Schatten des Nihilismus" entgegenstehenden Schwierigkeiten. Die Einleitung hebt hervor, daß in dem verhandelten Problem primär die Möglichkeiten von „Philosophie überhaupt" zur Entscheidung steht. — Register, Kurzbiographien und Bibliographien der Autoren.

Friedrich Heyer

Die Kirche Äthiopiens

Eine Bestandsaufnahme

Oktav. XVIII, 360 Seiten. 1971. Ganzleinen DM 58,— ISBN 3 11 0018500
(Theologische Bibliothek Töpelmann. Band 22.
Herausgegeben von K. Aland, K. G. Kuhn, C. H. Ratschow und E. Schlink)

Konfessionskundliche Erfassung der gegenwärtigen Existenz der äthiopischen Orthodoxie mittels Feldforschung, unter Einbeziehung der geschichtlichen Dimension. Verarbeitung der äthiopischen Texteditionen. Gegenüberstellung von Tradition und durch die Bildungselite aufgebrachten Problemen.

Walter de Gruyter · Berlin · New York